會谷佳光　著

宋代書籍聚散考

―新唐書藝文志釋氏類の研究―

汲古書院

目　次

はしがき――宋代官修目錄研究の意義と問題點――

宋代は唐代に萌芽した印刷術が大いに發達・普及した時代であり、それまで寫本の形で傳わっていた書籍は宋代人による整理・校勘を經て續々と刊行された。そのために、現在傳わる北宋以前に著された文獻は、宋版以前には遡り得ないといわれている(1)。このような狀況において、當時の寫本・刊本を取り混ぜて著錄する宋代の書籍目錄は、當時の書籍の流傳狀況や學術の變遷を考える上で、最も簡便にして貴重な資料となる。書籍目錄を一覽しさえすれば、たとえ現在散佚している書籍であっても、それが誰によって書かれ、大體いかなる內容であったか、いつ、どこに傳わっていたか、また實際には當時傳わっていなかったとしても、當時の人々に何らかの形でその名が知られていたことなどがわかる。

ところが、一つの目錄によってわかるのは、あくまで一時期、一地域の書籍に關する情報であり、一定の期間、或いは一朝代を通じての、より廣い地域における書籍の流傳狀況を知りたければ、その期間に編まれた目錄全てに目を通す必要が生じる。その際、個人によって編まれた目錄、所謂私家目錄は、解題などによって貴重な情報を傳えるものもあり、もちろん重要にちがいないが、そのほとんどが特定の時期・地域における個人レベルでの藏書狀況を反映するにすぎず、宋代全般の書籍の流傳狀況を知りたい場合には、必ずしも十分な資料とはいえない。この場合に最も役立つのは、勅を奉じて編まれた目録、所謂官修目録である。何故かというと、官修目録は國家藏書機關の藏書狀況を系統的に反映しているからである。

歷代の皇帝は、莫大な豫算をかけて大規模な求書事業を行い、中國全土から大量の書籍をその國家藏書機關に收集した。このようにして集められた藏書は、遺漏が全くないというわけにはいかないであろうが、當時の書籍の、全國規模での流傳狀況を最も正確に反映していると見てよいであろう。この國家藏書を記錄した文獻が、官修目錄なのである。ところが、宋代には、樣々な特色を持つ官修目錄が、ある程度の期間をおきつつ、複雜に絡み合いながら、數多く編まれたために、これを書き並べて、ただ漠然とながめていても、その著錄內容が持つ情報を讀み解くことはできない。その情報を正確に讀み解くためには、個々の目錄が、いつ、どこで、誰によって、いかなる目的で、いかなる資料にもとづいて、いかなる方法で編まれたものであるか、現在に至るまでにいかなる流傳を經、いかなるテキストが傳存しているか、また各目錄が互いにいかなる關係にあるかなどについて、可能な限り把握しておく必要がある。しかしながら、これまでは、宋代の官修目錄の著錄內容がそれぞれいかなる意味を持っているか、すなわち一體いかなる書籍の流傳の實態を示しているかについて考察されることはあまりなく、これが十分に活用されてきたとは到底いえない狀況にある。本書は、一言で言えば、このような狀況を打開して、宋代の官修目錄をより有効に活用できるようにしようとするものである。ここでは、本書に先立って、宋代の官修目錄の研究意義と問題點について概説しておきたい。

まず宋代に編まれた官修目錄の種類について略說しよう。

本書で主たる研究對象として取り扱う『新唐書』藝文志（以下稱「新唐志」）は、『新唐書』中の志の一つとして設けられた書籍目錄であり、斷代の歴史書の一部分として、唐代における學術の變遷を、その總序・分類・著錄書籍によって體現したものである。そもそも正史中に書籍目錄が設けられたのは、班固の『漢書』藝文志にはじまり、新唐志以前には『隋書』經籍志・『舊唐書』經籍志（以下稱「舊唐志」）があり、以後には『宋史』藝文志（以下稱「宋志」）・『明史』藝文志がある。これらは正史の「志」の中に置かれたから、一般に正史藝文志、史志目錄、史志等と呼ばれる。周知のごとく、正史の編纂は當該王朝によってではなく、後代の王朝によって勅を奉じてなされたので、正史藝文志は大別すれば官修目錄の中に入る。官修目錄には他に、國家がその藏書機關（宋代では三館・祕閣、祕書省など）の現藏書を著錄した官藏目錄があり、また國家が自國の歴史について編纂した國史の「志」の中に設けられた國史藝文志がある。もちろん國史藝文志が國家藏書にもとづいて編まれたものであれば、これも實質は官藏目錄ということになる。この他に、國家が散佚書を搜訪するために編んだ目錄、所謂闕書目錄がある。宋代では既存の目錄をもとに、散佚書に「闕」字を注記する形で闕書目錄がたびたび編まれたが、そのうちの二種『崇文總目』・『祕書省續編到四庫闕書』（以下稱『祕書續編』）が現在まで傳わっている。この「闕」字の有無は、闕書目錄が編まれた時點における國家藏書機關の收藏狀況を反映しており、これらの目錄を利用すれば、書籍が集まっては散じていく樣子、つまり國家藏書の聚散狀況を知ることができる。そもそも國家藏書機關における書籍の聚散というものは、求書から目錄の編纂へ、目錄の編纂から書籍の散佚へ、散佚から再び求書へというサイクルを常に持つが、闕書目錄はこのサイクルを體現した、非常に貴重な資料なのであり、また、こうして集められた書籍にもとづいて、新たな官藏目錄が編まれるのである。

要するに、これらの官修目錄を中心にすえて、それらの編まれた時代背景や編纂上の特色・問題點を十分に分析・理解した上で、各目錄が互いにいかなる關係にあるかを究明してこそはじめて、どの書籍が、いつごろ、どの國家藏書機關に收藏され、それがいつ頃まで繼續して收藏されていたかなど、官修目錄の持つ情報を正確に讀み解いて、宋代の國家藏書機關における書籍の聚散狀況や、宋朝の版圖全域における書籍の流傳狀況・學術の變遷をおおよそ把握することが可能となるのである。以上に述べたところによって、宋代の官修目錄を研究することの意義が理解されよう。

ここで、主な宋代の官修目錄の性格・價値・問題點について、簡單に紹介しておきたい。

宋代の正史藝文志は一部のみ、本書の主たる研究對象である新唐志である。仁宗嘉祐五年（一〇六〇）、歐陽脩・宋祁等奉勅撰。唐玄宗の開元年間（七一三〜七四一）の國家藏書を著錄した毋煚『古今書錄』・舊唐志にもとづいた「著錄」部分と、唐宋代に書かれた唐人關連資料から著作に關する記載を拔粹したものや、當時の祕閣の藏書によって著錄したものとが渾然一體となった「不著錄」部分とからなる。しかし「著錄」部分は、纂修者の附加や誤解などによって原資料に改變が加えられたために、必ずしも開元年閒の國家藏書を正確に反映しておらず、また「不著錄」部分にはどの書がいかなる原資料によって著錄されたかについて何の注記もされていない。よって新唐志著錄書籍のうち、どの書が當時の祕閣の藏書によったものかを知りたい場合は、本書上篇や附篇で行ったような、愼重な手續きと、細心の注意が必要である。なお新唐志にも、『崇文總目』・『祕書續編』と同樣に、南宋の紹興十三年（一一四三）頃、散佚書を搜訪するために、祕書省が闕書に「闕」字を附して改定・頒布した闕書目錄がかつてあったが、現在傳わらない。

官藏目錄には著名なもので四部ある。まず『崇文總目』は、北宋仁宗景祐元年（一〇三四）以來の三館祕閣の整備事業の總括として、慶曆元年（一〇四一）、王堯臣・歐陽脩等によって奉勅撰されたものである。本書下篇で詳しく述べるが、現行本はいずれも南宋紹興十三年に祕書省が解題を削除して散佚書に「闕」字を附して改定され、同十五年頃、頒布された闕書目録に由來するものである。そのため現行本の著録書籍の下に注される「闕」字の有無を無視すれば、慶曆元年の館閣の藏書狀況、ひいては當時の學術の演變を知ることができ、「闕」字の有無に注目すれば、紹興十五年頃の祕書省における各著錄書籍の存佚狀況を知ることができる。このように、現行本からは、北宋全盛期から南宋初期の官藏書の聚散狀況をかなり正確に讀み解くことができるのである。なお『崇文總目』には二種の輯佚書、すなわち四庫全書本と、淸の錢東垣等による『輯釋』とがあるが、輯佚が不十分な上に、底本と輯佚素材との區別が分明でなく、讀む者に誤解を生じさせかねない。そのため、新たに輯佚書を作る必要がある。次に、『祕書總目』は、徽宗大觀四年（一一一〇）以來の祕書省の整備事業の總括として、政和七年（一一一七）、孫覿等によって奉勅撰され、徽宗によって命名されたものである。もともと『崇文總目』と、「祕書省續編到四庫闕書」とからなっていたと推測される(2)。『祕書總目』としては現在傳わらないが、「祕書省續編到四庫闕書」には、單行のテキストとして、靜嘉堂文庫所藏の明抄本をはじめとする諸抄本と、葉德輝の考證本（『觀古堂書目叢刻』所收）がある。これらはいずれも紹興十五年頃に祕書省が解題を削除して、散佚書に「闕」字を附して頒布した闕書目錄に由來するものである。そのため現行本の著錄書籍の下に注される「闕」字の有無を無視すれば、政和七年の館閣の藏書狀況、ひいては當時の學術の演變を知ることができ、「闕」字の有無に注目すれば、紹興十五年頃の祕書省における各著錄書籍の存佚狀況を知ることができる。このように、現行本からは、北宋末から南宋初期の官藏書の聚散狀況をかなり正確に讀み解くことができるのである。なお現在廣く流布しているテキストは葉氏考證本であるが、これを明抄本と比べてみると、一長一短、互いに誤脱・顚倒がある。また葉氏考證本には、後述するように、「祕書省續編到四庫闕書」を校勘する際、最も重要な資料となる『通志』藝文略が引かれておらず、またこの目との關係が從來から指摘されてきた『四庫闕書』（後述）についても全く引かれていない。これは葉氏考證本の大きな缺點である。そこで、『通志』藝文略や『四庫闕書』などと十分校勘した上で、新たな定本を作る必要がある。次に、『中興館閣書目』は、宋室の南渡以來の求書事業によって集められた書籍を、孝宗淳熙五年（一一七八）に陳騤等が勅を奉じて目錄に編んだものであり、南渡後最初に編まれた官藏目錄である。現在散佚して傳わらないが、その著錄書籍には、紹興十三年から十五年頃に『崇文總目』・新唐志・『祕書續編』を闕書目錄に改定して行われた求書事業によって集められた書籍がかなり含まれていたと推測される。最後に、『中興館閣續書目』は、『中興館閣書目』完成後、新たに集められた書籍を、寧宗嘉定十三年（一二二〇）に張攀等が勅を奉じて目錄に編んだものである。現在散佚して傳わらない。兩目の輯佚書には、趙士煒輯『中興館閣書目輯考』五卷・附『續書目輯考』一卷（古逸書錄叢輯之四。國立北平圖書館・中華圖書館協會、一九三三年四月）がある。

國史藝文志には北宋二部、南宋二部の計四種ある。まず『三朝國史』藝文志は、北宋仁宗天聖八年（一〇三〇）、呂夷簡等奉勅撰。「三朝」とは太祖・太宗・眞宗を指す。次に、『兩朝國史』藝文志は、神宗元豐五年（一〇八二）、王珪等奉勅撰。「兩朝」とは仁宗・英宗を指す。この兩志は、ともに現在散佚して傳わらず、またいつのどこの藏書によったかについても徵すべき文獻がないために確かなことはわからない。しかし當時の主要な國家藏書機關にして修史との關係も深い史館、或いはこれに昭文館・集賢院・祕閣を加えた三館祕閣の藏書にもとづいて編まれた可能性は十分ある。そうであれば、この兩志中には『崇文總目』と共通する部分がかなりあったとみてよいであろう。次に、『四朝國史』藝文志は、南宋孝宗淳熙七年（一一八〇）、李燾・洪邁等奉勅撰。「四朝」とは神宗・哲宗・徽宗・欽宗を指す。祕書省との關係は認められるものの、現在散佚して傳わらず、またいつのどこの藏書によったかについても徵すべき文獻がないために確かなことはわからない。その編纂は欽宗の時代を去ることすでに五十餘年の遠きにあり、當時の主要な國家藏書機關であった祕書省の藏書によったのでは、四朝の學術の變遷や著作を藝文志上に反映させることは難しいであろう。そうだとすれば、時代的に考えて、北宋最後の官藏目錄である『祕書總目』、特にこれから『崇文總目』を省いた『祕書續編』がその原資料としてふさわしいが、眞僞のほどを檢證する必要がある。なお、この三志の輯佚書としては、趙士煒輯『宋國史藝文志輯本』二卷（古逸書錄叢輯之五。國立北平圖書館・中華圖書館協會、一九三三年四月）がある。最後に、『中興國史』藝文志は、寶祐五年（一二五七）、趙汝騰・程元鳳等奉勅撰。「中興四朝」とは高宗・孝宗・光宗・寧宗を指す。いつのどこの藏書によったかは確かなことはわからないが、『文獻通考』經籍考の總序の末に近い部分に、紹定四年（一二三一）の火災によって、藏書にかなりの闕佚が生じたので、『中興館閣書目』・『續書目』の兩目と、搜訪しえた嘉定以前の書にもとづいて編んだと記されている。この一文は經籍考總序の地の文より前の部分にあることから、趙士煒氏はこれを『中興四朝國史』藝文志の總序からの引用とみなし、『中興館閣書目』・『續書目』、及び兩目未著錄の、當時祕書省に收藏されていた嘉定以前の著作が、その原資料であるとみなした。現在散佚して傳わらないが、輯佚書として趙士煒輯『宋中興國史藝文志輯佚』（『國立北平圖書館館刊』第六卷第四號、一九三二年七・八月）がある。

また宋代の官修目錄ではないが、これと密接な關係を持ち、國家藏書の聚散狀況を考える上で、大變役に立つものとして、次の諸書がある。

まず『通志』である。紹興三十一年、鄭樵の私撰。二十略の一つである藝文略は、書籍の流傳を考える際に必ずといっていいほど引かれる目錄であるが、實は必ずしも當時の現存書ばかりを著錄したものではなく、『隋書』經籍志・『崇文總目』・新唐志・『四庫書目』（『祕書續編』のこと）・民間の藏書目錄等を彙編した、いわば知見書目である。官修目錄ではないが、『崇文總目』・新唐志・『祕書續編』の南宋初めのテキストを傳えており、これらの諸書目の輯佚・校勘にあたっては大變貴重な資料となる。ただし、藝文略の著錄書籍の大部分は出典が明記されていないので、藝文略を利用する前に、これら出典不明の書籍に對し、他の諸書目と比較分析を行い、出典を特定しておく必要がある。また鄭樵は紹興十七年に祕書省の頒布した闕書目錄を用いて『求書闕記』七卷・『外記』十卷を編んだとされ、また天下古今の群籍を總じた『群玉會記』三十六卷の作もあるとされる。鄭樵が『求書闕記』を編む際に用いた闕書目錄には、時期的に見て、『崇文總目』・新唐志・『祕書續編』の三目が含まれていたと考えてよかろう。そうであれば、鄭樵が藝文略の作成に用いた三目は、『求書闕記』に用いられた三目の闕書目錄版といかなる關係にあったのか、鄭樵は本當に三目のオリジナルを見ていたのかという疑問が浮上してくる。これらは藝文略の原資料にかかわる問題であり、その結果いかんによっては、藝文略の校勘素材としての價値にも影響が生じてくる。よって、この問題の解明は是非ともなされねばならない重要な課題である。なお『通志』の校讎略は、藝文略を分析する際の重要な資料であり、かつ北宋の國家藏書機關における藏書整備事業を研究していく上で、貴重な資料を提供してくれる。

次に、『玉海』である。南宋末、王應麟の私撰。その卷三十五から卷六十三の藝文には、宋代の『崇文總目』・『中興館閣書目』・『續書目』や國史藝文志が頻繁に引用されており、宋代の官修目錄を輯佚・校勘する上で、大變貴重な資料となる。また藝文以外のところにも宋代の官修目錄からの引用が頻繁に見られるので、『玉海』全體に對して輯佚作業をする必要がある。また『玉海』中には宋代の國家藏書機關の沿革や、その藏書整備事業についても、比較的まとまった記載がある。王應麟はこれらを當時の史書等に取材していることから、『玉海』には宋代史の闕を補う資料としての價値があるのである。

次に、『文獻通考』である。元の馬端臨の私撰。その卷百七十四から二百四十九が經籍考であり、輯錄體提要を創始したものとして知られる。經籍考には、宋代の國史藝文志・官藏目錄等の官修目錄や、晁公武『郡齋讀書志』・陳振孫『直齋書錄解題』に代表される私家目錄が多數引用されており、宋代官修目錄を輯佚・校勘する上で、大變貴重な資料である。『通考』巻首の自序によれば、經籍考は、まず「四代史志」を列記し、當時傳わっていた書については、その書に關する評論を諸家書目や史傳・文集・雜説・詩話から採集し、著作の本末・流傳の眞僞・文理の純駁に言及したものをつぶさに收載し、當時散佚していた書についても、その品題を玩味し、ほんの少しでもその內容がわかるようにしたものであるという。しかし喬衍琯氏が『宋代書目考』（文史哲出版社、一九八七年四月）で分析したところによれば、經籍考の原資料は、陳振孫『書錄解題』が最も多く、晁公武『讀書志』がこれに次ぎ、さらに『崇文總目』が次ぎ、宋代の國史藝文志等はそれほど多くないといい、『通考』自序の言葉とだいぶ異なった狀況となっている。試みに、經籍考の總序の原資料について見れば、趙士煒は『宋國史藝文志輯考』・『宋中興國史藝文志輯佚』のなかで、この總序を宋代の四種の國史藝文志を綴合したものと見ている。もっとも總序自體にその出典が明記されているわけではないので、この總序が實際に四種の國史藝文志を綴合したものであったかどうかはわからないが、經籍考の原資料は必ずしも明記されているものばかりではないと考えることも確かにできるはずである。逆にいえば、明記されているものは、原資料に引用されている文獻、つまり孫引きである可能性も十分考えられるのである。この點、十分な檢討が必要である。馬端臨は經籍考中に引用される諸書目を實際に見ることができたのか、經籍考に著錄される各書籍はいかなる資料によったものであるのか、當時傳存していたのかなど檢討の餘地のある問題は多い。

次に、『宋史』藝文志である。元の脫脫等奉勅撰。宋志の總序によれば、宋代の四種の國史藝文志にはそれぞれ存佚增減があり、互いに異同があるので、その重複を削り、一つの志に合わせ、國史が著錄しない寧宗以後の書籍は、四種の國史によって經史子集に分類したとあり、その原資料が主に四種の國史藝文志を綴合したものであるかのごとく記されている。このことは、つとに、『宋史』の列傳等の纂修に國史が採用されていることが指摘されていることからも、その信憑性は高いと見られる。それにもかかわらず、その原資料については、國史藝文志說の他に、『崇文總目』等の官藏目錄によったとする說などが存在する。試みに、宋志を『崇文總目』等の現存の官藏目錄とざっと比較してみると、一致する部分もあれば、一致しない部分もあり、官藏目錄がそのまま宋志の原資料となったとは考えにくい。また宋志の著錄書籍の著作年代を各類ごとに見てみると、必ずしもいくつかの資料が階層的に排列されているというわけではなく、これらを綴合する際に、一つの目錄としての體裁を整えるために、著錄書籍の成書年代・內容・形態などによって再整理された痕跡が見られるところもある。よって、かりに宋志が官藏目錄・國史藝文志のいずれを綴合したものであったとしても、どの書籍がどの目錄によったかを具體的に特定することは容易なことではない。そうはいうものの、宋志の著錄書籍が宋代の國家藏書に由來すること自體に間違いはないので、その原資料や纂修方法さえ解明されれば、宋代の官修目錄の研究にとって、宋志の重要性が一層增すことは疑いない。なお陳樂素氏畢生の勞作『宋史藝文志考證』が、子の陳智超氏の整理を經て、二〇〇二年三月に廣東人民出版社から刊行された。そのなかの「研究札記目錄」は陳樂素氏の宋代書目研究の精髓というべきものである。今後の宋代官修目錄研究は、必ず陳樂素氏の研究成果を踏まえた上でなされなければならない。

最後に、「四庫闕書」である。明の永樂五年（一四〇七）、解縉等によって勅を奉じて編纂された『永樂大典』には、「四庫闕書」の名のもとに宋代以前の書籍が數多く記載されていたらしく、淸代になると、高宗期・宣宗期の二度、それぞれ異なる人物によって『大典』からの拔粹・輯佚が試みられた。一人は翁方綱であり、もう一人は、『大典』によって『宋會要輯稿』などの輯佚書を編んだ徐松である。これまで「四庫闕書」といえば、徐松の輯佚書がわずかに知られていたにすぎず、また現存の『大典』には「四庫闕書」を引いた部分を含む册が殘っていないこともあって、本目が、いつの、いかなる目錄であるかについては、これを『祕書續編』のことであるとする徐松の說が鵜呑みにされてきた。ところが、つい最近、もうひとつの「四庫闕書」が日の目を浴びた。それは、翁方綱が四庫全書館で、『崇文總目』を四庫全書に收録するために、『大典』から『崇文總目』に關連する箇所を輯佚していた時に、その資料として「四庫闕書」を『大典』中から抜き書きしたものであり、二〇〇〇年十月に上海科學技術出版社によって影印刊行された『翁方綱纂四庫提要稿』第十三册「崇文總目」條に收録された。兩本を比較してみると、徐松輯本は、經史子集が揃っているものの、朱彝尊『經義考』所引の『祕書續編』をこの書のことと勘違いして、『經義考』の引文を「四庫闕書」の各類に妄りに加えたほか、「四庫闕書」本來の分類を妄りに改めてしまうなど、徐松による加工のあとが散見し、その舊態をどの程度とどめているかは疑問である。これに對し、翁方綱本は、經史二部の地理類の途中までしか殘っていないものの、所引の「四庫闕書」が『大典』の第何卷にあるかを逐一注記するなど、徐松輯本に比べ、その舊態を推知する手がかりが殘されている。注目すべきは、徐松輯本には『祕書續編』と一致する部分が多いのに對し、翁方綱本では『崇文總目』と一致する書籍がその大部分を占めていて、同じ『大典』にもとづくものでありながら、兩本の著錄狀況がかなり異なっている點である。ただし兩本を子細に見てみると、『崇文總目』・『祕書續編』以外にも、新唐志・『祕書續編』・宋志といった宋代の國家藏書を著錄した目錄と一致する部分もまま見受けられるから、「四庫闕書」が宋代の國家藏書と密接な關係を有することは疑いない。また兩本ともに、その著錄書籍にまま「闕」字が注記されているので、本來は闕書目錄として用いられていたか、既存の闕書目錄を綴合したかしたものであったと推測される。このように、「四庫闕書」は宋代官修目錄の校勘素材として有用な上に、闕書目錄としての面も備えていることから、宋代の國家藏書の聚散を考える上で非常に貴重な資料となるはずである。ただし、これがいつ、どこで、誰によって、何の目的で、いかにして編まれたものであるかはほとんど明らかにされていない。そのために、校勘素材としてどの程度の價値を持っているか、いつの國家藏書の聚散狀況を記錄したものであるかが判然とせず、いまだ十分に活用されているとはいえない狀態にある。よって、この目錄を用いる前提として、その素性を是非とも洗い出しておく必要があるのである(3)。以上が、「四庫闕書」の性格・價値・問題點である。

以上のように、宋代の官修目錄はそれぞれが多種多樣な性質・價値・問題點を持っている。さらに一つ附け加えるならば、宋代の官修目錄に限ったことではないが、目錄を扱う上で注意しなければならないのは、本文の校勘の問題である。目錄には、その性質上、漢數字が多用され、また書籍を列記するだけで文章としての前後關係があるわけではない上に、箇條書きにされることが多いために、流傳の過程で誤脫が生じやすく、その結果、テキスト間に異同が生じやすい。そこで、各官修目錄の、現代に至るまでの流傳狀況を明らかにし、そのうち現存するものについては、その中から善本を選んで諸本と校勘し、定本を作成しておく必要がある。しかしながら、この方面の成果はあまりあがっていないのが現狀である。このような狀況であるにもかかわらず、多くの研究者はこのことをほとんど自覺することなく、宋代における書籍の流傳に關する情報源として、これらを誤ったまま利用してしまっていることが少なくない。よって、これらをより正確に、かつより有効に利用できるようにするために、宋代の官修目錄の研究がいかに重要であるかが理解されよう。

さて、本書は以上のような問題意識を持って、宋代の官修目錄のうち、いずれも北宋の編にかかわる新唐志・『崇文總目』・『祕書續編』の三目について檢討した。ここで、本書の構成と各篇章の檢討課題について概說しておく。

上篇　新唐書藝文志釋氏類の研究

新唐志は、舊唐志の不備―開元年間以後の書籍を著錄しない―を補い、正史藝文志としての體裁を整えたものであり、開元年間の藏書を著錄した、所謂「著錄」部分と、それ以後の唐人の著作を補った、所謂「不著錄」部分とからなる。ところが新唐志の「著錄」部分は舊唐志と必ずしも一致せず、またその「著錄」部分・「不著錄」部分の所據資料、纂修當時の散佚書も明記されていない。なおかつ、これらの問題點に答えるような補注・考證の類が新唐志には不足している。これらは新唐志の著錄書籍の來歷に關わる問題であり、新唐志の利用上、無視することのできない性質のものである。まず「序章」では、これらの問題點が先行研究によってどの程度解明されているかを整理した上で、その解明のための方法を考究し、さらに子錄釋氏類を研究することの意義を論じる。次に、「第一章　釋氏類と『舊唐書』經籍志」では、唐宋代の中國撰述佛典を用い、新唐志釋氏類「著錄」部分と舊唐志との閒に異同が生じた原因を究明するとともに、「著錄」部分が何を所據資料として、いかに纂修されたかを考察する。次に、新唐志の「不著錄」部分の所據資料と纂修方法については、『舊唐書』列傳・『崇文總目』等が用いられたとの指摘があるものの、そのほとんどがいまだ解明されていない狀況にある。そこで第二章から第四章までは、この問題を解明するための第一歩として、唐宋代の中國撰述佛典や官修目錄を驅使して、新唐志釋氏類「不著錄」部分が、何を所據資料として、いかに纂修されたかを考察する。「第二章　釋氏類と『大唐內典錄』・『續高僧傳』」では、釋氏類「不著錄」部分を唐宋代の中國撰述佛典と比較すると、唐の道宣『大唐內典錄』・『續高僧傳』と一致する部分がかなりあることから、釋氏類がこの二書を所據資料に用いたことを檢證すると同時に、これらを所據資料として釋氏類がいかに纂修されたかを考察する。さらに唐玄宗開元年閒以後の著作を補う目的で作成された「不著錄」部分に、高宗期に撰述された『大唐內典錄』・『續高僧傳』が使われた理由についても考察する。また「不著錄」部分の所據資料に『崇文總目』が用いられたとする從來の通説は、『崇文總目』が新唐志纂修當時の最新の國家藏書目錄であり、また新唐志の纂修者歐陽脩がかつて『崇文總目』の纂修にも參加していたために生じたものと考えられるが、實際に兩目錄を比較してみると、新唐志の「不著錄」部分が『崇文總目』を所據資料とした可能性のある部分は、「不著錄」部分全體の二割ほどにすぎず、しかも、その中には書名・卷數に異同のあるものをかなり含んでいる。そこで「第三章　釋氏類と宋代の國家藏書」では、新唐志釋氏類と『崇文總目』の中國撰述佛典とを比較し、兩目が實際にいかなる關係にあったのかを検討し、その上で「不著錄」部分の所據資料について考察する。第二・三章の検討によって、新唐志釋氏類の「不著錄」部分のうち、全百四十部中、百十部の所據資料が解明されることになるのであるが、三十部の所據資料はいまだ解明されていない狀態にある。「第四章　釋氏類とその他の資料」では、殘りの三十部の未解明部分について、『舊唐書』の經籍志以外の部分や、宋初の禪宗史書『景德傳燈錄』等の記載狀況と比較検討することによって、それぞれの所據資料について考察する。次に、第四章までは、唐宋代の中國撰述佛典や『崇文總目』・『舊唐書』等を用いて、新唐志釋氏類が、何を所據資料として、いかに纂修されたかを考察してきたのに對し、「第五章　歐陽脩の排佛と『新唐書』藝文志釋氏類の纂修」では少しく視點を變え、その纂修者歐陽脩の思想から新唐志の纂修をめぐる問題の解明を試みる。周知の如く歐陽脩は非常に多才な人物であり、様々な分野で畫期的な活躍をしたが、そのうち釋氏類との關係が注目されるものとして、その排佛思想が擧げられる。これと新唐志の纂修とがいかなる關係にあるのかは、新唐志の資料的價値にかかわる問題であり、新唐志を利用・研究していく上で是非とも知っておかなければならない問題のひとつである。第五章では、釋氏類の纂修に排佛思想の影響が見られるか否かを検討することを通して、歐陽脩が新唐志の纂修にいかなる態度で臨んだかを考察する。最後に、「終章」では、第一章から第五章の検討によって「序章」で擧げた新唐志の問題點がどの程度解明できたかを總括し、さらに、その結果明らかとなるであろう新唐志の資料的價値などについて考察する。

下篇　北宋官藏目錄の研究

「第一章　『崇文總目』――その編纂から朱彝尊舊藏抄本に至るまで」・「第二章　『崇文總目』の抄本と輯佚書についての兩章は、新唐志釋氏類の纂修と密接な關係を持つといわれる『崇文總目』について研究したものである。

『崇文總目』は北宋仁宗慶暦元年の三館・祕閣の藏書をもとに作られ、本來は敍釋と解題があったが、南宋の紹興十三年頃に散佚書を捜訪するために、これらを削除した改定本が作られた。現在はこの紹興改定本が傳わるのみであり、清代に入ると盛んに傳寫され、これをもとに他文獻から敍釋・解題を輯佚した四庫全書本と『崇文總目輯釋』とが作られた。しかし四庫全書本は底本や纂修方法に關する『四庫全書總目提要』の記載に混亂があり、また『輯釋』との間にも異同が多い。第一章では、『崇文總目』の編纂過程、及び卷數・敍釋・解題をめぐる諸問題や、紹興改定本と、その現存最古の抄本である天一閣藏の明抄本について概觀した上で、朱彝尊舊藏抄本の傳抄の經緯や、その他若干の興味深い問題について考察する。また第二章では、諸家の目錄に見える抄本が紹興改定本をもとにいかに流傳してきたかを系統的に整理し、二種の輯佚書がどの抄本を底本に、いかに纂修されたかを考察する。「第三章　『祕書省續編到四庫闕書』の成書と改定」は、『祕書續編』について研究したものである。「祕書省」の名からも察せられるように、この目錄は宋代の官修目錄であることに違いないが、その書名からして不可解な目錄である。現行本を見ると、各卷頭書名の下に「紹興□年改定」の語がある。「改定」というからには、そのもとになったテキスト、原本があったはずである。しかし原本については、宋代以降、現在に至るまで、その存在に言及されることさえほとんどなく、むしろ改定すなわち成書とみなされていたふしがあり、その成書から改定に至る經緯は必ずしも明らかにされていない。そこで第三章では、『祕書續編』の成書と改定の經緯を解明し、それによって、これがいかなる書誌情報を持つ目錄かを明らかにする。

附篇　新唐書藝文志子錄釋氏類輯校

本篇は、新唐志釋氏類の各著錄書籍の所據資料を解明するために作成した資料集であり、その目的とするところは、上篇第一章から第四章と同じである。ただ上篇が各著錄書籍を同一資料にもとづいたと推定される部分ごとに分けて、どちらかといえば總體的に考察したのに對し、本篇では各著錄書籍ごとに分けて、個別的に、より詳細に考察し、上篇ではほとんど言及しなかった著錄書籍についても論じている點に特徴がある。

以上のように、本書は、上篇七章・下篇三章・附篇から構成される。要約すれば、本書は、新唐志の釋氏類という佛教典籍を著錄した類に着目して、これが、いつの、いかなる資料に基づいて、いかなる方法で編まれたものであるかを考察することによって、新唐志の持つ書籍の流傳に關する情報を正確に讀み解くための方法を模索したものであり、宋代の政府が當時傳存していた書籍や、書籍に關する情報を、いかに收集・整理したかを究明し、宋代の官修目錄の分析を通じて、當時の書籍の流傳・聚散の狀況、ひいては學術の變遷を明らかにせんとしたものである。

このような宋代書籍目錄の研究は日本ではあまり活發ではなく、中國では、故陳樂素氏をはじめ、陳尚君・張固也・王新華・李南暉諸氏、臺灣では喬衍琯・劉兆祐兩氏が精力的に研究しているものの、依然未解明の問題や誤解されている點が多く、また新唐志そのものにはほとんど手が及んでいない。そのために、多くの研究者は、原資料等が明らかでないので扱いにくいとして新唐志を敬遠するか、もしくは新唐志にこれらの問題點があることをほとんど自覺することなく、北宋全盛期の書籍の流傳狀況を傳える目錄と誤解したまま利用してしまっていることが少なくない。そうはいうものの、新唐志は北宋の全盛期に編まれた官修目錄であり、あらゆる分野の書籍を著錄する。それゆえに、その原資料や編纂方法さえ解明できれば、哲學・宗教・歷史・地理・文學・言語・醫學等の、樣々な分野の中國學研究者にとって大變有用なものとなるはずであり、これは單なる書籍目錄の研究にとどまらず、中國學の根幹にかかわる重要な研究であるといえる。本書は、新唐志中の釋氏類というわずか一類を對象にした研究ではあるが、その原資料・編纂方法・時代背景などをあらかた解明することができた。ここで、本書の研究成果を使って、新唐志の釋氏類に著錄される書籍が持つ情報を正確に讀み解くためには、いかなる手續きが必要なのかを、具體的な實例を擧げて示しておきたい。

新唐志釋氏類は、その著錄內容によって、樣々な中國撰述佛典の成立・流傳の狀況をめぐる論爭の原因をしばしば作り出してきたが、「不著錄」部分に著錄される「宗密禪源諸詮集一百一卷」は、その最も顯著な例のひとつである。この書は宗密が禪門諸家の文字・句偈を寫錄して一藏に集め、後代に殘そうとしたものであり、本來「都序」二卷と本文からなり、本文の方は百卷とも、百三十卷とも、百六十卷とも傳えられ、もし現存していれば、唐宋代の禪宗史研究にとって非常に貴重な資料となるにちがいない。ところが、現在傳わるのはその「都序」のみであり、本文の方は、その文句が文獻に引用されるなどした形跡すら殘っておらず、「都序」の流行ぶりと非常に對照的である。そのために、本文は實際には書かれなかったとの說や、書かれはしたが早くも會昌排佛頃に散佚したとの說などがこれまでに提出され、その流傳狀況に關心が集まっている。そのなかにあって、北宋仁宗嘉祐五年に編まれた新唐志が百一卷と著錄することは、「禪源諸詮集」の流傳の狀況を考える上で、重要な爭點のひとつとなってきた。なおかつ、この書の新唐志の著錄內容は、新唐志の纂修方法を極めて特徴的に體現しているものであるので、この書を新唐志の讀み解き方の具體例として擧げることにする。

まず注目すべきは、この書が舊唐志には著錄されず、新唐志の「不著錄」部分に著錄されることである。そもそも舊唐志は唐の毋煚が玄宗開元年間に當時の國家藏書にもとづいて編んだ『古今書錄』四十卷の解題を削除して編まれたものである。よって、舊唐志に著錄されないということは、開元年間以前の著作の場合、開元年間の國家藏書機關に所藏されていなかったことを示すが、ここの場合、宗密は德宗建中元年（七八〇）生まれであるから、その著作が著錄されないのは當然である。そこで「禪源諸詮集」がいかなる資料にもとづいて著錄されたのかが問題となる。

重要な點は、この書が新唐志纂修當時の國家藏書機關である三館祕閣に一度でも收藏されたことがあったか否かである。新唐志の前後に編まれた官藏目錄を見ると、『崇文總目』釋書中には「禪源諸詮集二卷」、『祕書續編』子類釋書には「禪源諸詮集三卷」と著錄され、また宋代の國家藏書に由來する宋志子類釋氏類には「僧宗密禪源諸詮二卷」と著錄される。『崇文總目』・『祕書續編』・宋志著錄本にはいずれも「都序」の二字はないが、その卷數から推せば、「都序」であろう。これに對し、新唐志が著錄する百一卷のテキストは、「都序」と本文を著錄したものと見られるから、新唐志はこの書を宋代の國家藏書によって著錄したのではない可能性が高いことになる。また通志略釋家詮述には新唐志と同じく「禪源諸銓集一百一卷、唐僧宗密撰」が著錄されるが、これは、先述した通志略の性格から考えて、通志略が新唐志にもとづいて著錄したものとみなされる。よって通志略は新唐志の校勘素材としての價値は高いものの、南宋初における流傳狀況を反映するものではなく、百一卷の「禪源諸詮集」という卷數は新唐志以外に見られないことになる。このような狀況を、單に文獻記載の上では傳わっていないだけとみなし、當時百一卷本が傳存していて、新唐志纂修者は何らかの形でこれを見たにちがいないと早合點したのでは、新唐志が純然たる官藏目錄でない以上、新唐志の持つ情報を讀み違えることになりかねない。その證據に、楊億が『武夷新集』卷七の「佛祖同參集序」中で、「禪源諸詮集」について「歷歲彌久、都序僅存、百卷之文不傳於世。」と述べているのによれば、北宋眞宗の頃には、この書の本文は國家藏書機關はおろか民間にもすでに傳わっていなかったのである。

そうはいっても、新唐志といえども何もないところから著錄するはずはないのであるから、もとになった資料が必ずあるはずである。そこで唐人の著作について記した資料を涉獵していくと、新唐志とよく似た記載が北宋眞宗景德元年成の道原『景德傳燈錄』中に見られることがわかる。すなわち卷十三終南山圭峯宗密禪師章の「師以禪教學者互相非毀、遂著禪源諸詮、寫錄諸家所述、詮表禪門根源道理文字句偈、集爲一藏、以貽後代。」という一文であり、これに續けて「都序」が略引され、また「集爲一藏」の下には「或云一百卷。」との自注がある。ただし、よく似ているとはいっても、巻數には一巻の差があり、書名には「集」字がなく、新唐志がこれによったかどうかを判斷するには、さらなる檢證が必要である。その際に有效なのは、新唐志釋氏類全體を、『景德傳燈錄』の諸章中に記載される唐人の著作全てと比較する作業である。この作業を行ってみると、新唐志中には『景德傳燈錄』記載の唐人の著作がかなりの確率で、しかもほぼ同じ順番で著錄され、なおかつ、そのなかには當時の通行本と書名・巻數が異なり、『景德傳燈錄』とのみ一致するものも含まれていて、ひどいものになると、『景德傳燈錄』が一群の著作の總稱として擧げた部分を、新唐志が一つの著作として著錄する例などが見られる。このような狀況は、新唐志が『景德傳燈錄』をその原資料に用いたことを裏附けるものである。この時點で、新唐志著錄の「禪源諸詮集」が『景德傳燈錄』によった可能性がやや高まってくるのであるが、まだ巻數と書名の問題が殘っている。この問題を解決するには、新唐志中からこれと同樣の例がないかを探してみるのが有效である。

調べてみると、書名については、『續高僧傳』巻三釋慧淨傳の「淨當其集、筆受大莊嚴論、詞旨深妙、曲盡梵言、宗本旣成、幷續文疏爲三十卷。」という一文に對し、新唐志が文脈から「大莊嚴論」と「文疏」を繫げて、書名として著錄した例がある。「禪源諸詮集」の場合も「遂著禪源諸詮」と「集爲一藏」とを繫げて「禪源諸詮集」とした可能性が十分考えられるのである。また巻數については、新唐志中には、『景德傳燈錄』がある著作を全文引用した部分を、新唐志が一巻と數えて著錄したと思われる例が他にも見られ、また、これと類似した例として、『景德傳燈錄』の記載から、巻數に言及しない著作を著錄する際に、一巻という巻數を妄りに加えてしまう例がまま見られる。これらの巻數は往々にして當時通行したテキストや文獻上の記載と異なっており、新唐志による附加であることを裏附けている。「禪源諸詮集」の場合も、『景德傳燈錄』中の「都序」の引用文を一巻とみなしたと見ることが十分可能なのである。

以上、(一)新唐志纂修當時、國家藏書機關にも民間にも「禪源諸詮集」の本文が傳わっていなかったこと、(二)新唐志と類似した記載が『景德傳燈錄』にのみ見えること、(三)『景德傳燈錄』には新唐志の原資料に用いられた部分が他にもたくさんあること、(四)新唐志「禪源諸詮集」の著錄內容は『景德傳燈錄』の記載內容と若干の異同が見られるものの、他の『景德傳燈錄』からの轉錄部分や、『續高僧傳』からの轉錄部分にもこれと同樣の異同が見られることから、それが轉錄の際に目錄としての體裁(書名・卷數の完備)を整えるために便宜上加えられた措置によって生じたものであると認められること、の諸點から、新唐志の「禪源諸詮集」は、『景德傳燈錄』中の「都序」の引用文一卷に、その自注の「一百卷」を加え、「一百一卷」として著錄した可能性が高いことが明らかになるのである。

この結論が、「禪源諸詮集」の流傳狀況に關する議論に對して、いかなる影響を與えるかというと、まず新唐志著錄本が當時の傳本によるものでないことが明らかになったことで、宋代の寫本などの現物でも發見されない限り、この書の本文が北宋、或いは南宋の初めまで傳わっていた可能性が完全に否定されたことである。これは、つまり宋代の僧侶や士大夫がこの本文を見ていなかったことを示すものであって、當時彼らが見られたのは「都序」だけだったのであり、すでに現在と同じ狀況にあったということである。この事實は、宋代の禪思想硏究にとって一定の意義を持つものであろう。また宋代における流傳が否定されたことは、かつて本文が存在したという形跡がまたひとつ失われたということであり、本文が實際には書かれなかったとする說の信憑性を、條件的に高めることにもつながるものである。

この「禪源諸詮集」の例からもわかるように、新唐志釋氏類は、その著錄內容によって、樣々な中國撰述佛典の流傳の狀況をめぐる論爭の火種となってきたが、新唐志を論爭の俎上に載せるためには、新唐志の持つ情報を正確に讀み解くことが前提であり、それには、ここに例示したような繁雑な手續きを經なければいけないのである。ゆめゆめ新唐志の著錄内容を鵜呑みにして、この書がこのような形態で存在した時期があったと卽斷してはいけないのである。

本書は、あくまで宋代官修目錄研究の出發點であり、ここで取り扱った目錄は新唐志・『崇文總目』・『祕書續編』の、わずか三書である。しかも新唐志は全四十四類中の道家類に附屬する一小類にすぎない釋氏類を對象にしたものであり、後二者に關しても、その成書をめぐる問題やテキストについて論じたにすぎず、きわめて限定的な研究である。今後は、新唐志の他の類や、南宋の目錄をも視野に入れ、各目錄が互いにいかなる關係にあるのか、國家藏書がいかに聚散し、宋代の學術がいかに變遷していくかを解明すると同時に、各目錄の定本や注釋を作成していきたい。

目錄學は前漢末の劉向・劉歆に起こり、南宋の鄭樵によってはじめて理論化され、淸代には章學誠によってさらに理論的に深められた。この學問は、目錄・輯佚・校勘の學と併稱されることからも明らかなように、目錄によって學術の變遷やテキストの流傳・存亡を調べ、佚文を輯集し、諸本との校勘によって定本を作成して、はじめて完成するものであり、學問の入り口にたどりつくための道標とも評されるように、中國の學問の根幹を支えてきた。本書で行ったのは、いわば目錄のための目錄學とでも呼ぶべきものであって、目錄學の最も基幹となる書籍目錄に對し、目錄學の方法を用いて目錄・輯佚・校勘の作業を行い、目錄をいかに讀み解くべきかを追究したものである。本書の研究によって、新唐志という目錄の性質や、各著錄書籍の宋代における流傳狀況などがだいぶ解明されたが、欲を言えば、ここからさらに先へ進んで、各著錄書籍に對し、綿密な輯佚作業・版本調査・諸本の校勘などを行うことができたならば、本書の價値はもっと優れたものとなったにちがいない。しかしながら、釋氏類だけでも百八十部あまりの書籍が著錄されるために、そのひとつひとつを調査・研究していくことは、多くの時間と勞力を要し、個人の力ではなかなか難しい。そこで個々の書籍の研究については、ひとまず附篇の注に先行研究を紹介することでよしとせざるをえなかった。よって本書の成果を用いて、各書の輯佚・校勘に着手していくことも、今後の大きな課題として殘っていることを肝に銘じておきたい。

淺學菲才の身を顧みれば、中國固有の學問として名高い目錄學に挑むのは、もとより無謀の譏りを免れないであろうが、本書の研究方法や成果が、中國學の諸分野において、新唐志各類をはじめとする宋代の官修目錄に著錄される書籍の持つ情報を正確に讀み解く際の參考となって、多少なりとも中國學の進展に寄與できればと奮起し、本書の刊行に踏み切った次第である。中國佛教や東洋史の専家の方から見れば、至らない點も多いものと思われる。切に諸賢の御指正を御願いしたい。

なお本書中では、『新唐書』藝文志には「新唐志」、『舊唐書』經籍志には「舊唐志」の略稱を用いた。このことについては、以下の各篇章で一々ことわることはしない。

注

（1）　井上進『中國出版文化史――書物世界と知の風景――』（名古屋大學出版會、二〇〇二年一月）、一七五頁を參照。

（2）　『祕書續編』は、從來南宋の紹興年間に闕書目錄として編まれたものと一般に認識されていた。これが北宋政和七年に編まれた『祕書總目』の一部であり、祕書省の藏書にもとづくものであることは、本書下篇第三章で明らかにしたことである。なおこの第三章は、もともと二〇〇二年六月に『東方學』第百五輯に投稿し、次號の第百六輯（二〇〇三年七月）に掲載された論文を再錄したものであるが、その投稿後、『史學史研究』二〇〇二年第二期（同年六月發行）に掲載された吉林大學古籍所の張固也氏の「高峻『高氏小史』考」なる論文中に、王新華氏の碩士（修士）論文『祕書省續編到四庫闕書』初探』（吉林大學古籍所、一九九九年打印本）が引用され、『祕書續編』について、『崇文總目』の成書後に祕書省に續々と收藏された書籍を登錄して編んだものであると解說してあるのを目にした。ただちに詳細を知りたいと思い、王新華氏の論文が何らかの形で公表されていないか調べたが、結局見つからなかった。その後、本書の校正の大詰めに入っていた時、偶々手にした張固也氏の論文「唐代佚著考證釋例」（『唐研究』第七卷、北京大學出版社、二〇〇一年十二月）の注［5］に、王新華氏の碩士論文がやや詳しく引用されていた。そこには、『祕書續編』について、『崇文總目』の成書後に祕書省がさらに續々と搜し求めた四庫原闕の書籍の目錄であり、大體徽宗大觀年間の成書であると記されていた。大觀年間の成書とする根據は、拙論でも指摘したように、おそらく史部刑法類に「大觀學制勅令格式三十五卷」が著錄される點あたりにあろう。『祕書續編』を、北宋に編まれた四庫原闕の書籍の目錄と考える點は、拙論と軌を一にするものであるが、『祕書總目』との關係については、張固也氏の注を見る限り、何も言及していないようである。そうはいうものの、王新華氏の碩士論文は一九九九年のものであり、拙論よりも數年早い。よって本來であれば、下篇第三章に王新華氏の說を取り入れるべきであったが、詳細がわからないこともあって、あえて舊稿に手を入れず、ここに注記するに留めた。

（3）　徐松輯『四庫闕書』については、王新華氏に「宋代兩種求闕書目成書先後考」（『古籍整理研究學刊』一九九九年第五期、一九九九年九月）がある。そのなかで王新華氏は、徐松輯本中の著錄書籍の成書年代から徐松輯本自體の成書の上限を南宋光宗紹熙年間（一一九〇〜一一九五）と確定している。しかしながら、この論文は、『翁方綱纂四庫提要稿』が影印刊行されるよりも前の作であるために、翁方綱本への言及はない。よって翁方綱本を用いてその結論を再檢證する必要がある。なお、この論文の主題は、宋代の二種の闕書目錄、『四庫闕書』と『祕書續編』との成書の前後の問題を論じたものであり、後者の闕書目錄としての成書年代を紹興十三年から十七年の間と結論している。この論文は、注（2）に擧げた同氏の碩士（修士）論文と同樣、一九九九年九月に發表されたものであるから、本來ならば、この『祕書續編』に關する王新華氏の說を本書下篇第三章に取り入れるべきであった。しかし、この論文の存在を、中國學術雜誌データベース、「中國學術期刊」（ＣＮＫＩ）によって知ったのが二〇〇三年六月のことであり、さらに實際に現物を入手したのは七月中旬であった。このとき、すでに本書の索引作成に入っており、本文を書き改めることが困難状況にあった。このような事情で、王新華氏の說については、ここに注記するに留めた。

上篇　新唐書藝文志釋氏類の研究

序章

中國目錄學は、清代の學者王鳴盛が『十七史商榷』卷一「史記集解分八十卷」條に、

目錄之學、學中第一緊要事、必從此問塗、方能得其門而入。然此事非苦學精究、質之良師、未易明也。（目錄の學は、學問の中で第一に重要な事であり、必ずこれによって道を問うてこそ、はじめてその門を見つけて入っていくことができるのである。しかしながらこの事は一心かつ綿密に調べ上げ、優れた師に問いただすのでなければ、明らかにすることは容易ではない。）

と述べているように、中國學を研究する上で基本的、かつ重要な學問である。よって時代の如何を問わず、ある時代の學術を研究する際、その時代の書籍を著錄した目錄は必要闕くべからざる資料の一つとなる。本篇で取り扱う『新唐書』藝文志（以下「新唐志」）も、唐代の學術を研究する上で必要闕くべからざる資料となっている。ただし新唐志にはよくわからない部分が多く、これまでは、數ある書籍目錄の中でも極めて取り扱いにくい部類に入るとされてきた。そこで本篇では、唐宋代の書籍目錄について、どの目錄の、どの部分が、いつの、如何なる資料に基づいて、如何なる方法で編まれたものであるか、また各目錄が互いにどのような關係にあるのかにも注意を拂い、當時の書籍目錄が持つ情報を正確に讀み取るための方法を模索しつつ、新唐志の、特にその釋氏類に着目して、これが如何なる

資料にもとづいて、如何に纂修されたかを解明してみたい。そのために、まず本章では、新唐志が持つ問題點と、それが先行研究によってどの程度解明されているかについて概述を試みたい。

第一節　『新唐書』藝文志の問題點

新唐志は、『漢書』藝文志・『隋書』經籍志・『舊唐書』經籍志（以下「舊唐志」）に繼ぐ中國目錄學史上第四番目の正史藝文志である。舊唐志と新唐志はともに唐代の正史藝文志であるが、その內容はかなり異なったものとなっている。その原因は、兩唐志の纂修(1)方法の相違にある。

『舊唐書』は、後晉出帝の開運二年（九四五）に完成し、劉昫等によって上進された。その經籍志は、唐開元年間（七一三〜七四一）に毋煚によって編まれた『古今書錄』四十卷の小序・解題を刪略して二卷に短縮したものである。しかし舊唐志は開元年間の藝文の盛んさを表彰するという名目で、それ以後の唐人の著述は列傳に附して四部の內に混じえなかった。そのために一代の藏書を著錄するという從來の正史藝文志の役割を果たしていない。この舊唐志の不備を補うために、新唐志は纂修されたのである。

『新唐書』の纂修には、宋祁・歐陽脩といった博學多識で知られる人物が參加し、北宋仁宗の嘉祐五年（一〇六〇）に完成・上進された。その藝文志は、『古今書錄』、或いは舊唐志を基礎にしつつ、開元年間以後の唐人の著作を新たに補ったものであった。その際、『古今書錄』、或いは舊唐志に據った、所謂「著錄」部分と、唐人の著述を補錄した、所謂「不著錄」部分とが區別できるように、後者の開始位置を、各類の計卷部分に「…以下不著錄…」と明記した。

このように、舊唐志の不備（開元年間以後の唐人の著作を著錄しない）を補い、正史藝文志としての體裁を整え、さらに、その補った部分がどこからかを明記した點に、新唐志の資料的價値を見出すことができる。ところが新唐志にはこれらの資料的價値と相表裏して、それらを低めかねない問題點が存在する。それは一言で言えば、新唐志著錄書籍の來歷の不明瞭さである。

まず新唐志は、「著錄」部分が如何なる資料によったのかについて明記していない。記されているのは、その總序に「而藏書之盛、莫盛於開元、其著錄者、五萬三千九百一十五卷。」とあるように、開元年間の藏書五萬三千九百十五卷に據ったということだけである。これによれば、その藏書は『古今書錄』と同時期のものであり、その總著錄卷數は舊唐志總序が記す『古今書錄』の總著錄卷數五萬千八百五十二卷（舊唐志同じ）と、二千卷餘の差があるにすぎない。これらの點を勘案すれば、「著錄」部分の所據資料は、『古今書錄』、或いは舊唐志のどちらかをベースにしたものであると推測される。このうち『古今書錄』はすでに散佚して傳わらない。そこで『古今書錄』の删略本である舊唐志を用いて新唐志「著錄」部分と比較してみると、兩唐志の著錄狀況は完全には一致していない。これは、兩唐志の總著錄卷數に二千卷餘の差があることと關係があると見られるが、「著錄」部分の所據資料が何であるかという問題とも密接に絡んでくるので、その異同が生じた原因について詳しく調べてみる必要がある。また「不著錄」部分が如何なる資料によったのかについても、その總序に「而唐之學者自爲之書者、又二萬八千四百六十九卷。」とあるだけで、明記されてはいない。さらに總序に、

今著于篇、有其名而亡其書者、十蓋五六也、可不惜哉。（いまこの篇（藝文志）に著錄したもののうち、その名目があってもその書が亡われているものは、全體の大體五、六割であり、なんとも殘念なことである。）

とあるように、新唐志にはその纂修當時の散佚書がかなり著錄されているという。そもそも散佚書の著錄自體は、唐

代の書籍の編纂狀況を知る上で大變重要であるが、どれが散佚書であるか、また如何なる資料によって著錄したかを注記していない(2)。以上の點は、新唐志を利用して唐宋代における唐人の著述の流傳・散佚の狀況等を知ろうとする際、大きな障害となる。

また以上のような問題點を持ちながら、新唐志には補注・考證の類がほとんどなく、清代より盛んとなった補史藝文志には、新唐志の不備を補ったものはあるものの、新唐志自體を對象にしたものはほとんどない(3)。これは、梁啓超が『圖書大辭典簿錄之部』(4)「新唐書藝文志考證四卷」條に、

吾常感諸史藝文志以兩唐書缺憾爲多。淸代學者於各史多有補志或考證、獨唐闕如、甚可怪。後有好古者能試從事焉、實一不朽之業也。(わたしはつねづね諸史の藝文志のなかでは兩唐書に不十分な點が多いと感じていた。淸代の學者は各史に對して補志や考證をたくさん作ったが、唐のみ闕如していることは、なんとも奇怪である。今後、古を好む者が試みにこの仕事をすることができれば、まことに不朽の業績である。)

とすでに指摘しているように、同じ正史藝文志である『漢書』藝文志・『隋書』經籍志には幾度となく補注・考證の類が作られたのと對照的であり、新唐志の資料的價値を低める最も大きな要因となっていると思われる。

つまり新唐志が持つ問題とは、「著錄」部分が舊唐志と必ずしも一致せず、またその「著錄」部分・「不著錄」部分の所據資料と、纂修當時の散佚書が明記されておらず、なおかつ、これらに答えるような補注・考證の類が不足している點にあるといえる。これらは新唐志の著錄書籍の來歷に關わる問題であり、新唐志を利用する上で、無視することのできない性質のものである。そこで、これらの問題點が現在どこまで解明されているかを明確にするために、新唐志に對する先行研究を紹介・整理しておく必要がある。

第二節　『新唐書』藝文志研究の現狀

新唐志には、舊唐志と合併させることで兩唐志の參照の便を圖り、その利用價値を高めようという試みが、早くも宋室南渡前後の頃より現れ、淸代以降になると、やや活況を呈してくる(5)。

宋の李繪『唐書補注』二百二十五卷。南宋の高似孫『史略』卷二・王應麟『玉海』卷四十六藝文正史「唐書・嘉祐新唐書」條に見え、『宋史』藝文志史類正史類は「補注唐書」に作る。李繪は、北宋徽宗宣和年間（一一一九～一一二五）の進士。『史略』卷二等によれば、この書は『舊唐書』を『新唐書』に照らし合わせ注釋を附したものであるが、現在散佚して傳わらない。

淸の沈炳震『唐書合鈔』二百六十卷。そのうち卷七十二から七十五が經籍志である。この書は、舊唐志を主とし、新唐志と舊唐志の異同には「從新書增」「新書作某」といった校注を附し、「不著錄」部分は各類末に、所謂「追い込み」の書式で、小字雙行で記している。また二書の著錄書籍の部數・卷數の實數を計算し、按語を附している。この書の最も早い刊本は、書後に丁小鶴『補正』六卷を附した淸嘉慶十八年海昌査氏刊本であり、一九九二年六月、書目文獻出版社より影印・出版された。

淸の王先謙『新舊唐書合注』二百二十五卷・目錄三卷・『舊唐書傳贊』六十卷。未見。この書の卷首には一九一六年王先謙自序があるという。一九五〇年代後半、商務印書館の主持で瞿蛻園等によって整理されたが出版されず、現在、中國科學院圖書館に所藏されている。その藝文志部分は、新唐志は「追い込み」の書式で記し、標點を加え斷句し、舊唐志は一書ごとに改行して標點は加えず、また兩唐志の原注は小字雙行で書名の下に附し、さらに「合注」と區別するために、瞿蛻園等の整理者によって、原注の下には印刷時に一字分空けることを意味する「〈」符號が附されているという(6)。殘念ながら、この書はいまだ公刊されておらず、二〇〇二年五月に徐引篪の主編で學苑出版社から出版された『中國科學院圖書館珍藏文獻圖錄』に「新舊唐書合注二百二十五卷／淸王先謙撰／稿本」として、わずかにその卷十四と卷十六の一葉表の寫眞版が收錄されるにすぎない。

編著者未詳『唐書藝文志注』四卷。この書には三種の抄本がある。一つは余嘉錫の序がある抄本である。未見。その千華山館抄本を湖北の文獻學の大家徐恕（一八九〇～一九五九）が所藏していた。徐恕の藏書はその死後に湖北省圖書館に寄贈されたので、この抄本も現在湖北省圖書館に所藏されている可能性がある。もう一つは傅增湘が『藏園羣書題記』卷二史部紀傳類「唐書藝文志注跋」において、淸末に繆荃孫によって抄寫されたと推測する抄本であり、墨格、欄外の左下に「藕香簃鈔」の四字があるという。未見。この抄本は後に龍伯堅(7)に歸し、現在北京大學圖書館に所藏されている。もう一つは序跋がない民國間の抄本であり、現在北京圖書館に所藏されている(8)。この書の編著者に關しては、余嘉錫が繆荃孫と斷じるのに對し、傅增湘は『唐書注』の著者、淸の唐景崇(9)と推測し、繆荃孫による增訂數十條があるとする。また『唐書經籍藝文合志』「出版說明」は、書中に間々「尙須査補」という批校があることから、未定稿であるとする。また北京圖書館所藏の民國間抄本は、一九九六年八月、北京の書目文獻出版社によって影印され、『二十四史訂補』の第九册に收錄された。それによれば、この書は、新唐志を主とし、その下に『隋書』經籍志・『崇文總目』等の著錄狀況や、編著者の小傳・書籍の存亡・後人の輯佚書等を注し、校正箇所には「謹案」の二字を冠し、舊唐志は一格下げで新唐志の後に附しており、「國立北平圖／書館珍藏」の印記がある(10)。

『唐書經籍藝文合志』。この書は、一九五六年十一月に商務印書館によって整理排印されたものであり、上下二段の對照方式を採用し、舊唐志を標準として、新唐志との順序の異同・分類の出入・文字の異同等を文中に括弧符號に入れて注記してある。

以上の諸書のほとんどは、舊唐志・新唐志參照の便を圖ったにすぎない。このなかで『唐書藝文志注』は、唯一補注・考證の體裁を持っているといえる。しかし、その注釋は簡略にすぎ、清の章宗源・姚振宗がそれぞれ著した『隋書經籍志考證』のような緻密な考證はなく、また本章第一節で提示した問題點の解明を意識して作られたものでもない(11)。これに對し、新唐志にはその纂修方法や學術的價値に言及した論著が數多くある。

發表年月	發表者・發表題目（出版社・所載誌等）	略稱
一九二六年四月～六月(12)	內藤虎次郎『支那目錄學』「新唐書藝文志の粗略」（『內藤湖南全集』第十二卷（筑摩書房、一九七〇年六月）所收）	內藤氏
一九二七年十二月(13)	梁啓超『圖書大辭典簿錄之部』「唐書藝文志四卷」條（『圖書館學季刊』第四卷第三・四期）	梁氏
一九三八年五月	姚名達『中國目錄學史』史志篇「羣書四部錄古今書錄及唐書經籍志之關係」（商務印書館）	姚氏
一九三、四〇年代(14)	余嘉錫『目錄學發微』「目錄學源流考下　唐至清」	余嘉錫氏
一九四八年(15)	倉石武四郎『目錄學』「六、北宋時代」（東京大學東洋文化研究所附屬東洋學文獻センター、一九七三年三月）	倉石氏
一九五六年十一月	『唐書經籍藝文合志』「出版說明」（商務印書館）	合志
一九六二年(16)	王重民「中國目錄學史（先秦至宋末元初）」第三章「第四節　史志目錄」（『中國目錄學史論叢』（中華書局、一九八四年十二月）所收）	王氏
一九七五年九月	鈴木俊「新・舊唐書の藝文志・經籍志についての史料的一考察」（『中央大學九十周年記念論文集』）	鈴木氏

一九八一年十月	來新夏『古典目錄學淺說』第二章「第四節　私家目錄的勃興和目錄學研究的開展—宋・元」（中華書局）	來氏
一九八六年十月	羅孟禎『中國古代目錄學簡編』第三章「第八節　『唐書』的『經籍』『藝文志』」（木鐸出版社）	羅氏
一九八七年四月	喬衍琯『宋代書目考』第二章「第七節　新唐書藝文志」（文史哲出版社）	喬氏
一九九〇年五月	蔣伯潛『校讎目錄學纂要』「第五章　史志目錄」（北京大學出版社）	蔣氏
一九九三年七月	李瑞良『中國目錄學史』第五章第二節「一『舊唐書・經籍志』與『新唐書・藝文志』」（文津出版社）	李氏
一九九五年九月	胡楚生『中國目錄學』第三章「兩唐書經籍藝文志」（文史哲出版社）	胡氏
一九九五年十二月	南麗華「論『新唐書・藝文志』」（『中國典籍與文化論叢』三、中華書局）	南氏
一九九五年十二月	陳尚君「『新唐書・藝文志』補—集部別集類」（17）（『唐研究』第一卷、北京大學出版社）	陳氏
一九九六年九月	周少川「『新唐書・藝文志』在史志目錄中的地位」（『中華典籍與傳統文化』、廣西師範大學出版社）	周氏
一九九七年十月	高路明『古籍目錄與中國古代學術研究』第三章第三節「二、『新唐書・藝文志』評析」（江蘇古籍出版社）	高氏
一九九八年四月	余慶蓉・王晉卿『中國目錄學思想史』第五章「二、歐陽脩的目錄學思想」（湖南教育出版社）	余慶蓉氏
一九九八年五月	倪士毅『中國古代目錄學史』第六章「一、『新唐書藝文志』」（杭州大學出版社）	倪氏
一九九八年七月	劉兆祐『中國目錄學』第三章「三、『兩唐書』之『經籍志』與『藝文志』」（五南圖書出版公司）	劉氏

以上の研究の多くは概論的なものであり、新唐志の內部にまで立ち入って詳しい檢討を行ったものは、ほとんどない(18)。しかし、いずれも本章第一節で提示した新唐志の問題點に關して、何らかの意見を表明したものである。そこで、新唐志の問題點がこれらの先行研究によって、どの程度解明されているか整理してみることとする。

「著錄」部分の所據資料に關しては、『開元四庫書目』說、『開元四庫書目』・舊唐志說、『古今書錄』說、『古今書錄』增訂本說、舊唐志說の五說、及び『古今書錄』、或いは舊唐志、或いはその兩書に對して增訂を加えたとする說の三說、計八說がある。

『開元四庫書目』說は、余嘉錫氏に始まり、高氏が繼承したものであり、倪氏はこの他に舊唐志も藍本としたとする。『開元四庫書目』四十卷(余嘉錫誤作「十四卷」)は、『崇文總目』(靜嘉堂文庫藏の淸抄本)に著錄されており、北宋仁宗慶曆元年(一〇四一)の三館・祕閣に收藏されていたが、それ以後になると、新唐志・『祕書省續編到四庫闕書』等の宋代の主要な國家藏書目錄や『宋史』藝文志には著錄されず、ただ南宋初の鄭樵『通志』藝文略の史類目錄に著錄されるのみである。ところで『開元四庫書目』は、編著者こそ未詳であるが、書名によれば開元年間の國家藏書目錄であり、卷數は四十卷であり、その編纂された時代・著錄對象・卷數は、舊唐志の原資料である『古今書錄』と一致する。それゆえに、梁氏が『圖書大辭典簿錄之部』「古今書錄」條で、

崇文目有開元四庫書目四十卷、不著撰人名氏。按年代與卷數、舍此別無此書。其卽爲本書無疑。(『崇文總目』に「開元四庫書目四十卷」が著錄されるが、編著者の姓名を記していない。年代と卷數から考えると、これ(「開元四庫書目」)をおいて他にこの書(「古今書錄」)はない。それが本書(『古今書錄』)であることは疑いない。)

と述べているように、『開元四庫書目』は『古今書錄』のことであるとの考え方が出てくる(19)。倪氏などは兩書を同定してよいかどうかについて愼重な態度を持しているが、いま梁氏の說を補強する證據を二、三擧げることができ

る。まず『崇文總目』では『開元四庫書目』のみ著錄し、『古今書錄』を著錄していないのに對し、新唐志・『祕書省續編到四庫闕書』では『古今書錄』のみ著錄し、『開元四庫書目』を著錄していない。これは、重出著錄になることを避けたものであると見られ、兩書が同書異名であったからこそ生じた現象であるとみなしうる。次に、現行の『崇文總目』は、南宋紹興十三年頃に散佚書を捜訪するために、その敍と解題を削除し、當時の散佚書に「闕」字を注記した上で、雕版されたテキストをもとに傳抄されたものであるが、その「開元四庫書目四十卷」條下には「闕」字が注記されているから、この書は宋室南渡の頃には散佚していたことがわかる。南宋初の『通志』藝文略は『開元四庫書目』を著錄しているが、このような狀況から考えて、鄭樵が本當にこの書を見ていたのかは疑わしい。加えて、『通志』藝文略には『開元四庫書目』とは別に『古今書錄』が著錄されている。余嘉錫氏は、この『通志』藝文略の記載によって、『開元四庫書目』は『古今書錄』とは別書であり、新唐志の所據資料であると考えたのである。しかし『通志』藝文略は、必ずしも當時の現存書ばかりを著錄したものではなく、數種の國家藏書目錄や正史藝文志等を綴合したものであるので、同書異名の書籍を重出させてしまった例がかなりある。ここの場合は、『崇文總目』から『開元四庫書目』を、新唐志、或いは『祕書省續編到四庫闕書』から『古今書錄』を轉錄した可能性が高いのである。よって『通志』藝文略の記載をもって兩書が別書であることの證據とするのは難しいのである。次に、舊唐志總序引毋煚『古今書錄』自序によれば、毋煚は『古今書錄』の附錄として釋道目錄を編んでいるが、これには『開元四庫書目』と似た『開元内外經錄』という名が附けられていた。これは、『開元四庫書目』が『古今書錄』の正式な書名であったことを示唆する。以上の點から、『開元四庫書目』が『古今書錄』と同一書である可能性は高いと考えてよいであろう。『開元四庫書目』說を採る研究者はいずれもこれを『古今書錄』と別書とみなしているが、そのような事實誤認の上に主張される限り、この說も誤りであるといわざるをえない。

『古今書録』説は合志・來氏・羅氏・余慶蓉氏・劉氏であり、舊唐志説は内藤氏・喬氏・胡氏・陳氏である。その根據については諸氏ともにあえて言及してはいない。おそらくは、新唐志「著錄」部分が『古今書錄』を所據資料とした舊唐志と大體一致し、また『古今書錄』が新唐志等に著錄され、『崇文總目』にも「開元四庫書目」の名で著錄されており、歐陽脩は『古今書錄』・舊唐志ともに見ることができる狀態にあり、どちらが新唐志「著錄」部分の所據資料に用いられてもおかしくないために、この二説が提出されたと考えられる。ところが新唐志「著錄」部分が舊唐志と完全には一致しないことから、上記の二説の他に次の四説が提出された。すなわち『古今書錄』增訂本であったとする王氏・南氏の説、『古今書錄』に對して增訂したとする鈴木氏の説(20)、『古今書錄』・舊唐志に對して增訂したとする李氏の説、舊唐志に對して增訂したとする周氏の説である。以上の諸説のうち、どの説が正しいかを判斷するには、新唐志「著錄」部分と舊唐志との間に異同が生じた原因について、各々がどのように考えていて、それが所據資料に關する自説を證明するものとなっているか否かが重要となる。

新唐志「著錄」部分と舊唐志との異同には、分類（類名・歸類）・著錄體例（書籍の著錄順序・編著者名の記載位置）・著錄書籍數（著錄の有無）・著錄内容（編著者名・書名・卷數）・新唐志における注釋の詳細化が擧げられる。このうち前の二種の異同は、新唐志纂修者が「著錄」部分の所據資料の分類・著錄體例を意圖的に變更したことによって舊唐志との間に異同が生じたものであり、これらの異同は所據資料解明の手がかりとはならない。一方、後の三種の異同は、所據資料の原貌を傳えている可能性のある部分であるから、その異同が生じた原因を究明することは所據資料解明のための重要な手がかりとなると考えられる。そこで、この三種の異同が生じた原因について、諸氏がどのように考えているか見てみることにする。

著錄書籍數の異同とは、舊唐志に著錄され新唐志に著錄されない書籍や、新唐志に著錄され舊唐志に著錄されない書籍があることである。舊唐志にのみ著録される書籍がある原因について、合志・陳氏・周氏は新唐志が抄寫時に遺漏したものであるとし、鈴木氏は經録易類中の實例を擧げるだけで、その原因には言及しない。一方、新唐志にのみ著録される書籍がある原因について、王氏は『古今書錄』の增訂本を用いたために著録書籍が增加したと考えた。また沈炳震『唐書合鈔』では、新唐志にのみ著録される書籍を、「從新書增」という注をつけて舊唐志中に混入させているが、喬氏・周氏はこの注を附された書籍について調査し、喬氏はこれが隋以前の著述であると指摘した上で、王氏の『古今書錄』增訂本説を引いており、周氏の方はこれが『古今書錄』・舊唐志未收の開元年間以前の著述であり、新唐志の增補であるとする。また南氏は經録易類を例に、正史・『經典釋文』序錄・補史藝文志等を用いて比較検討し、新唐志にのみ著録される書籍があるのは新唐志が舊唐志の脱誤を訂したためであるとする。まとめると、著録書籍數の異同の原因は、王氏・喬氏は新唐志の所據資料に起因するとみなし、周氏・南氏は新唐志纂修の際の增訂であるとみなし、合志・陳氏・周氏は新唐志抄寫時の遺漏とみなしているのである。

次に、著録内容の異同について見てみる。まず鈴木氏は、新唐志・舊唐志・『舊唐書』列傳に共通して記載される唐人の別集のうち、卷數の記載に異同があるものについて比較検討した。その結果、兩唐志の卷數に異同がある場合、新唐志と『舊唐書』列傳の卷數が一致する例が多いことから、列傳の卷數は、その纂修者が當時の傳本ではなく、傳え聞いたことを記したものであり(21)、舊唐志は『古今書錄』によりながらも、その卷數は當時の傳本によったものらしく、新唐志は『舊唐書』列傳と同じく、傳え聞いた本來の卷數をそのままに記したものであろうと推測する。また李氏は新唐志纂修者の歐陽脩が修辭を重視するあまり、史實の取捨と考證をないがしろにしたことによって生じた不用意な誤りであるとし、陳氏も新唐志抄寫時の誤りであるとする。南氏は經録易類を例に、正史・『經典釋文』序録・補史藝文志等を用いて検討し、新唐志が舊唐志の脱誤を訂したケースと、兩唐志いずれの誤りか判斷しがたいケースとがあるとする。まとめると、著錄内容の異同の原因は、鈴木氏・南氏は新唐志纂修の際の改訂であるとみなし、その他はみな新唐志抄寫時の誤りであるとみなしているのである。

次に、新唐志の注釋がより詳細になっている點についてであるが、これが所據資料にもともとあったものなのか、或いは新唐志纂修の際に加えられたものなのかが問題となる。まず王氏は、新唐志が『古今書錄』の增訂本を用いたために、その注釋がいくらか詳細になったと考えた。鈴木氏は、新唐志史錄正史類著錄の唐代國史の注釋について舊唐志・『舊唐書』列傳・『唐會要』と比較檢討し、新唐志の注釋が詳細になったのは、舊唐志の簡略すぎる注釋の誤りを訂しつつ、漠然とその知るところを書き並べたためであるとする。羅氏は、新唐志が詳細な注釋を附することで、官修書の纂修等に關わった人物を説明したものであり、特に別集類には正史に立傳されていない編著者に對して小傳が附されているとする。別集類の注釋については、喬氏・李氏も羅氏と同旨のことを述べている。周氏は、新唐志が『漢書』藝文志を繼承して編著者名を書名の上に置いたことによって、書名の下に極めて廣範な注釋可能なスペースができたために注釋が詳細になったとする。まとめると、新唐志の注釋の詳細化の原因は、王氏は新唐志の所據資料に起因するとみなし、その他はみな新唐志纂修の際の增訂であるとみなしているのである。

以上、「著錄」部分と舊唐志との間に異同が生じた原因について諸氏がどのように考えているかを見てきた。そこで、これら諸氏の見解が「著錄」部分の所據資料に對する自説を證明するものとなっているかどうかを考えてみたい。大抵の研究者は、新唐志「著錄」部分の所據資料に關する自説に立脚して、異同が生じた原因を考えたにすぎず、その自説自體を證明するものとはなっていない。王氏は『古今書錄』增訂本説を主張するが、この增訂本がいつ誰によって如何に增訂されたテキストなのかについて何も述べておらず、この增訂本が實際に存在したかどうか自體も疑わしい。喬氏などは舊唐志説を採っていたはずが、著錄書籍數の異同の原因を、この王氏の『古今書錄』增訂本説に求めてしまっている。また鈴木氏は、經錄易類の一部・史錄正史類の一部・集錄別集類の一部にその考察對象を限定してしまった點、『崇文總目』等の目錄を利用しないなど比較檢討に用いた資料に偏りがある點、唐代別集の檢討において、舊唐志が當時の傳本によって『古今書錄』の記載を改めたと輕率に推測する點など、考證方法やその內容に問題が多い。よって、その『古今書錄』に對して增訂したとする說についても再度檢討してみる必要がある。南氏は、他の諸氏に比べれば、多種多樣な資料によって具體的な事例について考證している。しかし南氏は新唐志纂修者が所據資料に對して增訂を行ったことを證明したにすぎず、所據資料に『古今書錄』の增訂本が用いられたことを證明したわけではない。また南氏のように考えれば、新唐志「著錄」部分中には新唐志纂修者による增訂部分と、『古今書錄』增訂本中の『古今書錄』に對する增訂部分とがあることになるが、この點をどう考えているかについてはなんら觸れていない。

以上のように、新唐志「著錄」部分の所據資料に關する諸說について、各說を唱える研究者が兩唐志の異同の發生原因を如何に考えているかという點に着目して、それぞれの正否を檢討してみたが、どの說も十分な檢證を經たものとはいえず、諸說が確たる根據もなく提出された段階にあるのである。

「不著錄」部分の所據資料に關しては、大きく分けて、所據資料不明、宋朝國家藏書說、唐代編纂目錄說、唐五代編纂目錄說、『崇文總目』・唐人關連資料說の五說がある(22)。所據資料不明とするのは、內藤氏・梁氏・姚氏・倉石氏・蔣氏である。このうち姚氏・蔣氏は唐末の戰亂によって大量の書籍が散佚したことを根據に、「不著錄」部分の著錄書籍は宋朝の國家藏書ばかりではないと論じる。宋朝國家藏書說は、王氏・羅氏・李氏・周氏である。このうち王氏は主に『崇文總目』を所據資料としたとするが、その根據は提示しない。唐代編纂目錄說は倪氏であり、唐五代編纂目錄說は、喬氏とそれを繼承した劉氏である。喬氏は、『崇文總目』との比較結果から「不著錄」部分の多くが宋代の散佚書であると考え、その所據資料の可能性があるものとして『貞元御府羣書新錄』、文宗開成（八三六～八四〇）初の祕閣での校書をもとに編纂された目錄、『唐祕閣目』四卷・『唐四庫搜訪圖書目』一卷・『集賢書目』一卷・『經史書目』一卷等の目錄を擧げている。倪氏は具體例を擧げないが、これらの目錄が念頭にあると思われる。『崇文總目』・唐人關連資料說は、南氏・陳氏である。南氏は『崇文總目輯釋』との比較結果から他に參照した資料があると考え、集錄別集類の「不著錄」部分を『舊唐書』列傳と比較し、新唐志纂修者が『崇文總目』の他に『舊唐書』列傳を利用したことを解明した。陳氏は『崇文總目』を主とし、『太清樓四部書目』・李淑『邯鄲書目』等も利用した可能性があり、また唐五代の史傳・碑志・文集・筆記等の文獻記載から書名を抽出したとし、當時の目錄と、その他の文獻記載という二種類の所據資料があったとする。

以上の諸說のうち、姚氏等による宋朝の國家藏書ばかりではないとの說は、後の南氏の見解を豫感させる點で評價されるべきではあるが、その他に何を所據資料にしたかという點については全く言及していない。また王氏の說は、南氏・喬氏が行った『崇文總目』との比較によって否定されたといえる。喬氏等の說は一考に値するが、どの目錄も現存していないために、推測の域を出ないといわざるを得ない（23）。先行研究による唯一の確實な成果は、南氏の考證によって新唐志が『崇文總目』の他に『舊唐書』列傳を利用したことが明らかとなった點である。しかし、それによって全ての「不著錄」部分の所據資料が解明されたわけでは決してない。以上の點から、「不著錄」部分の所據資料はその一部が解明されたにすぎず、更なる檢討を必要とすることが理解されよう。なお陳氏の說は新唐志の增補作業の經驗によって歸納されたものであろうから、常に念頭においておく必要があろう。

散佚書の著錄に關しては、梁氏は散佚書を注記しないと批判し、また「不著錄」部分の著錄書籍について、內藤氏は宋代の現存書か否か不明であるとし、姚氏・蔣氏は宋代の藏書ばかりではないと考えたが、具體的に散佚書の特定作業を行ったのは喬氏のみである。喬氏は、易・書・詩・禮・春秋の五類に對して、新唐志「不著錄」部分を『崇文總目』・宋志の著錄書籍と比較し、一致するものが約三分の一に滿たないことから、その殘りは宋代の藏書でなく、當時の散佚書であると考えた。しかし喬氏のように『崇文總目』・宋志に著錄されないものが宋代の散佚書であると、ただちに斷定することは危險であり、この二書に限定せず、他の唐宋代の文獻をも視野に入れて散佚書の特定を行うべきであろう。また散佚書は「不著錄」部分に限らず、「著錄」部分にも含まれているはずである。よって散佚書は、新唐志全體を對象として、唐宋代の樣々な文獻と比較檢討した上で特定すべきなのである。

新唐志に對する補注・考證の類に關しては、梁氏がはじめてその必要性を指摘し、南氏によって部分的にではあるが、その實踐がなされた（24）。また本節の冒頭で擧げた『新唐書藝文志注』は最も早い新唐志に對する考證の成果であるといってよかろう。しかし、これら以外は、新唐志を補史藝文志の先河であるとして評價することはあっても、補注・考證の類の必要性に言及するものはいない。なお新唐志の不備を補う資料として、陳氏は明の胡震亨『唐音癸籤』（卷三十〜三十三「集錄二」）を擧げ、劉氏は淸の顧櫰三『補五代史藝文志』・陳鱣『續唐書經籍志』・程志『現存唐人著述簡目』を擧げている。また陳氏は別集類に對して新唐志未收書の增補作業を行っている（25）。

以上、新唐志が抱える問題點と、それらが先行研究によってどの程度解明されているかを檢討してきた。その結果を整理すると、次のようになる。

「著錄」部分の所據資料については、『古今書錄』說、舊唐志說、『古今書錄』增訂本說、『古今書錄』、或いは舊唐志、或いはその兩書に對して增訂を加えたとする說の計六說が提出されているが、いずれも決め手を闕いている。「不著錄」部分の所據資料についても、南氏が集錄別集類を例に、新唐志纂修者が『崇文總目』の他に『舊唐書』列傳を利用したことを解明したのが唯一の成果である。しかし、それによって全ての「不著錄」部分の所據資料が解明されたわけではない。また散佚書の問題に關しては、喬氏が新唐志の易・書・詩・禮・春秋の五類の「不著錄」部分に對して當時の散佚書の特定を試みたが、その特定方法には問題が多く、これもほとんど解明されていない狀態にあるといえる。また陳氏等の努力によって新唐志に對する增補作業が進行する一方、新唐志自體を分析する作業は南氏によって部分的に實踐されたにすぎない。

以上のように、新唐志が抱える諸問題は依然として未解明の部分が非常に多い狀態にあるといえる。

第三節　『新唐書』藝文志研究上の釋氏類の價値

それでは、これらの問題點を解明するには如何にすればよいのであろうか。

研究方法としては、新唐志「著錄」部分と舊唐志との異同の發生原因を究明することを通して、「著錄」部分の所據資料を解明し、『舊唐書』列傳等の唐人關連資料や、宋代の諸目錄との比較を通して、「不著錄」部分の所據資料を解明するという方法がよいであろう。また、その檢討對象とする類、及び涉獵する資料の範圍をできる限り廣げる必要がある。この方法を用いれば、散佚書の特定、及びその所據資料に關する問題、新唐志に對する補注・考證の類の不足の問題は、おのずと解決されていくはずである。

ただ唐宋代に編纂された資料には現在散佚したものが多くあり、新唐志研究の最大の障害となっている。この障害を多少でも輕減するためには、傳存資料が特に豐富な部分から新唐志研究に着手するのが最善の策であると思われる。この條件を滿たすものに、丙部子錄道家類に附屬される類の一つである釋氏類がある(26)。その理由は、唐代の佛教經典目錄である所謂經錄や僧傳等の中國人によって撰述された佛教典籍（以下「中國撰述佛典」（27））が大藏經に入藏されることで多數傳存し、新唐志との比較檢討が可能なためである（28）。また新唐志纂修者の歐陽脩は樣々な分野で畫期的な活躍をしたことで知られるが、その排佛論でも有名であり、彼の排佛論が釋氏類の纂修に影響を與えている可能性がある。以上の點から、釋氏類を研究することによって、新唐志全體の纂修方針等を解明するための端緒とすることが十分に可能であると考える。これが新唐志釋氏類を本篇の研究課題とし、「新唐書藝文志釋氏類の研究」と名附けた理由である。

注

（1）黄永年『《舊唐書》與《新唐書》』（人民出版社、一九八五年六月）によれば、正史は、その著者が何もないところから作り出したものではなく、前朝の史官が記錄した歷史擋案資料に依據し、それを編集し（「纂」）、整理した（「修」）ものであるから、一般に「纂修」と稱すという（九頁）。本書ではこれに從って正史の編纂のことを「纂修」と稱す。

（2）なお新唐志には「卷亡」という注釋が附された書籍群がある。しかし「卷亡」が何を指すのかについては說明がない。また、その總數は六十五部にすぎず、新唐志總序がいう全體の五・六割には到底達しておらず、總序のいう散佚書ではありえない。

（3）兩唐志の著錄書籍の不備を補う著作には、程志『現存唐人著述簡目』（吳楓『隋唐歷史文獻集釋』（中州古籍出版社、一九八七年九月）附錄）をはじめ、近年數多くの論著が發表されている。

（4）『飲冰室專集（六）』（臺灣中華書局、一九七二年三月）所收。初載は『圖書館學季刊』第四卷第三・四期、一九二七年十二月。

（5）この類の書に關しては、『唐書經籍藝文合志』（商務印書館、一九五六年十一月）「出版說明」に詳しい。

（6）謝保成「一部研治兩『唐書』的集大成―王先謙『新舊唐書合注』」（『唐研究』第三卷、北京大學出版社、一九九七

年十二月）による。なお、この書について、范希曾『書目答問補正』巻二は「新舊唐書合鈔補注二百六十巻、未刊、稿藏王氏。」と著録し、武作成『清史稿藝文志補編』史部正史類は「新舊唐書合鈔校注二百六十巻」と著録し、『唐書經籍藝文合志』「出版説明」は「新舊唐書合鈔補注」に作り、巻數は記さない。また『唐史資料整理集刊』第一輯（中華學院中國學術史研究所唐史座談會、一九七一年）の楊家駱「五種前言」は「兩唐書合鈔集解稿」に作り、この書を長沙で披見したとする。謝保成氏は書名の異同について、商務印書館編輯本の巻頭書名によって「新舊唐書合注」が正しいとし、その巻數は『書目答問補正』・『清史稿藝文志補編』と異なっている。また『合志』「出版説明」は、その體裁について、沈炳震の書に倣い、校注は更に詳細であると説明するが、これも謝保成氏の説明と異なっている。これらの異同は、謝保成氏の見たテキストが瞿蛻園等の整理を經たものであったためかもしれない。

（7）『中國人名大詞典・當代人物卷』（上海辭書出版社、一九九二年十二月）二六七頁にみえる龍伯堅（一八九九～一九八三）のことか。同書によれば、湖南省攸縣の人で、中醫醫學史の専門家である。

（8）『北京圖書館普通古籍總目・目錄門』（書目文獻出版社、一九九〇年八月）目錄學・史志に「〔新唐書藝文志注〕四卷／（清）〔佚名〕撰。―民國間國立北平圖書館抄本。―4冊。―本書於諸書名下詳加考釋、次行低一格係舊唐書經籍志書名。」とある（二七頁）。

（9）『唐書注』（民國六十三年臺灣藝文印書館用民國二十四年余氏木活字印本影印）の宣統三年（一九一一）唐景崇自序には、光緒十一年（一八八五）から五年をかけて本紀十巻の素稿が就り、繼いで同二十三・二十四年に禮樂・曆法・天文・五行・地理・百官諸志を脱稿したとあるが、藝文志があったかどうかは不明である。また同書の余棨昌序によれば、唐景崇の原稿のうち完全なものは、本紀十巻・禮樂志十二巻・曆志九巻・天文志三巻・五行志三巻・地理志七巻・百官志五巻のみであり、原稿が完全でないものは、食貨志三巻・儀衞志一巻・車服志一巻であり、表の原稿は揃っているが未整理であり、列傳は僅かに十數巻のみであるというが、やはり藝文志四巻には言及しない。

（10）なお喬衍琯『宋代書目考』（文史哲出版社、一九八七年四月）によれば、中央研究院に『唐書書《ママ》藝文志注』（寫眞製版）があり、史志や公私の藏書目録を略引し、考訂の加えられている部分もあるという（九五頁）。

（11）他に、梁啓超『圖書大辭典簿錄之部』は「新唐書藝文志考證四卷」を著錄し羅振玉作と擬定するが、その解題に「據羅氏自刻陸庵所著書目有此書。但詢諸著者、謂並無刻本、且原稿亦已佚。其曾否屬稿、蓋未可知。」とあり、羅振玉がみずから刊行した『陸庵所著書目』によればこの「新唐書藝文志考證四卷」があるというが、梁啓超がこれを著者に問い合わせたところ、刊本がないうえに、原稿も佚してしまったといわれ、その草稿が書かれたかどうかは知ることができない、と述べている。よって梁啓超自身この書を實際に見たことはなかったようである。なお「陸庵」は羅振玉の藏書處の一つであるが、『陸庵所著書目』は未詳。

（12）この期閒の京都大學における講義筆記。發表年は『內藤湖南全集』第十四卷（筑摩書房、一九七六年十月）「年譜」及び「著作目錄」を參考にした。

（13）本章注（4）を參照。

（14）李萬健『中國著名目錄學家傳略』（書目文獻出版社、一九九三年六月）一一九～一二〇頁によれば、一九三、四〇年代の講義をもとに一九六三年中華書局が出版したもの。なお『目錄學發微』は一九八七年十月藝文印書館出版の第二版を用いた。

（15）この年の京都大學における講義原稿。發表年は『倉石武四郎著作集』第二卷（くろしお出版、一九八一年六月）「倉石武四郎博士論著目錄」を參考にした。

（16）『中國目錄學史論叢』所收の劉脩業編、楊殿珣校訂「附錄王重民著作目錄」による。

（17）この論文は、二〇〇〇年十一月に『陳尚君自選集』（廣西師範大學出版社）に「《新唐書・藝文志》未著錄唐人別集輯存」の名で收錄された。同書には他に「石刻所見唐人著述輯考」（初載は『出土文獻研究』第四輯、中華書局、一九九八年）が收錄されている。なお同書「主要著述一覽表」によれば、陳氏には他に「唐人編選詩歌總集敍錄」（『中國詩學』第二輯、南京大學出版社、一九九二年）があるというが、未見である。

（18）なお新唐志について觸れた研究としては、例えば春日禮智「佛教資料としての新唐書藝文志」（『印度學佛教學研究』第三十卷第二號、一九八二年三月）などがあるが、これは新唐志各類に著錄される僧侶の著作を單に列擧したものにすぎない。これと同様に、本章第一節で提示した問題點に對して言及していない論著は省略した。また未見のものに、喬好勤「試論歐陽脩在目錄學上的主要成就及其貢獻」（『吉林圖書館學會會刊』一九八〇年第四期）、楊果霖『新舊唐書藝文志研究』（一九九四年自印本）、喬衍琯「新唐書藝文志考評」（『國立政治大學學報』五十七期）、劉兆祐「宋代目錄類（經籍之屬）史籍考初編」（『國立中央圖書館館刊』第二十八卷第一期）がある。

（19）姚名達『目錄學』（藝文印書館、一九三三年十二月初版、一九八八年五月第二版）も梁氏と同樣の理由で、『開元四庫書目』四十卷を『古今書錄』四十卷のことであるとする（一三〇頁）。

（20）鈴木氏は新唐志「著錄」部分の所據資料に關して、合志說に依據して『古今書錄』說を採ると明言しているが、新唐志には『舊唐書』列傳や傳聞によって改めた箇所もあるとしている。

（21）舊唐志總序に「臣以後出之書在開元四部之外、不欲雜其本部。今據所聞、附撰人等傳、其諸公文集亦見本傳、此並不錄。」とあり、『舊唐書』列傳の記載する著作の卷數は列傳の纂修者が傳聞によって記したものであるとある。鈴木氏はおそらくこれによったのであろう。

（22）なお余嘉錫氏は「不著錄」部分についても「著錄」部分と同樣に『開元四庫書目』說を採っているようであるが、先述のように、この書は『古今書錄』のことであり、余嘉錫氏の說は誤りである。

（23）喬氏自身、「惜文獻不足、不易詳考。」と述べている。以下に、喬氏が擧げた唐五代に編纂された目錄について若干說明しておこう。『貞元御府羣書新錄』（卷數未詳）、唐陳京撰。この書は、『增廣注釋音辨柳先生集』卷八「唐祕書少監陳公行狀（自注「陳京」。）」に見える（『玉海』卷五十二「唐貞元御府羣書新錄」條もこれを引く。）。しかし宋代の諸目錄には著錄されず、北宋期には散佚していた可能性がある。「文宗開成初の祕閣での校書をもとに編纂された目錄」とは、喬氏が舊唐志總序に見える開成初の祕閣での校書に關する記事から想定したものであり、次の『唐祕閣目』、或いは『唐四庫搜訪圖書目』がそれである可能性もある。『唐祕閣目』四卷は、『崇文總目』は「唐祕閣書目」に作り、宋志は「唐祕閣四部書目」に作る。編纂者・編纂年代ともに不明である。『唐四庫搜訪圖書目』一卷は、『崇文總目』・宋志に著錄されるが、編纂者・編纂年代ともに不明である。姚名達『中國目錄學年表』（商務印書館、一九四〇年五月）

によれば、文宗開成元年（八三六）條、昭宗龍紀元年（八八九）條に四庫書捜訪の記事があるので、その頃の作かもしれない。『集賢書目』一巻、韋述撰。韋述は『古今書錄』の撰者毋煚と交際があり、ともに『羣書四部錄』二百巻の編纂にも參加した人物である。彼は肅宗至德二年（七五七）卒であるので、天寶年間までの書籍は著錄されていた可能性がある。この書は『崇文總目』・新唐志に著錄される。『經史書目』一巻、五代楊九齡撰。この書は宋志に著錄され、「七巻」に作る。以上のように『唐祕閣書目』・『唐四庫捜訪圖書目』・『集賢書目』・『經史書目』は、新唐志纂修當時現存していた可能性がある。なお宋志著錄の唐代編纂の目錄については、劉兆祐『宋史藝文志史部佚籍考』（國立編譯館中華叢書編審委員會、一九八四年四月）の上編目錄類が參考になる。

（24）梁氏の指摘については、本章第一節を參照。なお喬衍琯「崇文總目輯本勘異」（『故宮學術季刊』第四巻第四期、一九八七年夏季）は、新唐志に限定せず、宋代のあらゆる書目に對して、姚振宗『漢書藝文志條理』・『隋書經籍志考證』の方法に倣って考證を行うべきであると述べる。

（25）なお張固也『新唐書藝文志補』（吉林大學出版社、一九九六年一月）があるというが、未見である。『唐研究』第五巻（北京大學出版社、一九九九年十二月）の陳尚君氏の書評「『新唐書藝文志補』」によれば、唐宋代の目錄やその他の樣々な資料を驅使して、新たに新唐志未收の唐人の著作千六百三十八部を收錄した力作である。

（26）類名として「釋氏」の名稱を用いたのは、新唐志が最初である。釋氏類は、丙部子錄道家類に同じく附載される神仙類の後に立類されている。新唐志の體例では、經史子集の「錄」の下に易類等の「類」があり、「類」によっては道家類のように、二つ以上の附屬する類を持つものがある。また附屬する類を持たない「類」の計巻はその全著錄書籍の末に「右某類…」と記されるが、附屬する類を持つ「類」の計巻は、附屬する類の最後尾に「右某類…」と記され、附屬する類の計巻はそれぞれの著錄書籍の最前部に「凡某…」記されていて、附屬する類には「類」字は用いられていない。よって釋氏類も實際には計巻部分に「釋氏」とあるだけである。しかし實質上、これらの附屬する類は「類」と同樣の構成を持っているので、本書では一貫して「釋氏類」の名稱を用いておく。

（27）なお「撰述」の、語としての來歴については、船山徹「「漢譯」と「中國撰述」の間―漢文佛典に特有な形態をめぐって―」（『佛教史學研究』第45卷第1號、二〇〇二年七月）の注1を參照。また船山氏は、同論において、漢文佛典が、一般的に、「漢譯」（ほぼそのまま對應するインド語の原典が想定可能な漢語文獻）と、「中國撰述佛典」（漢文化圈の人によって初めから漢語で著された非翻譯文獻）の二種に大別されているとした上で、「漢譯」とも「中國撰述佛典」とも嚴密にはいえないような中間的形態を持つ文獻に對して、その形態と種類の分析整理を試み、次の四種の分類を提案する。一、中國編集經典―佛說として、中國で、或いは中國人によって編集されたと考えられるが、中國文化に固有な要素が盛り込まれていない經典。二、疑經（または疑僞經・中國撰述經典・漢化經典）―中國文化固有の要素が盛り込まれており、佛說と僞って中國で作られた經典。三、中國編集經典、または疑經の特殊形態―字句・文章はインド起源と認められ、中國的要素が認められないが、インドに原典が存在したとは到底考えられない編集形態を持つ經典。船山氏は、その例として『大方便佛報恩經』を擧げ、中途半端で不適切な、換骨奪胎型の編集の跡が見られるとする。四、外國人講經錄―外國人僧侶が、中國にて、聽衆が中國人であることを意識しながら、翻譯の場でなされた經典解說などの講義を原形とし、そのまま對應する原典がインドに實在したわけでもなく、その成立當初から、インドならではの情報と中國ならではの情報とが、渾然一體となっている文獻。本書の研究對象である新唐志釋氏類にも、このような中間的形態を持つとおぼしき漢文佛典がいつくか著錄されているが、現在散佚して傳わらないものが多く、その內容の分析が大變困難であることもあり、本書では一括して「中國撰述佛典」として取り扱った。

(28)　現存する唐代の經錄には、釋道宣『大唐內典錄』十卷・釋靜泰『唐衆經目錄』五卷・釋靖邁『古今譯經圖紀』四卷・釋明佺『大周刊定衆經目錄』十五卷・『續大唐內典錄』一卷・釋智昇『續古今譯經圖紀』一卷・釋智昇『開元釋教錄』二十卷・『開元釋教錄略出』四卷・釋圓照『大唐貞元續開元釋教錄』三卷・釋圓照『貞元新定釋教錄』三十卷・釋恆安『續貞元釋教錄』一卷の十一部があり、僧傳には釋道宣『續高僧傳』三十卷がある。その他に釋道宣『廣弘明集』三十卷・釋道世『法苑珠林』百卷等も參考になる。

第一章　釋氏類と『舊唐書』經籍志

はじめに

新唐志は、舊唐志の不備（開元年間以後の書籍を著錄しない）を補い、正史藝文志としての體裁を整えたものであり、開元年間の藏書を著錄した、所謂「著錄」部分と、それ以後の唐人の著作を補った、所謂「不著錄」部分とから構成されているが、新唐志は「著錄」部分を如何なる資料によって作成したか明記していない。先行研究によれば、「著錄」部分の所據資料には『古今書錄』、或いはそれを刪略した舊唐志が用いられたと指摘されている。このうち『古今書錄』は南宋の初めに散佚したので現在見ることができないが、舊唐志を用いて新唐志「著錄」部分と比較してみると、兩者の間にはかなりの異同がある。何故このような異同が兩唐志間に生じたかは、「著錄」部分の所據資料が何かという問題と絡んで、新唐志を利用する上で無視することのできない問題となっている(1)。そこで本章では、この問題を解決するための第一歩として、唐宋代の佛教經典目錄や僧傳等の、中國人によって撰述された佛教典籍（以下「中國撰述佛典」）を利用して(2)、新唐志釋氏類「著錄」部分と舊唐志との間に異同が生じた原因を究明することを通して、「著録」部分が何を所據資料として、如何に纂修されたかを解明してみたい。

なお新唐志釋氏類の計卷部分に「玄琬以下、不著錄七十四家九百四十一卷。」とあり、その「不著錄」部分が釋氏類の四十三番目に著録される「僧玄琬佛教後代國王賞罰三寶法一卷」からはじまることから、「著錄」部分はこれより前に著録された書籍全四十二部ということになる。この部分にみられる兩唐志間の異同には、中國撰述佛典の歸類の異同・著録書籍の有無・著録内容の異同がある。以下に節を分けて検討を行う(3)。

第一節　歸類の異同

次に擧げる【資料一】は、新唐志釋氏類「著錄」部分と、舊唐志に著録される中國撰述佛典を各部から集め、兩唐志間の異同を一覧できるようにしたものである。

【資料一】

凡例

一、「略號」項には、本書中で使用する新唐志・舊唐志著録書籍の略號を記した。本書中では、新唐志丙部子録釋氏類を「釋」、舊唐志乙部史録雜傳類を「史傳」、舊唐志乙部史録地理類を「史地」、舊唐志丙部子録道家類を「子道」、舊唐志丁部集録總集類を「集總」と、それぞれ略した。また略號に加えた數字は、その書籍がその類中で、初めから數えて何番目に著録されているかを表わすものである。なお舊唐志丁部集録總集類の著録順序を表わす数字は、同部の楚詞類・別集類と通計してある。

一、新唐志釋氏類が著録し、舊唐志が著録しない書籍には「書名」項に「無」字を入れた。

一、新唐志釋氏類の原注は、本資料の末に附した。

『新唐書』藝文志釋氏類「著録」部分				『舊唐書』經籍志著録中國撰述佛典						
略號	編著者	書名	卷數	略號 史傳	略號 史地	略號 子道	略號 集總	書名	卷數	編著者
釋1	蕭子良	淨注子	20			103		淨住子	20	蕭子良（王融頌）
釋2	僧僧祐	法苑集	15			105		法苑	15	釋僧祐
釋3	又	弘明集	14				827	弘明集	14	釋僧祐
釋4		釋迦譜	10					無		
釋5		薩婆多師資傳	4	140				薩婆多部傳	4	釋僧佑
釋6	虞孝敬	高僧傳	6	76				高僧傳	6	虞孝敬
釋7	又	內典博要	30			106		內典博要	30	虞孝景
釋8	僧賢明	眞言要集	10			107		眞言要集	10	釋賢明
釋9	郭瑜	脩多羅法門	20			109		修多羅法門	20	郭瑜
釋10	駱子義	經論纂要	10			113		經論纂要	10	駱子義
釋11	顧歡	夷夏論	2			115		夷夏論	2	顧歡
釋12	甄鸞	笑道論	3			116		笑道論	3	甄鸞
釋13	衞元嵩	齊三教論	7			117		齊三教論	7	衞元嵩

釋14	杜乂	甄正論	3			121		甄正論	3	杜乂
釋15	李思愼	心鏡論	10			122		心鏡論	10	李思愼
釋16	裴子野	名僧錄	15	139				名僧錄	15	裴子野
釋17	僧寶唱	名僧傳	20	133				名僧傳	30	釋寶唱
釋18	又	比丘尼傳	4	134				比丘尼傳	4	釋寶唱
釋19	僧惠皎	高僧傳	14	135				高僧傳	14	釋惠皎
釋20	僧道宗	續高僧傳	32	137				續高僧傳	30	釋道宣
釋21	陶弘景	草堂法師傳	1	141				草堂法師傳	1	陶弘景
釋22	蕭回理	草堂法師傳	1	142				草堂法師傳	1	蕭理
釋23		稠禪師傳	1	143				稠禪師傳	1	
釋24	陽衒之	洛陽伽藍記	5		15			洛陽伽藍記	5	楊衒之
釋25	費長房	曆代三寶記	3			108		歴代三寶記	3	
釋26	僧彥琮	崇正論	6			123		崇正論	6	釋彥琮
釋27	又	集沙門不拜俗議	6					無		
釋28		福田論	1					無		
釋29	道宣	統略淨住子	2			104		統略淨住子	2	釋道宣
釋30	又	通惑決疑錄	2			114		通惑決疑錄	2	釋道宣
釋31		廣弘明集	30				828	廣弘明集	30	釋道宣
釋32		集古今佛道論衡	4			110		集古今佛道論衡	4	釋道宣
釋33		續高僧傳	20	136				續高僧傳	20	釋道宣

釋34		後集續高僧傳	10					無		
釋35		東夏三寶感通錄	3					無		
釋36		大唐貞觀内典錄	10					無		
釋37	義淨	大唐西域求法高僧傳	2	138				西域永法高僧傳	2	釋義淨
釋38	法琳	辯正論	8			118		辯正論	8	釋法琳
釋39	又	破邪論	2			119		破邪論	3	釋法琳
釋40	復禮	十門辨惑論	2			112		十門辯惑論	2	釋復禮（志）
釋41	楊上善	六趣論	6			111		六趣論	6	楊上善
釋42	又	三教銓衡	10			120		三教詮衡	10	楊上善

附「新唐志釋氏類「著錄」部分原注」

釋1注「王融頌。」　釋25注「長房、成都人。隋翻經學士。」　釋33注「起梁初、盡貞觀十九年。」　釋38注「陳子良注。」

釋39注「琳、姓陳氏。太史令傅弈請廢佛法、琳諍之、放死蜀中。」　釋40注「永隆二年、荅太子文學權無二釋典稽疑。」

これを見ると、舊唐志、つまり『古今書錄』が史錄雜傳類・史錄地理類・子錄道家類・集錄總集類に散在して著錄していた中國撰述佛典を、新唐志では新たに釋氏類を立てて一括著錄していることがわかる(4)。このように新唐志が書籍の著錄される類、所謂「歸類」を大きく改編したことが、兩唐志に異同を生じさせる原因のひとつとなったのである。さらに新唐志はこの歸類の改編に伴って著錄書籍の配列順序を變更した。例えば、釋僧祐の著作は、舊唐志の史錄雜傳類から「薩婆多師資傳」が、子錄道家類から「法苑集」が、集錄總集類から「弘明集」が釋氏類に移されたが、これらは釋氏類中にばらばらに移されたのではなく、釋2～5（このうち釋4は次節で觸れる）の一箇所に集められている。つまり新唐志は歸類の改編に伴って、同一編著者の著作を一箇所に集めたのである。このことは、宋の鄭樵が『通志』校讎略「不類書而類人論」中で、

古之編書、以人類書。何嘗以書類人哉。人則於書之下注姓名耳。唐志一例削注、一例大書、遂以書類人。（古の目錄の編み方は、人（編著者）を書籍によって分類していた。いったい書籍を人によって分類することなど、これまであっただろうか。人は書籍の下に姓名を注されていたにすぎない。唐志は一方では（從來の編著者に關する）注を削り、一方では（人を書籍の上に）大きく書き、書籍を人によって分類してしまった。）

とすでに指摘したことである(5)。しかし新唐志が行った配列順序の變更はこれだけではない。次に擧げる【資料二】は、新唐志釋氏類「著錄」部分に著錄される書籍の編著者について、その生卒年代を調査し、新唐志の著錄順序に從って並べたものである。

【資料二】

編著者	活動年代	活動年代の根據
蕭子良	齊	宋孝武帝大明四年生、齊鬱林王隆昌元年卒（『南齊書』卷四・四十）。
僧祐	梁	宋文帝元嘉二二年生、梁武帝天監一七年卒（『高僧傳』卷十一）。
虞孝敬	梁	梁湘東王（後の元帝）記室（『歷代三寶記』卷十一等）。梁元帝文學（『內典錄』卷十）。後出家し、慧命と改名す（『歷代三寶記』卷十一等）。

僧賢明	梁	梁人（『隋仁壽年內典錄』巻三等）。
郭瑜	唐高宗？	唐高宗期に同名の人物がおり、唐高宗顯慶元年、大慈恩寺にて助知翻譯として玄奘の翻經に加わり（『譯經圖紀』巻四）、龍朔二年、許敬宗らと『瑤山玉彩』五百巻を撰し奏上する（『舊唐書』巻百九十上・『新唐書』巻五十九）。但し『修多羅法門』二十巻を撰したとの記載はなく、兩唐志に見える郭瑜と同一人物であるとは斷定できない。
駱子義	未詳	未詳。
顧歡	宋	晉孝武帝太元一五年生、宋文帝元嘉三〇年卒（『南齊書』巻五十四）。
甄鸞	北周	北周武帝時人（『隋書』巻十二）。天和四年、『笑道論』を上る（『內典錄』巻五。『廣弘明集』巻八作「五年」）。
衞元嵩	北周	北周武帝天和二年、佛教・道教がもたらす弊害について上書す（『廣弘明集』巻七）。上書の後、還俗す（『余嘉錫論學雜著』（中華書局、一九六三年一月）「衞元嵩事蹟考」）。北周靜帝大象元年、佛圖澄の孫弟子である前沙門王明廣が王氏破邪論一巻を著し、衞元嵩に反駁す（『廣弘明集』巻十）。
杜乂	唐武后	釋玄嶷のこと。則天武后時人（『開元錄』巻九等）。
李思愼	未詳	唐宗室李孝協（高宗麟德中卒。『舊唐書』巻六十）の子に思愼有り（『新唐書』巻七十上）。ただし『心鏡論』十巻を撰したとの記載はなく、兩唐志に見える李思愼と同一人物であるとは斷定できない。
裴子野	梁	宋明帝泰始三年生、梁武帝中大通二年卒。末年、深く釋氏を信じ、衆僧傳二十巻を勅撰す（『梁書』巻三十・『南史』巻三十三）。
僧寶唱	梁	齊明帝建武二年以前、年三十に及ばんとす（『續高僧傳』巻一）。梁武帝天監一八年、『名僧傳』三十一巻を勅撰す（『歷代三寶記』巻三）
僧惠皎	梁	齊明帝建武二年生、梁元帝承聖三年卒（『高僧傳』巻十四「龍光寺僧果跋」）。

僧道宗	唐高宗	道宣の誤り。その理由は、本章第三節を參照。
陶弘景	梁	宋孝武帝孝建三年生、梁武帝大同二年卒（『南史』卷七十六・『文苑英華』卷八百七十三「邵陵王綸隱居貞白先生陶君碑」）。
蕭回理	未詳	舊唐志は「蕭理」に作る。『文選』卷四十三南朝齊孔稚珪「北山移文」の「鐘山之英、草堂之靈」に對する李善注は、梁簡文帝（名は綱、天監二年生、大寶二年卒）の『草堂傳』を引く。蕭回理は、梁簡文帝のことかもしれない。
稠禪師	北魏〜北齊	釋僧稠のことであろう。釋僧稠は、北魏孝文帝太和四年生、北齊乾明元年卒（『續高僧傳』卷十六）。なお新唐志は「稠禪師傳」の編著者名を記載しないため、釋僧稠の活動年代を參考にしたものと判斷した。
陽衒之	東魏	元魏末、祕書監となる（『廣弘明集』卷六）。東魏孝靜帝武定五年、洛陽に至りその荒廢を見、『洛陽伽藍記』を著す（『洛陽伽藍記』自序）。
費長房	隋	北周武帝廢佛時還俗（『開元錄』卷七）。隋文帝開皇一七年、『歷代三寶記』を撰す。
僧彥琮	隋	陳武帝永定元年生、隋煬帝大業六年卒（『續高僧傳』卷二）。
道宣	唐高宗	隋文帝開皇一六年生、唐高宗乾封二年卒（『宋高僧傳』卷十四）。
義淨	唐武后	唐太宗貞觀九年生、玄宗先天二年卒（『開元錄』卷九・『宋高僧傳』卷一）。
法琳	唐太宗	北齊後主武平三年生、唐太宗貞觀一四年卒（『唐護法沙門法琳別傳』卷下）。
復禮	唐武后	唐高宗儀鳳初から則天武后垂拱末年の間、東京太原寺・西京弘福寺にて綴文筆受として沙門地婆訶羅の翻經に加わる。玄宗先天二年、北苑白蓮花亭・大內甘露殿等にて次文として菩提流志の翻經に加わる（『續譯經圖紀』）。
楊上善	初唐?	兩唐志の丙部子錄經脈類に著錄される楊上善「黃帝內經太素」・「黃帝內經明堂」には現行本があり、

隋人と題されている。しかし彼の著作は『隋書』經籍志に著録されず、また新唐志の道家類では唐の傅奕の後に、釋氏類では釋復禮の後に、明堂經脉類では王冰の後に著録されていることから、新唐志纂修者は唐代の人物であると見ていたようである。また湯用彤『隋唐佛教史稿』（中華書局、一九八二年）は『法苑珠林』巻百の「六道論十卷、…皇朝左衞長史兼弘文館學士陽尙善撰」と、兩唐志著録の楊上善「六趣論六卷」とを同一書とみなしている。「六趣」は六道に同じく、衆生が業によって輪廻する六種の世界の意であるから、確かに同一書の可能性はある。また弘文館は、高祖武德九年、修文館を改めて置いたものであるから、もし二書が同一書であれば、楊上善はやはり唐初の人物ということになる。しかし兩書の巻數が異なることから、その確證はない。

これを見ると、蕭子良から陽衒之までは大體南北朝期の人物であり、費長房・僧彥琮の二人は隋の人物であり、道宣以下は初唐の人物であり、大體その活動年代順に配列されていることがわかる(6)。しかし活動年代順になっていない人物も若干いる。それは郭瑜・顧歡・杜乂・僧道宗の四人である。このうち郭瑜は、唐の高宗期に同名の人物がいるが、彼が『修多羅法門』という書籍を著わしたという記載がないために、兩唐志にみえる郭瑜と同一人物であるとの確證はない。また僧道宗は釋道宣の誤りであり(7)、新唐志が何故ここに置いたのかはよくわからない。そこで顧歡・杜乂の二人に限定して、何故活動年代順に配列されなかったのかを考えてみたい。

顧歡は、東晉生、南朝宋文帝期卒の人であり、前後の編著者に比べ、かなり世代が上である。その著「夷夏論」については、釋僧祐『弘明集』巻六に謝鎭之「與顧道士析夷夏論」、同巻七に朱昭之「難顧道士夷夏論」・朱廣之「疑夷夏論諮顧道士」・慧通「駁顧道士夷夏論」・僧敏「戎華論析顧道士夷夏論」が收録され、また『南史』巻七十五顧歡傳

に、

初、（顧）歡以佛道二家教異、學者互相非毀、乃著夷夏論曰、…歡雖同二法、而意黨道教。（はじめ、（顧）歡は佛・道二家の教えが異なり、學者が互いに誹謗しあっていることから、『夷夏論』を著して（次のように）述べた。…歡は二法を同じとしたが、道教におもねる意圖があった。）

とあるように、道教よりの立場で書かれた書籍であり、釋氏類に著錄されるべきものでない。そのために神仙類を立てない『隋書』經籍志では、この書を道家類に著錄する。よって新唐志が釋氏類に著錄するのは誤りである。舊唐志もこの書を道家類末の中國撰述佛典著錄部分に著錄していることから確認されるように、新唐志が誤った原因は『古今書錄』がすでに歸類を誤っていた點にあるようである。しかし新唐志がこの誤りを踏襲したのは、十分な調査を怠ったためであるといわざるをえない。この歸類の誤りと同樣に、新唐志は彼の著作を舊唐志の子錄道家類から釋氏類に移す際、顧歡という人物を十分に調査しなかったために、この位置に著錄してしまったのであろう。

また杜乂は唐の則天武后期の人であり、前後の編著者に比べ、かなり後世の人物である。その原因は、やはり新唐志の調査不足にある。『開元錄』卷九釋玄嶷傳に、

甄正論三卷、…沙門玄嶷、俗姓杜、名乂。先是、黃冠爲東都大弘道觀主、遊心七藉、妙善三玄、黃宗之中、此爲綱領。天后心崇大法、弘闡釋宗、人遂歸心(8)。請求剃落、詔許度之、住佛授記寺、後爲寺都、兼預翻譯。悉彼宗之虛誕、知正教之可憑、遂造甄正論一部、指陳虛僞、主客問答、極爲省要。（『甄正論』三卷、…沙門玄嶷、俗姓杜、名乂。僧侶となる前は、黃冠（道士の冠）をかぶって東都の大弘道觀の觀主となり、七藉（未詳）に心を遊ばせ、三玄（『老子』『莊子』『周易』）に精通していたので、道士達はこれを綱領とした。則天武后は偉大なる佛法を心から崇め、釋宗を布教したので、人びとは歸依するようになった。（杜乂は）剃髮して僧侶となること

を請願し、詔によって得度を許され、佛授記寺に住し、後に寺都となり、兼ねて翻譯に參與した。道教の虚誕を知り盡くし、佛教のよるべきことを知っていたので、『甄正論』一部を造り、（道教の）虚僞を指し示し、主客の問答の形式をとったので、非常にわかりやすかった。）

とあり、また宋の釋贊寧『宋高僧傳』卷十七に、

釋玄嶷、俗姓杜氏、幼入玄門、纔通經法、黄冠之侶推其明哲、出類逸群、號杜乂錬師。方登極籙、爲大恒觀主、遊心七略、得理三玄、道術之流推爲綱領。…天后心崇大法、揚闡釋宗、乂悟其食蓼非甘、却行遠、舍願、反初服、嚮佛而歸、遂懇求剃落。詔許度之、住佛授記寺、尋爲寺都焉。…續參翻譯。…乃造甄正論一部。（釋玄嶷、俗姓杜氏、幼くして道教の門に入り、道教經典の教えに大變通じていたので、黄冠の道士達はその賢明さが飛び抜けて優れていたことを推し崇め、杜乂錬師と呼んだ。道士の最高位に登り、大恒觀の觀主となり、七略（あらゆる學術・典籍）に心を遊ばせ、三玄に精通していたので、道術の輩は推し崇めて綱領とした。…則天武后は偉大なる佛法を心から崇め、釋宗を布教したので、（杜）乂は蓼を食することが甘いものではなく、かえって道遠きことを悟り、（道士の頃の）願いを捨て、俗人にもどり、佛に歸依し、剃髪を懇願するに及んだ。詔によって得度を許されると、佛授記寺に住し、ついで寺都となった。…續けて翻譯に參與した。…そこで『甄正論』一部を造った。）

とあるように、杜乂が釋玄嶷の俗名であり、もと有名な道士であったが、則天武后期に佛教に鞍替えした人物であることがわかる。新唐志がその「不著錄」部分に「玄嶷甄正論三卷」を重出させてしまったのは、このことを知らなかったためであろう。ところで『南史』卷三十何炯傳に、

何炯…白皙、美容貌。從兄求・點毎曰、叔寶神清、杜乂膚淸、今觀此子、復見衞・杜在目。（何炯は、…肌が白

く、美しい容貌を持っていた。從兄の（何）求と（何）點は「叔寶（晉の衞玠）は心が淸らかであり、杜乂は肌が淸らかである。いまこの子を觀ると、また衞（玠）と杜（乂）を目にしているようである。」とよくいったものだ。）

とあり、『梁書』卷四十七では「杜乂」を「弘治」に作る。これによれば、南朝梁にも杜乂という人物がおり、新唐志はこの人物を「甄正論」の編著者杜乂と見誤ったのではないかと思われる。また、これらの誤りは、新唐志が北宋官版大藏經の基本目錄に用いられた『開元錄』を十分に調査していなかったことをも示唆する。

要するに、顧歡と杜乂がその活動年代順に配列されなかったのは、新唐志がこの二人に對して十分な調査をしなかったことに原因があるのであって、新唐志が歸類の改編に伴って編著者をその活動年代順に再配列したことを疑わしめるようなものではないのである。

以上、歸類の異同と、それに伴う若干の問題について考察した。それによって以下のことが明らかとなった。新唐志は舊唐志の歸類を改編して釋氏類を立て、それに伴って著錄書籍の配列順序を變更した。兩唐志に歸類の異同が生じた原因は、この新唐志の纂修方法にあったのである。その具體的な方法とは、まず舊唐志が史錄雜傳類・地理類、子錄道家類、集錄總集類に散在させていた中國撰述佛典を釋氏類に一括著錄し、さらに同一編著者の書籍を一箇所に集め、その上で編著者を活動年代順に配列しなおすというものであった。なお同一編著者の書籍を一箇所に集めるだけならば、誤りの發生する確率は低いが、それを活動年代順に配列しなおすとなると、各編著者と書籍に對する十分な調査が必要となる。しかし新唐志はこれを怠ったために、一部の編著者と書籍の歸類・配列順序等に誤りを生じさせている。これらの誤りのなかには、正史や『開元錄』等を少し調査すれば容易に避けうるものが含まれている。これらの資料は、新唐志纂修の際、參考に用いられなかった可能性がある。

第二節　著録書籍の有無

新唐志釋氏類「著録」部分には舊唐志に著録されない書籍が全六部ある(9)。

釋迦譜十卷（僧僧祐撰）
集沙門不拜俗議六卷（僧彥琮撰）
福田論一卷（僧彥琮撰）
後集續高僧傳十卷（道宣撰）
東夏三寶感通錄三卷（道宣撰）
大唐貞觀內典錄十卷（道宣撰）

これらの書籍が新唐志に著録され、舊唐志に著録されなかった原因を考えるために、まず『古今書錄』と新唐志それぞれの纂修時期、つまり開元年間と北宋において各書籍が傳存していたか否かを確認してみたい。

まず「釋迦譜」は、『出三藏記集』卷十二をはじめ、ほとんどの經錄に著録され、『日本國見在書目錄』・『郡齋讀書志』・『宋史』藝文志等にも著録される(10)。また「集沙門不拜俗議」に關する最も早い文獻記載は『廣弘明集』卷二十五であり、「沙門不應拜俗總論」と題された文章を「釋彥琮」の言説として引用する。『內典錄』・『法苑珠林』には記載されないが、『開元錄』卷八に著録されて以後、各經錄に著録される。また「福田論」は、『內典錄』卷五と『法苑珠林』卷百に記載されて以後、しばらく文獻記載を見ないが、『崇文總目』・『宋史』藝文志に再び著録される。また「東夏三寶感通錄」は、『内典錄』巻五と『法苑珠林』巻百に記載されて以後、樣々な文獻に記載され、『宋史』藝文志にも著錄される。以上のように、この四部は、開元年間から北宋にかけて流傳が絶えなかった書籍であることが確認できる。よって、この四部については、『古今書錄』の著者毋煚にしても、新唐志纂修者にしても、當時の傳本を手に入れたり、これらについて記した文獻を目にすることが容易にできたものと考えられる。これは、『古今書錄』編纂の際にも、新唐志纂修の際にも、條件的にはこの四部の書籍を著錄することが可能であったことを意味する。つまり、この四部が舊唐志に著錄されていない原因は、『古今書錄』がもともと著錄していたものを、舊唐志が『古今書錄』を删略した際に誤脱してしまったためであるとも考えられるし、また『古今書錄』にもともと著錄されていなかったものを、新唐志が傳本や文獻の記載によって新たに補ったためであるとも考えられるのであって、そのいずれによってであるのかは特定しがたい。

なお新唐志は「集沙門不拜俗議」を著錄する際に、大きな誤りを犯している。實はこの書はその前後に著錄される「崇正論」・「福田論」とは編著者が異なるのである(11)。すなわち「崇正論」・「福田論」は隋の釋彥琮の著作であり、この書は唐の釋彥悰の著作なのである(12)。釋彥琮（悰）に隋人と唐人の二者がいたことは、新唐志纂修者も知っていた(13)。そのために新唐志は、隋人の著作として「著錄」部分に「崇正論」・「集沙門不拜俗議」・「福田論」を、唐人の著作として「不著錄」部分に「大唐京寺錄傳十卷」・「沙門不敬錄六卷」を區別して著錄している。しかし『開元錄』巻八釋彥琮傳に「天皇龍朔二年壬戌」の年號と、「名爲集沙門不拜俗議。」という記載があるのによれば、「集沙門不拜俗議」が唐の釋彥悰の著作であることは明白である。新唐志は『開元錄』や當時の傳本をよく調査しなかったために、この誤りを犯したのであろう(14)。

次に、「後集續高僧傳」は、『内典錄』巻五・『法苑珠林』巻百に記載されているが、『開元錄』巻八釋道宣傳に「内典錄中更有後續高僧傳、尋本未獲、故闕。」とあるように、開元年間にはすでに散佚していた。伊吹敦氏によれば、北宋末に福州本大藏經が刊行される際に、「後集續高僧傳」の殘本が發見され、『續高僧傳』の三十巻本と合併されて『續高僧傳』の三十一巻本が作られたとのことであるが(15)、「後集續高僧傳」は『崇文總目』等の北宋の藏書目錄には著錄されておらず、北宋の頃には依然人目に觸れることがなかったものと考えられる。また「大唐貞觀內典錄」は、『內典錄』巻五と『法苑珠林』巻百に記載されて以降、様々な文獻に記載され、現在に傳わっている。ただし、いずれも「大唐內典錄」の名で記載され、「大唐貞觀內典錄」の名では『續高僧傳』巻一・二に出典として計四回引かれるのみである。書名の「貞觀」は、この書が太宗貞觀年間（六二七～六四九）の作であることを示しており、また『續高僧傳』は、『內典錄』と同じく釋道宣の著作であり、貞觀十九年の成書である。よって、「大唐貞觀內典錄」は、貞觀年間の十九年より以前の時期に編まれたと考えられる。ところが、大正藏本『大唐內典錄』の自序では、『內典錄』は麟德元年（六六四）の作と記されている。このような狀況から考えて、「大唐貞觀內典錄」は、おそらく貞觀年間の十九年より以前の時期にすでに一應の完成をみていた『內典錄』の初稿本であり、『續高僧傳』にその名が見えるのは、釋道宣が『續高僧傳』を著わす際、これを資料に使ったためであると推測される。そうであれば、現行本の方は、その後に改訂が加えられ麟德元年に完成したテキストということになろう。「大唐貞觀內典錄」の名が道宣の『續高僧傳』以外、文獻に記載されないのによれば、この初稿本はずっと道宣の手元にあって、隨時增訂が加えられ、麟德元年本の完成によって、ついに世に出ることなく終わったものと考えられる。つまり「後集續高僧傳」・「大唐貞觀內典錄」ともに、開元年間から北宋にかけて流傳していた可能性はほとんどなかったのであって、毋煚にしても、新唐志纂修者にしても、この二部の傳本を手に入れることはできなかったものと考えられる。また『古今書錄』は開元年間の國家藏書目錄であるから、單なる『內典錄』・『續高僧傳』等の記載によって、この二部を著錄するはずがない。これに對し、新唐志は、『内典錄』・『續高僧傳』を所據資料に用いて、かなりの書籍をその「不著錄」部分に著錄している(16)。以上の點から考えて、この二部が舊唐志に著錄されていないのは、舊唐志が『古今書錄』を刪略した際に誤脱したためではなく、『古今書錄』にもともと著錄されていなかった書籍を、新唐志が「不著錄」部分と同様に『内典錄』・『續高僧傳』を使って新たに補ったためである可能性が高い。

以上、著錄書籍の有無の問題について考察した。それによって以下のことが明らかとなった。「釋迦譜」・「集沙門不拜俗議」・「福田論」・「東夏三寶感通錄」は、それぞれ唐開元年間・北宋を通じて流傳していたことが確認される。よって、何故この四部が舊唐志に著錄されていなかったのかは特定しがたい。これに對し、「後集續高僧傳」・「大唐貞觀内典錄」は、いずれも開元年間から北宋にかけて流傳していた可能性がほとんどないものである。よって、この二部が舊唐志に著錄されていないのは、『古今書錄』がもともと著錄していなかったものを、新唐志が『内典錄』・『續高僧傳』によって、それぞれ補ったためであるとしか考えられない。これは、新唐志「著錄」部分中に、所據資料以外の資料によって增補された書籍があることを示すと同時に、開元年間の國家藏書と、文獻記載から轉錄された書籍という、資料的性質の異なる書籍が混在していることを示している。

第三節　著錄内容の異同

新唐志「著錄」部分と舊唐志の著錄内容には様々な異同がある。そこで、それぞれの異同が發生した原因を考察してみることとする。

釋1「淨注子」の「注」は、舊唐志は「住」に作る。諸文獻がいずれも「住」に作り、新唐志自身、釋道宣による删略本を著錄して「統略淨住子」に作るのによれば、新唐志の誤りである。

釋2「法苑集」の「集」は、舊唐志にはない。この書の編著者、梁の僧祐の『出三藏記集』卷十二法集總目錄序は「法苑集」に作り、同卷に「法苑雜緣原始集目錄序」とあり、また梁の慧皎『高僧傳』卷十一釋僧祐傳は「法苑集記」に作るといったように、この書籍が書かれた當初は書名がまちまちであり、隋の費長房『歷代三寶記』(以下『長房錄』)以後は、いずれも「法苑集」に作る。しかし「法苑」に作る文獻がないのによれば、舊唐志の誤脱である。

釋2・8・17・19・20・26の僧侶の名に冠する「僧」は、舊唐志では「釋」に作り、釋29・38・40は僧侶の名のみであるが、舊唐志では「釋」を冠している。これは新唐志による「釋」の删改であり、釋氏類に限らず、他の類に著錄される僧侶にも一律に行われている。そもそも「釋」は、『出三藏記集』卷十五道安法師傳に、

初魏晉沙門依師爲姓、故姓各不同。(道)安以爲大師之本莫尊釋迦、乃以釋命氏。後獲增一阿含經、果稱四河入海、無復河名。四姓爲沙門、皆稱釋種。(はじめ魏晉の沙門は師(の姓)に従って(自分の)姓としたので、姓がそれぞれ同じでなかった。(道)安は、大師の根本には、釋迦より尊いものはないと考え、そこで「釋」によって氏を名づけた。後になって『增一阿含經』が手に入ると、果たして「四河(ガンジス河・インダス河・ヴァクシュ河・シーター河)といえど海に入ってしまえば、もう河としての名はない。四姓(ブラーフマナ・クシャトリヤ・ヴァイシャ・シュードラ)といえども沙門となれば、みな釋種(釋迦の弟子)と呼ぶ。」と記されていた。)

とあり、東晉の釋道安によって定められた僧侶の姓であり、以後慣習化したものである(17)。釋氏類において「釋」が删改された理由は、類目名を「釋氏」とした以上、著錄書籍の編著者である僧侶に一々「釋」姓を冠する必要がな

いと判斷されたためかもしれない(18)。しかし僧侶の姓の標記法を「僧」に改めるか刪るかの一方に統一しなかったのは問題であろう。

釋5「薩婆多師資傳」の「師資」は、舊唐志は「部」に作る。この異同は、書名の變遷と關連が深い。原書名は、『出三藏記集』卷十二法集總目錄序が「薩婆多部相承傳」に作り、同卷に「薩婆多部記目錄序」とあるのによれば、僧祐自ら二種の書名を用いていたようである。隋以降になると、『長房錄』卷十一・『內典錄』卷四はともに「薩婆多師資傳」に作る。これは、この書名が隋から唐初にかけて佛教徒の間で常用されてきたことを示すものである。一方、『長房錄』・『內典錄』と大體同時期の『隋書』經籍志と舊唐志は「薩婆多部傳」に作る。「薩婆多部傳」は薩婆多部における律學の傳承の意であるから、「師資」・「相承」に作るテキストと書名の含義に大差はない。『隋書』經籍志と舊唐志、すなわち『古今書錄』の書名が同じである理由は、隋から唐開元年間にかけての國家藏書機關に、この名を持つテキストが所藏されていたことを示すものである。つまり隋から唐初にかけて、經錄系統のテキストと、官修目錄（及び、これを根據に纂修される正史藝文志）系統のテキストが並行していたのである。しかし新唐志は官修目錄系統のテキスト名を用いず、『長房錄』卷十一・『內典錄』卷四と同じく「薩婆多師資傳」に作る。本章第二節で述べたように、新唐志が『古今書錄』の著錄漏れを補う資料として『內典錄』を用いていたことを考慮すれば、この異同は「著錄」部分の所據資料（『古今書錄』、或いは舊唐志）を『內典錄』によって改めたために發生したものであると考えられる。また新唐志纂修者が中國撰述佛典を著錄する際、「著錄」部分の所據資料よりも經錄に資料的價値を認めていたことを暗示している。ただし「著錄」部分の所據資料の記載を改めるということは、同時に開元年間の藏書を反映するというその長所を捨てることに他ならない。

釋7「虞孝敬」の「敬」は、『長房錄』卷十一・『內典錄』卷四等は皆「敬」に作るが、舊唐志史傳76のみ「景」に作る。これは、宋版の舊唐志が宋の趙匡胤の祖父の諱「敬」を避けた名殘りである。ただし、同じ舊唐志でも子道106では「敬」に作る。百衲本舊唐志は明の聞人詮の覆宋校刊本によって補配されたものであるから、宋版覆刻の際、舊唐志の避諱字を本字に直そうとしながら、うかつにも直し損なったものがあったのであろう。

釋17「名僧傳」の卷數「二十卷」は、舊唐志は「三十卷」に作る。『大隋衆經目錄』卷六・『隋書』經籍志は「三十卷」に作り、『長房錄』卷三・『內典錄』卷四・『法苑珠林』卷百は「三十一卷」に作り、二十卷本は新唐志の他には見えない。また『長房錄』卷十一に「名僧傳并序錄目三十一卷」、『內典錄』卷四・『法苑珠林』卷百に「名僧傳并序目三十一卷」とあるのによれば、「三十一卷」のうち一卷は序目と考えられる。よって二十卷本があった可能性は低く、新唐志の誤りであろう。

釋20「僧道宗」は、舊唐志は「釋道宣」に作る。諸文獻も皆『續高僧傳』の編著者を「釋道宣」に作り、現存の僧傳の序文にも僧道宗が『續高僧傳』を著したという記載はない。よって新唐志が何らかの理由で誤ったものと考えられる(19)。また釋20「續高僧傳」の卷數「三十二卷」は、舊唐志は「三十卷」に作る。現存の麗本・金本は三十卷、宮本・宋本・元本は三十一卷、明本は四十卷であるが、宮本以下は新唐志纂修以後に刊行されたものであり、分卷の異同もその際に生じたものである。唐宋代の目錄記載上からみると、ほとんどが「三十卷」に作り、『開元錄略出』卷四・『崇文總目』傳記類上のみが「三十一卷」に作る。しかし、この二書は宮本系統の三十一卷本を著錄したものである可能性が高い(20)。よって新唐志纂修當時、流傳が確認されるのは三十卷本だけである。ところが、新唐志は「著錄」・「不著錄」兩部分に「僧道宗續高僧傳三十二卷」を重出させ、記載內容も全く同じであり、單なる誤寫とは考え難い。よって新唐志纂修者は「僧道宗撰」と題した三十二卷本を實際に見て、このように著錄したのではないかと思われる。

釋22「蕭回理」の「回」は、舊唐志にない。この異同に關しては、參考となる資料が皆無であり、いずれが正しいかはわからない。

釋24「陽衒之」の「陽」は、舊唐志は「楊」に作る(21)。『廣弘明集』卷六「列代王臣滯惑解上」が「陽」に作る以外は、『長房錄』卷九や『隋書』經籍志・『內典錄』(宋・元・明・宮本)卷四等、ほとんどの文獻が舊唐志と同じく「楊」に作り、大正藏所收本『洛陽伽藍記』も「楊」に作る(22)。また金本・麗本『內典錄』卷四は「揚」に作り、『史通』卷五補注篇・『郡齋讀書志』卷八地理類は「羊」に作り、孫猛『郡齋讀書志校證』は「唯史通卷五補注篇作羊、蓋郎公武所本。」とする。この問題について、周延年『洛陽伽藍記注』卷五「楊衒之事實攷」は、楊衒之が門閥の盛んな時代に祕書監等の要職を歷任していることから名家の出身であろうと推測した上で、『魏書』卷七十二陽尼傳に見える陽固の三子(長子休之・次子詮之)―『北史』卷四十七陽尼傳では五子(休之、その弟綝之、俊之)と名・排行がかなり近いことから、もし「陽」姓であるならば、陽休之の弟か、その族兄弟に違いないとする。この說は現在多くの研究者に支持されている。これに從えば「陽」に作るのが正しく、舊唐志の誤りということになる。

釋25「費長房」は、舊唐志にはない。これは、編著者名がもともと『古今書錄』に記されていなかったためか、舊唐志が『古今書錄』を刪略する際に誤脫したものであろう。また「曆代三寶記」の「曆」は、經錄等は皆舊唐志と同じく「歷」に作っており、新唐志の誤寫である。

釋25・33・38・39・40には、編著者の小傳や書籍の內容等に關する注釋があり、舊唐志にはない。これらの注釋は、類似した文章が諸文獻に散見することから、それらの記載を參照して作られた可能性、『古今書錄』の解題から摘錄して作られた可能性、はたまたこの二つの方法を併用して作られた可能性がある(23)。

釋37「大唐西域求法高僧傳」の「大唐」は、舊唐志にはない。『開元錄』以後の經錄・『宋高僧傳』等には「大唐」

があり、『崇文總目』釋書類下には舊唐志と同じくなく、『郡齋讀書志』卷九傳記類・『宋史』藝文志子類釋氏類等は「求法高僧傳」に作る。これは、もともとあった冠稱の「大唐」が、宋代になってからは削除されることがあったということであろう。よって兩唐志のどちらが正しいということはできないが、ただ唐代に編まれた『古今書錄』を踏襲した舊唐志にこの冠稱がないのは、やや不自然ではある。また釋37の「求」は、舊唐志は「永」に作る。諸文獻がいずれも「求」に作るのによれば、舊唐志の誤りである。

釋39「破邪論」の卷數「二卷」は、舊唐志は「三卷」に作る。『內典錄』卷五は「二卷」に作り、同卷十は「三卷」に作り、『續高僧傳』卷二十釋法琳傳は「二卷」に作り、同じ釋道宣の著作でも三種の記載がある。しかし『開元錄』に「二卷、或一卷」とあり、元の慶吉祥等『至元法寶勘同總錄』卷十には「二卷、或三卷」とあるのによれば、實際に三種のテキストがあったようである。よって兩唐志のどちらが正しいということはできない。

最後に、文字の校勘では見えてこない異同について觸れておきたい。對象となるのは、釋33「續高僧傳二十卷」である。『續高僧傳』の二十卷本は、新唐志「著錄」部分に著錄され、舊唐志史傳136にも著錄されることから、『古今書錄』、或いは舊唐志によって唐開元年間の國家藏書を著錄したものである。しかし兩唐志を除き、二十卷本は『內典錄』・『法苑珠林』等には著錄されていない。これは、この二十卷本が三十卷本の闕本だったことを示している。また、このような著錄狀況から考えて、二十卷本は新唐志纂修當時には散佚していたとみられる。ところで、新唐志は二十卷本の後ろに「後集續高僧傳十卷」を著錄しているが、先述のように、これは新唐志纂修當時すでに散佚していたものを、『內典錄』の記載によって轉錄したものであり、新唐志纂修者は二十卷本と同樣にこの書を實際に見ていない。また『古今書錄』にはもう一つ「續高僧傳三十卷、釋道宣撰」（舊唐志史傳137）が著錄されているが、新唐志はこれを著錄していない。これは、新唐志が二十卷本と「後集」十卷とを實査できなかったが故に、『古今書錄』著錄のもう一つの「續高僧傳」、つまり三十卷本を、二十卷本と「後集」十卷からなるものと誤解したためであると考えられる(24)。これは、書籍の實査をせずに文獻記載から轉錄したために生じた誤りであると同時に、所據資料の著錄書籍に對して十分な調査をせず、妄りに手を加えたために生じた誤りであるともいえよう。そもそも正史藝文志が前代の官修目錄を基礎に纂修される場合、正史藝文志の纂修者側がその官修目錄の著錄する藏書をあらかた引き繼いだのでなければ、その官修目錄に對して極力手を加えるべきではない(25)。また手を加えるならば、綿密な調査による裏附けがなければ、新唐志が犯したと同じ誤りは避けられないであろう。その點、舊唐志が『古今書錄』の著錄書籍に對して採った態度は、意圖してか否かは別として、結果的に堅實なものであったといえる。

以上、新唐志「著錄」部分と舊唐志との著錄內容に異同が生じた原因について檢討した。その結果、これらの異同のなかには、舊唐志（或いは『古今書錄』）の誤脫・誤寫によって生じたものと、新唐志の誤寫、所據資料に對する删改・校正・誤解によって生じたものとがあることが明らかとなった。また兩唐志間の著錄內容の異同には他に、新唐志の注釋の增加があるが、これが如何にして附けられたかについては、『古今書錄』から摘錄したとも、その他の資料を參考にして作られたとも、その二つの方法が併用されたとも考えられ、特定するのは難しい。これらのうち誤寫を除けば、殘りはみな新唐志の纂修方法によって舊唐志との間に著錄內容の異同が生じたものである。なお著錄內容の誤りは舊唐志に比べ新唐志の方が多いが、それが新唐志の誤りなのか、それとも新唐志の所據資料がもともと誤っていたのか、そのいずれなのかは特定できない。

おわりに

以上、新唐志釋氏類「著錄」部分と舊唐志との閒に異同が生じた原因を檢討してきた。その結果を踏まえて、新唐志釋氏類の所據資料・纂修方法について考察してみたい。

まず所據資料の問題について考察する。前節までに縷々述べてきたように、新唐志「著錄」部分中には舊唐志との閒に樣々な異同があり、その中には新唐志の增補等に起因するものがかなりあった。それでは、これらの增補部分は一體どういう經緯で「著錄」部分中に加えられたのであろうか。可能性としては、新唐志纂修者が『古今書錄』、或いは舊唐志に對して增補を加えたとも考えられるし、新唐志纂修より以前の時期に、何者かが『古今書錄』、或いは舊唐志に對して增補を加えた文獻を、新唐志纂修者がそのまま「著錄」部分の所據資料に用いたとも考えられる。そのいずれであるかを考える上で格好の材料となるのは、第二節で論じた「後集續高僧傳」・「大唐貞觀內典錄」である。すでに述べたように、この二書は舊唐志には著錄されておらず、新唐志釋氏類「著錄」部分が『內典錄』・『續高僧傳』の記載によって補錄した書籍である。實は、この『內典錄』・『續高僧傳』は、「著錄」部分だけでなく、「不著錄」部分の所據資料にも使われていて、この二書によってかなりの數の書籍が著錄されている。つまり釋氏類「著錄」部分の增補と、「不著錄」部分の所據資料とには、同じ文獻が用いられていたのである。この事實が單なる偶然の一致であると考えるのはあまりに無理があろう。むしろ「不著錄」部分を作成した人物が「著錄」部分の作成に關與していたと見るのが自然であろう。そうであれば、新唐志「著錄」部分中に舊唐志とは異なる增補等が見られるのは、新唐志纂修より以前の時期に、何者かが『古今書錄』、或いは舊唐志に增補を加えた文獻を、新唐志纂修者がそのまま「著錄」部分の所據資料に用いたためなのではなく、新唐志纂修者が『古今書錄』、或いは舊唐志に增補を加えたためであるということになる。つまり「著錄」部分の所據資料は、『古今書錄』か舊唐志なのであって、それ以外の資料が使われた可能性はまずないと考えてよい。序章で觸れたように、兩唐志の總卷數に二千卷餘の差があるのも、この增補に起因する可能性が出てくるのである。なお『古今書錄』と舊唐志のどちらが「著錄」部分の所據資料に用いられたかについては、殘念ながら本章の檢討結果だけをたよりに、客觀的な判斷を下すことは難しい。しかし敢えて『古今書錄』・舊唐志を取り卷く外的條件を考慮に入れて推測すれば、それは『古今書錄』・舊唐志の併用であったと思われる。まず『古今書錄』・舊唐志（『舊唐書』）の流傳狀況について見ると、ともに『崇文總目』(26)や『宋史』藝文志等に著錄されることから、新唐志纂修者は兩書を手にすることができる狀況にあった。さらに『新唐書』の纂修が『舊唐書』の不備を補う目的で始められたことや、舊唐志が『古今書錄』の删略本であることを考え合わせると、新唐志「著錄」部分は『古今書錄』を主として舊唐志を參照して纂修されたのではないかとの結論に行き着く。前節で述べたように、釋24「陽衒之」の姓を正しく「陽」に作る文獻が少ない中、新唐志が舊唐志の誤り（「楊」に作る）を踏襲せずに正しく「陽」に作るのは、唐開元年間の舊を傳える『古今書錄』を主たる所據資料としたことを示唆するものである。ただし、この例も如上の推測を裏附ける決定的な證據とはいえず、いまだ推測の段階にあるといえる。よって他の類に對しても更なる檢討を加えていく必要がある。

次に、新唐志「著錄」部分が如何に纂修されたかを整理してみる。

新唐志は『古今書錄』・舊唐志を所據資料に用い、これらが史錄雜傳類・地理類、子錄道家類、集錄總集類に散在させていた中國撰述佛典を釋氏類に一括著錄した。さらに、この歸類の改編に伴って著錄書籍の配列順序を變更した。その方法とは、同一編著者の書籍を一箇所に集め、その上で編著者をその活動年代順に配列するというものであった。また新唐志は、唐開元年間の『古今書錄』編纂時から北宋仁宗期の新唐志纂修時にかけて流傳がなく、『古今書錄』にもともと著錄されていなかったと見られる書籍を、『內典錄』・『續高僧傳』の記載によって補錄したり、『內典錄』

の記載によって『古今書錄』・舊唐志の著錄內容を改めたりしている。しかし、その結果、釋氏類「著錄」部分は、開元年間の藏書を著錄した部分と、文獻記載から轉錄した部分とから構成され、資料的性質の異なる書籍が混在することになり、また開元年間の藏書を著錄した部分についても、『古今書錄』・舊唐志の著錄內容を改めたりしたために、開元年間の藏書狀況を正確に反映しているとは必ずしもいえない。また舊唐志に比して誤りが多い點にも注意が必要であり、そのなかには『開元錄』や傳本等に對して十分な調査をしなかった結果誤ったものがかなりある。特に「續高僧傳」と「後集續高僧傳」の著錄狀況にはひどい誤解が見られた。

以上の纂修方法と缺點は、新唐志釋氏類「著錄」部分特有のものでは決してなく、釋氏類の「不著錄」部分、及び新唐志の他の類においても同じような方法が採用されている可能性が十分ある。そこで次章以下では、釋氏類の「不著錄」部分について檢討していくことにする。

注

（1）　これら新唐志の問題點と、その先行研究による解明狀況は、本書上篇序章を參照。なお「著錄」部分の所據資料が何であるかについてはいくつかの說があるが、この問題を解明するための重要な手がかりとなる「著錄」部分と舊唐志とに異同が生じた原因の究明については、どの先行研究も決め手を闕いている。唯一、南麗華「論《新唐書・藝文志》」（『中國典籍與文化論叢』三、中華書局、一九九五年十二月）は、經錄易類を例に、正史・『經典釋文』序錄・補史藝文志等を利用して兩唐志の異同の發生原因を檢討した。しかし南氏の結論は、新唐志纂修者が所據資料に對して校正したことを證明するにすぎず、『古今書錄』增訂本が所據資料であるという自說を證明できてはいない。

（2）　現存する唐代の經錄には、釋道宣『大唐內典錄』十卷（以下『內典錄』）、釋靜泰『唐衆經目錄』五卷、釋靖邁『古今譯經圖紀』四卷（以下『譯經圖紀』）、釋明佺『大周刊定衆經目錄』十五卷、『續大唐內典錄』一卷、釋智昇『續

古今譯經圖紀』一卷（以下『續譯經圖紀』）・『開元釋教錄』二十卷（以下『開元錄』）、『開元釋教錄略出』四卷（以下『開元錄略出』）、釋圓照『大唐貞元續開元釋教錄』三卷・『貞元新定釋教錄』三十卷（以下『貞元錄』）、釋恆安『續貞元釋教錄』一卷の十一部があり、僧傳には釋道宣『續高僧傳』三十卷がある。その他に釋道宣『廣弘明集』三十卷・釋道世『法苑珠林』百卷等も參考となる。なお、これらの底本には皆『大正新脩大藏經』（以下「大正藏」）を用いた。また『大唐內典錄』については、『中華大藏經（漢文部分）』に收められる、近年山西省霍山の廣勝寺で發見された金藏本を參照した（以下「金本」）。

（3）なお『舊唐書』・『新唐書』は百衲本を底本とし、武英殿版・中華書局排印本を參照した。

（4）『古今書錄』・舊唐志の散在著錄に對して、新唐志が中國撰述佛典のために「新たに」一類を立てたという意味であり、この一類を立てたのが新唐志に始まるという意味ではない。中國撰述佛典のために四部のうちに一類を創設したのは、宋仁宗天聖八年（一〇三〇）呂夷簡等撰『三朝國史』藝文志（據『文獻通考』經籍考・子・釋氏）であり、新唐志はこれを踏襲したにすぎない。本書上篇第五章第二節を參照。

（5）なお鄭樵はこの論の中で、舊唐志では書名・卷數の後に注されていた編著者名を、新唐志が編著者ごとに配列する際、書名の前に移したことについて、傳記には二者共傳の例もあり、編著者と傳對象者との區別がしがたいとの理由で批判している。

（6）南麗華氏は易類について檢討し、新唐志が『古今書錄』を踏襲する際、『經典釋文』序錄等を參考にして、各編著者の年齡や師承關係を調べ、その配列順序を變更したとする。

（7）詳しくは本章第三節を參照。

（8）「又」、宋本『開元錄』作「叉」、『貞元錄』卷十三作「乂」。「人」、宋本『開元錄』作「叉」、元明本『開元錄』・『貞元錄』卷十三作「又」。

（9）なお釋氏類には、新唐志に著錄されず舊唐志に著錄される書籍はないが、他の類には存在する。例えば、舊唐志甲部經錄易類「又（周易）十卷、王玄度注」、「又（周易）十卷、王凱沖注」、「周易講疏三十五卷、梁武帝撰」がそうである。これらは、新唐志がその所據資料より轉錄する際、誤脱したものと考えられるが、本章とは直接關係がないのでここでは論じない。

(10)『出三藏記集』は「五卷」とするが、『內典錄』卷四に「釋迦譜四卷、更有十卷本、余親讀之。」とあり、『開元錄』卷六に「釋迦譜十卷、於齊代撰。別有五卷本、與此廣略異。」とあるのによれば、十卷本は初唐にはすでに行われていた。なお大正藏所收本の底本に用いられた麗本は五卷本であり、校本に用いた宋・元・明本は五卷本の卷一を六卷に分けた十卷本である。

(11)このことは、陳垣が『中國佛教史籍概論』(中華書局、一九六二年十一月初版、一九七七年九月第二版)卷三「沙門同名易混例」ですでに指摘したことである。

(12)隋の釋彥琮に關しては、【資料二】「僧彥琮」の項を參照。唐の釋彥悰は『宋高僧傳』卷四に傳がある。「崇正論」は、舊唐志・新唐志以外記載がないために傍證は得られないが、新唐志は『古今書錄』を見ていたことから、その解題に隋の釋彥琮の著作であると記されていたのであろう。「福田論」は、『內典錄』卷五隋朝傳譯佛經錄に「福田論、…右諸論並沙門釋彥琮所撰」とあり、『法苑珠林』卷百に「福田論一卷、…隋朝日嚴寺沙門釋彥琮撰」とあるのによれば、隋の釋彥琮の著作である。なお新唐志「不著錄」部分の「沙門不敬錄」は、「集沙門不拜俗議」の重出である。その理由は、「沙門不敬錄」は『內典錄』卷五に「沙門不敬俗錄六卷」「京師弘福寺沙門釋彥琮」とあり、『法苑珠林』卷百に「沙門不敬錄六卷、皇朝西京弘福寺沙門釋彥琮撰」とあるように、ともに釋彥琮(悰)の著作であり、なおかつ二書の書名の含義がほぼ同じであるからである。陳垣前掲書卷三「沙門同名易混例」も理由は述べないが、やはり二書を同一書とみなしている。

(13)新唐志「沙門不敬錄六卷」の注に「龍朔人。并隋有二彥琮。」とある。

(14)第一節で述べたように、新唐志は歸類の改編に伴って著錄書籍の配列順序を變更する際に、同一編著者の書籍を一箇所に集め、さらに編著者を活動年代順に配列しなおしている。よって、もし、この書がもともと『古今書錄』に著錄されていて、舊唐志がその刪略時に誤脱したものであったとしても、これを隋の釋彥琮の著作と最終的にみなしたのは、新唐志であると考えてよい。

(15)『續高僧傳』の增廣に關する研究」(『東洋の思想と宗教』第七號、一九九〇年六月)を參照。藤善眞澄「道宣の入蜀と『後集續高僧傳』」(『關西大學文學論集』第四十二卷第一號、一九九二年十月。後に同氏『道宣傳の研究』(京都大學學術出版會、二〇〇二年五月)第八章に收錄)も伊吹氏の說を支持する。しかし伊吹・藤善兩氏ともに新唐志には言及しない。なお南宋の釋志磐『佛祖統紀』卷二十九「諸宗立教志」の「南山律學」條は、釋道宣の著述として「後續高僧傳十卷」を擧げるが、書名から推測すれば、『開元錄』卷八釋道宣傳の「內典錄中更有後續高僧傳十卷。」から轉錄したものと考えられる。また陳垣前揭書卷二「續高僧傳」條は、『後集續高僧傳』が宋人によって『續高僧傳』中に合併されたとのみ述べる。

(16) 詳しくは本書上篇第二章にて論じる。

(17) なお北宋初に編纂された釋贊寧『大宋僧史略』(眞宗咸平二年重修)卷下「對王者稱謂」條・釋道誠『釋氏要覽』(眞宗天禧三年撰)卷上姓氏篇「出家人統姓」條は、「釋」姓の由來について、印度では佛教徒も異教徒も同じく「沙門」と稱することから、異教徒と區別するために「釋」字が用いられたとする。また「僧」については、本來四人以上の佛教徒の集團に對する稱謂であったが、一人の佛教徒に對しても用いられたとする。また『釋氏要覽』に「若彼此是僧、卽不用稱。蓋同一釋家、法兄弟故。」とあり、互いに僧侶であれば、同じ佛教徒であり佛法のもと兄弟であるから、「釋」の呼稱を用いないとするのによれば、僧侶間では「釋」姓を省略して呼び合っていたようである。

(18) この推測は、別集類などが「釋」を刪改したケースには當てはまらない。この問題については、今後の檢討課題としておきたい。

(19) 陳垣前揭書卷二「續高僧傳」條に「新唐志釋氏類重出三部、兩作道宗・卅二卷、一作道宣・二十卷。晁氏傳記類著錄三十卷、曰『唐僧道宣撰、藝文志作道宗』、則唐志之誤已久。」とある。

(20) 方廣錩『佛教大藏經史』(中國社會科學出版社、一九九一年三月)によれば、大正藏所收の『開元錄略出』は、智昇の撰ではなく、その著錄書籍は宮本に近く、北宋末に刊行されたもののようである(二八〇〜二九一頁)。また現存の『崇文總目』は、いずれも南宋紹興十三年頃に散佚書の捜訪のために敍と解題を削除し、散佚書に「闕」字を注記して雕版されたものをもとに傳抄されたものである（詳しくは本書下篇第一章・第三章を參照）。よって『崇文總目』本來の姿を傳えているとは斷言できず、紹興改定の際の誤りや删改があると考えるのが自然であろう。なお『宋史』藝文志は『續高僧傳』を著錄して「三卷」に作る。

(21) なお舊唐志の中華書局排印本は「陽」に作る。しかし中華書局排印本は、諸版の異同を校勘記に記していないので、如何なる根據で「陽」としたのか不明である。よって百衲本・殿本によって「楊」とした。

(22) 「楊」「陽」の異同に關しては孫猛『郡齋讀書志校證』卷八「洛陽伽藍記三卷」注（二）にも考證がある。

(23) 高路明『古籍目錄與中國古代學術研究』（江蘇古籍出版社、一九九七年十月）は、新唐志の獨創であると考えている（九九～一〇一頁）。また王重民「中國目錄學史（先秦至宋末元初）」（『中國目錄學史論叢』（中華書局、一九八四年十二月）所收）は、新唐志の注釋が舊唐志より詳細であることから、『古今書錄』の增訂本の注を使ったとみなし、かつその中には新唐志纂修者歐陽脩が自分の意見で改めた所があると推測する（一〇七頁）。しかし王重民はその具體例を擧げていない。

(24) なお陳垣前掲書卷二「續高僧傳」條は舊唐志記載の二部のうち一部は「後傳十卷」であるとする。しかし前節で述べたように、毋煚が『古今書錄』を纂修した開元年間は、『後集續高僧傳』が一時散佚していた時期に當たる。よって陳垣の說は誤りである。

(25) 『古今書錄』は毋煚の私撰であり、正確には官修目錄とはいえない。しかし『古今書錄』は、官修目錄の『群書四部錄』を修正したものであるので、準官修目錄といえるであろう。

(26) 『古今書錄』は、『崇文總目』では「開元四庫書目四十卷」と著錄される。なお「開元四庫書目」と「古今書錄」が同一書であることについては、序章第二節を參照。

第二章　釋氏類と『大唐内典録』・『續高僧傳』

はじめに

新唐志は、舊唐志の不備（開元年間以後の書籍を著録しない）を補い、正史藝文志としての體裁を整えたものであり、開元年間の藏書を著録した、所謂「著録」部分と、それ以後の唐人の著作を補った、所謂「不著録」部分とから構成されているが、新唐志は「不著録」部分を如何なる資料によって作成したか明記していない。先行研究によれば、「不著録」部分の所據資料には『崇文總目』や『舊唐書』列傳が用いられたと指摘されている。しかし、それは「不著録」部分のほんの一部にすぎず、大部分の所據資料はいまなお解明されておらず、また、この指摘自體なお商榷の餘地があり、新唐志を利用する上で無視することのできない問題となっている(1)。本章は、この問題を解決するための第一歩として、唐宋代の佛教經典目録や僧傳等の中國撰述佛典を利用して、新唐志釋氏類「不著録」部分の所據資料と、その纂修方法を解明せんとするものである。

釋氏類の「不著録」部分は「僧玄琬佛教後代國王賞罰三寶法一卷」から始まり、全百四十部九百四十二卷である。

いま唐宋代の中國撰述佛典を調査してみると、その「不著錄」部分に、『大唐內典錄』（以下『內典錄』）・『續高僧傳』と一致する書籍が大量に存在することがわかる。そこで本章では、『內典錄』・『續高僧傳』が所據資料に用いられたことを論證すると同時に、これらを所據資料に釋氏類が如何に纂修されたかを解明してみたい。

第一節　『大唐內典錄』との關係

『大唐內典錄』十卷、唐釋道宣撰。貞觀年間（六二七〜六四九）の十九年より以前の時期に、その初稿本が「唐貞觀內典錄」の名ででき、その後增訂が加えられ、麟德元年（六六四）に完成したのが現行本の『大唐內典錄』であったと推測される(2)。大正新脩大藏經（以下「大正藏」）所收本は、麗本（高麗再雕本）を底本とし、宋本（南宋思溪本）・元本（元大普寧寺本）・明本（明北藏本）と校勘したものである。また『中華大藏經（漢文部分）』(3)所收本は、近年山西省霍山の廣勝寺で發見された金藏を底本として影印し、南宋の資福藏・磧砂藏、元本、明の永樂南藏・徑山藏、淸藏、麗本と校勘したものである。なお金藏は勅版大藏經である北宋の開寶藏を祖本とするといわれている(4)。『大唐內典錄』は、唐初の大藏經目錄であり、全十錄からなる。そのうち新唐志が據ったと考えられるのは、主に卷五「歷代衆經傳譯所從錄」の「皇朝傳譯佛經錄第十八」である(5)。

新唐志釋氏類の一部が『內典錄』によっていることは、すでに陳垣によって指摘されており、釋彥悰・釋玄應・釋玄惲・釋玄範の著作十二部の書名・人名・著錄順序が『內典錄』と合致することを根據に、新唐志がこの四人の著作を『內典錄』に取材したとする(6)。しかし調べてみると、新唐志が『內典錄』によって著錄した書籍はこれにとどまらない。次に擧げる【資料一】は、『内典錄』卷五「皇朝傳譯佛經錄」と、新唐志釋氏類「不著錄」部分の一部を對照したものである。

【資料一】

凡例

一、『内典錄』の底本には、北宋の開寶藏を祖本とする麗本を用いた。
一、「次」欄には、『内典錄』・新唐志それぞれの著錄順序を記した。
一、新唐志が著錄しない『内典錄』の書籍、または『内典錄』が著錄しない新唐志の書籍には、「書名」欄に「無」字を記した。
一、『内典錄』の「卷數」欄が空欄の書籍は、卷數記載がないものである。

『大唐内典錄』卷五「皇朝傳譯佛經錄」				『新唐書』藝文志釋氏類「不著錄」部分			
次	編著者	書名	卷數	次	編著者	書名	卷數
1	波羅頗蜜多	大集寶星經	十			無	
2	同右	般若燈論	十三			無	
3	同右	大乘莊嚴論	十五			無	
4	釋玄琬	三德論	一	45	（玄琬）	三德論	一
5	同右	入道方便門	二	46	（玄琬）	入道方便門	二

卷七・八有「衆經目錄五卷」				47	(玄琬)	衆經目錄	五
6	同右	鏡喩論		48	(玄琬)	鏡諭論	一
7	同右	無擬緣起	一	49	(玄琬)	無礙緣起	一
8	同右	十種讀經儀		50	(玄琬)	十種讀經儀	一
9	同右	無盡藏儀		51	(玄琬)	無盡藏儀	一
10	同右	發戒緣起	二	52	(玄琬)	發戒緣起	二
11	同右	法界圖		53	(玄琬)	法界僧圖	一
12	同右	(幷)十不論		54	(玄琬)	十不論	一
卷十有「懺悔罪法」				55	(玄琬)	懺悔罪法	一
13	同右	禮佛儀式	二	56	(玄琬)	禮佛儀式	二
14	釋法琳	破邪論	二	39	(法琳)	破邪論	二
15	同右	辯正論	八	38	法琳	辯正論	八
16	釋慧淨	釋疑論	一	97	(慧淨)	釋疑論	一
17	同右	內典詩英華	十	集錄總集類有「僧惠淨續古今詩苑英華集二十卷」			
18	同右	注金剛般若經		98	(慧淨)	注金剛般若經	一
19	同右	諸經講序		99	(慧淨)	諸經講序	一
20	李師政	內德論	一	57	李師政	內德論	一
21	釋法雲	辯量三教論	三	58	僧法雲	辨量三教論	三
22	同右	十王正業論	十	59	(僧法雲)	十王正業論	十
23	釋道宣	注戒本	二	60	道宣	注戒本	二

24	同右	(幷) 疏記	四	61	(道宣)	疏記	四
25	同右	注羯磨	二	62	(道宣)	注羯磨	二
26	同右	(幷) 疏記	四	63	(道宣)	疏記	四
27	同右	行事刪補律儀	三或六	64	(道宣)	行事刪補律儀	三或六
28	同右	釋門正行懺悔儀	三	65	(道宣)	釋門正行懺悔儀	三
29	同右	釋門亡物輕重儀		66	(道宣)	釋門亡物輕重儀	二
30	同右	釋門章服儀		67	(道宣)	釋門章服儀	二
31	同右	釋門歸敬儀		68	(道宣)	釋門歸敬儀	二
32	同右	釋門護法儀		69	(道宣)	釋門護法儀	二
33	同右	釋氏譜略		70	(道宣)	釋氏譜略	二
34	同右	聖迹見在圖贊		71	(道宣)	聖迹見在圖贊	二
35	同右	佛化東漸圖贊	二	72	(道宣)	佛化東漸圖贊	二
36	同右	釋迦方志	二	73	(道宣)	釋迦方志	二
37	同右	古今佛道論衡	三	32	(道宣)	集古今佛道論衡	四
38	同右	大唐內典錄	十	36	(道宣)	大唐貞觀內典錄	十
				113	西明寺僧	大唐內典錄	十
39	同右	續高僧傳	三十	20	僧道宗	續高僧傳	三十二
				33	(道宣)	續高僧傳	二十
				134	僧道宗	續高僧傳	三十二
40	同右	後集續高僧傳	十	34	(道宣)	後集續高僧傳	十

41	同右	廣弘明集	三十	31	(道宣)	廣弘明集	三十
42	同右	東夏三寶感通記	三	35	(道宣)	東夏三寶感通錄	三
43～108	釋玄奘の譯經					無	
109	釋玄奘	大唐西域記	十二	109	玄奘	大唐西域記	十二
				110	辯機	西域記	十二
110	釋彥琮	大唐京寺錄傳	十	74	僧彥琮	大唐京寺錄傳	十
111	同右	沙門不敬俗錄	六	75	(僧彥琮)	沙門不敬錄	六
112	釋玄應	大唐衆經音義	十五	76	玄應	大唐衆經音義	二十五
113	釋玄惲	敬福論	十	77	玄惲	敬福論	十
114	同右	略敬福論	二	78	(玄惲)	略論	二
115	同右	大小乘觀門	十	79	(玄惲)	大小乘觀門	十
116	同右	法苑珠林集	一百	80	(玄惲)	法苑珠林集	百
117	同右	四分律僧尼討要略	五	81	(玄惲)	四分律僧尼討要略	五
118	同右	金剛般若經集注	三	82	(玄惲)	金剛般若經集注	三
119	同右	百願文	一	83	(玄惲)	百願文	一
120	釋玄範	注金剛般若經		84	玄範	注金剛般若經	一
121	同右	注二帝三藏聖教序		85	(玄範)	注二帝三藏聖教序	一

これを見ればわかるように、新唐志釋氏類の編著者名・書名・巻數・著錄順序は、『內典錄』卷五「皇朝傳譯佛經

錄」とほとんど一致している。この【資料一】によって、新唐志が『內典錄』から轉錄した可能性のある書籍を全て舉げると、釋玄琬（46〜56）・李師政（57）・釋法雲（58・59）・釋道宣（60〜73）・釋彥悰（74・75）・釋玄應（76）・釋玄惲（77〜83）・釋玄範（84・85）・釋慧淨（97〜99）の著作、全四十三部である。ただし新唐志がこれらの書籍を『內典錄』から轉錄したと考える時、以下の點が問題となる。

一、『內典錄』卷五が著錄し新唐志が著錄しない書籍がある。

（1）波羅頗蜜多・釋玄奘の譯經、全六十九部。これらは皆印度人の著作の翻譯である。また新唐志釋氏類には、わずか一例を除いて、印度人の著作に基づく譯經が全く著錄されていない(7)。これは、新唐志纂修の際、中國人以外の著作が意圖的に除外されたことを示している(8)。（2）釋慧淨「內典詩英華十卷」。これは、この書が集錄總集類の「著錄」部分にすでに著錄されているためである。

二、新唐志が著錄し『內典錄』卷五が著錄しない書籍がある。

（1）釋玄琬「衆經目錄」。この書は、『內典錄』の卷五には著錄されないが、同書卷七「歷代小乘藏經翻本單重傳譯有無錄」の「賢聖集傳錄」・卷八「歷代衆經見入藏錄」の「賢聖集傳」に著錄される。これは、新唐志がこの書を『內典錄』卷七・八から轉錄したためであるとも考えられるし、新唐志纂修者が見た『內典錄』卷五ではこの書を著錄していたためであるとも考えられる。（2）釋玄琬「懺悔罪法」。『內典錄』卷五はこの書を著錄せず、「禮佛儀式二卷」を著錄するが、卷十「歷代道俗述作注解錄」には「懺悔罪法」が著錄されている。これは、新唐志が見た卷五に「懺悔罪法一卷」「禮佛儀式二卷」の二書が著錄されていたためであるとも考えられるし、新唐志が著錄する二書の卷數が『內典錄』卷五・十の記載とそれぞれ一致することから、新唐志が卷十から「懺悔罪法一卷」を、卷五から「禮佛儀式二卷」を轉錄したためであるとも考えられる。この「衆經目錄」・「懺悔罪法」の問題は、新唐志纂修者が見た

『內典錄』のテキストと關連があるので、本節の末にて改めて考察する。

三、『內典錄』巻五と新唐志の著錄順序が異なる。

（1）『內典錄』の著錄順序に従えば、釋法琳の著作（38・39）は、新唐志では釋玄琬の著作（45〜56）の次に著錄されるはずであり、釋道宣の「古今佛道論衡」より「東夏三寶感通記」までは、「不著錄」部分の釋道宣の著作中に著錄されるはずである。しかし、いずれもそうなっていない。それは、これらの著作が「著錄」部分にすでに著錄されているためである(9)。（2）釋慧淨の著作（97〜99）は、新唐志では李師政の著作（57）の前に著錄されるはずであるが、本章第二節の【資料二】のように、那提「大乘集議論」（96）の次に著錄され、また彼の著作（92〜95）は、那提の著作の前にも著錄される。その理由は、新唐志纂修者が92〜95を『續高僧傳』巻三より轉錄した後、さらに『續高僧傳』未載の97〜99を『內典錄』巻五より轉錄しようとし、その際、捜入箇所を誤って那提の後ろに著錄したためではないかと思われる。新唐志「著錄」部分には同一編著者の著作を一箇所に集めるという纂修方針があるが、これが「不著錄」部分にも適用されていることがわかる(10)。

四、書名の異同。

（1）『內典錄』巻五「無擬緣起」の「擬」を、新唐志は「礙」に作る。『內典錄』巻十・『法苑珠林』巻百は「礙」に作り、意味的に考えても「無礙」が正しい。新唐志が誤らなかったのは、『內典錄』巻五を巻十によって校勘したためであるとも考えられるし、新唐志が見た巻五では「礙」に作っていたとも考えられる。（2）『內典錄』巻五「法界圖」の「界」の下に、新唐志には「僧」字がある。『內典錄』巻五・『法苑珠林』巻百はともに「法界圖」に作り、『內典錄』巻十は「法界像圖」に作る。新唐志が「僧」に作るのは、『內典錄』巻五を巻十によって校勘した際に誤ったものとも考えられるし、新唐志纂修者の見た『內典錄』巻五には「僧」字があったとも考えられる。（3）『內典錄』巻五「略敬福論」を、新唐志は「略論」に作る。この書は、『內典錄』巻十では新唐志と同じく「略論」に作る。これは、新唐志が「略敬福論」の略稱として巻十から「略論」を轉錄したとも考えられるし、新唐志纂修者の見た『內典錄』巻五では「略論」に作っていたとも考えられる。上記の三書の問題は、新唐志が『內典錄』巻五を巻十によって校勘したのではないかとの疑問を生じさせる。

五、巻數の異同。

（1）釋道宣「釋門亡物輕重儀」より「聖迹見在圖贊」までは、『內典錄』は巻數を記さないが、新唐志は皆「二巻」とする。『內典錄』が巻數を記さない場合は大抵一巻であり、『法苑珠林』巻百等も皆一巻とするのによれば、新唐志の誤りである。おそらく『內典錄』で「聖迹見在圖贊」の次に著錄される「佛化東漸圖贊二巻」の「二巻」を、「以上各二巻」の意にとってしまったのであろう。（2）「大唐衆經音義」は、麗本『內典錄』巻五は「一部十五巻」、金藏本は「一部二十五巻」、新唐志は「二十五巻」に作る。また『法苑珠林』巻百が二十巻、『宋史』藝文志が十五巻とするほかは、『內典錄』巻十、及び開元年間以後のほとんどの文獻が二十五巻とし、現行本も二十五巻である。金藏本が「二十五巻」に作るのは、麗本・金藏本の祖本である開寶藏本が「二十五巻」に作っていたためであろう。よって新唐志と『內典錄』巻五にもともと異同はなかったと考えられる。

以上の點から、『內典錄』巻五と新唐志との異同は、新唐志が『內典錄』巻五から轉錄したという假説を覆すようなものではないことが理解されよう。また新唐志が轉錄の際、『內典錄』巻七・八・十を用いて巻五を校補したか、或いは、開寶藏系統とは別のテキストを底本に用いたかが分明でない書籍があった。この點については、後述することにして、次に補足として轉錄の有力な證據を擧げておく。

一、「行事刪補律儀三巻、或六巻。」は、新唐志・『內典錄』巻五・『法苑珠林』巻百以外、文獻記載がない。しかし、この書は唐末五代の將來目錄や宋代の目錄にしばしば「行事鈔」「四分律行事鈔」「四分律刪繁補闕行事鈔」等の名で著錄され、唐末には三卷本と六卷本の他に十卷本・十二卷本・十九卷本・二十卷本が行われていたようであるが、新唐志の著錄內容と異なる點が多い(11)。これは、新唐志纂修者がこの書を北宋の傳本ではなく、『內典錄』卷五から轉錄したことを示している。

二、釋玄惲（本名道世）の著作は、新唐志が『內典錄』卷五から轉錄した明證となる。「大小乘觀門」は、『法苑珠林』卷百・『宋高僧傳』卷四釋道世傳が「大小乘禪門觀」に作るのに對し、新唐志は『內典錄』と同じく「大小乘觀門」に作る。また「法苑珠林集」は、『法苑珠林』卷百、及びその他の文獻が皆「法苑珠林」に作るのに對し、新唐志は『內典錄』と同じく「法苑珠林集」に作る。以上の二書は、新唐志が『內典錄』と密接な關係にあることを示すものである。また「四分律討要略五卷」は、新唐志・『內典錄』卷五ともに著錄するが、『內典錄』卷十では「四分律僧尼討要各五卷」に作る。これに對し、『法苑珠林』卷百には「四分律討要五卷」・「四分律尼鈔五卷」とある。「討」は、『集韻』晧韻に「討、土晧切。說文、治也。一曰求也、殺也。」とあり、求めるの意、「討要」は要點を求めるの意で、「四分律尼鈔」の「鈔」と含義が似ている。そのために、『內典錄』卷十はこの二書を併記し、「各五卷」としたのであろう。『內典錄』卷五の方も、もともとは「各五卷」に作っていたのであろうが、傳寫の過程で「略五卷」に誤ってしまったものと考えられる。新唐志が『內典錄』卷五と同じく「略五卷」に作るのは、これを所據資料としたためとしか考えられない。

次に、新唐志が據った『內典錄』のテキストを究明してみたい。新唐志の纂修年代は、北宋慶曆五年から嘉祐五年の閒である。よって新唐志が宋本以後のテキストを用いた可能性はない。また開寶藏本の『內典錄』は現存しない。そこで開寶藏を祖本とする麗本・金藏本によって、新唐志が用いたテキストについて考察することにする。このことを知るための格好の資料は、以下の二書である。

「四分律僧尼討要略五卷」。先述のように、この書は、『法苑珠林』卷百の「四分律討要五卷」「四分律尼鈔五卷」を誤って一書にしたものである。麗本・金藏本『內典錄』卷五がともに「略五卷」に作るのによれば、これが開寶藏本以來の誤りであることがわかる。新唐志がこの誤りを踏襲していることは、新唐志が開寶藏系統の『內典錄』を用いたことを示している。

「大唐內典錄十卷、西明寺僧撰」(113)。開寶藏の基本目錄である唐の釋智昇『開元釋教錄』(以下『開元錄』と)は、『內典錄』の編著者を釋道宣と明記している。それにもかかわらず開寶藏系統の麗本・金藏本『內典錄』の各卷頭には「京師西明寺釋氏撰」とあるだけで、「道宣」の名は出てこない。これは、開寶藏の『內典錄』の卷頭にも同樣に記されていたことを示している。新唐志がこの開寶藏系統のテキストと同樣に『內典錄』の編著者を「西明寺僧撰」に作るのは、新唐志著錄本が開寶藏そのものか、その系統のテキストだったからであると考えられる。そうであれば、新唐志が用いた『內典錄』のテキストは、この開寶藏系統のものだったと考えるのが自然であろう。

ところで、新唐志が用いた『內典錄』が開寶藏系統のものであったことが判明したことで、先に未解決のまま保留しておいた問題が解決される。その問題とは、新唐志と『內典錄』卷五に異同がある場合、新唐志が『內典錄』卷十と一致することが多いことと、釋玄琬「衆經目錄」は、『內典錄』卷五・十には著錄されないが、同書卷七・八には著錄されることの二點である。新唐志の用いた『內典錄』が開寶藏系統のテキストだったということは、その記載內容は麗本・金藏本とほとんど變わらなかったということである。そうであれば、このような狀況が新唐志と現行の『內典錄』(麗本・金藏本)との間に生じたのは、新唐志が『內典錄』卷七・八・十によって同書卷五の誤りや不足を校補したためであるとしか考えられない。

本節の検討によって、新唐志釋氏類「不著錄」部分の一部が『内典錄』巻五「皇朝傳譯佛經錄」から轉錄されたことが證明され、その際、『内典錄』の他の巻によって補足校正されていたこと、また『内典錄』のテキストには開寶藏系統のものが用いられたことが明らかになった。

第二節　『續高僧傳』との關係

『續高僧傳』三十卷、唐釋道宣撰。この書は貞觀十九年に一應完成するが、その後も數度に渡って增補されたため、テキストによって立傳者數・卷數・傳の内容等に異同がある(12)。大正藏所收本は、麗本を底本とし、宮本（宮内廳書陵部藏北宋末福州本）・宋本・元本・明本・聖本（正倉院聖語藏天平寫本）と校勘したものであり、『中華大藏經』所收本は底本・校本ともに『大唐内典錄』のものと同じである(13)。他に近年發見された興聖寺本がある(14)。『續高僧傳』は、南朝梁から唐高宗期までの僧傳を收錄し、全十篇からなる。そのうち新唐志釋氏類が所據資料としたと考えられるのは、譯經・義解・習禪・明律・讀誦篇中の唐人の傳記である。次に擧げる【資料二】は、『續高僧傳』と、新唐志釋氏類「不著錄」部分の一部を對照したものである。なお『續高僧傳』は、隋以前の傳を省き、唐人の傳中から著作に關する記載を抽出したものである(15)。

【資料二】

凡例

一、『續高僧傳』の底本には麗本を用いた。
一、『續高僧傳』の「卷篇」欄には、傳の卷數と篇名を記した。なお「譯」は譯經篇、「義」は義解篇、「習」は習禪篇、「明」は明律篇、「護」は護法篇、「讀」は讀誦篇を指す。また正傳に附された傳には、篇名の後に「附」と記した。
一、新唐志の「次」欄には、新唐志中の著錄順序を記した。
一、新唐志に著錄されない書籍は、「書名」欄に「無」・「無（書名等）」と記した。

『續高僧傳』			『新唐書』藝文志釋氏類「不著錄」部分			
卷篇	編著者	著作關連記載	次	編著者	書名	卷數
3譯	波頗	初譯寶星經、後移勝光、又譯般若燈・大莊嚴論、合三部三十五卷。			並無	
3譯	釋慧賾	賾又著論序、曰般若燈論者、一名中論、本有五百偈。…著集八卷行世。			無「般若燈論序」 集錄別集類有「僧惠賾集八卷」	
3譯	釋慧淨	續述雜心玄文爲三十卷。…又以俱舍所譯詞旨宏富、…爲之文疏三十餘卷。…淨當其集、筆受大莊嚴論、…宗本既成、并續文疏爲三十卷。…又撰法華經纘述十卷。勝鬘・仁王・般若・温室・盂蘭盆・上下生各出要纘、盛行於世。 …撰詩英華一帙十卷。	92 93 94 95	慧淨 （慧淨） （慧淨） （慧淨）	雜心玄文 俱舍論文疏 大莊嚴論文疏 法華經纘述 無「勝鬘仁…各要纘」 集錄總集類有「僧惠淨續古今詩苑英華集二十卷」	三十 三十 三十 十

4譯	釋玄奘	其年五月創開翻譯大菩薩藏經二十卷（以下譯經は略す）。…又出西域傳一十二卷。沙門辯機親受時事、連紕前後。			無譯經	
			109	玄奘	大唐西域記	十二
			110	辯機	西域記	十二
4譯	那提	惟譯八曼荼羅・禮佛法・阿吒那智等三經。…所著大乘集義論、可有四十餘卷。將事譯之、被遣遂闕。			無譯經	
			96	那提	大乘集議論	四十
11義	釋吉藏	講三論一百餘遍、法華三百餘遍、大品・智論・華嚴・維摩等各數十遍、並著玄疏、盛流於世。及將終日、製死不怖論、落筆而卒。			並無	
12義	釋慧覺	著華嚴十地維摩等疏、幷纘義章一十三卷。	86	慧覺	華嚴十地維摩纘義章	十三
12義	釋智琚	亡前謂曰、吾以華嚴・大品・涅槃・釋論。…今四部義疏、付屬於汝。			並無	
13義	釋慧因	頻講三論、並製文疏。			無	
13義	釋海順	（海）順神晤駭群、出言成錄、著集數卷。…有沙門行友者、志行嚴正、才慧英悟、與（海）順素交。…（行）友遂製息心論以對之、文甚宏冠。…沙門行友著己知沙門傳、致序其（海順）事。			無海順「集」 無行友「息心論」	
			87	行友	己知沙門傳	一
13義	釋神迥	至於所撰序引注解群經篇章銘論合四十餘卷。			並無	
13義	釋道岳	又至（武德）二年、以三藏本疏文句繁多、學人研究、難用詳覽、遂以眞諦爲本、餘則錯綜成篇。十有餘年方勒成部、合二十二卷。減於本疏三分之二、並使周統文旨、字	88	道岳	三藏本疏	二十二
					無「十八部論疏」	

		去意留。兼著十八部論疏、通行於世。				
13 義	釋功迥	晩以法華特爲時要、便撰疏五卷。…其佛地・般若制疏幷講、津濟後學、聲滿東川。又撰無性攝論疏。			並無	
13 義	釋法護	撰攝論指歸等二十餘篇。			無	
14 義	釋道基	乃續雜心玄章幷抄八卷。…乃又綴大乘章抄八卷。	89	道基	雜心玄章幷鈔	八
			90	(道基)	大乘章鈔	八
14 義	釋智正	製華嚴疏十卷、餘並爲抄記、具行於世。	91	智正	華嚴疏	十
					無「抄記」	
15 義	釋僧辯	其攝論・中邊・唯識・思塵・佛性・無論、並具出章疏、在世流布。			並無	
15 義	釋法常	著攝論義疏八卷・玄章五卷、涅槃・維摩・勝鬘等、各垂疏記、廣行於世。	116	法常	攝論義疏	八
			117	(法常)	玄章	五
					無「涅槃維摩勝鬘等疏記」	
15 義	釋玄會	造涅槃義章四卷、義源文本時文釋抄部各四卷。	102	(玄會)	涅槃義章句	四
			100	玄會	義源文本	四
			101	(玄會)	時文釋鈔	四
15 義	釋慧休	休卽著雜心玄章抄疏、各區別部類、條貫攸歸。	103	慧休	雜心玄章鈔疏	卷亡
15 義	釋靈潤	有辯相法師、學兼大小、聲聞于天。攝論初興、盛其麟角、在淨影寺、創演宗門、造疏五卷。…（靈潤）前後所講涅槃七十餘遍、攝大乘論三十餘遍、幷各造義疏一十三卷・	108	辯相	攝論疏	五
			104	靈潤	涅槃義疏	十三
			105	(靈潤)	玄章	三

		玄章三卷。	106	（靈潤）	遍攝大乘論義鈔	十三
			107	（靈潤）	玄章	三
19習	釋灌頂	且智者辯才雲行雨施、或同天網、乍擬瓔珞、能持能領、唯（灌）頂一人。其私記智者詞旨、及自製義記幷雜文等題目、並勒于碑陰。	119	僧灌頂	私記天台智者詞旨	一
			120	（僧灌頂）	義記	一
					無「雜文等題目」	
20習	釋道哲	撰百識觀門十卷・智照自體論六卷・大乘聞思論等行世。			並無	
20習	釋道綽	具叙行圖、著淨土論兩卷。	122	道綽	行圖	一
			121	道綽	淨土論	二
22明	釋智首	著五部區分鈔二十一卷。	123	智首	五部區分鈔	二十一
22明	釋法礪	前後講律、四十餘遍、製四分疏十卷、羯磨疏三卷、捨懺儀・輕重叙等、各施卷部、見重於時。	124	法礪	四分疏	十
			125	（法礪）	羯磨疏	三
			126	（法礪）	捨懺儀	一
			127	（法礪）	輕重儀	一
22明	釋玄琬	遂於經中撰佛教後代國王賞罰三寶法及安養蒼生論、幷三德論各一卷。	43	僧玄琬	佛教後代國王賞罰三寶法	一
			44	（僧玄琬）	安養蒼生論	一
			45	（僧玄琬）	三德論	一
22明	釋慧滿	製四分律疏二十卷、講四十餘遍。	128	慧滿	四分律疏	二十
22明	釋慧旻	著十誦私記十三卷・僧尼行事二卷・尼衆羯磨兩卷・道俗菩薩戒義疏四卷。	129	慧旻	十誦私記	十三
			130	（慧旻）	僧尼行事	三
			131	（慧旻）	尼衆竭磨	二

			132	（慧旻）	菩薩戒義疏	四
24護附	釋普應	應退、造破邪論兩卷。			無	
24護	釋法琳	謹上破邪論一卷。…撰辯正論一部八卷、潁川陳子良注之。	39	（法琳）	破邪論	二
		…琳所著詩賦啓頌碑表章誄大乘教法幷諸論記傳合三十餘卷。	38	法琳	辯正論	八
					無「詩賦啓…十餘卷」	
24護	釋慈藏	撰諸經戒疏十餘卷、出觀行法一卷、盛流彼國。			並無	
28讀	釋空藏	乃鈔摘衆經大乘要句、以爲卷軸、紙別五經三經、卷部二十五十、總有十卷。	133	空藏	大乘要句	三
28讀附	蕭瑀	特進撰疏、總集十有餘家、採掇青華、揉以胸臆、勒成卷數。			無	

これを見ればわかるように、新唐志釋氏類の編著者名・書名・卷數・著錄順序は、『續高僧傳』の唐人の傳記中の記載と多く一致している。この【資料二】によって、新唐志が『續高僧傳』から轉錄した可能性のある書籍を全て擧げると、釋玄琬（43～45）・釋慧覺（86）・釋行友（87）・釋道岳（88）・釋道基（89・90）・釋智正（91）・釋慧淨（92～95）・那提（96）・釋玄會（100～102）・釋慧休（103）・釋靈潤（104～107）・釋辯相（108）・釋辯機（110）・釋法常（116・117）・釋灌頂（119・120）・釋道綽（121・122）・釋智首（123）・釋法礪（124～127）・釋慧滿（128）・釋慧旻（129～132）・釋空藏（133）の著作、全四十一部である。ただし新唐志がこれらの書籍を『續高僧傳』から轉錄したと考える時、以下の點が問題となる。

一、『續高僧傳』が著錄し新唐志が著錄しない書籍がある。

（1）波頗・釋玄奘・那提の譯經、及び釋慈藏（新羅人）の著作。これは、前節でも述べたように、新唐志纂修の際に、中國人以外の著作が意圖的に除外されたためである。（2）釋慧賾の著作。「論序」は波頗譯「般若燈論」の序文であり、一部の著作として認め難かったために、また「集八卷」は集錄別集類「不著錄」部分に著錄されたために、ともに著錄されなかったのである。（3）釋慧淨「詩英華一帙十卷」。前節を參照。（4）釋慧淨（勝鬘等要續）・釋吉藏・釋智琚・釋慧因・釋海順（集數卷）・釋行友（息心論）・釋道岳（十八部論疏）・釋功逈（佛地疏・般若疏・無性攝論疏）・釋法護・釋智正（抄記）・釋僧辯・釋法常（涅槃・維摩・勝鬘等疏記）・釋灌頂（雜文等題目）・釋道哲（大乘聞思論）・蕭瑀の著作。これらは、いずれも『續高僧傳』に卷數が記されていない著作であり、そのために轉錄されなかった可能性がある。しかし後述するように、新唐志は『續高僧傳』から卷數が記されない書籍を轉錄する際、適當な卷數を附けてしまうこともある。よって轉錄の際に見落とされたなどの理由によって、新唐志に著錄されなかった可能性もある(16)。（5）釋神逈・釋法琳（所著三十餘卷）の著作。これらはいくつかの著作を合卷したものであり、個々の卷數が明記されていなかったために轉錄されなかったのであろう。（6）釋功逈・釋道哲（百識觀門十卷・智照自體論六卷）・釋普應の著作。これらは、書名・卷數ともに明記されており、轉錄對象からはずされる理由があるとは思えない。よって轉錄の際に見落とされた可能性が高い。

二、『續高僧傳』の立傳順と新唐志の編著者の配列順序が異なる。

（1）釋慧淨・那提の著作（92～96）は、『續高僧傳』の立傳順に從えば、新唐志では釋慧覺の著作（86）の前に著錄されるはずであるが、釋智正の著作（91）の次に著錄される。また釋辯機の著作（110）は釋慧淨の著作（92～95）の次に著錄されるはずであり、釋法常の著作（116・117）は釋智正の著作の次に著錄されるはずであるが、いずれもそうなっていない。これらの原因は、確證はないが、新唐志原文の錯亂によるものかもしれない。（２）釋玄琬の著作（43～45）は、『續高僧傳』に從えば、新唐志では釋慧滿の著作（128）の前に著錄されるはずであるが、「不著錄」部分の冒頭に著錄されている。これは、本書上篇第一章で述べた、同一編著者の著作を一箇所に集めるという新唐志の纂修方針と關係がある。「不著錄」部分に著錄される釋玄琬の著作のうち、「三德論」（45）より前の部分（43～45）はその著錄內容・順序ともに『續高僧傳』と一致している。これに對し、【資料一】のように、「三德論」より後の部分（45～56）は『內典錄』から轉錄されたものであり、その著錄內容・順序ともにほとんど『內典錄』と一致し、かつ「不著錄」部分中の『內典錄』からの轉錄部分は、この部分（45～56）から始まっている。つまり『續高僧傳』から轉錄されたとみられる釋玄琬の著作（43～45）は、『內典錄』からの轉錄部分の冒頭に置かれた形になっているのである。このような狀況が生じたのは、同一編著者の書籍を一箇所に集めて著錄するという新唐志の纂修方針に從って、彼の著作を一箇所に著錄するために、この「三德論」を軸にして、『續高僧傳』からの轉錄部分（43～45）と、『內典錄』からの轉錄部分（45～56）とがつなぎ合わされたためであると考えられる。新唐志の「三德論」の注に「姓楊氏、新豐人。貞觀十年上。」とあるのが、その證據である。釋玄琬の俗姓・本貫、及び「三德論」の上書に關する記事は『內典錄』には見られないのに對し、『續高僧傳』には「俗姓揚《ママ》、弘農華州人也。遠祖因徙、今居雍州之新豐焉。」とあるばかりか、貞觀十年に「佛教後代國王賞罰三寶法」・「安養蒼生論」・「三德論」の三書を上書したとの記事がある。また、この書は『內典錄』・『續高僧傳』・『法苑珠林』卷百に記載されて以後、新唐志と、それを轉錄した『通志』藝文略に著錄される以外、文獻記載を見ないことから、かなり早い時期に散佚していたようであり、新唐志纂修當時流傳していたとは考えられない。以上の點から、新唐志の注は『續高僧傳』によってこそ知り得る情報であったといえる。また新唐志釋氏類の體例では、同一編著者の著作が二つ以上ある場合、その俗姓・本貫等に關する注は大抵同一編著者の最後に著録される著作の下に記され、それ以外は同一編著者の最初に著録される著作の下に記される例が若干あるにすぎない（例、釋慧淨・釋道綽）。釋玄琬の注がそのいずれでもなく「三德論」の下にあるのは、『續高僧傳』からの轉錄部分と『內典錄』からの轉錄部分とをつなぎ合わせる際、假りに『續高僧傳』轉錄部分の末の「三德論」に附しておいた注を、『內典錄』轉錄部分の末に移し損なったためであると考えられる。釋玄琬の著作（43〜45）が『續高僧傳』の立傳順に從っていないのは、以上の理由からである。（3）釋法琳の著作（38・39）は、新唐志では釋慧旻の著作（129〜132）の次に著錄されるはずであるが、そうなっていない。これは、彼の著作が「著錄」部分にすでに著錄されているためである（17）。

三、新唐志が『續高僧傳』に據ったと推測される範圍內に、『續高僧傳』以外の資料に據ったと思われる書籍が混在する。それは、次の七部である。

109「玄奘大唐西域記十二卷」
111「淸徹金陵塔寺記三十六卷」
112「師哲前代國王脩行記五卷」
113「大唐內典錄十卷」
114「毋煚開元內外經錄十卷」
115「智矩寶林傳十卷」
118「慧能金剛般若經口訣正義一卷」

これらは、毋煚『古今書錄』自序から轉錄した部分（114）、新唐志纂修當時の祕閣の藏書によって著錄した部分（109・111・112・113・115・118）からなる（18）。これに、先に觸れた新唐志釋氏類と『續高僧傳』との記載順序が異なる釋辯機の著作（110）・釋法常の著作（116・117）を加えると、109から118までの一連の著作が、新唐志釋氏類と『續高僧傳』との記載順序に大きな異同を生じさせていることがわかる。なお『新唐書』は北宋仁宗嘉祐五年に完成し、一方、本書が『新唐書』の底本として用いた百衲本は嘉祐刊本とされている。もし百衲本が本當に嘉祐刊本であるならば、この異同は新唐志の纂修過程で生じたものであって、このように配列させるような纂修方針が新唐志にあった可能性が出てくる。しかし百衲本の『新唐書』は、實は嘉祐刊本ではなく、南宋高宗紹興七年頃刊南宋前期修本（靜嘉堂文庫現藏の陸氏皕宋樓舊藏書）、同年刊の南宋前期・中期、元中期の遞修本（北京圖書館藏）、南宋前期建刊本（北京圖書館現藏の傅增湘舊藏書）の宋版三種を用い、更に影印時に補訂が加えられたものであることが明らかにされており(19)、嘉祐刊本自體は現存しない。よって、この新唐志の異同は『新唐書』の流傳過程で生じたもので、その纂修方針とは何ら關係のない可能性もある。いずれにしろ、この異同が生じた原因については後考に待つとしかいえない。

四、釋玄會・釋道綽の著作は、『續高僧傳』と新唐志の著錄順序が異なる。

五、書名の異同。細かい文字の異同は論じず、このうち新唐志が『續高僧傳』から轉錄した痕迹をとどめるものについて述べる。

新唐志、釋慧覺「華嚴十地維摩纘義章十三卷」。「華嚴十地」は『華嚴經』十地品のことであり、「維摩」は『維摩詰所説經』のことであり、「纘」は「纂」と同じく集めるの意、「義章」は義理（教義）の類聚を意味する。この新唐志の著錄內容に從って推測すれば、この書は『華嚴經』十地品と『維摩經』の綱要書ということになる。これに對し、『續高僧傳』卷十二義解篇釋慧覺傳には、

著華嚴十地維摩等疏、幷纘義章一十三卷。

とあり、釋慧覺が『華嚴經』十地品・『維摩經』をはじめとする幾つかの經典に對する疏と、その「纘義章」、全十三

巻を著したと記されている。新唐志と違う點は、「等疏幷」三字があることによって、釋慧覺の著作として他に、『華嚴經』十地品と『維摩經』の疏や、その他の經典の疏・「纉義章」が擧げられていることである。このうち『華嚴經』十地品の疏は、日本の釋圓超『華嚴宗章疏』（延喜四年（九〇四）成）に「華嚴十地品疏十卷、唐幷州武德寺慧覺逑」とあり、釋永超『東域傳燈目錄』（寛治八年（一〇九四）成）弘經錄華嚴部に「同疏十卷、唐幷州武德寺釋惠覺撰」とあるように、日本にも傳わっていた。問題は、『華嚴經』十地品と『維摩經』に對する「纉義章」のみの新唐志著錄本が、さらに、これに『華嚴經』十地品と『維摩經』の疏や、その他の經典の疏・「纉義章」を加えた『續高僧傳』の記載と同じく、十三卷となっていることである。また『續高僧傳』の記載の方は明らかに釋慧覺の著作群として記されているのであるが、新唐志の方は「華嚴十地維摩纉義章」を一つの書とみなしている。これらはなんとも不自然であり、新唐志が『續高僧傳』の記載から轉錄した際に、何らかの理由で「等疏幷」三字を脱してしまったと考えてはじめて納得がいくものである。

新唐志、釋靈潤「遍攝大乘論義鈔」。『續高僧傳』卷十五義解篇釋靈潤傳に、

前後所講涅槃七十餘遍、攝大乘論三十餘遍、幷各造義疏一十三卷玄章三卷。（涅槃を講じること前後七十餘遍、攝大乘論（を講じること前後）三十餘遍、さらにそれぞれ義疏十三卷・玄章三卷を造った。）

とある。新唐志はこれを「前後所講涅槃七十餘、遍攝大乘論三十餘遍、…」と誤讀したために、「遍攝大乘論義鈔」を書名としたようである。この誤讀は、新唐志が『續高僧傳』から轉錄した痕迹であると考えてよかろう。

六、卷數の異同。

（1）釋慧淨「倶舎論文疏」・那提「大乘集義論」は、『續高僧傳』では卷數を「…餘卷」と記しているが、新唐志には「餘」字がない（20）。また釋行友・釋灌頂・釋道綽（行圖）・釋法礪（捨懺儀・輕重儀）の著作は、『續高僧傳』

は卷數を記さないが、新唐志は一卷と記す。このうち釋灌頂・釋道綽の著作は、後述するように書名とは考え難く、新唐志が『續高僧傳』の記載を誤讀したものである可能性が高い。よって一卷という卷數は新唐志が勝手に加えたと考えてよかろう。そうであるとすれば、釋慧淨・那提・釋行友・釋法礪の著作の卷數も同樣に、新唐志の妄斷によるものである可能性が出てくる(21)。(2)釋慧休「雜心玄章抄疏」は、『續高僧傳』は卷數を記さないが、新唐志には「卷亡」という注記がされている。そもそも新唐志では、卷數の記されていない書籍を所據資料から轉錄する際に、「卷亡」等の語を妄りに加えるケースが閒々見られる。「卷亡」は、例えば他に、新唐志易類「不著錄」部分の「李吉甫注一行易」や、釋氏類146「大唐京師寺錄」などにも注記されている。このうち「李吉甫注一行易」は、『舊唐書』李吉甫傳の「吉甫嘗討論易象異義、附於一行集注之下。」という記載から轉錄されたものと見られ(22)、また「大唐京師寺錄」は、釋智昇『開元釋教錄』卷八の「沙門釋彥悰…兼撰大唐京師寺錄、行於代。」という記載か、これと同じ記載內容を持つ他の文獻から轉錄されたものと見られる(23)。これらはいずれもその所據資料に卷數が明記されていない書籍であり、そのために轉錄する際に「卷亡」(卷數が亡われていてわからない)という注記が加えられたものと考えられる(24)。「雜心玄章抄疏」も、これらと同樣に、『續高僧傳』に卷數が記されていないために、「卷亡」が加えられたのであろう。(3)釋慧旻「僧尼行事」は、『續高僧傳』は麗本・金藏本ともに「二卷」とするが、新唐志は「三卷」とする。『續高僧傳』では同じ釋慧旻の「尼衆羯磨」を「兩卷」に作っているので、もし「僧尼行事」が二卷であるならば、やはり「兩卷」と記したはずである。そうしなかったのは、おそらく『續高僧傳』が本來「三卷」に作っていたのを、その傳寫の過程で誤って「二卷」としたからであろう。(4)釋空藏「大乘要句」は、『續高僧傳』は「十卷」に作り、新唐志は「三卷」に作る。その原因はわからない。

以上、新唐志と『續高僧傳』との異同を檢討してきた。その結果、原因不明の異同が多少あるものの、新唐志が『續高僧傳』から轉錄したこと自體に誤りはないと思われる。次に補足として轉錄の有力な證據を擧げておく。

一、釋辯相「攝論疏五卷」。新唐志はこの書を釋靈潤の著作の次に著錄するが、その注には「辯相居淨影寺。」とあるだけで、その俗姓・本貫は記されていない。これに對し、『續高僧傳』卷十二の釋辯相傳には「姓史、瀛州人也。」とあり、その俗姓・本貫が記されているものの、彼の著「攝論疏五卷」については何ら記されていない。ところが、同書の卷十五釋靈潤傳には、

有辯相法師、學兼大小、聲聞于天。攝論初興、盛其麟角、在淨影寺、創演宗門、造疏五卷。（辯相法師は、學は大乘・小乘を兼ね、天にまで屆くような名聲があった。攝論が行われ出すと、その數少ない修得者として活躍し、淨影寺に住し、（攝論の）宗旨の普及に先驅的役割を果たし、疏五卷を造った。）

とあるように、釋辯相の俗姓・本貫は記されないものの、淨影寺に住して「攝論」の「疏五卷」を著したことが記されている。新唐志の著錄位置・注の內容は、この『續高僧傳』の記載狀況をまさしく反映しているといえる。つまり新唐志纂修者は、『續高僧傳』釋辯相傳に「攝論疏」に關する記載がなかったために彼の俗姓・本貫を見逃し、釋靈潤傳から釋辯相の住寺と、その著「攝論」の「疏五卷」だけを抽出することになったと考えられるのである。

二、新唐志は、『續高僧傳』の記載を誤讀したために、書名でない記述を書籍として著錄している。釋灌頂「私記天台智者詞旨一卷」・「義記一卷」。これに對し、『續高僧傳』卷十九釋灌頂傳には、

且智者辯才雲行雨施、或同天網、乍擬瓔珞、能持能領、唯頂一人。其私記智者詞旨、及自製義記、幷雜文等題目、並勒于碑陰。（さらに智者の辯舌の才能は雲が行き雨が降るかのようであり、天の網のごとく廣大でもあれば、瓔珞（佛像や堂の飾り）のごとく莊嚴でもあり、（その教えを）しっかりと身につけ、よく理解したものは、ただ（灌）頂一人だけであった。「其私記智者詞旨、及自製義記」、ならびにその他雜文等の題目は、みな碑の裏側

に刻まれた。)

とある。『續高僧傳』卷十七釋智顗傳に、

所著法華疏・止觀門・修禪法等各數十卷、又著淨名疏至佛道品、有三十七卷。皆出口成章、侍人抄略、而自不畜一字。(〔智者の〕著した『法華疏』・『止觀門』・『修禪法』等各數十卷、また『淨名〔『維摩經』のこと〕疏』をその「佛道品」まで著し、三十七卷あった。みな口述のままに文章をなしたものであり、侍人がそのあらましを書き留めたが、〔智者〕自身は一字も書きためなかった。)

とあるように、智者は自ら著述せず、弟子がその口述を筆記したと傳えられており、また『傳敎大師將來台州錄』「天台隨部目錄」の末に、

已上一十五科義、隨智者大師、卽章安和尚私記其義、隨義爲卷、前後所記、散在諸方。(以上の十五綱目の教說は、智者大師〔の口述〕に隨って、章安和尚〔灌頂のこと〕がその教說を筆記したものであり、教說ごとに卷とし、前後して記錄したものであるが、諸方に散じてしまった。)

とあり、智者の口述を釋灌頂が筆記したことを「私記」と記した用例がある。よって「其私記智者詞旨」は、釋灌頂が筆記した智者の口述の主旨の意であり、具體的な書名を指してはいないと考えられる(25)。また「義記」とは、講義の記錄、つまり講疏の類である(26)。釋灌頂の講疏には、宋・元・明本『內典錄』卷五によれば、『法華經』・『涅槃經』・『淨名經』・『金光明經』・『請觀音經』などの疏があり、『續高僧傳』のいう「義記」とはこれらを漠然と指したものであって、具體的な書名を指してはいないと考えられる。その證據に、南宋の釋志磐『佛祖統紀』卷二十五「山家教典志」の「天台〔智者〕」條に「唐書藝文志云、灌頂私記智者詞旨一卷、義記一卷。今未詳何文。」とある。南宋の天台宗の學者がこのようにいっていることからも、この二書が書籍として存在していなかった可能性はかなり高い

といえよう。新唐志は『續高僧傳』の記載を誤讀して、これらを書籍として轉錄してしまったのである(27)。

次に新唐志纂修者が用いた『續高僧傳』のテキストを究明してみたい。『內典錄』の場合と同樣に、『新唐書』の纂修年代から考えて、新唐志が宮本以後のテキストを用いた可能性はない。また興聖寺本には那提傳は存在しないので、那提の著作を著錄する新唐志は、興聖寺本以後の那提傳が加えられたテキストを見たことになる(28)。よって檢討對象は、麗本・金藏本の祖本である開寶藏系統か否かに盡きる。このことを明らかにするためには、まず、この時代に開寶藏系統以外に如何なるテキストがあったかを確認しておく必要がある。そこで唐宋代の目錄等に『續高僧傳』がどのように記載されているかを見てみることにする。

『內典錄』以下、唐宋代の目錄等に見える『續高僧傳』はほとんどが三十卷本であり(29)、他には『開元釋教錄略出』(以下『開元錄略出』)卷四・『崇文總目』傳記類上が三十一卷本を著錄し、また新唐志釋氏類が「著錄」部分に「僧道宗續高僧傳三十二卷」・「(道宣)續高僧傳二十卷」を、「不著錄」部分に「僧道宗續高僧傳三十二卷」を著錄するくらいである。このうち『開元錄略出』著錄本は、宮本系統の三十一卷本である可能性が高く、新唐志纂修當時存在していなかったと考えられる(30)。また『崇文總目』著錄本も、『開元錄略出』と同樣、本來「三十卷」とあったのを、『崇文總目』が南宋紹興十三年頃に改定された際に、宮本系統の三十一卷本によって改められたものである可能性がある(31)。また新唐志の二十卷本は、『古今書錄』・舊唐志によって著錄した三十卷本の闕本であり、三十二卷本の編著者「僧道宗」は「僧道宣」の誤りである(32)。つまり北宋までの目錄記載からは、三十卷本・三十二卷本が確認されるのみなのである。このうち三十卷本は、開寶藏を祖本とする麗本・金藏本が現在傳わっている。一方、三十二卷本は、新唐志以外に見えず、また現在傳わってもいない。そのために、本當に三十二卷本が存在していたのかが疑われる。しかし三十二卷本は、新唐志の「著錄」部分・「不著錄」部分に重出し、記載內容も全く同じであるので、單なる誤寫とは考え難い。また本書上篇第一章第三節で述べたように、新唐志は「著錄」部分において、釋道宣の『續高僧傳』が二十卷と『後集續高僧傳』十卷の計三十卷からなるものであると誤解した結果、道宣撰の三十卷本と道宗撰の三十二卷本の二種の『續高僧傳』があると考えている點や、新唐志の『續高僧傳』からの轉錄部分には、先述のように、麗本・金藏本『續高僧傳』と一致しない部分がある點などを考え合わせると、新唐志纂修者が實際に三十二卷本を見ていたように思われる。そこで新唐志が用いたテキストは、『續高僧傳』の異本、すなわち「僧道宗撰」と題された三十二卷本であったと推測してみたい。なお『續高僧傳』の複雜な成書・流傳過程から考えると、このような異本が存在してもなんら不思議ではない。現に、北宋の釋元照が神宗元豐元年に記した『芝苑遺編』卷下「南山律師撰集錄」には「續高僧傳三十卷、或三十二卷」とあり、三十二卷からなる異本の存在に言及している。

本節の檢討によって、新唐志釋氏類「不著錄」部分の一部が『續高僧傳』の唐人の傳から轉錄されたことがほぼ證明され、そのテキストには「僧道宗撰」と題された三十二卷本が用いられたのではないかと推測した。

第三節　『大唐內典錄』・『續高僧傳』の資料的價値

以上の檢討によって、新唐志釋氏類「不著錄」部分の所據資料の一部に、『內典錄』・『續高僧傳』が用いられたことが解明されたわけであるが、それによって以下の疑問が生じてくる。

まず第一に、新唐志纂修者は、本來開元年間以後の著作を補うべき「不著錄」部分において、『內典錄』・『續高僧傳』によって唐高宗期までの唐人の著作を補っている點である。そもそも、この二書に記載される唐人の著作は、本來、開元年間に編まれた毋煚『古今書錄』・釋智昇『開元錄』の二書によって網羅されていてもおかしくないものである(33)。しかし實際には『古今書錄』・『開元錄』は高宗期までの唐人の著作の著錄において遺漏が非常に多い。その遺漏とは、著錄書籍數の少なさと、章疏（譯經に對する解釋書）を著錄しないという著錄書籍の偏りである。『古今書錄』著錄の佛教典籍は、史錄雜傳類・地理類、子錄道家類、集錄總集類に散在するが、このうち唐人の著作であることが確かなものはわずか十部七十四卷にすぎず(34)、『開元錄』の方も、その卷二十「入藏錄」によれば、二十九部二百四十三卷にすぎない。また二書ともに章疏は全く著錄していない(35)。これに對して、新唐志釋氏類「不著錄」部分が『內典錄』によって著錄した書籍中、『古今書錄』・『開元錄』が著錄しない唐人の著作は、四十一部二百十五卷ある。このうち釋玄琬・釋玄惲等は、唐初の著名な僧侶である。また釋道宣の「注戒本」やその「疏記」、釋玄惲の「金剛般若經集注疏」等の章疏も數部著錄している。また『續高僧傳』によって著錄した書籍中、『古今書錄』・『開元錄』が著錄しない唐人の著作は、三十九部三百十三卷ある。このうち章疏は二十四部二百五十九卷ある。以上のように、『內典錄』・『續高僧傳』によって唐高宗期までの唐人の著作、なかでも章疏を如何に數多く補うことができるかが理解されよう。これに對し、新唐志纂修者が『古今書錄』の遺漏を補う必要に迫られながらも『開元錄』を用いなかったのは、『開元錄』が『古今書錄』と同じ缺點を持っていたからであることがわかる(36)。

第二に、新唐志が『內典錄』・『續高僧傳』を所據資料とした理由が、その唐高宗期までの唐人の著作、特に章疏の著錄の多さにあったとすれば、唐代全般の著作を網羅的に記載する文獻は他になかったのかという疑問が生じる。そこで、唐開元年間以後に作られた經錄を見てみると、著名なものでは唐の釋圓照『貞元新定釋教目錄』・南唐の釋恆安『續貞元釋教錄』がある。前者は『開元錄』以後の新譯經・唐人の著作を補ったものであったが、唐人の著作はわずかに四部五十二卷にすぎなかった。後者は『貞元新定釋教目錄』以後の新譯經・唐人の著作を補ったものであったが、唐人の著作はわずかに三部七十一巻にすぎなかった。よって、この二錄は開元年間以前においては『開元錄』を越えるものではなく、開元年間以後においても十分網羅的であるとはいえなかった。また李肇「東林寺經藏碑銘」（『全唐文』巻七百二十一）には、四十餘年來大藏經の整理を宿願としてきた釋義彤が、元和四年、東林寺の住持となり、時を同じくして、同寺に久しく闕いていた大藏經が新たに施入され、その宿願をかなえたとの話が見える。同碑銘には續けて、

　於是搜遠近之逸函墜卷、目在辭亾者得之、互文合部者兼之、斷品獨行者類之、本同名異者存之、以僞亂眞者標之。又病前賢編次、不以註疏入藏、非尊師之意。幷開元庚午之後、洎德宗神武孝文皇帝之季年、相繼新譯。大凡七目、四千九百餘卷、立爲別藏、著雜錄七卷以條貫之、命開元崇福舊錄。（そこで遠近の失われた函巻を探し求め、書籍の名目は殘っていても文章が失われている場合は訪得し、「互文にして部を合する者はこれを兼ね」（未詳）、書籍の一篇が單獨に行われている場合は類を同じくする部分に置き、同書異名の場合はそのままに併存し、僞物が本物を亂している場合は目印を附けた。また前賢の分類法が註疏を入藏させないことについて、尊師の本意ではないと不滿に思った。さらに開元庚午（十八年）以後、德宗神武孝文皇帝の末年に至るまで、相繼いで新たに翻譯がなされた。（そこで）全部で七目を立て、四千九百餘巻を著錄し、それとは別の藏を立てて、雜錄七巻を著して分類整理し、『開元崇福舊錄』と名づけた。）

とあり、義彤は大藏經を整備する際、『開元崇福舊錄』という目錄を編んだという。これは『開元錄』以後より德宗末年までの新譯經を補ったものであり、唐人の著作の著錄狀況はわからないが、釋義彤が、從來の經錄が注疏を著錄しないことに不滿を持っていた（「又病前賢編次、不以註疏入藏、非尊師之意。」）のによれば、章疏を相當數著錄していたと推測される。しかしながら、『開元崇福舊錄』の名はこの碑銘に一度見えるきりであり、その流傳は廣くな

かったようであり、そのもととなったと推測される廬山東林寺所藏の大藏經も會昌廢佛の被害を受け、その大部分を失った(37)。よって新唐志纂修者が『開元崇福舊錄』を見ることができた可能性はほとんどなかったと考えてよかろう。このように、新唐志纂修當時、唐代に著された中國撰述佛典を網羅的に記載する文獻は傳わっていなかったとみられる(38)。このような條件下にあっては、『內典錄』・『續高僧傳』の資料的價値はいやが上にも高まってくるといえよう。

以上の點から、新唐志にとって『內典錄』・『續高僧傳』の資料的價値は、唐高宗期までの唐人の著作、特に章疏を數多く記載し、なおかつ新唐志纂修當時、この二書以上に唐代に著された中國撰述佛典を數多く網羅する文獻が存在しなかった點にあったと考えられるのである。

おわりに

以上、新唐志釋氏類「不著錄」部分が如何なる資料によって、如何に纂修されたかを檢討してきた。その結果、「不著錄」部分の一部が、『內典錄』卷五「皇朝傳譯佛經錄」、及び『續高僧傳』に立傳される唐人の傳を所據資料としていることがほぼ證明された。また轉錄の際には、中國人以外の著作、及び譯經と譯經の序は除外して著錄せず、また「著錄」部分にすでに著錄された書籍は重出させず、僧侶の詩選集は集錄總集類に、個人の文集は別集類に著錄したことを明らかにした。また『內典錄』・『續高僧傳』に同一編著者の異なる著作が記載されている場合には、『內典錄』・『續高僧傳』からの轉錄部分のどちらかに一括して著錄し、また『內典錄』卷五から轉錄する際には、同書の卷七

・八・十によって補足・校正したことを明らかにした。また轉錄の際に用いられたテキストについて、『內典錄』は開寶藏系統のものであることを明らかにし、『續高僧傳』は「僧道宗撰」と題された三十二卷本であろうと推測した。さらに、新唐志纂修者が『內典錄』・『續高僧傳』を所據資料に用いた理由を考察し、新唐志にとって二書の資料的價値が、唐高宗期までの唐人の著作、特に章疏を數多く記載し、かつ新唐志纂修當時、この二書以上に、唐代に著された中國撰述佛典を數多く網羅する文獻が存在しなかった點にあったことを明らかにした。

なお新唐志釋氏類は『內典錄』・『續高僧傳』を所據資料としたことで、唐高宗期までの書籍はかなり補うことができた。しかし、この二書によって開元年間以後の著作は補えない。新唐志が他にどのような資料を用いたかについては、次章以下で檢討することとしたい。

注

（1）本書上篇序章を參照。
（2）本書上篇第一章第二節を參照。
（3）『中華大藏經』については、『中華大藏經』編輯局「『中華大藏經（漢文部分）』概論」（『世界宗教研究』一九八四年第4期、一九八四年十一月）を參照。
（4）金藏については、常盤大定等「金藏の發見について」（『宗教研究』新第十一卷第二號、一九三四年三月）・横超慧日「新出金版藏經を見て」（『東方學報』東京第五册、一九三五年七月）等を參照。
（5）「歷代衆經傳譯所從錄」は、後漢から唐までの譯經・中國撰述佛典を譯者・編著者ごとに記した所謂「代錄」であり、「皇朝傳譯佛經錄」はその唐代部分である。
（6）『中國佛教史籍概論』卷三「一切經音義二十五卷」條を參照。

（7）「わずか一例」とは、釋氏類「大乘集議論」（96）の著者那提（五印度中の中印度の人）のことである。

（8）譯經等の中國人以外の著作が正史藝文志において四部内から除外される傾向は、新唐志以前の『隋書』經籍志・舊唐志に一貫して見られるものである。このことについては、本書上篇第五章第二節を參照。

（9）なお新唐志「著録」部分の釋道宣の著作は、『內典錄』ではなく『古今書錄』を原資料としており、かつ新唐志纂修者の誤解によって誤っている部分もあるために、その著録狀況は『內典錄』と完全には一致していない。本書上篇第一章を參照。また釋道宣の著作が「著録」・「不著録」兩部分に分散して著録されているのは、同一編著者の著作を一箇所に集めるという新唐志の纂修方針に反するものである。

（10）本書上篇第一章第一節を參照。

（11）『日本比丘圓珍入唐求法目錄』に「四分律行事鈔十二卷」とあり、『智證大師請來目錄』に「四分律行事鈔一十卷、南山。四分律行事鈔十二卷、南山。四分律行事鈔一十九卷、或廿卷、上帙未到、南山。」とある。また大正藏第四十卷律疏部に「四分律刪繁補闕行事鈔十二卷」が收錄される。なお『內典錄』卷十の釋道宣「刪補律相雜儀合二十卷」は、『行事刪補律儀』等の律學關係書を合卷したものであろう。

（12）『續高僧傳』の增補に關しては、陳垣『中國佛教史籍概論』卷二「續高僧傳」條、前川隆司「道宣の後集高僧傳について―續高僧傳との關連―」（『龍谷史壇』第46號、一九六〇年三月）、藤善眞澄「『續高僧傳』玄奘傳の成立―新發見の興聖寺本をめぐって―」（『鷹陵史學』第5號、一九七九年九月）、伊吹敦「『續高僧傳』の增廣に關する研究」（『東洋の思想と宗教』第七號、一九九〇年六月）、藤善眞澄「道宣の入蜀と『後集續高僧傳』」（『關西大學文學論集』第四十二卷第一號、一九九二年十月）を參照。なお藤善氏の論文二篇は、後に同氏『道宣傳の研究』（京都大學學術出版會、二〇〇二年五月）第六・八章にそれぞれ收錄された。

（13）なお卷數は、麗本・金藏本が三十卷、宮本・宋本・元本が三十一卷、明本が四十卷である。また金藏本は完本ではなく、卷二・三、六至十、十四・十六・十七、十九至二十六、二十九・三十の計二十卷が現存する。麗本は興聖寺本（本章注（14）を參照）系統のテキストを釋道宣自身が更に增訂したものを底本としている。宮本は、北宋末に福州版大藏經が刊行された時に、それまで散佚したと考えられていた『後集續高僧傳』十卷の殘本を發見し、三十卷本に編入したものである。宋本・宋磧砂藏本・元本は宮本の系統を引くものであり、明本はその分卷を變更したにすぎない。詳細は、本章注（12）所引の諸論文を參照。なお聖本は、大正藏所收本の校記では、卷三十に見えるのみである。

（14）藤善眞澄「『續高僧傳』玄奘傳の成立―新發見の興聖寺本をめぐって―」（前揭）によれば、興聖寺本は現行本と系統を異にする平安末期の抄本であり、貞觀二十三年頃、釋道宣自身によって增訂されたテキストである。

（15）梁啓超「見於高僧傳中之支那著述」（『佛學研究十八篇』、中華書局、一九八九年六月）は、『高僧傳』・『續高僧傳』・『宋高僧傳』中から中國撰述佛典を抽出した資料集である。本節の初稿が『二松』第十五集（二〇〇一年三月）に揭載された時點では、うかつにも、これを見落としていた。今回、これによって前稿を若干補訂することができた。ただし、この「見於高僧傳中之支那著述」の題下に「十一年十月四五兩日鈔」と注記するように、梁啓超はわずか二日でこの作業を行ったので、やはり遺漏あるを免れない。

（16）新唐志「不著錄」部分中の『景德傳燈錄』からの轉錄部分には、適當な卷數をつけられたものが多く見られる。本書上篇第四章第二節を參照。

（17）なお釋玄奘・釋辯機の著作も『續高僧傳』の立傳順と異なる。この二書については本書上篇第三章第二節で論じる。

（18）本書上篇第三章と、第四章第一節を參照。

（19）尾崎康『正史宋元版の研究』（汲古書院、一九八九年一月）「一七　新唐書」四九七～五二三頁を參照。

（20）「俱舍論文疏」の場合は、新唐志纂修者が『集古今佛道論衡』卷丙に「幷俱舍毘曇大乘莊嚴論等、咸爲著疏各三十卷。」とあるのを見た可能性もある。なお「大乘集義論」は、『續高僧傳』卷四に「所著大乘集義論、可有四十餘卷。將事譯之、被遣逡闕。」とあることから（『開元錄』卷九略同）、翻譯されないまま、唐高宗期頃にはすでに散佚していたことがわかる。それにもかかわらず新唐志がこの書を著錄できたのは、『續高僧傳』から轉錄したためとしか考えられない。かりに新唐志纂修者當時現存したとしても、中印度人である那提の著作を著錄することは新唐志の纂修方針に反する。おそらく新唐志纂修者は彼が中印度人であることを見落としていたのであろう。

(21) なお新唐志には卷數不明記の書籍を轉錄しない場合もある。これについては本節の冒頭ですでに述べた。
(22) 本書上篇第四章第一節と、その注(6)を參照。
(23) 本書上篇第四章第三節と、その注(25)を參照。
(24) なお新唐志が所據資料から卷數の記されない書籍を轉錄する際には、適當に卷數を加えてしまう場合もある。本章第一節、及び本書上篇第四章第二節を參照。
(25) なお「私記」を書名に用いる場合は、釋慧旻「十誦私記」(129)のように「…私記」と記すのではなかろうか。
(26) 「義記」を講疏の意に用いた例は、『出三藏記集』卷十二「釋僧祐法集總目錄序」の「十誦義記」について解説した部分に「且少受律學、刻意毘尼、旦夕諷持、四十許載、春秋講說、七十餘遍。既稟義先師、弗敢墜失、標括章條、爲律記十卷。」とある。
(27) なお釋道綽「行圖」・釋空藏「大乘要句」についても灌頂の二書と同樣のことがいえる。例えば、釋道綽「行圖」は、『續高僧傳』卷二十釋道綽傳に「具敍行圖、著淨土論兩卷。統談龍樹天親、邇及僧鸞慧遠、並遵崇淨土、明示昌言、文旨該要、詳諸化範。」とあるのによれば、淨土思想の系譜を總述した「淨土論」の撰述の際に作成した資料のようなものを指しているようである。そうだとすれば、「行圖」が單行の書籍としての形態を有していたかは甚だ疑わしい。
(28) 藤善氏「『續高僧傳』玄奘傳の成立―新發見の興聖寺本をめぐって―」(前揭)を參照。なお聖本は天平寫本であるが、卷三十のみが存するようであり、卷三十からの轉錄部分がない新唐志との比較はできない。
(29) 『宋史』藝文志釋氏類は「僧道宣續高僧傳三卷」と著錄するが、これは「三十卷」の誤りであろう。
(30) 方廣錩氏は『佛教大藏經史』(中國社會科學出版社、一九九一年三月)中で、『開元錄略出』について次のように述べている。『開元錄略出』は釋智昇の撰ではなく、會昌廢佛以後、寺院が大藏經の整備のために作成したものである。この書は、『開元錄』の「有譯有本錄」と「入藏錄」とを結合刪略し、千字文による帙號を附した隨架目錄であった。しかし『開元錄』「入藏錄」が記す各書籍の紙數は、各寺院所有の大藏經と必ずしも一致していなかった。そのために、『開元錄略出』の普及とともに「入藏錄」の紙數と一致しない變種が出現し始めた。大正藏所收本も變種の一つであり、北宋末の崇寧藏・毘盧藏等の南方系の藏經、つまり宮本系統の大藏經に近い。この書が最初に入藏されたのもこの二藏からであり、南方で生まれ、主に南方に流傳したようである（二八〇〜二九一頁）。竺沙雅章氏も『宋元佛教文化史研究』（汲古書院、二〇〇〇年八月）中で同様のことを述べている（三〇二〜三〇七頁）。

(31) 本書上篇第三章第二節「3」を參照。なお『崇文總目』については、下篇第一章・第二章を參照。

(32) 本書上篇第一章第三節を參照。

(33) 『古今書錄』は、第一章で述べたように、新唐志「著錄」部分の所據資料の一つである。また『開元錄』は開元十八年までの唐人の著作を補える資料であり、なおかつ北宋初には開寶藏の基本目錄として採用され、新唐志纂修當時にあっても最も權威ある經典目錄であった。

(34) 『古今書錄』を踏襲した舊唐志による。『古今書錄』の著錄書籍のうち、どれが唐人の著作であったかについては、本書上篇第一章【資料二】を參照。

(35) 北宋當時の人々が、『開元錄』が章疏を著錄しないことに對して不滿を持っていたことは、元豐八年（一〇八五）冬に中國を訪れた高麗僧義天『新編諸宗教藏總錄』自序の「開元中始有大法師、厥號智昇。刊落訛謬、删簡重複、總成一書、曰開元釋教錄、凡二十卷、最爲精要。…予嘗謂、經論雖備、而章疏或廢、則流衍無由矣。」という言葉によってても知られる。なお、この『開元錄』の缺點は、陳士强「『大藏經』十五家經錄平議」（『世界宗教研究』一九八七年第一期、一九八七年三月）も指摘している。

(36) この「不著錄」部分の纂修方針が影響したせいか、「著錄」部分の纂修には『開元錄』が用いられていないようである。本書上篇第一章を參照。

(37) 釋義彤『開元崇福舊錄』と、廬山東林寺所藏の大藏經については、方氏前掲書一六五〜一七一頁を參照。

(38) なお日本や高麗では、唐憲宗の頃より入唐した僧侶等によって編まれた目錄が數多くあり、たくさんの章疏が著錄されているが、中國ではこのような目錄は編まれなかったようである。これらは、大正藏第五十五卷目錄部に收錄されている。

第三章　釋氏類と宋代の國家藏書

はじめに

前章では、唐宋代の佛教經典目錄・高僧傳等を利用して、新唐志釋氏類「不著錄」部分の所據資料の一部に、唐初の釋道宣『大唐內典錄』・『續高僧傳』が用いられ、唐高宗期までの唐人の著作が補われたことを明らかにした。しかし、この二書を用いただけでは開元年間以後の著作を補うことはできない。ところで、序章で述べたように、「不著錄」部分の所據資料には『崇文總目』が用いられている、と、これまで指摘されてきた。それは、『崇文總目』が新唐志當時において比較的新しい國家藏書目錄（北宋慶曆元年（一〇四一）完成、新唐志完成の約二十年前に當たる）であり、また新唐志の纂修者歐陽脩がかつて『崇文總目』の纂修にも參加していたためである。ところが實際に兩目錄を比較すると、新唐志の「不著錄」部分が『崇文總目』に據った可能性がある書籍はその約二割ほどにすぎず、しかも、その中には書名・卷數に異同があるものをかなり含んでいる。そこで本章では、新唐志釋氏類と『崇文總目』の中國撰述佛典とを比較し、新唐志と『崇文總目』とが實際に如何なる關係にあったかを考察し、それによって新唐志の「不著録」部分の所據資料に迫ってみたい。

第一節　『崇文總目』との比較

本章冒頭に述べたように、新唐志「不著録」部分が『崇文總目』によって著録した可能性がある書籍は「不著録」部分全體の約二割ほどにすぎず、その中には著録内容に異同のあるものがかなりある。本節では、兩目間の異同はひとまず無視して、新唐志が『崇文總目』に據った可能性のある部分を大ざっぱに擧げておきたい。なお『崇文總目』は、その編纂から現在に至るまでに、極めて複雜な流傳過程を經てきている。よって本題に入る前に、その流傳過程を踏まえ、『崇文總目』を用いる場合、現在傳わるもののうちどれが善いテキストといえるのかを検討しておく必要がある。詳しくは、本書下篇第一章「『崇文總目』――その編纂から朱彝尊舊藏抄本に至るまで」・第二章「『崇文總目』の抄本と輯佚書について」を參照されたい。

『崇文總目』は、北宋仁宗の慶曆元年、三館・祕閣の藏書に基づいて編まれ、本來は敍釋と解題があったが、南宋高宗の紹興十三年頃に散佚書搜訪のために、これらを削除した改定本が作られた。その影響か、完本の方は明初には失われ、現在はこの紹興改定本が傳わるのみである。紹興改定本には、范氏天一閣藏の明鈔本（以下「范本」）と、それを共通の源に持つ數種の清抄本があり、これら抄本をもとにして他文獻から敍釋と解題を集めた二種の輯佚書が作られた。このうち范本は現存最古のテキストであるが、殘念ながら未見である。その最も早い傳抄本にして、范本から直接抄寫されたのが、朱彝尊舊藏の清抄本（以下「朱本」）であり、靜嘉堂文庫に所藏されている。この朱本は、靜嘉堂文庫のご厚意により閲覽・複寫をすることができた。一方、二種の輯佚書とは、四庫全書本（以下「庫本」）と、淸の錢東垣等『崇文總目輯釋』（以下「『輯釋』」）のことであり、『崇文總目』を利用する場合、これらを使うのが大變便利である。しかし庫本・『輯釋』は、『崇文總目』の底本に用いるには一長一短があり、朱本ほどの價値を持ち得ていないのが實狀である。しかし庫本・『輯釋』は、ともに、歐陽脩の文集や『文獻通考』經籍考等から『崇文總目』の敍釋・解題を輯佚したものであり、このこと自體は高く評價されて然るべきである。問題なのは共通の祖本である范本との親疎である。まず庫本の底本は、翁方綱を中心とした四庫館臣が庫本の編纂に當たって直接朱本から抄寫したもの（以下「翁本」）であると推測される。ところが庫本を朱本と比較してみると、脫誤がかなりある。いま朱本を范本の傳抄本の一世とすれば、翁本は二世の傳抄本となる。よって翁本を底本に用いた庫本は、傳抄本としては三世ということになる。一方、『輯釋』の底本は、朱本を介さずに、范本から抄寫された嘉定の錢氏家藏の抄本（以下「錢本」）である。この錢本は、錢大昕が范本から直接抄寫したものか、或いは錢大昕の知人汪炤が范本から抄寫したものを讓り受けたか、これを再度抄寫したものであると考えられる。よって錢本自體は范本の一世、或いは二世の傳抄本であるが、これを底本に用いた『輯釋』は二世、或いは三世ということになる。常識的に考えて、テキストの信頼性は傳抄を重ねるごとに下がるものである。庫本に脫誤が多いのは、このように幾度かの傳抄を經たためであろう。庫本・『輯釋』が『崇文總目』の底本として朱本ほどの價値を持っていないと述べたのは、以上の理由からである。そうはいうものの、傳抄によってテキストの信頼性が下がるかどうかは、その抄寫者の學識に左右される部分が多分にある。よって朱本・翁本・錢本の抄寫者がどのような人物かをも考慮に入れておく必要がある。

まず、朱本の舊藏者朱彝尊が一流の學者であることはいうまでもない。しかし實際に朱本を抄寫したのは、彼ではなく、張希良という人物である。乾隆十四年刊の『黃州府志』卷十一人物志・文苑の張希良傳によれば、彼は博學で知られ、明史の纂修等にも參加している。よって張希良の學識は、朱彝尊ほどであったかどうかは定かではないが、相當のレベルに達していたと見られ、彼の抄寫になる朱本の信頼性はかなり高いといえる。次に、錢本は、錢大昕みずから抄寫したものか、汪炤が抄寫したものかは判然としないが、錢大昕はいうまでもなく、汪炤も『大戴禮記注補』十三卷を著わすなど考證學者として優れた業績を殘している。よって、抄寫者からいえば、錢本のテキストとしての信頼性は朱本にそれほど劣るものではない。問題は、錢本の存否が不明であり、これを底本に用いた『輯釋』によって、その概貌を窺い知ることができるにすぎない點にある。『輯釋』は醫書類四までは底本の順序を守っているが、同類五以下では、紹興十三年頃の散佚書を示す「闕」字の附された書を、「以下俱闕」などとして各類の末に移動し、錢本の著錄順序を改めてしまっている。よって『輯釋』が錢本の舊態を保存することに、どの程度留意していたかには疑問が殘る。最後に、翁本の舊藏者翁方綱は庫本の編纂に際して中心的な役割を果たしていた。しかし翁本が彼によって抄寫されたかどうかは明らかではない。もし翁方綱だとすれば、周知のごとく一流の學者であるから、翁本の信頼性は高いといえよう。また、それとは反對に、翁本を底本にした庫本に脱誤が多いのによれば、翁方綱の指示で別の人物が抄寫したと見ることも可能である。ただし庫本の脱誤は、その編纂過程で生じたとも考えられ、翁本の抄寫者とはもともとかかわりがない可能性もある。翁本は殘念ながら未見であるが、現在湖南省圖書館に所藏されており、これを調査すれば翁本の抄寫者の問題は解決されるかもしれない。いずれにしろ、現狀では翁本の代わりに庫本を用いざるを得ないので、これを『崇文總目』の底本として用いることは危險である。

以上の點から考えて、『崇文總目』を用いる場合には、少なくとも、まず朱本を底本にして、これを『輯釋』・庫本とによって校勘し、定本を作成しておく必要がある。次に擧げる表は、このようにして作成した定本『崇文總目』に著錄される中國撰述佛典と、『新唐書』藝文志釋氏類とを比較したものである。

【資料二】

凡例

一、『崇文總目』は、朱本を底本とし、『輯釋』・庫本によって校勘したものであり、新唐志の底本には百衲本を用いた。

一、『崇文總目』は中國撰述佛典を地理類、傳記類上、釋書類上・中・下の計五篇に分散して、全百四十部を著錄する。『崇文總目』欄の「類No.」項は、各類の略稱と著錄順序を記した。

一、『崇文總目』欄の「著錄內容」項は、諸本との校勘結果から歸納したものであり、朱本を補訂した部分もある。朱本の誤りを正した場合や諸本に異同がある場合は、『崇文總目』欄の「校勘記」項に記した。

一、「校勘記」項の「錢＋數字」は、『輯釋』の排列順序である。『輯釋』は醫書類五以下、「闕」字の附された書を「以下俱闕」として各類の末に一括著錄し、その底本の著錄順序を變更しているが、この「闕」字の開始位置は「錢＋數字」の下に「(以下闕)」と記した。また『輯釋』と朱本との間に闕字の有無の異同がある場合には、「錢＋數字」の下に「※」記號を記した。

一、『新唐書』藝文志釋氏類」欄の「No.」項は、新唐志釋氏類の著錄順序を記した。

一、『新唐書』藝文志釋氏類」欄の「著錄內容」項中の小字部分は新唐志の原注であり、「※」記號は『崇文總目』と新唐志の著錄內容に異同がある部分である。

『崇文總目』			『新唐書』藝文志釋氏類	
類No.	著錄內容	校勘記	No.	著錄內容
地理17	大唐西域記十三卷	庫本作十二卷。	109	玄奘大唐西域記十二卷　姓陳氏、緱氏人。※
			110	辯機西域記十二卷※
傳記13	高僧傳十三卷		19	僧惠皎高僧傳十四卷※
傳記14	續高僧傳三十一卷		20	僧道宗續高僧傳三十二卷※
			33	（道宣）續高僧傳二十卷　起梁初、盡貞觀十九年。※
			134	僧道宗續高僧傳三十二卷※
釋上1	注般若波羅密多心經一卷	輯釋密作蜜。錢1		無
釋上2	般若波羅密多心經疏一卷	輯釋密作蜜。錢2		無
釋上3	楞嚴經十卷	錢3		無
釋上4	首楞嚴經疏六卷闕	錢22（以下闕）		無
釋上5	義金剛般若波羅密經讃誦一卷闕	庫本義上有譯、般若作波若、讃作賛、輯釋無義、密作蜜。錢23		無
釋上6	圓覺經疏六卷闕	朱本圓作圖、庫本無闕。錢24	162	（宗密）圓覺經大小疏鈔各一卷※
釋上7	金剛經口訣義一卷	錢4	118	慧能金剛般若經口訣正義一卷　姓盧氏、曲江人。※

釋上8	金剛經報應記三卷闕	錢25		無
釋上9	金剛經訣一卷闕	錢26		無
釋上10	六祖大師金剛大義訣二卷闕	輯釋剛下有經。錢28	118	慧能金剛般若經口訣正義一卷　姓盧氏、曲江人。※
釋上11	佛說垂涅槃略說教戒經一卷闕	錢29		無
釋上12	起言論二卷	輯釋無此條、錢5有起信論二卷、釋宗密撰。	159	又（宗密）起信論二卷※
釋上13	壇經一卷	錢6	139	僧法海六祖法寶記一卷※
釋上14	佛說一乘竟究佛心成經一卷闕	庫本竟究作究竟。錢30		無
釋上15	佛說三停厨法經一卷闕	錢31		無
釋上16	佛說未曾有因縁經二卷闕	輯釋作一卷。錢32		無
釋上17	佛說法句經一卷闕	錢7※		無
釋上18	釋摩訶衍論五卷闕	錢27		無
釋上19	起信論二卷	錢5	159	又（宗密）起信論二卷
釋上20	起信論鈔三卷闕	錢33	160	（宗密）起信論鈔三卷
釋上21	僧肇論二卷	錢8	151	光瑤注僧肇論二卷
釋上22	勸修破迷論一卷闕	錢34		無
釋上23	辨正論八卷	錢9	38	法琳辯正論八卷　陳子良注。
釋上24	大乘百法明門論疏二卷闕	錢35		無
釋上25	金砂論一卷闕	庫本無闕。錢36		無

釋上26	福田論一卷闕	錢37	28	(僧彥琮) 福田論一卷
釋上27	寶藏論一卷	錢10		無
釋上28	景德傳燈錄三十卷	錢11		無
釋上29	法苑珠林一百卷	錢12	80	(玄惲) 法苑珠林集一百卷※
釋上30	釋迦氏譜畧一卷	錢13	70	(道宣) 釋氏譜略二卷※
釋上31	釋氏六帖十四卷	錢14		無
釋上32	眞門聖冑集五卷闕	庫本無闕。錢38	138	元偉眞門聖冑集五卷
釋上33	藏經音義隨函三十卷闕	錢40		無
釋上34	大藏經音四卷闕	錢39		無
釋上35	內典序記集十卷闕	輯釋序作敘。錢41		無
釋上36	通感決疑錄一卷闕	庫本感作惑、輯釋通感作感通。錢42	30	又通惑決疑錄二卷※
釋上37	請禱集十卷闕	錢43		無
釋上38	內典編要十卷闕	錢44		無
釋上39	僧史畧三卷	錢15		無
釋上40	釋氏蒙求五卷	錢16		無
釋上41	法門名義集一卷	錢17		無
釋上42	廣法門名義三卷	朱本名作明。錢18		無
釋上43	渾混子三卷闕	錢45		無
釋上44	寒山子詩七卷	錢19	178	對寒山子詩七卷　天台隱士。台州刺史閭丘胤序、僧道翹集。寒山子隱唐興縣寒

				山巖、於國清寺與隱者拾得往還。※
釋上45	高僧纂要五卷闕	錢46		無
釋上46	法喜集二卷闕	錢47		無
釋上47	看經讚一卷闕	錢48		無
釋上48	釋華嚴游澓偈一卷闕	輯釋澓作復。錢49		無
釋上49	惟勁禪師讚誦一卷闕	錢50		無
釋上50	僧美三卷闕	庫本無此條。錢51	172	智月僧美三卷
釋上51	感通賦一卷闕	錢52		無
釋上52	相傳雜語一卷闕	錢53		無
釋上53	裴修拾遺問一卷闕	庫本修作脩。錢54		無
釋上54	參元語錄十卷	錢20	171	神清參元語錄十卷
釋上55	七科義狀一卷闕	錢55	154	七科義狀一卷 雲南國使段立之問、僧悟達答。
釋上56	玄聖蘧廬一卷	輯釋玄作元。錢21	152	李繁玄聖蘧廬一卷
釋中1	天台止觀一卷	錢1		無
釋中2	華嚴法界觀門一卷	朱本華嚴作嚴華、庫本無觀。錢2		無
釋中3	中觀論三十六門勢疏一卷闕	錢11（以下闕）		無
釋中4	禪源諸詮集二卷	庫本詮作銓。錢3	158	宗密禪源諸詮集一百一卷※
釋中5	統畧淨住子淨行法門一卷闕	庫本淨作靜。錢12	29	道宣統略淨住子二卷※
釋中6	漳州羅漢和尚法要三卷闕	錢13		無

釋中7	明道宗論一卷闕	錢14		無
釋中8	祖堂集一卷闕	錢15		無
釋中9	八漸通眞議一卷闕	庫本八作入。錢16	153	白居易八漸通眞議一卷
釋中10	雲居和尚示化實錄一卷闕	庫本示作元。錢17		無
釋中11	元中語錄三卷闕	錢19		無
釋中12	大唐國師小錄要集一卷闕	錢18		無
釋中13	顯宗集一卷闕	錢21		無
釋中14	圓覺道場修證儀十八卷闕	輯釋云釋宗密撰。錢20		無
釋中15	大雲和尚法要一卷闕	輯釋法要作要法。錢22		無
釋中16	無上祕密小錄五卷闕	朱本・庫本上作止。錢23		無
釋中17	一宿覺傳一卷闕	錢24		無
釋中18	達摩血脉一卷	輯釋脉作脈。錢4	173	惠可達摩血脉一卷
釋中19	竹林集一卷	錢5		無
釋中20	見道頌一卷闕	朱本・庫本頌作訟。錢25		無
釋中21	行道難歌一卷闕	錢27		無
釋中22	永嘉一宿覺禪宗集一卷	輯釋禪下有師。錢26※	147	玄覺永嘉集十卷　慶州刺史魏靖編次。※
釋中23	法眼禪師集一卷	庫本有闕。錢6		無
釋中24	禪宗理性偈一卷闕	錢28		無
釋中25	遺聖集一卷闕	錢29		無
釋中26	偈宗祕論十卷闕	錢30		無

釋中27	菩提心記一卷闕	錢31		無
釋中28	楞迦山主小參錄一卷闕	輯釋楞作釋。錢32		無
釋中29	石頭和尚參同契一卷	錢7	165	希還參同契一卷※
釋中30	忠國師語一卷闕	錢33		無
釋中31	東平大師默論一卷闕	錢34		無
釋中32	天台國師百會語要一卷闕	錢35		無
釋中33	龐居士歌一卷	錢8	179	龐蘊詩偈三卷 字道玄、衡州衡陽人。貞元初人。三百餘篇。※
釋中34	紫陵語一卷闕	錢36		無
釋中35	僧齊寶禪要三卷闕	錢37		無
釋中36	百丈廣語一卷闕	庫本・輯釋丈作文。錢38		無
釋中37	無住和尚說法記二卷闕	錢40		無
釋中38	棲賢法儁一卷闕	輯釋儁作雋。錢39	155	棲賢法雋一卷 僧惠明、與西川節度判官鄭愚漢州刺史趙璘論佛書。
釋中39	龍濟和尚語要一卷	錢10		無
釋中40	荷澤禪師微訣一卷闕	朱本訣作决、輯釋荷作和。錢41		無
釋中41	大乘入道坐禪次第要論一卷闕	錢43		無
釋中42	慧海大師入道要門論一卷闕	錢44		無
釋中43	淨本和尚語論一卷闕	錢45		無
釋中44	積元集一卷闕	錢42※		無

釋中45	禪關入門一卷闕	錢46	156	禪關八問一卷 楊士達問、唐宗美對。※
釋中46	雍熙禪頌三卷闕	錢47		無
釋中47	法眼眞讚一卷闕	錢9※		無
釋中48	仰山辨宗論一卷闕	錢48		無
釋中49	禪門法印傳五卷闕	庫本印作師。錢49		無
釋中50	六祖傳一卷闕	錢50		無
釋中51	傳大志王傳語一卷闕	錢51		無
釋中52	相傳雜語要一卷闕	錢52		無
釋中53	德山集一卷闕	錢53		無
釋中54	淨慧偈頌一卷闕	錢54		無
釋下1	廬山集十卷	錢1		無
釋下2	比丘尼傳四卷	庫本・輯釋丘作邱。錢2	18	又（僧寶唱）比丘尼傳四卷
釋下3	洪明集十卷	錢3	3	又（僧僧祐）弘明集十四卷※
釋下4	廣洪明集三十卷	錢4	31	（道宣）廣弘明集三十卷※
釋下5	開皇三寶錄十四卷闕	錢11（以下闕）	25	費長房曆代三寶記三卷 長房、成都人、隋翻經學士。※
釋下6	寶林傳十卷	庫本作十四卷。錢5	115	智矩寶林傳十卷
釋下7	淸道場百錄一卷闕	錢6※		無
釋下8	法顯傳一卷	錢7		無
釋下9	西域求法高僧傳二卷闕	庫本無僧、作一卷。錢12	37	義淨大唐西域求法高僧傳二卷※

釋下10	眞覺大師傳一卷闕	錢13		無
釋下11	高僧嬾殘傳一卷闕	錢14	137	高僧嬾殘傳一卷 天寶人。
釋下12	僧法琳別傳三卷	庫本無琳。錢8	145	法琳別傳二卷※
釋下13	往生淨土傳五卷	錢9		無
釋下14	六祖法寶記一卷闕	錢15	139	僧法海六祖法寶記一卷
釋下15	金陵塔寺記三十六卷	錢10	111	清徹金陵塔寺記三十六卷
釋下16	金利塔記一卷闕	庫本金作舍。錢16		無
釋下17	瑞象歷年記一卷闕	錢17		無
釋下18	華嚴經纂靈記五卷闕	錢18		無
釋下19	前代國王修行記五十卷闕	錢19	112	師哲前代國王脩行記五卷 盡中宗時。※
釋下20	迦葉祖裔記一卷闕	錢22		無
釋下21	攝山栖霞寺記一卷闕	輯釋栖作棲。錢20	142	靈湍攝山棲霞寺記一卷
釋下22	竺道生法師十四科元贊義一卷闕	錢21		無
釋下23	潤文官錄一卷闕	錢23		無
釋下24	釋門要錄五卷闕	錢24		無
釋下25	僧伽行狀一卷闕	錢25	140	辛崇僧伽行狀一卷
釋下26	妙香丸子法一卷闕	錢26		無
釋下27	破明集一卷闕	庫本無此條。錢27	143	破胡集一卷 會昌沙汰佛法詔勅。※

この對照表を見ると、兩目には、その著錄內容が完全に一致する書籍と、『崇文總目』が著錄し新唐志が著錄しない書籍と、兩目の著錄內容に異同がある書籍とがあることがわかる。このような著錄狀況は、兩目の關係の實態を解明するためのヒントを與えてくれそうである。

第二節　『崇文總目』著錄中國撰述佛典の分析

本節では、『崇文總目』の各著錄書籍を分析することによって、新唐志と『崇文總目』が完全に一致する書籍と、『崇文總目』にあり新唐志にない書籍と、兩目の著錄內容に異同がある書籍とがある原因について檢討してみたい。

1　兩目が完全に一致する部分

新唐志と『崇文總目』との著錄內容が完全に一致する書籍は、『崇文總目』の番號でいえば、釋上19～21・23・26・32・50・54～56、釋中9・18・38、釋下2・6・11・14・15・21・25であり、全部でわずか二十部九十三卷にすぎない。さらに、そのうち釋上23「辨正論」・釋上26「福田論」・釋下2「比丘尼傳」は新唐志「著錄」部分にすでに著錄される書籍である。このうち「辨正論」・「比丘尼傳」は唐の毋煚『古今書錄』を原資料としており、『崇文總目』とは無關係である。また「福田論」は、本書上篇第一章第二節で論じたように、舊唐志が『古今書錄』刪略時に誤脫した可能性と、新唐志纂修者が傳本や他文獻の記載によって新たに補った可能性とがともにあり、そのいずれであるかは特定しがたい。よって、この三部を除いた十七部八十巻が『崇文總目』と關連のある可能性が高い書籍であり、『崇文總目』著録の中國撰述佛典全體の約十二パーセントに當たる。以下に、新唐志が如何なる基準でこれらの著作を著録したか考えてみたい。

なお現存の紹興改定本『崇文總目』では、各著録書籍の編著者名が削除されている。これを補うことができる資料に、『通志』藝文略（以下「通志略」）・『宋史』藝文志（以下「宋志」）がある。前者は紹興改定以前の『崇文總目』から轉録した部分を含んでおり、後者は、『崇文總目』と同じく、國家藏書機關の藏書をもとに編まれた宋代の四種の國史藝文志を綴合したものである(1)。そこで通志略・宋志の二書を中心に、『崇文總目』の編著者名等を復元しつつ、これらの著作が新唐志に著録された理由を考察することにする。

【資料二】

凡例

一、本資料は、通志略・宋志を中心に、『崇文總目』の編著者名を復元しつつ、各編著者の活動年代を究明したものである。

一、『崇文總目』欄には、その類名・著録順序・著録内容を記し、「新唐志」欄には、著録順序・編著者名を記した。

一、「通志略・宋志著録内容」欄では、「通志略釋家」を「通釋」、「宋志釋氏類」を「宋釋」と略した。

一、「編著者」欄には、「通志略・宋志著録内容」欄によって復元した『崇文總目』の編著者を記した。

一、「活動年代」欄には、編著者の主な活動年代を記し、その根據を「活動年代根據等」欄に記した。また本欄では『續高僧傳』を『續傳』、『宋高僧傳』を『宋傳』、『景德傳燈錄』を『傳燈錄』と略した。

『崇文總目』	新唐志	通志略・宋志著錄內容	編著者	活動年代	活動年代根據等
釋上19 起信論二卷	159	通釋）起信論二卷、唐僧宗密撰 宋釋）起信論二卷	釋宗密	唐	いずれも馬鳴大師造・陳の眞諦譯と傳えられる『大乘起信論』に對する章疏である。宗密は、『宋傳』卷六義解篇・唐圭峯草堂寺宗密傳等を參照。
釋上20 起信論鈔三卷闕	160	通釋）起信論鈔二卷、僧宗密撰 宋釋）（宗密）起信論鈔三卷			
釋上21 僧肇論二卷	151 光瑤（注）	通釋）僧肇論二卷、僞秦釋僧肇撰、唐僧光瑤注	釋光瑤	唐	姚秦の釋僧肇『肇論』に對する注である。僧肇は、『高僧傳』卷六義解篇・晉長安釋僧肇傳を參照。光瑤は、『宋傳』卷十習禪篇・唐沂州寶眞院光瑤傳、『傳燈錄』卷十三沂水蒙山光寶禪師章を參照。
釋上32 眞門聖胄集五卷闕	138 元偉	通釋）眞門聖胄集五卷、唐僧元偉撰 宋釋）元偉眞門聖胄集五卷	釋玄偉	唐	玄偉は、宋の惟白『大藏經綱目指要錄』卷八聖賢傳記禪門傳錄を參照。
釋上50 僧美三卷闕	172 智月	通釋）僧美三卷、唐僧智月撰 宋釋）智月僧美三卷	釋智月	唐	智月は未詳。椎名宏雄『宋元版禪籍の研究』（大東出版社、一九九三年八月）は、『僧美』は「宗美」であって宰相裴休のことである」とする（四一二頁）。椎名氏のいう「宗美」とは、新唐志156「禪關八問一卷、楊士達問、唐宗美對。」の唐宗美のことであると思わ

				れる。椎名氏はおそらく裴休の字が公美であることから、このように考えたのであろう。しかし新唐志には編著者名の上に朝代を冠するという例はないことから、唐宗美は裴休とは別の人物の姓名と考えられる。
釋上54參元語錄十卷	171 神清	通釋）參元語錄十卷、唐僧神清撰 又）北山語錄十卷、僧神清撰 宋釋）僧神清北山參元語錄十卷	釋神清	唐 神清は、『宋傳』卷六義解篇・唐梓州慧義寺神清傳を參照。
釋上55七科義狀一卷闕	154	通釋）七科義狀一卷、雲南使段立之問、唐僧悟達答 宋釋）神澈七科義狀一卷	(僧徹)	(唐) 新唐志原注に「雲南國使段立之問、僧悟達答。」とあり、雲南國使の段立之と唐の釋知玄の問答集である。悟達は、唐中和元年、僖宗が知玄に賜った國師號。段立之は未詳。知玄については、『宋傳』卷六義解篇・唐彭州丹景山知玄傳、宋の戒珠『淨土往生傳』卷下・唐彭州釋知玄傳を參照。おそらく知玄の弟子僧徹の誤りであろう。宋志の「神澈」は『宋傳』卷六義解篇・唐京兆大安國寺僧徹傳に「悟達凡有新義別章、咸囑付徹暢衍之。」とあるのと同様に、本書の問答も彼によって記錄され

					たのであろう。
釋上56玄聖蘧廬一卷	152李繁	通釋）玄聖蘧廬一卷、唐李繁撰	李繁	唐	李繁は、『舊唐書』卷百三十李繁傳・『新唐書』卷百三十九李繁傳等、『郡齋讀書志』卷十六（袁本後志卷二）釋書類「玄聖蘧廬一卷」條等を參照。
釋中9八漸通眞議一卷闕	153白居易	通釋）八漸通眞議一卷、白居易撰 宋釋）白居易八漸眞議一卷	白居易	唐	『傳燈錄』卷二十九讚頌偈詩に「白居易八漸偈幷序」がある。
釋中18達摩血脉一卷	173惠可	通釋）達磨血脉一卷、唐僧惠可撰 宋釋）達摩血脉一卷 又）僧慧可達摩血脉論一卷	釋慧可	唐（隋の誤り）	「慧可」は、二祖慧可のことであろう。隋開皇十三年卒、通志略が唐僧とするのは誤り。通志略のこの部分は『崇文總目』によったと推測される部分に含まれるので、その誤りを踏襲したのであろう。『崇文總目』が唐僧としたのは、館閣の所藏本が「唐僧慧可」の著作と題していたためであると思われる。なお現在大日本續藏經に收められる『達磨大師血脉論』一卷と、大正藏第四十八卷『小室六門』一卷所收の「第六門血脉論」は、達磨の諸說を問答形式で說いたものであるが、編著者名が記されていない。本書が問答

					形式であったために、二祖慧可の著作とみなされていた時期があったのかもしれない。慧可は、『續傳』巻十六習禪篇・齊鄴中釋僧可傳、『祖堂集』巻三・第二十九祖師慧可禪師章等を參照。
釋中38 棲賢法雋一巻闕	155	通釋）棲賢法雋一巻、唐僧惠明撰 宋釋）惠明棲賢法雋一巻	釋惠明	唐	新唐志原注に「僧惠明、與西川節度判官鄭愚・漢州刺史趙璘論佛書。」とあり、釋惠明が西川節度判官鄭愚・漢州刺史趙璘と佛書について論じたものである。惠明は未詳。鄭愚・趙璘は、それぞれ『全唐文』巻八百二十・七百九十一等を參照。
釋下6 寶林傳十巻	115 智炬	通釋）寶林傳十巻、唐僧智炬傳 宋釋）寶林傳錄一巻、並不知作者	釋智炬	唐	智炬は、『大藏經綱目指要錄』巻八禪門傳錄・寶林傳條、宋の本覺『釋氏通鑑』巻十德宗貞元十七年條等を參照。
釋下11 高僧嬾殘傳一巻闕	137	通釋）高僧懶殘傳一巻	未詳	（唐?）	新唐志原注に「天寶人。」とある。唐の嬾殘和尚の傳記である。嬾殘は、『太平廣記』巻九十六引『甘澤謠』「懶殘」條、『祖堂集』巻三懶瓚和尚章、『宋傳』巻十九感通篇・唐南嶽山明瓚傳等を參照。

釋下 14 六祖法寶記一卷闕	139 僧法海	通釋）六祖法寶記一卷、唐僧法海撰 宋釋）法海六祖法寶記一卷	釋法海	唐	釋法海が六祖慧能の説法を記録したものであり、一般に「六祖壇經」の名で知られている。慧能は、『祖堂集』卷二・第三十三祖慧能和尚章、『宋傳』卷八習禪篇・唐韶州今南華寺慧能傳等を參照。法海は、『傳燈錄』卷五韶州法海禪師章を參照。
釋下 15 金陵塔寺記三十六卷	111 清徹	通釋）金陵寺塔記三十六卷、唐僧清徹撰	釋清徹	唐	清徹は未詳。
釋下 21 攝山栖霞寺記一卷闕	142 靈湍	通釋）攝山栖霞寺記一卷、唐僧靈偳撰 宋釋）靈湍攝山棲霞寺記一卷	釋靈湍	唐	靈湍は未詳。
釋下 25 僧伽行狀一卷闕	140 辛崇	通釋）僧伽行狀一卷、辛崇撰 宋釋）卒崇僧伽行狀一卷	辛崇	（唐？）	辛崇は未詳。『宋傳』卷十八感通篇・唐泗州普光王寺僧伽傳に「近宣索僧伽實錄。上覽已、勅還其題額曰普照王寺矣。」とあり、宋代に勅命によって「僧伽の實錄」が搜索發見されたとの記事がある。この「僧伽實錄」が「僧伽行狀」であったのかもしれない。僧伽は、『宋傳』の他に『傳燈錄』卷二十七泗州僧伽和尚章・『太平廣記』卷九十六「僧伽大師」條を參照。

このうち、「高僧嬾殘傳」・「達磨血脉」・「僧伽行狀」は編著者名や、その活動年代によくわからない點があるもの、それ以外は皆唐人の著作であることが比較的明白であり、なおかつ譯經や唐以前の人の著作、及び五代・宋人の著作は含まれていない。よって、これらは新唐志に著録される理由を持つものであるといえる。また新唐志と『崇文總目』との著録内容が完全に一致するのは、新唐志が『崇文總目』を踏襲したとは斷定できないまでも、少なくとも、兩目が同じ官藏のテキストを著録したものであることを示している。

2　『崇文總目』にあって『新唐書』藝文志にない部分

『崇文總目』にあって新唐志にない書籍は、釋上1〜5・8・9・11・14〜18・22・24・25・27・28・31・33〜35・37〜43・45〜49・51・52・53、釋中1〜3・6〜8・10〜17・19〜21・23〜28・30〜32・34〜37・39〜44・46〜54、釋下1・7・8・10・13・16〜18・20・22〜24・26であり、全部で九十五部二百九十七卷ある。これらは『崇文總目』が著録する中國撰述佛典全體の約六十八パーセントに當たる。そこで、「1、兩目が完全に一致する部分」と同樣、通志略・宋志を中心に、『崇文總目』の編著者名を復元しつつ、各編著者の活動年代を明らかにし、新唐志に著録されなかった理由を考察していくことにする。

【資料三】

凡例

一、本資料は、通志略・宋志を中心に、『崇文總目』の編著者名を復元しつつ、各編著者の活動年代を究明したものである。

一、「崇目」欄には、『崇文總目』の類名・著錄順序のみ記した。書名・卷數については【資料一】を參照。

一、「通志略・宋志著錄內容」欄では、【資料二】と同じく、「通志略釋家」を「通釋)」、「宋志釋氏類」を「宋釋)」と略し、その他に「『祕書省續編到四庫闕書』(2)釋書」を「祕釋)」と略した。

一、「編著者」欄・「活動年代」欄については、本章【資料二】凡例を參照。

一、「活動年代根據等」欄には、編著者の「活動年代」欄の根據等を記した。なお本欄では【資料二】と同じく、『續高僧傳』を『續傳』、『宋高僧傳』を『宋傳』、『景德傳燈錄』を『傳燈錄』と略した。

崇目	通志略・宋志著錄內容	編著者	活動年代	活動年代根據等
釋上1	宋釋）僧懷深注般若波羅密多心經一卷	釋懷深	未詳	なお『般若心經』には多くの章疏があり、かつ『宋詩紀事』卷九十二に靖康間の懷深なる人物が見えることから、宋志と『崇文總目』の編著者は異なる可能性がある。
釋上2		未詳	未詳	
釋上3	宋釋）般剌密帝彌伽釋迦譯首楞嚴經十卷 同）般剌密諦譯楞嚴經十卷	般剌蜜帝	唐	譯經。中印度の人。中國名「極量」。般剌蜜帝は、『宋傳』卷二譯經篇・唐廣州制止寺極量傳等を參照。同傳によれば、彌伽釋迦は翻譯の際に譯語を擔當した。
釋上4	宋釋）惟慤首楞嚴經疏六卷	釋惟慤	唐	惟慤は『宋傳』卷六義解篇・唐京師崇福寺惟慤傳を參照。

釋上5		未詳	未詳	『新編諸宗教藏總錄』卷一金剛般若經「夾頌一卷、傅大士頌。」、通釋「解金剛經贊頌一卷、梁傅大士與僧寶志頌」、宋釋「傅大士寶誌金剛經贊一卷」、同「唐六譯金剛經贊一卷、鄭覃等撰。」。これらが本書と同定できるかは不明である。
釋上8	通釋）金剛經報應記三卷、唐西川按撫使盧永撰 宋釋）盧求金剛經報應記三卷	盧求	唐	盧求は、『舊唐書』卷百七十八盧攜列傳、『宋傳』卷二十一感通篇・唐成都府永安傳等を參照。
釋上9	通釋）金剛經訣一卷、唐大白和尚撰 宋釋）大白和尚金剛經訣一卷	大白和尚	唐	大白和尚は未詳。
釋上11	宋釋）佛垂涅槃略說教戒經一卷、四經失譯。	鳩摩羅什譯	姚秦	大正藏卷十二涅槃部に姚秦の鳩摩羅什譯『佛垂般涅槃略說教誡經』一卷と收錄される。
釋上14	宋釋）佛說一乘究竟佛心戒經一卷（失譯）	譯者未詳	未詳	
釋上15	宋釋）佛說三亭厨法經二卷（失譯）	未詳	唐	大正藏卷八十五疑似部に、唐代の僞經として『三厨經』一卷と收錄されるものであろう。大正藏は敦煌出土寫本スタイン二六七三を底本とする。
釋上16	宋釋）沙門曇景譯佛說未曾有因緣經二卷	釋曇景譯	南朝齊	大正藏卷十七經集部四に南朝齊の曇景譯『佛說未曾有因緣經』二卷と收錄される。
釋上17	宋釋）佛說法句經一卷（失譯）	支謙譯、或いは僞經	三國呉、或いは唐	大正藏卷四本緣部下に三國呉の支謙譯『法句經』二卷が收錄され、また大正藏卷八十五疑似部に、唐代の僞經『法句經』一卷が收錄される。後者は敦煌出土寫

				本二種（中村不折所藏、スタイン二〇二一）を校訂したものである。本書がこのいずれであるかは不明である。
續上18	通釋）釋摩訶衍論五卷、馬鳴大師論、龍樹菩薩釋。 宋釋）馬鳴大師摩訶衍論五卷 同）僧馬鳴釋摩訶衍論十卷	筏提摩多譯、或いは僞經	姚秦、或いは唐、新羅	譯經。印度龍樹菩薩による馬鳴大師『大乘起信論』の注釋書と傳えられるが、龍樹の眞作ではない。鎌田茂雄等『大藏經全解説大事典』（雄山閣出版、一九九八年八月）四六八頁を參照。
續上22	通釋）勸修破迷論一卷、探微子撰 宋釋）勸修破迷論一卷（不知撰人）	探微子	未詳	
續上24	宋釋）忠師百法明門論疏二卷	釋義忠	唐	『新編諸宗教藏總錄』卷三百法論「疏二卷、義忠述」。義忠は『宋傳』卷四義解篇・唐京兆大慈恩寺義忠傳を參照。
續上25	通釋）金沙論一卷 宋釋）金沙論一卷（不知撰人）	未詳	未詳	書名が同じである宋釋「僧政覺金沙論一卷」は、本書と同定できるか不明である。
續上27	通釋）寶藏論三卷、僞秦釋僧肇撰 宋釋）僧肇寶藏論三卷 同）僧肇寶藏論一卷	釋僧肇	姚秦	僧肇は既出。
續上28	通釋）景德傳燈錄三十卷、宋朝僧道原纂 宋釋）僧道原景德傳燈錄三十卷	釋道原	宋	
續上31	通釋）釋氏六帖四卷、僧義楚撰	釋義楚	五代宋初	義楚は、『宋傳』卷七義解篇・大宋齊州開元寺義楚傳を參照。

釋上33	通釋）藏經音義隨函三十卷、僧可洪撰 宋釋）可洪藏經音義隨函三十卷	釋可洪	五代後晉	『佛祖統紀』卷四十二晉天福四年條等を參照。
釋上34	通釋）大藏經音四卷 宋釋）大藏經音四卷（不知撰人）	未詳	未詳	『郡齋讀書志』卷四小學類「唐藏經音義四卷。右未詳撰人。分四聲、以類相從。蜀中印本也。」は書名が類似し卷數が一致する。同書であれば唐代の著作となるが確證はない。
釋上35	通釋）內典序記集十卷、無名氏	未詳	未詳	
釋上37	通釋）請禱集十卷、僞吳僧十朋撰 宋釋）十朋請禱集一卷	釋十朋	五代吳	十朋は『太平廣記』卷三百六十六妖怪「僧十朋」條を參照。
釋上38	通釋）內典編要十卷、僧夢微撰 宋釋）夢徵內典編要十卷	釋夢微(徵)	未詳	
釋上39	通釋）僧史畧三卷、宋朝僧贊寧撰 宋釋）僧贊寧僧史略三卷	釋贊寧	宋	贊寧は、『釋門正統』卷八護法外傳・贊寧傳等を參照。
釋上40	通釋）釋氏蒙求五卷、宋朝程讜撰 宋釋）程讜釋氏蒙求五卷	程讜	宋	程讜は未詳。
釋上41	通釋）法門名義集一卷、李師政撰	李師政	唐	李師政は、『大唐內典錄』卷五等を參照。
釋上42	通釋）廣法門名義三卷、宋朝僧修淨撰	釋修淨	宋	修淨は未詳。なお宋釋「僧居本廣法門名義一卷」は、編著者・卷數が異なるので、別書であろう。
釋上43	通釋）渾混子三卷、不知名氏所釋肇法師法藏論之義。	未詳	未詳	

	宋釋）渾混子三卷、解寶藏論（不知撰人）			
釋上45	通釋）高僧纂要五卷、僧覺昱撰 宋釋）覺旻高僧纂要五卷	釋覺昱（旻）	未詳	
釋上46	通釋）法喜集二卷、晉太子賓客致仕馬胤孫撰 宋釋）（馬裔孫）法喜集二卷	馬胤孫	五代後晉	馬胤孫は、『舊五代史』卷百二十七馬裔孫列傳、『五代史記』卷五十五馬胤孫傳を參照。
釋上47	通釋）看經贊一卷、晉馬胤孫撰 宋釋）馬裔孫看經贊一卷			
釋上48	通釋）釋華嚴漩澓偈一卷、梁僧惟勁撰 宋釋）（惟勁）釋華嚴游澓偈一卷	釋惟勁	五代後梁	惟勁は、『宋傳』卷十七護法篇・後唐南嶽般舟道場梁惟勁傳、『傳燈錄』卷十九南嶽般舟道場寶聞大師惟逕章を參照。なお『傳燈錄』卷二十九讚頌偈詩に「南嶽般舟道場勁和尚覺地頌一首」がある。
釋上49	通釋）惟勁禪師贊頌一卷 宋釋）惟勁禪師贊訟一卷			
釋上51	通釋）感通賦一卷、宋朝僧延壽撰 宋釋）延壽感通賦一卷	釋延壽	宋初	延壽は、『宋傳』卷二十八興福篇・大宋錢塘永明寺延壽傳、『傳燈錄』卷二十六杭州慧日永明寺智覺禪師延壽章等を參照。
釋上52		未詳	未詳	釋中52「相傳雜語要一卷闕」の重出であれば、唐代の著作となる。
釋上53	通釋）裴休拾遺問一卷 宋釋）裴休拾遺問一卷	宗密	唐	宗密（既出）が裴休（「休」、『崇文總目』誤「修」）の問いに答えたもの。詳しくは石井修道「洪州宗について――眞福寺文庫所藏の『裴休拾遺問』と『六祖壇經』の紹介に因んで――」（『印度學佛教學研究』第二十八卷第一號、一九七九

				年十二月）を參照。裴休は『舊唐書』卷百七十七裴休傳・『新唐書』卷百八十二裴休傳等を參照。
釋中1	通釋）天台止觀一卷、隋僧智顗禪師撰	釋智顗	隋	智顗は、『續傳』卷十七習禪篇・隋國師智者天台山國清寺釋智顗傳等を參照。
釋中2	通釋）華嚴法界觀門一卷、僧法順集 宋釋）華嚴法界觀門一卷、宋密注 同）華嚴法界觀門一卷、僧法順集、僧宗密注	釋宗密	唐	宗密（既出）による唐の釋法順『華嚴法界觀門』の注。法順は『續傳』卷二十五感通篇・唐雍州義善寺釋法順傳等を參照。
釋中3	通釋）中觀論三十六門勢疏一卷、沙門元康撰 宋釋）元康中觀論三十六門勢疏一卷	釋元康	唐	元康は『宋傳』卷四義解篇・唐京師安國寺元康傳を參照。
釋中6	通釋）漳州羅漢琛和尚法要三卷、弟子紹修纂 宋釋）紹修漳洲羅漢和尚法要三卷、持琛	釋紹修	五代後唐	釋桂琛の法要を法嗣の紹修が編纂したもの。桂琛は『宋傳』卷十三習禪篇・後唐漳州羅漢院桂琛傳、『傳燈錄』卷二十一漳州羅漢院桂琛禪師章、紹修は『傳燈錄』卷二十四撫州龍濟山主紹修章を參照。なお『傳燈錄』卷二十八諸方廣語に「韶州羅漢桂琛和尚語」がある。
釋中7	通釋）明道宗論一卷（不知撰人） 宋釋）明道宗一卷	未詳	未詳	
釋中8	通釋）祖堂集一卷	靜・均二禪德	五代南唐	『祖堂集』泉州招慶寺主淨修禪師文僜「祖堂集序」。文僜は、『祖堂集』卷十三福先招慶和尚章、『傳燈錄』卷二十二泉州招慶院省僜淨修大師章を參照。

中釋10	通釋）雲居和尚示化實錄一卷、唐僧元偉撰 宋釋）雲居和尚示化實錄一卷	釋玄偉	唐末	玄偉は既出。雲居和尚、すなわち釋道膺は『祖堂集』卷八雲居和尚章、『宋傳』卷十二習禪篇・唐洪州雲居山道膺傳等を參照。
中釋11	祕釋）玄中語三卷闕 通釋）玄中語寶三卷、張雲表集禪門偈頌。 宋釋）張雲元中語寶三卷	張雲	未詳	張雲には中唐頃の人、唐懿宗朝頃の人、五代前蜀の人がいるが、本書の編著者が誰かは未詳。
中釋12	通釋）大唐國師小錄法要集一卷 宋釋）大唐國師小錄法要集一卷	未詳	唐	國師號を持つ僧侶の著作。或いは南陽慧忠國師のことか。慧忠は『祖堂集』卷三慧忠國師章、『宋傳』卷九習禪篇・唐均州武當山慧忠傳等を參照。『佛祖統紀』卷五十一歷代會要志「僧職師號」條によれば、慧忠以外に、神秀・法照・悟達・澄觀も國師號を賜わったという。
中釋13	通釋）顯宗集一卷 宋釋）大閬和尚顯宗集一卷	釋大閬	未詳	
中釋14	通釋）圓覺道場修證儀十八卷、唐僧宗密撰 宋釋）（宗密）圓覺道場修證儀十八卷	釋宗密	唐	宗密は既出。
中釋15	宋釋）大雲和尚要法一卷、惠海	釋慧海	唐	『傳燈錄』卷六越州大珠慧海禪師章に「依越州大雲寺道智和尚受業。初至江西、參馬祖。祖問曰、從何處來。曰、越州大雲寺來。」とあり、慧海は馬祖道一に參じる以前、越州大雲寺釋道智に受業している。よって本書は慧海がかつて師事した道智の法要を編んだものであろう。慧海は他に『祖

				堂集』卷十四大珠和尚章を參照。
釋中16	通釋）無上祕密小錄五卷、宋朝魏德譽撰 宋釋）魏德謩無上祕密小錄五卷	魏德譽（謩）	宋	魏德譽は未詳。
釋中17	通釋）一宿覺僧傳一卷 宋釋）元覺一宿覺傳一卷	未詳	唐	釋玄覺の傳。一宿覺は玄覺の號。玄覺は『祖堂集』卷三・一宿覺和尚章、『宋傳』卷八習禪篇・唐温州龍興寺玄覺傳等を參照。
釋中19	通釋）竹林集一卷、僧本先撰 宋釋）本先竹林集一卷	釋本先	宋	本先、及び本書が上進され祕閣に藏されるに至った經緯については、『傳燈錄』卷二十六温州瑞鹿寺本先禪師章を參照。
釋中20	通釋）見道頌一卷、唐寶覺禪師撰、寓言居士注 宋釋）寶覺禪師見道頌一卷、寓言居士注	寶覺禪師	唐	唐の寶覺禪師の頌に、寓言居士が注をつけたもの。寶覺禪師・寓言居士ともに未詳。
釋中21	通釋）行道難歌一卷、梁傅大士撰 宋釋）行道難歌一卷	傅翕	南朝梁	傅翕は、『續傳』卷二十五感通篇・隋東川沙門釋慧雲傳附傅大士傳、『傳燈錄』卷二十七婺州善慧大士章等を參照。
釋中23	通釋）法眼禪師集一卷 宋釋）文益法眼禪師集一卷	釋文益	五代後周	文益は、『宋傳』卷十三習禪篇・周金陵清涼院文益傳、『傳燈錄』卷二十四昇州清涼院文益禪師章等を參照。また『傳燈錄』卷二十八諸方廣語に「大法眼文益禪師語」がある。

釋中24	通釋）禪宗理信偈一卷、僧道觀撰 宋釋）道瑾禪宗理性偈一卷	釋道觀(瑾)	未詳	
釋中25	通釋）遺聖集一卷、雜鈔諸禪宗問對之語。 宋釋）遺聖集一卷（不知撰人）	未詳	未詳	
釋中26	通釋）偈宗祕論一卷 宋釋）偈宗祕論一卷、四論不知撰人	未詳	未詳	
釋中27	通釋）菩提心記一卷 宋釋）菩提心記一卷（不知撰人）	未詳	未詳	
釋中28	通釋）楞伽山主小參錄一卷 宋釋）楞伽山主小參錄一卷	未詳	未詳	「楞迦山」は、世尊が『楞伽經』を説いたといわれるランカー島（スリランカ）を指す。石井公成「初期禪宗と『楞伽經』」（『駒澤短期大學研究紀要』第二十九號（一）、二〇〇一年三月）によれば、「八世紀初めの長安・洛陽では、雙峯山に代表されるその地域全體を雙峯山と呼び、道信・弘忍の法門をまとめて東山法門と呼ぶのが一般的であった。」とし、さらに神秀の住した玉泉寺の東に位置した山も『楞伽經』と關係があるとした上で、「雙峯山および東山という語は、神秀やその門下にあっては、『楞伽經』が説かれた南海の楞伽山と重ね合わされたイメージがあったものと思われる。」と指摘する。よって本書は弘忍・道信・神秀等と關係があるかもしれない。

釋中30	通釋）忠國師語一卷、唐僧惠忠語 宋釋）惠忠國師語一卷、冉氏	釋慧忠	唐	冉氏は慧忠（既出）の俗姓。また『傳燈錄』卷二十八諸方廣語に「南陽慧忠國師語」がある。
釋中31	通釋）東平大師默論一卷 宋釋）東平大師默論一卷	東平大師	未詳	「東平」は、韶州の山名。
釋中32	通釋）天台國師百會語要一卷、唐僧義榮纂天台般若和尚語 宋釋）義榮天台國師百會語要一卷	釋義榮	唐	天台國師の語錄。天台國師・義榮については未詳。或いは天台國師は五代宋初の釋德韶のことか。德韶は呉越國の忠懿王によって國師に奉ぜられ、かつて天台山般若寺で法堂を開き十二會の説法を行った。『傳燈錄』卷二十五天台德韶國師章を參照。もし德韶のことであれば義榮は唐僧ではなかろう。
釋中34	通釋）紫陵語一卷 宋釋）紫陵語一卷（不知撰人）	釋匡一	五代宋初	「紫陵」は、釋匡一のこと。『祖堂集』卷十二紫陵和尚章、『傳燈錄』卷二十鳳翔府紫陵匡一章を參照。匡一は唐末五代の釋休靜の法嗣で、休靜は釋良价（八〇六～八六九）の法嗣であるから、五代宋初の人と推測した。
釋中35	通釋）僧齊堂禪師要三卷 宋釋）齊寶神要三卷	釋齊寶（堂）	未詳	
釋中36	通釋）百丈廣語一卷、僧懷和語 宋釋）懷和百丈廣語一卷	釋懷海	唐	「百丈」は懷海が住した百丈山のことであるから、懷和は懷海の誤りであろう。懷海は『祖堂集』卷十四百丈和尚章、『宋傳』卷十習禪篇・唐新呉百丈山懷海傳等を參照。

中釋37	通釋）無住和尚説法記三卷、唐僧純休集 宋釋）統休無性和尚説法記一卷 同）無住和尚説法二卷、僧鈍休集	釋純休（統休、鈍休）	唐	釋無住の説法録。無住は、『傳燈録』卷四益州保唐寺無住禪師章を參照。純（統、鈍）休は未詳。
中釋39	通釋）龍濟和尚語要一卷 宋釋）龍濟和尚語要一卷	釋紹修	五代宋初	紹修は既出。
中釋40	通釋）荷澤禪師微訣一卷 宋釋）荷澤禪師微訣一卷	釋神會	唐	神會は『祖堂集』卷三荷澤和尚章、『宋傳』卷八習禪篇・唐洛京荷澤寺神會傳等を參照。
中釋41	通釋）大乘入道坐禪次第要論一卷、三十一相、道信撰 宋釋）道信大乘入道坐禪次第要論一卷	釋道信	唐	道信は明本『續傳』卷二十六習禪篇・蘄州雙峯山釋道信傳、『祖堂集』卷二第三十一祖道信和尚章、『傳燈録』卷三第三十一祖道信大師章等を參照。
中釋42	通釋）慧海大師入道要門論一卷 宋釋）慧海大師入道要門論一卷 同）僧慧海頓悟入道要門論一卷	釋慧海	唐	慧海は既出。『傳燈録』卷六に「越州大珠慧海禪師者、…自撰頓悟入道要門論一卷。」とある。
中釋43	通釋）淨本和尚語論一卷 宋釋）淨本和尚論語一卷	釋淨本	未詳	
中釋44	通釋）積玄集一卷 宋釋）積元集一卷（不知撰人）	未詳	未詳	
中釋46	通釋）雍熙禪頌三卷、宋朝僧辨隆撰 宋釋）建隆雍熙禪頌三卷	釋辨隆	宋	辨隆は、『傳燈録』卷二十六福州支提山雍熙寺辯隆章を參照。

釋中47	通釋）法眼眞贊一卷 宋釋）法眼禪師集眞贊一卷	未詳	五代後周	文益（既出）の眞贊。「眞贊」は、高僧の肖像「眞」に書き入れた贊のこと。
釋中48	通釋）仰山辨宗論一卷 宋釋）惠能仰山辨宗論一卷	釋慧寂	唐	陳漢章『崇文總目輯釋補正』卷三「正曰、惠能、乃彼教六祖。豈知其後有潙仰宗仰山智通大師、乃惠寂也。宋志能字、寂之譌。」。慧寂は『祖堂集』卷十八仰山和尚章、『宋傳』卷十二習禪篇・唐袁州仰山慧寂傳等を參照。
釋中49	通釋）禪門法師傳五卷、蜀居士句令元撰 宋釋）句令禪門法印傳五卷	句令元 （句令）	五代蜀	句令元は未詳。
釋中50	通釋）六祖傳一卷	未詳	唐	唐の釋慧能の傳。慧能は既出。
釋中51	通釋）傅大士心王傳語一卷 宋釋）傅大士心王傳語一卷	傅翕	南朝梁	傅翕は既出。
釋中52	通釋）相傳雜語要一卷 宋釋）相傳雜語要一卷（不知撰人）	釋靈祐・ 釋慧寂	唐	おそらく潙山靈祐・仰山慧寂（既出）師弟の語錄であろう。宋釋）德山集一卷の注に「仰山潙山語。（不知撰人）」とあるが、同書の解説にふさわしくなく、誤って「相傳雜語要」の注を附したと考えられるためである。詳しくは釋中53「德山集」を參照。靈祐は、『祖堂集』卷十六潙山和尚章、『宋傳』卷十一習禪篇・唐大潙山靈祐傳等を參照。
釋中53	通釋）德山集一卷 宋釋）德山集一卷、仰山潙山語（不知撰人）	釋宣鑒	唐	「德山」は、宣鑒のこと。『祖堂集』卷五德山和尚章、『宋傳』卷十二習禪篇・唐朗州德山院宣鑒傳等を參照。宋志は仰山慧寂（既出）と、その師潙山靈祐（既出）の語錄

	釋中 54	釋下 1
	通釋）淨慧偈頌一卷 宋釋）淨惠禪師偈訟一卷	通釋）廬山集十卷、晉僧惠遠集
	釋文益	釋慧遠
と注するが、これは誤って「相傳雜語要」の注を附してしまったものと考えられる。その根據は次のようである。第一に、宣鑒と靈祐との問答こそ『傳燈錄』卷十五朗州德山宣鑒禪師章に見えるが、慧寂との問答は見えない。第二に、生卒年は靈祐（七七一〜八五三）、宣鑒（七八二〜八六五）、慧寂（八〇七〜八八三）の順であり、慧寂は宣鑒よりかなり後輩である。第三に、宣鑒が青原行思に連なるのに對し、靈祐・慧寂は南嶽懷讓に連なり、法系が異なる。如上の狀況で宣鑒が靈祐・慧寂師弟の語錄を「德山集」の名で作成する理由があるとは考えがたい。また『崇文總目』・宋志ともに「德山集」の前に「相傳雜語要」を著錄し、かつ「相傳雜語要」の「相傳」は師から弟子への傳授の意である。以上の點から宋志「德山集」注「仰山潙山語」は「相傳雜語要」にこそふさわしいといえよう。	五代後周　文益（既出）は、江南國主に重んじられ、報恩禪院の住持に迎えられ、淨慧禪師の號を與えられた。『傳燈錄』卷二十九讚頌偈詩に「大法眼禪師頌十四首」がある。	晉　慧遠は、『高僧傳』卷六義解篇・晉廬山釋慧遠傳等を參照。

釋下7	通釋）國清道場百録一巻、隋僧灌頂纂智者事迹 宋釋）灌頂國清道場百録一巻 同）國清道場百録五巻、僧灌頂纂、僧智顗修	釋灌頂	唐	隋の釋智顗の事跡を記したもの。智顗は『隋天台智者大師別傳』等、灌頂は『續傳』巻十九習禪篇・唐天台山國清寺釋灌頂傳等を參照。
釋下8	通釋）法顯傳二巻 宋釋）法顯傳一巻（不知作者）	釋法顯	晉	通志略の著録内容は『隋書』經籍志史部雜傳類の著録本と全く同じであるので、『崇文總目』ではなく『隋書』經籍志によったと考えられる。法顯は、『高僧法顯傳』、『高僧傳』巻三譯經篇・宋江陵辛寺釋法顯傳等を參照。
釋下10	通釋）眞覺大師傳一巻 宋釋）眞覺傳一巻（不知撰人）	未詳	唐末五代	唐末五代の釋義存の傳であろう。義存は『祖堂集』巻七雪峯和尚章、『宋傳』巻十二習禪篇・唐福州雪峯廣福院義存傳等を參照。或いは同じく眞覺大師の號をもつ唐の釋玄覺（後出）の傳かもしれない。
釋下13	通釋）往生淨土傳五巻、唐僧飛錫集 宋釋）飛錫往生淨土傳五巻	釋飛錫	唐	飛錫は『宋傳』巻三譯經篇・唐大聖千福寺飛錫傳を參照。
釋下16	通釋）舍利塔記一巻、僞唐高越撰 宋釋）高越舍利塔記一巻	高越	五代南唐	高越は、宋の馬令『南唐書』巻十三儒者傳・高越傳、宋の陸游『南唐書』巻六高越列傳等を參照。
釋下17	通釋）瑞象歴年記一巻、僞吳僧十朋撰 宋釋）瑞象歴年記一巻	釋十朋	五代吳	十朋は既出。
釋下18	通釋）華嚴經纂靈記五巻、唐僧賢首撰 宋釋）賢首華嚴經纂靈記	釋法藏	唐（武周）	賢首は、法藏の字。法藏は『唐大薦福寺故寺主翻經大德法藏和尚傳』、『宋傳』巻五義解篇・周洛京佛授記寺法

				藏傳等を參照。
釋下20	通釋）迦葉祖裔記一卷 宋釋）迦葉祖裔記一卷（不知撰人）	未詳	未詳	「迦葉」は佛陀十大弟子の一人摩訶迦葉のこと。佛陀の死後、第一回佛典結集を開いた人物である。
釋下22	通釋）竺道生法師十四科元贊義記一卷 宋釋）竺道生十四科元贊義記一卷	未詳	未詳	『新編諸宗教藏總錄』卷三「十四科一卷、道生述。注一卷、亡名」。竺道生は、『高僧傳』卷七義解篇・宋京師龍光寺竺道生傳等を參照。
釋下23	通釋）潤文官錄一卷 宋釋）潤文官錄一卷、唐人（不知撰人）	未詳	唐	唐代の譯經潤文官の記錄。
釋下24	通釋）釋門要錄五卷 宋釋）釋門要錄五卷、紫陵以下不知撰人	未詳	未詳	
釋下26	宋釋）妙香丸子法一卷（不知撰人）	未詳	未詳	

このうち編著者未詳、或いは、その活動年代未詳の書籍は、釋上1・2・5・22・25・34・35・38・43・45・52、釋中7・11・13・24〜28・31・35・43・44、釋下20・22・24・26の全二十七部、六十二卷である。これら一羣の著作のうち、通志が「無名氏」と注記し、宋志が「不知撰人」と注記する書籍は、全部で十三部ある。これらは、『崇文總目』、及び宋代の國史藝文志の纂修者が、現物にあたってみても編著者を確定できなかったものである。よって唐代の書籍を補うという使命を持つ新唐志「不著錄」部分が、これら成書年代未詳の書籍を著錄しないのは當然であるといえよう。

その他は、『崇文總目』に編著者、その活動年代が記されていた可能性もあるが、現在確かなことはわからない。また譯經は釋上3・11・14～18（15は僞經）の全七部二十一卷であり、唐以前の人の著作は釋上27、釋中1・21・51、釋下1・8の全六部十五卷であり、五代・宋の人物の著作は釋上28・31・33・37・39・40・42・46～49・51、釋中6・8・16・19・23・34・39・46・47・49・54、釋下10・16・17の全二十六部百二十七卷である。上記の著作を合計すると、六十六部二百二十五卷であり、編著者未詳、或いは、その活動年代未詳の著作において、若干唐人の著作を含む可能性があるものの、大體が新唐志「不著錄」部分に著錄されない明確な理由を持つ著作である。一方、唐人の著作は釋上4・8・9・24・41・53、釋中2・3・10・12・14・15・17・20・30・32・36・37・40～42・48・50・52・53、釋下7・13・18・23の全二十九部、六十三卷である。これらは唐代人の中國撰述佛典であり、本來新唐志「不著錄」部分に著錄されて然るべきものである。

3　著錄内容に異同がある部分

兩目の著錄内容に異同がある書籍は、『崇文總目』の番號でいえば、地理17、傳記13・14、釋上6・7・10・12・13・29・30・36・44、釋中4・5・22・29・33・45、釋下3～5・9・12・19・27であり、全部で二十五部二百七十九卷ある。さらに、そのうち傳記13「高僧傳」・釋上29「法苑珠林」・釋上30「釋迦氏譜畧」・釋上36「通感決疑錄」・釋中5「統畧淨住子淨行法門」・釋下3「洪明集」・釋下4「廣洪明集」・釋下5「開皇三寶錄」・釋下9「西域求法高僧傳」は、新唐志が唐の毋煚『古今書錄』を原資料として「著錄」部分にすでに著錄した書籍であり、『崇文總目』とは無關係である。よって、實際にはこの九部を除いた十六部百十七卷が、新唐志と關連のある可能性がある部分ということになる。そこで、通志略や宋志を中心に、『崇文總目』の舊態を復元しつつ、『崇文總目』と新唐志の著錄書籍が如何なる關係にあるかを考察してみたい。

地理17「大唐西域記十三卷」。新唐志109は書名の上に「玄奘」とあり、原注に「姓陳氏、緱氏人。」とあり、また新唐志110は書名の上に「辯機」とあり、書名を「西域記」に作り、いずれも卷數を「十二卷」に作る。通志略地理には「大唐西域記十二卷、唐僧玄奘撰。」とあり、また「西域記十二卷、唐僧辨機撰。」とあり、宋志史類地理類には「沙門辨機大唐西域記十二卷」とあり、また同子類釋氏類に「僧辨機唐西域志十二卷」とある。これらがいずれも卷數を「十二卷」に作り、現行本も十二卷であるのによれば、「十三卷」は『崇文總目』の誤寫であろう。通志略の二本は、いずれも新唐志によって著錄したものであり、その著錄狀況から『崇文總目』の編著者を復元することは難しい。また宋志の二本のうち、前者は『崇文總目』と同じく地理類に著錄され、書名・卷數も一致することから、『崇文總目』と同じ官藏のテキストを著錄したものであると考えてよかろう。これが辨機の名を冠しているのによれば、『崇文總目』著錄本も辨機の著作とされていた可能性が高い。それに對し、後者は『崇文總目』と書名が異なり、『崇文總目』著錄本とは異なるテキストであったとみられる。また新唐志著錄本109は『崇文總目』と書名が一致するので、『崇文總目』によって著錄したか、少なくともこれと同じ官藏のテキストを著錄したものであると考えられる。新唐志がその編著者を「玄奘」に作るのは、『續高僧傳』卷四譯經篇・京大慈恩寺釋玄奘傳の、

微有餘隙、又出西域傳一十二卷、沙門辯機親受時事、連紕前後。（（玄奘は）わずかに暇な時間があった時、さらに『西域傳』十二卷を出だし、沙門辯機が親しく時々の出來事を聞きとり、前後がひと繫がりになるよう整理した。）

という記載等から「大唐西域記十二卷」が玄奘の著作であることを知って改めたのであろう。ところで、この玄奘傳では、辯機が玄奘の「西域傳十二卷」を親受・整理したとする(3)。新唐志110は「傳」を「記」に作るが、「大唐」

の二字を冠しておらず、『續高僧傳』の記載と似ている。『開元錄』卷八釋玄奘傳は『續高僧傳』を焼き直したものといわれているが(4)、そこではこの部分を「西域記十二卷」に作ることから、「記」に作る『續高僧傳』のテキストが存在した可能性がある。なおかつ新唐志が「不著錄」部分の所據資料に用いた『續高僧傳』は、本書上篇第二章第二節で推測したように、通行本とは異なる「道宗撰」と題する三十二卷本であったことを考え合わせると、この三十二卷本が「西域記一十二卷」に作っていた可能性は十分ある。以上の點から、新唐志110は『續高僧傳』から轉錄されたものであると考えておきたい。玄奘については、『續高僧傳』の他に、『大唐大慈恩寺三藏法師傳』等を參照。辯機については、『續高僧傳』卷四玄奘傳等を參照。

傳記14「續高僧傳三十一卷」。新唐志20・134は書名の上に「僧道宗」とあり、卷數を「三十二卷」に作り、また新唐志33は道宣の著作をまとめた部分に著錄され、卷數を「二十卷」に作り、原注に「起梁初、盡貞觀十九年。」とある。通志略釋家には「續高僧傳三十二卷、釋道宗撰。」とあり、また「續高僧傳二十卷、釋道宣撰。」とあり、宋志釋氏類には「僧道宣續高僧傳三卷」とある。本書上篇第一章で論じたように、新唐志33は「著錄」部分に著錄され、『舊唐書』經籍志にも著錄されることから、唐の毋煚『古今書錄』によって著錄されたものであり、三十卷本の『續高僧傳』の殘闕本であると考えられる。よって『崇文總目』との關連性はない。『通志』著錄の二十卷本はこれによっている。次に、新唐志20・134は重出著錄であり、著錄内容が完全に一致し、「道宗」、「三十二卷」に作る。他文獻の記載狀況や現存の『續高僧傳』の諸本を見ても、道宣著の三十卷本はあっても、道宗著の三十二卷本は新唐志以外存在しない。よって「道宗」は「道宣」の誤りと考えて問題ない。しかし重出著錄の二書がともに「道宗」「三十二卷」に作り、なおかつ第二章で論じたように、新唐志「不著錄」部分の所據資料に『續高僧傳』が利用されていることを考慮すれば、新唐志がよった『續高僧傳』のテキスト自體が誤って「道宗」に作り、三十二卷に分卷していたと推測される。

唐宋代の目錄における『續高僧傳』の著錄狀況をみると、新唐志の纂修當時まではほとんどが三十卷本であり、新唐志を除くと、例外は『崇文總目』・『開元釋教錄略出』の各著錄本のみであり、いずれも三十一卷に作る。このうち、『開元釋教錄略出』は北宋末に福州で離版された大藏經にはじめて入藏されたもので、その著錄書籍は當時の大藏經を反映しているといわれる。この大藏經に入藏される『續高僧傳』は、その刊行時に、道宣『後集續高僧傳』十卷の殘本が發見され、これを三十卷本に編入して作成された三十一卷本である。よって『開元釋教錄略出』は「開元」の名を冠するものの、新唐志以後の資料ということになり、その著錄本は實際は北宋末の大藏經によったものである。

一方、『崇文總目』は、先述のように、慶曆元年に完成したが、現行のテキストは南宋の紹興十三年頃に改定されたテキストに由來する。よって、この著錄本も、その改定の際に三十卷本に代えて、『開元釋教錄略出』と同樣、北宋末に現れた三十一卷本を著錄したものである可能性がある。『崇文總目』の紹興改定本には當時の散佚書に「闕」字が附されているが、『續高僧傳』には「闕」字が附されていない。これは三十一卷本が紹興十三年頃に三館・祕閣に所藏されていたことを示している。よって、改定本作成の際、散佚した三十卷本、或いは三十二卷本の代わりに、この三十一卷本があらかじめ捜訪されていたために、「闕」字が附されなかったとの推測が可能である。それ以外に、三十二卷の「二」字が傳寫の過程で一筆闕けて「三十一卷」になった可能性も考えられる。宋志著錄本は『崇文總目』がもともとどのように著錄していたかを知る唯一の資料である。宋志は「道宣」「三卷」に作るが、『續高僧傳』が「三卷」のはずはないから、三十卷・三十一卷・三十二卷のいずれかの誤りであると考えられる。もし三十二卷本であれば新唐志のように道宗撰と題されるはずであるから、本來三十卷、或いは三十一卷に作っていたと考えてよかろう。この宋志著錄本は『崇文總目』と同じ官藏のテキストを著錄したものであると思われるので、『崇文總目』著錄本は本來道宣著と題したテキストであった可能性が高いといえよう。よって『崇文總目』と新唐志の著錄本は編著者名が異なることになるから、新唐志は『崇文總目』によっていない、言い換えれば、『崇文總目』と異なるテキストを著錄したものとみられる。

釋上6「圓覺經疏六卷闕」。新唐志162は書名・卷數を「圓覺經大小疏鈔各一卷」に作る。宋志釋氏類には「宗密圓覺經疏六卷」とあり、これは『崇文總目』と同じ官藏のテキストを著錄したものである。唐の釋宗密の著作である。彼は『圓覺經』の章疏を數多く著わしており、後周太祖廣順二年に書かれた敦煌出土の「大乘禪門要錄」（臺灣一三三號）に附載される宗密の著作目錄によれば、「圓覺大疏三卷、大鈔十三卷、科文一卷。圓覺小疏二卷、小鈔六卷、科文一卷。」があり、北宋中期に來華した高麗僧義天『新編諸宗教藏總錄』卷三圓覺經によれば、「大疏六卷、或三卷。大疏科二卷、或一卷。大鈔二十六卷、或十三卷。略疏四卷、或二卷。略疏科二卷。略鈔十二卷、或六卷。」がある。

これらを整理すると、次のようになる。

一、大疏三卷、或六卷
二、大鈔十三卷、或二十六卷
三、大疏の科文一卷、或二卷
四、小（略）疏二卷、或四卷
五、小（略）鈔六卷、或十二卷
六、小（略）疏の科文一卷、或二卷

これによれば、『崇文總目』の「疏六卷」は、大疏か、小（略）鈔である。また新唐志の「大小疏鈔各一卷」は、大疏と小疏の科文ということになろう。しかし科文を疏科と呼ぶ例はあっても、疏鈔と呼ぶ例はない。よって新唐志著錄本は、これらのどれとも一致しないことになり、『崇文總目』と異なるテキストを著錄したものとみられる。

釋上7「金剛經口訣義一卷」、また釋上10「六祖大師金剛大義訣二卷闕」。新唐志118は書名の上に「慧能」とあり、書名・卷數を「金剛般若經口訣正義一卷」に作り、原注に「姓盧氏、曲江人。」とある。通志略釋家には「金剛經口訣正義一卷、六祖慧能撰。」とあり、宋志釋氏類には「惠能金剛經口訣義一卷」とあり、また「(惠能)金剛大義訣二卷」とあり、また「又(慧能)撰金剛經口訣一卷」とある。『崇文總目』著錄の二種は、いずれも唐の釋慧能による『金剛般若經』の章疏であり、宋志の前二部も、書名と卷數から考えて、これと同じ官藏のテキストを著錄したものである。これに對し、新唐志は『崇文總目』著錄本の後者とは著錄内容がかなり異なることから、これと異なるテキストを著錄したものと見られる。一方、『崇文總目』著錄本の前者とは書名が近い。異なる部分のうち「般若」の有無は書名の省略にすぎず、「金剛般若經」にはよく見られるものであるが、「正」字は唐末の日本の將來目錄や宋代の諸目錄にはなく、新唐志と、これによった通志略にのみある。そもそも「正義」とは、唐の「五經正義」以來、正當な解釋の意で、主に經書の注釋書に用いられた名稱であるが、「口訣」(口傳の奧義)の「正義」としたのではいささかくどいように感じられる。以上の點から、「正」字は衍字と見るべきであろう。この衍字を除けば、『崇文總目』と新唐志の著錄内容はほぼ一致することになる。よって兩目は同じ官藏のテキストを著錄したものであるといえよう。

釋上12「起言論二卷」。新唐志159は「言」を「信」に作る。『崇文總目』の「言」は、「信」の誤寫と考えて間違いなかろう。新唐志・通志略・宋志は、いずれも宗密の注した「起信論二卷」を一部著錄するのみである。『大乘起信論』には多くの章疏があり、『崇文總目』の「起言論」が宗密注本か否かは不明である。よって新唐志が『崇文總目』と同じ官藏のテキストを著錄したものかどうかはわからない。

釋上13「壇經一卷」。新唐志139は書名の上に「僧法海」とあり、書名を「六祖法寶記」に作る。本書は、唐の釋法海が六祖慧能の説法を記錄したものであり、「六祖壇經」はその通稱である。『崇文總目』は釋下14「六祖法寶記一卷」も著録し、宋志釋氏類には「法海六祖法寶記一卷」とあり、また「壇經一卷」とある。『崇文總目』の「六祖法寶記一卷」は、新唐志の著録内容と完全に一致することから、同じ官藏のテキストを著録したものである可能性が高い。よって『崇文總目』の「壇經一卷」の方は、おのずと新唐志の「六祖法寶記」とは關係がないということになろう。

釋上44「寒山子詩七卷」。新唐志178は書名に「對」字を冠し、原注に「天台隱士。台州刺史閭丘胤序、僧道翹集。寒山子隱唐興縣寒山巖、於國淸寺與隱者拾得往還。」とある。本書は唐の釋道翹が寒山子の詩を集めたものである。通志略釋家には「寒山子詩七卷」とあり、新唐志ではなく『崇文總目』によっている。「寒山子詩」のテキストはほとんどが一卷本であり、七卷本以外は、『太平廣記』卷五十五引僊傳拾遺「寒山子」に「寒山子者、…好爲詩、毎得一篇一句、輒題於樹閒石上。有好事者隨而録之、凡三百餘首。…桐栢徵君徐靈府序而集之、分爲三卷、行於人閒。」とあり、徐靈府が三卷本を編集したことがみえるくらいである。よって「對」字の有無の問題はあるが(5)、『崇文總目』・新唐志・通志略が著録する七卷本は、同じ官藏のテキストを著録したものである可能性が高い。寒山子については、『宋高僧傳』卷十九寒山子傳、『景德傳燈録』卷二十七天台寒山子章を參照。

釋中4「禪源諸詮集二卷」。新唐志158は書名の上に「宗密」とあり、「一百一卷」に作る。通志略釋家には「禪源諸銓集一百一卷、唐僧宗密撰。」とあり、宋志釋氏類には「僧宗密禪源諸詮二卷」とあり、唐の釋宗密の編である。このうち通志略は新唐志によって著録したものである。「禪源諸詮集」は、本來「都序」二卷と本文からなり、本文の方は百卷とも、百三十卷とも、百六十卷とも傳えられるが、現在は「都序」のみ傳存する(6)。新唐志は「一百一卷」に作るので、「都序」と本文を著録したものと考えられる。一方、『崇文總目』は、その卷數から考えて「都序」である。よって兩目は異なるテキストを著録したものと考えられる。

釋中22「永嘉一宿覺禪宗集一卷」。新唐志147は書名の上に「玄覺」とあり、書名・卷數を「永嘉集十卷」に作り、原注に「慶州刺史魏靖編次。」とある。通志略釋家には「元覺永嘉集十卷」とあり、また「永嘉一宿覺禪師宗集一卷、唐慶州刺史魏淨纂。」とあり、宋志釋氏類には「魏靜永嘉一宿覺禪宗集一卷」とあり、また「魏靜永嘉一宿覺禪師集一卷」とある。「永嘉集」は、新唐志の他に、『宋高僧傳』卷八習禪篇・唐温州龍興寺玄覺傳、『景德傳燈錄』卷五温州永嘉玄覺禪師章、『佛祖統紀』卷十玄覺傳といった佛教史書に見える書名である。また卷數は、新唐志・『佛祖統紀』が十卷とするほかは、皆一卷本である。大正藏所收の『禪宗永嘉集』は一卷であり、その魏靖自序に「大師在生、凡所宣紀、總有十篇、集爲一卷。」とあるように、完成當初から一卷本で、十篇からなっていたことがわかる。また『佛祖統紀』中には新唐志からの引用が間々見られることから、十卷本のもとを辿れば、新唐志に行き着く可能性が十分にあり、十卷本が實在したかは疑わしい。さらに新唐志は、書名も『崇文總目』・宋志と異なることから、これらと異なるテキストによったものとみられる。なお本書は、唐の玄覺の所説を魏靖が編集したものである。魏靖については、『宋高僧傳』卷八習禪篇・唐温州龍興寺玄覺傳を參照。

釋中29「石頭和尚參同契一卷」。新唐志165、書名の上に「希還（遷の誤り）」とあり、書名に「石頭和尚」の四字を冠しない。通志略釋家には「石頭和尚參同契一卷、唐僧希遷撰、唐宗美注。」とあり、『崇文總目』によっており、宋志釋氏類には「石頭和尚參同契一卷、宗美注。」とあり、『崇文總目』と同じ官藏のテキストを著錄する。一方、新唐志は單に「參同契」と記すだけで、注釋には觸れていない。よって『崇文總目』等とは異なるテキストを著錄した可能性が十分ある。なお『崇文總目』・通志略・宋志の著錄本は、唐の釋希遷の著作に唐宗美（活動年代未詳）が注したものである。希遷については、『祖堂集』卷四石頭和尚章、『宋高僧傳』卷九習禪篇・唐南嶽石頭山希遷傳等を參照。

釋中33「龐居士歌一卷」。新唐志179は「龐蘊詩偈三卷」に作り、原注に「字道玄、衡州衡陽人。貞元初人。三百餘篇。」とある。『祕書續編』子類釋書には「龐居士語錄一卷」とあり、また「龐居士歌一巻、唐居士龐蘊撰。」とある。このうち通志略の二書は、それぞれ新唐志・『崇文總目』によって著録したものである。新唐志の著録本は書名・巻數が『崇文總目』と全く異なることから、これと異なるテキストを著録したものとみられる。龐蘊については、『祖堂集』巻十五龐居士章・『景徳傳燈録』巻八襄州居士龐蘊章等を參照。

釋中45「禪關入門一巻闕」。新唐志156は「入門」を「八問」に作り、原注に「楊士達問、唐宗美對。」とある。通志略釋家には「禪關八問一巻」とあり、また「禪關一巻、唐楊士達問、唐宗美對。」とあり、宋志釋氏類には「楊士達禪關八問一巻、宗美。」とあり、いずれも「八問」に作るのによれば、『崇文總目』の誤寫である。この誤寫を正せば、『崇文總目』・新唐志の著録内容は完全に一致することから、兩目は同じ官藏のテキストを著録したものである可能性が高い。なお本書は、唐の楊士達と唐宗美の問答を記録したものである。楊士達は未詳。

釋下12「僧法琳別傳三巻」。新唐志145は「法琳」の上に「僧」がなく、「二巻」に作る。通志略釋家には「法琳別傳二巻、唐僧彦源撰」とあり、宋志釋氏類には「僧彦琮釋法琳別傳三巻」とある。新唐志は編著者を記さず、通志略は「彦源」、宋志は「彦琮」に作るが、その他の目録の記載狀況や、現行のテキストを見ると、編著者は唐の釋彦悰である。新唐志は、この書に續けて、やはり彦悰の著作である146「大唐京師寺録一巻」を著録するのによれば、この書を彦琮の著作であると認めていたようである。また巻數は、目録の記載狀況や現行のテキストを見ると、新唐志・通志略を除けば、皆三巻であるから、「二巻」は新唐志の誤りである可能性が高く、通志略はこれによって誤ったのであろう。よって新唐志の誤りを正せば、『崇文總目』・新唐志の著録内容はほぼ一致することから、兩目は同じ官藏のテキストを著録したものである可能性が高い。

釋下19「前代國王修行記五十巻闕」。新唐志112は書名の上に「師哲」とあり、「五巻」に作り、原注に「盡中宗時。」とある。通志略釋家には「前代國王修行記五巻、唐僧師哲撰。」とあるが、この「五巻」は單に新唐志を踏襲したにすぎない。他に徴すべき文獻もないので、「五卷」と「五十卷」のいずれが正しいか確定することは難しいが、『崇文總目』・新唐志のどちらかが誤ったことは確かである(7)。よって、この誤りを正せば、『崇文總目』・新唐志の著錄內容は完全に一致することになるので、兩目は同じ官藏のテキストを著錄したものである可能性が高い。

釋下27「破明集一卷闕」。新唐志143は「明」を「胡」に作り、原注に「會昌沙汰佛法詔勅。」とある。通志略釋家には「破胡集一卷、會昌沙汰佛法詔勅。」とあり、宋志釋氏類には「會昌破胡集一卷（不知撰人）」とあり、いずれも「胡」に作るのによれば、「明」は「胡」の誤寫である。この誤寫を正せば、『崇文總目』・新唐志の著錄內容は完全に一致することから、兩目は同じ官藏のテキストを著錄したものである可能性が高い。なお本書は、唐の武宗による會昌排佛に關する詔勅集である。

以上の檢討の結果をまとめると、次のようになる。『崇文總目』と新唐志が同じ官藏のテキストを著錄したものである可能性の高い書籍は、地理17「大唐西域記十三卷」（新唐志109）・釋上7「金剛經口訣義一卷」（新唐志118）・釋上44「寒山子詩七卷」（新唐志178）・釋中45「禪關入門一卷闕」（新唐志156）・釋下12「僧法琳別傳三卷」（新唐志145）・釋下19「前代國王修行記五十卷闕」（新唐志112）・釋下27「破明集一卷闕」（新唐志143）の七部七十六卷である。これに「1、兩目が完全に一致する部分」の十七部八十卷を加えた二十四部百五十六卷が、新唐志が『崇文總目』によって著錄した可能性のある書籍の總數となるが、これは『崇文總目』著錄中國撰述佛典全體の約十七パーセントにすぎず、そのうち唐人の著作に限ってみても約三十九パーセントにすぎない(8)。一方、新唐志が『崇文總目』と異なるテキストを著錄したとみられる書籍は、傳記14「續高僧傳三十一卷」（新唐志20・134）・釋上6「圓覺經疏六卷闕」（新唐志162）・釋上10「六祖大師金剛大義訣二卷闕」（新唐志118）・釋上13「壇經一卷」（新唐志139）・釋中4「禪源諸詮集二卷」（新唐志158）・釋中22「永嘉一宿覺禪宗集一卷」（新唐志147）・釋中29「石頭和尚參同契一卷」（新唐志165）・釋中33「龐居士歌一卷」（新唐志179）の八部四十五卷である。これに「2、『崇文總目』にあって新唐志にない部分」の唐人の著作二十九部六十三卷を加えた三十七部百八卷が、新唐志が著錄して然るべきにもかかわらず、實際には著錄しなかった書籍の總數となる。これは『崇文總目』著錄中國撰述佛典全體の約七十三パーセント、そのうち唐人の著作に限ってみても約六十パーセントにものぼり、もはや偶發的な脱誤であるとはみなしがたい。よって新唐志は『崇文總目』を所據資料に用いていないと結論せざるをえない。なお詳細不明の書籍として、釋上12「起言論二卷」（新唐志159）があり、また新唐志110「辯機西域記十二卷」は『續高僧傳』から轉錄された書籍である。

第三節　宋代の國家藏書との關係

前節における『崇文總目』と新唐志との比較分析の結果、兩目が同じ官藏のテキストを著錄した部分は『崇文總目』著錄中國撰述佛典全體の二割にも遠く及ばず、『崇文總目』にあって新唐志にない部分が全體の七割強にものぼることがわかった。さらに後者の中には、新唐志が著錄して然るべき唐人の著作を數多く含んでおり、また新唐志が『崇文總目』著錄本とは同書異名のテキストを著錄したものもいくつかある。よって新唐志の所據資料は、『崇文總目』、及びそれが反映する慶曆元年の國家藏書と同一であると考えるのは難しい。しかし兩目の一致部分も少しではあるが認められることから、新唐志は『崇文總目』こそ所據資料としていないものの、これと密接な關係を持つ宋代の國家藏書によった可能性は十分に考えられる。そこで新唐志が果たして、いつの、どこの藏書を用いたのかを考察してみたい。

『新唐書』は、仁宗の慶曆五年（一〇四五）から嘉祐五年（一〇六〇）七月にかけて纂修され、そのうち藝文志を擔當した歐陽脩は、至和元年（一〇五四）八月に『新唐書』の刊修（すなわち監修）を命じられている(9)。その最中の嘉祐二年九月、判祕閣祕書省を兼領した歐陽脩は、「乞寫祕閣書令館職校讎箚子」（『歐陽文忠公集』卷百十一の『奏議集』卷十五「翰苑」）という箚子を上奏している。この箚子には、

臣近準勅、兼判祕閣。檢會先準皇祐元年七月十一日中書箚子節文、奉聖旨、祕閣有闕者書名件、用崇文總目逐旋補寫、依例酬校了、以黃絹裝褫、正副二本收附、準備御覽、內中取索。…臣今欲乞檢會先準皇祐元年七月十一日所降指揮及一宗行遣次第、許從本閣選請在院館職官員、先將祕閣書目與崇文總目點對、內有見闕書籍、即於三館取索、先校定、然後抄寫成書、仍差初校・覆校官刊正裝褫。…（臣は先頃勅に準じて、判祕閣を兼領致しました。先に批准された皇祐元年（一〇四九）七月十一日の中書箚子の條文を檢査致しますに、「陛下の御命令を奉じ、祕閣に闕けている書籍はその名目を書きとめ、『崇文總目』を用いて適宜補寫し、先例に依って校勘しおえたら、黃色の絹を用いて裝褫し、正副二本は（祕閣に）收めて、御覽に備え、陛下が皇宮にてお求めになられるようにせよ。」とのことでした。…臣はいま、先に批准された皇祐元年七月十一日に降された指揮、及び一連の處置の進行狀況を檢查してから、本閣から在院の館職官員を選拔して招請し、まず『祕閣書目』と『崇文總目』とを用いて逐一見比べて、その中に闕けている書籍があれば、三館にて探し求めさせ、まず校定して後、抄寫して書を完成させ、さらに初校官と覆校官を差遣して刊正・裝褫させることを御許可なされますよう請願致します。…）

とあり、祕閣の藏書の存佚狀況を『祕閣書目』と『崇文總目』とを用いて點檢し、散佚書があれば昭文館・史館・集賢院の三館に求めて校讎・繕寫することを請願したものである。ここでいう『祕閣書目』とは、この箚子の語調から推測するに、嘉祐二年よりかなり前に編まれた祕閣の藏書目錄のようである。南宋の章如愚『群書考索』前集卷十八

書目類に「皇朝祕閣書目、不知作者、以類分一十九門、總六千七百九卷。…並中興書目。」とあり、王應麟『玉海』卷五十二藝文書目「咸平館閣圖籍目錄」條引「中興書目」にも同樣の記載があり、宋志史類目錄類に「祕閣書目一卷」とあるのが、これであろう。これらの記すところによれば、『祕閣書目』は、編著者未詳、全一卷、十九門に分類し、全六千七百九卷を著錄するというが、これは『崇文總目』のわずか五分の一にすぎない(10)。現在散佚して傳わらない。この箚子で注目すべきは、歐陽脩が新唐志の纂修と同時期に、國家藏書機關の一つである祕閣の藏書整備について言及していた點と、當時の祕閣の藏書がそれより以前に編まれた『崇文總目』や『祕閣書目』に比べて、かなり減少していた點である。そこで、祕閣の性格と、新唐志の纂修當時に至るまでにその藏書狀況が如何に變遷してきたかについて見てみたい。

祕閣は太宗の端拱元年（九八八）五月に左掖門內、左昇龍門外の崇文院中堂に置かれた。創設當初の藏書狀況は、『宋會要輯稿』第七十册職官一八之四七引『宋會要』に、

太宗端拱元年五月、詔就崇文院中堂建祕閣、擇三館眞本書籍萬餘卷、及內出古畫墨跡藏其中。凡史館、先貯天文・占候・讖諱・方術書五千一十二卷、圖畫百四十軸、盡付祕閣。（太宗端拱元年五月、詔によって崇文院の中堂に祕閣を創建し、三館が所藏する「眞本」の書籍一萬餘卷、及び宮中から出された古畫・墨跡を擇んでその中に收藏させた。およそ史館は、以前は天文・占候・讖諱・方術書五千十二卷、圖畫百四十軸を所藏していたが、すべて祕閣に附された。）

とあるように、三館の「眞本」一萬餘卷や古畫・墨跡が收藏され、そのなかには史館が所藏していた天文・占候・讖諱・方術書や圖畫が含まれていた(11)。「眞本」とは、國初以來の求書によって得られた書籍の原本、所謂正本（副本に對する）のことである。また祕閣は太宗の藏書の府と呼ばれ(12)、『麟臺故事』卷一沿革に收載される淳化元年

（九九〇）八月の李至の上言に、

國家承衰弊之末、復興經籍、三館之書、訪求漸備。館內復建祕閣、以藏奇書、總羣經之博要、資乙夜之觀覽。斯實出於宸心、非因羣下之議也。（わが國家は衰弊のあとを引き繼いで、經籍を復興し、三館の書籍は、探し求められて次第に充實していった。館內に祕閣も再建して、貴重書を所藏し、羣經の博大にして重要なものを總集し、皇帝の閲覽に供した。こういったことはまことに皇帝陛下の御心から出たものであって、羣臣の議によるものではない。）

とあるように、皇帝の閲覽に供するための、いわば善本圖書館の性格を持っていた(13)。

その後、祕閣は淳化三年五月に增修され、同年八月に完成したが、その地が手狹であったために、景德四年（一〇〇七）五月にはさらに內藏西庫の地を分けて增廣された(14)。ところが大中祥符八年（一〇一五）四月、榮王元儼の宮から出た火が崇文院に及び、三館とともに祕閣の藏書は甚大な損害を受けた(15)。そこで眞宗は、陳彭年の建言に從い、祕閣をもとの土地に重修し崇文內院とし、太宗聖容・御書・供御書籍・天文・圖書を置き、四廊はすべて書庫に充て、これとは別に、左右掖門外に崇文外院を建て三館の書庫を置いた(16)。これによって崇文院は一時二箇所に分裂したが、天禧元年（一〇一七）八月、崇文外院は詔によって「三館」を額とし、仁宗の天聖九年（一〇三一）十一月、崇文院がもとあった左掖門內、左昇龍門外に再建されると、そこに三館を徙したので、崇文院は再びひとつになった(17)。

祕閣は先述のように皇帝の閲覽に供するための善本圖書館として創設され、「眞本」を所藏していた。その關係で、皇帝の御製書、宋代人の新著、及び求書によって獻上された書籍は大抵まず祕閣に收藏されるようになった(18)。こうして祕閣はその藏書を隨時增加していき、大中祥符八年の火災によって一旦激減するも、『麟臺故事殘本』卷二書籍に「(天禧)二年五月、長樂郡主獻家藏書八百卷、賜錢三十萬、以書藏祕閣。」とあるなど、その藏書を再び「眞本」によって恢復していったようである。景祐元年閏六月になると、後の『崇文總目』編纂へと繋がる三館・祕閣の整理校勘事業が開始され、これに伴って求書事業が盛んに行われた(19)。これによって得られた「眞本」も、まず祕閣に收藏されたものと思われる。しかし祕閣の藏書は、增加と同時に散佚もしていた。それは、盜難や、借り出された書籍が返却されないことなどによるものである。宋の沈括『夢溪筆談』卷一故事一に、

前世藏書分隸數處、蓋防水火散亡也。今三館祕閣凡四處藏書、然同在崇文院。其間官書多爲人盜竊、士大夫家往往得之。嘉祐中、置編校官八員、雜讎四館書、給吏百人悉以黄紙爲大冊寫之。自此、私家不敢輒藏。…(前代では(國家の)藏書は數箇處に分藏していたが、大體水害・火災・散佚を防ぐためである。現在、三館・祕閣は全部で四箇處に書籍を所藏しているが、同じく崇文院の中にある。その閒、官藏書がたくさん盜難され、士大夫の家にて見つかったなどということがよくあった。嘉祐年閒(一〇五六～一〇六三)、編校官八員が置かれ、四館の書籍を雜えて校勘し、百人の役人にみな黄紙を用いて大判の册子を作らせて抄寫させた。これ以來、個人の家で(官藏書を)氣安く所藏しようとはしなくなった。…)

とあり、北宋では杜撰な管理體制のために、館閣の藏書が盜難され、士大夫の家で見つかったなどということがよくあったらしく、この狀態は嘉祐年閒に館閣に「編校官」が置かれるまで續いたとある(20)。

歐陽脩が先の劄子を書いたのは嘉祐二年九月のことであり、慶曆元年に三館・祕閣の藏書の求書・整理・校勘作業が『崇文總目』の完成として結實してから約十六年後、嘉祐四年に館閣編校官が置かれて藏書の盜難が一旦おさまる約二年前に當たっている。よって、この劄子は、一度整理しおえた藏書が新たに增加する一方で、再び外部に散出していくという館閣の慘狀を目の當たりにして書かれたのである。歐陽脩が館閣のうち特に祕閣の藏書狀況に留意する

のは、判祕閣・祕書省事に任命されていたからであろうが、祕閣が皇帝の閲覧に供するための藏書機關であり、かつ皇帝の御製書、宋代人の新著、及び求書によって得られた「眞本」が所藏されていた點も大きかったと考えられる。

次に、この箚子と新唐志の纂修との關係について考えてみたい。歐陽脩が『新唐書』の纂修を命じられたのは、至和元年八月であり、『新唐書』はその六年後に完成する。よって、この箚子は歐陽脩の『新唐書』纂修の參加期間のちょうど眞っ只中に書かれたのであり、歐陽脩は同じ時期に『新唐書』の藝文志の作成と、祕閣の藏書整備に從事していたことになる。よって、もし祕閣の整備作業の成果を新唐志に盛り込むことができれば、新唐志は當時の最新の國家藏書狀況を反映することになり、まさに一石二鳥といえよう。このように考えると、新唐志に當時の祕閣の藏書が著錄された可能性が浮上してくるのである。これは單なる推測ではなく、嘉祐年間にはこれを裏附ける出來事が起きている。『宋會要輯稿』崇儒四之七・八引『國朝會要』によれば、嘉祐四年正月の右正言・祕閣校理吳及の建言に、

祖宗更五代之弊、設文館以待四方之士、而卿相率繇此進、故號令風采、不減唐漢。近古、用內臣監館閣書庫、借出書籍、亡失已多。又簡編脫落、書吏補寫不精、非國家崇嚮儒生之意。請選館職三兩人、分館閣人吏編寫書籍、其私借出、與借之者、並以法坐之。仍請重訪所遺之書。（歷代の皇帝は五代の弊害を改められ、三館・祕閣を設けて四方の士を招いたので、卿相はみなこのルートによって昇進しました。だから（國家の）號令には威嚴があり、漢・唐にもひけをとりませんでした。近頃は、內臣（宦官）を用いて館閣の書庫を監督させておりますが、書籍を借り出して、紛失させてしまうことが多くなっております。また簡編は脫落し、書吏による補寫も精密でなく、儒者を重用するという國家の意に背いております。（そこで）館職から二・三人を選拔して、（かれらに）館閣の役人を手配して書籍を整理補寫させ、そのひそかに貸し出した者と、これを借りた者とは、ともに法によって罰するように請願致します。さらにまた散佚した書籍を新たに捜訪することを請願致します。）

とあり、近年書籍の散佚が多くなっていることから、館職から二・三人を選んで館閣の書庫を監督させ、館閣の官吏を手配して書籍を整理抄寫させ、かつ書籍の貸出を制限し、散佚書を捜訪することなどが求められた(21)。その結果、同書によれば、同年二月に、

置館閣編定書籍官、以祕閣校理蔡抗・陳襄、集賢校理蘇頌、館閣校勘陳繹、分史館・昭文館・集賢院・祕閣書而編定之。…令不兼他局、二年一出之。(館閣編定書籍官を置いて、祕閣校理の蔡抗・陳襄、集賢校理の蘇頌、館閣校勘の陳繹に命じて、史館・昭文館・集賢院・祕閣の書籍を分擔して編定させた。…他局を兼任させないで、二年を期限に(館職から)轉出させた。)

とあり、他局を兼ねない専任の館閣編定書籍官が置かれた(22)。『麟臺故事殘本』卷二書籍はこの記事に續けて、

其後又置編校官四人、以崇文總目收聚遺逸、刊正訛謬而補寫之、又以黄紙寫別本以絕蠹敗。(その後、さらに編校官四人を置いて、『崇文總目』によって散佚書を收集させ、誤謬を訂正してから補寫させ、また黄紙で別本を抄寫して蠹敗を防いだ。)

と記し、編校官を置いて、『崇文總目』を用いて散佚書の捜訪が行われたとする。『殘本』は年月を記さないが、『長編』卷百八十九・『玉海』卷五十二によれば、編校官が置かれたのは嘉祐四年六月己巳のことである。これも正月の吳及の建言が容れられた結果なされたものであろう。また『宋會要輯稿』崇儒四之一九引『國朝會要』が收載する嘉祐五年八月の詔に、

國家承五代之後、簡編散落。建隆之初、三館聚書、僅纔萬卷。祖宗平定列國、先收圖籍、亦嘗分遣使人、屢下詔令、訪募異本、補緝漸至。景祐中、嘗詔儒臣校定篇目、譌謬重複並從刪去。朕聽政之暇無廢覽觀、然以今祕府所藏、比唐開元舊錄、遺逸尙多。宜開購賞之科、以廣獻書之路、應中外士庶之家並許上館閣所闕書、毎卷支絹一疋、

及五百卷、特與文武資内安排。（わが國家は五代のあとを引き繼いだが、簡編は散落していた。建隆のはじめ、三館に集められた書籍は、わずかに一萬卷にすぎなかった。歷代の皇帝は列國を平定すると、まず圖籍を收集し、またかつて各處に人を使わして、頻繁に詔令を下し、異本を探し募り、補修したので次第に集まってきた。景祐年間（一〇三四～一〇三八）、かつて儒臣に詔して書籍の篇目を校定させ、誤謬・重複はともに刪去させた。朕は政務の合間にあっても閱覽を怠ることはないが、現在の「祕府」の藏書を、唐の「開元舊錄」に比べてみると、散佚書が依然かなりある。是非とも購賞の規定を設けて、獻書の路を廣めるべきであり、すべて中央・地方の士・庶を問わず、どの家にも館閣に闕けている書籍を獻上することを許し、卷ごとに絹一疋を賜い、五百卷に及ぶものには、特別に文武の資質に見合った官職を與えよ。）

とあり、仁宗皇帝は、當時の「祕府」、すなわち祕閣(23)の藏書が「唐開元舊錄」（毋煚の『古今書錄』）に比べて依然遺漏が多いとして求書の詔を下した(24)。また、この詔の末尾に、

先是、諫官吳及乞降三館祕閣書目付諸郡長吏、於所部求訪遺書。故降是詔。（これに先だって、諫官の吳及は三館・祕閣の書目を諸郡の長吏に降付して、管内にて散佚書を搜訪させるように求めた。だからこの詔が降されたのである。）

とあるように、この詔は、「三館祕閣書目」、すなわち『崇文總目』を諸郡に下して散佚書を搜訪させることを請う吳及の建言が容れられ下されたものであったとする。これは、おそらく先に引いた嘉祐四年正月のそれを指すのであろう。この建言は、やはり先に引いたように、六月に編校官が置かれた時すでに實行されており、なおかつ吳及の方は『崇文總目』を用いて搜訪するよう建言したのに對し、今回の詔では『古今書錄』を用いて求書しており、その基準となる目錄も異なる。よって吳及の建言と今回の詔とは本來は別々の求書事業であったと考えられる。それにもかか

わらず、『國朝會要』がこの二件をこのように關連づけて記録したのは、當時これらが一連の求書事業であるとみなされていたことを物語っている。なお王應麟が嘉祐年間の校讎・求書事業を『玉海』巻五十二「嘉祐編定書籍、昭文館書」條に一括して收載するのも、これらを一連のものとみなしたためであろう。

これら一連の求書事業を受けて作成されたのが、『嘉祐搜訪闕書目』一巻である。本目については、『祕書續編』巻一史類目錄に「嘉祐求書詔一巻闕」とあり、通志略史類目錄總目に「嘉祐訪遺書詔幷目一巻」とあり、同校讎略「編次必記亡書論」に、

宋嘉祐中、下詔幷書目一巻。惜乎行之不遠、一巻之目亦無傳焉。（宋の嘉祐年間、詔と書目一巻を下した。残念なことに、廣く行われなかったので、一巻の書目すら傳わっていない。）

とあり、『群書考索』前集巻十八書目類は、『中興館閣書目』を引き、

嘉祐搜訪闕書目、首載嘉祐六年六月訪求遺書詔書。蓋崇文總目書成後、仁宗患祕府所藏遺逸尙多、於是開獻書之路、下諸道求訪。（嘉祐搜訪闕書目、首に嘉祐六年六月の遺書搜訪に關する詔書を收載する。おそらく『崇文總目』が完成した後、仁宗は祕閣の藏書に依然散佚書が多いことを憂い、そこで獻書の路を開いて、諸道に下して探し求めさせたものであろう。）

と記し、『玉海』巻五十二は、嘉祐五年八月壬申の詔の後に「六年六月、開獻書之路、詔諸道搜訪。」と注記し、さらに「中興書目有嘉祐搜訪闕書目一巻、首載六年六月求遺書詔書。」と注記する。これらによれば、その巻首には嘉祐六年六月の遺書搜訪に關する詔が收載されていたというが、書目・詔ともに現在しない。また、この目錄は仁宗が祕閣の藏書の遺漏の多さを憂いて、獻書の道を開くために編ませたものであり、嘉祐五年八月の詔の趣旨とほぼ一致する。これは、この二つの詔が全く同一のものであるか、少なくとも同趣旨のものであったことを示している。かりに

同一のものであったとすれば、『嘉祐搜訪闕書目』収載の詔が嘉祐六年六月に作るのは、『書目』完成年時に合わせて、その發布年月を嘉祐五年八月から六年六月に改めたためということになろうか。

以上に擧げた資料から、新唐志が所據資料に用いた國家藏書が、果たして當時の祕閣の藏書であったかどうかについて考えてみたい。

前節で明らかにしたように、新唐志の「不著錄」部分の一部には、宋代の國家藏書が用いられたと推測される。これに對し、その「著錄」部分は『古今書錄』をもとにして編まれたものである。ところで、この國家藏書のなかには『古今書錄』の著錄書籍と重複する書籍が當然含まれていたはずである。よって、新唐志にこれを取り込む前に、これら重複する書籍を取り除いておく必要が生じる。言い換えれば、この時、『古今書錄』と國家藏書との比較點檢が行われたはずなのである。そして、この國家藏書こそ祕閣のそれだったと推測されるのである。その理由は、第一に、新唐志纂修當時、歐陽脩が祕閣の藏書狀況に大きな關心を持っていたためである。先にも述べたように、歐陽脩が祕閣の藏書整備を求める箚子を上奏したのは、新唐志纂修の最中にあった嘉祐二年九月のことであった。これは、歐陽脩の祕閣に對する關心の高さを示しており、新唐志の纂修に際し、整備中の祕閣の藏書狀況を取り込もうと考えたとしても、なんら不思議ではない。第二に、新唐志纂修に際し行われた『古今書錄』と國家藏書との比較が、嘉祐五年八月に散佚書搜訪の詔が發布されるきっかけになったと考えられるためである。新唐志は嘉祐五年八月に完成・上進されたが、この詔が下されたのはまさにその翌月であった。しかも、そのなかには「以今祕府所藏、比唐開元舊錄、遺逸尙多。」と述べられいる。これは詔が下される以前の、そう遠くない時期に、祕閣の藏書と『古今書錄』との比較がすでに行われていたことを示している。問題は、新唐志纂修時に行われた『古今書錄』・國家藏書の比較が、この詔に記される『古今書錄』・祕閣の比較と同一の作業であるかどうかという點である。この問題については、兩者の時期がほぼ同時期にあることと、歐陽脩が當時『新唐書』の纂修と祕閣の藏書整備において、刊修・判祕閣という、それぞれの重要ポストに任命されていたことから、同一の作業であったと考えるのが自然であろう。おそらくは新唐志の纂修過程で祕閣の藏書を取り込むために、これと『古今書錄』との比較が行われ、それによって『古今書錄』著錄書籍中に、當時の祕閣には收藏されていない書籍の多いことが發見され、このことが新唐志の完成・上進と前後して仁宗皇帝に報告されて、今回の詔の發布へとつながったのであろう。

以上の狀況を勘案すると、新唐志の「不著錄」部分に用いられた國家藏書とは、當時の祕閣の藏書であった可能性が高いといえよう。

おわりに

本章の冒頭において述べたように、新唐志「不著錄」部分の所據資料には『崇文總目』が用いられたというのが從來の定説であった。しかし本章で考察したように、『崇文總目』と新唐志とが一致する部分は『崇文總目』著錄の中國撰述佛典全體の二割にも遠く及ばず、かつ『崇文總目』が著錄し新唐志が著錄しない唐人の著作は、『崇文總目』著錄の唐人の著作全體の約六十パーセントにのぼることから、新唐志の所據資料が『崇文總目』であるとは到底考えられないことが明らかになった。なお本章は、新唐志と『崇文總目』との比較において、わずかに釋氏類を取り上げたにすぎないが、同様の方法で他の類を検討すれば、本章を補足する結果を得られるものと思う。また新唐志の纂修は嘉祐年間の祕閣の整備・求書事業と密接な關係を有していることから、その「不著錄」部分には新唐志纂修當時の祕閣の藏書が用いられたと考えられる。ここで前節で考察した新唐志の纂修と、嘉祐年間の祕閣の整備・求書事業の關係、及びその經緯を簡約にまとめると、大體次のようになる。

歐陽脩は至和元年に『新唐書』の纂修を命じられ、その紀・志・表の作成を擔當する一方、嘉祐二年、判祕閣・祕書省事を兼領し、祕閣の藏書の整備事業に着手した。彼は『新唐書』の藝文志の作成に當たり、これを「著錄」・「不著錄」の兩部分に分け、前者は唐の毋煚『古今書錄』にもとづき、後者は唐人關連資料の他に、祕閣の藏書の整備事業の成果を取り込んだ。その際、重複を避けるために、『古今書錄』と祕閣の藏書とを比較點檢し、これによって『古今書錄』著錄書籍中に、當時の祕閣には收藏されていない書籍が多いことを知った。『新唐書』が完成した嘉祐五年に發布された「求遺書詔」は、おそらくこの點検結果を踏まえたものであり、同六年には『嘉祐搜訪闕書目』一卷が編まれて頒布された。このように、新唐志の纂修と嘉祐年間の求書事業とはほぼ同時に進行され、『古今書錄』と祕閣の藏書とを軸につながっていたと考えられるのである。

なお最後に、新唐志纂修當時の祕閣の藏書によって著錄した書籍を確定しておきたい。この作業は、當時の祕閣の藏書內容を傳える資料がほとんどないために愼重を要する。ただし新唐志と『崇文總目』の著錄內容が一致する書籍は、慶曆元年の館閣の藏書が嘉祐五年の祕閣にも繼續的に收藏されていたとみなしてよいであろう。それは、次の二十四部百九卷である。

109「玄奘大唐西域記十二卷」・111「淸徹金陵塔寺記三十六卷」・112「師哲前代國王脩行記五卷」・115「智矩寶林傳十卷」・118「金剛經口訣義一卷」・137「高僧嬾殘傳一卷」・138「元偉眞門聖冑集五卷」・139「僧法海六祖法寶記一卷」・140「辛崇僧伽行狀一卷」・142「靈湍攝山棲霞寺記一卷」・143「破胡集一卷」・145「法琳別傳二卷」・151「光瑤注僧肇論二卷」・152「李繁玄聖蘧廬一卷」・153「白居易八漸通眞議一卷」・154「七科義狀一卷」・155「棲賢法雋一卷」・156「禪關八問一

巻」・159「起信論二巻」・160「起信論鈔三巻」・171「神清參元語錄十巻」・172「智月僧美三巻」・173「惠可達摩血脉一巻」・178「寒山子詩七巻」

また釋氏類「不著錄」部分は『大唐内典錄』と『續高僧傳』を所據資料に用いており、そのテキストは新唐志113「大唐内典錄十巻」、20・134「僧道宗續高僧傳三十二巻」であるとみなされることから、これらも祕閣に收藏さていたと考えてよかろう(25)。

以上は、祕閣の藏書によったことが比較的容易に特定できる書籍である。しかし、これら以外にも祕閣の藏書によった書籍があった可能性は十分にある。そこで次章では、その可能性も含めて、いまだ所據資料が解明されていない書籍について檢討することにしたい。

注

(1) なお宋志の原資料については、諸説あり、本書のように、國史藝文志に據ったとする説や、そうではなく『崇文總目』等の官藏目錄に據ったとする説などがある。このように國史藝文志説と、官修目錄説とに分かれるのは、これらの目錄がともに宋代の國家藏書に基づいて編まれたものであり、その原資料が同じであるためである。違うのは、それぞれの編纂時期にズレがあることと、それによって著錄内容にも異同が生じていることである。本書において、國史藝文志説を採用するのは、(一)官藏目錄説が正しければ、宋志には『崇文總目』が完全に取り込まれているはずなのに、實際にはそうなっていないこと、(二)『宋史』の列傳等の纂修に國史が採用されていることから、藝文志も同様であろうとの推測に基づく。このことは『文獻通考』經籍考(特にその各類冒頭の各國史藝文志の總部數・巻數を記した部分)等を用いて考察することによって、ある程度證明されるはずである。この問題については別の機會に檢討することとしたい。

（2）『祕書省續編到四庫闕書』については、本書下篇第三章を參照。

（3）なお『大唐西域記』の編著者の問題については、『四庫提要譯注』史・一（土曜談話會、一九六七年三月）の福井文雅譯注「大唐西域記」條の補說3に詳しい。本章では『崇文總目』と新唐志の資料的來源が同じかどうかを檢證する點に重點があるので、この問題については觸れなかった。

（4）宇都宮清吉「慈恩傳の成立に就いて」（『史林』第十七卷第四號、一九三二年十月）に「道宣の玄奘本傳と彥悰の大唐慈恩寺三藏法師傳十卷を取捨して混成されたのが智昇の『開元錄』に於ける玄奘傳」であるという。

（5）この「對」字の問題については、本書上篇第四章第二節を參照。

（6）本文について、「大乘禪門要錄」（臺灣一三三號）は百三十卷とし、『景德傳燈錄』卷十三宗密傳の注や敦煌遺書卷子本「禪源諸詮集都序」卷下（臺灣一三三號）等は百卷とし、日本延文三年（一三五八）刊「禪源諸詮集都序」の注には「一百六十卷」とあるという。なお「大乘禪門要錄」は、田中良昭「敦煌本『禪源諸詮集都序』殘卷考」（『駒澤大學佛教學部研究紀要』第三十七號、一九七九年）・方廣錩『敦煌佛教經錄輯校』（江蘇古籍出版社、一九九七年八月）に收載されている。

（7）なお宋志子類釋氏類に「師質前代王修行記一卷」とあるが、これは『祕書續編』史類目錄に著錄される「前代國王修行記目一卷闕」と同じく、本書の目錄であろう。

（8）『崇文總目』著錄の唐人の著作とは、「1、兩目が完全に一致する部分」十七部・「2、『崇文總目』にあって『新唐書』藝文志にない部分」二十八部・「3、著錄內容に異同がある部分」十六部の全六十一部。なお「1」と「3」は「著錄」部分にすでに著錄される書籍を、「3」は詳細不明の釋上12「起言論二卷」一部をあらかじめ除いた數字である。

（9）纂修開始の年については、岡崎文夫「新唐書について」（『史林』第二十一卷第一號、一九三六年一月）を參照。また歐陽脩の參加の年は、南宋の李燾『續資治通鑑長編』（以下略『長編』）卷百七十六仁宗至和元年八月戊申條に「命（歐陽）修刊修唐書。」とあり、胡柯『廬陵歐陽文忠公年譜』至和元年八月條に「戊申、詔公修唐書。」とある。

（10）なお通志略史類目錄總目には「祕閣四庫書十卷」とある。通志略目錄總目の總卷數は五百九十卷と記されるが、實數は六百卷であり、十卷多い。もし「祕閣四庫書」の「十卷」が「一卷」の誤りであるとすれば、その誤差はわずか一卷となる。よって「祕閣四庫書」は『祕閣書目』のことである可能性がある。

（11）南宋の程俱『麟臺故事』卷一沿革、及び同卷儲藏、同『殘本』卷二書籍、『玉海』卷百六十三「端拱祕閣」條にもほぼ同旨の記事が見えるが、いずれも百四十軸を百十四軸に作る。『玉海』同條には「取四庫書四萬卷藏之。」との記載もある。他に史館の書籍の移管については、南宋の江少虞『皇朝類苑』卷三十一「詞翰書籍」藏書之府九・十に見えるほか、『文獻通考』經籍考總序はこのことを淳化二年五月のこととし、その內譯を「天文・曆算・陰陽・術數・兵法之書、凡五千十二卷、天文圖畫一百十四卷。」とする。

（12）『宋會要輯稿』第五十五册崇儒四之九、及び『麟臺故事殘本』卷二書籍に、判閣歐陽脩の語として「祕閣、初爲太宗藏書之府。」とある。

（13）郭聲波『宋朝官方文化機構研究』（天地出版社、二〇〇〇年六月）は、祕閣を「國家善本圖書館」と說明する（九十七頁）。

（14）『麟臺故事』卷一沿革に「淳化三年五月、詔增修祕閣。先是、度崇文院之中堂爲祕閣之址、而層宇未立、書籍止置偏廳廡內。至是、始修之。八月、閣成。景德四年五月、詔分內藏西庫地、廣祕閣。」とある。『長編』卷三十三太宗淳化三年五月甲寅條・同年八月壬戌條、同卷六十五眞宗景德四年五月丁酉條、『皇朝類苑』卷三十一藏書之府二・三にもほぼ同旨の記事がある。

（15）『長編』卷八十四眞宗大中祥符八年四月壬申條に「榮王元儼宮火、自三鼓至翌日亭午乃止、延燒內藏左藏庫朝元門崇文院祕閣。」とある。

（16）『宋會要輯稿』第七十册職官一八之五十二に「八年五月、翰林學士陳彭年言、唐制、中書・門下兩省、宮城之內有內省、宮城之外有外省。今請據祕閣舊定屋數重修、奉安太宗聖容・御書・供御書籍・天文・圖畫、四廊並充書庫。及史館日曆庫・直館校理宿直・校勘抄書籍・雕進印板、並就外院。其外院於左右掖門外就近修蓋、別置三館書庫。其三

館書籍名目候將來分擘、正副本取便安置。從之。」とある。『麟臺故事』巻一省舍にもほぼ同じ記事があり、「請據祕閣舊定屋數重修」を「欲據祕閣舊屋宇間數重修爲內院」に作る。また『長編』巻八十四眞宗大中祥符八年五月壬辰條に「詔於右掖門外創崇文外院、別置三館書庫。」とある。

(17)『長編』巻九十眞宗天禧元年八月丁亥條に「詔崇文院以三館爲額。」とあり、同巻百十仁宗天聖九年十一月辛巳條に「徙三館於崇文院。先是、三館祕閣在左掖門內、左昇龍門外。大中祥符八年、大內火、權寓右掖門外。至是、修崇文院成、復徙之。昭文館大學士呂夷簡奉表稱謝。」とある。『宋會要輯稿』職官一八之五二、『麟臺故事』巻一省舍にもほぼ同旨の記事がある。

(18) その實例は、『麟臺故事』巻一儲藏や、巻二修纂、同『殘本』巻二書籍等に散見する。また『麟臺故事殘本』巻二書籍に「(咸平) 三年二月、詔藏太宗御集三十卷於祕閣、仍錄別本藏三館。」とあり、原本が祕閣に收藏された後、副本が抄寫され、三館に送られるということもあった。なお祕閣の創設以前は、原本は主に三館中の史館に收藏され、他の二館は史館との重複書を收藏した。これについては、陳樂素「宋初三館考」(『求是集』第二集、一九八四年九月) 六〜八頁を參照。

(19) 本書下篇第一章第一節を參照。

(20)「編校官」とは、館閣編校書籍官、すなわち編校昭文館書籍・編校史館書籍・編校集賢院書籍・編校祕閣書籍の略稱であり、嘉祐四年六月に置かれた。『長編』巻百八十九嘉祐四年六月己巳條に「太子中允王陶・大理評事趙彥若・國子博學傅卞・於潛縣令孫洙並爲館閣編校書籍官。館閣編校書籍自此始。三館祕閣凡八員、詔及二年者、選人・京官除館閣校勘、朝官除校理。」とある。

(21)『宋會要輯稿』は、「祖宗」の「宗」を「宋」に誤り、この建言の書かれた年月を記さず、吳及の官職についても右正言と記すのみである。『麟臺故事殘本』巻二書籍はこの建言を收載し、嘉祐四年正月、右正言祕閣校理吳及とする。なお『玉海』巻五十二藝文書目は、この吳及の建言に始まる嘉祐年間の館閣の整理・求書事業を一括して、「嘉祐編定書籍、昭文館書」條に收めている。

(22)　『宋會要輯稿』では、「抗」を「杭」に作り、「館閣校勘」の「勘」を「理」に作るが、『麟臺故事』巻二職掌・同『殘本』巻二書籍・『長編』巻百八十九・『玉海』巻五十二等に従って改めた。なお『麟臺故事』はこの建言を嘉祐四年正月のこととし、同『殘本』は正月の吴及の建言の後に「上乃命…」として、この記事を續けて記している。

(23)　龔延明『宋代官制辭典』(中華書局、一九九七年四月)「祕閣」條を參照。

(24)　この詔は、『宋大詔令集』巻百五十八政事・求遺書の嘉祐五年八月壬申「求遺書詔」、『麟臺故事殘本』巻二書籍、『長編』巻百九十二・嘉祐五年八月壬申條、『玉海』巻五十二等にも收載される。『宋代詔令集』では「然以今祕府所藏、比唐開元舊錄、遺逸尚多」の一文を、「以今祕府之所藏、比唐開元舊錄、年祀未遠、遺逸何多。」に作る。また末句の「特與文武資内安排」は、『殘本』は「特與文資安排」、『長編』は「與文資官」、『玉海』は「官之」に作るが、『宋大詔令集』は「當議與文武資安排」に作り、『宋會要輯稿』の記載に最も近い。『宋代詔令集』は、『國朝會要』の著者の一人宋綬の子孫によって南宋の紹興年間に編まれたといわれており、兩書の記載が近いのはそのためである。よって、この末句については、『宋會要輯稿』は『國朝會要』を忠實に傳えているとみてよかろう。なお『宋代詔令集』については、一九六二年十月中華書局排印本の司義祖「校點說明」を參照。

(25)　本書上篇第二章第一・二節を參照。なお「著錄」部分の36「大唐貞觀内典錄」は113の重出であるが、これは『續高僧傳』から轉錄されたものである。このことについては上篇第一章第二節を參照。

第四章　釋氏類とその他の資料

はじめに

本章では、新唐志釋氏類の所謂「不著錄」部分のうち、所據資料がいまだ解明されていない部分について考察する。注目すべきは、『舊唐書』の經籍志以外の部分との關係、宋初の禪宗史書『景德傳燈錄』との關係などである。そこで、これらと新唐志、及びその他の文獻の記載狀況とを比較檢討することによって、各著錄書籍の所據資料を解明してみたい。なお具體的作業に入る前に、釋氏類「不著錄」部分の所據資料未解明部分を特定しておく必要がある。そのために、前章までの檢討によって、すでに解明された部分をまず確認しておきたい。

『大唐內典錄』からの轉錄部分は、玄琬（46〜56）・李師政（57）・法雲（58・59）・道宣（60〜73）・彦悰（74・75）・玄應（76）・玄惲（77〜83）・玄範（84・85）・慧淨（97〜99）の著作、全四十三部である。

『續高僧傳』からの轉錄部分は、玄琬（43〜45）・慧覺（86）・行友（87）・道岳（88）・道基（89・90）・智正（91）・慧淨（92〜95）・那提（96）・玄會（100〜102）・慧休（103）・靈潤（104〜107）・辯相（108）・辯機（110）・法常（116・117）

・灌頂（119・120）・道綽（121・122）・智首（123）・法礪（124～127）・慧滿（128）・慧旻（129～132）・空藏（133）の著作、全四十一部である。

新唐志纂修當時の祕閣の藏書によった可能性が高い部分は、109・111～113・115・118・134・137～140・142・143・145・151～156・159・160・171～173・178、以上の全二十六部である(1)。

總計すると、「不著錄」部分全百四十部中、百十部であり、殘りの三十部が未解明ということになる。

第一節　『舊唐書』との關係

『舊唐書』と關係がありそうな書籍は、次の三部である。

114毋煚開元内外經錄十卷、道釋書二千五百餘部、九千五百餘卷。
157僧一行釋氏系錄一卷
181李吉甫一行傳一卷

毋煚「開元内外經錄」十卷は、舊唐志總序引毋煚『古今書錄』自序に、

其外有釋氏經律論疏・道家經戒符籙、凡二千五百餘部九千五百餘卷。亦具翻譯名氏、序述指歸、又勒成目錄十卷、名曰開元内外經錄。（その他に釋氏の經律論疏・道家の經戒符籙、全二千五百餘部九千五百餘卷がある。また翻譯者の姓名を具え、内容を序述し、さらに目錄十卷を作り上げ、『開元内外經錄』と名づけた。）

とあり、『通志』藝文略（以下「通志略」）釋家・目錄に「開元内外經錄十卷、毋煚撰」とあり、『玉海』卷五十二藝

文書目に新唐志釋氏類を引いて「有毋煚開元内外經録十卷、道釋書二千五百餘部九千五百餘卷」とある以外、文獻記載を見ない。このうち通志略の方は出典を記していないが、『玉海』と同様に新唐志を出典としている可能性が高い。そもそも通志略は當時の現存書ばかりを著録したものではなく、『崇文總目』等の國家藏書目録・『隋書』經籍志等の正史藝文志・その他民間の藏書目録等を綴合し、鄭樵の目録學理論によって再整理したものである。その出典が記されることは極めて少ないが、通志略を分析すると、新唐志が主要な所據資料のひとつに使われたことは明らかである。「開元内外經録」の場合、通志略が所據資料に用いたとされる國家藏書目録・正史藝文志のうち、本書を著録したものは新唐志以外にない。また現在傳わらない民間の藏書目録を出典とした可能性がないとは斷言できないが、もしそうであれば、本書の名が新唐志とは關係のない文獻にもう少し記されていてもよさそうである。このような狀況から、通志略の出典は新唐志であった可能性が高いと考えられる。つまり「開元内外經録」は、通志略・『玉海』といった新唐志を出典した文獻を除けば、舊唐志總序以後、文獻上に記載されることがなかったことになるのである。また本書上篇第一章「おわりに」で述べたように、新唐志は毋煚の『古今書録』を利用して新唐志釋氏類「著録」部分を編んでいることから、もし新唐志纂修者が「開元内外經録」を見ていたとすれば、『古今書録』とともに、釋氏類の纂修に利用したはずである。具體的にいえば、「經律論疏」の「疏」が相當數轉録されていたはずなのである。しかし實際にはそれらしき痕跡は見られない(2)。このような狀況から、この書は宋代にはすでに散佚していた可能性が高く、新唐志纂修當時の祕閣に收藏されていたとは考え難い。よって新唐志纂修者は『古今書録』の毋煚自序から、この書を轉録したと考えられる。

一行「釋氏系録」一卷は、『大唐貞元續開元釋教録』(以下『續開元録』)卷中に、

釋氏系録一卷、右謚大慧禪師沙門一行。開元中、奉勅修撰、已編入史。…然未入一切經藏。今請編入目録。(『釋

氏系錄』一卷、右は大慧禪師とおくり名された沙門一行が、開元年間に、勅を奉じて修撰し、すでに「史」（未詳）に編入されています。…しかしながらまだ一切經の藏には入れられていないので、いま目錄に編入されることを請願致します。）

とあり、『舊唐書』卷百九十一僧一行傳に、

一行尤明著述、撰大衍論三卷・攝調伏藏十卷・天一太一經及太一局遁甲經・釋氏系錄各一卷。

とあり、『宋高僧傳』卷五義解篇釋一行傳に「…所翻之經、遂著疏七卷、又攝調伏藏六十卷、釋氏系錄一卷、開元大衍曆五十二卷。其曆編入唐書律曆志、以爲不刊之典。」とあり、通志略釋家・傳記に「釋氏系傳《ママ》一卷、一行撰」とあり、『釋門正統』卷八釋一行傳に「所著…釋氏係錄…各一卷。…（自注「唐藝文志。」）。」とある。このように、この書は多くの文獻に記載されるものの、宋代の國家藏書目錄には著錄されていない。よって、この書が新唐志纂修當時の祕閣に收藏されていた可能性は低い。一方、『舊唐書』本傳には一行の著作五部が記載され、そのうちこの書を含めた四部までが新唐志の「不著錄」部分に同名同卷數で著錄されている(3)。これは、新唐志がこれらの書を『舊唐書』本傳から轉錄したことを示している。

李吉甫「一行傳」一卷は、通志略釋家・傳記に「一行傳一卷、李吉甫撰」とあり、『釋門正統』卷八釋一行傳に「李吉甫傳行業（自注「唐藝文志。」）。」とあり、『佛祖歷代通載』卷十三に「宰相李吉甫奉詔撰一行傳一卷、並見唐藝文志。」とある。このうち通志略は新唐志によったものである可能性が高く、『釋門正統』・『佛祖歷代通載』も新唐志によったとみずから記しており、本書に關する記載は新唐志とこれによったもの以外にないことになる。また、この書は宋代の國家藏書目錄には著錄されていないから、新唐志纂修當時の祕閣に收藏されていた可能性も低い。そこで新唐志の「一行傳」の所據資料が何であるかを考えてみたい。まず『舊唐書』の卷百九十一方伎列傳には釋一行の傳が

立てられているが、その經籍志には「一行傳」は著錄されない。それとは反對に、『新唐書』の方技傳には一行の傳が立てられていないが、その藝文志には「一行傳」が著錄される。これは、『新唐書』では、列傳から一行傳をはずして藝文志へと移したことを示しているのではなかろうか(4)。この移行がなされたと考える場合、新唐志纂修者が何を根據に『舊唐書』一行傳の編著者を李吉甫とみなしたのかが問題となる。それは、次のような理由からかもしれない。『舊唐書』一行傳は『國史』等の資料に基づいて書かれたと考えられるが、李吉甫は憲宗元和五年に監修國史に任命されており、ここに『國史』と李吉甫との接點がある(5)。また『舊唐書』李吉甫傳に「吉甫嘗討論易象異義、附於一行集注之下。」とあるように、かつて一行の手になる『易』の集注に自己の解釋を附したことがあった(6)。これは、李吉甫が一行に對して相當の關心を持っていたことを示すものである。その彼が『國史』を監修するに當たって、みずから筆を執って一行傳を書いたというのは、それが事實かどうかは別として、容易に連想されるところであろう。要するに、この「一行傳」がもともとは李吉甫によって『國史』の列傳として書かれたものであるとの見方が成立しうるのである。例えば『佛祖歷代通載』巻十三がこの書を「奉詔撰」とするのは、このように考えたためであろう。これと同様に、新唐志纂修者が、その編著者について、監修國史の經歷を持ち、かつ一行に關心の高かった李吉甫あたりであろうと考え、「一行傳」の編著者を李吉甫とみなした可能性は十分にある。ただし、この程度の根據だけで新唐志纂修者が編著者を輕々に判斷したとも考えがたい。よって、他にも何か根據とするところがあったと思われるが、今のところ推測しうるのはこれだけである。以上、若干の疑問點が殘るものの、新唐志纂修者は列傳から一行傳を削る代わりに、これを新唐志釋氏類に取り込んだ、言い換えれば、新唐志「一行傳」の所據資料は『舊唐書』一行傳そのものであると考えてみたい。

以上のように、この三書はいずれも『舊唐書』と密接な關係を持ち、そのうち「開元內外經錄」は『舊唐書』の原資料である『古今書錄』、「釋氏系錄」・「一行傳」は『舊唐書』一行傳によって著錄されたと考えられるのである。

第二節　『景德傳燈錄』との關係

達磨を開祖とする中國禪は、第五祖弘忍（六〇一〜六七四）の後、二派に分裂した。ひとつは、神秀（?〜七〇六）を開祖とする北宗であり、もうひとつは、慧能（六三八〜七一三）を開祖とする南宗であり、中國禪の基盤は、この時期に確立されたといわれている。北宗は長安佛教界に重要な位置を占めたが、次第に衰退した。一方、南宗は長江以南の南方で展開し、度々分派し、五家七宗と呼ばれる七派が生じ、後に中國禪の主流を形成して、中國禪宗の全盛時代を現出させるに至った(7)。この間、禪宗は多くの名僧を輩出し、「不立文字」を標榜しながらも、彼らによって多くの著作が作られた。彼らの著作は、新唐志の「不著錄」部分にも數多く著錄されている。そこで、新唐志は何を所據資料として、これらの著作を著錄したか考えてみたい。

新唐志「不著錄」部分の所據資料には、本書上篇第二章で明らかにしたように、『大唐內典錄』と『續高僧傳』が使われ、この二書中から多くの唐僧の著作が著錄されている。しかし、この二書には唐代の禪僧の著作は一部も記載されていなかった(8)。また「不著錄」部分には、上篇第三章「おわりに」で明らかにしたように、當時の祕閣の藏書によって著錄された書籍がある。このなかには禪僧の著作がある程度含まれている。しかし、これによって得られたものは、當時の祕閣にたまたま收藏されていたものにすぎず、到底、唐代全體の禪僧の著作を網羅することはできなかった。よって新唐志纂修者は、これらとは別の、新たな資料を用いて唐代禪僧の著作を、網羅的に著錄する必要を感じたと推察される。その際、まず念頭に浮かぶであろうことは、『續高僧傳』に比すべき禪宗側の史書を用いることであろう。

禪宗の史書は唐末五代の混亂期に發達し、『寶林傳』や『祖堂集』等を生み出した。宋代に入ると、安定した社會情勢のもと、より豐富に資料を蒐集し、從來の禪宗史書の成果を集大成した大著『景德傳燈錄』三十卷が完成した。この書は、景德元年（一〇〇四）、釋道原によって著され、完成と同時に上進され、宰相楊億等の校訂を經て入藏を許され、かつ奉勅撰という權威をも與えられた。このような經緯があって、この書は三館・祕閣にも收藏され、新唐志當時の祕閣にも收藏されていたと考えられる。つまり新唐志纂修者は、『景德傳燈錄』を「不著錄」部分の作成に利用できる狀態にあったのである。そこで、實際にこの書が使われたかどうかを檢證してみたい。

次の表は、『景德傳燈錄』卷三「中華五祖幷旁出尊宿」～卷二十七「禪門達者雖不出世有名於時者」に記載される禪僧の著作(9)と、新唐志釋氏類「不著錄」部分とを比較したものである。

【資料】

凡例

一、『景德傳燈錄』の底本には、『四部叢刊』第三編所收の宋刊本を用いた。
一、『景德傳燈錄』の「時代」欄には、編著者が活動した時代を記した。
一、新唐志の「No.」欄には、新唐志の著錄順序を記した。
一、新唐志に著錄されない書籍は、「書名」欄に「無」と記した。

『景德傳燈錄』卷	編著者	時代	著作關連記載	新唐志釋氏類「不著錄」部分 No.	編著者	書名・卷數・注
5	慧能	唐	時印宗與緇白千餘人、送師歸寶林寺。韶州刺史韋據請於大梵寺轉妙法輪、幷受無相心地戒。門人紀錄、目爲壇經、盛行于世。	139	僧法海	六祖法寶記一卷
5	印宗	唐	又採自梁至唐諸方達者之言、著心要集、盛行于世。			無
5	玄覺	唐	著證道歌一首。及禪宗悟修圓旨、自淺之深、慶州刺史魏靖緝而序之、成十篇、目爲永嘉集、並盛行于世。	147	玄覺	永嘉集十卷　慶州刺史魏靖編次。 無「證道歌」
5	神會	唐	唐景龍中、却歸曹谿、祖滅後二十年閒、曹溪頓旨沈廢於荊吳、嵩嶽漸門盛行於秦洛、乃入京。天寶四年、方定兩宗（注、南能頓宗、北秀漸教）、乃著顯宗記、盛行于世。			無
6	慧海	唐	自撰頓悟入道要門論一卷。			無
6	懷海	唐	禪門規式。百丈大智禪師、以禪宗肇自少室、至曹谿以來、多居律寺。雖別院、然於說法住持未合規度。故常爾介懷。…禪門獨行、由百丈之始、今略叙大要、徧示後代學者、令不忘本也。其諸軌度山門備焉。	148	懷海	禪門規式一卷
8	龐蘊	唐	衡州衡陽縣人也。字道玄。…唐貞元初、謁石頭和尚、忘言會旨。…有詩偈三百餘篇、傳於世。	179	龐蘊	詩偈三卷　字道玄、衡州衡陽人。貞元初人。三百餘篇。

10	白居易	唐	復受東都凝禪師八漸之目、各廣一言而爲一偈、釋其旨趣、自淺之深、猶貫珠焉。	153	白居易	八漸通眞議一卷
11	智閑	唐	師凡示學徒、語多簡直、有偈頌二百餘篇、隨緣對機、不拘聲律、諸方盛行。	180	智閑	偈頌一卷　二百餘篇。
12	楚南	唐	師平昔著般若經品頌偈一卷・破邪論一卷、見行于世。	163	楚南	般若經品頌偈一卷
				164	又	破邪論一卷　大順中人。
12	裴休	唐	雖圭峯該通禪講、爲裴之所重、未若歸心於黃蘗而傾竭服膺者也。…仍集黃蘗語要。親書序引、冠於編首、留鎭山門。…又圭峯禪師著禪源諸詮・原人論及圓覺經疏・注法界觀、公皆爲之序。	149	希運	傳心法要一卷　裴休集。
				158	宗密	禪源諸詮集一百一卷
				161	（宗密）	原人論一卷
				162	（宗密）	圓覺經大小疏鈔各一卷
						無「注法界觀」・裴休諸序
13	宗密	唐	師以禪教學者互相非毀、遂著禪源諸詮、寫錄諸家所述、詮表禪門根源道理文字句偈、集爲一藏（注、或云一百卷。）、以貽後代。其都序略曰…。裴休爲之序曰…（注、師又著圓覺大小二疏鈔・法界觀門・原人等論、皆裴休爲之序引、盛行於世。）	158	宗密	禪源諸詮集一百一卷
				162	（宗密）	圓覺經大小疏鈔各一卷
				161	（宗密）	原人論一卷
						無「法界觀門」
14	希遷	唐	師著參同契一篇、辭旨幽濬、頗有注解、大行於世。	165	希遷	參同契一卷
15	良价	唐	塔曰慧覺（注、師昔在助〈泐〉潭、尋譯大藏、纂出大乘經要一卷、幷激勵道俗偈頌誡等、流布諸方。）。	166	良价	大乘經要一卷
				167	又	激勵道俗頌偈一卷

17	光仁	唐末	又著四大等頌・略華嚴長者論、流傳於世。	168	光仁	四大頌一卷	
				169	又	略華嚴長者論一卷	
17	無殷	五代宋初	先受請止吉州禾山大智院、學徒濟濟、嘗述垂誡十篇、諸方歎伏、咸謂、禾山可以爲叢林表則。	170	無殷	垂誡十卷	
19	惟勁	唐末五代	…乃著五字頌五章、覽之者悟、理事相融。…師於梁開平中、撰續寶林傳四卷、紀貞元之後禪門繼踵之源流也。又製七言覺地頌、廣明諸教縁起、別著南嶽高僧傳、皆流傳于世。				無
21	清護	五代宋初	辭藻札翰、並皆冠衆、五處語要・偈頌、別行于世。				無
24	文益	五代	三處法集、及著偈頌眞讚銘記詮注等凡數萬言、學者繕寫、傳布天下。				無
24	紹修	五代宋初	師著偈頌六十餘首及諸銘論・群經略要等、並行于世。				無
24	道詮	宋	師頗有歌頌、流傳於世。				無
26	延壽	五代宋初	著宗鏡錄一百卷・詩偈賦詠凡千萬言、播于海外。				無
26	遇臻	宋	其諸歌偈皆觸事而作、三百餘首流行。				無
26	本先	宋	如晝乃奉師嘗所著竹林集十卷・詩篇歌辭共千餘首、詣闕上進、詔藏祕閣。如晝特賜紫衣。				無

26	道齊	宋	著語要・搜玄・拈古代別等集、盛行諸方。			無
27	寶誌	六朝梁	又製大乘贊二十四首、盛行於世（注、餘諸辭句與夫禪宗旨趣冥會、略錄十首、及師製十二時頌〈頌〉、編于別卷）。			無
27	慧思	六朝陳	凡有著述皆口授、無所刪改、撰四十二字門兩卷、無諍行門兩卷、釋論玄隨自意安樂行次第禪要三智觀門等五部各一卷、並行於世。			無
27	智顗	隋	門人灌頂日〈曰〉記萬言而編結之、總目爲天台教。別卽分諸部類（注、法華玄義文句・大小止觀・金光明・仁王・淨名・涅槃・諸觀音・十六觀經等、及四教禪門、凡百餘軸）。			無
27	寒山子	唐	閭丘哀慕、令僧道翹尋其遺物、於林間得葉上所書辭頌、及題村墅人家屋壁、共三百餘首、傳布人間。曹山本寂禪師注釋、謂之對寒山子詩。	178		對寒山子詩七卷　天台隱士。台州刺史閭丘胤序、僧道翹集。寒山子隱唐興縣寒山巖、於國清寺與隱者拾得往還。
27	拾得	唐	時道翹纂錄寒山文句、以拾得偈附之。			

これらのうち、寶誌・慧思・智顗は、唐以前の僧侶であり、惟勁・清護・文益・紹修・道詮・延壽・遇臻・本先・道齊は、五代・宋の禪僧であり、新唐志が彼らの著作を著錄しないのは當然である。また唐代の著作にもかかわらず、『景德傳燈錄』に記載され、新唐志が著錄しないものは、印宗「心要集」・玄覺「證道歌一首」・神會「顯宗記」・慧

海「頓悟入道要門論一巻」・宗密「注法界觀（法界觀門）」の、全五部である。これらのうち巻數が記されるのは慧海の著作だけであるが、いずれも文脈から容易に書名とわかるものであり、新唐志が『景德傳燈錄』によっていれば、當然轉錄されて然るべきものである。これらは『景德傳燈錄』が記載する唐代の禪僧の著作（全二十三部）の約二割を占めるが、轉錄する際にたまたま脫誤してしまった可能性がないとはいえない。そこで、これらを除いた十五部について、『景德傳燈錄』の記載內容と新唐志の著錄內容、及びその他の文獻の記載狀況とを比較することで、新唐志が『景德傳燈錄』を所據資料に用いたといえるかどうか檢討してみたい。

慧能の著作「壇經」は、一名「六祖法寶記」とも呼ばれており、新唐志には「僧法海六祖法寶記一巻」として著錄され、「壇經」の名は見えない。この「六祖法寶記」は、本書上篇第三章第二節で論じたように、『崇文總目』釋書下に「六祖法寶記一巻」が著錄されていることから、新唐志纂修者が當時の祕閣の藏書によって著錄した可能性が高い書籍である(10)。また『崇文總目』には釋書上に「壇經一巻」も著錄されており、この書が新唐志纂修當時の祕閣に傳わっていたならば、新唐志にも著錄された可能性がある。しかし實際に著錄されていないのは、祕閣に傳わっていなかったためか、これが「六祖法寶記」の別名であることを知っていたためかのどちらかであろう。いずれにしろ「壇經」は『景德傳燈錄』から新唐志に轉錄されたものではない。

玄覺の著作は、新唐志は「玄覺永嘉集十巻、慶州刺史魏靖編次。」と著錄する。『崇文總目』釋書中は「永嘉一宿覺禪宗集一巻」、『宋史』藝文志（以下「宋志」）子類釋氏類は「魏靜永嘉一宿覺禪宗集一巻」、「魏靜永嘉一宿覺禪師集一巻」の二部を著錄する。新唐志は、その書名・巻數が『崇文總目』・宋志と異なることから、宋代の官藏のテキストによったものではないようである。これに對し、『佛祖統紀』巻十天宮旁出世家に「禪師玄覺…慶州刺史魏靖緝所著文爲十巻、號永嘉集。」とあるのは、新唐志の著錄內容と一致する。巻數は、新唐志・『佛祖統紀』が十巻とする以外は、皆一巻本である。また大正藏の「禪宗永嘉集」は一巻であり、その魏靖自序に「大師在生、凡所宣紀、總有十篇、集爲一卷。」とあるように、完成當初から一巻本で、十篇からなっていたことがわかる。十巻本は、一篇に一巻を配したテキストと考えることもできるが、新唐志と『佛祖統紀』以外見えない。なおかつ『佛祖統紀』中には新唐志からの引用が間々見られることから、そのもとを辿れば、新唐志に行き着く可能性が十分にある。そうであれば、十巻本は新唐志以外見られないことになる。これに對し、『景德傳燈錄』巻五に「及禪宗悟修圓旨、自淺之深、慶州刺史魏靖緝而序之、成十篇、目爲永嘉集。」とあるのは、巻數の問題を除けば、新唐志とよく似ている。よって、この書が『景德傳燈錄』から轉錄された可能性は十分ある。

懷海の著作は、新唐志は「懷海禪門規式一卷」と著錄する。この書は、現在傳わらない懷海の「百丈淸規」の原貌を窺う貴重な資料のひとつであるが、宋代の諸目錄に著錄されず、わずかに『景德傳燈錄』巻六に「禪門規式」という題名で附載されるのみであり、宋代にこの書が單行していたり、新唐志纂修當時の祕閣に收藏されていた可能性は低い。よって、この書が『景德傳燈錄』から轉錄された可能性は十分ある。

龐蘊の著作は、新唐志は「龐蘊詩偈三卷、字道玄、衡州衡陽人。貞元初人。三百餘篇。」と著錄する。『崇文總目』釋書中は「龐居士歌一卷」、『祕書省續編到四庫闕書』（以下「『祕書續編』」）子類釋書は「龐居士語錄一卷」、宋志子類釋氏類は「龐蘊語錄一卷、唐于頔編」と著錄し、また民間の『郡齋讀書志』巻十六釋書類は「龐蘊語錄十卷。右唐龐蘊。」、『遂初堂書目』釋家類は「龐居士詩」と著錄する。新唐志は、『崇文總目』・『祕書續編』・宋志に著錄される宋代の官藏のテキストと書名・巻數が異なり、『崇文總目』等とは資料的來源を異にする可能性が高い。これに對し、『景德傳燈錄』巻八には「衡州衡陽縣人也。字道玄。…唐貞元初、謁石頭和尙、忘言會旨。…詩偈三百餘篇」とあり、その字・本貫・活動年代から、詩偈の篇數まで、新唐志の著錄内容と一致している。よって、この書が『景德傳燈錄』

から轉錄された可能性は十分ある。

白居易の著作は、新唐志は「白居易八漸通眞議一卷」と著錄する。『景德傳燈錄』卷十に、

受東都凝禪師八漸之目、各廣一言而爲一偈。（東都の凝禪師から八字の漸門の目を受け、それぞれ一言を廣めて一偈を作った。）

とある。しかし『崇文總目』釋書中に「八漸通眞議一卷闕」と著錄し、新唐志と著錄內容が完全に一致することから、この書は『崇文總目』と資料的來源を同じくすると考えられる。よって、この書は、本書上篇第三章で述べたように、當時の祕閣の藏書によって著錄された可能性が高く、『景德傳燈錄』から轉錄されたものではない。なお『景德傳燈錄』卷二十九讃頌偈詩に「白居易八漸偈幷序」が收載されているが、やはり題名が新唐志と異なる。

智閑の著作は、新唐志は「智閑偈頌一卷、二百餘篇。」と著錄する。この書は宋代の國家藏書にもとづく諸目錄(11)に著錄されていないことから、新唐志纂修當時の祕閣に收藏されていた可能性は低い。さらに、この書に關する記載は、後にも先にも『景德傳燈錄』卷十一の「偈頌二百餘篇」しかなく、しかも新唐志の著錄內容とよく似ている。よって、この書が『景德傳燈錄』から轉錄された可能性は十分ある。

楚南の著作は、新唐志は「楚南般若經品頌偈一卷、又破邪論一卷、大順中人。」と著錄する。この兩書は、宋代の國家藏書にもとづく諸目錄に著錄されていないことから、新唐志纂修當時の祕閣に收藏されていた可能性は低い。これに對し、『景德傳燈錄』卷十二には「著般若經品頌偈一卷・破邪論一卷。」とあり、新唐志の著錄內容と一致する(12)。よって、この二書が『景德傳燈錄』から轉錄された可能性は高い。

裴休の著作は、新唐志は「希運傳心法要一卷、裴休集。」と著錄する。『景德傳燈錄』卷十二に「黃蘗語要」とあり、『祕書續編』子類釋書に「傳心法要一卷」、宋志子類釋氏類に「裴休傳心法要一卷」を著錄する。この書は、『崇文總

目』には著録されず、北宋末の『祕書續編』(13)に初めて著録されていることから、兩目の間に三館・祕閣に收藏されたものである。よって、この書は當時の祕閣の藏書によって著録されたものである可能性が十分あり、『景德傳燈錄』から轉録されたものではない。なお新唐志は宗密の著作に對する裴休の「序引」を一律轉録していない。これは、「序引」を一部の著作とみなさなかったためであろう。

宗密の著作は、新唐志は「宗密禪源諸詮集一百一卷、…原人論一卷、圓覺經大小疏鈔各一卷」と著録する。

「禪源諸詮集」は、「大乘禪門要錄」に「禪源諸詮集都序兩卷」・「集禪源諸論關要一百三十卷」とあり(14)、『宋高僧傳』卷六義解篇釋宗密傳に「又集諸宗禪言爲禪藏、總而叙之。」とあり、『景德傳燈錄』卷十三に、

師以禪教學者互相非毀、遂著禪源諸詮、寫錄諸家所述、詮表禪門根源道理文字句偈、集爲一藏（自注、或云一百卷）、以貽後代。（師は禪敎を學ぶ者が互いに非毀しあっていることから、『禪源諸詮』を著わすに至り、諸家の言説を記錄し、禪門の根源や道理を說き表す文字や句偈を、一藏に集めて（自注「一百卷ともいう」）、後世に傳えようとした。）

とあり、『崇文總目』釋書中に「禪源諸詮集二卷」、『祕書續編』子類釋書に「禪源諸詮集三卷」、宋志子類釋氏類に「僧宗密禪源諸詮二卷」を著録する。この書は、本來「都序」二卷と本文からなり、本文の方は百卷とも、百三十卷とも、百六十卷とも傳えられるが、現在は「都序」のみ傳存する(15)。『崇文總目』・宋志著録本には「都序」の二字はないが、二卷とあることから、「都序」であることは明らかである。一方、新唐志は「一百一卷」に作るので、「都序」と本文を著録したものと考えられる。しかし本文は實際には書かれなかったとの說や、書かれはしたが早くも會昌排佛頃に散佚したとの說もあり、新唐志纂修當時、本文が殘っていたとは考えがたい(16)。これに對し、『景德傳燈錄』は禪源諸詮一藏の卷數を「或云一百卷。」と注しており、新唐志の著録卷數とわずか一卷の差しかない。よって、こ

の巻數の問題は後述するが、この書が『景德傳燈錄』から轉錄された可能性は十分ある。

また「原人論」は、宋志子類釋氏類に「又（僧宗密）原人論一卷」を著錄し、民間では、『新編諸宗教藏總錄』卷三に「原人論一卷、宗密述」、『郡齋讀書志』卷十六釋書類に「原人論一卷、右唐僧宗密撰」、『遂初堂書目』釋書類に「原人論」を著錄する。この書は、北宋の國家藏書目錄には著錄されていないが、宋志に著錄されている。よって館閣への收藏時期は特定できないが、この書が當時の祕閣の藏書によって著錄された可能性がないとはいえない。また「原人論」は、『景德傳燈錄』卷十三に「著圓覺大小疏鈔・法界觀門・原人等論。」とあり、次に檢討する「圓覺大小二疏鈔」とともに記載されていることから、『景德傳燈錄』から轉錄された可能性もある。よって、どちらが所據資料であるか特定するのは難しい。

また「圓覺經大小疏鈔」は、『崇文總目』釋書上に「圓覺經疏六卷闕」、宋志子類釋氏類に「宗密圓覺經疏六卷」を著錄する。民間では、『郡齋讀書志』卷十六釋書類に「圓覺經疏三卷」、『遂初堂書目』釋書類に「圓覺經疏」を著錄する。宗密は『圓覺經』の章疏を數多く著わしているが、第三章第二節で論じたように、新唐志の著錄本は、宗密のどの章疏とも一致しない。これに對し、『景德傳燈錄』卷十三の「圓覺大小二疏鈔」は、新唐志の著錄內容とよく似ている(17)。よって、この書が『景德傳燈錄』から轉錄された可能性は高い。

希遷の著作は、新唐志は「希還參同契一卷」と著錄する。「還」は、「遷」の誤り。『崇文總目』釋書中に「石頭和尙參同契一卷」、通志略釋家・詮述に「石頭和尙參同契一卷、唐僧希遷撰、唐宗美注。」、宋志子類釋氏類に「石頭和尙參同契一卷、宗美注」と著錄する。『崇文總目』・通志略・宋志は書名に「石頭和尙」と冠し、そのうち後二者は唐宗美の注釋とすることから、これらは同じ官藏のテキストを著錄したものと考えられる。一方、新唐志は單に「參同契」と記すだけで、注釋には觸れていないことから、『崇文總目』等とは異なる資料によって著錄したものと考えられる。これに對し、『景德傳燈錄』に「師著參同契一篇、辭旨幽濬、頗有注解」とあるのは、書名及び注釋者名を擧げていない點が新唐志の著錄內容と一致する。よって、この書が『景德傳燈錄』から轉錄された可能性は十分ある(18)。

良价の著作は、新唐志は「良价大乘經要一卷、又激勵道俗頌偈一卷」と著錄する。この兩書は、宋代の國家藏書にもとづく諸目錄には著錄されていないことから、新唐志纂修當時の祕閣に收藏されていた可能性は低い。これに對し、『景德傳燈錄』卷十五に「纂出大乘經要一卷、幷激勵道俗偈頌誡等」とあるのは、新唐志の著錄內容とよく似ている。よって、この二書が『景德傳燈錄』から轉錄された可能性は高い(19)。

光仁の著作は、新唐志は「光仁四大頌一卷」・「又略華嚴長者論一卷」と著錄する。この兩書は、宋代の國家藏書にもとづく諸目錄には著錄されていないことから、新唐志纂修當時の祕閣に收藏されていた可能性は低い。これに對し、『景德傳燈錄』卷十七に「四大等頌・略華嚴長者論」とあるのは、新唐志の著錄內容とよく似ている(20)。よって、この二書が『景德傳燈錄』から轉錄された可能性は高い。

無殷の著作は、新唐志は「無殷垂誡十卷」と著錄する。この書は、宋代の國家藏書にもとづく諸目錄には著錄されていないことから、新唐志纂修當時の祕閣に收藏されていた可能性は低い。これに對し、『景德傳燈錄』卷十七に「嘗述垂誡十篇。」とあるのは、新唐志の著錄內容とよく似ている。よって、この書が『景德傳燈錄』から轉錄された可能性は十分ある。

寒山子・拾得の著作は、新唐志は「對寒山子詩七卷、天台隱士。台州刺史閭丘胤序、僧道翹集。寒山子隱唐興縣寒山巖、於國清寺與隱者拾得往還。」と著錄する(21)。この書は、上篇第三章第二節で論じたように、『崇文總目』釋書上に「寒山子詩七卷」と著錄されていることから、新唐志纂修者が當時の祕閣の藏書によって著錄した可能性が高い書籍である。しかし『崇文總目』著錄本には「對」字がない。これに對し、『景德傳燈錄』卷二十七には「曹山本寂禪師注釋、謂之對寒山子詩。」とあり、卷數は記されないものの、書名は新唐志と一致する。何故新唐志著錄本に『崇文總目』・『景德傳燈錄』雙方に一致する部分があるのかについては後述するが、この書が『景德傳燈錄』から直接轉錄されたものでないことは間違いなかろう。

以上の檢討結果を整理すると、次のようになる。

慧能・白居易・裴休・寒山子の著作は、新唐志の著錄內容が『景德傳燈錄』と異なるのに對し、宋代の國家藏書目錄著錄本とは一致することから、新唐志纂修者が當時の祕閣の藏書によって著錄した可能性が高い。これは、祕閣の藏書と『景德傳燈錄』の記載とがともにある場合、祕閣の藏書の方を優先して著錄したこと、言い換えれば、祕閣の藏書の不備を補うために、『景德傳燈錄』が用いられたことを示している。

また玄覺（147）・懷海（148）・龐蘊（179）・智閑（180）・楚南（163・164）・宗密（158・162）・希遷（165）・良价（166・167）・光仁（168・169）・無殷（170）の著作、全十四部は、新唐志の著錄內容と『景德傳燈錄』の記載とがよく似ており、『景德傳燈錄』から轉錄した可能性が高い。また『景德傳燈錄』中の記載順序と、新唐志の配列順序には一定の法則性が認められる。龐蘊・智閑・楚南の著作を除き、玄覺から無殷までの著作は、間に他の資料によった部分を含みながらも、兩書の配列順序は全く一致している。また問題の龐蘊と智閑は、新唐志の原注に「詩偈三百餘篇」・「偈頌二百餘篇」と見えるように、『景德傳燈錄』にもと百篇單位で記載されていた偈頌を轉錄したものである。二書の配列順序の亂れは、おそらくこの點に絡んで生じたものであろう。また楚南の著作は、纂修過程における手違いで、宗密の著作との順序が入れ替わってしまったと見ることができよう。要するに、總體的に見て兩書の配列順序がほぼ一致することは、新唐志が『景德傳燈錄』によって轉錄した可能性を一層高めるものである。よって、この結論は動かしがたいが、個別的に見ると、兩書の記載內容は完全に一致するものばかりではなく、卷數・書名等に異同が存在するものがある。よって、この異同について検討しておきたい。

まず巻數の問題について考察する。

一、『景德傳燈錄』が篇單位で記載する散文を、新唐志が一篇一巻見當で著錄する。

玄覺（147）・無殷（170）の著作は、『景德傳燈錄』は十篇と記し、新唐志は十巻とする。また希遷の著作（165）は、『景德傳燈錄』は一篇と記し、新唐志は一巻とする。これらはいずれも篇單位の散文であり、これらの著作に對し、新唐志に記されるような巻數を記した文獻は、新唐志とこれにもとづくものを除けば、他に見られない。このような狀況から考えて、新唐志はこの類の書籍を『景德傳燈錄』から轉錄する際、一篇一巻見當で妄りに巻數を加えたものとみなしうる。

二、『景德傳燈錄』が巻數を記さない著作を、新唐志が「一巻」と著錄する。

懷海の著作（148）は、『景德傳燈錄』には原典の引用があるだけで、巻數・篇數は記されていないが、新唐志は一巻とする。宗密の著作（162）は、『景德傳燈錄』は巻數・篇數を記さないが、新唐志は「各一巻」とする。良价（167）・光仁（168・169）の著作は、『景德傳燈錄』は巻數・篇數を記さないが、新唐志は一巻とする。これらはいずれも巻數・篇數が記されない著作であり、これらの著作に對し、新唐志に記されるような巻數を記した文獻は、新唐志とこれにもとづくものを除けば、他に見られない。このような狀況から考えて、新唐志はこの類の書籍を『景德傳燈錄』から轉錄する際、一律一巻という巻數を加えたものとみなしうる。なお宗密「圓覺經大小疏鈔」（162）が「各一巻」とするのは、『景德傳燈錄』の「大小二疏鈔」を、「大疏鈔」「小疏鈔」の二部と解したためであろう。また宗密の著作（158）は、『景德傳燈錄』には「或一百巻」という記載と、「都序」の引用があるだけであるが、新唐志は「一百一巻」とする。このうち一巻とは、おそらく『景德傳燈錄』が引く「都序」を一巻とみなしたものであろう。また前節で、『舊唐書』一行傳について、新唐志は列傳から一行傳を削って釋氏類に取り込んだと推測したが、これは、『景德傳燈錄』から原典の引用があるだけの著作（148・158）を、一巻という巻數を附して轉錄したのと非常によく似ている。

三、『景德傳燈錄』が百篇單位で記載する詩偈を、新唐志が百篇一巻見當で著錄する。

龐蘊の著作（179）は、『景德傳燈錄』は三百餘篇と記し、新唐志は三巻とする。また智閑の著作（180）は、『景德傳燈錄』は二百餘篇と記し、新唐志は一巻とする。これらはいずれも百篇單位の詩偈であり、新唐志はこの類の書籍を『景德傳燈錄』から轉錄する際、百篇一巻の見當で妄りに巻數を加えたのではなかろうか。智閑の偈頌二百餘篇を一巻とするのは、この種の用例がわずか二例であるために確證は持てないが、新唐志の纂修段階か、或いは流傳過程で、二巻とすべきところを一巻に誤ったと考えることも可能である。

書名の異同はわずか一例である。良价の著作、新唐志167「激勵道俗頌偈」は、『景德傳燈錄』には「偈」の下に「誠」字がある。この異同が生じた原因はよくわからないが、新唐志が脱誤したか、衍字とみなして削ったのかもしれない。

以上のように、『景德傳燈錄』と新唐志との閒にある異同は大體說明しうるものである。よって新唐志が『景德傳燈錄』を所據資料に用いたと結論してよかろう。この結論を得られたところで、先に保留しておいた問題、すなわち『景德傳燈錄』に記載され、新唐志が著錄しない唐代の禪僧の著作が五部ある點について、もう一度考えてみたい。すでに述べたように、新唐志が『景德傳燈錄』から轉錄した著作は全部で十四部あり、その書名や配列順序の一致からこの結論は動かしがたい。また玄覺の著作のうち「證道歌一首」のみ著錄せず、宗密の著作のうち「注法界觀（法界觀門）」のみ轉錄していないが、そのようにすべき理由は見當らず、偶發的なものとみなしうる。よって、これら五部は、『景德傳燈錄』から抽出し損じたか、抽出後の纂修段階で脱誤したと考えるのが妥當であろう。

なお新唐志は『景德傳燈錄』から無殷の著作を轉錄したが、無殷は、五代十國に入ってから活躍した人物であり、本來新唐志に著錄されるべきものではない(22)。

最後に、先ほど保留しておいた寒山子の著作の著錄內容をめぐる問題について檢討してみたい。新唐志「對寒山子詩七卷」は、新唐志纂修者が當時の祕閣の藏書によって著錄した可能性が高い書籍であって、『景德傳燈錄』から直接轉錄されたものではない。それにもかかわらず、その書名は新唐志と同じ官藏のテキストを著錄した『崇文總目』ではなく、『景德傳燈錄』と一致している。このような狀況が生じた原因としては、次の二つの可能性が想定される。ひとつは、新唐志が祕閣の藏書「寒山子詩七卷」を著錄する際、『景德傳燈錄』によって「對」字を補った可能性である。先に述べたように、新唐志では祕閣の藏書と『景德傳燈錄』の記載とがともにある場合、祕閣の藏書の方を優先して著錄し、『景德傳燈錄』が祕閣の藏書の不備を補うために用いられている。そうであれば、祕閣の藏書の著錄內容を『景德傳燈錄』の記載によって補訂することがあったとしても不思議ではない。しかし『景德傳燈錄』によれば、「對寒山子詩」は唐の本寂による「寒山子詩」の注釋書であるが、『崇文總目』・新唐志では本寂のことにまったく觸れておらず、この祕閣所藏の「寒山子詩」が本寂の注釋書であったとは考えがたい。また新唐志纂修者が、祕閣の藏書「寒山子詩」に、本寂の注釋書であることを示す「對」字を加える根據を握っていたとも考えがたい。よって新唐志纂修者が祕閣の藏書を『景德傳燈錄』によって補訂したものである可能性は低いと考えてよかろう。もうひとつは、新唐志を纂修する過程で、祕閣の藏書によって著錄した「寒山子詩七卷」と、『景德傳燈錄』から抽出した「對寒山子詩」という二つの異なった素材から得られた書誌情報が誤ってひとつにされてしまった可能性である。これまでの本書の檢討によって明らかになったところでは、新唐志は、樣々な文獻中の記載から抽出したり、祕閣の藏書にもとづいたりして、唐人の著作に關する書誌情報を集めており、さらに、これらの情報に對して、重複するものを除く等の繁雜な作業を經て纂修されたものである。なおかつ官撰書の分纂化が進んでいた當時の狀況から考えて、これらの作業は何人もの纂修官の手を介してなされた可能性がある。そうであれば、その過程で、祕閣の藏書から得た書誌情報と、『景德傳燈錄』から抽出した書誌情報とが誤ってひとつにされることがあったとしても何ら不思議ではない。「寒山子詩」をめぐる問題も、このケースにあてはまるものではなかろうか。

以上、本節の檢討によって、新唐志「不著錄」部分が『景德傳燈錄』に記載される唐代の禪僧の傳記を所據資料に用い、全部で十四部百三十五卷を轉錄したことが明らかとなった。

第三節　その他の所據資料未解明部分

次に、前節までの檢討によって所據資料がいまだ明らかとなっていない部分について考察する。それは、次の十一部である。

135玄宗注金剛般若經一卷
136道氤御注金剛般若經疏宣演三卷
141神楷維摩經疏六卷
144法藏起信論疏二卷
146大唐京師寺錄、卷亡。
150玄嶷甄正論三卷
174靖邁古今譯經圖紀四卷

175智昇續古今譯經圖紀一卷
176又續大唐內典錄一卷
177續古今佛道論衡一卷
182王彦威內典目錄十二卷

玄宗「注金剛般若經」一卷は、唐末五代の『惠運律師書目錄』に「註金剛般若二卷、一卷御註」、安然『諸阿闍梨眞言密教部類總錄』卷上に「注金剛般若二卷、一卷御註」と著錄され、北宋末の永超『東域傳燈目錄』弘經錄般若部に「同（金剛般若經）註一卷、御註」と著錄される。また『宋高僧傳』卷十四明律篇釋玄儼傳にも「開元二十四年、帝親注金剛般若經、詔頒天下、普令宣講。」と記載される。道氤「御注金剛般若經疏宣演」三卷は、北宋の高麗僧義天『新編諸宗教藏總錄』（以下『義天錄』と）卷一金剛般若經に「宣演六卷、道氤述」、元の『至元法寶勘同總錄』（以下『至元錄』と）卷十に「金剛宣演疏六卷、勅隨駕講論沙門道氤集」と著錄され、また『宋高僧傳』卷五義解篇釋道氤傳にも「後撰大乘法寶五門名教幷信法儀各一卷、唯識疏六卷、法華經疏六卷、御注金剛經疏六卷。」と記載される。神楷「維摩經疏」六卷は、『義天錄』に著錄されるのみである。法藏「起信論疏」二卷は、『義天錄』卷三大乘起信論に「疏三卷、法藏述」、日本の『東域傳燈目錄』講論錄に「起信論疏二卷、法藏師撰」と著錄される。

以上の四部の著作は、文獻の記載狀況から、宋代に流傳していたと見られる。よって新唐志纂修者は慶曆元年の『崇文總目』完成から新唐志の纂修までに祕閣に收藏されたテキストによって、この書を著錄した可能性がある。しかしながら、宋代の國家藏書にもとづく諸目錄には著錄されず、祕閣に收藏された形跡が見つかっていないことから、祕閣ではなく、未知の文獻記載から轉錄した可能性もあり、所據資料を特定することは難しい。

「大唐京師寺錄」は、『開元釋教錄』（以下『開元錄』と）卷八釋彦悰傳に「兼撰大唐京師寺錄。」と記載されるが、その入藏錄には記載されず、また宋代の諸目錄にも著錄されていない(23)。

「續大唐內典錄」一卷は、『開元錄』卷十敍列古今諸家目錄に、

續大唐內典錄一卷、開元庚午歲西崇福寺沙門智昇撰。歷代衆經傳譯所從錄、從麟德元年甲子至開元十八年庚午前錄未載。今故續之。(『續大唐內典錄』一卷、開元庚午歲(十八年)、西崇福寺沙門智昇の撰。「歷代衆經傳譯所從錄」、麟德元年甲子から開元十八年庚午までは前錄(『大唐內典錄』)ではいまだ收載していない。だからいま續編を作った。)

とあり、道宣『大唐內典錄』の續編であり、智昇が『開元錄』を作成する準備に書いたものであると見られる。この書は、宋代の國家藏書にもとづく諸目錄に著錄されないが、『開元錄』卷二十入藏錄に「續大唐內典錄一卷、二十五紙」と記載され、また北宋末の惟白『大藏經綱目指要錄』(以下『指要錄』)卷八に「續大唐內典錄讚序、宣律師集此、續前所撰錄。」と記載されるほか、『至元錄』等の宋代以後の諸目錄にも著錄されている。しかし、この書の場合、このことが宋代の流傳を裏附けることにはならない。それは、次の理由による。

大正藏第五十五卷目錄部に、これと同名の書が收錄される。その麗本(北宋初の開寶藏に由來する高麗再雕本)の卷頭書名「續大唐內典錄讚序」の題下には編著者名が記されず、麗本以後の宋本(南宋思溪本)には讚序の次行に「唐釋智昇撰」とあり、元本には「大唐西明寺沙門釋道宣撰」とあり、明本には「唐沙門釋道宣撰」とあり、同じテキストが宋初には編著者名が記されず、南宋になると智昇撰とされ、元以後になると道宣撰とされている。一方、北宋末の『指要錄』卷八は「續大唐內典錄讚序」と題するテキストを、道宣自身によって書かれた『大唐內典錄』の續編であるとみなし、元の『至元錄』卷十は智昇撰とみなし、大正藏自身は道宣撰としている。また大正藏本の內容は、『開元錄』卷十が記す「續大唐內典錄」の說明と一致していない(24)。このような狀況から考えて、この大正藏の底本・

校本に用いられた諸本はいずれも、宋初に『開元錄』の入藏錄を基準に開寶藏を雕版せんとした時、智昇「續大唐內典錄」が見つからなかったために、とりあえず入藏させられた「續大唐內典錄讚序」を持つ來歷未詳のテキストに由來するものであると考えられる。

以上の狀況から、「大唐京師寺錄」・「續大唐內典錄」の二部は、いずれも宋代には散佚していた可能性が高い。また、この二書はいずれも『開元錄』に記載されることから、『開元錄』から轉錄された可能性がある。しかしながら新唐志には『開元錄』が著錄されておらず、これを實際に見ることができたかは疑わしい。よって『開元錄』と同じ記載內容を持つ他の文獻から轉錄された可能性もあり、この書の所據資料を特定することは非常に難しい(25)。

玄嶷「甄正論」三卷は、『開元錄』卷二十入藏錄に「甄正論三卷、三十六紙」と記載され、また宋代の國家藏書にもとづく宋志子類神仙類にも「僧玄玄疑《ママ》甄正論三卷」と著錄され、『指要錄』卷八に「甄正論三卷。上中下、白馬寺僧玄嶷造此論。…」、南宋の『郡齋讀書志』卷十六釋書類に「甄正論三卷、右唐釋法琳撰」と著錄されるほか、『至元錄』等の宋以後の諸目錄にも著錄される。靖邁「古今譯經圖紀」四卷は、『開元錄』卷二十入藏錄に「古今譯經圖紀四卷、六十紙」と記載され、また『指要錄』卷八に「古今譯經圖紀四卷。沙門靜邁集錄」と記載されるほか、『至元錄』等の宋以後の諸目錄にも著錄される。智昇「續古今譯經圖紀」一卷は、『開元錄』卷二十入藏錄に「續古今譯經圖紀一卷、十六紙」と記載され、また『指要錄』卷八に「續古今譯經圖紀。沙門智昇集」と記載されるほか、『至元錄』等の宋代以後の諸目錄にも著錄される。「續古今佛道論衡」一卷は、『開元錄』卷二十入藏錄に「續集古今佛道論衡一卷、三十紙」と記載され、また『指要錄』卷八に「〔續〕集古今佛道論衡一卷。唐僧智昇…」と記載されるほか、『至元錄』卷十等の宋代以後の諸目錄に著錄される。

以上の四部の著作は、文獻の記載狀況から、いずれも宋代における流傳が確認できる。よって新唐志纂修者は慶曆元年の『崇文總目』完成から新唐志の纂修までに祕閣に收藏されたテキストによって、この書を著録した可能性がある。しかしながら、このうち玄嶷の著作は、宋志に著録されるものの、いつ祕閣に收藏されたかが明らかでなく、その他の三部の著作は、宋代の國家藏書にもとづく諸目録に著録されず、祕閣に收藏された形跡が見つかっていないことから、いずれも祕閣ではなく、『開元録』の記載から轉録されたものである可能性もある。さらに新唐志には『開元録』が著録されておらず、新唐志纂修者はこれを見ることができなかった可能性もあることから、『開元録』と同じ記載内容を持つ他の文獻から轉録された可能性も出てくる(26)。以上のように、この四部の所據資料を特定することは非常に難しい。

王彦威「内典目録」十二卷は、通志略釋家目録に「内典目録十二卷、唐王彦威撰」とあり、『玉海』卷五十二藝文書目に「(唐)志釋氏類有…王彦威内典目録十二卷。」、同卷百六十八宮室院下に「唐志釋氏…又云、王彦威内典目録十二卷。」と記載されるほか、文獻記載が見當らない。また通志略は新唐志によったものであり(27)、『玉海』も新唐志からの引用であるので、新唐志以外、文獻記載がないことになり、この書が本當に宋代に流傳していたかは疑わしい。よって、この書は實際には祕閣に收藏されず、新唐志纂修者が未知の文獻記載から轉録した可能性が高い。

以上、本節で取り扱った十一部の著作は、いずれも、祕閣の藏書によって著録した可能性、『開元録』から轉録した可能性、それ以外の未知の文獻から轉録した可能性が錯綜している。そのために、残念ながら、その所據資料の特定が非常に困難であることが確認されるにとどまった。

おわりに

本章の檢討によって、新唐志釋氏類「不著錄」部分の所據資料として、唐の毋煚『古今書錄』自序と、『舊唐書』一行傳が用いられたと推測し、宋の道原『景德傳燈錄』がかなり用いられていることを新たに明らかにした。また裴休「希運傳心法要一卷」が、新唐志纂修當時の祕閣の藏書によって著錄された可能性のある書籍であることが新たにわかった。また『景德傳燈錄』から轉錄する際に、次のような纂修方法が用いられたことが明らかとなった。

一、『景德傳燈錄』が篇單位で記載する散文を、新唐志が一篇一卷見當で著錄する。
二、『景德傳燈錄』が卷數を記さない著作を、新唐志が「一卷」と著錄する。
三、『景德傳燈錄』が百篇單位で記載する詩偈を、新唐志が百篇一卷見當で著錄する。

また祕閣の藏書と『景德傳燈錄』の記載とがともにある場合、祕閣の藏書の方を優先して著錄していることから、祕閣の藏書の不備を補うために、『景德傳燈錄』が用いられたことを明らかにした。また新唐志の纂修過程で、祕閣の藏書から得た書誌情報と、『景德傳燈錄』から抽出した書誌情報とが誤ってひとつにされることがあったこともわかった。なお宗密の「原人論」(161)については、祕閣の藏書と、『景德傳燈錄』の記載とのいずれによったか、特定できなかった。

第三節では、いまだ所據資料がわかっていない十一部の著作について檢討したが、ついに、その所據資料を特定できなかった。しかし、これは、「不著錄」部分全體(百四十部)の一割にも滿たず、ある程度やむをえないことであろう。ひとつ附け加えるとすれば、十一部のうち王彥威「內典目錄」が佛教經典目錄である點は注目すべきである。

本書でこれまで縷々論じてきたように、新唐志釋氏類はその「不著錄」部分を作成するために、纂修當時の祕閣の藏書以外に、『大唐內典錄』・『續高僧傳』・『景德傳燈錄』等といった文獻群から、唐人の著作を轉錄している。よって、もし萬が一「內典目錄」が當時の祕閣に實際に收藏されていたならば、新唐志纂修者はこの書を「不著錄」部分の所據資料に必ず用いたにちがいないからである。そこで、この書を所據資料に用いた痕跡が釋氏類中に認められるかどうかが問題となる。その意味で、第三節で取り扱かった「內典目錄」を除く十部が重要となってくる。王彥威は、『舊唐書』卷百五十七の本傳によれば、武宗の會昌年閒（八四一～八四六）卒である。一方、これらの著作はいずれも玄宗の開元年閒以前に著されたものであり、なおかつ新唐志纂修者が未知の文獻中の記載から轉錄した可能性を含むものである。よって、條件的には、この未知の文獻が「內典目錄」であると考えることは十分可能なのである。

注

（1）なお「著錄」部分の36「大唐貞觀內典錄」は113「大唐內典錄十卷」の重出であり、『續高僧傳』から轉錄されたものである。また20「僧道宗續高僧傳三十二卷」は134「僧道宗續高僧傳三十二卷」の重出であり、祕閣の藏書によって著錄されたものである。

（2）新唐志には實際大量の章疏が著錄されているが、これは道宣の『大唐內典錄』・『續高僧傳』によって著錄されたものである。ただ『開元內外經錄』が『大唐內典錄』・『續高僧傳』によって著錄したものを、新唐志がそっくり轉錄した可能性がないとはいえない。しかし『開元內外經錄』がこの二書から章疏を轉錄した可能性は低い。その理由は、次のようである。『古今書錄』自序に「序述指歸」とあるのによれば、『開元內外經錄』には各著錄書籍の解題があったと見られる。もし『開元內外經錄』が現物を見たのでなく、單にこの二書から章疏を轉錄したにすぎなかったのであれば、それらの解題を書くことはできなかったと考えられるからである。

（3）「大衍論三卷」は經錄易類に、「天一太一經」・「太一局遁甲經」各一卷は子錄五行類に著錄される。また「攝調伏藏十卷」は著錄されない。なお「調伏藏」とは、智昇が唐開元十八年に編んだ『開元釋教錄』の有譯有本錄の律藏部分に用いた名稱である。

（4）藤井京美「新舊唐書における佛教記述について―方技傳と隱逸傳を中心に―」（吉川忠夫編『唐代の宗教』、朋友書店、二〇〇〇年七月）によれば、『新唐書』方技傳中から一行等六名の僧侶の傳が削られた原因は、新唐志纂修者歐陽脩の排佛と、彼が史書に鑑戒の書としての役割を求めたことが結びつき、佛教の害惡を記載する一方、『舊唐書』中の好意的な佛教記事が徹底的に删除された結果であるとする。なお藤井氏は新唐志に「一行傳」が著録されることについては言及しない。

（5）『舊唐書』巻百四十八李吉甫傳を參照。

（6）なお新唐志易類「不著錄」部分の「李吉甫注一行易、卷亡。」は、この李吉甫傳から轉錄したものであろう。「卷亡」は、新唐志が所據資料から卷數の記されていない書籍を轉錄する際に妄りに加えた卷數の一つである。本書上篇第二章第二節を參照。

（7）唐代の禪宗については、鎌田茂雄『中國佛教史』第六卷「隋唐の佛教（下）」（東京大學出版會、一九九九年一月）第四章第八節「禪宗」を參考にした。

（8）『續高僧傳』の習禪篇には、灌頂・道哲・道綽の著作が記載され、このうち灌頂と道綽の著作が新唐志に轉錄されている。しかし、これらは習禪篇に著錄されるものの、灌頂は天台宗の第二祖であり、道綽は淨土教の第二祖であり、達磨を開祖とする中國禪ではなく、それよりも早くに、インド傳來の冥想經典にもとづいて禪定修行をしていた僧侶である。これら禪定修行者と中國禪との相違については、丘山新「インド的冥想から中國禪の思想へ」（『東洋文化』83、東京大學東洋文化研究所、二〇〇三年三月）を參照。

（9）『景德傳燈錄』全三十巻中、比較の範圍をこのように限定したのは、次の理由からである。巻一から巻二は「七佛天竺祖師」、つまり過去七佛（釋迦牟尼佛と、彼以前に現れたとされる六人の佛達）と、天竺における師承とを記した部分であり、中國僧の著作とは直接關係がないため。巻二十八「諸方廣語」、巻二十九「讃頌偈詩」、巻三十「銘記箴歌」は、いずれも諸禪僧の作品を收載したものであり、巻三から巻二十七が諸禪僧の傳記であるのと、その體裁が異なるため。ただし諸禪僧の作品であれば、新唐志の著錄對象となってもおかしくないが、實際、ここから轉錄された形跡は、何故だか見られない。

(10) 新唐志と、その纂修當時の祕閣の藏書との關係は、本書上篇第三章第三節を參照。

(11) 本章で用いた「宋代の國家藏書にもとづく諸目錄」ということばは、『崇文總目』・『祕書省續編到四庫闕書』・宋志等を指す。なお宋志は、宋代の四種の『國史』藝文志を再編集したものであり、各『國史』藝文志は各時期の國家藏書によって編まれたものである。詳しくは、本書上篇第三章注（1）を參照。

(12) なお『宋高僧傳』卷十七護法篇釋楚南傳にも『景德傳燈錄』とほぼ同じ文章がある。しかし『宋高僧傳』は、宋代の國家藏書目錄には著錄されていないことから、新唐志纂修當時の祕閣に收藏されていた可能性は低い。よって新唐志纂修者は『宋高僧傳』を見ていなかったと考えられる。このことは、梁啓超「見於高僧傳中之支那著述」（『佛學研究十八篇』（中華書局、一九八九年）所收）の『宋高僧傳』部分と、新唐志とを比較すれば一目瞭然である。

(13) 『祕書續編』は南宋紹興年間に編まれたと從來考えられてきたが、實は北宋徽宗政和七年に編まれたものである。このことについては本書下篇第三章を參照。

(14) 「大乘禪門要錄」、敦煌出土（臺灣一三三號）、「都序」の殘卷と宗密の著作目錄からなり、後周太祖廣順二年（九五二）寫。田中良昭「敦煌本『禪源諸詮集都序』殘卷考」（『駒澤大學佛教學部研究紀要』第三十七號、一九七九年）・方廣錩『敦煌佛教經錄輯校』（江蘇古籍出版社、一九九七年八月）に收載される。

(15) 本書上篇第三章の注（6）を參照。

(16) 前者は、鎌田茂雄『禪源諸詮集都序』（『禪の語錄』9、筑摩書房、一九七一年十二月）「解說」の說。後者は、水野弘元等『佛典解題事典』（春秋社、一九七七年九月）の玉城康四郎「禪源諸詮集都序」解題の說。なお北宋代にすでに散佚していたことを裏附ける資料がある。北宋の楊億『武夷新集』卷七「佛祖同參集序」に「先是、諸方大士各立宗徒、互顯師承、佚存語錄。圭山患其如是也。會合衆說、著爲禪詮、融通諸家、圓成一味、蓋祖門之能事畢矣。歷歲彌久、都序僅存、百卷之文不傳於世。」とある。『佛祖同參集』は『景德傳燈錄』の初名であり、序の著者である楊億は、上進された『佛祖同參集』に對して刊削を命じられた人物の一人である。この序によって、少なくとも北宋の初めには、三館・祕閣に『禪源諸詮集』の本文が收藏されておらず、またその本文が當時傳わっていなかったことがわかる。

(17)『景德傳燈錄』にいう「圓覺大小二疏鈔」は、『圓覺經』の大疏・大鈔と小疏・小鈔とに代表される宗密の『圓覺經』章疏群を總稱したものであると考えるべきであろう。

(18)なお『景德傳燈錄』卷三十銘記箴歌には「南嶽石頭和尙參同契」が收載されている。

(19)なお大正藏第四十七卷・諸宗部四に、『筠州洞山悟本禪師語錄』一卷と、『瑞州洞山良价禪師語錄』一卷が收錄される。このうち前者にのみ「師昔在泐潭、尋繹大藏、纂出大乘經要一卷、幷激勵道俗偈頌誡等、流布諸方。」という、『景德傳燈錄』とほぼ一致する記載がある。鎌田茂雄『大藏經全解說大事典』(雄山閣出版、一九九八年八月)によれば、後者は明の雪嶠圓信と郭凝之が『五家語錄』の一つとして良价の言葉を禪宗史書等から集めたものであり、前者はその日本寶曆十一年(一七六一)序の重編本である。よって、この良价の著作に關する記載は、日本で重編された際、新たに『景德傳燈錄』から轉錄された可能性が高い。

(20)なお『宋高僧傳』卷十三習禪篇釋光仁傳にもほぼ同じ文章がある。

(21)なお『宋高僧傳』卷十三習禪篇釋本寂傳に「復注對寒山子詩、流行寓內。」とあり、卷十九感通篇寒山子傳に「乃令僧道翹尋其遺物、唯於林間綴葉書詞頌、幷村墅人家屋壁所抄錄得二百餘首、今編成一集。人多諷誦。後曹山寂禪師注解、謂之對寒山子詩。」とあり、同拾得傳に「時道翹纂錄寒山文句、於寺土地神廟壁、見拾得偈詞、附寒山集中。」とある。

(22)宋の徐鉉『騎省集』卷二十七「洪州西山翠巖廣化院故澄源禪師碑銘」等によれば、唐僖宗中和四年生、宋太祖建隆元年卒である。

(23)なお新唐志74「僧彥琮大唐京寺錄傳十卷」は、この書の重出である。

(24)このことについては、姚名達『中國目錄學史』(商務印書館、一九三八年五月)宗教目錄篇「智昇別錄三種」條・鎌田茂雄『大藏經全解說大事典』等を參照。

(25)　なお「大唐京師寺錄」については、『開元錄』か、これと同じ記載内容を持つ他の文獻から轉錄された形跡が見られる。そもそも新唐志では、卷數の記されていない書籍を原資料から轉錄する際に、「卷亡」等の語を妄りに加えるケースが間々見られる（詳しくは本書上篇第二章第二節・本章注（6）を參照）。「大唐京師寺錄」を見ると、『開元錄』がその卷數を記さないのに對し、新唐志には「卷亡」と記されている。これは、その原資料に對して、このような處理がなされたことを反映している可能性が高く、『開元錄』か、これと同じ記載内容を持つ他の文獻から轉錄された形跡とみなしうるものである。

(26)　新唐志纂修者は、杜乂が玄嶷の俗名であることを知らずに二部の甄正論（14「杜乂甄正論三卷」・150）を重出著錄している。もし『開元錄』卷九釋玄嶷傳を見ていたのであれば、重出させることはなかったであろう。詳しくは、本書上篇第一章第一節を參照。

(27)　なお、この書以外に、神楷・法藏・玄嶷・靖邁・智昇の著作も、通志略釋家に著錄されるが、これらはみな新唐志にもとづいたものである。

第五章　歐陽脩の排佛と『新唐書』藝文志釋氏類の纂修

はじめに

新唐志は、唐代の學術を研究する上で必要闕くべからざる資料の一つである。しかし新唐志にはその利用上無視できない問題が多々存在する(1)。そのひとつに、その依據した資料や纂修方法が充分に解明されていない點が擧げられる。この問題を解明する端緒として、第一章から第四章にかけて、唐宋代の佛教經典目錄・僧傳等の、中國人によって撰述された佛教典籍（以下「中國撰述佛典」）や、宋代の書目等を利用して新唐志の釋氏類の研究を行ってきた。それに對して本章は少しく視點を變え、その纂修者歐陽脩の思想から新唐志纂修をめぐる諸問題を解明せんとするものである。

周知の如く歐陽脩は非常に多才な人物であり、様々な分野で畫期的な活躍をした。そのうち釋氏類との關係が注目されるものとしては、彼の排佛思想が擧げられる。そこで本章では、釋氏類の纂修に排佛思想の影響が見られるか否かを檢討することによって、歐陽脩が新唐志の纂修に如何なる態度で臨んだかを明らかにしてみたい。

第一節　歐陽脩の排佛

本節では、歐陽脩の排佛思想が如何なるものであったか、新唐志纂修當時、排佛思想を抱いていたか否かについて考察する(2)。

まず彼の排佛思想がいつ頃どのような契機で形成されたかを確認する。

歐陽脩は十歳の時、隨州（湖北省隨縣）の李氏の家で譲りうけた「唐昌黎先生文集六卷」を愛讀した(3)。この文集に韓愈の排佛論が含まれていたかは知る由もないが、歐陽脩の排佛の契機を考える時、まず念頭に浮かぶのはこのことであろう。また歐陽脩の叔父歐陽曄は隨州推官在任中、轉運使の命で大洪山奇峯寺に不正蓄財の没收に赴き、僧侶に賄賂を贈られそうになったことがあった(4)。また天禧二年頃、京師が旱魃に見舞われた際、僧侶が民衆數百人を惑わして淮水に投身・溺死させるという事件が起こり、當時知泗州であった歐陽脩の伯父歐陽載は憤慨し、その徒を捕らえ、數人を誅し寺を毀した(5)。二人の近親者が體驗した、このような僧侶、及び佛教教團がもたらす害毒や、その腐敗・墮落ぶりに、少年時代の歐陽脩が鮮烈な印象を受けたことは疑いない(6)。

以上はいずれも排佛思想を受容する下地となったといえよう。しかし、それを決定づけたのは、宋の葉夢得『石林避暑錄話』卷二に、

石介守道、與歐文忠同年進士、名相連、皆第一甲。…守道師之、始唱爲闢佛老之說、行之天下。文忠初未有是意、而守道力論其然、遂相與協力。蓋同出韓退之。（石介守道は歐文忠と同年の進士であり、いずれも第一甲に名を

連ねていた。…守道は之（孫復）を師とし、佛老を排せよとの主張を唱えるようになり、これを天下に廣めていた。文忠は當初このような考えを持っていなかったが、守道が強くその正しさを論じたところ、一緒に協力するようになった。（彼らの排佛・排老は）おそらく同じく韓退之から得られたものであろう。）

とあるように、天聖八年の進士及第後、西京留守推官となり、洛陽で石介と交遊した點にあったと思われる(7)。また、二人が交わした書簡に排佛に觸れたものがある。石介は歐陽脩の「與石推官第一首」に對する返書「答歐陽永叔書」（『徂徠石先生全集』卷十五）の中で、佛老・楊億を排斥し聖人の道を稱揚する點で自分は衆人と異なると述べ、歐陽脩はこれに對する返書「與石推官第二首」の中で、

夫士之不爲釋老與不雕刻文章者、譬如爲吏而不受貨財。蓋道當爾、不足恃以爲賢也。（そもそも士大夫が釋老を信奉しないことと、文辭をやたら飾りつけないこととは、たとえれば、官吏となって財物（賄賂）を受けとらないようなものである。當然そうあるべきものなのであって、賢不肖の問題ではないのである。）

と、士大夫にとって排佛は當然のことであると記している。この歐陽脩の書簡二首はともに『外集』卷十六にあり、外集目錄が景祐二年と注記するのによれば、石介と出會って四・五年のことである。

また『外集』卷二十三「記舊本韓文後」に、

年十有七試于州、爲有司所黜。因取所藏韓氏之文復閱之。則喟然嘆曰、學者當至於是而止爾。因怪時人之不道、而顧己亦未暇學。…後七年擧進士及第、官于洛陽。而尹師魯之徒皆在、遂相與作爲古文。（十七歳の時、（隨）州の解試を受けたが、試驗官に不合格にされた。そこで家藏の韓氏の文集を手に取って讀み、ため息をついて「學問をする者はこの水準にまで至らなければならない」と嘆じた。そこで當時の人が（韓愈の文章の素晴らしさを）言わないことを怪しんだが、ふり返ってみると、自分自身も學んでいる餘裕がなかった。…その後七年して、進

士に擧げられて及第し、洛陽にて官途に就いた。そこには尹師魯のグループがあって、ともに古文を作るようになった。）

とあり、歐陽脩はこの時期に尹洙・梅堯臣等に出會い本格的に古文を作りはじめている(8)。このことに象徴されるように、その多分野にわたる活動の原型が胚胎されたのは、まさにこの時期にあったようである。そうだとすれば、同じこの時期に石介の影響で歐陽脩の排佛思想が開花したとしても不思議ではない。

また排佛思想を堅固にした一因として次の點にも注目すべきである。歐陽脩はその排佛思想にもかかわらず、慧勤・祕演・惟儼等の僧侶と交遊があったが、それは彼らの詩文の才や權貴に媚びない高潔な人間性を高く評價したためであり、その僧籍にあることを惜しみ還俗を望んでいた(9)。また慧勤に送った「山中之樂」其三（『居士集』卷十五）に、

自古智能魁傑之士兮、固亦絕世而逃蹤。惜天材之甚良兮、而自棄於無庸。（古來、知謀才能の傑出した士人は、やはり世間と斷絕して逃げ隱れてしまうものである。殘念なのは、天賦の才が非常に優れているのに、みずからを（世の中の）役に立たないところに棄ててしまうことだ。）

とあり(10)、祕演に對しては「釋祕演詩集序」（同前卷四十一、慶曆二年作）に、

祕演狀貌雄傑、其胷中浩然、既習于佛、無所用。（祕演は顏かたちが豪傑のそれであり、その心の中は浩然の氣であふれているが、佛に學んでしまったからには、世の中の役に立たない。）

と述べ、惟儼に對しては「釋惟儼文集序」（同前卷四十一、居士集目錄云慶曆元年作）に、

嗟夫、惟儼既不用於世、其材莫見於時。（ああ、惟儼はもう世の中に役立つことはなく、その才能が世の中に知られることもない。）

と述べ、「自棄於無庸」・「無所用」・「不用於世」といった表現を用いて、歐陽脩は彼らのような優れた人材が僧侶であるがために世の中の役に立たないことを嘆いている。その一方、歐陽脩は官僚や、宋代の現實社會に蔓延する事なかれ主義を批判しており、その常套句に「苟且」がある(11)。この語は、後述する歐陽脩の排佛論の代表作「本論」上・下篇(『居士集』卷十七所收)には見えないが、『外集』卷九所收の「本論」に、

前日五代之亂可謂極矣。…是以兵無制、用無節、國家無法度、一切苟且而已。今宋之爲宋、八十年矣。…一切苟且、不異五代之時、此甚可嘆也。（昔日の五代の亂は行き着くところまで行ってしまったといわねばなるまい。…こういうわけで（五代の）軍隊には制度がなく、國費の運用には節度がなく、國家には法度がなく、すべてはかりそめにすぎない。現在、宋が建國されてから八十年經った。…すべてはかりそめであって、五代の時となんら異ならない。これは非常に嘆かわしいことである。）

とあり、宋代社會の病弊を表現するのに使われる。このように、篇こそ異なるものの、同じ「本論」と題された文章のなかで、事なかれ主義への批判と排佛が語られているのである。これによって、歐陽脩のなかではこの二つの主張が關連性を持つものであったことがわかる。歐陽脩は現實社會に蔓延する事なかれ主義を前に、優れた人材が佛門に入ることに對する嘆きを一層強めたことであろう。これがその排佛思想を堅固にする一因となったことは想像に難くない。

歐陽脩の排佛思想が如何なるものであったかは、慶曆二年、三十六歲、集賢校理の時の作といわれる「本論」上・下篇に見ることが出來る(12)。その論旨は大體次のようである。

堯舜三代の世は王政・禮義が完備し、中國の民はそれを心のよりどころとしていた。しかし三代が衰え、王政・禮義が闕廢すると、それに乘じて佛教は中國の民の心に深く入り込んでしまった。その後千年餘り、排佛が行わ

れる度に佛教はその勢力を伸張させてきた。排佛が成功しなかったのは、佛教が中國に侵入した原因を考えず、また從來の排佛があまりに功を急いだためである。佛教が中國に侵入した原因は、王政・禮義が闕廢し、人々が心のよりどころを失ったためである。だから佛教を中國から完全に排除するには、これを補修し、學校を立てて禮義を教え、人々の心のよりどころを取り戻さなければならない。なおかつ、これを急いでは人々を驚かすだけなので、徐々に導いてその心に深く分け入り教化しなければならない。そうすれば、人々は樂しんで禮義を行うようになり、佛教があっても中國の民に手の出しようがないのである。

以上のように、歐陽脩は韓愈のような過激な手段によらず、現實社會における佛教の浸透ぶりを客觀的に認識した上で、徐々に佛教を中國から排斥しようと考えたのである(13)。

次に、歐陽脩が新唐志纂修當時に依然として排佛思想を抱いていたか否かを確認する。

『新唐書』は慶曆五年から嘉祐五年にかけて纂修され、歐陽脩は至和元年からその纂修に加わった。宋の釋志磐『佛祖統紀』巻四十五によれば、慶曆五年、歐陽脩は慶曆の新政の頓挫によって滁州（安徽省滁縣）の知事に左遷され、その翌年、廬陵（江西省吉安縣）に歸鄉する途中、廬山（江西省九江縣の南）の圓通禪院にて居訥禪師と對話し排佛の心を失ったとある(14)。『統紀』が歐陽脩と居訥の對話の末尾に「蜀の沙門祖秀は、歐陽子が居訥禪師に見えた事を記し、歐陽外傳を作った。」と注記するのによれば、この話は黃龍宗の祖秀禪師（生卒年未詳。黃龍悟新（一〇四三～一一一四）の法嗣）が作った『歐陽外傳』に取材したものである(15)。これが事實であれば、歐陽脩は新唐志纂修當時、排佛の心をすでに失っていたことになる(16)。そこで、その眞僞について檢討してみたい。

そもそも廬陵は歐陽脩の本籍地とはいっても、生涯を通じて廬陵に住むことなく、文獻上確認できる歸鄉は、大中祥符四年、父の埋葬と、皇祐五年、母と二人の夫人の埋葬のための二度のみであるという(17)。もし數少ない歸鄉の途中で排佛から歸佛へという重大な經驗をしていたならば、その詩文や年譜に記されていてよさそうなものである。ところが『歐陽文忠公集』や胡柯の年譜を見ると、『外傳』がいうような記述は全く見出せない。よって、この歸佛にまつわる話は非常に疑わしいものといえよう。

また歐陽脩の排佛論は、先述のように、『居士集』所收の「本論」上・下篇に展開されるが、この他に、『外集』巻九にも「本論」と題する論が收められる。しかし「本論」はもともと上・中・下の三篇からなり、『外集』所收のものが本來の上篇（以下「原上篇」）、『居士集』所收の上篇が本來の中篇であった。この原上篇は、歐陽脩が晩年に『居士集』を編纂する際みずから刪ったものであり、慶元二年に周必大等が『歐陽文忠公集』を刊行する際、『外集』に收録されたものである(18)。ところが、この原上篇には上・下篇と違って排佛論が全く見られない。これは、歐陽脩が晩年、排佛論のない原上篇を刪ることによって、上・下篇の排佛論を際立たせる効果を狙ったためであると考えられる(19)。

また晩年の作『集古錄跋尾』にも排佛論が多々見受けられ、巻七「唐徐浩玄隱塔銘」には、

余於集錄屢誌此言。蓋慮後世以余爲惑於邪說者也。比見當世知名士、方少壯時力排異說、及老病畏死、則歸心釋老、反恨得之晩者、往往如此也。可勝歎哉。（わたしは集古錄において、しばしばこの（＝浮圖老子の）言辭を記した。（このことで）後世の人々がわたしを邪說に惑った者とみなすのではないかと心配するのである。近頃、當世に名の知られた士大夫を見ると、若い時分には強く異端の說を排斥するが、老いさらばえ病氣になり、死を恐れるようになると、釋老に歸心して、かえってそれを晩くに得たことを恨むようなものがよくいる。歎いてもきりがないほどである。）

とあり、邪說に惑わされたために佛老に關わる碑銘を『集古錄』に收録したのではないと述べている。また當時の士

大夫が晩年佛老に歸心することを批判しているのは、彼自身は一生歸佛しないという宣言ともとれる(20)。

また『避暑錄話』巻一に、

公既登政路。法當得墳寺、極難之、久不敢請。已乃乞爲道宮。凡執政以道宮守墳墓、惟公一人。(歐陽文忠)公がすでに執政の地位に登っていた時のこと。法では(執政官は)墳寺(の勅額)を奏請できることになっていたが、これを強く拒み、長いこと奏請しようとしなかった。しばらくしてなんと道宮を(墳寺に)乞うた。およそ執政で道宮によって墳墓を守らせたのは、ただ公一人だけである。)

とあり、當時、執政官は墳寺の勅額を下賜される慣例があり、普通は寺院を墳寺としたが、歐陽脩は道宮を墳寺とした(21)。このことは、宋の曾敏行『獨醒雜志』巻二・明の都穆『聽雨紀談』等にも見える。歐陽脩が執政官である樞密副使となったのは、胡柯の年譜等によれば嘉祐五年のことであり、『新唐書』完成の年に當る。

これらの資料は、『歐陽外傳』の記述が信じるに足るものではなく、歐陽脩が新唐志纂修當時を含めて、晩年に至るまで排佛思想を抱いていたことを物語っている(22)。

次に『歐陽外傳』が如何なる目的で作られたかを考えてみたい。『統紀』巻四十五引『歐陽外傳』の中で、居訥は「韓退之は佛老の排斥を唱えた。もし足下も今これに同調するならば、後世の名聲を好む士人が、韓氏と歐陽氏とを引き合いに出して手本とするようになるであろう。どうして立派な僧侶の煩いとならないであろうか。」と語り、歐陽脩の排佛が後世に與える影響を危惧している(23)。これは祖秀が居訥の口を借りて『外傳』作成の目的を語らせたのではなかろうか。そう考えれば、『歐陽外傳』は、歐陽脩が結局は歸佛したと説くことで、當時の士大夫に對する弘法や護法を有利に展開するために作られたということになろう(24)。

『歐陽外傳』は『佛祖統紀』に度々引用されるのをはじめ、宋の釋本覺『歷代編年釋氏通鑑』の「採摭經傳錄」にその名が見え、また『朱子語類』巻百二十六「釋氏」に「また僞作の韓・歐『別傳』のようなものは、まさに盜賊が捕り手を怨み、わざと盜品を路上にばらまくようなものである。」とあり、元の耶律楚材『湛然居士集』巻十三「書金剛經別解後」に「歐陽永叔が圓通の居訥に心酔して、みずから居士と稱したことは、歐陽公別傳に書かれてあることである。」とあるように、南宋以後かなり廣まっていたようである(25)。このような作り話が廣まっていった背景には、それを受容し易くする要因があったと考えられる。その要因とは、『歐陽外傳』以外の歐陽脩歸佛說の存在(26)と、以下に述べる歐陽脩を取り巻く諸事情である。

一、歐陽脩が「與大顛師書」を韓愈の眞作と認めたこと。宋代では韓愈が大顛によって歸佛したか否かをめぐる議論が盛んであり、それに絡んで「與大顛師書」の眞僞が問題となっていた。そのなかで歐陽脩はこの書簡を韓愈の眞作とみなす立場を示した（『集古錄跋尾』巻八「唐韓文公與顛師書」）。歐陽脩はその根據として、この書簡が『易』繫辭傳を「大傳」と呼び、いくつかの語が韓愈の措辭と認められることを擧げる。このうち『易』繫辭傳を「大傳」と呼ぶ點は歐陽脩の持論（『易或問』等）と一致するものであった。このことは、歐陽脩がこの書簡を韓愈の眞作と判定する上で大きく影響したと考えられる。これに加えて、歐陽脩がこの書簡の拓本を手に入れるのにかなり苦勞したことや、彼が韓愈の文集を校定する際に石刻を有力な材料とみなしていたことも、「與大顛師書」を韓愈の眞作と判定する上で影響した可能性がある(27)。また、この書簡を眞作と認めたからといって、このことがただちに歐陽脩が歸佛したことの證據となるわけではない。

二、歐陽脩の僧侶との交遊。これは、先述のように、彼らの詩文の才や人間性を高く評價したためである。

三、嘉祐六年、譯經潤文使となったこと。『歐陽文忠公集』附錄巻一の吳充の手になる行狀に「嘉祐五年、以本官爲樞密副使。明年閏八月、參知政事、兼譯經潤文。」とある(28)。宋の宋敏求『春明退朝錄』巻上（『百川學海』所收）

に、

太平興國中、始置譯經院於太平興國寺、延梵學僧、翻譯新經。始以光祿卿湯公悅・兵部員外郎張公洎潤色之、後趙文公・晁文莊・李尙書維皆爲譯經潤文官。天禧中、宰相丁晉公始爲使、天聖三年、又以宰相王冀公爲使。自後元宰繼領之。然降麻不入銜。又以參政・樞密爲潤文。…（太平興國中、譯經院を太平興國寺に置き、梵學僧を招き、新たに將來された經典を翻譯させるようになった。當初は光祿卿の湯悅・兵部員外郎の張洎にこれを潤色させ、後には趙安仁・晁迥・李維はみな譯經潤文官に任命された。天禧中、宰相の丁謂が始めて譯經潤文使に任命され、天聖三年、また宰相の王欽若を譯經潤文使に任命した。以後元宰が相繼いでこれを兼領した。しかしながら任官の詔書を降すだけで官職の肩書には入れなかった。さらに參政・樞密を潤文に充てるようになった。…）

とあり、北宋の初期に、宰相・參知政事等が譯經潤文使を兼領するようになっていった樣子が見てとれる(29)。歐陽脩の場合も、この慣例に從ったにすぎない。

四、晩年、號を「六一居士」に改め、文集にみずから『居士集』の名を附けたこと。「六一」とは、『居士集』卷四十四「六一居士傳」によれば、藏書一萬卷・金石遺文一千卷・琴一張・碁一局・酒一壺、これに歐陽脩の一翁を加え、六つの一に因んだものである。「居士」は、在家の佛敎信者を指すと考えられがちであり、合山究氏も、歐陽脩が居士號をつけたのは晩年佛敎に接近していったためであるとする(30)。しかし『禮記』玉藻篇「居士錦帶」の鄭玄注に「居士、道藝處士也。」とあり、『韓非子』外儲說左上篇に「齊に居士田仲なる者有り。宋人屈穀、之を見て曰く、穀聞く、先生の義、人を仰ぎて食うを恃まず、と。」とあり、古來、民間にいて仕えない人物、所謂處士を指し、宋の蕭參『希通錄』（『續百川學海』甲集所收）に、

本朝以居士稱者實繁。卽孟子所謂處士也。（本朝は居士と稱する者が實に多い。（居士とは）つまり孟子のいうと

ころの處士である。）

とあるのによれば、宋代の居士號は「處士」の意味で使われることがあったようである。歐陽脩は、年譜によれば、煕寧元年から致仕を乞う上奏文を度々提出するが許されず、同四年六月に致仕する。「六一居士傳」が書かれた煕寧三年九月は致仕を熱望していた時期に當る。よって「六一居士」の號、及び『居士集』の名は、官界から退いて「六一」の趣味的世界に耽溺する一私人としての思いを込めてつけたと考えるべきであろう。

五、家族の崇佛ぶり。『避暑錄話』巻一に、

歐陽氏子孫奉釋氏甚衆、往往尤嚴于它士大夫家。余在汝陰、嘗訪公之子棐于其家。入門、聞歌唄鐘磬聲、自堂而發。棐移時出、手猶持數珠、諷佛名具謝、今日適齋日、與家人共爲佛事。方畢問之、云、公無恙時、薛夫人已自爾、公不禁也。及公薨、遂率其家無良賤悉行之。（歐陽氏の子孫は釋氏を信奉するものが非常に衆く、しばしば他の士大夫の家より非常に嚴かである。わたしが汝陰にいたとき、かつて公の子の棐をその家に訪問した。門に入ると、聲明・鐘磬の音が堂から發するのが聞こえた。棐はしばらくして出てきたが、手には數珠を持ったままで、佛の名號を唱え、「今日はちょうど齋日なので、家のものと佛事を行っております。」と陳謝した。佛事が終わってから（公の生前はどうだったのかと）尋ねたところ、（棐は）「公が健在の時、薛夫人はすでにこのように佛事を行っていましたが、公は禁じませんでした。公が亡くなってからは、家を擧げて、身分の貴賤なく、みな佛事を行うようになったのです。」と答えた。）

とあり、歐陽脩の子孫には佛教を信奉する者が多く、歐陽脩は生前、薛夫人が佛事をなすのを禁じなかった。このことについて、竺沙雅章氏は、宋代の士大夫官僚は公的な場では排佛論を主張する者でも、家庭では佛事を行うのが一般的であったとする(31)。

ここに擧げた五點は決して歐陽脩の歸佛を證明するものではない。しかし、それを人々に連想させ、歐陽脩が歸佛したという俗說を發生させるには充分なものであったろう。『歐陽外傳』はこのような俗說の發生を利用して作られたものであり、だからこそ、まことしやかに廣まっていったものと思われる。

やや横道にそれた感があるが、本節の檢討の結果、新唐志纂修當時、歐陽脩が依然として排佛思想を抱いていたことをほぼ確認できたことと思う。

第二節　『新唐書』藝文志釋氏類の目錄學史的位置

新唐志の釋氏類は、子錄道家類に附屬する類の一つとして神仙類に續けて立類され(32)、唐開元年間の毋煚『古今書錄』によって著錄した、所謂「著錄」部分と、唐人の著作を新たに補った、所謂「不著錄」部分とから構成される。また譯經である經律論は全く著錄せず、もっぱら中國撰述佛典を著錄する。本節では、釋氏類の立類、及びその著錄狀況が目錄學史的に見てどのような意味を持つかを分析してみたい。

まず釋氏類の立類が目錄學史的に見てどのような意味を持つか考察する。

『隋書』經籍志（以下「隋志」）は、四部の附錄に、佛家經錄の分類法によって譯經・章疏を著錄した「佛經」部を持つ(33)。しかし中國撰述佛典の大部分は四部內の史部雜傳類・地理類、子部雜家類の三類に散在著錄されており、中國撰述佛典のための類はいまだ立てられていない。

また唐の毋煚『古今書錄』（佚）は、その小序・解題を删除して作られた舊唐志によれば、基本的に隋志と同じく散在著錄の傾向にあり、史錄雜傳類・地理類、子錄道家類、集錄總集類に著錄されている。しかし注目すべきは、隋志の子部では中國撰述佛典の一部をとりあえず雜家類に著錄していたのに對し、舊唐志道家類の末に「右道家一百二十五部、老子六十一家、莊子十七家、道釋諸説四十七家、凡九百六十卷。」とあるように、『古今書錄』ではこれをはじめて道家類の末尾に取り込んだことである。

北宋の天聖八年に纂修された『三朝國史』藝文志（以下「三朝國志」）は、『文獻通考』經籍考・子・釋氏に「宋三朝藝文志曰、…今取傳記禪律纂之書參儒典者具之。」とあり、また「宋三朝志五十八部六百一十六卷」とあるように、それまで四部内に散在著錄されていた中國撰述佛典のために一類を立て、そこに一括著錄した。また『玉海』卷四十六藝文・正史「天聖三朝國史」條に「先是太祖太宗、紀六、志五十五、傳五十九、目錄一、凡百二十卷。至是、修眞宗史成、增紀爲十、志爲六十、傳爲八十、總百五十卷。此所謂三朝國史也。」とあり、その注に「凡紀十卷、志增道釋符瑞爲六十卷、列傳八十卷、總一百五十卷。」とあり、『三朝國史』では「釋」志が增設されている。また、この『三朝國史』の纂修者の一人夏竦は、『景祐新修法寶錄』總錄によれば、天聖四年、譯經潤文官に充てられ、『天聖釋教總錄』の序文等を書いている。このような狀況からみて、三朝國志における中國撰述佛典のための一類の創設は、夏竦の主導のもと、「釋」志の增設に伴ってなされたものである可能性が考えられる。當然、その背景には、建國以來歷代皇帝による崇佛事業が與って力あったであろう。ついで慶曆元年に完成した『崇文總目』は子部の末に道書類に續けて釋書類を立て、三朝國志と同じく中國撰述佛典を一括して著錄した(34)。釋書類が子部の末に置かれたのは、中國撰述佛典のための一類が立てられて閒がなく、いまだ子部中に適當な位置を與えられていないことを示している。

このように唐代から北宋中期にかけて中國撰述佛典が獨立した一類の中に一括されていく樣が見てとれる。その流れの中にあって、新唐志は、唐代の分類法（『古今書錄』）を基礎に、釋氏類に道家類の一小類としての位置を與え、これに宋代の新しい分類法（三朝國志）を融合させ、中國撰述佛典を一括著録した。この方法は、次の正史藝文志である『宋史』藝文志に繼承される。新唐志釋氏類の立類は、目錄學史的にこのような意味を持つものである。

次に釋氏類の著錄狀況について考察する。考察對象には、（一）譯經の不載、（二）章疏の著錄、（三）僧侶の詩文集と偈頌の扱いの相違、（四）「破胡集」の著錄、の四點を擧げた。その理由は、これらがいずれも排佛思想との關係を考える上で重要と思われるためである。

（一）譯經の不載。

隋志は、佛教が方外の教えであるという理由で、四部から除外して、譯經を章疏とともに附錄の「佛經」部に著錄した。しかも道經・佛經兩部の小序の後に、

道佛者、方外之教、聖人之遠致也。俗士爲之、不通其指、多離以迂怪、假託變幻亂於世。斯所以爲弊也。故中庸之教、是所罕言、然亦不可誣也。故錄其大綱、附于四部之末。（道・佛は、世俗を離れた教えであって、聖人の教えの遠くに達したものである。卑俗な士人がこれを學んでも、その趣旨を理解できず、大抵は現實離れしたでたらめに逸脱し、變幻にかこつけて世の中を混亂させる。これが弊害とされる理由である。だから中庸の教えは、めったに口にしないのであるが、そうはいってもないがしろにすべきでもない。こういうわけで、その大綱を錄して、四部の末に附しておく。）

とあるように、「佛經」部にはその分類と著錄部數・卷數、及び小序が記されるだけで、實際に譯經が著錄されることはなかった。

『古今書錄』も譯經を著錄しなかったが、『開元內外經錄』を作って章疏とともに著錄した。この書は散佚して傳わらないが、舊唐志總序引『古今書錄』序に「其外有釋氏經律論疏・道家經戒符籙、凡二千五百餘部九千五百餘卷。

亦具翻譯名氏、序述指歸、又勒成目錄十卷、名曰開元內外經錄。」と、その大綱が記されている。また『古今書錄』序の後に、

　煚等四部目及釋道目、並有小序及注撰人姓氏。…其釋道錄目附本書、今亦不取。（毋煚等の四部目、及び釋道目には、いずれにも小序、及び編著者に對する注がある。…その釋道錄目は本書（四部目）に附されていたが、ここではやはり採用しない。）

とあるのによれば、『古今書錄』と『開元內外經錄』が隋志のように四部と附錄の關係にあったことがわかる。

　舊唐志は『古今書錄』をもとに作られたが、五代の戰亂の影響か、その總序に「その釋道錄目は本書（四部目）に附されていたが、ここではやはり採用しない。」と述べるだけで『開元內外經錄』を採用しなかった。そのために譯經と章疏は附錄にさえもならなかった。

　北宋に入ると、『崇文總目』は釋書類に譯經七部二十一卷を著錄したが、初の官版大藏經である開寶藏が雕版された當時の狀況を考えると、これはあまりに少なすぎる(35)。『崇文總目』が當時の三館祕閣の藏書目錄であることを考えれば、わずか七部しか所藏されていなかった譯經を釋書類に入れたにすぎないと考えるのが妥當であろう。そう考えると、唐代から北宋中期にかけて、譯經は官修目錄から徐々に除外されていく傾向にあったといえる。新唐志の譯經の不載は、この傾向に沿うものである。

（二）章疏の著錄。

　章疏は、先述のように、隋志以來、譯經とともに四部の附錄に著錄され、舊唐志に至って官修目錄から一時姿を消したが、北宋に入ると、『崇文總目』は釋書類に章疏十三部三十一卷を著錄した(36)。しかし、これは譯經の場合と同様に、開寶藏が雕版された當時の狀況を考えるとあまりに少なすぎることから、三館祕閣所藏の章疏を釋書類に入

れたにすぎないと考えられる。つまり大きな流れのなかで見れば、章疏も譯經と同樣に、唐代から北宋中期にかけて官修目錄から消え去りかけていたことに變わりはないのである。この趨勢のなか、新唐志は、『崇文總目』における章疏の扱いに發想を得たのか、釋氏類の「不著錄」部分に章疏を多數著錄した。また、そのほとんどは唐の太宗・高宗期に活躍した道宣の著『大唐內典錄』・『續高僧傳』を所據資料としている(37)。そもそも「不著錄」部分は開元年間以後の著作を著錄しないという「著錄」部分の缺點を補うために作られたものであるから、常識的に考えれば、そこには本來開元年間以後の著作が著錄されているはずである。しかし釋氏類の「不著錄」部分には、これらの資料を用いて、わざわざ唐高宗期以前の唐人の章疏が非常にたくさん補われているのである。このことは新唐志が章疏の著錄に熱心だったことを示しているとも考えられる。そう考えると、新唐志に至ってはじめて、章疏が本格的に四部內に著錄されたといえよう。

(三)　僧侶の詩文集と偈頌の扱いの相違

僧侶の詩文集・詩選集は、隋志以來、集部の別集類・總集類にそれぞれ著錄され、『崇文總目』が中國撰述佛典を一括著錄する際にも、これらは依然集部に著錄されていた。それは何故であろうか。『續高僧傳』卷二十四釋法琳傳に、

少出家、遊獵儒釋、博綜詞義。…晝則承誨佛經、夜則吟覽俗典。故於內外詞旨、經緯遺文、精會所歸、咸肆其抱。

(若い時分に出家し、儒教・佛教をはば廣く探究し、詩文に博く通曉していた。…晝は佛經を受業し、夜は俗典を讀み耽った。そのために內典・外典の主旨においては、先人が記した文章を經緯し、宗旨をよく理解し、すべて思いのままであった。)

とあり、護法沙門として著名な法琳は佛經だけでなく儒書にも精通していた。これは、儒教を奉ずる貴族や知識人に

對して弘法活動や護法を行うために、僧侶にも詩文の才能が必要であったことを物語る一例である(38)。このような目的で作られた僧侶の詩文は、貴族達のそれと、それほどかけ離れたものではなかったであろう。それ故に『崇文總目』は僧侶の詩文集を集部に著錄したと推測される。一方、偈頌を著錄したのは、官修目錄では『崇文總目』の釋書類がはじめてである。例えば、釋書上「釋華嚴游復偈一卷」、釋書中「見道頌一卷」などがそうである。そもそも偈頌は佛の徳を讃歎して教理を說く詩であり、先の僧侶の詩文とはかけ離れたものである。そのために偈頌は釋書類に著錄されたと考えられる。これはつまり『崇文總目』が同じく僧侶の著作である詩文集と偈頌について、その佛教思想の濃淡を判斷基準にして、一方を集部に、一方を釋書類に著錄したものといえる。このように『崇文總目』に至って、詩文集と偈頌の分類法に新機軸が打ち出されたのである。これに對し、新唐志では僧侶の詩文集は別集類の「著錄」部分に「僧曇諦集」等七部、「不著錄」部分に「僧惠賾集」等五部が著錄され、詩選集は總集類の「著錄」部分に「僧惠淨續古今詩苑英華」、「不著錄」部分に「僧廣宣與令狐楚唱和」等二部が著錄される。また偈頌は、釋氏類「不著錄」部分に楚南「般若經品頌偈」等五部が著錄される。これは『崇文總目』の分類法を踏襲したものである。

（四）「破胡集」の著錄。

『崇文總目』卷五十六釋書下に「破胡集一卷」が著錄される(39)。この書は、四庫全書本には著錄されないが、喬衍琯は、宋の黃伯思『東觀餘論』卷下「校正崇文總目十七條」に「破胡集」の解題があるのを根據に、四庫全書本の誤脫とする(40)。新唐志釋氏類「不著錄」部分「破胡集一卷」の注に「會昌沙汰佛法詔勅。」とあるのによれば、この書は唐武宗の會昌排佛の詔勅集である。『崇文總目』では普通詔勅は卷五十七總集上に著錄されているが、この「破胡集」が釋書類に著錄されているのは何故であろうか。ひとつには、中國撰述佛典の一括著錄の際、「破胡集」を單純に佛教關連書として釋書類に著錄した可能性が考えられる。これと類似した例として「潤文官錄一卷」が擧げられる。職官錄は『崇文總目』では普通職官類に著錄されるが、この書は釋書類に著錄されている。これは、この書が佛教關連の職官錄だからであろう。或いは、宋の李燾『續資治通鑑長編』卷百二十五仁宗寶元二年十一月癸卯條によれば、宋祁は「三冗三費」を論じた上疏文の中で、僧尼が際限なく增加し、國力を疲弊させる一因となっている當時の狀況を痛切に語っている。これは、『崇文總目』完成の二年前に當たる。加えて、『續資治通鑑長編』卷百十四仁宗景祐元年閏六月辛酉條、『玉海』卷五十二藝文書目「景祐編三館祕閣書籍」「慶曆崇文總目」條によれば、宋祁の兄庠は、後に『崇文總目』編纂へとつながる景祐元年の三館祕閣の藏書整理事業に參加している(41)。以上の點を考え合わせると、「破胡集」の釋書類への著錄には、當時の肥大化する佛教界を牽制する意圖があったと見ることもできる。この意圖があったにしろ、なかったにしろ、佛教界からすれば、このような負の遺産を釋書類に入れられるのは耐え難いものであったことに違いはない。新唐志はこの「破胡集」を釋氏類に著錄するが、これは『崇文總目』を踏襲したものである。

以上、新唐志釋氏類の立類、及びその著錄狀況が目錄學史的に見て、どのような意味を持つか考察してきた。次節では、この結果を踏まえて、釋氏類に排佛思想の影響が見られるか否かを検討してみたい。

第三節　『新唐書』藝文志釋氏類の纂修に對する歐陽脩の態度

釋氏類の立類は、『古今書錄』を基礎に、三朝國志の分類法を融合させたものである。また釋氏類と排佛思想との關係を考える上で重要と思われるものとして擧げた四點の著錄狀況のうち、（一）譯經の不載は、唐代から北宋中期の官修目錄の趨勢と一致するものであり、そこに排佛思想の影響を見出すことは難しい。また（三）僧侶の詩文集と偈頌の扱いの相違と（四）「破胡集」の著錄は、いずれも『崇文總目』を踏襲したものであり、（三）からは佛教思想の濃淡を基準にした分類法を、（四）からは佛教界を牽制する意圖を、それぞれ見出すことが可能である。よって、もしこれらが『崇文總目』の基本方針・分類大綱に歐陽脩の意見が採用された結果生じたものであるならば、『崇文總目』の段階で排佛思想の影響を受けた可能性が出てくる。しかし歐陽脩は『崇文總目』の編纂においては若手の編修官の一人として應分の作業を分擔したにすぎないといわれている(42)。よって釋氏類が從來の分類法を踏襲したこれらの事例から、排佛思想の影響を受けた明確な痕跡を見出すことは難しい。排佛思想の影響を考える上で有効なのは、目錄學史的に見て釋氏類に獨自な分類法である。その意味で（二）章疏の著錄は注目に値する。章疏の著錄は釋氏類を充實させることにつながり、排佛思想に相反する作業だからである。何故歐陽脩は章疏を數多く著錄し、積極的に釋氏類を充實させるようなまねをしたのか。この理由を考える上で重要な手がかりを與えてくれるのは、『新唐書』の列傳である。列傳には藝文志と異なり、歐陽脩の排佛思想の影響が色濃く見受けられるからである。

　藤井京美氏によれば、『新唐書』では、『舊唐書』方伎傳に立てられていた高僧の傳や、同書の隱逸傳に見られた佛教に對する好意的な記述が徹底的に削除されているという(43)。列傳においてこのような現象が生じた原因について、藤井氏は、『居士集』卷十七「魏梁解」の、

　聖人之於春秋用意深。故能勸戒切、爲言信、然後善惡明。（聖人（＝孔子）は『春秋』に對して細心の注意を拂った。だから懇切に勸戒し、信實僞わりのない文章を作ることができてこそ、善惡は明らかとなる。）

という一文と、『外集』卷十「石鷁論」の、

　夫據天道、仍人事、筆則筆、而削則削、此春秋之所作也。（そもそも上は天道を據りどころとし、下は人事に鑑

み、記録すべきことは記録して、削るべきことは削る、これが春秋の作られた方法である。）

という一文とを引き、歐陽脩が史書の纂修において、その鑑戒の書としての役割を重視したためであり、これが『新唐書』列傳中の佛教關連記事の刪除へとつながったとしている。これは藝文志に見られた釋氏類の充實と逆行する現象であり、『新唐書』という一つの史書のなかにあって、列傳と藝文志の間に異なる纂修方針が存在したことを示している。この纂修方針の異同は、歐陽脩が列傳と藝文志との纂修において、それぞれ異なった役割を重視していたことに起因するものであろう。そこで、歐陽脩が藝文志の役割として如何なる點を重視していたか考えてみたい。

そもそも新唐志以前の正史藝文志は、單なる書籍目錄と異なり、その分類・小序・著錄狀況等によって當時の學術の發展狀況等を體系的に整理・記錄してきた。宋の鄭樵『通志』校讎略「編次必謹類例論」に、

類例既分、學術自明、以其先後本末具在。觀圖譜者可以知圖譜之所始、觀名數者可以知名數之相承。讖緯之學盛於東都、音韻之書傳於江左、傳注起於漢魏、義疏成於隋唐、覩其書可以知其學之源流。（類例がひとたび分かたれれば、學術はおのずと明らかになって、その興廢の樣がつぶさに（目錄の中に）映し出される。圖譜（の書）を見れば圖譜（の學）がいつ興ったかを知ることができ、名數（の書）を見れば名數（の學）が如何に傳えられてきたかを知ることができる。讖緯の學が東都（＝後漢）に盛んとなり、音韻の書が江左（＝南朝）に傳わり、傳注が漢魏に起こり、義疏が隋唐に完成されたことなど、その書を見ればその學の源流を知ることができるのである。）

とあるのなどは、鄭樵が從來の正史藝文志に對する分析から、目錄はその分類や著錄書籍によって各時代・各分野の學術の發展狀況を反映するという役割を持つべきだという結論を得たことを表明したものである。この鄭樵の論は書籍目錄一般について述べたものではあるが、このような役割は正史の一部たる藝文志にあっては、なおのこと強く求

められるであろう。新唐志の分類や著錄書籍などを見ると、歐陽脩にも從來の正史藝文志や鄭樵と同樣に、正史藝文志の役割として、學術の發展狀況を目錄上に反映させることを重視していたと見られるふしが存在する。一例を擧げれば、新唐志は釋氏類に道家類の附屬という位置を與えたが、これは唐代の學術を體系化し、それを目錄上に反映させたものと見ることができる。先述のように、舊唐志以前は四部内に散在著錄されていた中國撰述佛典は、三朝國志に至って、ようやく一つの類に一括著錄されたものの、『崇文總目』に至ってもなお子部中に適當な位置を與えられず、子部の末に置かれたままになっていた。これらの書籍に對して、新唐志は「釋氏」という一類を立てて道家類の附屬に位置させた。このこと自體は、唐代の『古今書錄』の分類法に、宋代の新しい分類法を融合させたものにすぎないが、それによって「釋氏」の學が道家から派生した「神仙」（道教）と關連しつつ、唐代に盛んとなり、一つの學問分野を形成したことを明確に傳えている。また新唐志釋氏類における章疏の大量著錄からは、唐代の佛教において義疏の學が隆盛期を迎えたことを傳えている。鄭樵が「編次必謹類例論」のなかで「義疏成於隋唐、覩其書可以知其學之源流。」と述べたのは、新唐志經錄の各類や子錄道家類に義疏が大量に著錄されていたことに加えて、この釋氏類における章疏の著錄狀況を見たからに他ならない。つまり歐陽脩は、釋氏類の纂修に際し、自己の排佛思想にとらわれることなく、唐代の學術を體系化し、それを目錄上に反映させるという正史藝文志の役割を重視した結果、「釋氏」の立類や、章疏の著錄等によって釋氏類の充實を圖ったと考えられるのである(44)。

おわりに

以上、新唐志釋氏類の纂修に排佛思想の影響が見られるか否かを検討してきた。その結果、以下のことが明らかとなった。

歐陽脩は新唐志纂修當時、依然として排佛思想を抱いていた。その排佛論は、過激な手段によって一氣呵成に排佛を行うというものではなく、現實社會における佛教の浸透ぶりを客觀的に認識した上で、禮義による教化によって徐々に佛教を排斥していくというものであった。しかし、このような彼の排佛思想は新唐志釋氏類の纂修に影響を與えることはなかった。その理由は、歐陽脩が唐代の學術を體系化し、それを目錄上に反映させるという正史藝文志の役割を重視し、客觀的な態度で釋氏類の纂修に臨んだためであると考えられる。

注

（1）　本書上篇序章を參照。

（2）　本節の作成に當って、主に次の論著を參考にした。劉子健「歐陽脩的信仰問題」（『歐陽脩的治學與從政』、新文豐出版社、一九八四年十月修訂版。初版一九六三年五月新亞研究所）・麓保孝「博識の儒臣―歐陽永叔」（『北宋に於ける儒學の展開』、書籍文物流通會、一九六七年三月）・郭預衡「論歐陽脩」（『學術論文集』、北京師範大學出版社、一九八二年七月）・小林義廣「歐陽脩の後半生と宗族」（『東海大學紀要文學部』一九九八年第70輯、一九九九年二月）。なお本注、及び本章注（11）・（17）所引の小林氏の三論文は、後に『歐陽脩　その生涯と宗族』（創文社、二〇〇〇年十一月）に再録された。

（3）　『歐陽文忠公集』巻首の胡柯「廬陵歐陽文忠公年譜」眞宗大中祥符九年丙辰條・同『外集』巻二十三「記舊本韓文後」。

（4）　『歐陽文忠公集』の『居士集』巻二十七「尚書都官員外郎歐陽公墓誌銘」。

（5）『居士集』巻二十九「尙書工部郎中歐陽公墓誌銘」。

（6）歐陽脩は四歳で父と死別し、隨州推官歐陽曄のもとに身を寄せていた。また天禧二年は、脩十二歳である。安藤智信「歐陽脩の排佛論について」（『印度學佛教學研究』第十一巻第一號、一九六三年一月）・劉子健前掲書を參照。

（7）麓氏・劉子健前掲書を參照。

（8）なお宋の邵伯温『邵氏聞見錄』巻八では、歐陽脩が尹洙の影響で古文を作りはじめたとする。古文をめぐる歐陽脩と尹洙の關係については、東英壽「歐陽脩と尹洙」（『鹿大史學』第46號、一九九九年一月）に詳しい。

（9）劉子健前掲書を參照。

（10）この作品に對して、『歐陽文忠公集』の刊行者でもある南宋の周必大は『廬陵周益國文忠公集』の『省齋文稿』巻十九「豐城府君便山處士唱酬詩卷」に「六一先生送佛者慧勤三章、雖極道山中之樂而謂不可久者、蓋惜其才之甚良、自棄於無用、欲反之正耳。」と述べ、「無庸」を「無用」に作る。

（11）小林氏「歐陽脩における歷史敍述と慶曆の改革」（『史林』第66巻第4號、一九八三年七月）を參照。

（12）『居士集』巻十七所收。作成年代は居士集目錄による。

（13）「本論下」に「奚必曰、火其書而廬其居。」とあり、必ずしも佛典を燒き寺を人家にする必要はないという。「火其書而廬其居」は、韓愈の「原道」の語である。

（14）『統紀』はこれを慶曆四年條に繫年するが、胡柯「歐陽文忠公年譜」によれば、滁州左遷は慶曆五年のことである。

（15）原文「蜀沙門祖秀、紀歐陽子見訥禪師事、作歐陽外傳。」。さらに續けて、「後湖居士蘇庠養直魏公張浚爲序。秀、住潭州上封、得法於黃龍新禪師、自號藏六菴。」とある。

（16）久保田量遠『中國儒道佛三教史論』（國書刊行會、一九八六年再刊。初版一九三一年）は、これを事實とみなす。

（17）小林氏「歐陽脩における族譜編纂の意義」（『名古屋大學東洋史研究報告』6、一九八〇年八月）を參照。

（18）『居士集』巻十七末の校勘記、『外集』巻九「本論」題下の注を參照。

（19）何澤恆「韓愈與歐陽脩」（『書目季刊』第十巻第四期、一九七七年三月）・近藤正則「歐陽脩に於ける『孟子』の受

容について―經學復古と排佛論の基調を中心として」（『東洋文化』復刊第六十一號、一九八八年十月）の注（3）・小林氏「後半生と宗族」（前掲）を參照。

(20) 郭預衡前掲書による。同氏は卷六の嘉祐八年書「唐司刑寺大脚跡勑」・治平元年書「唐華陽頌」、卷七「唐徐浩玄隱塔銘」等を引き、歐陽脩の排佛が終始一貫していたとする。小林氏「後半生と宗族」（前掲）は、この「唐徐浩玄隱塔銘」を五十歳代の作とする。なお卷九の治平元年書「唐會昌投龍文」にも排佛に關連する言辭が見える。

(21) 劉子健前掲書・竺沙雅章「宋代墳寺考」（『中國佛教社會史研究』、同朋舍、一九八二年二月）・小林氏「後半生と宗族」（前掲）を參照。

(22) 小林氏「後半生と宗族」（前掲）は、これらの資料から歐陽脩が晩年に至っても佛教に批判的であったとする。また、嘉祐四年、趙槩に宛てた三通の書簡の三通目（『歐陽文忠公集』の『書簡』卷三「與趙康靖公」）に「叔平素喜浮圖之說、死生之際、固已深達。玆顧未能頓至無念。」とあり、趙槩は日頃浮圖の說を好み、奥底まで理解していたはずであるにもかかわらず、知り合いの死にあたっては直ちに無念の境地に至ることはできなかったと歐陽脩が指摘していることから、この時期、歐陽脩は明らかに佛教と距離を置いていたとする。

(23) 原文「退之倡排佛老。足下今和之、將使後世好名之士、援韓氏歐陽氏以爲法、豈不爲盛德之累。」。

(24) 麓氏前掲書は、歐陽脩の歸佛說を當時の佛教徒が作ったものと推測する。なお諸橋轍次氏は、北宋時、佛教徒が儒者の領域に侵入しようとして、儒を佛に引き入れようと奸計をめぐらしていたと述べている（『儒學の目的と宋儒―慶曆至慶元百六十年間―の活動』（大修館書店、一九三〇年十月）五六六～五六八頁。）。

(25) 原文はそれぞれ「又如僞作韓・歐別傳之類、正如盜賊怨捉事人、故意攤贓耳。」、「永叔服膺於圓通而自稱居士、歐陽公別傳在焉。」。

(26) 宋の阮閲『詩話總龜後集』卷四十五・『避暑錄話』卷一等を參照。

(27) この問題をめぐっては、宋の朱熹『昌黎先生集考異』卷九に詳しい。また吉川忠夫「韓愈と大顚」（礪波護編『中國中世の文物』、京都大學人文科學研究所、一九九三年三月）は、『考異』を軸に、韓愈と大顚をめぐる宋代の議論を如實に描き出しており、大變參考になった。吉川氏は、歐陽脩が韓愈の文集の校定において石刻を有力な材料とみなしていた例として、『集古錄跋尾』卷八「唐韓愈黃陵廟碑」・「田弘正家廟碑」等を引いている。

(28) 久保田氏前揭書は、これを歸佛の證據の一つとする。

(29) 龔延明『宋代官制辭典』(中華書局、一九九七年四月)・郭聲波「宋朝官方宗教機構考述」(『宋代文化研究』第七輯、巴蜀書社、一九九八年五月)を參照。なお『宋會要輯稿』第二百冊道釋二「傳法院」條にも『春明退朝錄』と同樣の記載がある。

(30) 「雅號の流行と宋代文人意識の成立」(『東方學』第三十七輯、一九六九年三月)を參照。

(31) 竺沙氏は「宋代佛教社會史について」(『宋元時代史の基本問題』(汲古書院、一九九六年七月)所收)を參照。その他にも、竺沙氏は「宋代墳寺考」(『中國佛教社會史研究』、同朋舍、一九八二年二月)において、宋の兪文豹『吹劍四錄』を引いて、「およそ宋代の士大夫は喪葬、祖先追薦にはおおむね佛教を用いた。佛教を信じなかった司馬光でさえ、家法に「十月、齋僧誦經し祖考を追薦せよ」との一項を設けたといわれ、また理學のさかんな江西において、臨川の黃犖が卒した時、その子の塄は僧道を用いない葬送を欲したが、親族がこぞって反對したので、止むなく半今半古の說を行ったという。佛式の喪葬を行わないと世間から親を輕んずる者として非難されるほど、喪葬習俗に佛教の浸透が著しく、士大夫といえどもその習俗から脱がれることはできなかった。識者のなかには、父祖の死に直面して哀しみを表わす方法が他にない以上、俗禮や夷教に意を屈するのも仕方あるまいとの意見もあった」と述べている(一三七頁)。

(32) 新唐志の體例では、經史子集の四錄の下に易類等があり、類によっては道家類のように附屬する類を持つものがある。

(33) 「章疏」とは譯經の注釋書である注・疏・義記等の總稱である。なお目錄學史的に考える場合、本來ならば、はじめて佛典が目錄に著錄された時點から考察すべきである。しかし本章では、隋志以後の官修目錄に限って考察した。隋志以前、及び佛教經典目錄を含めた佛典分類法の沿革については、別の機會に考察することにしたい。

(34) なお『崇文總目』は、釋書類の他に、慧皎「高僧傳」・道宣「續高僧傳」を傳記類に、玄奘「大唐西域記」を地理類に著錄する。

(35) 譯經は、『崇文總目』の釋書上に「楞嚴經十卷」・「佛說垂涅槃略說教戒經一卷闕」・「佛說一乘竟究佛心成經一卷闕」・「佛說三停厨法經一卷闕」・「佛說未曾有因緣經二卷闕」・「佛說法句經一卷闕」・「釋摩訶衍論五卷闕」が著錄される。なお『崇文總目』には「義金剛般若波羅密經讃誦一卷闕」も著錄されるが、これが譯經か否かは未詳。これらの譯經については、本書上篇第三章第二節を參照。また『崇文總目』のテキストには靜嘉堂文庫藏の朱彜尊舊藏の清抄本を用い、適宜、文淵閣四庫全書本・清の錢東垣『崇文總目輯釋』を參照した。また池田温「『崇文總目』管見」(『東方學會創立五十周年記念東方學論集』、一九九七年五月)の「『崇文總目』内容一覽」によれば、四庫全書本の釋書類の著錄書籍は全百三十五部六百二十七卷であるという。なお『崇文總目』については、本書下篇第一章・第二章を參照。

(36) 章疏は、『崇文總目』の釋書上に「注般若波羅密多心經一卷」・「般若波羅密多心經疏一卷」・「首楞嚴經疏六卷闕」・「圓覺經疏六卷闕」・「金剛經口訣義一卷」・「金剛經報應記三卷闕」・「金剛經訣一卷闕」・「六祖大師金剛大義訣二卷闕」・「起言論二卷」・「起信論二卷」・「起信論鈔三卷闕」・「大乘百法明門論疏二卷闕」、釋書中に「中觀論三十六門勢疏一卷闕」が著錄される。なお、これらの章疏については、本書上篇第三章第二節を參照。

(37) 本書上篇第二章を參照。

(38) 僧侶が弘法活動や護法のために詩文を學んだことについては、曹仕邦『中國沙門外學的研究―漢末至五代』(東初出版社、一九九四年十一月)第六章「中國沙門從事賦詩的原因及其成就」二五一～三二三頁を參照。

(39) 朱彜尊舊藏の清抄本では、「胡」を「明」に作る。新唐志釋氏類・『通志』藝文略釋家論議・『宋史』藝文志子類釋氏類がいずれも「胡」に作るのによれば、「胡」が正しい。なお『崇文總目輯釋』卷四釋書類下は「胡」に作るが、その金錫鬯の按語に「舊本胡譌作明、今校改。」とあり、もとは「明」に作っていた。朱彜尊舊藏の清抄本と、『輯釋』の底本に用いられた抄本は、ともに范氏天一閣藏の明抄本から抄寫されたものであるので、天一閣本も「明」に誤っていたと考えられる。

(40)「崇文總目輯本勘異」(『故宮學術季刊』第四卷第四期、一九八七年)を參照。

(41)『續資治通鑑長編』・『玉海』は、宋庠を宋祁に作る。池田氏前掲論文の注(5)は、慶曆元年完成奏上後の褒賞の記事に宋庠(初名郊)が現れ宋祁を見ないので、宋郊が正しいとする。

(42)池田氏前掲論文を參照。

(43)藤井京美「新舊唐書における佛教記述について—方技傳と隱逸傳を中心に—」(吉川忠夫編『唐代の宗教』、朋友書店、二〇〇〇年七月)を參照。

(44)なお『歐陽文忠公集』の『奏議集』卷十六に「論刪去九經正義中讖緯箚子」があり、九經正義中から讖緯の文を刪除すべしと述べている。それにもかかわらず、新唐志の經錄に讖緯類を立てている(近藤氏前掲論文を參照)。これも自己の思想よりも正史藝文志の役割を重視した一例である。

終　章

長い中國の歴史のなかでも、宋代は公私を問わず優れた書籍目錄が陸續と編まれ、目錄學が大いに發達した時代である。また唐代に萌芽した印刷術は、五代を經て、宋代には次第に廣く普及していった。これによって、それまで主に寫本の形で傳わっていた書籍が續々と刊行された。そのため、現在傳わる漢籍には宋代人による整理出版を經たテキストに基づいているものが多い。よって當時の書誌情報を記錄する書籍目錄は、中國學を專攻する者にとって最も基本的、かつ重要な文獻となる。しかし、その情報を正確に讀み取るためには、どの目錄の、どの部分が、いつの、如何なる資料に基づいて、如何なる方法で編まれたものであるか、また各目錄が互いにどのような關係にあるかを、可能な限り把握しておかなければならない。ところがこのような宋代書籍目錄の研究は、日本では內藤虎次郎・倉石武四郎兩氏による目錄學史の概說書があるだけで、それ以後はあまり活發ではなく、體系的な研究となると皆無である。中國・臺灣でも近年目錄學關係の概說書の出版が多く、宋代については、中國では故陳樂素氏をはじめ陳尙君・張固也・王新華諸氏、臺灣では喬衍琯・劉兆祐兩氏に優れた研究があるが、未解明の問題や誤解されている部分が少なからずある。それにもかかわらず、多くの中國學研究者は、宋代の目錄に樣々な問題があることをほとんど自覺することなく、宋代の書誌情報として利用してしまっている(1)。このような問題意識のもと、本篇では、新唐志、特にその釋氏類に着目して、これが如何なる資料にもとづいて、如何に纂修されたかを検討してきた。本篇を終えるにあたって、序章で擧げた新唐志の問題點が、第一～五章の検討によってどの程度解明できたかを總括しておきたい。

まず序章で擧げた問題點を確認しておこう。新唐志の完成を遡ること約百年、五代後晉の開運二年、舊唐志が完成した。しかし舊唐志は、唐の開元年間の毋煚『古今書錄』（佚）を删略して作られたものであるために、開元年間以後の書籍を著錄していなかった。新唐志はこの不備を補い、唐一代の正史藝文志としての體裁を整えたものであり、『古今書錄』、或いは舊唐志によって開元年間の藏書を著錄した、所謂「著錄」部分と、それ以後の唐人の著作を補った、所謂「不著錄」部分とからなる。ところが「著錄」部分は舊唐志と必ずしも一致せず、またその「著錄」・「不著錄」兩部分がそれぞれ如何なる資料にもとづいたものであるかが明記されていない。また新唐志の總序には、著錄書籍の五・六割が當時の散佚書であると記されているが、實際どの書が散佚書であるかが記されていない。また新唐志にはこれらの問題に答えるような補注・考證の類が不足している。このような理由から、新唐志は現存する中國の書籍目錄の中でも極めて取り扱いにくい資料であると、これまではみなされてきたのである。そこで、この状況を打開すべく、新唐志の釋氏類に着目して、その原資料と纂修方法の解明を試み、次のような成果を得ることができた。

第一章では、「著錄」部分と舊唐志との關係を検討し、その「著錄」部分の所據資料に『古今書錄』・舊唐志が併用されたと推測した。また『三朝國史』藝文志以來の分類法を踏襲して、正史藝文志としてははじめて四部内に釋氏類を立て、『古今書錄』が史錄雜傳類・地理類、子錄道家類、集錄總集類に散在させていた中國撰述佛典を一括著錄した。その際、まず同一編著者の書籍を一箇所に集め、その上で編著者をその活動年代順に配列し直した。しかし『開元釋教錄』や當時の傳本に對する綿密な調査を怠ったために、『古今書錄』の著錄書籍に對して誤った理解をして、新唐志の著錄内容に誤りを生じさせるケースが見受けられた。また『古今書錄』編纂時、すでに散佚していたはずの書籍を『大唐内典録』・『續高僧傳』の記載から轉録したり、『大唐内典録』によって『古今書録』の著録内容を改めたりした。このような作業が行われた結果、釋氏類「著録」部分には、開元年間の國家藏書と、文獻記載から轉録された書籍という、資料的性質の異なる書籍が混在することになり、開元年間の國家藏書を正確に反映していないものにしてしまった。

第二章では、「不著録」部分の所據資料の一部に、『大唐内典録』巻五「皇朝傳譯佛經録」を同巻七・八・十によって補足・校正したものと、『續高僧傳』に立傳される唐人の傳とが用いられたことを明らかにした。轉録の際には、中國人以外の著作・譯經・譯經の序は著録せず、「著録」部分にすでに著録された書籍は重出させず、僧侶の詩選集は集録總集類に、個人の文集は別集類に著録した。また『大唐内典録』・『續高僧傳』に同じ編著者の異なる著作が記載されている場合には、二書からの轉録部分のどちらかに一括して著録した。また『大唐内典録』には開寶藏系統のテキストが用いられたことを明らかにし、『續高僧傳』には「僧道宗撰」と題された三十二巻本が用いられたのではないかと推測した。さらに新唐志纂修者は、この兩書が唐高宗期までの唐人の著作、特に章疏を數多く記載し、かつ當時この二書以上に、唐代に著された中國撰述佛典を數多く網羅する文獻が存在しなかった點に資料的價値を認め、所據資料に採用したのではないかと考えた。

第三章では、「不著録」部分と『崇文總目』との關係を検討し、次のような結果を得られた。從來は、「不著録」部分の所據資料には『崇文總目』が用いられたといわれてきた。しかし實際には兩目の著録内容が一致する書籍は『崇文總目』全體の一割弱にすぎず、かつ『崇文總目』が著録し新唐志が著録しない唐人の著作が『崇文總目』著録の唐人の著作全體の約六割にのぼることから、新唐志の所據資料は宋代の國家藏書にはちがいないものの、『崇文總目』ではないことを明らかにした。そのうえで、新唐志の纂修が嘉祐年間の祕閣の藏書整備・求書事業と密接な關係を有していることを突きとめ、當時の祕閣の藏書が新唐志の所據資料に用いられたとの結論に達した。また新唐志と『崇文總目』の著錄內容が一致する書籍は、『崇文總目』當時の藏書が新唐志當時の祕閣に繼續的に收藏されていたとみなし、これらを祕閣の藏書によって著錄した書籍であると特定した。

第四章では、「不著錄」部分の所據資料として、『古今書錄』自序、『舊唐書』一行傳、宋の道原『景德傳燈錄』が用いられたことを明らかにした。また『景德傳燈錄』から轉錄する際には、卷數を記さない著作は「一卷」と著錄し、卷單位ではなく篇單位で記載される散文は一篇一卷見當で、百篇單位で記載される詩偈は百篇一卷見當で著錄した。このようにして加えられた卷數は、他文獻の記載や現行のテキストと一致しないことが多く、大變いいかげんなものである。また祕閣の藏書と『景德傳燈錄』の記載とがともにある場合、祕閣の藏書を優先的に著錄していることから、祕閣の藏書の不備を補うために『景德傳燈錄』が用いられたと考えた。

第五章では、前章までとは少しく視點を變え、新唐志の纂修に歐陽脩の排佛思想が影響を與えているかどうかを檢討した。その結果、新唐志には彼の排佛思想の痕跡は認められないことを明らかにし、その理由について、歐陽脩が唐代の學術を體系化し、それを目錄上に反映させるという正史藝文志の役割を重視し、客觀的な態度で釋氏類の纂修に臨んだためであると考えた。

本篇の成果のうち特筆すべきは、「不著錄」部分の全百四十部のうち、百二十八部の所據資料が大體確定できたことである。これは、當初の豫想をはるかに上回る好結果であった。かつて內藤虎次郎氏は「その如何なるものに據ったかを書かなかったのが、この（『新唐書』）藝文志の大缺點である」と嘆かれたが、これに對し、釋氏類という限定つきではあるが、答えることができたと考える(2)。ただ殘りの十二部の著作は、殘念ながら、ついにその所據資料を特定できなかった(3)。具體的に、どの著錄書籍がどの資料によったかについては、本章末の【『新唐書』藝文志釋氏類所據資料一覧】を參照していただきたい。

また本篇全體を通じて感じられたことは、新唐志の釋氏類には目もあてられないような輕率な誤りがまま見受けられることである。『續高僧傳』巻十五釋靈潤傳の「前後所講涅槃七十餘遍、攝大乘論三十餘遍、幷各造義疏一十三巻玄章三巻。」という記載から著作を抽出しようとし、誤って「遍攝大乘論義鈔」と著録してしまった點や、『續高僧傳』・『景德傳燈錄』などから巻數の記されていない書籍や、篇數しか記されていない書籍を轉錄する際に見られた巻數の附加などは、そのいい例である。新唐志の纂修者歐陽脩は、優れた政治家であると同時に、當代切っての學者であるから、このような輕率な誤りを犯したとは到底考えられない。歐陽脩は新唐志の監修者として總序の作成・纂修方針の決定・所據資料の選定には當然關與したはずである。しかし所據資料から唐人の著作を抽出したり、それによって得られた素材を分類整理して釋氏類を編み上げるといった實務は、彼の下の編修官達が分擔して當たっていたものと推測される。そうだとすれば、新唐志にまま見られる輕率な誤りは、歐陽脩ではなく、各編修官の個人的な能力や、その分擔作業の過程で生じたものと見るべきであろう。

次に、本篇の成果を踏まえて、新唐志の資料的價値について考察してみたい。

書籍の資料的價値を決定する重要な要素のひとつは、その編纂方法にある。新唐志の纂修方法上の特色は、『古今書錄』を基礎に、『大唐內典錄』・『續高僧傳』・祕閣の藏書・『景德傳燈錄』等から唐人の著作を彙集して編まれている點にあり、これは、正史藝文志よりはむしろ清代に發達した補史藝文志に近い性質のものである(4)。それ故に、補史藝文志の先河であると褒めそやされてきた(5)。そもそも從來の正史藝文志は、前代に纂修された官修目錄を根據に纂修され、その著錄書籍は基本的に官修目錄編纂時の國家藏書であった。これに對し、新唐志は、その「著錄」部分でさえ著錄內容の删改・著錄書籍の增補が注記もなく平然と行われ、「不著錄」部分に至っては、唐人關連資料等を使って、できるだけ多くの書籍を著錄しようとの姿勢は感じられるものの、その所據資料についてはやはり注記されていない。これは從來の正史藝文志にはなかった特徴である。一方、清代の補史藝文志は、藝文志のない正史や、藝文志に不備のある正史のために、様々な文獻から當該時代の書籍に關する情報を彙集して編まれた目錄である。よって新唐志の纂修方法、特に「不著錄」部分の纂修方法が如何に補史藝文志に近いものであるかを理解できよう。

それでは、このような纂修方法を採用した新唐志は、いかなる資料的價値を持つのであろうか。補史藝文志の主な價値は、特定の時代における書籍の著述狀況から當時の學術の發展狀況の大體を知ることができる點と、その時代の多くの貴重な資料を整理・保存する點にある。新唐志も同様の價値を持つことは首肯されよう。また補史藝文志の問題點は、様々な文獻を根據に藝文志を再構築したものであるために、著錄内容や歸類などの面で誤りを犯しやすく、また一つの目錄の中に性質の異なった資料（傳本・文獻記載・金石等）から著錄された書籍が混在している點にある。新唐志がこれと同様の問題を持っていることは、本篇で明らかにしたとおりである。また、その他の問題として、現存資料によって彙集したものであるという制約があるために、著錄書籍に偏りが生じることを免れがたい點が擧げられる。この問題に關しては、新唐志にも同様の制約があったことは疑いない。事實、新唐志釋氏類には章疏を多數著錄したというよい面があるが、その一方で、著名な唐僧の著作を數多く著錄し損じている。例えば、新唐志完成の二十五年後、元豐八年冬に入宋した高麗僧義天（一〇五五～一一〇一）は、高麗・宋・遼・日本等から章疏を蒐集し『新編諸宗教藏總錄』を編んだが(6)、そこに著錄される窺基・智儼・澄觀・湛然等の唐僧の著作は、新唐志には全く著錄されていなかったものである(7)。

補史藝文志のなかには、以上のような缺點や弊害を、凡例の完備・出典の明記によって、ある程度防いでいるものがある。ところが新唐志には凡例は存在せず、出典も明記されていない(8)。このことは、新唐志の著錄内容や歸類が適當なものであるかどうか、また著錄書籍が、いつ、どこで、どのような狀態で存在していたものであるかを確認することが容易でないことを意味する。それ故に「何もあてにならぬ目錄」であると蔑まされてもきた(9)。しかし、この新唐志に對する兩極端ともいえる評價は、いずれもその本質を捉えたものとはいえない。

第三章第三節で述べたように、新唐志の纂修は嘉祐年間の求書事業と密接な關係を有しており、歐陽脩もこれに一枚かんでいた。歐陽脩は至和元年に『新唐書』の纂修を命じられ、その紀・志・表の作成を擔當する一方、嘉祐二年には判祕閣・祕書省事を兼領し、祕閣の藏書整備事業に着手した。彼は『新唐書』の藝文志の作成に當たり、これを「著錄」・「不著錄」の兩部分に分け、前者は『古今書錄』にもとづき、後者は唐人關連資料の他に、祕閣の藏書整備事業の成果を取り込んだ。その際、『古今書錄』との重複を避けるために、『古今書錄』と祕閣の藏書とを比較點檢し、これによって『古今書錄』著錄書籍中には、當時の祕閣に收藏されていない書籍が多いことを知った。そこで、『新唐書』が完成した嘉祐五年には『古今書錄』と祕閣の藏書との點檢結果を踏まえて「求遺書詔」が發布され、同六年には『嘉祐搜訪闕書目』一卷が編まれて頒布された。このように、新唐志の纂修と嘉祐年間の求書事業とはほぼ同時期に進められ、歐陽脩・『古今書錄』・祕閣の藏書の三者を軸にしてつながっていたのである。この同時進行の過程で、新唐志に求書のための目錄、所謂「闕書目錄」(10)としての機能を持たせようとのアイデアが生まれたとしても何ら不思議はないであろう。新唐志がこのような意圖によって纂修されたことを記した文獻は今のところ見つかっていない。しかし『宋會要輯稿』第五十五册崇儒四引『中興會要』紹興十三年十二月二十五日條に、

權發遣盱眙軍向子固言、比降旨令祕書省、以唐藝文志及崇文總目、據所闕者榜之檢鼓院、許外路臣庶以所藏上項之書投獻、尙恐遠方不知所闕名籍、難於搜訪抄錄。望下本省、以唐藝文志及崇文總目應所闕之書、注闕字於其下、鏤板降付諸州軍照應搜訪。從之。（權發遣盱眙軍の向子固は「先頃、皇帝陛下は勅旨をお下しになり、祕書省に

命じて、『唐書』藝文志と『崇文總目』とを用いて、闕書を登聞檢院と登聞鼓院に掲示させ、要職にあらざる臣下にも、彼らが所藏する上項の闕書を獻上することをお許しになられましたが、遠方では依然として闕書の名簿を知らず、搜訪・抄錄に難があるのではないかと思われます。そこで本（祕書）省に命令を下して、『唐書』藝文志と『崇文總目』を用いて、闕書に應じて闕字をその下に注し、雕版して諸州軍に頒布し、（これと）照應して搜訪させることを望みます。」と建言し、聞き入れられた。）

とあり、また晁公武『郡齋讀書志（袁本）』巻二下書目類に、

藝文志見闕書目一卷、右唐書藝文志。近因朝廷募遺書、刻牘布、告境內、下注書府所闕、俾之訪求。（『藝文志見闕書目』一巻、右は『唐書』藝文志である。先頃、朝廷が散佚書を募るために、御觸れ書きを刷って、國内に布告し、（各書籍の）下に書府に闕けている書籍を注し、探し求めさせた。）

とあるように、南宋の紹興十三年十二月に始まった求書事業では、實際に新唐志が改定されて闕書目錄として用いられている(11)。これは、南宋初の人々から見て、新唐志が闕書目錄に適していると認められたからに他ならない。

そもそも闕書目錄に求められる要件とは、できるだけ多くの書籍の名目を著錄していることであろう。この點に着目して、あらためて新唐志の釋氏類を見てみると、唐開元年間の國家藏書目錄（『古今書錄』）、唐高宗期の經錄・僧傳（『大唐內典錄』・『續高僧傳』）・北宋景德元年の禪宗史書（『景德傳燈錄』）に記載される唐人の著作、新唐志纂修當時の祕閣に收藏されていた唐人の著作などからなっており、まさに闕書目錄に適した構成となっている。このことは、新唐志纂修時點においても、新唐志の闕書目錄としての役割、具體的には、『古今書錄』を內包しつつ、より豐富な情報量を持ち、なおかつ唐代全體を網羅した闕書目錄としての役割を果たすことが期待されていたことを間接的に證明するものと見ることができよう。新唐志の本質とは、まさにこの點（唐代文獻を搜訪するための闕書目錄とし

ての役割）にこそあったのではなかろうか。これまで述べてきた狀況から考えて、その可能性は決して低くはないといえよう。それが現代から見れば、補史藝文志的なのであり、また求書の參考となればよかったのであるから、出典を明記する必要性もさほどなかったのである。

しかし、かりに新唐志の本質が以上に述べたあたりにあったとしても、現代において、これを一つの書籍目録として見た場合、大變取り扱いにくいものであることに變わりはない。よって、もし新唐志から唐宋代の書誌情報をできる限り正確に讀み取ろうとするならば、釋氏類以外の他の類に對しても、本篇で試みたような方法を用いて分析を行い、それによって新唐志が暗に用いた凡例と出典とを發見し、各著録書籍の資料的性質を見極めていく必要があるのである(12)。そうしなければ、新唐志の資料的價値は『漢書』藝文志・『隋書』經籍志・舊唐志はおろか、淸代の補史藝文志より低いということになりかねないのである。

注

（1）　日本・中國・臺灣における宋代書籍目録關係の論著については、本書上篇序章を參照。また宋代の目録の持つ問題點については、本書卷頭の「はしがき――宋代官修目録研究の意義と問題點――」を參照。

（2）　內藤湖南『支那目錄學』（『內藤湖南全集』第十二卷（筑摩書房、一九七〇年六月）所收）四〇六頁を參照。

（3）　この十二部のうち「原人論」については、祕閣の藏書か、『景德傳燈錄』かのいずれかによっていることまでは突きとめることができており、他の十一部とはやや事情が異なる。なお本書上篇第四章では、祕閣の藏書と『景德傳燈錄』の記載とがともにある場合、祕閣の藏書が優先的に著錄されると述べたが、「原人論」が祕閣に收藏されていたというのは、あくまでその可能性があるという話であって、確證はない。よって『景德傳燈錄』によっている可能性も、これと同程度にあるのである。

（4）補史藝文志については、王重民「《明史・藝文志》與補史藝文志的興起」（『中國目錄學史論叢』（中華書局、一九八四年十二月）所收）・李永忠「正史藝文志補撰初探」（『文獻』一九九六年第二期、一九九六年四月）を參考にした。

（5）王重民前掲書「中國目錄學史（先秦至宋末元初）」二二〇〜二二一頁を參照。

（6）義天の事蹟については、大屋德城『影印高山寺本新編諸宗教藏總錄』（便利堂、一九三六年）「解說」に詳しい。『佛典解題事典』（春秋社、一九七七年第二版）によれば、本書には入宋前後の時期に著された中國撰述章疏が多數著錄され、さらに新羅・高麗撰述章疏が約百五十部、遼撰述章疏が約三十部著錄されているという。

（7）これらの著作のうちには『宋高僧傳』に記載されるものがある。これは、新唐志の作成にあたって、『宋高僧傳』が所據資料として用いられていなかったことを示している。

（8）なお凡例・出典は、淸代の補史藝文志にあっても當初（康熙初）から存在したわけではなく、その最盛期（道光から宣統の間）になってから附されるようになったものである。新唐志がそれ以前の補史藝文志の編纂經驗を踏まえたものでないことを考慮すれば、新唐志がそれらを闕くことはやむを得ないことではある。

（9）內藤氏前掲書四〇六頁の言葉。

（10）姚名達『中國目錄學史』（商務印書館、一九三八年五月）は、特殊目錄篇に「闕書目錄」の項目を立てて、求書のために編まれた目錄について記している。以下、この種の目錄を姚名達に從って「闕書目錄」と呼んでおく。

（11）なお新唐志の紹興改定本は現存しない。また『直齋書錄解題』卷八目錄類には「唐藝文志四卷、新唐書中錄出別行。監中有印本。」が著錄されるが、これが單なる藝文志の單行本なのか、それとも紹興改定本なのかは判然としない。

（12）なお新唐志が著錄する「唐國史」（唐代に纂修された紀傳體國史（正史類）・實錄（起居注類附實錄類）を指す）を檢討對象とした李南暉氏の「《新唐書・藝文志》著錄唐國史辨疑」という論文が、二〇〇二年三月、『文史』二〇〇二年第一輯（中華書局）に掲載された。これは、新唐志の著錄原則に對する誤解によって、研究者がその著錄書籍の存佚狀況を誤解し、文獻の流傳の實情をはっきりと認識することができなくなっている現狀に鑑み、唐國史を對象にして、新唐志の著錄原則とその性質を考察したものである。李南暉氏は、「不著錄」部分の所據資料について、藏書の記錄（『崇文總目』）と、著述の記錄（唐人の傳記・碑誌・文集・筆記等）という性質の異なる書籍が混然一體となっているとした上で、新唐志の唐國史の著錄狀況と、舊唐志・『崇文總目』・『宋史』藝文志・『舊唐書』列傳・『册府元龜』・『唐會要』等とを比較檢討した。その結果、『崇文總目』をはじめ、『唐會要』・『舊唐書』列傳・『集賢注記』等が「不著錄」部分の所據資料に用いられたと指摘した。さらに新唐志の缺點として、新唐志纂修者は唐一代の著作を著錄することに務めたが、各唐國史が互いに如何なる關係にあるかを考察せず、かつその存佚狀況を明記しておらず、その結果、新唐志自身の著錄內容に誤りを生じさせると同時に、後人が唐國史の存佚と流傳を考える上での難題を殘したと指摘する。このうち所據資料として『崇文總目』を擧げている點は、檢討對象の唐國史の著錄書籍數がそれほど多くないためもあろうが、本書上篇第三章で明らかにしたように、誤りである。その他に『唐會要』・『集賢注記』を擧げている點は注目に値するが、李南暉氏はそれぞれの文獻中から唐國史に關わる部分だけを拔き出して比較したにすぎない。その結論が正しいか否かは、本書が『大唐內典錄』等の檢討において試みたように、『唐會要』・『集賢注記』（特に『集賢注記』についてはその佚文を輯佚した上で）中に記載される著作を全て集めてから新唐志と比較することで、はじめて明らかになる性質のものであろう。また李南暉氏の擧げた新唐志の缺點は、本書上篇第一章第三節で論じた「續高僧傳」・「後集續高僧傳」の著錄狀況をめぐる問題などと相通じるものがある。

【『新唐書』藝文志釋氏類所據資料一覽】

凡例

一、本資料は、『新唐書』藝文志釋氏類の各著錄書籍の所據資料を一覽表にまとめたものである。

一、「所據資料一覽」欄の「古今書錄」項には、書籍の著錄される類名と著錄順序を記した。なお類名には第一章【資料一】と同じ略稱を用いた。

一、「大唐內典錄」項には、卷五「皇朝傳譯佛經錄」からの轉錄部分のみ「5ノ1」のように、卷數とその卷數內での著録順序を記し、その他の巻からの轉録部分にはその巻數のみを記した。

一、「續高僧傳」項には、『續高僧傳』の巻數・篇名・立傳者名を記した。なお篇名には第二章【資料二】と同じ略稱を用いた。

一、「舊唐書」項には、『舊唐書』の巻數と立傳者名を記した。

一、「祕閣」項には、祕閣の藏書によって著録されたものである場合のみ「○」記號を附し、それと同程度に他の資料によった可能性がある場合には「△」記號を附した。

一、「景德傳燈録」項には、『景德傳燈録』の巻數と立傳者名を記した。

一、「備考」項には、所據資料を特定し難い書籍について、「特定困難」等の補足事項を記した。

『新唐書』藝文志釋氏類		所據資料一覽						
No.	著録内容	古今書録	大唐内典録	續高僧傳	舊唐書	祕閣	景德傳燈録	備考
1	蕭子良淨注子二十巻	子道103						
2	僧僧祐法苑集十五巻	子道105						
3	又弘明集十四巻	集總827						
4	釋迦譜十巻					△		特定困難
5	薩婆多師資傳四巻	史傳140						
6	虞孝敬高僧傳六巻	史傳76						
7	又内典博要三十巻	子道106						
8	僧賢明眞言要集十巻	子道107						

9	郭瑜脩多羅法門二十卷	子道 109						
10	駱子義經論纂要十卷	子道 113						
11	顧歡夷夏論二卷	子道 115						
12	甄鸞笑道論三卷	子道 116						
13	衞元嵩齊三教論七卷	子道 117						
14	杜乂甄正論三卷	子道 121						
15	李思愼心鏡論十卷	子道 122						
16	裴子野名僧錄十五卷	史傳 139						
17	僧寶唱名僧傳二十卷	史傳 133						
18	又比丘尼傳四卷	史傳 134						
19	僧惠皎高僧傳十四卷	史傳 135						
20	僧道宗續高僧傳三十二卷					○		
21	陶弘景草堂法師傳一卷	史傳 141						
22	蕭回理草堂法師傳一卷	史傳 142						
23	稠禪師傳一卷	史傳 143						
24	陽衒之洛陽伽藍記五卷	史地 15						
25	費長房歷代三寶記三卷	子道 108						
26	僧彥琮崇正論六卷	子道 123						
27	又集沙門不拜俗議六卷					△		特定困難
28	福田論一卷					△		特定困難

29	道宣統略淨住子二巻	子道104						
30	又通惑決疑録二巻	子道114						
31	廣弘明集三十巻	集總828						
32	集古今佛道論衡四巻	子道110						
33	續高僧傳二十巻	史傳136						
34	後集續高僧傳十巻		5ノ40					
35	東夏三寶感通録三巻					△		特定困難
36	大唐貞觀內典録十巻			1・2譯				巻1・2に引用
37	義淨大唐西域求法高僧傳二巻	史傳138						
38	法琳辯正論八巻	子道118						
39	又破邪論二巻	子道119						
40	復禮十門辨惑論二巻	子道112						
41	楊上善六趣論六巻	子道111						
42	又三教銓衡十巻	子道120						
43	僧玄琬佛教後代國王賞罰三寶法一巻			22明玄琬				
44	又安養蒼生論一巻			22明玄琬				
45	三德論一巻		5ノ4	22明玄琬				
46	入道方便門二巻		5ノ5					
47	衆經目録五巻		7・8					
48	鏡諭論一巻		5ノ6					

49	無礙緣起一卷		5ノ7					
50	十種讀經儀一卷		5ノ8					
51	無盡藏儀一卷		5ノ9					
52	發戒緣起二卷		5ノ10					
53	法界僧圖一卷		5ノ11					
54	十不論一卷		5ノ12					
55	懺悔罪法一卷		10					
56	禮佛儀式二卷		5ノ13					
57	李師政內德論一卷		5ノ20					
58	僧法雲辨量三教論三卷		5ノ21					
59	又十王正業論十卷		5ノ22					
60	道宣又撰注戒本二卷		5ノ23					
61	疏記四卷		5ノ24					
62	注羯磨二卷		5ノ25					
63	疏記四卷		5ノ26					
64	行事刪補律儀三卷		5ノ27					
65	釋門正行懺悔儀三卷		5ノ28					
66	釋門亡物輕重儀二卷		5ノ29					
67	釋門章服儀二卷		5ノ30					
68	釋門歸敬儀二卷		5ノ31					

69	釋門護法儀二卷		5ノ32					
70	釋氏譜略二卷		5ノ33					
71	聖迹見在圖贊二卷		5ノ34					
72	佛化東漸圖贊二卷		5ノ35					
73	釋迦方志二卷		5ノ36					
74	僧彥琮大唐京寺錄傳十卷		5ノ110					
75	又沙門不敬錄六卷		5ノ111					
76	玄應大唐衆經音義二十五卷		5ノ112					
77	玄惲敬福論十卷		5ノ113					
78	又略論二卷		5ノ114					
79	大小乘觀門十卷		5ノ115					
80	法苑珠林集一百卷		5ノ116					
81	四分律僧尼討要略五卷		5ノ117					
82	金剛般若經集注三卷		5ノ118					
83	百願文一卷		5ノ119					
84	玄範注金剛般若經一卷		5ノ120					
85	又注二帝三藏聖教序一卷		5ノ121					
86	慧覺華嚴十地維摩續義章十三卷			12義慧覺				
87	行友己知沙門傳一卷			13義海順				
88	道岳三藏本疏二十二卷			13義道岳				

89	道基雜心玄章幷鈔八卷			14 義道基				
90	又大乘章鈔八卷			14 義道基				
91	智正華嚴疏十卷			14 義智正				
92	慧淨雜心玄文三十卷			3 譯慧淨				
93	又倶舍論文疏三十卷			3 譯慧淨				
94	大莊嚴論文疏三十卷			3 譯慧淨				
95	法華經讃述十卷			3 譯慧淨				
96	那提大乘集議論四十卷			4 譯那提				
97	釋疑論一卷		5ノ16					
98	注金剛般若經一卷		5ノ18					
99	諸經講序一卷		5ノ19					
100	玄會義源文本四卷			15 義玄會				
101	又時文釋鈔四卷			15 義玄會				
102	涅槃義章句四卷			15 義玄會				
103	慧休雜心玄章鈔疏卷亡			15 義慧休				
104	靈潤涅槃義疏十三卷			15 義靈潤				
105	又玄章三卷			15 義靈潤				
106	遍攝大乘論義鈔十三卷			15 義靈潤				
107	玄章三卷			15 義靈潤				
108	辯相攝論疏五卷			15 義靈潤				

109	玄奘大唐西域記十二卷					○		
110	辯機西域記十二卷			4 譯玄奘				
111	淸徹金陵塔寺記三十六卷					○		
112	師哲前代國王脩行記五卷					○		
113	大唐內典錄十卷					○		
114	毋煚開元內外經錄十卷	毋煚自序						
115	智矩寶林傳十卷					○		
116	法常攝論義疏八卷			15 義法常				
117	又玄章五卷			15 義法常				
118	慧能金剛般若經口訣正義一卷					○		
119	僧灌頂私記天台智者詞旨一卷			19 習灌頂				
120	又義記一卷			19 習灌頂				
121	道綽淨土論二卷			20 習道綽				
122	道綽行圖一卷			20 習道綽				
123	智首五部區分鈔二十一卷			22 明智首				
124	法礪四分疏十卷			22 明法礪				
125	又羯磨疏三卷			22 明法礪				
126	捨懺儀一卷			22 明法礪				
127	輕重儀一卷			22 明法礪				
128	慧滿四分律疏二十卷			22 明慧滿				

129	慧旻十誦私記十三卷			22明慧旻				
130	又僧尼行事三卷			22明慧旻				
131	尼衆羯磨二卷			22明慧旻				
132	菩薩戒義疏四卷			22明慧旻				
133	空藏大乘要句三卷			28讀空藏				
134	道宗續高僧傳三十二卷					○		
135	玄宗注金剛般若經一卷					△		特定困難
136	道氤御注金剛般若經疏宣演三卷					△		特定困難
137	高僧嬾殘傳一卷					○		
138	元偉眞門聖冑集五卷					○		
139	僧法海六祖法寶記一卷					○		
140	辛崇僧伽行狀一卷					○		
141	神楷維摩經疏六卷					△		特定困難
142	靈湍攝山棲霞寺記一卷					○		
143	破胡集一卷					○		
144	法藏起信論疏二卷					△		特定困難
145	法琳別傳二卷					○		
146	大唐京師寺錄卷亡							特定困難
147	玄覺永嘉集十卷						5玄覺	
148	懷海禪門規式一卷						6懷海	

149	希運傳心法要一卷					○		
150	玄嶷甄正論三卷					△		特定困難
151	光瑤注僧肇論二卷					○		
152	李繁玄聖蘧廬一卷					○		
153	白居易八漸通眞議一卷					○		
154	七科義狀一卷					○		
155	棲賢法雋一卷					○		
156	禪關八問一卷					○		
157	僧一行釋氏系錄一卷				191 一行傳			
158	宗密禪源諸詮集一百一卷						13 宗密	
159	又起信論二卷					○		
160	起信論鈔三卷					○		
161	原人論一卷					△	13 宗密	特定困難
162	圓覺經大小疏鈔各一卷						13 宗密	
163	楚南般若經品頌偈一卷						12 楚南	
164	又破邪論一卷						12 楚南	
165	希還參同契一卷						14 希遷	
166	良价大乘經要一卷						15 良价	
167	又激勵道俗頌偈一卷						15 良价	
168	光仁四大頌一卷						17 光仁	

169	又略華嚴長者論一卷						17光仁	
170	無殷垂誡十卷						17無殷	
171	神清參元語錄十卷					○		
172	智月僧美三卷					○		
173	惠可達摩血脉一卷					○		
174	靖邁古今譯經圖紀四卷					△		特定困難
175	智昇續古今譯經圖紀一卷					△		特定困難
176	又續大唐內典錄一卷							特定困難
177	續古今佛道論衡一卷					△		特定困難
178	對寒山子詩七卷					○	27寒山	二種の資料が錯亂
179	龐蘊詩偈三卷						8龐蘊	
180	智閑偈頌一卷						11智閑	
181	李吉甫一行傳一卷				191一行傳			
182	王彥威內典目錄十二卷					△		特定困難

下篇　北宋官藏目録の研究

第一章　『崇文總目』——その編纂から朱彝尊舊藏抄本に至るまで

はじめに

『崇文總目』は北宋仁宗慶曆元年の三館・祕閣の藏書をもとに作られ、本來は敍釋と解題があったが、南宋の紹興年間に散佚書を搜訪するために、これらを削除した改定本が作られた。その影響か、完本の方は明初には失われ、現在はこの紹興改定本が傳わるのみである。淸代には紹興改定本が盛んに傳寫され、これをもとに他文獻から敍釋・解題を輯佚した四庫全書本と『崇文總目輯釋』とが作られた。

現在、靜嘉堂文庫に收藏される淸の朱彝尊舊藏『崇文總目』の抄本は、淸代における紹興改定本傳抄の起點となった貴重なテキストである。そこで本章では、『崇文總目』の編纂過程、及び卷數・敍釋・解題をめぐる諸問題や、紹興改定本と、その現存最古の抄本である天一閣藏の明抄本について概觀した上で、朱彝尊舊藏抄本の傳抄の經緯や、その他若干の興味深い問題について考察することとしたい。

第一節　『崇文總目』の編纂

『崇文總目』編纂の經緯は次のようである。

仁宗皇帝は、景祐元年（一〇三四）閏六月辛酉、翰林學士張觀、知制誥李淑・宋庠に三館・祕閣の書籍を整理するよう命じ、さらに判館閣盛度・章得象・石中立・李仲容に再度調査するよう命じ、十月辛酉、上進された校勘ずみの經・史兩庫の書籍は八千四百三十五卷あった。翌五月庚辰、館閣の佚書を買い求め、十月甲寅、知制誥王舉正に館閣の書籍の分類整理を綿密に檢討するよう命じ、同月乙丑、仁宗皇帝は崇政殿にて、館閣の新たに校勘した子・集兩庫の書籍、一萬二千餘卷を御覽になった。慶曆元年（一〇四一）六月癸卯、翰林學士王堯臣・聶冠卿、知制誥郭稹に館閣の書籍をしかと檢討するよう命じた。十二月己丑、先に混亂甚だしかった館閣の藏書はその存廢狀況が明らかになったので、『開元四部錄』にならって「總目」を作成し、翰林學士王堯臣等が新修の『崇文總目』を上進した。その收藏書は、三萬六百六十九卷であった(1)。

『崇文總目』の卷數は、文獻によって記載が異なる。

一、六十卷。南宋初の程俱『麟臺故事』卷二修纂、『長編』卷百三十四仁宗慶曆元年十二月己丑條、南宋末の王應麟『玉海』卷五十二藝文・書目「慶曆崇文總目」條。

二、六十四卷。南宋初の晁公武衢本『郡齋讀書志』卷九書目類、元の馬端臨『文獻通考』卷二百七經籍考三十四史・目錄。

三、六十六卷。南宋初の鄭樵『通志』藝文略史類・目錄・總目、『玉海』卷五十二「慶曆崇文總目」條引「中興書目」及び「國史志」、陳振孫『直齋書錄解題』卷八目錄類、『宋史』藝文志史類目錄類等。四、六十七卷。南宋初の江少虞『皇朝類苑』卷三十一詞翰書籍・藏書之府十一(2)。

このように文獻によって卷數の記載が異なるうえ、さらに紹興改定本以外に『崇文總目』が傳存しないことから(3)、その卷數に關する見解は論者によって異なる。例えば、梁啓超は、原本は六十六卷であったとし、それ以外は、各人がそれぞれ南宋時に傳存した多種の殘闕本によって著錄したものであるとする。また喬衍琯は、原書は六十六卷、序錄が二卷、或いは一卷あったとし、六十四卷本・六十卷本は、醫書類五卷、道書類九卷、別集類九卷など多卷にわたる類目を省併した傳本であると推測する(4)。また池田温氏は完成時の卷數は六十卷であったと考え、それが北宋末までに訂補され六十六卷となったとし、六十四卷本は「馬氏(端臨)の實見した二卷少ない調卷の本であろう」とする(5)。また三氏ともに六十七卷本を六十六卷に序錄一卷を加えたものであるとする。以下に私見を述べてみたい。

『麟臺故事』(紹興元年(一一三一)成)・『長編』(乾道四年(一一六八)成)・『玉海』(南宋末成)は、いずれも『崇文總目』編纂の經緯に關連する記事のなかで、その卷數を六十卷と記すのであるが、三書の記事內容は非常に似通っている。前二者の成書年代はそれほど遠くないために、『長編』の記事は『麟臺故事』か、それと同一の資料によったと推測される。また『玉海』は「崇文總目」條の中で「長編云、總目亦有可取而誤弃不錄者」と、『長編』慶曆元年十二月條の一文を引用することから、『長編』によった可能性が高い。よって六十卷本說の源は『麟臺故事』等がよった南宋初期の傳存資料に求められる。

鄭樵は『通志』藝文略に六十六卷と著錄した他に、同書の校讎略中で『崇文總目』の解題を批判しており、解題を有する六十六卷本を實見していたと考えられる。また『玉海』に「中興書目云六十六卷、當考。國史志、崇文總目六十六卷、序錄一卷、多所繆誤。」とある。『崇文總目』以後に纂修された國史志には、『兩朝國史』藝文志(元豐五年

（一〇八一）成）、『四朝國史』藝文志（淳熙七年（一一八〇）成）、『中興四朝國史』藝文志（寶祐五年（一二五七）成）がある(6)。これが『兩朝國志』であれば、六十六巻本を著錄した最古の例となるが、王應麟がこれを「中興書目」（淳熙五年成）の後に排列するのによれば、『四朝國志』か『中興國志』であろう。以上から確實にわかることは、すでに南宋の早い時期に六十六巻本が行われていたことだけである。また『皇朝類苑』には紹興十五年の自序があるので、喬衍琯・池田氏がいうように、その六十七巻本は六十六巻本に序錄一巻（『玉海』引國史志）を加えたものであろう。ところが、同じこの時期に、晁公武が六十四巻本を所藏していることには、いささか奇異な印象を受ける。これは、やはり先行研究が指摘するように、六十六巻本の闕本か、六十六巻本の巻數を調整したテキストと考えるのが妥當であろう。『文獻通考』は衢本『讀書志』、及び陳振孫の解題を引用するが、その巻數は衢本『讀書志』に同じである。馬端臨が單に衢本『讀書志』の記載に從ったにすぎないのか、六十四巻本を實見したのかはわからない。

以上を整理すると、六十七巻本は實際は六十六巻本であり、六十四巻本は六十六巻本と密接な關係があったと推測される。よってこの二種は、六十六巻本と同一か、その系統のものであったといえる。また六十六巻本の存在が確認されるのは南宋になってからである。その意味で、池田氏がこれを北宋末の訂補本と考えるのももっともである。ただし池田氏が原本とみなす六十巻本も南宋の文獻記載であり、北宋の文獻記載はない。しかも、その資料的來源を辿ればどうやら同じ資料に行き着くようである。よって、その資料が誤って「六十巻」と記していた可能性もあり、六十六巻本以前に六十巻本が存在したという確證はない。現在いえることは、南宋には確かに六十六巻本が行われていたことだけであり、慶曆元年十二月に完成した『崇文總目』の巻數を明確に傳える資料は意外なことに見當らないのである。以下、便宜上、この解題を有した『崇文總目』を「原本」と總稱する。

原本には各類の敍釋と各書籍の解題があった。そのうち歐陽脩が書いた敍釋三十篇が『歐陽文忠公集』巻百二十四

「崇文總目敍釋一巻」に収録される。これは南宋の慶元二年（一一九六）に周必大が『歐陽文忠公集』百五十三巻を編纂刊行した際に収録されたものであるが、陳亮『歐陽先生文粋』巻三にも「崇文總目敍釋」二十九篇が収録されていることはあまり知られていないようである(7)。これには乾道九年（一一七三）の自序があり、周必大本よりも二十年餘り古いテキストである上、異同も多い(8)。例えば『文粋』は敍釋ごとに改行するだけで類名を掲出しない。また周必大本より一篇少ないのは、禮・樂二類の敍釋を改行しないためである。よって「崇文總目敍釋」を見る場合、『文粋』本と周必大本とを校合する必要があるのである。

また敍釋の收載位置はこれまで明らかでなかったが、『文粋』を『崇文總目』の紹興改定本や、『宋史』藝文志等と比較することによって知ることが出來る。

『文粋』の實錄類敍釋の前行に「右皇朝王溥等修」とある。一方、紹興改定本の實錄類末には「周世宗實錄」が著錄される。『宋史』藝文志はこれを「宋王溥等撰」とすることから、『文粋』の一文は「周世宗實錄」の解題であると見てよかろう。

また『文粋』職官類敍釋の前行に、

右不著撰人名氏。載兩省而下諸司吏人次補選格。（右は編著者の名氏を記していない。中書・門下兩省以下、諸司・吏人の「補選」の規定を記載する。）

とある。「補選」とは、人物を選んで官職に任命することを指す。一方、紹興改定本の職官類末に「百司考選勅格五巻闕」が著錄される。「百司考選」とは、「補選」と同じく、人物を考査して官職に任命することであり、また「勅」は、北宋前期にあっては、中書・門下兩省を經由する命令のことであり(9)、『文粋』の一文と一致する。さらに宋志はこの書の編著者名を記していないことから、『文粋』の一文は、「百司考選勅格五巻」の解題であると見てよかろう。

また『文粹』儀注類敍釋の前行に、

右詔褒答、藏之祕府。（右は詔によって（皇帝からの）お褒めの言葉があり、祕府（祕閣）に收藏された。）

とある。一方、紹興改定本の儀注類末に「鹵簿圖記十卷」が著錄される。この書については、『長編』卷百二十二景祐五年十一月乙巳條に「南郊禮儀使宋綬上鹵簿圖記十卷、降敕褒諭。」とあり、『玉海』卷八十車服・鹵簿「天聖新修鹵簿記・景祐鹵簿記」條に「天聖六年十一月癸卯、翰林學士宋綬上天聖鹵簿記十卷、付祕閣。」とあり、宋綬が「天聖鹵簿記十卷」を重修・上進した時、勅旨によって「褒諭」が下され、祕閣に付されたとの記事がある。よって『文粹』の一文は、「鹵簿圖記十卷」の解題であると見てよかろう。

以上のように、『文粹』に見える、これら三類の敍釋の前行の一文は、いずれも『崇文總目』の各類の最後尾に著錄されていた書籍の解題であり、原本から歐陽脩の敍釋を抜き書きする際に混入してしまったものであると考えられる。なぜこのような混入がなされたかはわからないが、これによって原本の敍釋が各類の末にあったことが判明する。

また各書籍の解題は現行の紹興改定本にはないが、宋元代の文獻に散見し、清代には、これらの資料から解題を集めた二種の輯佚書（四庫全書本と『崇文總目輯釋』）が作られた。また鄭樵が『通志』校讎略の「泛釋無義論」・「書有不應釋論」・「書有應釋論」にて『崇文總目』の解題を無用のものと批判したことは有名である。

第二節　紹興改定本と天一閣藏明抄本

次に、紹興年間に『崇文總目』が改定されるに至る經緯について見ておきたい。このことを記した資料としては、『四庫全書總目提要』史部目錄類「崇文總目」條が引く『續宋會要』の大觀四年五月條・紹興十二年十二月條の記事がよく知られている(10)。池田氏は、この兩條の記事がそれぞれ『宋會要輯稿』第五十五册崇儒四に收める『永樂大典』卷千七百四十二所引の「續國朝會要」の大觀四年五月七日條・「中興會要」の紹興十三年十二月二十五日條に當たることをつきとめ、『提要』の誤りを正した。これによれば、「續國朝會要」大觀四年（一一一〇）五月七日條に、

祕書監何志同言、…慶曆閒、嘗命儒臣集四庫爲籍、名之曰崇文總目。凡三萬六百六十九卷、慶曆距今未遠也、按籍而求之、十纔六七、號爲全本者不過二萬餘卷、而脫簡斷編亡散門(11)逸之數浸多。謂宜及今有所搜採、視慶曆舊錄有未備者、頒其名數於天下、選文學博雅之士求訪、總目之外別有異書、並借傳寫、或官給筆劄、即其家傳之、就加校定、上之策府。從之。（祕書監の何志同は「…慶曆年間、（仁宗皇帝は）儒臣に命じて四庫（の書籍）を集めて帳簿を作らせ、崇文總目と名づけられました。全部で三萬六百六十九卷ありましたが、慶曆は今を距てること遠くないにもかかわらず、帳簿を調べてこれを求めると、わずか六・七割しか存せず、完本と呼べるものは二萬餘卷にすぎず、錯亂・散佚した書籍の數が次第に多くなっています。思いますに、現在搜集したものを、慶曆舊錄（崇文總目）と見比べて（館閣に）備わっていない書籍があれば、その書籍の名と數とを天下に廣く知らしめ、文學博雅の士を選んで探し求めさせ、（また）總目以外に別に異書があれば、すべて借りて傳寫させるか、官が筆と紙とを給付して、その（收藏者の）家で傳寫させてから、校定を加え、策府（祕書省）に上らせるのがよろしいでしょう。」と建言し、聞き入れられた。）

とあるように、北宋徽宗の治世には『崇文總目』の著錄書籍の約三分の一が殘闕・散佚するという狀態に陷ったために、祕書監の何志同によって散佚書の搜訪が建言された。これは紹興改定の直接の契機ではないが、南渡以前にすで

にこの状態であれば、それ以後のことは容易に想像できよう。南渡をはさんで、約三十年後、「中興會要」紹興十三年（一一四三）十二月二十五日條に、

権發遣盱眙軍向子固言、比降旨令祕書省、以唐藝文志及崇文總目、據所闕者榜之檢鼓院、許外路臣庶以所藏上項之書投獻。尚恐遠方不知所闕名籍、難於搜訪抄錄。望下本省、以唐藝文志及崇文總目應所闕之書、注闕字於其下、鏤板降付諸州軍照應搜訪。從之。（権發遣盱眙軍の向子固は「先頃、皇帝陛下は勅旨をお下しになり、祕書省に命じて、唐藝文志と崇文總目とを用いて、闕書を登聞檢院と登聞鼓院に掲示させ、要職にあらざる臣下にも、彼らが所藏する上項の闕書を獻上することをお許しになられましたが、遠方では依然として闕書の名簿を知らず、搜訪・抄錄に難があるのではないかと思われます。そこで本（祕書）省に命令を下して、唐藝文志と崇文總目を用いて、闕書に應じて闕字をその下に注し、雕版して諸州軍に頒布し、（これと）照應して搜訪させることを望みます。」と建言し、聞き入れられた。）

とあるように、向子固の建言によって、『崇文總目』は『新唐書』藝文志とともに闕書の下に「闕」字を注し雕版された。『直齋書錄解題』巻八目錄類の「崇文總目一卷」條に「今此惟六十六卷之目耳、題云紹興改定。」とあるのによれば、この時雕版された改定本は、六十六卷本に基づき書籍の名目だけを記したテキストであった(12)。

既述のように、六十六卷本が文獻上確認されるのは南宋以後であるので、それに基づいた紹興改定本が『崇文總目』の舊態をどの程度傳えているかわからない。しかし原本は一部も傳わっていない上に、向子固の建言によって雕版されたという紹興改定本の刊本も現存せず、現在その抄本が數部傳わるのみである。その源頭に立つのが、范氏天一閣藏の明抄本（以下稱「范本」）であり、その他の抄本はいずれもこれから傳抄されたものである。

范氏は、代々浙江省寧波府鄞縣に家した古今有數の藏書家であり、「天一閣」は明の范欽（字堯卿、號東明、明嘉

靖十一年（一五三二）の進士）が創建した藏書閣の名である。范欽は、豐坊の舊儲の一部をもとに廣く書籍を收集し、固く子孫を戒めて守護させた。清の乾隆年間の四庫全書纂修に際しては、天一閣から六百種以上の書籍が進呈され、そのうち九十六種が底本として採用され、三百七十七種が存目に入れられた。その後、藏書の多くが閣外に流出したが、中華人民共和國建國後、天一閣は國家の藏書機關・重要文化保護財となり、流出した藏書が次第に收集され、一九七九年には天一閣文物保管所が開設・公開された（13）。

范本について、清の阮元等編『天一閣書目』卷二之二史部目錄類は六十五卷、藍絲闌緜紙鈔本と著錄し、邵懿辰『增訂四庫簡明目錄標注』卷八史部目錄類「崇文總目十二卷」條、及び莫友芝『郘亭知見傳本書目』卷六史部目錄類經籍之屬「崇文總目二十卷（14）」條も六十五卷とするが、傅增湘は『藏園訂補郘亭知見傳本書目』卷六史部目錄類「崇文總目二十卷」條において「古い抄本で世に傳わっているものは、均しく六十六卷であり、六十五卷ではない。」と述べている。また喬衍琯は、『天一閣書目』では「六十六卷に作る」とするだけで、どの目錄に據ったかを明記せず、「手元にある清の薛福成『天一閣現存書目』と、楊鐵夫「重編寧波范氏天一閣圖書目錄」では『崇文總目』を著錄しない」と注記するのみである（15）。また『中國古籍善本書目』史部目錄類は六十六卷とするが、駱兆平は、六十六卷、一册、卷三詩類が原缺であるとし、そのために阮元『書目』は六十五卷としたと推測する。そこで范本から直接抄寫された朱彝尊の清抄本を見ると、六十六卷であり、詩類も完存する。しかし詩類は書類とともに卷二に收められ、卷三は禮類であり、淸の錢東垣等『崇文總目輯釋』の「崇文總目原目錄」も同樣に分卷する。また書（七部）・詩（八部）・禮（三十三部）三類の著錄部數のバランスから考えても、詩類が卷三に收められていたとは考え難い。朱彝尊抄本は各卷末で改行して次卷に移るが、范本も同じ形式であったと假定すれば、詩類とともに、その次行にあった卷三の標題が失われたと考えるのが妥當であろう。その時期は、朱彝尊抄本が抄寫されてから、嘉慶十三年（一八〇八）に阮元

『書目』が編目される以前のことである。なお范本の底本に關して、梁啓超は不明とするが、池田氏は紹興改定本の刊本とみなす。

范本は、阮氏『書目』に著錄されたのを最後に、光緒十五年（一八八九）刊の薛氏『書目』以後の天一閣關連の目錄には著錄されなくなる。よって嘉慶十三年から光緒十五年までの約八十年間に閣外に流出したと考えられる。その後、范本は朱鼎煦によって收藏されていたが、幸いにも一九七九年八月に天一閣文物保管所に寄贈されたとのことである[16]。

第三節　朱彝尊舊藏抄本

范本から直接抄寫され、後の紹興改定本傳抄の起點となったのが、現在、靜嘉堂文庫に收藏される朱彝尊舊藏の清抄本である（以下稱「朱本」）。

「宋崇文總目」六十六卷、全二冊、全百十一葉、九行二十餘字。もと清の陸心源（一八三四〜一八九四）の藏書であり、『皕宋樓藏書志』卷三十七史部目錄類には「宋崇文總目六十二卷、舊抄本、朱竹垞舊藏。」とあるが、同文庫にて朱本を調査したところ、六十六卷であった[17]。第一冊の副葉第三丁裏に朱彝尊（一六二九〜一七〇九）の手跋があり、

向讀馬氏經籍考中載崇文總目皆有評論、思亟見其書。及借抄于四【明天一】閣、則僅有其目而已。蓋紹興間【惑於夾際《ママ》】鄭氏之說而去之也。擬從【六一居士集、暨】通考所采、別抄一本、【老】矣【未能、姑識於】此。康熙

庚辰九月、竹坨老人書、年七十有二。（以前、馬氏（端臨）の（文獻通考）經籍考中に収載される崇文總目には皆評論があるのを讀み、早くにその書を見たいと思った。（後に）四明の天一閣から借りて抄寫するに及んだが、わずかに書籍の名目を存するにすぎなかった。おそらく紹興年間に夾漈の鄭氏（樵）の言説に惑わされて削り去ってしまったのであろう。六一居士集と通考が收載したものによって、別に一本を抄寫しようとしたが、私も年老いて、よくしなかったので、とりあえずここに識しておく。康熙庚辰（三十九年、一七〇〇）九月、竹坨老人書す、年七十有二。）

とあり(18)、末に「彝」「尊」の印記がある。また上册の卷一第一葉表に「竹坨／收藏」・「秀水朱／氏潛采／堂圖書」・「靜嘉堂現臧」の印記があり、下册の卷三十六第二葉表に「靜嘉堂現臧」、第二册末に「野史／亭臧」、「弟弌十六／洞天老弟／仙掌峰天／斿觀彳亍士」の印記がある。このうち卷一の前二者は朱彝尊の印記であり、第二册末の二印は誰のものかわからない。また第二册末には「壹百壹拾壹葉」の六字が書されている。

朱彝尊がこの抄本を入手した經緯は、次のようである。『曝書亭集』卷四十四「崇文書目跋」に、

崇文總目六十六卷、予求之四十年不獲。歸田之後、聞四明范氏天一閣有藏本、以語黄岡張學使、按部之日、傳抄寄予。展卷讀之、祇有其目、當日之敍釋無一存焉。（崇文總目六十六卷、わたしはこれを四十年探し求めたが入手できなかった。致仕して郷里に戻った後、四明の范氏天一閣に藏本があると聞いたので、黄岡の張學使に話して、巡按の時に傳抄して、わたしのところに送ってもらった。これを開いて讀んだところ、ただ書籍の名目があるだけで、當時の敍釋はひとつも存していなかった。）

とあるように、『崇文總目』を四十年間求め續けたが入手できず、致仕した後に天一閣に收藏されていると聞き、「黄岡の張學使」に抄寫してもらったものである。朱彝尊は解題のあるテキストと期待していたが、實際は有目無釋のテ

キストであった(19)。『曝書亭集』には、跋の作成年時は記されていないが、朱本の手跋によれば、康熙三十九年九月のことである。

次に、この「黄岡張學使」が何者であり、朱彝尊と如何なる關係にあったか、なぜ天一閣で范本を抄寫することができたかを考えてみたい。

『曝書亭集』の記載からわかることは、當時湖北省黄州府の領州であった黄岡出身の張氏で、また「按部之日、傳抄寄予」とあることから、當時浙江省の「學使」に任命されていた人物であるということだけである。「學使」は、「學政」の別稱であるので、錢實甫『清代職官年表』の「學政年表」(20)によって調べてみると、これに該當する人物は張希良のみである。乾隆十四年刊『黄州府志』を見ると、巻九選擧志の科貢・府屬進士表の康熙乙丑黄安縣欄に「張希良、侍講。」とあり、同巻十一人物志・文苑に、

張希良、字石虹、康熙己酉、擧於鄉、教諭江夏、甲子、預修通志、乙丑、成進士二甲傳臚、改庶常授編修。…歴左右春坊贊善、庚午、典試浙江、丙子、典試順天、纂修三朝國史・大清一統志・明史・春秋講義類函、稱旨、賜書白羽扇賦、累官侍講、督學浙江、致仕歸、卒年八十有二。良湛深古學、所著有春秋大義・宋史刪・文章宿海・格物內外編諸書、其詩文爲士林推重、出門下者多所成就云。（張希良、字は石虹、康熙己酉（八年、一六六九）、郷試に合格し、江夏の學校で教諭をし、甲子（二十三年）、通志の編修に預り、乙丑（二十四年）、進士二甲第一名となり、（翰林院）庶吉士（に任命された後）改めて（翰林院）編修に任命された。…左右春坊贊善を歴任し、庚午（二十九年）、浙江郷試を主管し、丙子（三十五年）、順天郷試を主管した。三朝國史・大清一統志・明史・春秋講義類函を纂修し、康熙帝の意にかなったので、白羽扇賦を賜わり、侍講・浙江督學を歴任し、致仕して歸り、八十二歳で卒した。（張希）良は古學に造詣が深く、著書には春秋大義・宋史刪・文章宿海・格物內外編の

諸書があり、その詩文は士林に推重され、その門下に出た者には優れた作品が多い。）

とある(21)。張希良、字は石虹、黃岡と同じ黃州府の黃安縣の出身、康熙二十四年の進士、官は翰林院侍講に至った。彼は、『大淸聖祖仁皇帝實錄』卷百八十三康熙三十六年五月丁亥條に「以翰林院侍講張希良、提督浙江學政。」とあるように、康熙三十六年五月に浙江學政に任命されている。學政の任期は三年であり、朱彝尊が朱本の跋を書いたのは同三十九年九月のことであるから、四ヶ月程の時間差があるが、張希良が「黃岡張學使」であると考えてまず間違いなかろう。「黃岡」としたのは、朱彝尊の記憶違いであろう。

次に、朱彝尊が張希良といつ知り合い、何故、張希良に范本の抄寫を依賴するに至ったかを考えてみたい。

康熙十八年三月、朱彝尊は博學鴻詞科に合格し、翰林院檢討に任命され、他の合格者とともに『明史』の纂修を命ぜられた(22)。一方、張希良も、先に引いた『黃州府志』本傳によれば、かつて『明史』の纂修に參加していた。よって二人は『明史』の纂修を契機に知り合ったと考えてよかろう。なお張希良が『明史』の纂修に參加した明確な時期はわからない。しかし、彼は康熙二十四年に進士に及第し、翰林院庶常館の學員である庶吉士に充てられた後、翰林院編修に任命されている。庶吉士は庶常館にて三年間學習した後、御試を奏請し、編修・檢討等に任命されたというから(23)、彼が翰林院編修に任命されたのは康熙二十七年以降のことであろう。また翰林院は修史を職掌のひとつとしており、『大淸聖祖仁皇帝實錄』卷八十七康熙十八年十二月乙亥條に「內閣學士徐元文疏言、纂修明史、請以翰林院侍讀學士溥瓓塔・內閣侍讀學士王國安、爲明史館提調官、右春坊右庶子盧琦、翰林院侍讀王士正・侍講董訥・王鴻緒、右春坊右諭德孟亮揆・左春坊左中允李錄予・左春坊左贊善陳論、翰林院編修翁叔元・沈涵・李應廌・李濤、檢討李振裕・沈上墉・徐潮・王尹方・李柟等、爲纂修官、會同薦擧考授翰林院編修彭孫遹等五十員分纂。從之。」とあるように、『明史』の纂修においても翰林院の官員がかなり動員されているから、張希良も翰林院編修に任命されると同時に、これに參加したと推測される。

また朱彝尊が張希良に范本の抄寫を依賴した理由は、浙江との深いつながりにあったと考えられる。張希良は浙江學政となる前に、『大清聖祖仁皇帝實錄』卷百四十六康熙二十九年六月乙亥條に「以翰林院編修張希良、爲浙江鄉試正考官、戸部郎中王謙、爲副考官。」とあるように、浙江鄉試の正考官にも任命されていた。また學政の職掌は、『清史稿』卷百十六職官志三に「提督學政、省各一人。…掌學校政令、歳・科兩試。巡歴所至、察師儒優劣、生員勤惰、升其賢者能者、斥其不帥教者。」とあるように、各省の府學・縣學を監督する教育行政長官であった。つまり張希良は、一度は鄉試正考官として、一度は學政として、浙江の教育行政に深くかかわっていたのである。これによって彼は當地の知識人との閒に相當のコネクションを築いていたと推察される。これを期待して、朱彝尊は范本の抄寫を依賴したのであろう。

最後に、印記「弟弌十六／洞天老弟／仙掌峰天／斿觀衎士」について一言觸れておきたい。

「洞天」とは、もともと道教でいう神仙のすみかのことであり、十大洞天、三十六小洞天があるというが、後にひろく景勝地を呼ぶのに用いられるようになった。「弟弌十六洞天」とは、印記に見える景勝地「仙掌峰」と「天斿觀」を神仙のすみかに見立てたものであろう。「仙掌峰」とは、福建省建寧府崇安縣の武夷山の第六曲「天游峰」の西にある峰の名であり、「天斿觀」とは天游峰の頂きにある道院の名であり、宋の道士劉碧雲・張希微によって建立され、以後增築・修復され、清代に至ったものである(24)。

興味深いことに、康熙三十七年（一六九八）、朱彝尊はこの仙掌峰と天游觀を訪れ、「仙掌峰瀑布」・「天游觀萬峰亭」という二首の詩を作っており（『曝書亭集』卷十八所收）、同四十七年には、これを回顧して、「天游觀歌寄贈崇安王明府梓」一首を作っている（同卷二十二所收）。特に後者では、願爲道士、驂駕白鹿、騎青牛、年今八十行、歎復坐愁。安得九節竹杖扶我、重上仙掌之峰頭。（願わくは道士となって、三頭立ての白鹿の馬車を駕し、青牛に騎りたいものだが、現在八十歳になろうとし、歎いては何もせず愁いているばかりだ。（この年では、仙人が持つという）九つの節がある竹の杖がわたしを扶けても、再び仙掌峰の頂きに登ることはできない。）

と嘆じている。これは、この地にて道士となることへの憧れを吐露したものと見られる。

このことを踏まえて、先の印記を見ると、朱彝尊自身がこれを彫り、戯れに「…術（道）士」と名乗ったように思えてくる。しかし、この印記を彼のものとして収錄した文獻は、寡聞ながら見たことがない。よって朱本が實際に天游觀の道士の手に渡って、この印記が捺されたとも考えられる(25)。この問題については後考に待つことにしたいが、ただ、このような因縁が朱彝尊と仙掌峰天游觀との間にあったことは、大變興味深い事實である。

おわりに

以上、『崇文總目』の編纂過程、及び卷數・敍釋・解題をめぐる諸問題や、紹興改定本と、范氏天一閣收藏の明抄本について概觀し、さらに清初にこの天一閣本から朱彝尊舊藏抄本が傳抄される經緯などを考察してきた。天一閣本は、清初にあっては、紹興改定本の最古にして唯一の抄本であり、なおかつ傳抄されて世に出ることもなかったが、朱彝尊がその存在を知り、その依頼を受けた浙江學政張希良によって抄寫されてから、この朱彝尊舊藏抄本を起點として、廣く傳抄されていくことになるのである(26)。

なお本章の作成に當たって、靜嘉堂文庫・東京大學總合圖書館より、閲覧に際し御高配を賜った。末文ながらここに記して謝意に代えるものである。

注

（1）以上は、南宋の李燾『續資治通鑑長編』（以下稱『長編』）卷百十四・百十七・百十八・百十九・百三十二・百三十四による。『玉海』卷五十二藝文・書目「景祐編三館祕閣書籍、崇政殿觀書」條・「慶曆崇文總目」條にもほぼ同様の記事がある。

（2）『誦芬室叢刊』所收本による。文淵閣四庫全書本は「一十七卷」に誤る。

（3）なお淸の葉德輝『觀古堂書目叢刻』所收の淸の朱學勤（一八二三〜一八七五）『結一廬書目』卷二史部目錄類に計十本の明鈔本が著錄され、「每條均有解題。千頃堂藏書。」とある。これについて、梁啓超は、舊藏者黃虞稷（一六二九〜一六九一）が當時の著名人であり、かつ朱彝尊・錢謙益と交際があったが、誰もこの書を見ておらず、また黃虞稷の手を離れ朱學勤に歸するまで、この書がどこに潜んでいたのか、何故諸家の題跋に一字も言及しないのか、と怪しんだ。さらに『觀古堂書目叢刻』所收の別本『結一廬書目』はこの書を著錄せず、また朱學勤の藏書は後に豐潤の張佩綸に歸したが、辛亥革命でその藏書の七・八割を失い（別本『結一廬書目』葉德輝序を參照）、この書の存否も不明であると述べる。梁啓超『圖書大辭典簿錄之部』「崇文總目」條（『飮冰室專集（六）』、臺灣中華書局、一九七二年三月）を參照。以下「梁啓超」と稱するものは、すべてこの條のことを指す。

（4）「崇文總目輯本勘異」（『故宮學術季刊』第四卷第四期、一九八七年）。なお「序錄」に觸れるのは『玉海』引國史志だけであり、「一卷」に作る。ただ淸の錢東垣等『崇文總目輯釋』補遺のみ「國史志」を引いて二卷に作る。

（5）「『崇文總目』管見」（『東方學會創立五十周年記念東方學論集』、一九九七年五月）。

（6）『玉海』卷四十六藝文・正史「元豐兩朝正史」・「淳熙修四朝史」・「淳祐四朝史」條による。なお宋代の國史については、蔡崇榜『宋代修史制度研究』（文津出版社、一九九一年六月）第七章「歴朝國史的修纂」に詳しい。

（7）以下、『歐陽先生文粹』には、書目文獻出版社『北京圖書館古籍珍本叢刊』所收の宋刊本『歐陽先生文粹』五巻拾遺一卷（87集部・別集類）を用いた。なお『珍本叢刊』所收本の版式は、北京圖書館原編『中國版刻圖録』（勝村哲也編。朋友書店、一九八三年九月覆刊）の宋刻公文紙印本『歐陽先生文粹』五卷（金華、南京圖書館藏。圖版九一）と同じである。『版刻圖録』の解題では、版式と書体が婺州本『三蘇文粹』と似ている點、乾道九年（一一七三）陳亮序がある點から、南宋中葉婺州刻本と推定する。傅增湘『藏園訂補郘亭知見傳本書目』（傅熹年整理。中華書局、一九九三年六月）卷十三上集部別集類二も、宋刊本とし、刻工名から婺州本かもしれないとする。

（8）『四庫全書總目提要』集部別集類存目「歐陽遺粹」條を參照。

（9）龔延明『宋代官制辭典』（中華書局、一九九七年四月）「敕」條を參照（六二一頁）。

（10）清の錢大昕『十駕齋養新錄』卷十四「崇文總目」條にも同様の記述があり、向子固を向子堅に作り、その建言を紹興十二年の事と誤る。

（11）『通考』經籍考總序は「門」を「缺」に作る。

（12）袁本『郡齋讀書志』卷二下書目類にも「崇文總目一卷」が著録され、その解題に「右皇朝崇文院書目也。…」とあるが、紹興改定には言及しない。

（13）以上、范氏天一閣については、長澤規矩也『支那書籍解題　書目書誌之部』（文求堂、一九四〇年十一月）・謝國楨『江浙訪書記』（生活・讀書・新知三聯書店、一九八五年十二月）「寧波天一閣文物保存所藏書」の「『崇文總目』六十八卷」條、駱兆平『天一閣叢談』（中華書局、一九九三年三月）・『新編天一閣書目』（中華書局、一九九六年七月）等を參考にした。

（14）『崇文總目輯釋』附錄引「四庫全書簡明目錄」の錢侗の按語に「四庫館新定本作十二卷、提要所錄亦同。此作二十卷、傳刻誤也。」とあり、錢侗が見た『簡明目錄』も二十卷に誤っていた。しかし臺灣商務印書館影印の文淵閣原鈔本『簡明目錄』は十二卷に作る。その弁言によれば、この原鈔本は通行の刊本と排列順序や文字に異同がある。また最も古い刊本は、乾隆四十七年に四庫全書が完成し、その纂修に參與した趙懷玉が『簡明目錄』の副本をもとに杭州書局で刊行した杭州小本であるという。東京大學總合圖書館にて、乾隆末刊と推定される刊本、嘉慶中刊後修本、同治七年廣州廣東書局重刊本を見たところ、乾隆末刊本のみ二十卷に作っていた。その匡郭のサイズは縱十二・七、横九・一センチと小さいことから、これが杭州小本であろう。『輯釋』は嘉慶四年完成なので、錢侗は杭州小本を見たのである。莫友芝も杭州小本に從って誤ったのであろう。

（15）喬衍琯前揭論文、及びその【註二】を參照。

（16）『天一閣叢談』「天一閣散書訪歸記」、『新編天一閣書目』「天一閣訪歸書目」、駱兆平「『明文案』『明文海』稿本述略」（『文獻』一九八七年第二期）を參照。なお謝國楨は、六十八卷、九行二十餘字、天一閣負責人邱嗣斌が回收したとする。朱鼎煦については、鄭偉章『文獻家通考』（中華書局、一九九九年六月）下册の一六六二～四頁を參照。

（17）『靜嘉堂祕籍志』卷二十二目錄類「崇文總目」條は陸氏『藏書志』を引き、欄外に「二卷當作六卷。」と注記する。

（18）「【　】」は、朱本の殘闕部分を翁方綱批校本の朱跋によって補ったものである。翁方綱批校本は、後に道州の何紹基（一七九九～一八七三）に歸し、更に葉德輝の弟德炯の子啓勳（一九〇〇～？）・啓發（一九〇一～？）兄弟に歸し、ついに啓勳の他の藏書とともに湖南省圖書館に歸した。『中國古籍善本書目』史部目錄類は六十六卷、淸抄本、淸翁方綱批校、湖南省圖書館藏と著錄する。葉啓勳『拾經樓紬書錄』卷上（一九三七年刊）・葉啓發『華鄂堂讀書小識』卷二に、いずれも一九二九年書の、この抄本の題跋がある。翁方綱批校本は未見であるが、葉啓勳の題跋に引かれる朱跋によった。

（19）長澤氏前揭書はこれを「四庫本にして、永樂大典より輯出したるもの。」とするが誤りである。

（20）中華書局、一九八〇年七月。

（21）なお光緒十年刊『黃州府志』卷十四選擧志の科貢表・進士の康熙乙丑黃安縣欄に「張希良、傳臚、侍講。」とあり、同卷十九人物志の文苑に傳がある。この傳は、乾隆刊『黃州府志』と若干の異同がある。

（22）『大淸聖祖仁皇帝實錄』卷八十康熙十八年三月丙申朔條に「試内外諸臣薦擧博學鴻儒一百四十三人、於體仁閣賜宴、試題璿璣玉衡賦・省耕詩五言排律二十韻。」とあり、同巻八十康熙十八年三月甲子條に「諭吏部薦擧到文學人員、已經親試。其取中一等彭孫遹・倪燦・張烈・汪・・喬萊・王頊齡・李因篤・秦松齡・周淸原・陳維崧・徐嘉炎・陸棻・馮勗・錢中諧・汪楫・袁佑・朱彝尊・湯斌・汪琬・邱象隨、二等李來泰・潘耒・沈珩・施閏章・米漢雯・黄與堅・李鎧・徐釚・沈筠・周慶曾・尤侗・范必英・崔如岳・張鴻烈・方象瑛・李澄中・吳元龍・龐塏・毛奇齡・金甫・吳任臣・陳鴻績・曹宜溥・毛升芳・曹禾・黎騫・高詠・龍爕・邵吳遠・嚴繩孫、俱著纂修明史。…」とある。

(23) 張政烺等『中國歷代官制大辭典』（北京出版社、一九九四年一月）「庶吉士」條（七五五頁）を參照。

(24) 淸の董天工『武夷山志』卷十二「六曲」、淸の顧祖禹『讀史方輿紀要』卷九十五福建一・名山・武夷條を參照。

(25) なお淸の楊謙『朱竹垞先生年譜』には、朱彝尊が道士となったとの記事は見られない。

(26) これらの抄本等については、本書下篇第二章を參照。

第二章　『崇文總目』の抄本と輯佚書について

はじめに

『崇文總目』は北宋の仁宗慶暦元年の三館・祕閣の藏書をもとに作られ、本來は敍釋と解題があったが、南宋の紹興十三年頃に、散佚書を捜訪するために、これらを削除した改定本が作成・刊行された(1)。その影響か、完本の方は明初には失われ、現在はこの紹興改定本の抄本が傳わるのみである。清代には紹興改定本が盛んに傳寫され、これをもとに他文獻から敍釋・解題を輯佚した四庫全書本と『崇文總目輯釋』(以下『輯釋』)とが作られた。『崇文總目』を見る場合、これら輯佚書を使うのが捷徑である。しかし四庫全書本は底本や輯佚方法に關する『四庫全書總目提要』の記述に混亂があり、また『輯釋』との間に異同が多い。よって『崇文總目』をより有効に利用するためには、紹興改定本の抄本の系統を整理した上で、二種の輯佚書がどの抄本を底本として、如何に編まれたかを明らかにしておく必要がある。『崇文總目』には優れた先行研究がいくつかあるが、この問題に關してはいささか物足りなさを感じる。そこで、この問題の解明に取り組んでみたい。

第一節　紹興改定本の抄本

范氏天一閣(2)藏の明抄本（以下「范本」）。未見。

范本は現存最古の紹興改定本のテキストであり、その他の抄本はいずれもこれを起點に傳抄されていったものである。全一册。六十五卷(3)。その底本に關しては、梁啓超は不明とするが、池田温氏は紹興改定本の刊本とみなす(4)。范本は、淸の嘉慶十三年に阮元等編『天一閣書目』卷二之二史部目錄類に著錄されたのを最後に、光緒十五年刊の薛福成『天一閣現存書目』以後の天一閣關連の目錄には著錄されなくなる。よって、この約八十年間に閣外に流出したと考えられる。その後、范本は朱鼎煦の所有に歸し、一九七九年八月に天一閣文物保管所に寄贈された(5)。

朱彝尊舊藏の淸抄本（以下「朱本」）。既見。

「宋崇文總目」六十六卷、全二册、表紙縱二十六・五センチ横十六・七センチ、本文全百十一葉、九行二十餘字。首に朱彝尊（一六二九～一七〇九）の手跋があり、

向讀馬氏經籍考中載崇文總目皆有評論、思亟見其書。及借抄于四【明天一】閣則僅有其目而已。蓋紹興閒【惑於夾際】鄭氏之說而去之也。擬從【六一居士集、暨】通考所采、別抄一本、【老】矣【未能、姑識於】此。康熙庚辰九月竹垞老人書、年七十有二(6)。（以前、馬端臨『文獻通考』經籍考中に收載される『崇文總目』には皆評論があるのを讀み、早くにその書を見たいと思った。四明の天一閣から借りて抄寫するに及んだが、わずかに書籍の題目を存するにすぎなかった。おそらく紹興年間に夾漈の鄭樵の言説に惑わされてその評論を削り去ってし

まったのであろう。『六一居士集』と『通考』が収載したものによって、別に一本を抄寫しようとしたが、私も年老いて、よくしなかったので、とりあえずここに識しておく。康熙庚辰九月、竹垞老人書す、年七十二。」とあり、末に「彝」「尊」の印記がある。他に「竹垞／收臧」・「秀水朱／氏潛采／堂圖書」、「野史／亭臧」、「弟弌十六／洞天老弟／仙掌峰天／斿觀術士」、「靜嘉堂現臧」の印記がある。また第二册末には「壹百壹拾壹葉」の六字が書されている。朱本は、朱彝尊が致仕後に、天一閣所藏の范本を浙江學政の張希良に依頼して抄寫してもらったものであり(7)、後に陸心源（一八三四～一八九四）に歸し、光緒三十三年、日本人に賣却され、現在靜嘉堂文庫に所藏される。

丁丙舊藏の清抄本。未見。

清の丁丙（一八三二～一八九九）『善本書室藏書志』巻十四史部目錄類に「宋崇文總目六十六卷、舊鈔本」と著錄されるものであり、宣統二年、丁丙の他の藏書とともに江南圖書館に賣却され、民國初鉛印の汪懋鎔校『江南圖書館善本書目』史部目录類「宋崇文總目六十六卷」に「舊抄本、一本」と著錄され(8)、現在南京圖書館に所藏される。『中國古籍善本書目』史部目錄類は六十六卷、「清抄本、佚名校並錄清朱彝尊・錢大昕跋、清丁丙跋。」と著錄する(9)。

ところで、清の王聞遠（一六六三～一七四一）『孝慈堂書目』書目は「崇文總目六十六卷、一册鈔一百十一番。」を著錄する。梁啓超は、この王聞遠藏本と、江南圖書館藏本がともに一册であり、また王聞遠の藏書の九割が黃丕烈（一七六三～一八二五）に歸し(10)、丁丙の藏書がその大半を黃丕烈の藏書に得たことから、江南圖書館本を王氏の舊藏本ではないかと推測し、さらに范本か朱本の化身であると述べる。朱本の巻頭書名は丁丙『藏書志』と同じく「宋崇文總目」であり、その紙數は『孝慈堂書目』と同じく百十一紙であることから、梁啓超のいうように、王聞遠の舊藏本が丁丙に歸したものである可能性は十分考えられる。また王聞遠は『元音』なる書を朱彝尊に借鈔させてもらったことがあるので(11)、『崇文總目』も同様に朱本から直接抄寫された可能性が高い。以下、これを「王本」と稱す。

錢氏家藏の清抄本（以下「錢本」）。未見。

これは諸家の書目等に見えず、これまで誰もその存在に氣づかなかった抄本であるが、仔細に調べると、確かに存在していたはずである。『輯釋』の錢侗の小引には「侗家舊藏四明范氏天一閣鈔本」とあり、范本が『輯釋』の底本となったと記されている。しかし、この小引は嘉慶四年二月書であり、同十三年刊の阮元『天一閣書目』には范本が依然著録されている。よって「侗家舊藏」の抄本とは、范本系統であることは確かであるが、范本そのものではありえない。『輯釋』の著者錢東垣・繹・侗の三兄弟は錢大昕（一七二八～一八〇四）の弟大昭（一七四四～一八一三）の子であるから、「侗家舊藏」は大昕・大昭以來の藏書を指すとみてよかろう。そこで『天一閣碑目』巻首の乾隆五十二年の錢大昕の序を見ると、乾隆四十八年の夏と同五十二年の二度天一閣を訪れ、後者の時には范懋敏・張燕昌と『天一閣碑目』を編んだとあり、この時、錢大昕には范本を直接抄寫する機會があったといえる。またこの他に、『十駕齋養新錄』巻十四「崇文總目」條に、

崇文總目一册、予友汪炤少山游浙東、從范氏天一閣鈔得之。其書有目而無敍釋、每書之下多注闕字。陳直齋所見、蓋卽此本。題云紹興改定、今不復見題字、或後人傳鈔去之耳。（崇文總目一册、我が友、汪炤少山が浙東を訪れた折に、范氏の天一閣から抄寫したものである。その書には書籍の題目があって敍釋がなく、各書の下には多く闕字が注されている。陳直齋（振孫）が見たものは、おそらくこの本であろう。（陳振孫は）「紹興改定」と題してあるというが、いま題字が記されていないのは、後人が傳抄していくうちに削除してしまったためかもしれない。）

とあるように、錢大昕は友人の汪炤が范本から直接抄寫したテキスト（以下「汪炤本」）を見せてもらっていた。よ

って銭大昕には後に汪炤本を手に入れるか、汪炤本を抄寫する機會があったといえる。このように、銭大昕には二度も范本直系のテキストを手に入れる機會があったのであるから、「侗家舊藏」の抄本とは朱本を介していないテキストであった可能性が高い。これが錢本である。殘念なことに錢本の存否は不明だが、これを底本とした『輯釋』によって、その原貌を窺い知ることができる。

翁方綱舊藏の清抄本（以下「翁本」）。未見。

翁方綱（一七三三～一八一八）、直隷大興の人、乾隆十七年の進士。朱彝尊の『經義考』に補正十二卷を著したことで知られるが、藏書家としても著名である。翁本は後に道州の何紹基（一七九九～一八七三）に歸し、更に葉德輝の弟德炯の子啓勳（一九〇〇～?）・啓發（一九〇一～?）兄弟に歸し、一九二九年、啓勳は『拾經樓紬書錄』卷上に、啓發は『華鄂堂讀書小識』卷二に、それぞれ翁本の題跋を書いている。兩題跋によれば、六十六卷、全一册、全九十五葉、末に朱彝尊の跋を載す。また副葉には「〇者馬考、△者他書。」と、「永樂大典王堯臣歐陽脩崇文總目六十六卷。下引直齋一條、通考一條、夾際一條。」との朱批があり、書名の下には間々朱筆で一行乃至五行を「直抹」した部分がある。書中の上欄には『永樂大典』所引の『崇文總目』を注記する。翁方綱は表紙に題字を書し、末尾に高似孫『緯略』を引き、書中に若干の校字と丁附を行っているという。葉啓勳は翁本所載の跋を朱彝尊の眞筆とみなし、さらに『輯釋』との比較によって朱筆の〇△の記號が諸文獻所引の敍釋であると判斷し、その上で、これらの朱筆と『永樂大典』の引用とが朱彝尊の手になるとみなしたすえ、翁本は朱彝尊が敍釋の補輯を試みた藍本であると斷定する。しかし先述のように、朱本は現在靜嘉堂文庫に所藏され、また朱彝尊自身が輯佚書作成のために別に一本を抄寫することはありうるが、その際に「擬從六一居士集、暨通考所采、別抄一本、老矣未能、姑識於此。」と述べた跋まで、あわせて抄寫するのは不自然な話である。よって翁本は、朱彝尊以外の人が朱本から本文と跋とを併抄したテキストであり、朱筆の書き入れ等は翁方綱か、それ以外の人物によってなされたと考えるべきである。翁本は後に葉啓勳の他の藏書とともに湖南省圖書館に歸した[12]。『中國古籍善本書目』史部目録類は六十六卷、淸抄本、翁方綱批校、湖南省圖書館藏と著録する。

張鈞衡舊藏の抄本（以下「張本」）。未見。

張鈞衡（一八七二～一九二七）『適園藏書志』卷五史部目録類に「宋崇文總目六十六卷、舊鈔本、止存原目一卷。」と著録されるものである。書名が朱本・『善本書室藏書志』と同じであるので、朱本系統の抄本である可能性がある。張鈞衡が卒した後、一九四一年、子の張乃熊はその藏書の大部分を國立中央圖書館に賣却したが、張本は張乃熊『苙圃善本書目』・國立中央圖書館編『國立中央圖書館善本書目增訂本』[13]には著録されず、その存否は不明である。

以上が現在知ることのできる紹興改定本の抄本であり、その系統を整理すると、大體圖のようになる。現存最古の抄本は唯一の明抄本である范本であり、淸代に傳抄された抄本は全てこれに由來するといわれる。その源頭に立つのが朱本である。そして、この二本に次ぐのが王本であり、おそらく朱本から直接抄寫されたものである。朱本系統の抄本には他に、朱彝尊跋を併抄する翁本がある。なお張本も朱本系統である可能性がある。一方、朱本系統以外の抄本としては、范本から直接抄寫され、錢大昕によって題跋が書かれた汪炤本がある。また錢本は汪炤本系統の抄本か、或いは錢大昕が范本から直接抄寫したものであると考えられる。

【紹興改定本抄本關連年表】

一五三二年、范欽、この年の進士［范本］。

一七〇〇年、朱彝尊、『崇文總目』の抄本に跋す［朱本］。

一七〇九年、朱彝尊卒［朱本］。王聞遠、おそらくこれ以前に朱本を借抄す［王本］。

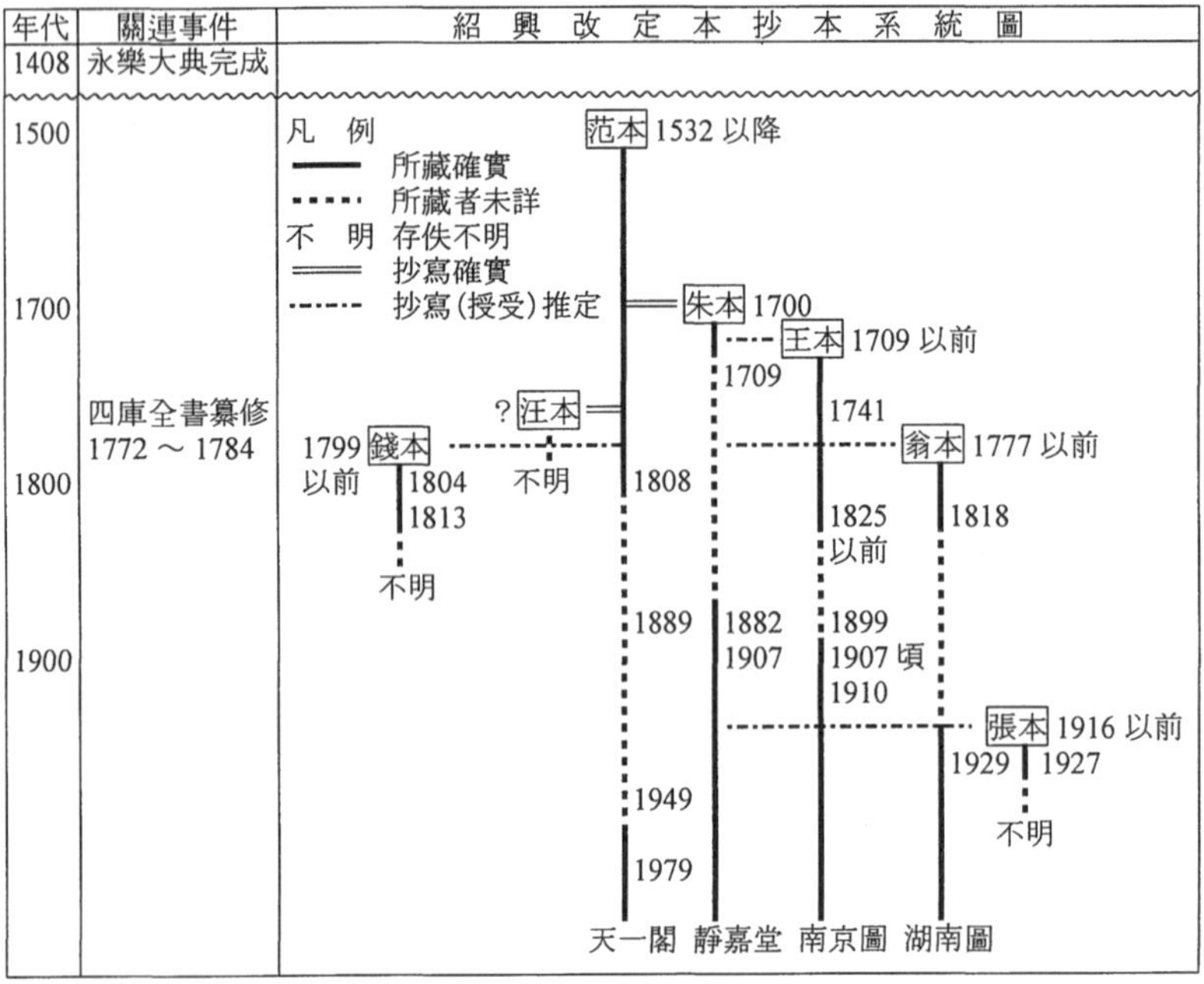

一七四一年、王聞遠卒［王本］。

一七七七年、翁方綱、『崇文總目』の四庫提要稿を書す［翁本］[14]。

一七九九年、錢東垣等『崇文總目輯釋』成る［汪本・錢本］。

一八〇四年、錢大昕卒［錢本］。

一八〇八年、阮元『天一閣書目』成る［范本］。

一八一三年、錢大昭卒［錢本］。

一八一八年、翁方綱卒［翁本］。

一八二五年、黄丕烈卒［王本］。

一八八二年、陸心源『皕宋樓藏書志』成る［朱本］。

一八八九年、薛福成『天一閣現存書目』成る。この頃までに范本散出す［范本］。

一八九九年、丁丙『善本書室藏書志』成る［王本］。

一九〇七年、陸氏の藏書が日本人に賣却され、靜嘉堂文庫に歸す［朱本］。この頃、湛方らが丁氏の藏書を買い取り、金陵の盋山に館（江南圖書館の前身）を置く［王本］(15)。
一九一〇年、江南圖書館完成［王本］。
一九一六年、『適園藏書志』成る［張本］。
一九二七年、張鈞衡卒［張本］。
一九二九年、葉啓勳・啓發、翁本に跋す［翁本］。
一九四九年、中華人民共和國成立、天一閣の舊藏書の回收はじまる［范本］。
一九七九年、天一閣文物保護管理所設置、朱鼎煦が范本を寄贈する［范本］。

第二節　輯佚書

『崇文總目輯釋』五卷、補遺一卷、附錄一卷。既見。

『輯釋』については、喬衍琯にすでに詳しい解説があるので(16)、嘉慶四年二月錢侗「崇文總目輯釋小引」によって、その編纂の經緯を述べるにとどめておく。

嘉定の錢侗の家で所藏していた「四明范氏天一閣鈔本」（實は錢本(17)）はただ卷數を記すだけのテキストであり、時に撰人を注記するが、それもただ經部の一・二割であり、それ以外は書名が類似する場合に注記して區別してあるにすぎなかった。これが同鄉の秦鑒の目にとまり、雕版の話が持ち上がった。そこで錢侗及び發起人秦鑒に、長兄東垣・次兄繹、及び姻戚關係にあった金錫鬯を加えた五人で輯佚に當った。五卷に分卷し、經部を錢東垣、史部を錢繹、子部上を錢侗、子部下を金錫鬯、集部を秦鑒が編輯し、卷後に錢侗の補遺を附し、わずか半年で完成した。その輯佚方法は、前節で觸れた朱彝尊の輯佚構想にヒントを得たものでありながら、輯佚の對象とする資料を大幅に擴大した。また解題を輯佚できなかった場合には、史志を調べて編著者を補い注し、卷數の異同、名稱の錯雜、誤字、脱字等があれば考證した。また校讎が半ばに至らんとした時、錢侗は友人に頼んで文淵閣で四庫館新定本を借りて抄寫してもらい、異同を校勘した。その結果、原敍三十篇、原釋九百八十條、引證四百二十條という輯佚の成果をあげた。

なお『輯釋』を補訂したものに、『綴學堂叢稿初集』所收の陳漢章『崇文總目輯釋補正』（一九三六年自序）があり、一九八七年に許逸民・常振國編『中國歴代書目叢刊』第一輯に影印され、北京の現代出版社から出版された。

文淵閣四庫全書本『崇文總目』十二卷（以下「庫本」）。既見。

『四庫提要』「崇文總目」條の題下に「永樂大典本」とあり、『提要』「凡例」第七則に從えば、これが庫本の底本である。しかし『四庫全書簡明目録』「崇文總目」條には「舊本佚其解題、今從永樂大典補輯。」とあり、舊本はその解題を佚していたが、庫本では『永樂大典』によって補輯したと述べ、『大典』が底本だとは明言しない。また『輯釋』附録引「四庫全書簡明目録」條の錢侗の按語には、

是書編類悉依天一閣所鈔紹興改定本、歐陽公集・文獻通攷所載敍釋並採附諸書之後、餘如永樂大典所引各書、亦取證一二。凡原敍二十七篇・原釋二百一十七條・引證二十一條。（この書（庫本）の分類・排列順序はすべて天一閣抄の紹興改定本に依り、歐陽公の全集・『文獻通攷』が收載する敍釋はすべて各著録書籍の後に採録し、その他に『永樂大典』所引の各書なども若干引證とした。全部で原敍二十七篇・原釋二百十七條・引證二十一條。）

とある。先述のように、錢侗は『輯釋』編纂の際、實際に錢本と庫本とを校勘した人物であり、その言葉は重視すべきである。しかし喬衍琯の指摘によれば、『輯釋』は庫本を引證せず、また校勘したはずの二本の間にかなりの異同

があるとのことであり、『輯釋』の言葉をそのまま信用するわけにはいかない(18)。そこで『提要』の本文、及び庫本に見える四庫館臣の按語を使って、庫本が實際に如何なる資料・方法を用いて編纂されたかを考えてみたい。

まず『提要』の本文を見てみると、

此本爲范欽天一閣所藏、朱彝尊鈔而傳之、始稍見於世、亦無序釋。朱彝尊曝書亭集有康熙庚辰九月作是書跋、謂欲從六一居士集、暨文獻通考所載、別鈔一本以補之。然是時彝尊年七十二矣、竟未能辨也。今以其言考之、其每類之序見於歐陽脩集者、祇經史二類及子類之半。馬端臨文獻通考所載論説亦然。晁公武讀書志・陳振孫書錄解題皆在通考之前、惟晁公武所見多通考一條、陳氏則但見六十六卷之目、題曰紹興改定者而已。永樂大典所引、亦卽從晁陳二家目中採出、無所增益、已不能復睹其全。然蒐輯排比、尚可得十之三四、是亦較勝於無矣。謹依其原次、以類補入、釐爲一十二卷。其六十六卷之原次、仍註于各類之下。…今所傳本、每書之下多註闕字、蓋由於此。今亦仍之。王應麟玉海稱、當時國史謂、總目序錄多所謬誤。黄伯思東觀餘論有校正崇文總目十七條。鄭樵通志校讎略、則全爲攻擊此書而作。李燾長編亦云、總目或有相重、亦有可取而誤棄不錄者。今觀其書、載籍浩繁、牴牾誠所難保。(このテキストは范欽の天一閣に收藏され、朱彝尊が抄寫して傳えて、ようやく世に出たものであり、やはり序釋がない。朱彝尊『曝書亭集』には康熙庚辰九月作のこの書の跋があり、『六一居士集』と『文獻通考』收載のものによって、別に一本を抄寫して序釋を補いたいと述べている。しかしながらこの時朱彝尊はすでに七十二歳という高齢であり、ついに實行できなかった。いまその言葉によって調べてみると、その各類の序のうち歐陽脩の全集に見えるものは、ただ經史二類と子類の半ばにすぎない。馬端臨『文獻通考』が收載する論説も同樣である。晁公武『讀書志』・陳振孫『書錄解題』はいずれも『通考』以前の作であるが、晁公武の見たものは『通考』より一條多いだけであり、陳氏はただ六十六卷の書籍の名目を記す、「紹興改定」と題されたテキストを見たにすぎなかった。『永樂大典』が引くものも、「晁陳二家目」中から採錄したものであり、增益する部分はなく、すでにその全貌を見ることはできない。しかしながら蒐集・排列すれば、それでも十分の三、四を得ることができるので、やはり無いよりははましである。愼重に底本の編次を守り、（輯佚した部分は）底本の關連箇所に補入し、十二卷に分卷した。底本の六十六卷の卷次は各類名の下に注記した。…現在傳わるテキストに、書名の下に間々「闕」字が注されているのは、おそらくこれ（紹興改定本）によるものであろう。ここでもこれをそのまま殘しておく。王應麟『玉海』には、當時の國史に「『總目』の序錄には誤りが多い」と記されている、という。黃伯思『東觀餘論』には「校正崇文總目十七條」がある。鄭樵『通志』校讎略は全くこの書を攻擊するために作られたものである。李燾『長編』にも「總目には重出があり、また取るべきなのに誤って採錄していないものもある。」とある。いまこの書を觀てみると、收載する書籍が夥しいことから、齟齬をきたすことも誠に保證し難いことである。）

とある。以上によって、庫本は范本系統の抄本を底本に用い(19)、朱彝尊の構想に從って、主に『歐陽文忠公集』・『通考』から敍釋・解題を輯佚しつつ、『讀書志』・『書錄解題』・『永樂大典』にも目を配り、これらをそれぞれ底本の關連箇所に補入し、また全體として、底本の舊態の保存に留意しながら編纂していたことがわかる。また紹興改定以前の『崇文總目』を見ていた宋代人の批評にも目を配っている。なお「晁陳二家目」が何を指すかについては、『提要』の本文からだけでは確定しがたいものがあるので、本節の最後で再び論じることにする。

次に、庫本に見える四庫館臣の按語を見てみると、まず卷一易類の敍釋の按語に、

謹按、漢書藝文志・隋書經籍志、每類之敍與總數皆在目後、馬端臨文獻通考則在目前。此書抄本但有總數在前而敍已久失。今從歐陽脩集錄此敍、而以下各條多採自文獻通考。是以姑依通考之式、載其數及《ママ》總數于每類之首

云。（謹按、『漢書』藝文志・『隋書』經籍志では各類の敍と總數とはいずれも各類の書目の後にあり、馬端臨『文獻通考』では書目の前にある。この書の抄本はただ總數が書目の前にあるだけで敍はすでに失われて久しい。いま歐陽脩の全集からこの敍を採錄して、以下の各條（の解題）は多く『文獻通考』から採錄した。その關係でとりあえず『通考』の形式により、その數（敍）と總數を各類の首に收載しておいた。）

とあり、四庫館臣の見た『崇文總目』の「抄本」では、各類の首にその總數が置かれ、敍はすでに失われていたとする。これは現在傳わる紹興改定本（朱本）の體裁と合致している。

巻一書類「尚書斷章十三卷、不著撰人姓氏」(20)に、

謹按、天一閣抄本、此書下有成伯璵三字、與註不著名氏之説不符。朱彝尊所加、非原本所有。（謹按、天一閣抄本ではこの書の下に「成伯璵」三字があり、注の「不著名氏」の説と一致しない。これは朱彝尊が加えたものであり、原本にあったものではない。）

とあり、あたかも范本を見たことがあったかのように述べ、そこには朱彝尊の書き入れがあったとする。しかし先にも述べたように、朱彝尊は范本を人づてに抄寫してもらったのであるから、范本に彼の書き入れがあるはずがない。また范氏が四庫全書纂修の際に進呈した書籍を記した阮元『天一閣書目』巻一之一の范邦甸「進呈書」、及び薛福成『天一閣現存書目』「重編進呈書目」には『崇文總目』の名が見えないことから、范本は四庫館に進呈されていなかったと考えられる。よって四庫館臣はその實物を見ていなかったはずである。それでは按語の「天一閣抄本」が實際は如何なるテキストだったかが問題となるが、それはおそらく朱本系統の抄本であったと考えられる。その證據に、『提要』は『曝書亭集』に「康熙庚辰九月作是書跋」があると記すが、跋の作成年月は四庫全書本・四部叢刊本の『曝書亭集』巻四十四「崇文書目跋」には記されず、朱本の朱氏手跋にのみ記されるものである。これは、四庫館臣が朱

本そのものか、朱氏手跋を併抄した朱本系統の抄本を見ていたことを示している。なお庫本は「成伯璵」三字を『通考』に從って正文に入れないが、これは、この三字が朱彝尊の書き入れであり、紹興改定本の本來の姿ではないとみなしたためである。

巻八卜筮類「歷數緯文軌訴（自注「一作訴」）三巻」に「謹按、朱彝尊抄本作訴、永樂大典作訴。宋藝文志有晷訴筴經法三巻、又有周易訴蓂璇璣軌草口訣三巻。」とあり、朱本と『永樂大典』との異同を擧げ、さらに『宋史』藝文志の二例を擧げ、結局朱本に從っている。これは庫本の底本がやはり朱本系統の抄本であったことを示している。

巻六兵家類「淸邊前要五十巻、見管子十巻。」に「謹按、此五字有脱訛、無本可證。」とあり、また「韜鈐祕錄一部五巻闕」に「謹按、此條多出一部二字。原本如此、無本可證。」とあり、底本に脱字・誤字・衍字とおぼしき部分があるが、これと照らし合わせるべきテキストがないという。また巻十一別集類一「丹陽集一巻」に、

謹按、東觀餘論云、丹陽集已見總集、此重出(21)。按、崇文總目各門中、疑於重出者尙多、因無別本、不敢定其爲重出。…（謹按、『東觀餘論』に「丹陽集はすでに總集類に見えており、ここのは重出である。」とある。調べてみると、『崇文總目』の各門の中には重出と疑われるものがなお多くあるが、別のテキストがないので、重出書の斷定はあえてしない。…）

とある。これらの按語は、四庫館臣が底本並みに首尾整ったテキストを校本として用意できなかったことを示している。

ところで、さきほどは、前引の巻八卜筮類「歷數緯文軌訴三巻」條の按語を根據に、朱本系統の抄本が底本であると考えたのであるが、そうであれば『永樂大典』は、『提要』題下のいう底本ではなく、實際は底本の校勘に用いられたことになる。このことを證明する按語が庫本には散見する。

①卷一書類「尙書十三卷」
謹按、永樂大典引此條、入孔安國隸書古文尙書條下。
②卷一禮類「謚法十卷、梁賀琛撰。初約本周公之謚法…」(22)
按、永樂大典引此、作謚法四卷、文獻通考亦同。
③卷一樂類「樂府解題一卷、不著撰人名氏。與吳兢所撰樂府古題頗同。…」(23)
謹按、永樂大典云、宋志、王昌齡續樂府古解題一卷、崇文總目同。
④卷一樂類「廣陵止息譜一卷闕」
謹按、永樂大典云、李良輔廣陵止息譜一卷、崇文總目闕。
⑤卷一樂類「琴譜調五卷、不著撰人名氏。雜錄琴譜大小數曲。…」(24)
按、永樂大典引宋志、作琴譜調三卷。文獻通考同。
⑥卷二孝經類「孝經疏三卷、元行冲撰。明皇旣作註…」(25)
謹按、永樂大典引此、作孝經疏五卷闕。
⑦卷二論語類「論語十卷」
謹按、永樂大典引此、作集解論語十卷。
⑧卷二論語類「論語疏十卷」
謹按、永樂大典引此、作皇侃論語義疏十卷。
⑨卷二小學類「廣雅音一卷」
謹按、永樂大典云、宋志、張揖廣雅音三卷、崇文總目同。

⑩巻三儀注類「書儀三卷闕、裴茝撰」
　謹按、永樂大典註云、茝、元和太常少卿。
⑪巻四傳記類上「文士傳十卷」
　謹按、永樂大典云、裴朏續文士傳十卷、崇文總目闕(26)。
⑫巻五小説類上「續事始五卷、馮鑑撰」
　謹按、新唐書藝文志、劉睿續事始三卷、崇文總目闕。
⑬巻六小説類下「通幽記三卷」
　謹按、永樂大典云、新唐志、陳邵通幽記一卷、宋志一作三卷、崇文總目闕。
⑭巻八五行類中「新修中樞祕頌太一明鑑五卷闕」
　謹按、永樂大典、明鑑下有法字。

このうち①⑦⑧の三例は、テキストを『永樂大典』によって特定したものである。例えば①は、『大典』が「孔安國隷書古文尚書」條に『崇文總目』の「尙書十三卷」を引くのを根據に、「尙書十三卷」を古文尚書と特定したものである。③④⑨⑪⑬の五例は、編著者を『大典』によって特定したものである。例えば③は、『崇文總目』が宋志と同じく「王昌齡續樂府古解題一卷」を著錄する、と『大典』が記すことを根據に、編著者が王昌齡であり、もと「續樂府古解題」に作っていたことを示したものである。⑫は、編著者名を『大典』によって校勘した例である。「永樂大典」の名は見えないが、これまでの按語の體例から考えて『大典』からの引用とみなしてよかろう(27)。③⑪⑭の三例は書名の異同を、②⑤⑥⑨⑫⑬の六例は卷數の異同を、⑥⑪⑫⑬の四例は「闕」字の有る無しを、それぞれ『大典』によって校勘したものである。また②⑤の二例は、輯佚した解題の補入位置を『大典』によって決定したものである。特に②は、『崇文總目』「諡法十卷」條に『通考』「諡法四卷」條の解題を補入した根據として、『大典』所引の『崇文總目』が四卷に作ることから、底本の「十卷」が本來四卷に作っていたことを示したものである。なお⑩は『大典』の注を引用し、編著者の解說をなしたものであるが、これが『崇文總目』の注であるのか、それ以外のものなのかはわからない。

以上から、庫本では『永樂大典』を用いてテキスト・編著者の特定、書名・編著者・卷數の校勘を行い、解題の補入位置を決定していたことがわかる。注目すべきは、校勘によって『永樂大典』の記載が正しいと認めた場合でも、そのことは按語に記されるだけで、『崇文總目』の本文は改められていない點である。これは、庫本の底本と『永樂大典』とが同一のものではないこと、つまり底本が「永樂大典本」ではなかったことを物語るものである。

それでは何故『提要』の題下では「永樂大典本」を底本と記したのであろうか。

朱本の祖本は范本であり、范本の抄寫年代は范欽が進士に及第した明嘉靖十一年以降と推測されるのに對し、『永樂大典』は永樂六年の完成であり、范本より百年以上も古い。また庫本の按語に見える『大典』所引の『崇文總目』はわずか十五條であるが、それは底本と異同がある場合であって、異同がないために按語に記されなかったものもたくさんあったはずである。よって客觀的に考えれば、『大典』所引の『崇文總目』を輯佚して底本とするのではないかと思われる。しかし實際にそうなっていないのは、『大典』中における『崇文總目』の引用狀況に關係があると考えられる。

まず按語①に「『大典』では『崇文總目』の尙書十三卷條を引いて、孔安國隷書古文尙書條の下に入れている。」とあるのは、『大典』では『崇文總目』をばらばらにして、その關連項目に引用していたことを暗に示している。また先に、四庫館臣は底本並みに首尾整ったテキストを校本として用意できなかったとも述べた。『大典』所引の『崇文總目』についていえば、わずか十五條ということはないにしても、もしこれが同書所引の『直齋書錄解題』（卷一萬九千七百十八至一萬九千七百二十七「錄」項）のように首尾整ったものであったならば、四庫館臣は朱本系統の抄本と『大典』という二種のテキストを準備し、『大典』を底本に、朱本系統の抄本を校本に使用していたはずである。そうしなかったのは、やはり『大典』所引の『崇文總目』が首尾整ったものではなく、かつばらばらに引用されていたからであろう。そのために四庫館臣は、『大典』だけでは底本となすだけの分量を確保できず、また各書籍の著錄順序も復元できず、結局、朱本系統の抄本によらなければならなくなったものと考えられる(28)。

しかし四庫館臣の立場に立てば、そもそも四庫全書纂修の目的の一つが『永樂大典』中の散簡零編を校定編輯することにあったことと、『崇文總目』の場合、『大典』が、完本ではないものの、最古のテキストであったことから考えて、これを底本にできなかったのは大變遺憾なことだったのではなかろうか。朱本系統の抄本と『大典』とを校勘した際、異同のない場合は注記せず、異同のある場合でも底本には手を加えず、そのことを按語に記しただけだったことは、裏を返せば、この抄本の舊態を保存しつつ、『大典』に近い狀態に復元せんとしたともとれる。これは、學者としての謹嚴な態度を示すと同時に、『大典』本への憧憬を示すともとることができよう。このあたりに『提要』の題下に庫本の底本を「永樂大典本」と記した原因があったように思われる。

ここで先に保留しておいた、『提要』の「晁陳二家目」が何を指すか、について考えてみたい。この前後の文を繁を厭わずもう一度引用すれば、「永樂大典所引、亦卽從晁陳二家目中採出、無所增益、已不能復睹其全。然蒐輯排比、尚可得十之三四。」である。「已不能復…十之三四」は、『大典』中の『崇文總目』の引用狀況を述べたものであるが、これは、これまでに述べた實際のそれと一致する。そうであれば、「無所增益」は、底本である朱本系統の抄本に對して增益するものがない、ということになろう。また『大典』所引の『崇文總目』は、前引の按語によって分析すると、按語④⑥⑪⑫⑬に「闕」字が記され、また按語⑦⑧に引く『崇文總目』の著録内容が庫本の底本よりも詳細であることから、これが比較的舊態を留める紹興改定本であったことがわかる。そうであれば、「從晁陳二家目中採出」は、『大典』が紹興改定本から採録したことを指す可能性が出てくる。その證據に、晁公武『郡齋讀書志』・陳振孫『直齋書録解題』ではともに『崇文總目』の一巻本、すなわち紹興改定本を著録する(29)。以上から、「晁陳二家目」とは、「晁・陳二家の著録する紹興改定本」の意であると考えてみたい。

第三節　庫本と『翁方綱纂四庫提要稿』

『翁方綱纂四庫提要稿』は、現在傳わる數種の四庫提要稿のひとつであり、二〇〇〇年十月に上海科學技術文獻出版社から影印出版されたものである。全二帙十八册。その鄧愛貞「序」・陳先行「弁言」によれば、本書は翁方綱の手稿本であり、乾隆三十八年春から同四十二年までの期間に、翁方綱が四庫全書館にて外省からの採進書を校閲していた際に作成したメモと提要稿とからなる。本書は、一九一三年に嘉業堂主人劉承幹が購入したが、後轉々と所有者をかえ、一九五八年、マカオの何東圖書館に賣却され現在に至る。

ところで本書には『崇文總目』に關連するメモと四庫提要稿が收録されている（以下、この部分を「翁稿」と稱す。）。第六册の（A）四三〇葉表から四三三葉裏には、『崇文總目』全六十六巻の分類、各類の部數・巻數が列記され、その末には經史子集別の總巻數と、全體の總巻數、及び道釋書の總巻數が記され、（B）四三四葉表から四三六葉裏は『崇文總目』の提要稿（乾隆四十二年の作）となっている。また第十三册の（C）一一二五葉表から一一二七葉裏には、宋代の文獻から書き出した崇文院や『崇文總目』の編纂に關連する記事が列記され、（D）一一二七葉裏から一一三八葉表には、「四庫闕書」なる資料がその巻ごとに記され、（E）一一三九葉表は『永樂大典』所引『崇文總目』に關する分析であり、（F）一一四〇葉表裏は『永樂大典』のどこに『崇文總目』の輯佚素材があるかを「永樂大典目錄」を用いて調査したメモである。また（A）（B）、（C）（D）には影印者の加えた葉數とは別に、それぞれ丁數が通し番號で書されている。本節では、前節において『提要』と庫本の按語とを分析して導き出した庫本の編纂方法に對して、この翁稿を用いて若干の檢證と補足を試みたい。

まず前節で、現行本『提要』は朱本の朱氏手跋を引用して、その出典を『曝書亭集』とすると指摘したが、翁稿（A）では、

近日秀水朱彝尊始得抄本於四明范氏天一閣、僅有目而無敍論。彝尊於康熙庚辰九月自跋于尾。（先頃、秀水の朱彝尊がはじめて抄本を四明の范氏天一閣に得ましたが、わずかに書籍の題目があるだけで敍論がありませんでした。朱彝尊は康熙庚辰九月にみずから末尾に跋を書いています。）

と記した後、この朱氏手跋の文章を引用しており、翁稿の段階では出典を『曝書亭集』としてはいなかったことがわかる。

また前節で、『永樂大典』では『崇文總目』をばらして引用していたと考えた。いま（D）「四庫闕書」を見ると、その巻數は巻一七九五（易）、巻一七九六（書・詩）、巻一七九七（禮）、巻一七九八・九（春秋）、巻一八〇〇（樂・禮）、巻一八〇一（小學）、巻一八〇二（正史）、巻一八〇三（編年・實錄）、巻一八〇四（雜史）、巻一八〇五（傳記）、巻一八〇七（職官・刑法）、巻數なし（地理）となっており、この巻數・分類を『永樂大典目錄』巻六「書」項と比較すると、ほとんど一致し、異なる部分も大體説明可能である（30）。

例えば、巻一七九七と巻一八〇〇に禮類が重出する點。前者は『大典目錄』と一致するが、後者はこれと一致しない。そもそも翁稿「四庫闕書」の巻數は、一一二九葉裏以前は各類の末尾に記されているのに對し、一一三〇葉表以後は各類の最終行のちょうど上欄外に記されるようになり、また、ここを境目に用紙も無地から匡廓・界線を持つものに變わる。後出の禮類は一一二九葉裏に記され、「四庫闕書」の巻數は次の一一三〇葉表の第一行の上欄外に記されて、ちょうどその境目に當たっている。また原本の丁數は一應通し番号になっているが、その記載位置は境目の前では一定せず、後ろでは必ず版心に記される。以上は、この兩部分が本來別個のものであったことを示している。よって後出の禮類は本來巻一八〇〇とは關係がなかった可能性が高い。また地理類に巻數が記されない點。地理類は『大典目錄』では巻一八〇八・九の二巻を占めるが、翁稿ではわずか十八部しか著錄されない。よって巻數が記されないのは、地理類からの摘出が中途で終わっているためである可能性がある。

以上から、「四庫闕書」は『大典』の「書」項から摘出したものであると考えて問題ない。さらに付け加えれば、『永樂大典目錄』巻六「書」項をみると、『大典』の巻一七九五から巻一八三六は四部分類の體裁を持っており、かつ庫本では、翁稿（D）に含まれない小説類・五行類にも、『大典』所引『崇文總目』の引用が見られる。よって『大典』には翁稿（D）から確認できるわずか十數巻以外にも『崇文總目』が引用されていたはずであり、四庫館臣は庫本の編纂において、これら四部分類の體裁を持つ部分全體を使って、底本と校勘していたと考えられる。

なお清の徐松『四庫闕書』一巻も、翁稿と同じく『大典』から輯佚されたものであるが、翁稿よりも輯佚量がかなり多く、翁稿にはない子集二部が約半分を占める(31)。二種の「四庫闕書」の比較はまた別の機會に譲るが、翁稿「四庫闕書」を詳しく見ると、『崇文總目』・『新唐書』藝文志・『祕書省續編到四庫闕書』・『宋史』藝文志等と一致するものが混在しており、あたかも宋元代の目錄を彙編したかのようである。

また前節で、『大典』所引の『崇文總目』が紹興改定本であり、庫本の編纂の際には底本である朱本系統の抄本を校勘するのに用いられたと考えた。（B）を見ると、朱本が抄寫される經緯を述べて朱氏手跋の文を引用した後に、「臣等幸得借□天祿石渠典校之□」との一文がある。「□」は判讀できなかった文字であるが、この一文が、誰かに朱本を借りて庫本の底本に利用したことを述べたものであることは確かである。また（E）には、

永樂大典所引崇文總目敍錄各条、皆是從馬氏通考摘出者。其所引崇文總目之書名、則卽朱彝尊所抄於天一閣之本。而大典所摘採者有二層□。其一則摘取其書名卷數、與漢志隋志新舊唐志宋志諸所載之目、檢其同異。一則以紅字標崇文總目、而將前所未摘引者彙著於此、則是漢隋唐宋諸志所無、而其爲目亦不甚多。然以其爲摘採之所錄、是以前後次第或有倒置參差、與朱抄多不合者。要之、其卽朱所抄之本無疑也。（『永樂大典』所引の『崇文總目』の敍錄各條は皆馬氏『通考』から摘出したものである。その（『大典』）所引の『崇文總目』の（著錄書籍の）書名は、朱彝尊が天一閣で抄寫したテキストのものである。『大典』が摘出したものには二層ある□。一つはその書名・卷數を摘出したものであり、漢志・隋志・新舊唐志・宋志等が載せる書名と、その異同を調べた。一つは朱筆によって『崇文總目』と標示し、前者では摘出していないものをここに集めて著錄したものであり、漢隋唐宋諸志には著錄されないものであるが、その數はそれほど多くはない。しかしながらそれによって摘出して著錄されたものは、（書籍の）排列順序に顚倒や錯亂があるために、朱氏の抄本と一致しないものが多いのである。要するに、それ（『大典』所引『崇文總目』の書名）は、朱氏が抄寫したテキストのものであることは疑いない。）

とある。「朱彝尊所抄於天一閣之本」とは、文脈によれば、紹興改定本を假りにこう呼んだものである。また（E）によれば、『大典』所引の『崇文總目』が朱本と同じもの、つまり紹興改定本であり、そこでは『崇文總目』がばらばらに引用されていたことが確認できる。また「永樂大典…考摘出者」は、『大典』中の「敍錄」（ここでは解題を指

す）の引用が皆『通考』を出典とすることを述べたものである。もし庫本の解題がすべて『大典』所引の『通考』から輯佚されたものであったとすれば、これが四庫館臣をして、『提要』の題下に「永樂大典本」と記すに至らしめた一因となったと考えることができよう。

以上から明らかになった事實に照らして庫本の編纂過程を想像すると、少なくとも、底本である朱本と、『永樂大典』「書」項の四部分類部分にとびとびに引用される『崇文總目』とを逐一校勘する必要があり、さらに『大典』から敍釋・解題を輯佚して、それらの補入位置を決定する必要があり、これだけでもかなり複雑な作業であるといえる。よって庫本を浄書する前に、底本にこれらの素材を取り込む準備作業が行われたはずである。しかし、そのような痕跡は現存の朱本には見られない。よって朱本とは別に、この作業をなすための副本が作成されたと考えられる。そうであれば、ある意味この副本こそ庫本の直接の底本ということになる。そこで、この副本が第一節で述べた諸抄本のいずれかに比定できるか考えてみたい。

注目すべきは、（D）「四庫闕書」摘出部分の一一三〇葉表の上欄外の「△者非紅字起也。〇者紅字起也。」（△は朱筆で始まらないもの。〇は朱筆で始まるもの。）である。そもそも『大典』では、朱筆は引用部分の出典を記載する際に用いられるものである。前引の（E）を見ると、『大典』では、諸志に著録されず『崇文總目』にのみ著録される書籍を引用する際、朱筆によって『崇文總目』と標示してある、とある。いま（D）をざっと見てみると、△で始まる部分は『崇文總目』以外の諸志にも見える書籍を著録しており、〇で始まる部分は『崇文總目』にのみ見える書籍を著録していて、（E）の説明と一致している。よって（D）では、『大典』が『崇文總目』と朱書しているか否かを示すために、この〇△記號を用いたことがわかる。

この（D）は、『大典』「四庫闕書」中から『崇文總目』や諸志からの引用を集めたものであり、四庫館臣は底本と校勘するためにこれを利用したと見られる。よって副本にはこの校勘結果を取り込んだ痕跡が殘されている可能性がある。諸抄本のうち、この痕跡らしきものの見えるのが翁本である。第一節に引いた葉氏兄弟の題跋によれば、翁本中には、朱筆で○△の記號が附され、また上欄に『大典』本との校記があるという。ただ○△の記號の用法については、翁本の副葉には「○者馬考、△者他書。」との説明があり、翁稿とやや異なる(32)。そうはいうものの、いずれも翁方綱にまつわる翁本と翁稿とに同じ記號が用いられているのは、兩者の閒に密接な關係があったことをうかがわせるに十分である。さらに翁本が朱氏手跋を併抄した朱本系統の抄本であることを考え合わせれば、これが庫本編纂の際に抄寫された朱本の副本である可能性は高いと考えてよかろう。

おわりに

以上、『崇文總目』の抄本、及びその輯佚書について見てきた。

現存最古の『崇文總目』は天一閣の明抄本であり、清代の抄本はこの天一閣抄本から抄寫された朱彝尊舊藏本を第二の起點に傳抄されていった、とこれまで考えられてきた。しかし朱彝尊舊藏本にやや遲れて天一閣抄本から抄寫され、錢大昕の手に渡った抄本があったことが新たに明らかになった。『崇文總目輯釋』の底本はこのルートで抄寫されたものである。

四庫全書本については、『提要』の題下ではその底本を「永樂大典本」と記すが、實際は朱彝尊舊藏本系統の抄本、おそらくは翁方綱舊藏本を底本に用い、歐陽脩の全集から敍を、『永樂大典』所引の『文獻通考』等から解題を輯佚し、さらに『永樂大典』「書」項の「四庫闕書」中にばらばらに引用されていた紹興改定本を用いて、底本と校勘していたことがわかった。また校勘の際には、底本を直接に改めることはせず、按語に異同を記すにとどめることで、底本の舊態を殘しながら、『大典』所引の『崇文總目』に近い狀態に復元しようと試みていたことがわかった。

本章の檢討によって紹興改定本の抄本の系統が整理され、二種の輯佚書、特にこれまで十分には理解されていなかった四庫全書本の底本・編纂方法がかなり明らかになったことと思う。ただし抄本で實見したものは朱彝尊舊藏本のみであり、抄本系統の整理において推測に頼った部分が多いのも事實である。今後機會があれば、これら抄本を調査して本章を補訂したい。

本章の作成に當たって、靜嘉堂文庫より閲覽に際し御高配を賜った。末文ながらここに記して謝意に代えるものである。

注

（1）『崇文總目』の編纂と紹興改定本については、本書下篇第一章の第一・二節を參照。

（2）范氏は代々浙江省寧波府鄞縣に家した古今有數の藏書家であり、天一閣は明の范欽が創建した藏書閣の名である。清乾隆年間の四庫全書纂修に際しては、天一閣から六百種以上の書籍が進呈され、そのうち九十六種が底本に採用され、三百七十七種が存目に入れられた。本書下篇第一章の第二節を參照。

（3）もと六十六卷あったが、後に卷二の詩類部分と卷三の標題が失われ、六十五卷となったと推測される。詳しくは、本書下篇第一章の第二節を參照。

（4）梁啓超『圖書大辭典簿錄之部』「崇文總目」條（『飮冰室專集（六）』、臺灣中華書局、一九七二年）、池田溫「『崇文總目』管見」（『東方學會創立五十周年記念東方學論集』、一九九七年）を參照。

（5）本書下篇第一章の第二節とその注（16）を參照。
（6）「【　】」は、朱本の殘闕部分を後述の翁方綱舊藏本が收載する朱彝尊跋によって補ったものである。なお、この跋は現在第一冊副葉にあり、標題はないが、清の陸心源『皕宋樓藏書志』巻三十七史部目錄類「宋崇文總目」條は朱本を著錄し、この跋を「朱氏手跋」として收載する。本章では陸氏に從って「朱氏手跋」と稱しておく。
（7）朱彝尊『曝書亭集』巻四十四「崇文書目跋」に「崇文總目六十六卷、予求之四十年不獲。歸田之後、聞四明范氏天一閣有藏本、以語黃岡張學使、按部之日傳抄寄予、展卷讀之、祇有其目、當日之敍釋無一存焉。」とある。詳しくは本書下篇第一章の第三節を參照。
（8）胡宗武等『江蘇第一圖書館覆校善本書目』（一九一八年鉛印）、柳詒徵等『江蘇省立國學圖書館現存書目』（一九四八年鉛印）同じ。
（9）なお『中國古籍善本書目』は、この他に南京圖書館藏として六十六巻の清抄本を著錄するが、これは丁丙舊藏書を誤って重出させたものかもしれない。
（10）『士禮居藏書題跋記續』巻上「宋紀受終考三卷」條（嘉慶四年書）を參照。
（11）葉昌熾『藏書紀事詩』巻四王聞遠條が引く聞遠の孫、王元理「元音跋」に見える。
（12）『稿本華鄂堂讀書小識』（中華全國圖書館文獻縮微複制中心、一九九六年）の尋霖「影印前言」・鄭偉章『文獻家通考』（中華書局、一九九九年）葉啓勳條による。
（13）一九六七年、國立中央圖書館刊。
（14）本章第三節を參照。
（15）喬衍琯「江蘇省立國學圖書館圖書總目讀後記」（『書目四編』所收『江蘇省立國學圖書館圖書總目』）一二頁を參照。
（16）「崇文總目輯本勘異」（『故宮學術季刊』第四巻第四期、一九八七年）を參照。
（17）前節を參照。なお謝國楨『江浙訪書記』（三聯書店、一九八五年）は、范本と『永樂大典』を『輯釋』の底本とするが（二二三頁）、誤りである。

(18) 喬衍琯前掲論文の「庫本與輯釋本勘異」を參照。『輯釋』が庫本を引くのは、巻三小説類下に一條、錢侗の補遺に三條あるのみであり、いずれも庫本が『永樂大典』を引用した部分である。
(19) なお謝國楨・喬衍琯は庫本が『永樂大典』から輯佚されたとし、池田氏は范本が庫本と『輯釋』の共通の來源であるという。
(20)「不著撰人姓氏」は、『通考』經籍考・經・書「尙書斷章」條からの輯佚。
(21)『東觀餘論』巻下「校正崇文總目十七條」を參照。
(22)「梁賀琛…」は、『通考』經籍考・史・謚法「謚法四巻」條からの輯佚。
(23)「不著撰…」は、『通考』經籍考・經・樂「樂府解題」條からの輯佚。
(24)「不著撰…」は、『通考』經籍考・經・樂「琴譜三巻」條からの輯佚。
(25)「元行冲…」は、『通考』經籍考・經・孝經「元行沖孝經疏」條からの輯佚。
(26)『舊唐書』經籍志史録雜傳類に「文士傳五十巻、張鷟撰」、『新唐書』藝文志史録雜傳記類に「張鷟文士傳五十巻」、「裴朏續文士傳十巻、開元中懷州司馬。」が著録される。
(27)『輯釋』補遺「續事始五巻」條もこの按語を『永樂大典』からの引用とする。
(28) 喬衍琯が庫本の底本を『永樂大典』から輯佚されたものとするのは、『大典』所引の紹興改定本が量的に范本と拮抗すると考えるためである。しかし本當にそうであれば、四庫館臣は朱本系統の抄本を校本に用いたはずであり、按語に「無本可證。」などと述べる必要はなかろう。
(29) 袁本『郡齋讀書志』巻二下書目類・『直齋書錄解題』巻八目錄類。なお『讀書志』の衢本には六十四巻本を著錄する。
(30) これらの巻數は（F）『大典目錄』の調査記錄にもチェックされている。なお「（　）」内に記した類名は『崇文總目』によって補ったもので、翁稿にはもともと記されておらず、『大典目錄』の類名とも若干異なる。例えば『大典目錄』では巻一八〇三を編年類と起居注類とするが、これは實錄類を起居注類の附屬類目とする『新唐書』藝文志の分類に從ったためであろう。

（31）『宋史藝文志・補・附編』（商務印書館、一九五七年）所收。
（32）葉啓勳は翁本の○△を諸文獻所引の敍釋であるとするが、具體例を擧げてはいないので、その實體はわからない。

第三章　『祕書省續編到四庫闕書』の成書と改定

はじめに

長い中國の歴史のなかでも、宋代は公私を問わず優れた書籍目録が陸續と編まれ、目録學が大いに發達した時代である。また唐代に萌芽した印刷術は、五代を經て、宋代には次第に廣く普及していった。これによって、それまで主に寫本の形で傳わっていた書籍が續々と刊行された。そのため、宋代以前に著された漢籍には宋代人による整理出版を經たテキストに基づいているものが多い。よって當時の書誌情報を記録する書籍目録は、中國學を専攻する者にとって最も基本的、かつ重要な文獻となる。しかし、その情報を正確に讀み取るためには、どの目録の、どの部分が、いつの、いかなる資料に基づいて、いかなる方法で編まれたかを可能な限り把握しておかなければならない。本章で取り上げる『祕書省續編到四庫闕書』(以下『祕書續編』)二巻は、宋代の官修目録のひとつであるが、その書名からして不可解な目録である。現行本を見ると、各巻の巻頭書名の下に「紹興□年改定」の語がある。「改定」というからには、そのもとになったテキスト、原本があったはずである。しかし、原本については、宋代以降、現在に至るまで、その存在に言及されることさえほとんどなく、むしろ改定すなわち成書とみなされていたふしがあり、その成書から改定に至る經緯は必ずしも明らかにされていない。そこで本章では、『祕書續編』の成書と改定の經緯を解明し、それによって、これがいかなる書誌情報を持つ目錄か明らかにしたい。

第一節　從來の見解

まず『祕書續編』に關連する宋代の文獻記載を見ながら、清代以降の諸家の題跋、及び近現代の研究者に、その成書と改定がいかに理解されてきたかを確認しておきたい。

南宋寧宗頃の趙希弁『讀書附志』拾遺に「祕書省闕書目四卷、右祕書省見闕書之目也。」とあり、祕書省が闕書（散佚書）を示した目錄であるという。現行の『祕書續編』を見ると、「闕」字の注記によってどれが闕書であるかを示しており、『附志』拾遺著錄本もこれと同じ體裁を持っていた可能性がある。しかし現行本と比べ、書名に「續編到四庫」の五字がなく、「書」字の下に「目」字があり、卷數も異なる。また『附志』拾遺中、「祕書省闕書目」は「天象賦一卷」・「續文房四譜五卷」兩條に引用されるが、この二書はともに『祕書續編』には著錄されていない。よって「祕書省闕書目」と『祕書續編』とが同一書であるとの確證はない。また陳振孫『直齋書錄解題』卷八目錄類に「祕書省四庫闕書目一卷。亦紹興改定。其闕者、注闕字於逐書之下。」とある。「紹興改定」の語がある點と、闕書の下に「闕」字を注する點は、『祕書續編』と一致するが、書名には「續編到」の三字がなく、「書」字の下に「目」字があり、卷數も『祕書續編』と異なるから、やはり別書の可能性がある。

『祕書續編』の名が初めて文獻上に現れるのは、おそらく寧宗頃の章如愚『群書考索』前集卷十八書目門書目類引「中興館閣書目」の「高宗中興、紹興初、再改定崇文總目・祕書省續編到四庫闕書。」という記載であり、本目が紹興初めに『崇文總目』とともに改定されたとする。これとほぼ同じ記事が南宋末の王應麟『玉海』卷五十二藝文書目「淳熙中興館閣書目・嘉定續書目」條にも見えるが、書名に「祕書省」の「書」字と、「到」字がない。その出典は記されていないが、やはり『中興館閣書目』(以下「『中興書目』」)によったものであろう。『群書考索』・『玉海』とともに、この一文の後に陳騤等による『中興書目』編纂の經緯等に言及する(1)。これは、紹興初めの二目の改定が『中興書目』の編纂と密接に關連していたことを示すものである。なお以上は『中興書目』所見の「祕書省續編到四庫闕書」を書名として讀んだ場合の話である。しかし、この一文には「祕書省が四庫に到った闕書を續編した。」と讀む可能性が全くないとはいえない。その場合、『祕書續編』は紹興初めの『崇文總目』の再改定と同時期に成書されたものである可能性が出てくる。よって、この一文をどう解釋するかが『祕書續編』の成書と改定を考える上で重要となってくる。そこで、この點に留意しつつ、論を進めていくことにしたい。

次に、『玉海』卷五十二「紹興求書闕記・羣玉會記」條には「十七年、鄭樵按祕省所攽闕書目錄、集爲求書闕記七卷外記十卷。」とあり、紹興十七年、鄭樵は祕書省の頒布した「闕書目錄」に照らして『求書闕記』七卷・『外記』十卷を集成している。「闕書目錄」とは、闕書を求めるために編まれた目錄のことである(2)。『直齋書錄解題』著錄の紹興改定「祕書省四庫闕書目」と、『祕書續編』とは、その改定の年(紹興年間)と體裁(闕書に「闕」字を注記)から考えて、ともに、鄭樵が集成した祕書省の闕書目錄に含まれていた可能性が高い。

『祕書續編』が淸代の文獻に初めて見えるのは、おそらく錢曾『述古堂藏書目』卷四書目の「紹興改定四庫闕書二卷二本、抄」である。しかし「祕書省續編到」の六字がなく、別書の可能性もある。ついで張金吾『愛日精廬藏書志』

巻二十史部目錄類に「祕書省續編到四庫闕書二卷、舊抄本。紹興□年改定。」と著錄される。その解題では、まず前引の『玉海』「中興館閣書目」條・「求書闕記」條を引き、このテキストが祕書省によって改定・頒布された闕書の目錄であると述べる。次に、鄭樵の『通志』藝文略中、「四庫書目」を出典として著錄される書籍の書名・卷數が、『祕書續編』と合致し、さらに『通志』校讎略・晁公武『郡齋讀書志』に見える「四庫書目」の分類が、このテキストと逐一符合することから(3)、「四庫書目」はこの書の初名であるとする。また、いつ誰によって編まれたものであるかは後考に待つとしながらも、紹興年間に「闕」字が注され、『祕書續編』の名で天下に頒布されたと述べた後、前引の『直齋書錄解題』を引く。かりに、この説に從って考えると、紹興年間の改定とは、改定以前に編まれた原本に著錄される書籍のうち、當時散佚していた書籍に「闕」字を注記し、これを頒布することで闕書を捜訪するというものであったことになる。

瞿鏞『鐵琴銅劍樓藏書目錄』卷十二史部目錄類は「祕書省續編到四庫闕書二卷、舊鈔本。舊題紹興年改定。」と著錄する。その解題では、本書は『直齋書錄解題』・『玉海』(ともに前引)所見の目錄のことであって、祕書省が散佚書の訪求のために作成・頒布したものであるとする。また『通志』藝文略引「四庫書目」の分類・卷數が『祕書續編』と一致することから、兩書を同一書とみなし、當時の「四庫書目」は闕書を注記していたと述べる。

陸心源『儀顧堂題跋』卷五「祕書省續編四庫闕書目跋」は「祕書省續編到四庫闕書二卷、題曰紹興改定、明藍格抄本。」と著錄する。その解題では、本書は紹興年間に「註」(解題)を削除して改定されたものであり、「續編」は北宋の仁宗嘉祐年間と徽宗大觀四年に行われた求書事業を繼ぐという意味であるとする。また淳熙年間の祕閣の續捜訪庫には紹興以來收集された書籍が二萬三千餘卷收藏されていたことに觸れた後、「此必紹興末年祕閣底本、故已得者不注闕字。」と記す(4)。この一文は、「闕」字の有無が紹興末年の祕閣の收藏狀況を反映することをいったものであろう。なお同氏の『皕宋樓藏書志』巻三十七史部目錄類著錄の「祕書省續編到四庫闕書目二卷、舊抄本」の解題は、全く張金吾（前述）によっている。

丁申「抄本祕書省續編到四庫闕書題識」(5)は、前引の『直齋書錄解題』を引き、また本書が二巻からなり、清の徐松が『永樂大典』から輯佚した『四庫闕書』(6)と大體一致するとする。他に、南渡以來の求書事業から『中興書目』の編纂に至る經緯や、淳熙十三年の莫叔光による求書の建言等に觸れており、南宋初の求書事業と關連があると考えていたことがわかる。また丁申の弟、丁丙『善本書室藏書志』巻十四史部目錄類は「祕書省續編到四庫闕書二卷、鈔本。紹興年改定。」と著錄する。その解題では、前引の『直齋書錄解題』、『玉海』「中興館閣書目」條・「求書闕記」條に見える書目が本書であると述べ、また紹興年間に秦熺が提擧祕書省に任じられ、もっぱら求書事業に從事したと述べる(7)。

繆荃孫『藝風藏書記』巻五類書第七目錄類は「祕書省續到四庫闕書二卷、傳鈔本。」と著錄し、改定年を「舊題紹興十五年改定」と記す。また『藝風續記』校本第五は「祕書省續到四庫闕書目一册。鈔校本」と著錄し、題下に「紹興十五年改」の六字があり、元人の抄本から傳錄したテキストであると述べる。なお「鈔校本」とあるのは、錢恂が家藏の徐松輯『四庫闕書』と、繆荃孫藏『祕書續編』とを校合し、繆荃孫がこれを『祕書續編』に寫し取ったためである(8)。

現在一般に流布・利用されている『祕書續編』のテキストは、葉德輝が考證を加えて光緒二十九年に刊行した『祕書省續編到四庫闕書目』二巻であり、『觀古堂書目叢刻』に收録される。その巻首の葉德輝「刊祕書省續編到四庫闕書目序」では、まず『宋史』藝文志總序を引き、宋代の崇文院・祕書省の沿革と藏書聚散の歴史を示し、次に、前引の『玉海』「中興館閣書目」條・「求書闕記」條、『直齋書錄解題』によって『祕書續編』改定の經緯を示し、次に『通志』藝文・校讎二略に引く「四庫書目」を『祕書續編』のこととみなして、その分類の特徴に言及する。次に、『崇文總目』と『祕書續編』の流傳狀況を比較しつつ、葉德輝が考證の底本に用いた丁氏遲雲樓鈔本(9)の來歷の確かさを述べる。そのなかで葉德輝は、『祕書續編』が宋代の浙漕司によって雕版されたとする。これは『玉海』「中興館閣書目」條に「令浙漕司摹板。」とあるのによったものであるが、『玉海』のこの部分は、『中興書目』が『崇文總目』・『祕書續編』の改定本によって捜訪された書籍に基づいて編まれ、淳熙五年閏六月に「浙漕司」によって雕版されたことを述べたものであって、『祕書續編』がここで雕版されたことを述べたものではない。

內藤湖南氏は、本書は、南宋初め『崇文總目』によって現存書を調べ、そのうちの闕書に「闕」字を注し、捜訪の便を圖って編まれたものであるとする(10)。これによれば、『祕書續編』は『崇文總目』に「闕」字を附した闕書目錄ということになるが、いま兩目を比較すると、全くの別書である。梁啓超氏は、『祕書續編』を紹興初めの編とし、南渡後、『崇文總目』に「闕」字を附して闕書目錄として散佚書を購求し、ついで『崇文總目』以外に廣く捜訪し、さらにこの『祕書續編』を編んで各州軍に頒布して、これと照應して捜訪させたとし、それ故に「續編到」と名づけられたと考えた(11)。汪辟疆氏は、前引の『直齋書錄解題』・『玉海』「求書闕記」條を注に引き、南渡後の求書事業が成果を擧げはじめた時期に編まれた目錄であり、祕書省の諸臣の手になったものと推測する(12)。

中國科學院圖書館編『續修四庫全書總目提要（稿本）』には『祕書續編』の提要が三篇收錄される(13)。一篇は葉啓勳氏の提要で、伯父葉德輝の考證本の自序に大體よっているが、北宋の大觀四年五月祕書監何志同、及び南宋の紹興十三年十二月權發遣盱眙軍向子固の求書に關する建言を新たに引いて(14)、紹興年間の求書事業の源流を述べた後、『祕書續編』は當時天下に頒布された奉勅官撰の闕書目錄であると推測する。他の二篇のうち、劉思生氏の提要はほとんど前述の瞿鏞の解題によっており、謝國楨氏の提要は葉德輝の自序を刪略したにすぎない。

姚名達氏は、求書には必ず闕書目録があるとの考えのもと、『直齋書録解題』の「祕書省四庫闕書目」を、南宋の高宗期に向子固の建言によって『崇文總目』・『新唐書』藝文志を改定した闕書目録であるとみなし、『祕書續編』もその一つであるとする(15)。倉石武四郎氏の見解も同様である(16)。『宋史藝文志・補・附編』「出版説明」は、『祕書續編』を、紹興初年に祕書省が『四庫闕書』(前述)と前後して編んだ目録であり、この二目は『中興書目』・『續書目』の最も早い時期の簡目本であるとする(17)。來新夏氏は、高宗期、求書のために祕書省の役人が粗雜に編んだ目録であると推測する(18)。喬衍琯氏は、『直齋書録解題』の「祕書省四庫闕書目」を紹興年間の改定本とした上で、徐松輯『四庫闕書』をその增訂本とみなし、さらに丁氏善本書室舊藏抄本『祕書續編』二卷を、書名の意味がよくわからないとしながらも、その字面から「祕書省四庫闕書目」の續編のはずだと述べる(19)。

ここで『祕書續編』の成書と改定に對する從來の見解を整理してみたい。

從來の見解では、現行本『祕書續編』の題下の「紹興□年改定」の語や、『中興書目』(『群書考索』・『玉海』所引)・『玉海』「求書闕記」條・『直齋書録解題』の記事、なかでも『中興書目』所見の記事を、成書について述べたものと判斷することによって、紹興初め、或いは紹興年間に祕書省によって編まれ頒布された闕書目録である、と漠然と考えられてきたようであり、なおかつ成書と改定は必ずしも切り離して考えられてはいなかったようである。兩者を切り離して考えたのは、張金吾と陸心源だけである。このうち張金吾は、いつ誰によって編まれたものかは後考に待つとしながらも、紹興年間に「闕」字が注され頒布されたと述べている。その場合、紹興年間の改定とは、改定以前の原本に對して、當時の闕書に「闕」字を注記して闕書目録としたことを指すことになる。一方、陸心源は、本書にはもともと解題があったが、紹興年間にこれが削除されて闕書目録に改定され、紹興末年には、當時の祕書省の闕書に「闕」字が注されたとみなしている。ただし「闕」字の注記が紹興末年であるとの説には確かな根據が示されておらず、非常に疑わしい。また具體的な改定年を記したのは、（1）紹興元年とする『宋史藝文志・補・附編』「出版説明」、（2）十三年とする姚名達、（3）十五年とする繆荃孫である。（1）は『中興書目』（『玉海』所引）の「紹興初」を初年の意に解し、かつこの一文を成書の記事とみなしたものであり、（2）は『祕書續編』を紹興十三年の向子固の建言によって改定された闕書目錄のひとつと考えたものであり、（3）は繆荃孫の家藏本に記されていたものであり、それぞれ根據とするところがある。

このように、『祕書續編』の改定についてはある程度手がかりが殘されており、前人達の注目を集めているのに對し、その成書についてはその經緯を明確に傳える資料が殘っておらず、本當に原本があったかどうかさえ明らかでない。そのために、成書を改定から切り離して考えた前人もほとんどいなかった。そこで、まず紹興年間における改定がいかなる經緯で行われたかを再檢討し、それを足がかりにして成書の檢討に移ることにしたい。

第二節　改定の經緯

本節では、『祕書續編』が改定された時期と、その經緯について檢討する。その書名等から推すに、本目の改定には紹興年間の祕書省が關係している可能性が高い。そこで、まず南渡時の祕書省の狀況から確認することにしたい。

祕書省は、南渡後まもない建炎三年四月、一時廢止されたが、紹興元年二月、再び置かれ(20)、同年五月、紹興府の火珠山巷にあった孫氏・呂惟明の沒官屋に假寓した(21)。翌年には、高宗に從って臨安府に移り、はじめは宋氏の宅に假寓していたが、紹興四年一月に油車巷の東の法惠寺に移った(22)。このように、南渡後しばらくは祕書省は假省舍を轉々としていたが、十二年九月、金との和議が成立すると、十三年十二月には新省舍建設の詔が下され(23)、翌年六月、祕書省はついに新省舍に移った。その地は臨安府の清河坊糯米倉巷の西、懷慶坊の北、通浙坊の東に位置し、もと殿前司（禁軍の最高指揮機關である三衙の一）の寨基があった場所であった(24)。

ところで、紹興初めに祕書省が假省舍を轉々としていた時期、『玉海』卷四十三藝文讎正五經「乾德求書」條に「紹興二年二月甲子、詔平江守臣訪求圖籍。…三年四月二十一日、劉岑請、詔求四方、求遺書。從之。」とあるように、求書はすでにたびたび試みられており、これによって宋代の實錄・國史・會要・禮書などが盛んに獻上されたようである(25)。しかし『館閣錄』卷三儲藏の紹興十三年七月九日條に引く詔に、

艱難以來、散失無存。朕雖處干戈之際、不忘典籍之求、雖下令于再三、十不得其四五。

と高宗みずから述べているように、その成果はとても滿足のいくものではなかったようである。そこで高宗は、今幸臻于休息、宜益廣于搜尋。夫監司總一路之權、郡守寄千里之重、各諭所部、悉上送官。苟多獻于遺編、當優加于褒賞。

と詔し、搜訪の手を一層廣げ、諸路の監司・諸州軍の知事を動員し、散佚書を多く獻じた者にはきっと厚く褒賞を與えると布告した。この詔からは、金との和議の成立による國狀の安定を背景に、以前はままならなかった求書事業を本格的に展開しようという意圖が讀み取れる。しかし『宋會要』崇儒四引『中興會要』紹興十三年十二月二十五日條、權發遣盱眙軍の向子固の建言に、

比降旨令祕書省、以唐藝文志及崇文總目、據所闕者榜之檢鼓院、許外路臣庶以所藏上項之書投獻。尙恐遠方不知所闕名籍、難於搜訪抄錄。

とあるのによれば、この七月の求書は結局『新唐書』藝文志・『崇文總目』中の散佚書を登聞檢院と登聞鼓院に掲示

したたけで、遠方にまで十分行き渡っていなかったようである。そこで向子固は續けて、

望下本省、以唐藝文志及崇文總目應所闕之書、注闕字於其下、鏤板降付諸州軍照應搜訪。從之。

と述べ、祕書省に命じて『崇文總目』・『新唐書』藝文志を闕書目録に改定・雕版させ、諸州軍に頒布し、これと照應して搜訪させるよう建言している。

要するに、南渡當初の求書事業は、祕書省が假省舍を轉々としていたこともあって、散發的で小規模なものであった。しかし金との和議による國狀の安定に伴って、紹興十三年十二月、祕書省も假寓狀態を脱し新省舍に落ち着く見通しがたち、そこではじめて『崇文總目』・『新唐書』藝文志という北宋全盛期の二大書目を使った大規模、かつ本格的な求書事業を展開できるようになったものと考えられる。このことを踏まえて、次に『祕書續編』が改定された具體的な時期について考えてみたい。

前節で引いた『中興書目』(『群書考索』・『玉海』所引)では、紹興初めに『崇文總目』・『祕書續編』が再び改定されたとする。『祕書續編』を、紹興初め、或いは元年の編とする者がいるのは、これによったものである。しかし紹興初めに兩目を用いた求書が行われたとの記事は、『館閣錄』や『宋會要』等には見當たらず、また先述したような南渡當初における祕書省の假寓狀態や、前引の紹興十三年七月の詔を見る限り、當時の祕書省に、既存の目錄を改定し闕書目錄に仕立てるという手の込んだ求書を行う餘裕があったとは考えにくい。また現行の『祕書續編』の改定方法（散佚書に「闕」字を注する）は、紹興十三年十二月の向子固の建言に見える『崇文總目』・『新唐書』藝文志の改定方法と一致する。加えて『祕書續編』の各卷頭の題下には「紹興□年改定」の語があるが、『直齋書錄解題』によれば、當時の紹興改定本『崇文總目』にもこの語があったという(26)。

これらの狀況を勘案すれば、『中興書目』の「紹興初…」の記事は、實は紹興十三年十二月の向子固の建言によっ

て『崇文總目』・『新唐書』藝文志が改定された時のことを指しているのであって、『祕書續編』の改定もこの時に建言され、實行に移されたと考えるのが自然であろう。その場合、『中興書目』のいう「紹興初」とは、紹興年間全三十二年中の初期を漠然と指したものということになる。

次に、前節で觸れた繆荃孫藏本が「紹興十五年改定」と題することについて檢討してみたい。『宋會要』崇儒四引『中興會要』紹興十五年閏十一月七日條に、

提擧祕書省秦熺言、奉詔下諸路、捜訪遺書及先賢墨迹圖畫、如願徑赴祕閣投獻者、幷許從本所保明、依故事推賞。

とあり、『建炎以來朝野雜記』甲集卷四制作「中興館閣書目」條に、

十五年、遂以秦伯陽提擧祕書省、掌求遺書圖畫及先賢墨迹。時朝廷旣右文、四方多來獻者。

とあり、紹興十五年閏十一月には秦熺（秦檜の養子）の主持によって散佚書・圖畫・先賢の墨迹が捜訪され、相當の成果を擧げたようである。繆荃孫藏本が「紹興十五年改定」と題するのは、紹興十三年の向子固の建言によって改定された闕書目錄が秦熺の求書事業において利用されたことを示しているのではなかろうか。これによって紹興十五年閏十一月が『祕書續編』改定の完成年月であると斷定するわけにはいかないが、少なくともこの頃までには完成していたと見てよかろう。

以上から『祕書續編』の改定は紹興十三年十二月にはじまり、同十五年頃完成し、秦熺の主持で頒布されたと考えて大過なかろう。

第三節　原本の成書

宋代の求書事業ではしばしば闕書目錄が作成・頒布された。北宋の嘉祐六年には唐開元年間の官藏目錄『古今書錄』をもとに『嘉祐搜訪闕書目』が編まれ、また前節で述べたように、南渡後の紹興十五年頃には『祕書續編』の他に『崇文總目』・『新唐書』藝文志が改定されて闕書目錄として使われた。これらの事實からわかることは、宋代では闕書目錄の作成にしばしば既存の目錄が利用されたということである。そもそも散佚書を求める際、既存の目錄を用いることの利便性がどこにあるかといえば、「闕」字を注記しさえすればよいという手輕さ以外に、その目錄が編まれた當時の藏書の恢復を、具體的な求書の目標として据えることができる點、そのうちどれが散佚書かを注記することで、どの書を獻上すればよいか具體的に示しうる點、その目錄に著錄されない書籍、これも求書の對象であることを示しうる點にある。

ところで、現行の『祕書續編』には卷頭書名の下に「紹興□年改定」とある。また目錄中には、現行の紹興改定本『崇文總目』と同樣に、「闕」字の注された書籍もあれば、注されていない書籍もある。もし改定すなわち成書だとすれば、いかにして闕書を知り、何故現藏書まで著錄する必要があったのかを說明することは非常に困難である。そうではなくて、これらは、『祕書續編』に、散佚書搜訪のために改定される以前のテキストがあったことを示すものと考えるべきであろう。そこで、『祕書續編』の原本がいつ、いかなる經緯で編まれたかについて考えてみたい。

『南宋館閣續錄』卷四修纂の、淳熙五年六月『中興書目』上進の記事に引く同四年十月の祕書少監陳騤等の建言に、

中興以來、館閣藏書、前後搜訪、部帙漸廣、循習之久、未曾類次書目、致有殘缺重複、多所訛舛。乞依崇文總目、就令館職編撰、更不置局。

とあり、中興以來、搜訪された書籍が次第に多くなっていったにもかかわらず、『中興書目』が編纂されるまでは、

かつて目録が編まれたことはなかったと明言されている。これに對し『祕書續編』は、四十六の分類と、三千六百三十二部一萬八千餘卷(27)もの書籍を著録する體裁の整った目録であり、陳騤がこれを無視するとは到底思えない。よって『祕書續編』は、紹興十五年頃に改定・頒布されたのは事實であるが、もともと南宋の目録ではなく、實は北宋に編まれた目録であった可能性が高い。その傍證として、同時期に改定された『崇文總目』・『新唐書』藝文志がともに北宋の目録である點、また南宋初めの求書事業は、靖康の變による國家藏書の大量の散佚という現狀を踏まえて、北宋の國家藏書を恢復の目標に据えていたと考えられる點が擧げられる。そこで、『祕書續編』が北宋のいつ頃、どういう經緯で編まれた目録であるか考えてみたい。

『祕書續編』の著録狀況から見ると、史部刑法類に「大觀學制勅令格式三十五卷」が著録される。大觀は徽宗の年號である。また子部道書類の著録書籍は六百五十九部にものぼり、部數にして『祕書續編』全體の二割近くを占める。釋書八十三部に對し、その差は歴然である。これは、道教に對する徽宗の心酔ぶりが當時の獻書に影響を與えたものと見ることができる(28)。また宋の丁特起『靖康紀聞』・著者不詳『靖康要錄』等を見る限り、欽宗の治世中は金の侵攻のため目錄を編む餘裕などなかったようである。これらの狀況から、その成書は徽宗の治世中の大觀年間以後の期間にあると考えられる。この條件に當てはまる記事が、『宋會要』職官一八引『續宋會要』政和七年十一月十四日條に見える。以下にその全文を示す。

祕書省校書郎孫覿奏、太宗建崇文院爲藏書之所。景祐中、仁宗詔儒臣、卽祕書省所藏、編次條目、所得書以類分門、賜名崇文總目。神宗始以崇文院爲祕書省、釐正官名、獨四庫書尙循崇文舊目。頃因臣僚建言、訪求遺書、今累年所得、總目之外、凡數百家幾萬餘卷。乞依景祐故事、詔祕書省官、以所訪遺書、討論譔次、增入總目、合爲一卷。乞別製美名以更崇文之號。從之。仍命覿及著作〔佐〕郎倪濤、校官郎汪藻・劉彥適譔次、曰祕書總目。

これによれば、政和七年の孫覿の建言に從い、彼と倪濤・汪藻・劉彦適に命じて、これまでの求書事業で祕書省の四庫に集められた書籍のうち、『崇文總目』未著録の書籍を分類整理して『崇文總目』に增入した『祕書總目』が編まれている。「頃因臣僚建言訪求遺書」とは、大觀四年五月に祕書監の何志同が、當時の藏書を『崇文總目』と突き合わせて、祕書省にない書籍があれば、天下に布告して捜訪させ、『崇文總目』に著録されない書籍があれば、これを傳寫して上進させるよう建言したことを指す(29)。その求書對象(『崇文總目』中の散佚書・未著録書籍)は、孫覿の建言に見える求書の成果と一致する。『玉海』卷五十二藝文書目「元祐祕閣書目・政和祕書總目」條では、大觀四年・政和七年の建言を列記しているが、これは王應麟がこれらを連關するものと考えていたからであろう。また釋書類について『崇文總目』と『祕書續編』とを比較したところ、兩目間には同書異名の書籍や、卷數や書名に異同がある書籍が合わせて一割ほどあるにすぎず、その著録書籍はほとんど重複していない。詳細な比較検討は別の機會に譲りたいが、ざっと見た限り、その他の類も大體同じような状況であるから、孫覿の建言は『祕書續編』の著録状況とも一致するといえそうである。

以上から、『祕書續編』は、『祕書總目』中の『崇文總目』未著録書籍を增入した部分である可能性が十分考えられる。ただし孫覿の建言と『祕書續編』との閒には相違點もあり、若干の検討を要する。

一つは、孫覿は『崇文總目』未著録の書籍が全部で數百家幾萬餘卷あるというのに對し、『祕書續編』の著録書籍は三千六百三十二部一萬八千餘卷である點である。しかし、そもそも家數は編著者の數であるのに對し、部數は書籍の數であり、また同一編著者の著作もあるので、家數は部數より當然少なくなる。よって家數と部數が一致しないのは當然である。また一萬八千餘卷は、幾萬餘卷に對し若干少ないように思える。しかし幾萬餘卷の言は、孫覿が分類整理前に『崇文總目』未著録書籍の全體量を漠然と述べたものにすぎないから、實際の卷數と差が出ても不思議ではない。なお現行の『祕書續編』には全體及び各類の部卷數は全く記されていない。部卷數は、同じ紹興改定本『崇文總目』では削除されず、各類ごとに記されているのによれば、『祕書續編』の場合も改定時に削除されたのではなく、もともと記されていなかったものと考えられる。よって『祕書續編』の部卷數は、編目の以前も以後も正確に數えられたことはなかった可能性がある。

もう一つは、孫覿が『崇文總目』と、その未著錄書籍とを「合爲一卷」とするのに對し、『祕書續編』はそれだけで二卷ある點である。『玉海』卷五十二「祕書總目」條が引く「會要」では『宋會要』と同じく「合爲一卷」に作り、元の馬端臨『文獻通考』經籍考總敍では「合爲一書」に作る。余嘉錫氏は、『祕書總目』が『崇文總目』六十六卷に數百家を增入して編まれた目錄であることから、『通考』の「合爲一書」を正しいとみなし、『玉海』の「合爲一卷」を、その明修補本の誤りとする(30)。しかし『永樂大典』から輯佚された『宋會要』が『玉海』と同じく「合爲一卷」に作るのによれば、もともとこう作っていたと考えねばなるまい。また、この語は具體的な卷數を述べたものではなく、建言の中で、『崇文總目』と、その未著錄の書籍とをひとつに合わせることを述べたものであり、その含義によって、馬端臨は「一書」と記したとみなしうる。よって『祕書總目』が一卷であったという確かな根據はないから、『祕書續編』が二卷であることに何ら問題はない。

以上のように、孫覿の建言と『祕書續編』との間に相違點がある理由は、大體說明が可能である。よって『祕書續編』は、徽宗政和七年十一月の孫覿の建言によって編まれた『祕書總目』の一部であり、『崇文總目』に續けて、その未著錄の書籍を增入した部分であると考えて問違いなかろう。

最後に、『祕書總目』と『祕書續編』とがこのような關係にあったことに言及した文獻がこれまでなかった原因について考えてみたい。

これは、『祕書續編』が本來單行の目錄ではなかったことと關係がある。『祕書總目』中、『崇文總目』未著錄の書籍を增入した部分、つまり本章が『祕書續編』とみなす部分は、もとより『祕書總目』の一部であったのだから、單行の目錄として獨自の書名をもともと持っていなかったと考えられる。そうだとすれば、「祕書省續編到四庫闕書」はもともと書名ではなく、『祕書總目』中の增入部分を示す一篇名であった可能性が出てくる。その證據に、この十字を孫覿の建言に合わせて、「祕書省が（『崇文總目』に）續けて編んだ、四庫に收藏された闕書（『崇文總目』未著錄の書籍）」の意に解釋してみても、それほど無理がない。おそらく「祕書省續編到四庫闕書」は、紹興十五年頃の闕書目錄への改定に伴って『祕書總目』から分かれて獨行するようになり、そこではじめて篇名から書名へと昇格したのであろう。そのために、その改定以前は、『祕書總目』の一部であったから、わざわざこれと區別して取り上げられることがなく、改定以後は、單行の目錄と見なされたために、『祕書總目』との關係がわからなくなったのであろう。二目の關係に言及した文獻がこれまでなかったのは主に上記の原因によると考えられる。

おわりに

本章の檢討によって次のことが明らかになった。

『祕書省續編到四庫闕書』は、徽宗政和七年十一月の孫覿の建言によって編まれた『祕書總目』の一部であり、『崇文總目』に續けて、當時の祕書省の收藏書のうち『崇文總目』に著錄されていない書籍を增入した部分であった。また、もともと獨立した目錄ではなく、『祕書總目』中で一つの篇を構成していたにすぎなかった。南宋になると、南渡時に金に持ち去られるなどして大量に失われた藏書を恢復しようと、再三求書の詔が下されたが、祕書省が假省舎を轉々としていたこともあって、滿足な成果が擧がらなかった。しかし紹興十三年頃になると、前年の金との和議の成立によって國狀も一應安定し、十二月には祕書省の新省舎建設も決まり、いよいよ本腰を据えて北宋時の官藏書の恢復を目標とした求書事業を行える條件が整った。そして同月、向子固の建言によって『崇文總目』・『新唐書』藝文志とともに闕書目錄への改定がはじめられ、同十五年頃に提擧祕書省の秦熺の主持で諸州軍に頒布された。『祕書續編』はこのときはじめて『祕書總目』から分かれ、一つの目錄として單行するようになったのである。なお、この求書事業によって集められた書籍は、約三十三年後の淳熙五年六月に『中興館閣書目』七十卷として結實されるのである。

最後に、本章の檢討結果を踏まえて、現行の『祕書續編』がいかなる書誌情報を持つ文獻か述べておきたい。現在傳わる『祕書續編』には數種の抄本と、葉德輝が考證を加えた刊本があるが、いずれも紹興改定本に由來するものであり、北宋政和七年・南宋紹興十五年頃の兩時期の祕書省の藏書狀況を反映している。いま、それぞれの時期に卽して考えれば、本目は、政和七年にあっては最新の官藏目錄としての價値を、紹興十五年頃にあっては闕書目錄としての價値をそれぞれ持っていたといえる。現在、われわれがこの目錄を研究に利用する際、著錄書籍の下に注される「闕」字の有無を無視すれば、北宋政和七年の祕書省の藏書狀況、ひいては當時の學術の演變を知ることができる。また「闕」字の有無に注目すれば、南宋紹興十五年頃の祕書省における各著錄書籍の存佚狀況を知ることができる。このように『祕書續編』は、北宋末から南宋初期の官藏書の聚散狀況をかなり正確に讀み取ることができる書籍目錄なのである。

なお本章の作成に當たって、靜嘉堂文庫より、閲覽に際し御高配を賜った。末文ながらここに記して謝意に代えるものである。

注

（1）二書の記載には互いに詳略がある。『群書考索』にはまず「至淳熙中、陳騤等復之、中興館閣書目與崇文總目並行、參會衆見、輯成書目七十卷等例一卷。」とあるが、『玉海』では「淳熙四年十月、少監陳騤等言乞編撰書目、五年六月九日、上中興館閣書目七十卷序例一卷（自注「序例凡五十五條」）。」とする。また兩書ともに續けて「凡五十二門、計見在書四萬四千四百八十六卷、較崇文所載多一萬三千八百十七卷、復參三朝史志多八千二百九十卷、兩朝史志多三萬五千九百九十二卷。」とあり、『玉海』にはさらに續けて「閏六月十日、令浙漕司摹板。」の一文がある。

（2）なお姚名達『中國目錄學史』（商務印書館、一九三八年五月）は特殊目録篇に「闕書目録」の項目を立てて、求書のために編まれた目録について記している。

（3）『通志』校讎略の「編次失書論」から二條、「編次之訛論」から六條、計八條を引き、また『郡齋讀書志』小學類「爾雅三卷」條の「藝文志獨以爾雅附孝經類、經籍志又以附論語類、皆非是。今依四庫書目、置於小學之首。」の一文を引く。なお『讀書志』の衢本は卷四、袁本は卷一下に著録する。

（4）陸心源舊藏書は現在靜嘉堂文庫に所藏され、『靜嘉堂祕籍志』卷二十二史部目録類は陸心源に從って「宋紹興末祕閣底本」とする。

（5）「館藏善本書題跋輯錄二史部」（『國學圖書館第二年刊』、一九二九年十月）所收。國學圖書館とは、中央大學國學圖書館、後の江蘇省立國學圖書館（現在の南京圖書館）のことである。

（6）一卷、道光十二年四月徐松自序あり。現在、北京圖書館・上海圖書館・清華大學圖書館・杭州大學圖書館に抄本が所藏され、『宋史藝文志・補・附編』（商務印書館、一九五七年十二月）に收錄・排印された。

（7）なお丁氏兄弟は著錄總部數を三千八百餘種とするが、靜嘉堂文庫藏の明抄本『祕書續編』の總部數は三千六百三十二部である。

（8）原文「今年入都、錢念劬年姪忽以徐星伯先生從大典錄出之本、薄薄一册、兩本相校、舊鈔有而此本無者幾及一半、

舊鈔無而此本有者亦有一百餘種。謹錄出以示。」。「念劬」は錢恂の字。「徐星伯先生從大典錄出之本」は、『四庫闕書』一卷のことであり、錢恂の家藏本は『嘉業堂藏書志』卷二史部目錄類に「四庫闕書目一册、錢念劬鈔本」と著錄される。

（9）丁白、字芮朴、浙江歸安出身で、淸の咸豐・同治・光緒閒を生きた。遲雲樓はその藏書處。鄭偉章『文獻家通考』（中華書局、一九九九年六月）一一一〇頁を參照。なお『中國古籍善本書目』史部目錄類には湖南省圖書館所藏「祕書省續編到四庫闕書二卷、淸倪恩福抄本、葉德輝批校」が著錄されるが、倪恩福の事跡、丁氏遲雲樓鈔本との關係、ともに未詳。また葉德輝『郋園讀書志』には『祕書續編』が著錄されていない。

（10）以上、『支那目錄學』（『內藤湖南全集』第十二卷、筑摩書房、一九七〇年六月）四一〇頁を參照。

（11）以上、『圖書大辭典簿錄之部』（『飮冰室專集（六）』（臺灣中華書局、一九七二年三月）所收）二五頁を參照。

（12）以上、『目錄學研究』（文史哲出版社、一九九〇年第四版。初版は一九三四年五月）三七頁を參照。

（13）齊魯書社、一九九六年十二月。以下、葉啓勳氏の提要は第四册四六三頁、劉思生氏は第二十七册七七頁、謝國楨氏は第三十五册六一六頁を參照。

（14）それぞれ『宋會要輯稿』（以下『宋會要』）第五十五册崇儒四所引の『續國朝會要』・『中興會要』に見える。ただし葉啓勳は紹興十三年を十二年に誤り、建言の出典をともに『續宋會要』とする。なおこれらの建言には本章第二・三節で觸れる。

（15）以上、姚名達前揭書四一二頁を參照。

（16）『目錄學』（東京大學東洋文化研究所附屬東洋學文獻センター、一九七三年三月）八四頁を參照。

（17）以上、「出版說明」五頁を參照。

（18）以上、『古典目錄學淺說』（中華書局、一九八一年十月）一一九頁を參照。

（19）以上、『宋代書目考』（文史哲出版社、一九八七年四月）八頁を參照。

（20）『宋會要』第七十册職官一八引『中興會要』に「高宗建炎三年四月十三日、詔祕書省權罷。紹興元年二月十九日、詔復置祕書省。」とある。
(21) 南宋の陳騤『南宋館閣録』(以下『館閣録』)巻二省舎の「祕書省初復…」の注に引く『祕書省聖旨簿』による。なお南宋の張淏『寶慶會稽續志』巻一坊巷「第四廂」に「火珠坊」の名が見える。
(22) 『館閣録』巻二省舎に「紹興二年、移蹕臨安府、始寓於宋氏宅、再徙於油車巷東法恵寺。」とあり、南宋の李心傳『建炎以來繫年要録』巻七十二紹興四年正月戊午條に「以法慧寺爲祕書省。」とある。なお法恵寺については、宋の施諤撰、清の胡敬輯『淳祐臨安志輯逸』巻二寺一「法慧寺」條を參照。
(23) 『宋會要』職官一八引『中興會要』紹興十三年十二月十二日條に「詔兩浙轉運司建祕書省。」とある。
(24) 『館閣録』巻二省舎、『乾道臨安志』巻一行在所・臺閣、李心傳『建炎以來朝野雜記』甲集巻二郊廟「祕書省」條、『咸淳臨安志』巻七行在所録「祕書省」條等による。清河坊糯米倉巷は『乾道臨安志』巻七城府・坊巷「(城内)左一北廂」項に「清河坊」、また「泰和坊、安榮坊相對。俗呼糯米倉巷。」とあり、懷慶坊は同書「城内左一南廂」項に「懷慶坊、祕書省相對。」とあり、通浙坊は同書「(城内)左一北廂」項に「天井坊、天井巷、舊名通浙坊。」とある。また『咸淳臨安志』巻一行在所録「京城圖」には、祕書省・泰和坊・懷慶坊・天井坊の名が見える。なお新省舎建設までの經緯は、竺沙雅章『宋元佛教文化史研究』(汲古書院、二〇〇〇年八月)三五頁を參考にした。
(25) 『宋會要』崇儒四にはこの時期の求書・獻書に關する記事が頻出する。
(26) 『直齋書録解題』巻八目録類に「崇文總目一巻…今此惟六十六巻之目耳、題云紹興改定。」とある。なお現存の紹興改定本『崇文總目』(靜嘉堂文庫藏)には「紹興改定」の語はなく、『新唐書』藝文志の紹興改定本は、袁本『郡齋讀書志』巻二下書目類に「藝文志見闕書目一巻。右唐書藝文志。近因朝廷募遺書、刻牘布告境内、下注書府所闕、俾之訪求。」と見えるが、現在傳わらない。
(27) 三千六百三十二部中、五十九部は巻數が記されず、一篇・一家と記すのが各一部、一道と記すのが二部ある。これらを除くと、一萬七千九百九十三巻である。便宜上、この六十三部を一部一巻程度として數え、一萬八千餘巻としておいた。

（28）實際、徽宗治世の政和三年十二月には、道教の仙經を所藏する者はその多少にかかわらず差し出すようにとの詔が下されている。また政和六年二月、詔によって祕書省が道教の事を管轄することになった。いずれも宋の楊仲良『皇宋通鑑長編紀事本末』卷百二十七徽宗皇帝「道學」條を參照。なお徽宗と道教の關係については、宮川尙志「宋の徽宗と道教」（『東海大學紀要文學部』第23號、一九七五年七月）を參考にした。

（29）『宋會要』崇儒四引『續國朝會要』大觀四年五月七日條に「祕書監何志同言、…慶曆閒、嘗命儒臣集四庫爲籍、名之曰崇文總目。凡三萬六百六十九卷、慶曆距今未遠也、按籍而求之、十纔六七、號爲全本者不過二萬餘卷、而脫簡斷編亡散門逸之數浸多。謂宜及今有所搜採、視慶曆舊錄有未備者、頒其名數於天下、選文學博雅之士求訪、總目之外別有異書、並借傳寫、或官給筆劄、卽其家傳之、就加校定、上之策府。從之。」とある。

（30）『目錄學發微』（藝文印書館、一九八七年第二版）一二六頁を參照。

附篇　新唐書藝文志子錄釋氏類輯校

【凡　例】

一、本附篇は、『新唐書』藝文志釋氏類の各著錄書籍の所據資料を解明するために作成した資料集であり、その目的とするところは、本書上篇と同じである。ただ上篇第一章から第四章までが、各著錄書籍を同一資料にもとづいたと推定される部分ごとに分けて、總體的に考察しているのに對し、本附篇は、各著錄書籍ごとに分けて個別的に考察し、詳細な「注」を施した點に特徴がある。

一、『新唐書』の底本には百衲本を用い、殿本・和刻本、及び中華書局標點本（一九八七年第一版第三次印刷）を參照した。

一、本附篇は、『新唐書』藝文志丙部子錄道家類附釋氏の計卷部分に對する注釋と、各著錄書籍に對する注釋とからなり、後者は、さらに各著錄書籍に對する『舊唐書』經籍志その他各種文獻における記載狀況を列記した部分と、各著錄書籍の編著者に關する傳記事項、書籍の內容に關する簡單な解說、他文獻の記載との異同、及び存佚の狀況を記し、さらにこれらを踏まえてその書籍が如何なる資料にもとづいて著錄されたものであるかを記した「注」とからなる。

一、便宜上、『新唐書』藝文志丙部子錄道家類附釋氏の計卷部分に「0」、それ以下の著錄書籍に對しては、順次「1」以下の番號を附した。

一、「1」以下の各著錄書籍については、まず『新唐書』藝文志釋氏類の著錄狀況を掲げ、次に『舊唐書』經籍志の著錄狀況を記し、それ以下には、その他各種の文獻における記載狀況を、それらの成書年代順に列記し、その後に「注」を附した。なお『舊唐書』經籍志の類名の下の數字は、その書籍がその類中で何番目に著錄されるものであるかを示している。

一、他文獻の記載狀況を列記したのは、各著錄書籍の『新唐書』藝文志纂修當時における存佚狀況を確認し、それぞれの所據資料を解明するためである。よって、その涉獵範圍は、大體、宋代の國家藏書を總合的に反映する『宋史』藝文志が纂修された前後の時期までのものとした。

一、『新唐書』藝文志には重出する書籍が數部あるが、これらの書籍に關する他文獻の記載狀況については、重出書の著錄內容が全く同じ場合には初出の方に記し、異同がある場合には一般によく知られている方に記した。

一、「注」中には①②③…という丸數字を用いて細注を施し、「注」の末尾に追い込み式で、傳記事項や書籍の解說などの出典・參考文獻等を注記したが、繁雜になるのを嫌い、一々原文を引用することはしなかった。
一、「注」中では、『新唐書』藝文志やその他の文獻にもともと附されていた注と、本附篇が附した「注」とを區別するために、前者を「原注」と記し、後者を「各著錄書籍の整理番號＋注」のように記した。
一、『新唐書』藝文志釋氏類の著錄書籍の編著者に、その他の著作がある場合は、參考までに、兩唐志に著錄されるものを、「注」中に擧げるにとどめた。
一、『通志』藝文略は歷代の正史藝文志、宋代の官修目錄である『崇文總目』・『祕書總目』、その他民間の藏書目錄を綴合して編まれたものであり、南宋初の書籍の存佚狀況を必ずしも反映していない。よって「注」で書籍の存佚狀況等を記す際、『通志』藝文略には必ずしも觸れなかった。
一、釋氏類に著錄される甲という書籍が乙という文獻に記載され、乙が釋氏類の所據資料ではないかと疑われるとき、釋氏類の著錄書籍甲と、乙に見える甲に關する記載とを一對一で比較檢討しただけでは、乙が本當に釋氏類の所據資料であるかを證明することは難しい。所據資料の確定に當たっては、釋氏類中に、甲以外にも、乙との關係が豫想される書籍があるか否かが重要となる。このような同一資料ごとの分析は本書上篇で行ったところである。そのため、「注」に記した各著錄書籍の所據資料の確定・推定は、上篇の檢討結果によるところが大きい。ただし上篇の檢討經過は繁雜にすぎるので、「注」では簡略に努めた。なお參考までに、「注」において、ある資料を『新唐書』藝文志の所據資料と確定、または推定した場合、上篇のどこを參照すれば、その檢討經過を詳しく知ることができるかを擧げておく。
『古今書錄』・『舊唐書』經籍志と確定、または推定した場合は、第一章を參照。
『大唐內典錄』と確定、または推定した場合は、第二章第一節を參照。
『續高僧傳』と確定、または推定した場合は、第二章第二節を參照。
祕閣の藏書と確定、または推定した場合は、第三章を參照。
『古今書錄』の毋煚自序と確定、または推定した場合は、第四章第一節を參照。
『舊唐書』の經籍志以外の部分と確定、または推定した場合は、第四章第一節を參照。

『景德傳燈錄』と確定、または推定した場合は、第四章第二節を參照。
所據資料の確定が困難であるとした場合は、第一章第二節・第四章第三節を參照。
一、他文獻の記載狀況や「注」に使用した資料の著者・成書年代・底本、及び本附篇で用いる略稱に關しては、次の【對照文獻一覽】を參照して頂きたい。
一、「注」の作成、特に編著者や書籍の內容に關する解說を作成するに際しては、小野玄妙等『佛書解說大辭典』（大東出版社、一九三三年十一月至一九三五年十月。略稱「小野大辭典」）、陳垣『中國佛教史籍概論』（中華書局、一九六二年十一月。略稱「陳垣概論」）、柳田聖山『禪家語録Ⅱ』「禪籍解題」（筑摩書房、一九七四年二月。略稱「禪籍解題」）、水野弘元等『佛典解題事典』（春秋社、一九七七年九月。略稱「佛典解題事典」）、中村元『佛教語大辭典』（東京書籍、一九八一年五月）、中村元等『岩波佛教辭典』（岩波書店、一九八九年十二月。略稱「岩波辭典」）、方廣錩『佛教大藏經史』（中國社會科學出版社、一九九一年三月）、椎名宏雄『宋元版禪籍の研究』（大東出版社、一九九三年八月）、田中良昭『禪學研究入門』（大東出版社、一九九四年七月）、鎌田茂雄等『大藏經全解說大事典』（雄山閣出版、一九九八年八月。略稱「全解說大事典」）等の諸書を參考にした。
一、本附篇中、大正新脩大藏經は「大正藏」、新纂大日本續藏經は「續藏經」と略した。
一、なお本附篇の作成に當たっては、興膳宏・川合康三『隋書經籍志詳攷』（汲古書院、一九九五年七月）を參考にさせて頂いた。

【對照文獻一覧】

書名	著者	成書年代	底本	略稱
新唐書藝文志	歐陽脩等	北宋嘉祐五年	百衲本	新唐志
舊唐書經籍志	劉昫等	後晉開運二年	百衲本	舊唐志
出三藏記集	僧祐	梁	大正藏本	僧祐錄
高僧傳	慧皎	梁天監十八年	大正藏本	なし
大隋衆經目錄	法經等	隋開皇十四年	大正藏本	法經錄
歷代三寶記	費長房	隋開皇十七年	大正藏本	長房錄
隋仁壽年內典錄	彥琮等	隋仁壽二年	大正藏本	彥琮錄
隋書經籍志	魏徵等	唐顯慶元年	百衲本	隋志
古今譯經圖紀	靖邁	唐麟德元年以後	大正藏本	譯經圖紀
集古今佛道論衡	道宣	唐麟德元年	大正藏本	佛道論衡
大唐內典錄	道宣	唐麟德元年	大正藏本	內典錄
廣弘明集	道宣	唐麟德元年	大正藏本	なし
唐衆經目錄	靜泰	唐麟德二年	大正藏本	靜泰錄
續高僧傳	道宣	唐貞觀十九年～乾封二年	大正藏本	なし
法苑珠林	道世	唐總章元年	大正藏本	なし
大周刊定衆經目錄	明佺等	唐天冊萬歲元年	大正藏本	大周錄
續古今譯經圖紀	智昇	唐開元十八年	大正藏本	續譯經圖紀
開元釋教錄	智昇	唐開元十八年	大正藏本	開元錄

大唐貞元續開元釋教錄	圓照	唐貞元十年	大正藏本	續開元錄
貞元新定釋教錄	圓照	唐貞元十六年	大正藏本	貞元錄
傳教大師將來台州錄	最澄	日本延暦二十四年	大正藏本	最澄台州錄
同　越州錄			大正藏本	最澄越州錄
御將來目錄	空海	日本大同元年	大正藏本	空海錄
常曉和尚請來目錄	常曉	日本承和六年	大正藏本	常曉錄
靈巖寺和尚請來法門道具等目錄	圓行	日本承和六年	大正藏本	圓行錄
日本國承和五年入唐求法目錄	圓仁	日本承和六年	大正藏本	圓仁錄A
慈覺大師在唐送進錄	圓仁	日本承和七年	大正藏本	圓仁錄B
入唐新求聖教目錄	圓仁	日本承和十四年	大正藏本	圓仁錄C
惠運禪師將來教法目錄	惠運	日本承和十四年	大正藏本	惠運錄A
惠運律師書目錄	惠運	日本承和十四年	大正藏本	惠運錄B
福州温州台州求得經律論疏記外書等目錄	圓珍	唐大中八年	大正藏本	圓珍錄A
日本比丘圓珍入唐求法目錄	圓珍	唐大中十一年	大正藏本	圓珍錄B
智證大師請來目錄	智證	日本天安三年	大正藏本	智證錄
諸阿闍梨眞言密教部類總錄	安然	九～十世紀	大正藏本	安然錄
日本國見在書目錄	藤原佐世	日本寛平三年以後	小長谷惠吉日本國見在書目錄解說稿本	見在書目錄
華嚴宗章疏幷因明錄	圓超	日本延喜十四年	大正藏本	華嚴宗章疏
三論宗章疏	安遠	日本延喜十四年	大正藏本	なし

法相宗章疏	平祚	日本延喜十四年	大正藏本	なし
律宗章疏	榮隱	日本延喜十四年	大正藏本	なし
續貞元釋教錄	恒安	南唐保大四年	大正藏本	續貞元錄
太平廣記	李昉等	北宋太平興國三年	中文出版社影印本	なし
太平御覽	李昉等	北宋太平興國八年	四部叢刊三編本	なし
宋高僧傳	贊寧	北宋端拱元年	大正藏本	なし
景德傳燈錄	道原	北宋景德元年	四部叢刊三編本	なし
大中祥符法寶錄	趙安仁等	北宋大中祥符六年	金藏本	大中祥符錄
天聖釋教總錄	惟淨等	北宋天聖五年	金藏本	天聖錄
崇文總目	王堯臣等	北宋慶曆元年成 南宋紹興中改定	靜嘉堂文庫藏清抄本	なし
景祐新修法寶錄	呂夷簡等	北宋景祐三年	金藏本	景祐錄
芝苑遺編卷下　南山律師撰集錄	元照	北宋元豐元年	續藏經本	道宣撰集錄
新編諸宗教藏總錄	義天	高麗宣宗七年	大正藏本	義天錄
東域傳燈目錄	永超	日本寛治八年	大正藏本	東域錄
大藏經綱目指要錄	惟白	北宋崇寧二年	大正藏本	指要錄
開元釋教錄略出	未詳	北宋末	大正藏本	開元錄略出
祕書省續編到四庫闕書	未詳	北宋政和七年成 南宋紹興中改定	中國歷代書目叢刊第一編本	祕書續編
郡齋讀書志（衢本）	晁公武	南宋紹興二十一年	中國歷代書目叢刊第一編本	晁志

通志藝文略	鄭樵	南宋紹興三十一年	東京大學東洋文化研究所藏元刊明遞修本	通志略
注進法相宗章疏	藏俊	日本安元二年	大正藏本	藏俊錄
中興館閣書目	陳騤等	南宋淳熙五年	中國歴代書目叢刊第一編本	中興書目
遂初堂書目	尤袤	南宋紹熙五年以前	中國歴代書目叢刊第一編本	なし
中興館閣續書目	張攀等	南宋嘉定十三年	中國歴代書目叢刊第一編本	中興續書目
釋門正統	宗鑑	南宋嘉熙元年	卍續藏本	なし
直齋書錄解題	陳振孫	南宋淳祐九年以後	中國歴代書目叢刊第一編本	陳志
佛祖統紀	志磐	南宋咸淳五年	大正藏本	なし
釋氏通鑑	本覺	南宋咸淳六年頃	卍續藏本	なし
玉海	王應麟	南宋末	浙江書局本	なし
至元法寶勘同總錄	吉祥等	元至元二十四年	大正藏本	至元錄
文獻通考經籍考	馬端臨	元大德十一年	萬有文庫十通本	通考
佛祖歴代通載	念常	元至正元年	大正藏本	なし
宋史藝文志	脫脫等	元至正五年	百衲本	宋志
釋氏稽古略	覺岸	元至正十四年	大正藏本	なし

0凡釋氏、二十五家、四十部、三百九十五卷。失姓名一家。玄琬以下不著錄七十四家、九百四十一卷。

注 類名として「釋氏」の名稱を用いたのは、新唐志が最初である。釋氏類は、丙部子錄道家類に附載され、同じく道家類に附載される神仙類の後に立類される。新唐志の體例では、經史子集の「錄」の下に易類等の「類」があり、「類」によっては道家類のように、二つ以上の附屬する類を持つものがある。また附屬する類を持たない「類」の計卷はその全著錄書籍の末に「右某類…」と記されるが、附屬する類を持つ「類」の計卷は、附屬する類の最後尾に「右某類…」と記され、附屬する類の計卷はそれぞれの著錄書籍の最前部に「凡某…」記されている。よって釋氏類の計卷は、神仙類の全著錄書籍の後、釋氏類の著錄書籍の前に記されている。なお新唐志では、附屬する類には、「類」字は用いられておらず、釋氏類も計卷部分に「釋氏」とあるにすぎない。しかし實質上、これらの附屬する類は「類」と同樣の構成を持つので、以下、「釋氏類」の名稱を用いておく。

次に釋氏類の立類が目錄學史的に見て、どのような意味を持つか考察しておく。

隋志は、四部の附錄に、佛家經錄の分類法によって譯經・章疏を著錄した「佛經」部を持つ。しかし中國撰述佛典の大部分は四部內に散在著錄されており、中國撰述佛典のための類はいまだ立てられていない。また唐の毋煚の古今書錄は散佚して傳わらないが、その小序・解題を删除して作られた舊唐志によってその大體を知ることができる。舊唐志によれば、古今書錄は基本的に隋志と同じく散在著錄の傾向にあるが、舊唐志道家類の末に「右道家一百二十五部、老子六十一家、莊子十七家、道釋諸說四十七家、凡九百六十卷。」とあるように、はじめて中國撰述佛典の一部を道家類の末尾に取り込んだ。北宋の天聖八年に纂修された三朝國史藝文志（以下「三朝國志」）は、通考・子・釋氏に「宋三朝藝文志曰、…今取傳記禪律纂之書參儒典者具之。」とあり、また「宋三朝志、五十八部、六百一十六卷。」とあるように、それまで四部內に散在著錄されていた中國撰述佛典のために一類を立て、そこに一括著錄した。また玉海卷四十六藝文正史「天聖三朝國史」條に「先是、太祖太宗、紀六、志五十五、傳五十九、目錄一、凡百二十卷。至是、修眞宗史成、增紀爲十、志爲六十、傳爲八十、總百五十卷。此所謂三朝國史也。」とあり、その注に「凡紀十卷、志增道釋符瑞爲六十卷、列傳八十卷、總一百五十卷。」とあり、三朝國史は「釋」志を增設している。また景祐錄の總錄によれば、三朝國史の纂修者の一人夏竦は天聖四年、譯經潤文官に充てられ、天聖錄の序文等を書いている。このような狀況からみて、三朝國志における中國撰述佛典のための類の立類は、夏竦の主導のもと「釋」志の增設に伴ってなされたものである可能性が考えられる。當然、その背景には、建國以來の歴代皇帝による崇佛事業が與って力あったであろう。ついで慶曆元年に完成した崇文總目は子部の末に道書類に續けて釋書類を立て、三朝國志と同じく中國撰述佛典を一括して著錄した。釋書類が子部の末に置かれたのは、中國撰述佛典のための類が立類されて間がなく、いまだ子部中に適當な位置を與えられていないことを示している。このように唐代から北宋中期にかけて中國撰述佛典が獨立した類の中に一括されていく樣が見てとれる。その流れの中にあって、新唐志は、唐代の分類法—古今書錄—を基礎に、釋氏類に對して道家類に附屬する一類としての位置を與え、これに宋代の新しい分類法—三朝國志—を融合させ、中國撰述佛典を一括著錄した。この方法は、次の正史藝文志である宋志に繼承される。新唐志釋氏類の立類は、目錄學史的にこのような意味を持つものである。

「二十五家」「四十部」「三百九十五卷」は、それぞれ新唐志の「著錄」部分の總編著者數、及び著錄書籍の總部數・總卷數である。實數は、二十五家、四十二部、三百八十四卷。「失姓名」は、新唐志の「著錄」部分における編著者未詳の書籍のこと。ここでは、23「稠禪師傳一卷」を指す。「玄琬以下不著錄…」は、「著錄」部分以外に新唐志が新たに著錄した書籍が釋玄琬の著作43からはじまることを指す。「七十四家」「九百四十一卷」は、それぞれ「不著錄」部分の總編著者數、著錄書籍の總卷數である。實數は、七十三家、九百四十二卷である。また新唐志は「不著錄」部分の部數を記さないが、全部で百四十部ある。このうち162「圓覺經大小疏鈔」は「各一卷」とあるが、便宜上、一部として數えた。

1 蕭子良淨注子二十卷　王融頌。

舊唐志　子錄　道家類103「淨住子二十卷、蕭子良撰、王融頌」
僧祐錄卷十二　齊太宰竟陵文宣王法集錄序「…是以淨住命氏、啓入道之門。…淨住子十卷、右第一帙上。淨住子十卷、右第二帙下。」
法經錄卷六　佛滅度後撰集錄　此方諸德抄集「淨住子集二十卷」
彥琮錄卷三　別生　別集抄「淨住子二十卷、南齊敬陵王蕭子良撰」
隋志　雜家類「淨住子二十卷、齊竟陵王蕭子良撰」
內典錄卷四　前齊朝傳譯佛經錄「撰淨住子二十卷…齊司徒竟陵文宣王蕭子良」
同　卷十　歷代道俗述作注解錄「前齊太宰竟陵王蕭子良撰…淨住子上下二十卷」
廣弘明集卷二十七　誡功篇　統略淨住子淨行法門序「淨住子淨行法、南齊文宣公」
靜泰錄卷三　別生　別集抄「淨住子二十卷、南齊竟陵王蕭子良撰」
法苑珠林卷百　傳記篇　雜集部「淨住子二十卷…齊司徒竟陵文宣王蕭子良撰」
通志略　道家　諸子「淨住子二十卷」
同　釋家　論議「統略淨住子淨行法門一卷」　自注云「齊蕭子良嘗夢佛授以淨行二法、因著爲二十卷。」
佛祖統紀卷三十六「(齊武帝永明）五年…司徒竟陵王王子良…嘗夢東方普光世界天王如來說淨住淨行法門、因著淨住子二十卷及三寶記。」
宋志　子類　釋氏類「蕭子良統略淨住行法門一卷」

注 蕭子良、字雲英、梁武帝の第二子、竟陵文宣王①。宋孝武帝大明四年（四六〇）生、齊鬱林王隆昌元年（四九四）卒、年三十五②。官は南齊時、司徒③、太宰④。王融、字元長、瑯琊臨沂人。宋明帝泰始四年（四六八）生、齊鬱林王隆昌元年卒、年二十七⑤。竟陵八友の一人⑥。官は南齊時、祕書丞⑦。「淨住」は布薩（梵語 uposatha）の翻譯で、身口を淨めるの意、「淨住子」は善根を增長し佛陀の後繼を育てるの意である⑧。書名について、舊唐志は「注」を「住」に作る。その他の文獻がいずれも「住」に作り、新唐志自身、道宣による刪略本を著錄して「統略淨住子」に作るのによれば、新唐志の誤りである。巻數について、宋志のみ一卷に作るが、これは道宣による删略本である⑨。淨住子は、新唐志「著錄」部分に著錄され、また舊唐志にも著錄されることから、毋煚の古今書錄・舊唐志によって唐開元年間の國家藏書を著錄したものである。また両唐志に著錄されて以後、新唐志にもとづく通志略や佛祖統紀を除いて記載がない。おそらく道宣の删略本の出現によってその需要が次第に減り、宋代には散佚していたのであろう。現在見ることのできるのは、廣弘明集卷二十七所引の道宣の删略本だけである⑩。

①據南齊書卷四十・南史卷四十四。②據南齊書卷四・四十。③據廣弘明集卷二十七道宣「統略淨住子淨行法門序」等。④據僧祐錄卷十二。⑤據南齊書卷四十七・南史卷二十一。⑥據梁書卷一。⑦據廣弘明集卷二十七。⑧據廣弘明集卷二十七道宣序。⑨⑩29注參照。

2僧僧祐法苑集十五卷

舊唐志　子錄　道家類105「法苑十五卷、釋僧祐撰」

僧祐錄卷十二　釋僧祐法集總目錄序「法苑集十卷」　又有「法苑雜緣原始集目錄序…是故記錄舊事、以彰勝緣、條例叢雜、故謂之法苑、區以類別、凡爲十卷。」

高僧傳卷十一　明律篇　釋僧祐傳「初祐集經藏、既成、使人抄撰要事、爲三藏記法苑記世界記釋迦譜及弘明集等、皆行於世。」

法經錄卷六　佛涅槃後傳記錄　此方諸德傳記「法苑集記十卷、釋僧祐撰」

長房錄卷十一　梁代錄「法苑集一十卷…揚州建初寺律師僧祐撰」

內典錄卷四　梁朝傳譯佛經錄「法苑集一十五卷…揚州建初寺律師釋僧祐撰」

同　卷十　歷代道俗述作注解錄「梁朝武帝天監年鍾山定林寺律師釋僧祐撰述…法苑集一十五卷」

法苑珠林卷百　傳記篇　雜集部「法苑集一十五卷…至梁朝楊州建安寺沙門釋僧祐撰」

開元錄卷六　梁代錄「沙門釋僧祐、楊都建初寺僧也。…自外法苑集世界記師資傳等、以非入藏故闕不論。」
貞元錄卷九　梁代錄「沙門釋僧祐、揚都建初寺僧也。…自外法苑集世界記師資傳等、以非入藏故闕不論。」
通志略　釋家　詮述「法苑集十五卷、梁釋僧祐撰」

注釋僧祐、俗姓兪氏、建業人。齊京師建初寺沙門。宋文帝元嘉二十二年（四四五）生、梁武帝天監十七年（五一八）卒、年七十四①。梁朝楊州建安寺沙門②。この書は、經典・記傳から古い記録を集めて優れた緣起を顯彰したもので、佛寶集（卷一）、法寶集上下（卷二・三）、僧寶集上下（卷四・五）、經唄導師集（卷六）、龍華像會集（卷七）、雜圖像上下（卷八・九）、經藏正齋集（卷十）、受菩薩戒集（卷十一）、止惡興善集（卷十二）、大梁功德上下（卷十三・十四）の計十篇からなる③。書名について、舊唐志は「法苑」に作る。僧祐錄卷十二は「法苑集」に作り、同卷に「法苑雜緣原始集目錄序」とあり、また高僧傳卷十一は「法苑集記」に作るといったように、この書が書かれた當初は書名がまちまちであり、長房錄以後はいずれも「法苑集」に作る。しかし「法苑」に作る文獻がないのに據れば、舊唐志の誤脱である。卷數について、「釋僧祐法集總目錄序」・「法苑雜緣原始集目錄序」が十卷に作るのによれば、僧祐自身十卷本を編んだと認識していたのは明らかである。しかし、序の後に引かれる法苑集の篇目では、十篇中、四篇が上下に分けられて十四卷となっている。十四卷の分卷は十卷を編んだという僧祐の言葉に矛盾することから後人の手が加わっている可能性が高い。ただし上下で一卷とみることもできるから、上下の分割自體は僧祐によってなされていた可能性が十分ある。おそらく、もと十篇十卷であったが、そのうち四篇が上下に分けられていたために、後に十四卷本を生むに至ったのであろう。唐の太宗・高宗期になると、さらに十五卷本が現れ、これが開元年間に官藏されていた。法苑集は、新唐志「著錄」部分に著錄され、また舊唐志にも著錄されることから、古今書錄・舊唐志によって唐開元年間の國家藏書を著錄したものである。また開元錄・貞元錄の梁代錄にその名が見えるものの、入藏はされなかった。そのために、廣く流傳することはなかったようで、兩唐志に著錄されて以後、新唐志にもとづく通志略を除いて記載がなく、宋代には散佚していたようである。現在、僧祐錄卷十二によって、その序文と構成が傳わるのみである。

①據高僧傳卷十一。②據法苑珠林卷百。③據僧祐錄卷十二。

3 又弘明集十四卷

舊唐志　集錄　總集類827「弘明集十四卷、釋僧祐撰」

僧祐錄卷十二　釋僧祐法集總目錄序「弘明集十卷」　又有「弘明集目錄序」

高僧傳卷十一　明律篇　釋僧祐傳「初祐集經藏、既成、使人抄撰要事、爲三藏記法苑記世界記釋迦譜及弘明集等、皆行於世。」

法經錄卷六　佛涅槃後傳記錄　此方諸德傳記「弘明集傳十卷、釋僧祐撰」

長房錄卷十一　梁代錄「弘明集一十四卷…揚州建初寺律師僧祐撰」

內典錄卷四　梁朝傳譯佛經錄「弘明集一十四卷…揚州建初寺律師釋僧祐撰」

同　卷十　歷代道俗述作注解錄「梁朝武帝天監年鍾山定林寺律師釋僧祐撰述…弘明集一十四卷」

廣弘明集卷一　道宣自序「昔梁鍾山之上定林寺僧祐律師、…撰弘明集一部一十四卷。」

法苑珠林卷百　傳記篇　雜集部「弘明集一十四卷…至梁朝楊州建安寺沙門釋僧祐撰」

開元錄卷六　梁代錄「弘明集十四卷、祐等三錄並云十卷、今見十四卷。見僧祐長房內典等錄。…沙門釋僧祐、楊都建初寺僧也。」

同　卷十三　有譯有本錄　聖賢傳記錄　此方撰述集傳「弘明集十四卷、梁建初寺沙門釋僧祐撰。出長房錄。新編入藏。」

同　卷十七　補闕拾遺錄　此方所撰傳記「弘明集十四卷、梁沙門釋僧祐撰」

同　卷二十　入藏錄　賢聖集　此方撰集「弘明集十四卷、二百八十九紙」

貞元錄卷九　梁代錄「弘明集十四卷　祐等三錄並云十卷、今見十四卷。僧祐長房內典等錄。…沙門釋僧祐、揚都建初寺僧也。」

同　巻二十三 有譯有本錄 聖賢傳記錄 此方撰述集傳「弘明集十四卷、梁建初寺沙門釋僧祐撰。出長房錄。新編入藏。」
同　巻二十七 補闕拾遺錄 此方所撰傳記集錄「弘明集十四卷、梁沙門釋僧祐撰」
同　巻三十 入藏錄 賢聖集 此方撰集「弘明集十四卷、二百八十九紙」
見在書目錄 惣集家「弘明丶（集）十四」
崇文總目 釋書下「洪明集十卷」
指要錄巻八 聖賢傳記「弘明集十四卷。一、僧祐律師集前後弘護佛法、國王太臣官僚仕庶僧徒所述辯明之事也。…」
開元錄略出巻四 有譯有本錄 賢聖傳記錄 此方撰述集傳「弘明集十四卷、梁建初寺釋僧祐撰。出長房錄。」
晁志巻十六 釋書類「弘明集十四卷、右梁釋僧祐纂。…」
通志略 釋家 詮述「弘明集十四卷、僧祐撰」
遂初堂書目 釋家類「弘明集」
至元錄巻十 有譯有本聖賢傳記 東土賢聖集傳「弘明集十四卷、三十二論三十二段、梁建初寺沙門僧祐撰。出長房錄。」
通考 子 釋氏「弘明集十四卷。晁氏曰、梁釋僧祐纂。…」
宋志 子類 釋氏類「僧佑弘明集十四卷」

注　2に同じく釋僧祐の著作。この書は、東晉から齊梁の護法に關する言説を集めたものである。卷數について、もとは十卷であったが、隋代には十四卷本が現れ、以後は崇文總目を除き、現行本に至るまで十四卷本が傳わっている。十四卷本は、陳垣概論巻三によれば、十卷本に梁代の文章が增入されたものである。この書は、新唐志「著錄」部分に著録され、また舊唐志にも著録されることから、古今書錄・舊唐志によって唐開元年間の國家藏書を著錄したものである。現在、大正藏第五十二卷史傳部四に收錄されている。

4 釋迦譜十卷

舊唐志不著錄
僧祐錄卷十二　釋僧祐法集總目錄序「釋迦譜五卷」　又有「釋迦譜目錄序」
高僧傳卷十一　明律篇　釋僧祐傳「初祐集經藏、既成、使人抄撰要事、爲三藏記法苑記世界記釋迦譜及弘明集等、皆行於世。」
法經錄卷六　佛涅槃後傳記錄　此方諸德傳記「釋迦譜四卷、釋僧祐撰」
長房錄卷十一　梁代錄「釋迦譜四卷…揚州建初寺律師僧祐撰」
彥琮錄卷三　別生　別集抄「釋迦譜四卷、梁世沙門僧祐撰」
隋志　雜家類「釋氏譜十五卷」
內典錄卷四　梁朝傳譯佛經錄「釋迦譜四卷、更有十卷本、余親讀之。…揚州建初寺律師釋僧祐撰」
同　卷十　歷代道俗述作注解錄「梁朝武帝天監年鍾山定林寺律師釋僧祐撰述…釋迦譜一十卷」
靜泰錄卷三　別生　別集抄「釋迦譜四卷、梁世沙門僧祐撰」
法苑珠林卷百　傳記篇　雜集部「釋迦譜四卷…至梁朝楊州建安寺沙門釋僧祐撰」
開元錄卷六　梁代錄「釋迦譜十卷、於齊代撰。別有五卷本、與此廣略異。房云四卷、恐誤。見僧祐錄及長房內典等錄。合入齊錄、隨人附梁。…沙門釋僧祐、楊都建初寺僧也。」
同　卷十三　有譯有本錄　聖賢傳記錄　此方撰述集傳「釋迦譜十卷、別有五卷本、與此廣略異。蕭齊建初寺沙門釋僧祐撰。出長房錄。新編入藏。」
同　卷十七　補闕拾遺錄　此方所撰傳記「釋迦譜十卷、蕭齊沙門釋僧祐撰」
同　卷二十　入藏錄　賢聖集　此方撰集「釋迦譜十卷、別有五卷本、與此廣略異。二百三十八紙」
貞元錄卷九　梁代錄「釋迦譜十卷、於齊代撰。別有五卷本、與此廣略異。房云四卷、恐誤。見僧祐錄及長房內典等錄。合入齊錄、隨人附梁。…沙門釋僧祐、揚都建初寺僧也。」
同　卷二十三　有譯有本錄　聖賢傳記錄　此方撰述集傳「釋迦譜十卷、別有五卷本、與此廣略異。蕭齊建初寺沙門釋僧祐錄。出房錄。新編入藏。」
同　卷二十七　補闕拾遺錄　此方所撰傳記集錄「釋迦譜十卷、蕭齊沙門釋僧祐撰」
同　卷三十　入藏錄　賢聖集　此方撰集「釋迦譜十卷、別有五卷本、與此廣略異。二百三十八紙」
見在書目錄　譜系家「釋迦譜一卷」　小長谷校勘記云「當作十卷。」
指要錄卷八　聖賢傳記「釋迦譜五卷…僧祐撰」
開元錄略出卷四　有譯有本錄　賢聖傳記錄　此方撰述集傳「釋迦譜十卷。本異、與此廣略異。蕭齊建初寺沙門僧祐撰」
晁志卷九　譜牒類「釋迦氏譜十卷、右唐釋僧祐撰。…」
通志略　釋家　傳記「釋迦譜十卷、南齊佐律師撰」
至元錄卷十　有譯有本聖賢傳記　東土賢聖集傳「釋迦譜十卷、三十四緣、蕭齊建初寺沙門僧祐撰。出長房錄。」
通考　子　釋氏「釋迦氏譜十卷。晁氏曰、唐釋僧祐撰。…」
宋志　子類　釋氏類「僧佑釋迦譜五卷」

注 2に同じく釋僧祐の著作。この書は、佛陀に關する事跡を經律論から集め、三十四の條目にまとめた中國最古の佛傳である①。卷數について、五卷本・四卷本・十卷本・十五卷本の四種が文獻上、確認される。開元錄は長房錄の四卷を誤りと推測するが、四卷本は法經錄・內典錄等にも著錄されることから、隋から唐初にかけて行われていたようである。また隋志著錄の十五卷本は、編著者名が記されていないために、僧祐の著作でない可能性もある②。現行本は、麗本が五卷、宋元明本が十卷である。宋元明本は麗本の卷一を六卷に分け、內容の增入がなされている③。この書は、舊唐志には著錄されないが、僧祐錄をはじめ、ほとんどの經錄に著錄される。また崇文總目には著錄されないが、宋志に著錄されていることから、正確な年代はわからないが、宋代の三館・祕閣に收藏されていた。このような狀況から、この書は、舊唐志が古今書錄を刪略した際に誤脫したとも考えられるし、また古今書錄にもともと著錄されていなかったものを、新唐志が傳本や文獻の記載によって新たに補ったとも考えられるが、そのいずれであるかは特定しがたい。現在、大正藏第五十卷史傳部二に「釋迦譜」五卷が收錄されている。

迦譜」條を參照。

①全解說大事典。②なお十五卷本については、姚振宗『隋書經籍志考證』卷三十を參照。③詳しくは小野大辭典「釋

5薩婆多師資傳四卷

舊唐志　史錄　雜傳類140「薩婆多部傳四卷、釋僧佑撰」

僧祐錄卷十二釋僧祐法集總目錄序「薩婆多部相承傳五卷」　同卷十二有「薩婆多部師目錄序」

法經錄卷六　佛涅槃後傳記錄　此方諸德傳記「薩婆師諮傳三卷、釋僧祐撰」

長房錄卷十一　梁代錄「薩婆多師資傳五卷…揚州建初寺律師僧祐撰」

隋志　雜傳類「薩婆多部傳五卷、釋僧祐撰」

內典錄卷四　梁朝傳譯佛經錄「薩婆多師資傳五卷…揚州建初寺律師釋僧祐撰」

同　卷十　歷代道俗述作注解錄「梁朝武帝天監年鍾山定林寺律師釋僧祐撰述…薩婆多師資傳五卷」

法苑珠林卷百　傳記篇　雜集部「薩婆多師資傳五卷…至梁朝楊州建安寺沙門釋僧祐撰」

開元錄卷六　梁代錄「沙門釋僧祐、楊都建初寺僧也。…自外法苑集世界記師資傳等、以非入藏、故闕不論。」

貞元錄卷九　梁代錄「沙門釋僧祐、揚都建初寺僧也。…自外法苑集世界記師資傳等、以非入藏、故闕不論。」

通志略　釋家　傳記「薩婆多部傳五卷、釋僧祐撰」

注　2に同じく釋僧祐の著作。この書は、印度・中國における薩婆多部(說一切有部)の戒法の傳承を記したものである①。

書名について、舊唐志は「師資」を「部」に作る。僧祐錄卷十二法集總目錄序が「薩婆多部相承傳」に作り、同卷に「薩婆多部記目錄序」とあるのによれば、もともと僧祐自ら二種の書名を用いていたようである。隋以降になると、長房錄卷十一・內典錄卷四ともに「薩婆多師資傳」に作り、隋志と舊唐志（すなわち古今書錄）は「薩婆多部傳」に作る。そもそも「薩婆多部傳」は薩婆多部における律學の傳承の意であるから、「師資」・「相承」に作るテキストと

書名の含義に大差はない。これは、隋から唐初にかけて、經錄系統のテキストと、官修目錄、及び、これを根據に纂修される正史藝文志系統のテキストが並行していたことを示している。新唐志が正史藝文志であるにもかかわらず、官修目錄系統のテキスト名を用いず、長房錄卷十一・內典錄卷四と同じく「薩婆多師資傳」に作るのは、古今書錄・舊唐志を內典錄によって改めたからであると考えられる。卷數について、法經錄の三卷を除いて、唐の高宗期までの文獻がいずれも五卷に作るのによれば、兩唐志の四卷は五卷本の闕本かもしれない。

この書は、新唐志「著錄」部分に著錄され、また舊唐志にも著錄されることから、古今書錄・舊唐志によって唐開元年間の國家藏書を著錄したものである。また開元錄・貞元錄の梁代錄にその名が見えるものの、入藏はされなかった。そのために、廣く流傳することはなかったようで、兩唐志に著錄されて以後、新唐志にもとづく通志略を除いて記載がなく、宋代には散佚していたようである。なお船山徹「梁の僧祐撰『薩婆多師資傳』と唐代佛教」②は、この書について、初唐の末頃までは確實に傳わっており、特に律宗では唐末まで傳わっていたようであるが、北宋の元照（一〇四八〜一一一六）が活躍した頃には完全に散佚していたとする。

①據僧祐錄卷十二。②吉川忠夫編『唐代の宗教』（朋友書店、二〇〇〇年七月）所收。

6 虞孝敬高僧傳六卷

舊唐志　史錄　雜傳類76「高僧傳六卷、虞孝敬撰」

隋志　史部　雜傳類「高僧傳六卷、虞孝敬撰」

同　子部　雜家類「高僧傳六卷、虞孝敬撰」

通志略　釋家　傳記「高僧傳六卷、虞孝恭撰」

注 虞孝敬、梁人。官は、梁湘東王（後の元帝）記室①、梁元帝文學（據內典錄卷十）。後に出家し、慧命と改名す②。通志略が「敬」を「恭」に作るのは、宋の太祖趙匡胤の祖父敬の諱を避けたためである。梁の元帝蕭繹は梁武帝天監十三年（五一四）に湘東王に封じられていることから③、それより卽位する承聖元年（五五二）までの間に虞孝敬は湘東王記室に任じられたと考えられる。この書は、新唐志「著錄」部分に著錄され、また舊唐志にも著錄されることから、古今書錄・舊唐志によって唐開元年間の國家藏書を著錄したものである。また兩唐志に著錄されて以後、新唐志にもとづく通志略を除いて記載がなく、宋代には散佚していたようである。

①據長房錄卷十一・內典錄卷四等。②據長房錄卷十一・內典錄卷四等。續高僧傳卷一作「道命」。③據梁書卷五・南史卷八。

7 又內典博要三十卷

舊唐志　子錄　道家類106「內典博要三十卷、虞孝景撰」
金樓子卷五　著書篇「內典博要三帙三十卷」
法經錄卷六　佛滅度後撰集錄　此方諸德抄集「內典博要三十卷」
長房錄卷十一　梁代錄「內典博要三十卷…湘東王記室虞孝敬撰」
彥琮錄卷三　別生　別集抄「內典博要三十卷、梁湘東王記室虞孝敬撰」
隋志　子部　雜家類「內典博要三十卷」
內典錄卷四　梁朝傳譯佛經錄「內典博要三十卷…湘東王記室虞孝敬撰」
同　卷十　歷代道俗述作注解錄「梁中宗元帝文學虞孝敬撰內典博要三十卷」
靜泰錄卷三　別生　別集抄「內典博要三十卷、梁湘東王記室虞孝敬撰」
續高僧傳卷一　譯經篇　僧伽婆羅傳「湘東王記室虞孝敬、學周內外、撰內典傳要三十卷。該羅經論、條貫釋門、諸有要事備皆收錄。頗同皇覽類苑之流。」
法苑珠林卷百　傳記篇　雜集部「內典博要四十卷…湘東王記室虞孝敬撰」

見在書目錄　雜家「內傳博要卅、丶丶丶、抄五」
東域錄　小乘論疏記等「內典博要三十卷、梁湘東主記室虞孝敬撰」
同　梵釋寺重出「內典博要三十卷、梁代唐孝教撰」
通志略　釋家　詮述「內典博要三十卷、虞孝恭撰」
注6に同じく虞孝敬の撰。「虞孝敬」の「敬」は、長房錄卷十一・內典錄卷四等は皆「敬」に作るが、舊唐志のみ「景」に作る。これは、宋版の舊唐志が宋の趙匡胤の祖父の諱「敬」を避けた名殘りである。ただし、同じ舊唐志でも子道106では「敬」に作る。百衲本舊唐志は明の聞人詮の覆宋校刊本によって補配されたものであることから、宋版覆刻の際、舊唐志の避諱字を本字に直そうとしながら、うかつにも直し損なったものがあったのであろう。この書は、內典錄卷四に「此博要亦是內學群部之要徑也。」とあり、續高僧傳卷一・法苑珠林卷百に「頗同皇覽類苑之流。」とあるのによれば、佛典の要點を拔粹し、それを類書のように配列したものであったようである。卷數について、法苑珠林卷百が「四十卷」に作るほかは、いずれも「三十卷」に作る。また見在書目錄によれば、日本には內典博要の抄本五卷も傳わっていたようである。なお梁の元帝にも「內典博要一百卷」がある①。虞孝敬は、元帝が湘東王であった時期から記室として仕え、卽位後は文學に任じられている。この事情を考慮すれば、內典博要は元帝の命で虞孝敬によって編纂され、まず三十卷本が完成し、虞孝敬が出家し入關した後、引き續き增補を行い百卷本が完成したものと推測される。內典博要は、新唐志「著錄」部分に著錄され、また舊唐志にも著錄されることから、古今書錄・舊唐志によって唐開元年間の國家藏書を著錄したものである。また中國では兩唐志に著錄されて以後、新唐志にもとづく通志略を除いて記載がなく、宋代には散佚していたようである。また日本では見在書目錄に著錄されるが、現在傳わっていない。

①據梁書卷五・南史卷八。

8僧賢明眞言要集十卷

舊唐志　子錄　道家類107「眞言要集十卷、釋賢明撰」
法經錄卷六　佛滅度後撰集錄　此方諸德抄集「眞言要集十卷」
彥琮錄卷三　別生　別集抄「眞言要集十卷、梁世沙門賢明撰」
隋志　子部　雜家類「眞言要集十卷」
靜泰錄卷三　別生　別集抄「眞言要集十卷、梁世沙門賢明撰」
續高僧傳卷四　譯經篇　釋玄奘傳「奘白、…至如此土賢明何晏王弼周顒蕭繹顧歡之徒、動數十家、注解老子、何不引用。」
通志略　釋家　詮述「眞言要集十卷、唐僧賢明撰」

注釋賢明、梁人①。かつて老子に注解したことがある②。眞言要集は、その書名から推せば、佛教經典中から佛說の要諦を拔粹したものであろう。この書は、新唐志「著錄」部分に著錄され、また舊唐志にも著錄されることから、古今書錄・舊唐志によって唐開元年間の國家藏書を著錄したものである。また兩唐志に著錄されて以後、新唐志にもとづく通志略を除いて記載がなく、宋代には散佚していたようである。

①據彥琮錄卷三等。②據續高僧傳卷四。

9郭瑜脩多羅法門二十卷

舊唐志　子錄　道家類109「修多羅法門二十卷、郭瑜撰」

注郭瑜、未詳。唐高宗期に同名の人物がいる。唐高宗顯慶元年（六五六）以前、率更令。唐高宗の第五子弘に春秋左氏傳を授け①、顯慶元年、太子洗馬の時②、大慈恩寺にて助知翻譯として玄奘の翻經に加わり③、同三年、「先農を祭す、樂章三、豐和の舞を奏す、二變。」、「先蠶を祭す、樂章二、永和の舞を奏す。」④。龍朔二年（六六二）、崇賢館學士の時、許敬宗らと瑤山玉彩五百卷を撰し、奏上す⑤。また郭瑜の著作には他に古今詩類聚七十九卷があり、新唐志集錄總集類「著錄」部分に著錄されている。これは「劉孝孫古今類聚詩苑三十卷」の次に置かれているが、新唐志「著錄」部分が編著者の活動年代順に書籍を配列していることを考えると、劉孝孫は隋大業（六〇五～六一七）末存、貞觀十五年（六四一）頃沒⑥の人であるから、新唐志は郭瑜を隋末から唐高宗期の人物とみなしていたことがわかる。ただし、この郭瑜が「修多羅法門」を著したとの記載はないことから、兩唐志に見える郭瑜と同一人物であるとの確證はない。「修多羅」は、梵語 sutra（經律論の經・經藏）の音譯。この書は、經藏中の經典群に說かれる佛の教えについて記したものであろう。この書は、新唐志「著錄」部分に著錄され、また舊唐志にも著錄されることから、古今書錄・舊唐志によって唐開元年間の國家藏書を著錄したものである。また兩唐志に著錄されて以後記載がなく、宋代には散佚していたようである。

①據舊唐書卷八十六。②據舊唐書卷百九十一。③據譯經圖紀卷四。舊唐書卷九百四十一「知」作「加」。④據唐會要卷三十三太常樂章。⑤據舊唐書卷百九十上・新唐書卷五十九。⑥據舊唐書卷七十二。

10駱子義經論纂要十卷

舊唐志　子錄　道家類113「經論纂要十卷、駱子義撰」

通志略　釋家　詮述「經論纂要十卷、駱子義撰」

注駱子義、未詳。この書は、その書名から推せば、經論中からその要諦を拔粹したものであろう。この書は、新唐志「著錄」部分に著錄され、また舊唐志にも著錄されることから、古今書錄・舊唐志によって唐開元年間の國家藏書を著錄したものである。また兩唐志に著錄されて以後、新唐志にもとづく通志略を除いて記載がなく、宋代には散佚していたようである。

11顧歡夷夏論二卷

舊唐志　子録　道家類115「夷夏論二巻、顧歡撰」
隋志　子部　道家類「夷夏論一巻、顧歡撰、梁二巻」
廣弘明集巻七　辯惑篇　敍列代王臣滯惑解下　顧歡「吳郡人。以佛道二教互相非毀、歡著夷夏論以統之。略云…」
通志略　道家　論「夷夏論一巻、顧歡撰」
注顧歡、字景怡、吳郡鹽官人。永明元年、太學博士。晉孝武帝太元十五年（三九〇）生、宋文帝元嘉三十年（四五三）卒、年六十四①。この書は、佛教・道教が互いに非毀しあっている現狀に對し、これを收束させるために書かれたものである②。舊唐志、すなわち古今書録より道家類末の佛教典籍著録部分に著録され、新唐志もやはり釋氏類に著録するが、弘明集巻六・七には夷夏論に對する駁論が收録され、また南史巻七十五顧歡傳に「初、（顧）歡以佛道二家教異、學者互相非毀、乃著夷夏論曰、……歡雖同二法、而意黨道教。」とあるのによれば、本來神仙類に歸すべき書籍である。よって神仙類を立てない隋志では道家類に著録する。巻數について、隋志は梁代には二巻であったものが一巻のみ傳わっていると著録するが、兩唐志が二巻とするのによれば、唐開元年間の頃には完本が見つかっていたようである。この書は、新唐志「著録」部分に著録され、また舊唐志にも著録されることから、古今書録・舊唐志によって唐開元年間の國家藏書を著録したものである。また兩唐志に著録されて以後、新唐志にもとづく通志略を除いて記載がなく、單行本の形では宋代に傳わっていなかったようである。現在、南史顧歡傳や廣弘明集等によって、この書の內容を知ることができる。

①據南齊書巻五十四・南史巻七十五。②據廣弘明集巻七。

12甄鸞笑道論三巻
舊唐志　子録　道家類116「笑道論三巻、甄鸞撰」
內典録巻五　後周宇文氏傳譯佛經録「二教論。右一論、武帝世、既崇道法、欲齊三教、時俗紛然、異端競作。始以天和四年三月十五日、召集德僧・名儒・道士・文武百官二千餘人、於大殿上、帝昇御筵、身自論義、欲齊三教。…至（四月）二十五日、司隷大夫甄鸞上笑道論。至五月十日、大集群臣、評笑道論、以爲不可、卽於殿庭以火焚之。」

廣弘明集卷八 辯惑篇 周滅佛法集道俗議事「又勅司隷大夫甄鸞、詳度佛道二教、定其深淺、辯其眞僞。天和五年鸞乃上笑道論三卷、用笑三洞之名。至五月十日、帝大集群臣評鸞上論、以爲傷蠧道法。帝躬受之、不愜本圖、卽於殿庭焚蕩。」

法苑珠林卷百 傳記篇 雜集部「笑道論三卷、周朝武帝勅前司隷母極伯甄鸞銓衡佛道二教作。」

見在書目錄 雜家「咲道論二、甄鸞撰」

祕書續編 子類 釋書「甄鸞笑道論二卷」

通志略 釋家 論議「笑道論三卷、甄鸞撰」

遂初堂書目 釋家類「笑道論」

宋志 子類 釋氏類「甄鸞笑道論三卷」

佛祖統紀卷五十四「北周武帝、詔群臣沙門道士、於內殿博議三教、法猛法師立論理勝。司隷大夫甄鸞上笑道論三十六篇。」

注 甄鸞、中山無極人。官は太山太守①、司隷大夫②、無極縣伯③。北周武帝期（五六〇～五七八）の人④。北周武帝天和四年（五六九）、笑道論を奏上す⑤。甄鸞には他に周天和年曆一卷⑥・孫子算經三卷・張丘建算經一卷・夏侯陽算經の注三卷・徐岳撰數術記遺の注一卷・董泉撰三等數の注一卷・周髀の注一卷・九章算經九卷・五曹算經五卷・七曜本起曆五卷・七曜曆算二卷・曆術一卷⑦の著作がある。笑道論は、北周の天和四年、佛教・道教の優劣について論ぜよとの勅命が下った時、道教の笑うべき點を箇條書きにし、佛教が優ることを論じたものであり、三十六條からなっていた⑧。この書は、新唐志「著錄」部分に著錄され、また舊唐志にも著錄されることから、古今書錄・舊唐志によって唐開元年間の國家藏書を著錄したものである。また遂初堂書目に著錄されることから、南宋の頃までは傳わっていたようであるが、現在見ることのできるのは、廣弘明集卷八に抄錄されるものだけである。

①據張說之文集卷十八「唐故廣州都督甄公碑」。②據內典錄卷五。③據法苑珠林卷百・張說之文集卷十八。④據隋書卷十二。⑤據內典錄卷五。廣弘明集卷八作「五年」。⑥據隋志。⑦以上據舊唐志・新唐志。新唐志「夏侯陽算經」作一卷。

舊唐志「七曜本起曆」無編著者名。⑧「六朝隋唐時代の道佛論爭」研究班による「『笑道論』譯注」（『東方學報』京都第六十册、一九八八年三月）を參照。

13衞元嵩齊三教論七卷

舊唐志　子錄　道家類117「齊三教論七卷、衞元嵩撰」

通志略　釋家　論議「齊三教論七卷、衞元嵩撰」

注衞元嵩、益州成都人。もと益州野安寺沙門。亡名法師の弟子。梁末、若くして出家するも、北周武帝天和二年（五六七）、佛教・道教がもたらす弊害について上書し①、上書ののち還俗す②。建德三年（五七四）、武帝は衞元嵩の說を信じ、釋道二教を罷め、僧侶・道士を皆還俗せしむ③。靜帝大象元年（五七九）、佛圖澄の孫弟子である前沙門王明廣が王氏破邪論一卷を著し、衞元嵩に反駁す④。この反駁の內容は廣弘明集卷十に見える。衞元嵩は、周書卷四十七に「又有蜀郡衞元嵩者、…天和中、著詩、預論周隋廢興及皇家受命、並有徵驗。性尤不信釋教、嘗上疏極論之、史失其事、故不爲傳。」⑤とあるように、一般に廢佛主義者とみなされているが、廣弘明集卷七に引かれる上書文に「此則興佛法而安國家、實非滅三寶而危百姓。有十五條。總是事意、勸行平等、非滅佛法。」とあり、それに對する道宣の案語に「大略以慈救爲先、彈僧奢泰不崇法度、無言毀佛、有叶眞道也。」とあるのによれば、當時の墮落した佛教界の修正を意圖していたようである。衞元嵩には他に衞元嵩元包十卷（蘇源明傳、李江注）⑥がある。齊三教論は、その書名から推せば、儒佛道三教の調和を圖ったものであろう。この書は、新唐志「著錄」部分に著錄され、また舊唐志にも著錄されることから、古今書錄・舊唐志によって唐開元年閒の國家藏書を著錄したものである。また兩唐志に著錄されて以後、新唐志にもとづく通志略を除いて記載がなく、宋代には散佚していたようである。なお見在書目錄雜家類に「混齊三教丶（論）三」とあるが、衞元嵩の「齊三教論」との關係は不明。

①據廣弘明集卷七。②據續高僧傳卷二十五。『余嘉錫論學雜著』（中華書局、一九六三年一月）「衞元嵩事蹟考」を參

照。③據佛祖統紀卷五十四。④據廣弘明集卷十・法苑珠林卷百。⑤北史卷八十九略同。⑥據新唐志。

14杜乂甄正論三卷

舊唐志　子錄　道家類121「甄正論三卷、杜乂撰」
通志略　釋家　論議「甄正論三卷、杜義撰」
注杜乂、釋玄嶷の俗名。則天武后期（六八四〜七〇四）の人。佛授記寺沙門①、大白馬寺沙門②。初め道教を信奉し杜乂鍊師と號し洛陽の大恆觀主となったが、のち佛門に入る③。天册萬歲元年（六九五）、大周錄の編纂に參加す④。なお新唐志纂修者は杜乂が玄嶷の俗名であることを見落としていたようであり、そのために「不著錄」部分に150「玄嶷甄正論三卷」を重出させている⑤。この書は、滯俗公子の質問に對し甄正先生が對えるという形式によって、佛道二教の優劣を論じ、道教の所説を批判したものである。この書は、新唐志「著錄」部分に著錄され、また舊唐志にも著錄されることから、古今書錄・舊唐志によって唐開元年間の國家藏書を著錄したものである。現在、大正藏第五十二卷史傳部四に收錄されている。
①據開元錄卷九・宋高僧傳卷十七。②據甄正論。③據開元錄卷九等。④據大周錄卷十五末。⑤詳細は本書上篇第一章第一節を參照。

15李思愼心鏡論十卷

舊唐志　子錄　道家類122「心鏡論十卷、李思愼撰」
通志略　釋家　論議「心鏡論十卷、李思愼撰」
注李思愼、未詳。唐宗室の李孝協①の子に思愼有り②。ただしこの李思愼が心鏡論を著したとの記載はなく、兩唐志に見える李思愼と同一人物であるとの確證はない。この書は、新唐志「著錄」部分に著錄され、また舊唐志にも著錄されることから、古今書録・舊唐志によって唐開元年間の國家藏書を著録したものである。また両唐志に著録されて以後、新唐志にもとづく通志略を除いて記載がなく、宋代には散佚していたようである。

①高宗麟德中（六六四～六六六）卒。據舊唐書卷六十。②據新唐書卷七十上。

16裴子野名僧録十五卷

舊唐志　子録　雜傳類139「名僧録十五卷、裴子野撰」

通志略　釋家　傳記「名僧録十五卷、裴子野撰」

注裴子野、字幾原、河東聞喜人。裴松之の曾孫、裴駰の孫。宋明帝泰始三年（四六七）生、梁武帝中大通二年（五三〇）卒、年六十二。末年、深く釋氏を信じ、衆僧傳二十卷を勅撰す①。官は、梁代、著作郎②、著作中書監③。裴子野の著作には他に宋略二十卷・裴子野集十四卷④・類林三卷⑤がある。名僧録は、新唐志「著録」部分に著録され、また舊唐志にも著録されることから、古今書録・舊唐志によって唐開元年間の國家藏書を著録したものである。また両唐志に著録されて以後、新唐志にもとづく通志略を除いて記載がなく、宋代には散佚していたようである。なお裴子野が著した僧傳は上記の他に、衆僧傳二十卷⑥・沙門傳三十卷⑦・高僧傳一帙十卷⑧の三種が文獻上に見えるが、いずれも宋代までには散佚したようである。よって互いにいかなる關係にあったかはわからない。

①據梁書卷三十・南史卷三十三。②據隋書卷二十六。③據內典録卷十。④以上據舊唐志・新唐志。⑤據新唐志。⑥見隋志史部雜傳類・子部雜家類、宋高僧傳釋贊寧自序、通志略釋家傳記。⑦內典録卷十歷代道俗述作注解録、云「其十卷劉璆續」。⑧見續高僧傳卷六釋慧皎傳。

17僧寶唱名僧傳二十卷

舊唐志　子録　雜傳類133「名僧傳三十卷、釋寶唱撰」

法經錄卷六　佛涅槃後傳記錄　此方諸德傳記「名僧傳三十卷、釋寶唱撰」
長房錄卷三　帝年下「(天監) 己亥十八、勅沙門寶唱撰名僧傳三十一卷」
同　卷十一　梁代錄「名僧傳幷序錄目三十一卷…故天監中頻年降勅、令莊嚴寺沙門釋寶唱等總撰集錄以備要須。」
隋志　史部　雜傳類「名僧傳三十卷、釋宝唱撰」
內典錄卷四　梁朝傳譯佛經錄「名僧傳幷序目三十一卷…故天監中頻年降勅、令莊嚴寺沙門釋寶唱等總撰集錄以備要須。」
同　卷十　歷代道俗述作注解錄「梁楊都莊嚴寺沙門釋寶唱奉勅撰…名僧傳幷序目三十一卷」
續高僧傳　自序「昔梁沙門金陵釋寶唱撰名僧傳、會稽釋惠皎撰高僧傳。」
同　卷一　譯經篇　釋寶唱傳「初唱天監九年先疾復動、便發二願。遍尋經論、使無遺失。搜括列代僧錄、創區別之、撰爲部帙、號曰名僧傳三十一卷。至十三年、始就條列。其序略云…」
法苑珠林卷百　傳記篇　雜集部「名僧傳幷序目三十一卷、梁帝勅莊嚴寺沙門釋寶唱等撰集」
開元錄卷六　梁代錄「沙門釋寶唱…房錄之中復有名僧傳等七部。非入藏、故闕不論。」
貞元錄卷九　梁代錄「沙門釋寶唱…房錄之中復有名僧傳等七部。非此入藏、故闕不論。」
見在書目錄　雜傳家「名僧傳卅卷、釋宝唱撰」
宋高僧傳　釋贊寧自序「時則裴子野著衆僧傳、釋法濟撰高逸沙門傳、陸杲述沙門傳、釋寶唱立名僧傳、斯皆河圖作洪範之椎輪、土鼓爲咸池之坏器。焉知來者靡曠其人。慧皎刊修用實行潛光之目、道宣緝綴續高而不名之風、令六百載行道之人弗墜于地者矣。」
東域錄　小乘論疏記等「名僧傳三十卷」
同　梵釋寺「名僧傳三十一卷、梁沙門釋寶唱撰。一卷副」
通志略　釋家　傳記「名僧傳三十卷、釋寶唱撰」
注 釋寶唱、俗姓岑氏、呉郡人。僧祐律師の高足①。楊都莊嚴寺沙門②。年十八、出家し、齊明帝建武二年（四九五）以前、年三十に及ばんとす。卒年不明③。この書は、名僧の傳記を收錄したものであり、天監十三年（五一四）の奉勅撰④。卷數について、新唐志は二十卷とし、舊唐志は三十卷とする。法經錄卷六・隋志は三十卷とし、長房錄卷三・內典錄卷四・法苑珠林卷百は三十一卷とし、二十卷本は新唐志以外見えない。また長房錄卷十一に「名僧傳幷序錄目三十一卷」、內典錄卷四・法苑珠林卷百に「名僧傳幷序目三十一卷」とあるのによれば、「三十一卷」のうち一卷は序目と考えられる。よって二十卷本があった可能性は低く、新唐志の誤りであろう。名僧傳は、新唐志「著錄」部分に著錄され、また舊唐志にも著錄されることから、古今書錄・舊唐志によって唐開元年間の國家藏書を著錄したものである。また開元錄・貞元錄の梁代錄にその名が見えるものの、入藏はされなかった。そのために中國では廣く流傳することはなかったようで、兩唐志に著錄されて以後、新唐志にもとづく通志略を除いて記載がなく、宋代には散佚していたようである。ところが日本にはその完本が傳わっていたようであり、三十卷本・三十一卷本が見在書目錄・東域錄に著錄されている。現在、その完本は傳わらず、續高僧傳卷一釋寶唱傳に「名僧傳」の序が引用され、また抄出本として、奈良東大寺圖書館所藏の名僧傳指示抄・名僧傳要文抄・彌勒如來感應抄卷四所引の名僧傳があり、いずれも華嚴宗笠置寺沙門宗性の抄出にかかわる。卍續藏經所收の「名僧傳抄」一卷は、東大寺圖書館所藏の三本を使って名僧傳の復原を試みたものである。詳しくは春日禮智「淨土教史料としての名僧傳指示抄名僧傳要文抄幷に彌勒如來感應抄第四所引の名僧傳に就て」⑤を參照。

①據續高僧傳卷一・開元錄卷六等。②據比丘尼傳・長房錄卷十一・內典錄卷四等。③④據續高僧傳卷一。⑤『宗學研究』第十二號、一九三六年七月。

18又比丘尼傳四卷

舊唐志　子錄　雜傳類134「比丘尼傳四卷、釋寶唱撰」

開元錄卷六　梁代錄「比丘尼傳四卷、述晉宋齊梁四代尼行。新編入藏。…沙門釋寶唱。…唱又別撰尼傳四卷。」

同　卷十三　有譯有本錄　聖賢傳記錄　此方撰述集傳「比丘尼傳四卷、梁莊嚴寺沙門釋寶唱撰。新編入藏。」

同　巻十七　補闕拾遺録　此方所撰傳記「比丘尼傳四巻、梁沙門釋寶唱撰」
同　巻二十　入藏録　賢聖集　此方撰集「比丘尼傳四巻、四十二紙」
貞元録巻九　梁代録「比丘尼傳四巻、晉宋齊梁四代尼行。新編入録。…沙門釋寶唱。…唱又撰尼傳四巻。」
同　巻二十三　有譯有本録　聖賢傳記録　此方撰述集傳「比丘尼傳四巻、梁莊嚴寺沙門釋寶唱撰。新編入藏。」
同　巻二十七　補闕拾遺録　此方所撰傳記集録「比丘尼傳四巻、梁沙門釋寶唱撰」
同　巻三十　入藏録　賢聖集　此方撰集「比丘尼傳四巻、四十二紙」
律宗章疏「比丘尼傳四巻、莊嚴寺寶唱述」
崇文總目　釋書下「比丘尼傳四巻」
東域録　傳律録「比丘尼傳四巻、寶唱」
指要録巻八　聖賢傳記「尼傳四巻、梁寶唱作名僧傳、遂集此傳。顯佛法中出家二衆各有人也。自淨檢等七十五比丘尼、出家修行實行緣。」
開元録略出巻四　有譯有本録　聖賢傳記録　此方撰述集傳「比丘尼傳四巻、梁莊嚴寺釋寶唱撰」
晁志巻九　傳記類「比丘尼傳四巻、右蕭梁僧寶唱撰」
通志略　釋家　傳記「比丘尼傳四巻、釋寶唱撰」
至元録巻十　有譯有本　聖賢傳記　東土賢聖集傳「比丘尼傳三巻、凡六十五人、梁莊嚴寺沙門寶唱撰」
通考　子　釋氏「比丘尼傳四巻。晁氏曰、蕭梁僧寶唱撰。」
宋志　子類　釋氏類「僧寶唱比丘尼傳五巻」

注　17に同じく釋寶唱の撰。この書は、東晉の升平年間から梁の天監年間までの比丘尼六十五人の傳記を収録する①。巻數について、宋志が五巻とし、至元録が三巻とするほかは、いずれも四巻とする。この書は、新唐志「著録」部分に著録され、また舊唐志にも著録されることから、古今書録・舊唐志によって唐開元年間の國家藏書を著録したものである。現在、大正藏第五十巻史傳部二に「比丘尼傳」四巻が収録されている。なお隋志史部雜傳類に「尼傳二巻、皎法師撰」があり、姚振宗『隋書經籍志考證』卷二十は「皎法師、當爲寶唱。」とする。

①全解說大事典。

19僧惠皎高僧傳十四卷

舊唐志　史錄　雜傳類135「高僧傳十四卷、釋惠皎撰」

法經錄卷六　佛涅槃後傳記錄　此方諸德傳記「高僧傳十五卷、釋慧皎撰」

長房錄卷十一　梁代錄「高僧傳十四卷幷目錄…武帝世會稽嘉祥寺沙門釋慧皎撰」

彥琮錄　序「自餘高僧傳等、詞參文史、體非淳正。事雖可尋、義無在錄。」

隋志　史部　雜傳類「高僧傳十四卷、釋僧祐撰」　姚振宗『隋書經籍志考證』卷二十「僧祐當爲慧皎。慧亦通作惠。」

內典錄卷四　梁朝傳譯佛經錄「高僧傳十四卷幷錄目…武帝世會稽嘉祥寺沙門釋慧皎撰」

同　卷十　歷代道俗述作注解錄「梁會稽嘉祥寺沙門釋慧皎撰高僧傳一十四卷」

續高僧傳　道宣自序「昔梁沙門金陵釋寶唱撰名僧傳、會稽釋惠皎撰高僧傳。」

同　卷六　義解篇　釋慧皎傳「釋慧皎…又唱行所撰名僧、頗多浮沈、因遂開例成廣、著高僧傳一十四卷。其序略云…」

法苑珠林卷百　傳記篇　雜集部「高僧傳十四卷幷目錄…梁朝會稽嘉祥寺沙門釋慧皎撰」

開元錄卷六　梁代錄「高僧傳十四卷、序錄一卷、傳十三卷、共成十四。天監十八年撰。見長房內典二錄。…沙門釋慧皎」

同　卷十三　有譯有本錄　聖賢傳記錄　此方撰述集傳「高僧傳十四卷、一卷是目錄、梁會稽嘉祥寺沙門釋慧皎撰。出長房錄。新編入錄。」

同　卷十七　補闕拾遺錄　此方所撰傳記「高僧傳十四卷、一卷是目錄、梁沙門釋慧皎撰」

同　卷二十　入藏錄　賢聖集　此方撰集「高僧傳十四卷、內一卷是目錄、二百九十紙」

貞元錄卷九　梁代錄「高僧傳十四卷、序錄一卷傳十三卷、共成十四卷。天監十八年撰。見長房內典二錄。…沙門釋慧皎」

同　卷二十三　有譯有本錄　聖賢傳記錄　此方撰述集傳「高僧傳十四卷、一卷是目錄、梁會稽嘉祥寺沙門釋慧皎撰。出長房錄。」
同　卷二十七　補闕拾遺錄　此方所撰傳記集錄「高僧傳十四卷、一卷是錄目、梁沙門釋慧皎撰」
同　卷三十　入藏錄　賢聖集　此方撰集「高僧傳一十四卷、一卷是錄目、二百九十紙」
見在書目錄　雜傳家「高僧傳十四卷、釋僧祐撰」　姚振宗『隋書經籍志考證』卷二十「高僧傳」條「案唐日本書目亦誤題僧祐撰。」
太平御覽　經史圖書綱目「高僧傳」
崇文總目　傳記上「高僧傳十三卷」
指要錄卷八　聖賢傳記「高僧傳十四卷…十四、梁沙門惠皎撰此高僧傳、作序、具論諸家得失、更名僧傳爲高也。東山嵩師稱云、釋氏之良史也。」
開元錄略出卷四　有譯有本錄　聖賢傳記錄　此方撰述集傳「高僧傳十四卷、一卷是目錄、出長房錄。梁會稽嘉祥寺沙門惠皎撰」
晁志卷九　傳記類「高僧傳六卷、右蕭齊僧惠敏撰…」
同　「又高僧傳十四卷、右蕭梁僧釋慧皎撰」
通志略　釋家　傳記「高僧傳十四卷、僧惠皎撰」
同　「高僧傳十四卷、梁釋僧祐撰」
遂初堂書目　釋家類「高僧傳」
至元錄卷十　有譯有本　聖賢傳記　東土賢聖集傳「高僧傳十四卷、總十科、梁會稽嘉祥寺沙門慧皎撰。出長房錄。」
通考　子　釋氏「高僧傳六卷。晁氏曰、蕭齊僧惠敏撰…」
同　「高僧傳十四卷。晁氏曰、蕭梁僧釋慧皎。」
宋志　子類　釋氏類「僧慧皓高僧傳十四卷」

注釋惠皎、姓氏未詳、會稽上虞人①。會稽嘉祥寺沙門②。齊明帝建武二年(四九五)生、梁元帝承聖三年(五五四)卒、年五十八③。この書は、後漢永平十年(六七)から梁天監十八年(五一九)での四百五十三年間の高僧の傳記を收錄する④。なお晁志傳記類の「高僧傳六卷、右蕭齊僧惠敏撰」について、姚振宗『隋書經籍志考證』卷二十は「惠敏」を虞孝敬の出家後の名「慧命」の轉寫の誤りとし、この書を虞孝敬の「高僧傳」(新唐志6)であるとする。しかし晁志の解題に「分譯經義解兩門。」とあり、これがちょうど慧皎の「高僧傳」の前六卷分に當たることから、慧皎「高僧傳」であるとみるべきであろう⑤。慧皎の高僧傳は、新唐志「著錄」部分に著錄され、また舊唐志にも著錄されることから、古今書錄・舊唐志によって唐開元年間の國家藏書を著錄したものである。現在、大正藏第五十卷史傳部二に收錄されている。なお惠皎とその高僧傳については、牧田諦亮「高僧傳の成立」・「高僧傳の成立(下)」⑥に詳しい。

①據開元錄卷六等。②據長房錄卷十一等。③據高僧傳卷十四龍光寺僧果跋。④全解說大事典。⑤據陳垣概論卷一。⑥それぞれ『東方學報』京都の第四十四册(一九七三年二月)・第四十八册(一九七五年十二月)に掲載。

20僧道宗續高僧傳三十二卷

舊唐志　史錄　雜傳類137「續高僧傳三十卷、釋道宣撰」

內典錄卷五　皇朝傳譯佛經錄「續高僧傳一部三十卷…終南山沙門釋道宣所撰。」

同　卷十　歷代道俗述作注解錄「皇朝終南山沙門釋道宣撰…續高僧傳一部三十卷」

法苑珠林卷百　傳記篇　雜集部「續高僧傳三十卷…皇朝西明寺沙門釋道宣撰」

開元錄卷八　唐代錄「續高僧傳三十卷、見內典錄。…沙門釋道宣」

同　卷十三　有譯有本錄　聖賢傳記錄　此方撰述集傳「續高僧傳三十卷、大唐西明寺沙門釋道宣撰。出內典錄。新編入藏。」

同　卷十七　補闕拾遺錄　此方所撰傳記「續高僧傳三十卷、大唐沙門釋道宣撰」

同卷二十　入藏錄　賢聖集　此方撰集「續高僧傳三十卷七百三十紙」
貞元錄卷十二　唐代錄「續高僧傳三十卷、見內典錄。…沙門釋道宣」
同　卷二十三　有譯有本錄　聖賢傳記錄　此方撰述集傳「續高僧傳三十卷、大唐西明寺沙門釋道宣撰。出內典錄。新編入藏。」
同　卷二十七　補闕拾遺錄　此方所撰傳記集錄「續高僧傳三十卷、大唐沙門釋道宣撰」
同　卷三十　入藏錄　賢聖集　此方撰集「續高僧傳三十卷、七百三十紙」
見在書目錄　雜傳家「續、、、(高僧傳)卅」
太平御覽　經史圖書綱目「續高僧傳」
宋高僧傳卷十四「唐京兆西明寺道宣傳…撰法門文記廣弘明集續高僧傳三寶錄羯磨戒疏行事鈔義鈔等二百二十餘卷。」
崇文總目　傳記上「續高僧傳三十一卷」
道宣撰集錄　圖傳雜錄部「續高僧傳三十卷、或三十二卷。見大藏。」
指要錄卷八　聖賢傳記「續高僧傳三十卷…然此傳三十卷、乃大唐宣律師所集也。續前皎法師所撰故云耳。」
開元錄略出卷四　有譯有本錄　聖賢傳記錄　此方撰述集傳「續高僧傳三十一卷、出內典錄。唐西明寺沙門釋道宣撰」
晁志卷九　傳記類「續高僧傳三十卷、右唐僧道宣撰。藝文志作道宗、大明寺僧也。」
通志略　釋家　傳記「續高僧傳三十二卷、釋道宗撰」
佛祖統紀卷二十九「法師道宣…師所撰…續高僧傳三十卷」
至元錄卷十　有譯有本　聖賢傳記　東土賢聖集傳「續高僧傳三十卷、總十科、唐西明寺沙門道宣撰。出內典錄。」
通考　子　釋氏「續高僧傳三十卷。晁氏曰、唐僧道宣撰。藝文志作道宗、大明寺僧也。」
宋志　子類　釋氏類「僧道宣續高僧傳三卷」
注道宗は、道宣の誤り。「僧道宗」は、舊唐志は「釋道宣」に作り、他文獻も皆續高僧傳の編著者を「釋道宣」に作り、現存の僧傳の序文にも僧道宗が續高僧傳を著したという記載はないからである。この書は、梁から初唐の末までの高僧の傳記を收録する。新唐志134「道宗續高僧傳三十二卷」は、この書の重出である。卷數について、舊唐志は「三十卷」に作る。現存のテキストを見ると、大正藏の底本である麗本と、近年山西省霍山の廣勝寺で發見された金藏本①は三十卷、大正藏の校本に用いられた宮本・宋本・元本は三十一卷、明本は四十卷である。また近年發見された興聖寺本は現行本と系統を異にする平安末期の抄本であり、貞觀二十三年頃、道宣自身によって增訂されたテキストである。麗本は興聖寺本系統のテキストを釋道宣自身が更に增訂したものを底本とする。宮本は、北宋末に福州本大藏經が刊行される際に、それまで散佚したと考えられていた「後集續高僧傳」十卷②の殘本を發見し、三十卷本に編入したものである。宋本・宋磧砂藏本・元本は宮本の系統を引くものであり、明本はその分卷を變更したにすぎない。このうち宮本以下は新唐志纂修以後に刊行されたものであり、分卷の異同もその際に生じたものである。唐宋代の目録記載上からみると、ほとんどが「三十卷」に作り、開元錄略出卷四・崇文總目傳記類上のみが「三十一卷」に作る。このうち、開元錄略出は宮本にはじめて入藏されたもので、その著錄書籍は當時の大藏經を反映するといわれる。この大藏經に入藏される「續高僧傳」は、すでに述べたように、道宣「後集續高僧傳」十卷の殘本を三十卷本に編入した三十一卷本である。よって開元錄略出は「開元」の名を冠するものの、新唐志以後の資料ということになり、その著錄本は實際は北宋末の大藏經によったものである。一方、崇文總目は慶曆元年に完成したが、現行のテキストは南宋の紹興十三年頃に改定されたテキストに由來する③。よって、この著錄本も開元錄略出と同樣、北宋末に現れた三十一卷本を著錄したものである可能性がある。崇文總目の紹興改定本には當時の散佚書に「闕」字が附されているが、續高僧傳には「闕」字が附されていない。これは三十一卷本が紹興十三年頃に三館・祕閣に所藏されていたことを示している。よって、改定本作成の際、散佚した三十卷本、或いは三十二卷本の代わりに、この三十一卷本があらかじめ搜訪されていたために、「闕」字が附されなかったとの推測が可能である。それ以外に、三十二卷の「二」字が傳寫の過程で一筆闕けて「三十一卷」になった可能性も考えられる。崇文總目がもともとどのように著錄していたかを知る唯一の資料は宋志著錄本である。宋志は「道宣」「三卷」に作るが、續高僧傳が「三卷」のはずはないから、三十卷・三十一卷・三十二卷のいずれかの誤りであると考えられる。もし三十二卷であれば新唐志のように道宗撰と題されるはずであるから、本來三十卷、或いは三十一卷に作っていたと考えてよかろう。この宋志著錄本は崇文總目と同じ官藏のテキストを著錄したものであると思われるので、崇文總目著錄本は本來道宣著と題した三十卷本であった可能性が高いといえよう。要するに、新唐志纂修當時、流傳が確認されるのは三十卷本だけである。ところが、新唐志は「著錄」・「不著錄」兩部分に「僧道宗續高僧傳三十二卷」を重出させ、記載內容も全く同じであり、單なる誤寫とは考え難い。よって新唐志纂修者は「僧道宗撰」と題した三十二卷本を實際に見て、このように著錄したのではないかと思われる。ひいては、新唐志「不著錄」部分の所據資料のひとつに用いられた續高僧傳とは、この三十二卷本であったと推測されるのである。

この書は、新唐志纂修者が「不著錄」部分の所據資料として實際に見ていることから、當時の祕閣の藏書によって著錄したものであると考えられる。また、その三十卷本・三十一卷本・四十卷本が現在大正藏第五十卷史傳部二に收錄されているが、「僧道宗撰」と題した三十二卷本は、新唐志に著錄されて以後、道宣撰集錄④と、新唐志にもとづく通志略を除いて記載がなく、現在傳わっていない。なお道宣に關しては29注、續高僧傳の二十卷本に關しては33注を參照。また續高僧傳の增補に關しては、本書上篇第二章注（12）所引の諸論文を參照。

①『中華大藏經』所收。なお金藏本は完本ではなく、卷二・三、六至十、十四・十六・十七、十九至二十六、二十九・三十の計二十卷が現存する。②34注參照。③本書下篇の各章を參照。④道宣撰集錄の「或三十二卷」が新唐志に據ったのか、當時の傳本を記したのかは不明である。

21陶弘景草堂法師傳一卷

舊唐志　史錄　雜傳類141「草堂法師傳一卷、陶弘景撰」

隋志　史錄　雜傳類「梁故草堂法師傳一卷」

通志略　釋家　傳記「梁故草堂法師傳一卷、陶弘景撰」

注陶弘景、字通明、丹陽秣陵人。宋孝武帝孝建三年（四五六）生、梁武帝大同二年（五三六）卒、年八十一①。茅山隱士②。隱居先生③、陶隱居④の稱有り。陶弘景の著作には他に、周氏冥通記一卷⑤、帝王年曆五卷・老子注四卷・登眞隱訣二十五卷・眞誥十卷・眞人水鏡十卷・握鏡三卷⑥・神農本草集注七卷⑦・効驗方十卷・補肘後救卒備急方六卷・太淸玉石丹藥要集三卷・太淸諸草木方集要三卷・陶弘景集三十卷⑧がある。この書は、草堂法師の傳記である。「草堂法師」について、姚振宗『隋書經籍志考證』卷二十は、藝文類聚卷七十六內典の梁王筠「國師草堂寺智者約法師碑」、梁書孝義傳「江紑第三叔祿、與草堂寺智者法師善。」によって、智者約法師のことと推定する。なお蕭回理にもこの書と同名の著作がある⑨。この書は、新唐志「著錄」部分に著錄され、また舊唐志にも著錄されることから、古今書錄・舊唐志によって唐開元年間の國家藏書を著錄したものである。また兩唐志に著錄されて以後、新唐志にもとづく通志略を除いて記載がなく、宋代には散佚していたようである。

①據南史卷七十六・文苑英華卷八百七十三「邵陵王綸隱居貞白先生陶君碑」。梁書卷五十二作「八十五」。②據隋書卷二十二。③據隋書卷三十二。④據隋書卷三十四。⑤據舊唐志。⑥舊唐志作「一卷」。⑦舊唐志作「本草集經」。⑧據舊唐志・新唐志。⑨新唐志22。

22蕭回理草堂法師傳一卷

舊唐志　史錄　雜傳類142「草堂法師傳一卷、蕭理撰」
隋志　史錄　雜傳類「梁故草堂法師傳一卷」
通志略　釋家　傳記「又（梁故草堂法師傳）一卷、蕭回理撰」

注蕭回理、未詳。「蕭回理」の「回」は、舊唐志にない。この異同に關しては、參考となる資料が皆無であり、いずれが正しいかは未詳である。文選卷四十三南朝齊孔稚珪北山移文「鍾山之英、草堂之靈」の李善注は、梁簡文帝①の「草堂傳」を引く。或いは蕭回理は梁簡文帝のことかもしれない。この書は草堂法師の傳記であり、陶弘景にも同名の著作がある②。この書は、新唐志「著錄」部分に著錄され、また舊唐志にも著錄されることから、古今書錄・舊唐志によって唐開元年間の國家藏書を著錄したものである。また兩唐志に著錄されて以後、新唐志にもとづく通志略を除いて記載がなく、宋代には散佚していたようである。

①名は綱、天監二年生、大寶二年卒。②21注參照。

23稠禪師傳一卷

舊唐志　史錄　雜傳類143「稠禪師傳一卷」

通志略　釋家　傳記「稠禪師傳一卷」

注編著者未詳。「稠禪師」は、釋僧稠のことであろう。僧稠、俗姓孫氏、昌黎人。鄴西龍山雲門寺沙門。北魏孝文帝太和四年（四八〇）生、北齊乾明元年（五六〇）卒、年八十一。經史に通じ、官は太學博士に至るも、年二十八にて出家す①。なお續高僧傳卷十六の釋僧稠傳に、北齊孝昭帝皇建二年（五六一）、右僕射魏收に勅して僧稠のために碑文を作らせ、それが時君に重んじられたとある。或いは、この碑文が後に「稠禪師傳」として傳わったものかもしれない。この書は、新唐志「著錄」部分に著錄され、また舊唐志にも著錄されることから、古今書錄・舊唐志によって唐開元年間の國家藏書を著錄したものである。また兩唐志に著錄されて以後、新唐志にもとづく通志略を除いて記載がなく、宋代には散佚していたようである。

①據續高僧傳卷十六習禪篇。釋門正統云「乾明四年卒」。

24陽衒之洛陽伽藍記五卷

舊唐志　史錄　地理類15「洛陽伽藍記五卷、楊衒之撰」

長房錄卷九　西秦北涼魏齊陳五錄「洛陽地伽藍記五卷、或爲一大卷。…期城郡太守楊衒之撰。其序述云…」

隋志　史部　地理類「洛陽伽藍記五卷、後魏楊衒之撰」
內典錄卷四　後魏元氏翻傳佛經錄「雒陽地伽藍記五卷、或爲七卷、右期城郡守揚衒之撰」
　同　卷十　歷代道俗述作注解錄「魏期城太守楊衒之撰洛陽伽藍記五卷」
廣弘明集卷六　辯惑篇　列代王臣滯惑解上「陽衒之…乃撰洛陽伽藍記」
續高僧傳卷一　譯經篇　菩提流支傳「又期城郡守楊衒之、撰洛陽伽藍記五卷。故其序略云…」
法苑珠林卷百　傳記篇　雜集部「雒陽地伽藍記五卷…至元魏都期城郡守楊衒之撰」
太平御覽　經史圖書綱目「楊衒之洛陽伽藍記」
晁志卷八　地理類「洛陽伽藍記三卷、右元魏羊衒之撰」
通志略　釋家　塔寺「洛陽伽藍記五卷、後魏楊衒之撰」
遂初堂書目　地理類「洛陽伽藍記」
陳志卷八　地理類「洛陽伽藍記五卷、後魏撫軍司馬楊衒之撰」
通考　史　地理「洛陽伽藍記三卷。晁氏曰、元魏羊衒之撰。」
宋志　史類　地理類「楊衒之洛陽伽藍記三卷」

注舊唐志は「陽」を「楊」に作る。廣弘明集卷六「列代王臣滯惑解上」が「陽」に作る以外は、長房錄卷九や隋志・內典錄（宋・元・明・宮本）卷四等、ほとんどの文獻が舊唐志と同じく「楊」に作り、大正藏所收本洛陽伽藍記も「楊」に作る。また金本・麗本內典錄卷四は「揚」に作り、史通卷五補注篇・晁志卷八地理類は「羊」に作り、孫猛の郡齋讀書志校證は「唯史通卷五補注篇作羊、蓋卽公武所本。」とする。この問題について、周延年『洛陽伽藍記注』①卷五「楊衒之事實攷」は、楊衒之が門閥の盛んな時代に祕書監等の要職を歷任していることから名家の出身であろうと推測した上で、魏書卷七十二陽尼傳に見える陽固の三子（長子休之・次子詮之）―北史卷四十七陽尼傳では五子（休之、その弟綝之、俊之）―と名・排行がかなり近いことから、もし「陽」姓であるならば、陽休之の弟か、その族兄弟に違いないとする。この説は現在多くの研究者に支持されている②。この說に從えば、陽衒之、北平無終人。元魏時、鄴都期城郡太守③、元魏末、祕書監となる④。

この書は、東魏孝靜帝武定五年（五四七）、陽衒之が撫軍府司馬の時、洛陽の寺院が北魏末の混亂によって荒廢した有様を見、當時の威容を後世に傳えようと書いたものである⑤。卷數について、晁志と、晁志に據った通考・宋志のみ三卷とするが、これは孫猛の校證が「疑讀書志著錄爲殘本、抑三乃五之譌歟。」というように、五卷本の闕本か、誤寫であろう。この書は、新唐志「著錄」部分に著錄され、また舊唐志にも著錄されることから、古今書錄・舊唐志によって唐開元年閒の國家藏書を著錄したものである。現在、大正藏第五十一卷史傳部三に「洛陽伽藍記」五卷が收錄される。

①一九三七年四月自序あり。②福井文雅「『洛陽伽藍記』の『四庫提要』をめぐって」（『中國古典研究』第二十號、一九七五年一月）を參照。③據長房錄卷九・內典錄卷四・法苑珠林卷百。④據廣弘明集卷六。⑤據洛陽伽藍記序。長房錄卷九引伽藍記序作「武定元年」。

25費長房曆代三寶記三卷　長房、成都人。隋翻經學士。

舊唐志　子錄　道家類108「歷代三寶記三卷」

隋志　子部　雜家類「歷代三寶記三卷、費長房撰」

內典錄卷五　隋朝傳譯佛經錄「開皇三寶錄一十五卷…翻經學士成都費長房所撰」

同　卷十　歷代道俗述作注解錄「隋朝翻經學士費長房撰開皇三寶錄一十五卷」

同　歷代所出衆經錄目「開皇三寶錄、開皇十七年大興善寺翻經學士費長房撰。合一十五卷、一卷總目、兩卷入藏、三卷帝年、九卷代錄、右所出經律戒論傳二千一百四十六部六千二百三十五卷。」

續高僧傳卷二　譯經篇「時有翻經學士成都費長房。…乃撰三寶錄一十五卷。」

法苑珠林卷百　傳記篇　雜集部「開皇三寶錄一十五卷…隋朝翻經學士費長房撰」

大周錄　序「謹案梁朝釋僧皎釋僧祐釋寶唱、隋朝僧法經等所撰一切經目錄、隋朝翻經學士費長房所撰開皇三寶錄、唐朝僧道宣所撰內典錄等、已編入正目、大小乘經律論、幷賢聖集傳、合二千一百四十六部六千二百三十五卷。」

開元錄卷七　隋代錄「開皇三寶錄十五卷、開皇十七年十二月十三日上。內題云歷代三寶紀。見內典錄及續高僧傳。…翻經學士費長房。」

同　卷十　叙列古今諸家目錄「隋開皇三寶錄一十五卷、內題云歷代三寶記、開皇十七年興善寺翻經學士成都費長房撰…」

同　卷十三　有譯有本錄　聖賢傳記錄　此方撰述集傳「開皇三寶錄十五卷、內題云歷代三寶記、隋開皇十七年翻經學士成都費長房撰。出內典錄。新編入藏。」

同　卷十七　補闕拾遺錄　此方所撰傳記「開皇三寶錄十五卷、內題云歷代三寶紀、隋翻經學士費長房撰」

同　卷二十　入藏錄　賢聖集　此方撰集「開皇三寶錄十五卷、內題云歷代三寶紀、三百八紙」

貞元錄卷十　隋代錄「開皇三寶錄十五卷、開皇十七年十二月二十三日上。內題云歷代三寶紀。見內典錄及續高僧傳。…翻經學士費長房。」

同　卷十八　叙列古今諸家目錄「隋開皇三寶錄一十五卷、內題云歷代三寶紀、開皇十七年興善寺翻經學士成都費長房撰…」

同　卷二十三　有譯有本錄　聖賢傳記錄　此方撰述集傳「開皇三寶錄十五卷、內題云歷代三寶記、隋開皇七年翻經學士成都費長房撰。出內典錄。新編入藏。」

同　卷二十七　補闕拾遺錄　此方所撰傳記集錄「開皇三寶錄十五卷、內題云歷代三寶記、隋翻經學士費長房撰」

同　卷三十　入藏錄　賢聖集　此方撰集「開皇三寶錄十五卷、內題云歷代三寶紀、三百八紙」

圓珍錄Ｂ「歷代三寶錄一十二卷、缺三卷」

智證錄「開皇三寶錄七卷、三、四、七、九、十一、十二、十四、缺十三、十五。費氏。」

崇文總目　釋書下「開皇三寶錄十四卷闕」

指要錄卷八　聖賢傳記「歷代三寶紀十五卷。一、隋譯經學士費長房撰。」
開元錄略出卷四　有譯有本錄　聖賢傳記錄　此方撰述集傳「開皇三寶錄十五卷、內題云歷代三寶紀、隋開皇十七年翻經學士成都費長房撰」
通志略　釋家　傳記「開皇三寶錄十四卷」
同「歷代三寶記三卷、費長房撰」
玉海卷百六十八　宮室　院下「書目、開皇歷代三寶記十四卷、隋開皇中、費長房與劉憑爲翻經學士、與僧曇琨・彦琮等譯經於興善寺。長房因撰錄、自佛生周莊王時、止隋開皇十七年、一千二百餘年、曆以甲子、記其興廢事迹及諸經翻譯年世人名。總目二卷附。又開皇三寶錄總目一卷。」
至元錄卷十　有譯有本　聖賢傳記　東土賢聖集傳「開皇三寶錄十五卷、內典錄歷代三寶記、隋開皇七年翻經學士臣費長房撰」
宋志　子類　釋氏類「費長房開皇歷代三寶記十四卷」
同　「又開皇三寶錄總目一卷」

注　費長房、成都人。大興善寺翻經學士①。北周武帝廢佛時、還俗す②。この書は、隋文帝開皇十七年（五九七）の撰、帝年三卷、代錄九卷、入藏錄二卷、總目一卷からなり③、帝年は佛生誕から隋までの佛教史年表であり、代錄・入藏錄は佛教經典目錄である。特に代錄は、後漢から隋に至る內外佛教者による翻譯著述活動の跡を、時代別に割り振り、經錄と傳記とを組み合わせて編年史的に表現したもので、費長房の創案であり、後世の經錄に大きな影響を與えた④。編著者について、舊唐志は記さない。これは、編著者名がもともと古今書錄に記されていなかったか、舊唐志が古今書錄を刪略する際に誤脫したものであろう。書名について、「曆」は、經錄等や現行のテキストが皆舊唐志と同じく「歷」に作るのによれば、新唐志の誤寫である。また書名を「開皇三寶錄」に作るものもある。長房錄卷十五に收載される費長房の「開皇三寶錄總目序」の最後に「…所以外題稱曰開皇三寶錄云。其卷內甄爲歷代紀。」とあるのによれば、「開皇三寶錄」はもともとこの書の外題であり、その「卷內」には「歷代紀」と記されていた。開元錄に「內題云歷代三寶記（或作紀）。」とあるのによれば、序の「歷代紀」とは「歷代三寶記（紀）」のことであり、もともと内題であったものが、後に「開皇三寶錄」に取って代わり、外題となったと推測される。ただし序の「歷代紀」を、「歷代三寶記（紀）」（隋志が初見）と安易に同定してよいかという問題があり、なおかつ長房錄卷十五の總目には、費長房みずから各卷の書名を「開皇三寶錄」と記していることから⑤、彼がこの書を撰した當時、本當に内題に「歷代紀」、或いは「歷代三寶記（紀）」の名が記されていたのかという疑問も殘る。なお書名が二種あることについて、大内文雄氏は、經錄的性格（經典の分類・鑑別）と史書的性格（編年による佛典翻譯史）の兩面が未分離のまま併存しているためであるとする⑥。卷數について、十五卷本・十四卷本・三卷本・一卷本がある。玉海引中興館閣書目・宋志が著錄する十四卷本と一卷本は、この書の本文と總目とを別々に著錄したものであろう。また隋志・兩唐志の三卷本は帝年三卷が別行したテキストと推測され、大内文雄氏はこれを「帝年三卷が三寶紀として流布していた可能性を示唆」するものとみなす⑦。新唐志の三卷本歷代三寶記は、「著錄」部分に著錄され、また舊唐志にも著錄されることから、古今書錄・舊唐志によって唐開元年間の國家藏書を著錄したものである。現在、大正藏第四十九卷史傳部一に「歷代三寶記」十五卷が收錄されている。なお現行本には後人の續補・加注の痕跡が見られる⑧。

なお歷代三寶記に關する研究では、大内文雄氏に優れた論考が多い。そのうち「歷代三寶紀と續高僧傳―譯經者の傳記について―」⑨は、續高僧傳卷一・二の譯經篇に立てられた正傳・附傳の大部分が、長房錄によるか、これに導かれて著されていることを明らかにしたものである。「歷代三寶紀の一研究」は、費長房の事跡・長房錄の成立事情、及び、從來注目されることが少なかった帝年の紀年法等について考察したものであり、帝年には中國の正統が梁―北周―隋と繼承されたとする費長房獨特の考えが示されており、そのような考えを持つに至ったのは、彼が北周支配下の蜀地出身であり、自國隋に對して強い歸屬意識と正統觀念を持ち、隋の佛教復興期に、官僚たる翻經學士として活動したことと關係があることを明らかにした。「歷代三寶紀帝年攷」は、帝年に見える中國史上の著名事件に注目して帝年作成の目的を探ったものであり、自國隋の正統性と佛教の大壇越である文帝を稱揚することで、佛教を護持しようとするところに目的があったと結論する。また帝年の典據に用いられた可能性のある文獻として、陶弘景「帝王年曆」・皇甫謐「帝王世紀」や、これらを參照して、費長房と同時代に著された姚恭「年曆帝紀」といった年表形式の史書を擧げる。「中國佛教における通史の意識」では、前稿を踏まえた上で、魏晉以來の史書の展開過程の中で、帝紀（編年史的著述）・年曆（年表）という新しい形態を持つ史書の發生を背景として、長房錄は、經錄的性格を內包しつつ、帝紀・年曆の形態を兼ね備えることで、その編年史的性格を強く持つに至ったとし、南北朝後半より、道佛の論爭が曆學者の關與によって歷史的曆學的正確さを伴って行われるなか、讖緯的・道教的立場から魏晉以來の帝紀・年曆類の集成を意圖した姚恭「年曆帝紀」に對抗して、佛教界の側から提出された佛教史著述の新しい試みであった、と魏晉南北朝時代における帝紀・年曆編纂史の上に、この書を位置附けた。

①據內典錄卷十。②據開元錄卷七。③據長房錄卷十五開皇三寶錄總目序。④大內文雄「歷代三寶紀の一研究」（『佛教史學研究』第25卷第2號、一九八三年三月）を參照。⑤麗本を底本とする大正藏本では卷第一のみ「錄」を「紀」に作るが、宋元明宮本では皆「錄」に作る。⑥「中國佛教における通史の意識―歷代三寶紀と帝王年代錄―」（『佛教史學研究』第33卷第2號、一九九〇年十月）を參照。⑦「歷代三寶紀帝年攷」（『大谷學報』第六十三卷第四號、一九八四年二月）を參照。⑧姚名達『中國目錄學史』宗教目錄篇・大內氏「歷代三寶紀の一研究」注（13）を參照。⑨『印度學佛教學研究』第二十八卷第二號、一九八〇年三月。

26僧彥琮崇正論六卷

舊唐志　子錄　道家類123「崇正論六卷、釋彥琮撰」

通志略　釋家　論議「崇正論六卷、僧彥琮撰」

注釋彥琮、俗姓李氏、趙郡柏人。陳武帝永定元年（五五七）生、隋煬帝大業六年卒（六一〇）、年五十四。東都上林園翻經館沙門①、日嚴寺沙門②。この書は、新唐志「著錄」部分に著錄され、また舊唐志にも著錄されることから、古今書錄によって唐開元年間の國家藏書を著錄したものである。また兩唐志に著錄されて以後、新唐志にもとづく通志略を除いて記載がなく、宋代には散佚していたようである。なお、この書と似た書名を持つ彦琮の著作に「辯正論」があるが③、「崇正論」より五巻少なく、同一書とは考え難い。

①據續高僧傳卷二。②③據內典錄卷五・法苑珠林卷百等。

27又集沙門不拜俗議六卷

舊唐志不著錄

廣弘明集卷二十五「沙門不應拜俗總論。釋彥琮曰…」

開元錄卷八　唐代錄「集沙門不拜俗議六卷。見內典錄。…沙門釋彥悰…天皇龍朔二年壬戌、有詔令拜君親、…悰恐後代無聞故、纂斯事幷前代故事及先賢答對、名爲集沙門不拜俗議、傳之後代、永作楷模。…」

同　卷十三　有譯有本錄　聖賢傳記錄　此方撰述集傳「集沙門不拜俗議六卷、大唐弘興福寺沙門釋彥悰撰。出內典錄。新編入藏。」

同　卷十七　補闕拾遺錄　此方所撰傳記「集沙門不拜俗議六卷、大唐沙門釋彥悰撰」

同　卷二十　入藏錄　賢聖集　此方撰集「集沙門不拜俗議六卷、九十七紙」

貞元錄卷十二　唐代錄「集沙門不拜俗議六卷。見內典錄。…沙門釋彥悰」

同　卷二十三　有譯有本錄　聖賢傳記錄　此方撰述集傳「集沙門不拜俗儀六卷、大唐弘福寺沙門釋彥悰撰。出內典錄。新編入藏。」

同　卷二十七　補闕拾遺錄　此方所撰傳記集錄「集沙門不拜俗議六卷、大唐沙門釋彥悰撰」

同　卷三十　入藏錄　賢聖集　此方撰集「集沙門不拜俗議六卷、九十七紙」

指要錄卷八　聖賢傳記「沙門不拜俗六卷。一、僧彥悰集。」

東域錄　傳律錄「集沙門不拜俗儀六卷、彥悰」

開元錄略出卷四　有譯有本錄　聖賢傳記錄　此方撰述集傳「集沙門不拜俗議六卷。出內典錄。唐弘福寺沙門釋彥琮撰」

通志略　釋家　論議「沙門不拜俗議六卷、彥琮撰」

至元錄卷十　有譯有本　聖賢傳記　東土賢聖集傳「集沙門不拜俗儀六卷、總三段、唐弘福寺沙門彥悰撰。出內典錄。」

注　新唐志は、26に同じく釋彥琮の著作として著錄するが、實は唐の釋彥悰の著作である。彥琮（悰）に隋人と唐人の二者がいたことは、75「又沙門不敬錄六卷」の原注に「龍朔人。幷隋有二彥琮。」とあるように、新唐志纂修者も知ってはいたので、新唐志では隋人の著作として「著錄」部分に「崇正論」・「集沙門不拜俗議」・「福田論」を、唐人の著作として「不著錄」部分に「大唐京寺錄傳十卷」・「沙門不敬錄六卷」を分けて著錄する。しかし開元錄卷八釋彥琮傳に「天皇龍朔二年壬戌」の年號と、「名爲集沙門不拜俗議。」との記載があるのによれば、「集沙門不拜俗議」は唐の彥悰の著作である。このことは、陳垣概論卷三「沙門同名易混例」によってすでに指摘されている。また「沙門不敬錄」は、この書の重出である。「沙門不敬錄」は、內典錄卷五に「沙門不敬俗錄六卷…京師弘福寺沙門釋彥琮」とあり、法苑珠林卷百に「沙門不敬錄六卷…皇朝西京弘福寺沙門釋彥琮撰」とあるのみで、その他の文獻には記載されない①。また開元錄卷八に「集沙門不拜俗議六卷。見內典錄。」とあるのに對し、內典錄には「沙門不敬俗錄」が著錄されるのみで「集沙門不拜俗議」は著錄されない。この開元錄の記載は「沙門不敬俗錄」・「集沙門不拜俗議」が同一書であったことを示している。釋彥悰、玄奘の弟子。京兆大慈恩寺沙門②、弘福寺沙門③。太宗貞觀中、沙門法琳傳三卷を撰す④。貞觀末、上京⑤、龍朔元年（六六一）、大唐京寺錄傳を修緝す⑥。卒年未詳⑦。集沙門不拜俗議は、東晉から唐龍朔元年（六六一）までの期間を對象に、王者等に對して沙門が拜すべきかどうかという問題に關する高僧等の議論を集めたものであり、三篇からなる⑧。この書は、舊唐志には著錄されないが、廣弘明集をはじめ、開元錄以後ほとんどの經錄に著錄される。よって舊唐志が古今書錄を删略した際に誤脫したとも考えられるし、また古今書錄にもともと著錄されていなかったものを、新唐志が傳本や文獻の記載によって新たに補ったとも考えられるが、そのいずれであるかは特定しがたい。現在、大正藏第五十二卷史傳部四に「集沙門不應拜俗等事」六卷が收錄されている。太原の王隱客⑨の序有り。

①75を參照。②⑤⑦據宋高僧傳卷四。③據內典錄卷五。④據貞元錄卷二十三・續貞元錄。⑥據內典錄卷五。卷十無「傳」。
⑧全解說大事典。⑨王琚の叔父、則天武后期、鳳閣侍郎。據舊唐書卷百六。

28福田論一卷

舊唐志不著錄

內典錄卷五　隋朝傳譯佛經錄「福田論…右諸論、並沙門釋彥琮所撰」

同　卷十　歷代道俗述作注解錄「隋朝日嚴寺沙門釋彥琮撰…福田論」

廣弘明集卷二十五「福田論、隋東都洛賓上林園翻經館學士沙門釋彥琮。隋煬帝大業三年新下律令格式令云、諸僧道士等有所啓請者、並先須致敬、然後陳理。雖有此令僧竟不行。時沙門釋彥琮不忍其事、乃著福田論以抗之。…。論曰…」

續高僧傳卷二　譯經篇　釋彥琮「琮師尚宗據、深究教源、故章省疏記諸無所及。述製書論不叙丘墳、著福田論僧官論慈悲論默語論鬼神錄通極論辯聖論通學論善知識錄等。」

法苑珠林卷百　傳記篇　雜集部「福田論一卷…隋朝日嚴寺沙門釋彥琮撰」

崇文總目　釋書上「福田論一卷闕」

通志略　釋家　論議「福田論一卷、唐僧彥琮撰、序沙門不拜王者之事。」

宋志　子類　釋氏類「彥宗福田論一卷」

注　26に同じく釋彥琮の撰。この書は、隋大業三年に新たに下された律令格式令のなかに、沙門は王者を拜せよとの條文があったことに反對して書かれたものである①。なお「福田」は、福德を生み出す田の意。佛・僧侶、または三寶を尊崇供養することが幸福を生むという趣意で、田地に例えられた。この書は、舊唐志には著錄されないが、續高僧傳・法苑珠林等に著錄され、また崇文總目にも著錄されることから、宋代までは流傳があったようである。よって、この書は、舊唐志が古今書錄を刪略した際に誤脫したとも考えられるし、また古今書錄にもともと著錄されていなかったものを、新唐志が傳本や文獻の記載によって新たに補ったとも考えられるが、そのいずれであるかは特定しがたい。また新唐志に著錄されて以後、崇文總目・新唐志にもとづく通志略と、崇文總目と同じく宋代の國家藏書にもとづく宋志を除いて記載がなく、なおかつ崇文總目の紹興改定本には「闕」字が附されていることから、單行本の形では南宋の初めには散佚していたようである。現在見ることのできるのは、廣弘明集卷二十五所引のものだけである。

①據廣弘明集卷二十五福田論。

29道宣統略淨住子二卷

舊唐志　子錄　道家類104「統略淨住子二卷、釋道宣撰」

廣弘明集卷二十七「統略淨住子淨行法門序、終南太一山釋氏。…昔南齊司徒竟陵王文宣公蕭子良者、崇仰釋宗、深達至教、注釋經論、鈔略詞理、掩邪道而闢正津、弘一乘而揚七衆、世稱筆海。…以齊永明八年、感夢東方普光世界天王如來樹立淨住淨行法門、…但以初學或昧、未能瞻及。輒又隱括略成一卷。撮梗概之貞明、摘扶疎之茂美、足以啓初心之跬步、標後銳之前縱。…」

崇文總目　釋書中「統略淨住子淨行法門一卷闕」

通志略　釋家　論議「統略淨住子淨行法門一卷、齊蕭子良嘗夢佛授以淨行二法、因著爲二卷。唐僧道宣取其可用爲統略。」

宋志　子類　釋氏類「蕭子良統略淨住行法門一卷」

注釋道宣、俗姓錢氏、丹徒人、一云長城人。隋文帝開皇十六年（五九六）生、唐高宗乾封二年（六六七）卒、年七十二。京兆西明寺沙門①、終南山沙門②、崇義寺沙門③、豐德寺沙門④。大業中、智首律師より受具し、唐武德中、律を習う⑤。律學に通じ、南山宗の祖と仰がれる。編著者について、宋志は誤って蕭子良とする。この書は、蕭子良の「淨住子」⑥が二十卷と大部であり、初學者に不便であったことから、一卷に刪略したものである⑦。書名について、廣弘明集卷二十七によれば「統略淨住子淨行法門」が正式な書名であり、兩唐志以外はいずれもこれに從っている。「淨行法門」は、清淨な行いによって世の中を淨化するための教えの意⑧。卷數について、廣弘明集をはじめ、ほとんどが一卷としており、二卷本は兩唐志にしか見えない。この書は、新唐志「著錄」部分に著錄され、また舊唐志にも著錄されることから、古今書錄・舊唐志によって唐開元年間の國家藏書を著錄したものである。また新唐志に著錄されて以後、崇文總目・新唐志にもとづく通志略と、崇文總目と同じく宋代の國家藏書にもとづく宋志を除いて記載がなく、なおかつ崇文總目の紹興改定本には「闕」字が附されていることから、單行本の形では南宋の初めに散佚していたようである。現在、廣弘明集卷二十七に「統略淨住子淨行法門」の全文が收載されている。

①據宋高僧傳卷十四明律篇。開元錄卷八作「吳興人」。②據廣弘明集卷二十七・內典錄卷五等。③據四分律刪補羯磨序等。④據大慈恩寺三藏法師傳卷六。⑤據宋高僧傳卷十四明律篇。⑥1注參照。⑦據廣弘明集卷二十七・通志略。⑧據統略淨住子淨行法門道宣序。

30又通惑決疑錄二卷

舊唐志　子錄　道家類114「通惑決疑錄二卷、釋道宣撰」
崇文總目　釋書上「通惑決疑錄一卷闕」
通志略　釋家　論議「通惑決疑錄一卷、僧道宣撰」
宋志　子類　釋氏類「道宣通惑決疑錄一卷」

注29に同じく釋道宣の撰。この書は、「通惑」・「決疑」の語から推せば、佛法に對して人々が抱く惑いや疑義について、道宣が解き答えたものであろう。書名について、崇文總目・通志略・宋志は「惑」を「感」に作ることから、宋代の官藏のテキストでは「感」に作っていたようである。しかし「通感」の語は他に用例を見ず、また下の「決疑」にもそぐわない。おそらく「感」は「惑」の誤寫であって、兩唐志の「通惑決疑錄」が正しいであろう。この書は、新唐

志「著錄」部分に著錄され、また舊唐志にも著錄されることから、古今書錄・舊唐志によって唐開元年間の國家藏書を著錄したものである。また新唐志に著錄されて以後、崇文總目にもとづく通志略と、崇文總目と同じく宋代の國家藏書にもとづく宋志を除いて記載がなく、なおかつ崇文總目の紹興改定本には「闕」字が附されていることから、南宋の初めには散佚していたようである。

31 廣弘明集三十卷

舊唐志　集錄　總集類828「廣弘明集三十卷、釋道宣撰」
內典錄卷五　皇朝傳譯佛經錄「廣弘明集一部三十卷…終南山沙門釋道宣所撰」
同　卷十　歷代道俗述作注解錄「皇朝終南山沙門釋道宣撰…廣弘明集一部三十卷」
廣弘明集　釋道宣自序「名曰廣弘明集、一部三十卷。」
法苑珠林卷百　傳記篇　雜集部「廣弘明集三十卷…皇朝西明寺沙門釋道宣撰」
開元錄卷八　唐代錄「廣弘明集三十卷。見內典錄。沙門釋道宣」
同　卷十三　有譯有本錄　聖賢傳記錄　此方撰述集傳「廣弘明集三十卷、大唐西明寺沙門釋道宣撰。出內典錄。新編入藏。」
同　卷十七　補闕拾遺錄　此方所撰傳記「廣弘明集三十卷、大唐沙門釋道宣撰」
同　卷二十　入藏錄　賢聖集　此方撰集「廣弘明集三十卷、七百七十紙」
貞元錄卷十二　唐代錄「廣弘明集三十卷。見內典錄。…沙門釋道宣」
同　卷二十三　有譯有本錄　聖賢傳記錄　此方撰述集傳「廣弘明集三十卷、大唐西明寺沙門釋道宣撰。出內典錄。新編入藏。」
同　卷二十七　補闕拾遺錄　此方所撰傳記集錄「廣弘明集三十卷、大唐沙門釋道宣撰」

同　卷三十　入藏錄　賢聖集　此方撰集「廣弘明集三十卷、七百七十紙」
見在書目錄　惣集家「廣、、、(弘明集) 卅」
宋高僧傳卷十四　明律篇「唐京兆西明寺道宣傳…撰法門文記廣弘明集續高僧傳三寶錄羯磨戒疏行事鈔義鈔等二百二十餘卷。」
崇文總目　釋書下「廣洪明集三十卷」
道宣撰集錄　護法住持部「廣弘明集三十卷、見大藏。」
指要錄卷八　聖賢傳記「廣弘明集三十卷。一、宣律師集。此廣前祐師所集也。」
開元錄略出卷四　有譯有本錄　聖賢傳記錄　此方撰述集傳「廣弘明集三十卷、唐西明寺釋道宣撰。出長房錄。」
晁志卷十六　釋書類「廣弘明集三十卷、右唐僧道宣撰」
通志略　釋家　詮述「廣弘明集三十卷、唐僧道宣撰」
遂初堂書目　釋家類「廣弘明集」
佛祖統紀卷二十九「法師道宣…師所撰…廣弘明集三十卷」
至元錄卷十　有譯有本　聖賢傳記　東土賢聖集傳「廣弘明集三十卷、總十篇、唐西明寺沙門道宣撰。出內典錄。」
通考　子　釋氏「廣弘明集三十卷。晁氏曰、唐僧釋道宣撰。」
宋志　子類　釋氏類「弘明集三十卷」　「弘」上脫「廣」字。

注 29に同じく釋道宣の撰。この書は、梁の僧祐が著した護法の書「弘明集」の跡を追い、さらに廣範圍に文章を集めて作られたものであり、十篇からなる①。この書は、新唐志「著錄」部分に著錄され、また舊唐志にも著錄されることから、古今書錄・舊唐志によって唐開元年間の國家藏書を著錄したものである。現在、大正藏第五十二卷史傳部四に收錄されている。なお祕書續編子類釋書に「廣弘明集書一卷闕」が著錄されるが、これは廣弘明集の拔粹本かもしれない。

①全解說大事典。

32 集古今佛道論衡四卷

舊唐志　子錄　道家類110「集古今佛道論衡四卷、釋道宣撰」
內典錄卷五　皇朝傳譯佛經錄「古今佛道論衡一部三卷…終南山沙門釋道宣所撰」
同　卷十　歷代道俗述作注解錄「皇朝終南山沙門釋道宣撰…古今佛道論衡一部三卷」
法苑珠林卷百　傳記篇　雜集部「古今佛道論衡四卷…皇朝西明寺沙門釋道宣撰」
開元錄卷八　唐代錄「集古今佛道論衡四卷。見內典錄。前三卷、龍朔元年於西明寺撰。第四卷、麟德元年撰。或二卷。…沙門釋道宣」
同　卷十三　有譯有本錄　聖賢傳記錄　此方撰述集傳「集古今佛道論衡四卷、或三卷、大唐西明寺沙門釋道宣撰。出內典錄。新編入藏。」
同　卷十七　補闕拾遺錄　此方所撰傳記「集古今佛道論衡四卷、或三卷、大唐沙門釋道宣撰」
同　卷二十　入藏錄　賢聖集　此方撰集「集古今佛道論衡四卷、或三卷、九十九紙」
貞元錄卷十二　唐代錄「集古今佛道論衡實錄四卷。見內典錄。麟德元年、龍朔元年於西明寺撰。第四卷、麟德元年撰。或三卷。…沙門釋道宣」
同　卷二十三　有譯有本錄　聖賢傳記錄　此方撰述集傳「集古今佛道論衡四卷、或二卷、大唐西明寺沙門釋道宣撰。出內典錄。新編入藏。」
同　卷二十七　補闕拾遺錄　此方所撰傳記集錄「集古今佛道論衡四卷、大唐沙門釋道宣撰」
同　卷三十　入藏錄　賢聖集　此方撰集「集古今佛道論衡四卷、或三卷、九十九紙」
最澄越州錄「古今佛道論衡二卷」
智證錄「古今佛道論衡實錄三卷、南山」

見在書目錄　雜家「古今佛道論衡四」　小長谷校勘記「當作佛道論衡。」
道宣撰集錄　護法住持部「集古今佛道論衡三卷、開光（元）錄云、前三卷、龍朔元年撰、第四卷、麟德元年撰。故或爲四卷。見大藏。」
指要錄卷八　聖賢傳記「集古今佛道論衡。甲…、乙…、丙…、丁…」
開元錄略出卷四　有譯有本錄　聖賢傳記錄　此方撰述集傳「集古今佛道論衡四卷、唐西明寺沙門釋道宣撰。出內典錄。」
通志略　釋家　論議「集古今佛道論衡四卷、唐僧道宣撰」
佛祖統紀卷二十九「法師道宣…師所撰…佛道論衡四卷」
至元錄卷十　有譯有本　聖賢傳記　東土賢聖集傳「集古今佛道論衡四卷、或三卷、總三十段、唐西明寺沙門道宣撰」
宋志　子類　釋氏類「又佛道論衡三卷」
注 29に同じく釋道宣の撰。この書は、佛教・道教の先後優劣等に關する論議を集めたものである。書名について、貞元錄卷十二、智證錄、集古今佛道論衡の宋元明宮本の序と卷頭書名は「集古今佛道論衡實錄」に作る。卷數について、內典錄が三卷、法苑珠林が四卷に作り、開元錄が「四卷、或三卷。」と記すのによれば、早くから三卷本と四卷本があったようである。集古今佛道論衡の麗本の道宣自序には「分爲甲乙下四卷」とあり、實際に甲・乙・丙・丁の四卷に分けられているが、宋元明宮本ではこれを「分爲上中下三卷」に作り、丙・丁を合わせて下卷とする。この書は、新唐志「著錄」部分に著錄され、また舊唐志にも著錄されることから、古今書錄・舊唐志によって唐開元年間の國家藏書を著錄したものである。現在、大正藏第五十二卷史傳部四に收錄されている。

33 續高僧傳二十卷　起梁初、盡貞觀十九年。
舊唐志　史錄　雜傳類136「續高僧傳二十卷、釋道宣撰」
宋高僧傳卷十四　明律篇「釋道宣…撰法門文記廣弘明集續高僧傳三寶錄羯磨戒疏行事鈔義鈔等二百二十餘卷。」

通志略　釋家　傳記「續高僧傳二十卷、釋道宣撰」

注　29に同じく釋道宣の撰。この書は、三十卷本「續高僧傳」の闕本である。二十卷本は新唐志「著錄」部分に著錄され、舊唐志にも著錄されることから、古今書錄・舊唐志によって唐開元年間の國家藏書を著錄したものである。しかし兩唐志と、新唐志にもとづく通志略を除き、二十卷本は內典錄・法苑珠林等には著錄されていない。これは、この二十卷本が三十卷本の闕本だったことを示している。また、この二十卷本は、その著錄狀況から考えて、新唐志纂修當時には散佚していたとみられる。なお新唐志は二十卷本の後ろに34「後集續高僧傳十卷」を著錄しているが、これは新唐志纂修當時すでに散佚していたものを、內典錄の記載に據って轉錄したものであり①、新唐志纂修者は二十卷本と同樣にこの書を實際に見ていない。また古今書錄にはもう一つ「續高僧傳三十卷、釋道宣撰」②が著錄されているが、新唐志はこれを著錄していない。これは、新唐志が二十卷本と「後集」十卷とを實際に見ていなかったが故に、古今書錄著錄のもう一つの「續高僧傳」、つまり三十卷本を、二十卷本と「後集」十卷からなるものと誤解したためであると考えられる。なお續高僧傳に關しては、20「僧道宣續高僧傳三十二卷」注を參照。

①34注參照。②舊唐志史錄雜傳類137。

34後集續高僧傳十卷

舊唐志不著錄

內典錄卷五　皇朝傳譯佛經錄「後集續高僧傳一部十卷…終南山沙門釋道宣所撰」

同　卷十　歷代道俗述作注解錄「皇朝終南山沙門釋道宣撰…後集續高僧傳十卷」

法苑珠林卷百　傳記篇　雜集部「後集續高僧傳十卷…皇朝西明寺沙門釋道宣撰」

開元錄卷八　唐代錄「沙門釋道宣…內典錄中更有後續高僧傳十卷。尋本未獲、故闕。」

貞元錄卷十二　唐代錄「沙門釋道宣…內典錄中更有後續高僧傳十卷。尋本未獲、故闕。」

道宣撰集錄　圖傳雜錄部「後集高僧傳十卷、開元錄云尋本未獲。」
通志略　釋家　傳記「後集續高僧傳十卷」
佛祖統紀卷二十九「法師道宣…師所撰…後續高僧傳十卷」
注 29に同じく釋道宣の撰。この書は、道宣自身による「續高僧傳」の續編である。この書は、內典錄卷五・法苑珠林卷百に記載されるが、開元錄卷八に「尋本未獲。」とあるように、開元年間にはすでに散佚していた。また伊吹敦氏によれば、北宋末に福州本大藏經が刊行される際に、「後集續高僧傳」の殘本が發見され、續高僧傳の三十卷本と合併されて續高僧傳の三十一卷本が作られたとのことであるが①、崇文總目等の北宋の藏書目錄には著錄されておらず、道宣撰集錄も開元錄によって「尋本未獲」と記すだけであり、北宋の頃には依然人目に觸れることがなかったものと考えられる。つまりこの書は開元年間から北宋にかけて流傳していた可能性がほとんどなかったのであって、毋煚にしても、新唐志纂修者にしても、その傳本を手に入れることはできなかったのである。また古今書錄は開元年間の國家藏書目錄であるから、內典錄・法苑珠林の記載によってこの書を著錄するはずがない。これに對し、新唐志は內典錄によって、かなりの書籍をその「不著錄」部分に著錄している。以上の點から考えて、この書は、古今書錄にもと著錄されていなかったものを、新唐志が內典錄に據って新たに補ったものである可能性が高い。なお佛祖統紀では釋道宣の著作の一つとしてこの書を記しているが、書名から推して開元錄卷八から轉錄したものと考えられる。

① 「『續高僧傳』の增廣に關する研究」、『東洋の思想と宗教』第七號、一九九〇年六月。

35東夏三寶感通錄三卷

舊唐志不著錄
內典錄卷五　皇朝傳譯佛經錄「東夏三寶感通記一部三卷…終南山沙門釋道宣所撰」
同　卷十　歷代道俗述作注解錄「皇朝終南山沙門釋道宣撰…東夏三寶感通記一部三卷」

法苑珠林卷百　傳記篇　雜集部「東夏三寶感通記三卷…皇朝西明寺沙門釋道宣撰」
開元錄卷八　唐代錄「東夏三寶感通錄三卷、亦云集神州三寶感通錄。見內典錄。麟德元年夏六月於淸官精舍集。…沙門釋道宣」
同　卷十三　有譯有本錄　聖賢傳記錄　此方撰述集傳「東夏三寶感通錄三卷、大唐西明寺沙門釋道宣撰。出內典錄。新編入藏。」
同　卷十七　補闕拾遺錄　此方所撰傳記「東夏三寶感通錄三卷、大唐沙門釋道宣撰」
同　卷二十　入藏錄　賢聖集　此方撰集「東夏三寶感通錄三卷、亦云集神州三寶感通錄。九十七紙」
貞元錄卷十二　唐代錄「東夏三寶感通錄三卷、亦云集神州三寶感通錄。見內典錄。麟德元年撰。…沙門釋道宣」
同　卷二十三　有譯有本錄　聖賢傳記錄　此方撰述集傳「東夏三寶感通錄三卷、大唐西明寺沙門釋道宣撰。出內典錄。新編入藏。」
同　卷二十七　補闕拾遺錄　此方所撰傳記集錄「東夏三寶感通錄三卷、大唐沙門釋道宣撰」
同　卷三十　入藏錄　賢聖集　此方撰集「東夏三寶感通錄三卷、亦云集神州三寶感通錄。九十七紙」
智證錄「東夏三寶感通錄下卷、南山」
道宣撰集錄　護法住持部「東夏三寶感通錄三卷、麟德元年六月於淸官精舍集。亦云集神州三寶感通錄。見大藏。」
指要錄卷八　聖賢傳記「三寶感通錄三卷。宣律師撰」
開元錄略出卷四　有譯有本錄　聖賢傳記錄　此方撰述集傳「東夏三寶感通錄三卷。出內典錄。唐西明寺沙門釋道宣撰。出內典錄。」
佛祖統紀卷二十九「法師道宣…師所撰…三寶感通記二卷」
至元錄卷十　有譯有本　聖賢傳記　東土賢聖集傳「東夏三寶感通錄三卷、總三段二十錄、唐西明寺沙門道宣撰。出內典錄。」
宋志　子類　釋氏類「三寶感應錄三卷」
注 29に同じく釋道宣の撰。「三寶」は、佛・法・僧の三つを寶に例えた語。この書は、後漢から唐初の、塔寺・佛像・

經典・僧侶等の上に現れた諸種の靈驗を集錄したものである①。書名について、內典錄・法苑珠林は「東夏三寶感通記」に作り、開元錄以後は「東夏三寶感通錄」に作る。この書は、舊唐志には著錄されないが、內典錄・法苑珠林をはじめ、樣々な文獻に記載される。よって舊唐志が古今書錄を删略した際に誤脫したとも考えられるし、また古今書錄にもともと著錄されていなかったものを、新唐志が傳本や文獻の記載によって新たに補ったとも考えられるが、そのいずれであるかは特定しがたい。現在、大正藏第五十二卷史傳部四に「集神州三寶感通錄」三卷が收錄されている。なお續開元錄卷中によれば、これと似た書名を持つ道宣の著作に「釋氏道宣感通記一卷」があるが、それに續けて「右終南山故大德西明寺沙門釋氏道宣律師修述、…未入一切經藏。今請編入目錄。」とあるのによれば、開元錄によってすでに入藏が決定していた「東夏三寶感通錄」とは別の書である。

①全解說大事典。

36大唐貞觀內典錄十卷

舊唐志不著錄

續高僧傳卷一　譯經篇　菩提流支傳「帝又勅淸信士李廓、撰衆經錄。廓學通玄素、條貫經論、雅有標擬。故其錄云、三藏流支自洛及鄴、爰至天平二十餘年、凡所出經三十九部一百二十七卷…。具列唐貞觀內典錄。」

同　拘那羅陀（眞諦）傳「（眞諦の譯經の年數・部卷數）見曹毘別歷及唐貞觀內典錄。」

同　闍那崛多傳「（闍那崛多の譯經數）見唐貞觀內典錄。」

同　卷二　譯經篇　達摩笈多傳「（達摩笈多の譯經年數・部卷數）見唐貞觀內典錄。」

通志略　釋家　目錄「大唐貞觀內典錄十卷」

玉海卷百六十八　宮室　院下「唐志釋氏…又云、貞觀內典錄十卷、智昇續內典錄一卷、王彥威內典目錄十二卷。…」

注　29に同じく釋道宣の撰。この書は、「大唐內典錄」（113）の重出であり、その初稿本であると見られる。內典錄は、內典錄巻五と法苑珠林巻百に記載されて以降、様々な文獻に記載され、現在に傳わっている。ただし、いずれも「大唐內典錄」の名で記載され、「大唐貞觀內典錄」の名では續高僧傳巻一・二に出典として計四回引かれるのみである。書名の「貞觀」は、この書が太宗貞觀年間（六二七～六四九）の作であることを示しており、また續高僧傳は內典錄と同じく道宣の著作で、貞觀十九年の成書である。よって「大唐貞觀內典錄」は貞觀年間の十九年より以前の時期に編まれたと考えられる。ところが大正藏本大唐內典錄の自序では、內典錄は麟德元年（六六四）の作と記されている。このような狀況から考えて、「大唐貞觀內典錄」は、おそらく貞觀年間の十九年より以前の時期にすでに一應の完成をみていた內典錄の初稿本であり、續高僧傳にその名が見えるのは、道宣が續高僧傳を著わす際、これを資料に使ったためであると推測される。「大唐貞觀內典錄」の名が道宣の續高僧傳・新唐志、それと新唐志にもとづく通志略・玉海以外、文獻に記載されないのによれば、この初稿本はずっと道宣の手元にあって、隨時增訂が加えられ、麟德元年本の完成によって、ついに世に出ることなく終わったものと考えられる。つまり、この書は開元年間から北宋にかけて流傳していた可能性がほとんどなかったのであって、毋叓にしても、新唐志纂修者にしても、その傳本を手に入れることはできなかったのである。また古今書錄は開元年間の國家藏書目錄であるから、續高僧傳の記載に據ってこの書を著錄するはずがない。これに對し、新唐志は續高僧傳に據って、かなりの書籍をその「不著錄」部分に著錄している。以上の點から考えて、この書は、古今書錄にもともと著錄されていなかった書籍を、新唐志が續高僧傳に據って新たに補ったものである可能性が高い。なお大唐內典錄に關しては、113注を參照。

37 義淨大唐西域求法高僧傳二卷

舊唐志　史錄　雜傳類138「西域永法高僧傳二卷、釋義淨撰」

續譯經圖紀「沙門釋義淨…又別撰大唐西域求法高僧傳一部二卷…」

開元錄巻九　唐代錄「大唐西域求法高僧傳二卷、從西國還、在南海室利佛逝撰寄歸。…沙門釋義淨」

同　卷十三　有譯有本錄　聖賢傳記錄　此方撰述集傳「大唐西域求法高僧傳二卷、大唐三藏義淨撰。新編入藏。」
同　卷十七　補闕拾遺錄　此方所撰傳記「大唐西域求法高僧傳二卷、大唐三藏義淨撰」
同　卷二十　入藏錄　賢聖集　此方撰集「大唐西域求法高僧傳二卷三十五紙」
貞元錄卷十三　唐代錄「大唐西域求法高僧傳二卷、從西國還、在南海室利佛逝撰寄歸。…沙門釋義淨」
同　卷二十三　有譯有本錄　聖賢傳記錄　此方撰述集傳「大唐西域求法高僧傳二卷、大唐三藏義淨撰。新編入藏。」
同　卷二十七　補闕拾遺錄　此方所撰傳記集錄「大唐西域求法高僧傳二卷、大唐三藏義淨撰」
同　卷三十　入藏錄　賢聖集　此方撰集「大唐西域求法高僧傳二卷、三十五紙」
見在書目錄　雜傳家「西域求法、、、（高僧傳）一卷」
宋高僧傳卷一　譯經篇「釋義淨…又別撰大唐西域求法高僧傳…」
崇文總目　釋書下「西域求法高僧傳二卷闕」
東域錄　梵釋寺「大唐西域求法高僧傳二卷、大唐天后代三藏義淨撰」
指要錄卷八　聖賢傳記「大唐求法高僧傳二卷。上、義淨三藏西國還、記前後高僧求法等緣。」
開元錄略出卷四　有譯有本錄　聖賢傳記錄　此方撰述集傳「大唐西域求法高僧傳二卷、唐三藏義淨撰」
晁志卷九　傳記類「求法高僧傳二卷、右唐僧義淨撰」
通志略　釋家　傳記「大唐西域求法高僧傳二卷、僧義淨撰」
至元錄卷十　有譯有本　聖賢傳記　東土賢聖集傳「大唐西域求法高僧傳二卷、總五十六人、唐三藏義淨撰」
通考　子　釋氏「求法高僧傳二卷。晁氏曰、唐僧義淨撰」
宋志　子類　釋氏類「義淨求法高僧傳二卷」
同　「僧義淨求法高僧傳三卷」

注 釋義淨、俗姓張、字文明、齊州人。京兆大薦福寺沙門①。唐太宗貞觀九年（六三五）生、玄宗先天二年（七一三）卒、年七十九②。この書は、唐の貞觀年間（六二七〜六四九）から天授年間（六九〇〜六九一）までの間に、求法のために西域に赴いた六十人の高僧の傳記を收錄したものである③。なお五十六人目に義淨の傳が置かれ、それ以後は後人の增補とされる④。書名について、「大唐」は舊唐志にはない。開元錄以後の經錄・宋高僧傳等には「大唐」があり、崇文總目には舊唐志と同じくなく、晁志・宋志等では「求法高僧傳」に作る。これは、もともとあった冠稱の「大唐」が、宋代になって削除されることがあったということであろう。よって兩唐志のどちらが正しいということはできないが、ただ唐代の『古今書錄』を踏襲した舊唐志にこの冠稱がないのは、やや不自然ではある。また書名の「求」は、舊唐志は「永」に作る。その他の文獻がいずれも「求」に作るのによれば、舊唐志の誤りである。卷數について、ほとんどの文獻が二卷とするが、見在書目錄は一卷に作り、宋志は二卷本のほかに三卷本を著錄する。この書は、新唐志「著錄」部分に著錄され、また舊唐志にも著錄されることから、古今書錄・舊唐志によって唐開元年間の國家藏書を著錄したものである。現在、大正藏第五十一卷史傳部三に收錄されている。

①據續譯經圖紀・開元錄卷九。宋高僧傳卷一作「范陽人」。②據開元錄卷九等。③全解說大事典。④小野大辭典。

38法琳辯正論八卷　陳子良注。

舊唐志　子錄　道家類118「辯正論八卷、釋法琳撰」

內典錄卷五　皇朝傳譯佛經錄「辯正論、一部八卷…終南山龍田寺沙門釋法琳所造」

同　卷十　歷代道俗述作注解錄「皇朝終南山龍田寺沙門釋法琳撰…辯正論一部八卷」

廣弘明集卷十三　辯惑篇「辯正論、十喩九箴篇、釋法琳」

續高僧傳卷二十四　護法篇　釋法琳傳「琳頻逢黜陟、誓結維持、道挫世情、良資寡學、乃探索典籍、隱括玄奧、撰辯正論一部八卷、潁川陳子良注之。並製序曰…」

法苑珠林卷百　傳記篇　雜集部「辯正論八卷…皇朝終南山龍田寺沙門釋法琳撰」

開元錄卷八　唐代錄「辯正論八卷、見內典錄。…沙門釋法琳…撰辯正論八卷、潁川陳子良注之並製序。」

同　卷十三　有譯有本錄　聖賢傳記錄　此方撰述集傳「辯正論八卷一帙、大唐終南山龍田寺釋氏撰。出內典錄。新編入藏。」
同　卷十七　補闕拾遺錄　此方所撰傳記「辯正論八卷、大唐龍田寺釋氏撰」
同　卷二十　入藏錄　賢聖集　此方撰集「辯正論八卷、一帙、一百七十一紙」
貞元錄卷十一　唐代錄「辯正論八卷。見內典錄。…沙門釋法琳…撰辯正論八卷、潁川陳子良注之並製序。」
同　卷二十三　有譯有本錄　聖賢傳記錄　此方撰述集傳「辯正論八卷、一帙、大唐終南山龍田寺釋氏法琳撰。出內典錄。新編入藏。」
同　卷二十七　補闕拾遺錄　此方所撰傳記集錄「辯正論八卷、大唐龍田寺釋氏法琳撰」
同　卷三十　入藏錄　賢聖集　此方撰集「辯正論八卷、一帙、一百七十八紙」
空海錄　論疏章等「辯正理論一部八卷、法琳師撰」
崇文總目　釋書上「辯正論八卷」
指要錄卷八　聖賢傳記「辯正論八卷。一、唐琳法師所撰。八卷、十二篇。」
開元錄略出卷四　有譯有本錄　聖賢傳記錄　此方撰述集傳「辯正論八卷。出內典錄。唐終南山龍田寺沙門法琳撰。出內典錄。」
晁志卷十六　釋書類「辯正論八卷、右唐釋法琳撰。潁川陳子良序曰、法琳、姓陳、關中人。…」
通志略　釋家　論議「辨正論八卷、唐僧法琳撰」
至元錄卷十　有譯有本　聖賢傳記　東土賢聖集傳「辯正論八卷、一十二篇、唐終南山龍田寺釋失名撰」
通考　子　釋氏「□正論八卷。晁氏曰、唐釋法琳撰。潁川陳良序曰、法琳、姓陳、關中人。…」
宋志　子類　釋氏類「法林辨正論八卷、陳子良注」
　同　「又（僧法琳）辯正論八卷」

注釋法琳、俗姓陳氏、潁川人。北齊後主武平三年（五七二）生、唐太宗貞觀十四年（六四〇）卒、年六十九①。終南山

龍田寺沙門②、濟法寺沙門③。法琳は、唐高祖武德四・七・九年に傅奕によって奏上された佛教を廢すべしとの上書に抗辯して辯正論・破邪論を著したが④、太宗貞觀十四年、道士秦世英の讒言によって帝の怒りを買い、蜀に追放される途上で卒した⑤。この事件については、礪波護「唐初の佛教・道教と國家—法琳の事跡にみる—」に詳しい⑥。法琳の著作には他に破邪論二卷⑦・僧法琳集三十卷⑧があり、傳には唐の彥悰が著した唐護法沙門法琳別傳三卷⑨がある。陳子良、頴川人⑩。法琳の弟子⑪。官は、唐高祖時、右衞率府長史、東宮學士⑫。著に「陳子良集十卷」がある⑬。辯正論は、武德九年に傅奕によって奏上された排佛を求める上書に抗辯するために著されたものである⑭。編著者について、麗本開元錄卷十三・十七は「釋氏」と記すだけで「法琳」の名を記さない。これは法琳が晚年帝の怒りを買った影響である。法琳に對する唐室の嫌忌はその死後もしばらく續いていたようであり、開元錄卷十三に據れば、彥悰はかつて沙門法琳傳三卷を著したが、開元年間になっても勅命によってその流布を禁じられていた。このような事情があったために、法琳が優れた著作を殘した高僧であったとはいっても、これを堂々と傳えていくわけにはいかず、開元錄の著者智昇にしても、編著者を「釋氏」とだけ記し、彼の名前をふせることで、なんとかして法琳の著作の入藏をはかったものと思われる。これに對し、貞元錄が「釋氏法琳」と明記するのは唐末になり禁令が緩んだためであり、また開元錄の宋元明本が「法琳」と明記するのは王朝が代わり法琳の名をふせる必要がなくなったためであると考えられる。この意味で、麗本は開元錄當時の法琳の著作に對する禁圧を傳える貴重な資料といえる。この書は、新唐志「著錄」部分に著錄され、また舊唐志にも著錄されることから、古今書錄・舊唐志によって唐開元年間の國家藏書を著錄したものである。現在、大正藏第五十二卷史傳部四に收錄されている。なお見在書目錄に「辯正、(論)十二」とあり、十二卷本が著錄されるが、彥琮⑮・法琳いずれの辯正論の卷數とも一致しない。

①據唐護法沙門法琳別傳卷下。②據法苑珠林卷百・內典錄卷五。③據破邪論。④據破邪論卷上・舊唐書卷七十九等。⑤據佛道論衡卷丙・內典錄卷五。⑥『隋唐の佛教と國家』(中央公論社、一九九九年一月)所收。⑦39注參照。⑧據新唐志。⑨145注參照。⑩據辯正論陳子良序・續高僧傳卷二十四・開元錄卷八。⑪據辯正論陳子良序・法琳別傳卷上。⑫據法琳別傳卷上・舊唐書卷百九十上・宋元明本辯正論陳子良序。⑬據舊唐志・新唐志。⑭據佛道論衡卷丙等。⑮26注

參照。

39又破邪論二卷　琳、姓陳氏。太史令傅奕請廢佛法、琳諍之、放死蜀中。

舊唐志　子錄　道家類119「破邪論三卷、釋法琳撰」

內典錄卷五　皇朝傳譯佛經錄「破邪論一部二卷…終南山龍田寺沙門釋法琳所造」

同　卷十　歷代道俗述作注解錄「皇朝終南山龍田寺沙門釋法琳撰…破邪論一部三卷」

廣弘明集卷十一　辯惑篇「唐破邪論幷啓、沙門釋法琳…」

續高僧傳卷二十四　護法篇　釋法琳傳「謹上破邪論一卷…」

法苑珠林卷百　傳記篇　雜集部「破邪論一卷…皇朝終南山龍田寺沙門釋法琳撰」

開元錄卷八　唐代錄「破邪論二卷、或一卷。見內典錄。…沙門釋法琳」

同　卷十三　有譯有本錄　聖賢傳記錄　此方撰述集傳「破邪論二卷、或一卷。大唐終南山龍田寺釋氏撰。出內典錄。新編入藏。」

同　卷十七　補闕拾遺錄　此方所撰傳記「破邪論二卷、或一卷、大唐龍田寺釋氏撰」

同　卷二十　入藏錄　賢聖集　此方撰集「破邪論二卷、或一卷、四十五紙」

貞元錄卷十一　唐代錄「破邪論二卷、或一卷、見內典錄。…沙門釋法琳」

同　卷二十三　有譯有本錄　聖賢傳記錄　此方撰述集傳「破邪論二卷、或一卷。大唐終南山龍田寺釋氏法琳撰。出內典錄。新編入藏。」

同　卷二十七　補闕拾遺錄　此方所撰傳記集錄「破邪論二卷、或一卷。大唐龍田寺釋氏法琳撰」

同　卷三十　入藏錄　賢聖集　此方撰集「破邪論二卷、或一卷、四十五卷」

見在書目錄　雜家「破邪論一、琳法師撰」

同　有「注丶丶丶（破耶論）四」

指要錄卷八　聖賢傳記「破邪論二卷。太史令傅奕上沙汰佛法論十一章、琳法師一一辨其所以破其邪見、免一切人墮無因果、入三惡道、受苦報也。前辨正論、中宮學士陳子良作序、加以注解此論。祕書監虞世南作序。…」

開元錄略出卷四　有譯有本錄　聖賢傳記錄　此方撰述集傳「破邪論二卷、唐終南山龍田寺沙門法琳撰。出內典錄。」

晁志卷十六　釋書類「破邪論二卷、右唐釋法琳撰。辨傅奕所排毀。虞世南爲之序。」

通志略　釋家　論議「破邪論二卷、僧法琳撰」

至元錄卷十　有譯有本　聖賢傳記　東土賢聖集傳「破邪論二卷、或三卷、唐終南山龍田寺釋失名撰」

通考　子　釋氏「破邪論二卷。晁氏曰、唐釋法琳撰。」

宋志　子類　釋氏類「僧法琳破邪論三卷」

注　38に同じく釋法琳の撰。傳奕、相州鄴人。後梁敬帝大定元年（五五五）生、唐太宗貞觀十三年（六三九）卒、年八十五。天文暦數に長ず①。武德四・七・九年、佛教を廢すべしとの上疏を行った②。著に老子注二卷③・老子音義・高識傳十卷④がある。破邪論は、武德四年の傅奕による佛教を廢すべしとの上書に抗辯するために、同五年に著されたものである⑤。卷數について、舊唐志は「三卷」に作る。破邪論虞世南序に「又撰破邪論一卷」とあり、廣弘明集卷十一も分卷を示さず引用し、續高僧傳・法苑珠林も「一卷」とするのによれば、この書が奏上された當時は一卷であったとみられる。しかし同じ道宣の著作でも、內典錄卷五では「二卷」、同卷十では「三卷」に作り、また開元錄に「二卷、或一卷」、至元錄に「二卷、或三卷」とあるのによれば、唐高宗期には實際に三種のテキストが行われていたようである。なお破邪論の麗本は二卷本、宋元明宮本は不分卷である。この書は、新唐志「著錄」部分に著錄され、また舊唐志にも著錄されることから、古今書錄・舊唐志によって唐開元年間の國家藏書を著錄したものである。現在、大正藏第五十二卷史傳部四に收錄され、廣弘明集卷十一にも上卷及び下卷の約三分の二が收載される。

①據舊唐書卷七十九・新唐書卷百七。②據破邪論卷上・舊唐書卷七十九・新唐書卷百七。③據新唐志・舊唐志。④據新唐志。⑤據破邪論卷上。

40復禮十門辨惑論二卷　永隆二年、荅太子文學權無二釋典稽疑。

舊唐志　子錄　道家類112「十門辯惑論二卷、釋復禮志」

開元錄卷九　唐代錄「十門辯惑論二卷、答太子文學權無二釋典稽疑、或三卷…沙門釋復禮…天皇永隆二年辛巳、因太子文學權無二述釋典稽疑十條、用以問禮、請令釋滯、遂爲答之、撰成二卷、名曰十門辯惑論。」

同　卷十三　有譯有本錄　聖賢傳記錄　此方撰述集傳「十門辯惑論二卷、或三卷、大唐大興善寺沙門釋復禮撰。新編入藏。」

同　卷十七　補闕拾遺錄　此方所撰傳記「十門辯惑論二卷、或三卷、大唐沙門釋復禮撰」

同　卷二十　入藏錄　賢聖集　此方撰集「十門辯惑論二卷、或三卷、二十七紙」

貞元錄卷十二　唐代錄「十門辯惑論二卷、答太子文學權無二釋典稽疑、或三卷…沙門釋復禮…天皇永隆二年辛巳、因太子文學權無二述釋典稽疑十條、用以問禮、請令釋滯、遂答之、撰成二卷、名曰十門辯惑蒙。」

同　卷二十三　有譯有本錄　聖賢傳記錄　此方撰述集傳「十門辯惑論二卷、或三卷、大唐大興善寺沙門釋復禮撰。新編入藏。」

同　卷二十七　補闕拾遺錄　此方所撰傳記集錄「十門辯惑論二卷、或三卷、大唐沙門釋復禮撰」

同　卷三十　入藏錄　賢聖集　此方撰集「十門辯惑論二卷、或三卷、二十七紙」

宋高僧傳卷十七　護法篇「釋復禮…天皇永隆二年辛巳、因太子文學權無二述釋典稽疑十條、用以問禮、請令釋滯、遂爲答之、撰成三卷、名曰十門辯惑論。」

指要錄卷八　聖賢傳記「十門辯惑論三卷。上、唐復禮法師作此論、解人疑惑邪見、歸佛法正見也。…。下…答太子文學權無二釋典稽疑十二諦說也。」

開元錄略出卷四　有譯有本錄　聖賢傳記錄　此方撰述集傳「十門辯惑論二卷、唐興善寺釋復禮撰」

通志略　釋家　論議「十門辨惑論二卷、唐僧復禮撰」
至元錄卷十　有譯有本　聖賢傳記　東土賢聖集傳「十門辯惑論二卷、或三卷、總十段、唐大興善寺沙門復禮撰」
注釋復禮、俗姓皇甫氏、京兆人。京兆大興善寺沙門①、大慈恩寺沙門②。生卒年未詳。唐高宗儀鳳（六七六～六七九）初から則天武后垂拱末年（六八八）の間、東京太原寺・西京弘福寺にて綴文筆受として沙門地婆訶羅の翻經に加わる。永昌元年（六八九）～天授二年（六九一）、魏國東寺にて綴文として沙門提雲般若の翻經に加わる③。天冊萬歲元年（六九五）、大周刊定衆經目錄の編纂に際し、大福光寺翻經大德としてその名を連ねる④。久視元年（七〇〇）まで、三陽宮內にて綴文として實叉難陀の翻經に加わり、玄宗先天二年（七一三）、北苑白蓮花亭・大內甘露殿等にて次文として菩提流志の翻經に加わる⑤。復禮には他に文集があったという⑥。權無二、唐高宗期、太常博士⑦、高宗永隆二年（六八一）、太子文學⑧。この書は、永隆二年、復禮が太子文學權無二の佛典に關する十門の質疑に答えたものである。卷數について、兩唐志は二卷とするが、開元錄・至元錄によれば、その他に三卷本もあった。なお十門辯惑論の麗本は三卷本、宋元明宮本は不分卷である。この書は、新唐志「著錄」部分に著錄され、また舊唐志にも著錄されることから、古今書錄・舊唐志によって唐開元年間の國家藏書を著錄したものである。現在、大正藏第五十二卷史傳部四に收錄されている。

①⑥據開元錄卷九・宋高僧傳卷十七等。②據麗本十門辯惑論。宋元本卷上作「大唐興善寺」。③⑤據續譯經圖紀。④據大周錄卷十五。⑦據全唐文卷百八十九。⑧據開元錄卷九等。

41楊上善六趣論六卷
舊唐志　子錄　道家類111「六趣論六卷、楊上善撰」
通志略　釋家　論議「六趣論六卷、楊上善撰」
注楊上善、生卒年未詳。官は太子文學①。楊上善の著作には他に老子道德經注二卷・莊子注十卷・老子指略論二卷・道德經三略論三卷・三教銓衡十卷・注黄帝内經明堂類成十三卷・黄帝内經太素三十卷②がある。なお兩唐志の丙部子録經脈類に著録される楊上善「黄帝内經太素」・「黄帝内經明堂」には現行本があり、隋人と題されている。しかし彼の著作は隋志に著録されておらず、新唐志の道家類では唐の傅奕の後に、釋氏類では釋復禮の後に、明堂經脉類では王冰の後に著録されていることから、新唐志纂修者は唐代の人物であると見ていたようである。また湯用彤『隋唐佛教史稿』③は法苑珠林巻百の「六道論十卷、…皇朝左衞長史兼弘文館學士陽尚善撰」と、兩唐志著録の楊上善「六趣論六巻」とを同一書とみなしている。「六趣」は六道に同じく、衆生が業によって輪廻する六種の世界の意であるから、確かに同一書の可能性はある。弘文館は高祖武德九年（六二六）に修文館を改めて置いたものであるから、もし二書が同一書であれば、楊上善はやはり唐初の人物ということになる。しかし兩書の巻數が異なることから、その確證はない。この書は、新唐志「著録」部分に著録され、また舊唐志にも著録されることから、古今書録・舊唐志によって唐開元年間の國家藏書を著録したものである。また兩唐志に著録されて以後、新唐志にもとづく通志略を除いて記載がなく、宋代には散佚していたようである。

①據新唐志子録道家類「老子指略論二卷」原注。②以上據舊唐志・新唐志。③中華書局、一九八二年。

42又三教銓衡十巻

舊唐志　子録　道家類120「三教詮衡十卷、楊上善撰」

通志略　釋家　論議「三教詮衡十卷、楊上善撰」

注41に同じく楊上善の撰。この書は、その書名によれば、儒佛道三教の優劣先後等を論じた書であろう。唐初において、こういった議論が盛んになったのは、高祖武德年間に傅奕が佛教を廢すべしとの上書を行った時期であり、法琳が辯正論・破邪論を著して抗辯を行い、蜀に追放されるという事態も起こった①。この書も、この時期に著された可能性がある。この書は、新唐志「著録」部分に著録され、また舊唐志にも著録されることから、古今書録・舊唐志によっ

て唐開元年間の國家藏書を著錄したものである。また兩唐志に著錄されて以後、新唐志にもとづく通志略を除いて記載がなく、宋代には散佚していたようである。

①38注參照。

43僧玄琬佛教後代國王賞罰三寶法一卷

舊唐志不著錄

續高僧傳卷二十二　明律篇「釋玄琬…貞觀十年杪冬、遘疾知歸後世。…又上遺封表於帝曰…但恐餘年昏朽疾苦相仍、弱命不存洪恩未答。遂於經中、撰佛教後代國王賞罰三寶法及安養蒼生論、幷三德論各一卷。伏願聖躬親降披覽。…」

注 釋玄琬、俗姓揚氏、弘農華州人①。陳文帝天嘉三年（五六二）生、唐太宗貞觀十年（六三六）卒、年七十五。京師普光寺沙門②、延興寺沙門③。この書は、貞觀十年、玄琬が病に倒れた際、死を豫感して著し、太宗に獻上したものである④。この書は、續高僧傳以後記載がなく、宋代には散佚していたようである。よって新唐志纂修者は續高僧傳から轉錄した可能性が高い⑤。なお釋氏類「不著錄」部分はここから始まる⑥。これより後に著錄される書籍は古今書錄に著錄されていなかったものを、新唐志纂修者が補ったものである。

①據麗本續高僧傳卷二十二。宋元明本「州」作「陰」、新唐志釋氏類45注「姓楊氏、新豐人」。②據續高僧傳卷二十二。佛祖歷代通載卷十一作「貞觀九年卒」。③據內典錄卷五・法苑珠林卷百等。④據續高僧傳卷二十二。⑤45注參照。⑥0注參照。

44又安養蒼生論一卷

舊唐志不著錄

續高僧傳卷二十二　明律篇「釋玄琬傳…撰佛教後代國王賞罰三寶法及安養蒼生論、幷三德論各一卷。」

通志略　釋家　論議「安養蒼生論一卷、唐僧玄琬撰」

注 43に同じく釋玄琬の撰。「蒼生」は衆生に同じ。この書は、貞觀十年の撰①。この書は、續高僧傳以後、新唐志にもとづく通志略を除き、記載がなく、宋代には散佚していたようである。よって新唐志纂修者は續高僧傳から轉録した可能性が高い②。

①43注參照。②45注參照。

45三德論一卷　姓楊氏、新豐人。貞觀十年上。

舊唐志不著録

内典録卷五　皇朝傳譯佛經録「三德論一卷…延興寺沙門釋玄琬所撰」

同　卷十　歷代道俗述作注解録「皇朝京師延興寺沙門釋玄琬撰…三德論」

續高僧傳卷二十二　明律篇「釋玄琬傳…撰佛教後代國王賞罰三寶法及安養蒼生論、幷三德論各一卷。」

法苑珠林卷百　傳記篇　雜集部「三德論一卷…大唐西京延興寺沙門釋玄琬撰」

通志略　釋家　論議「三德論一卷、僧玄琬撰」

注 43に同じく釋玄琬の撰。「三德」には佛の恩德・斷德・智德の意がある。この書は貞觀十年の撰①。この書は、以下に論じるような理由から、内典録・續高僧傳の記載から轉録されたものとみられる。新唐志「不著録」部分に著録される玄琬の著作のうち、三德論より前の部分（43～45）は、その著録内容・順序ともに續高僧傳と一致しているのに對し、三德論より後の部分（45～56）は、その著録内容・順序ともにほとんど内典録と一致している。また、これらの著作のほとんどが續高僧傳・内典録以後記載がなく、宋代には散佚していたようである。よって新唐志纂修者は三德論を挾んで前の部分を續高僧傳、後の部分を内典録から轉録した可能性が高い。なお玄琬の著作が56まで續くのにもかかわらず、新唐志の原注「姓楊氏、新豐人。貞觀十年上。」が何故三德論に附されているかについては、本書上篇第二章第二節を參照。

①43注參照。

46入道方便門二卷

舊唐志不著錄

內典錄卷五　皇朝傳譯佛經錄「入道方便門二卷…延興寺沙門釋玄琬所撰」

同　卷十　歷代道俗述作注解錄「皇朝京師延興寺沙門釋玄琬撰…入道方便門二卷」

法苑珠林卷百　傳記篇　雜集部「入道方便門二卷…大唐西京延興寺沙門釋玄琬撰」

通志略　釋家　論議「入道方便門二卷、僧玄琬撰」

注 43に同じく釋玄琬の撰。この書は、その書名から推せば、佛門に入り修行する者を悟りへと導くために、方便の入り口を示したものであろう。この書は、內典錄・法苑珠林以後、新唐志にもとづく通志略を除き、記載がなく、宋代には散佚していたようである。よって新唐志纂修者は內典錄から轉錄した可能性が高い①。

①45注參照。

47衆經目錄五卷

舊唐志不著錄

內典錄卷七　歷代翻本單重人代存亡錄　賢聖集傳「衆經目錄五卷、九十紙、唐貞觀初普光寺玄琬撰」

同　卷八　歷代衆經見入藏錄「衆經目錄五卷、一帙」

開元錄卷十　敘列古今諸家目錄「唐衆經目錄五卷、貞觀初普光寺沙門玄琬撰。出內典錄。右內典錄中引用云唐舊錄、未見其本。似取隋五卷衆經錄、編新經入、餘者大同。」

貞元錄卷十八 叙列古今諸家目錄「唐衆經目錄五卷、貞觀初普光寺沙門玄琬撰。出内典錄。右内典錄中引用云唐舊錄、未見其本。似取隋五卷衆經錄、編新經入、餘者大同。」

通志略 釋家 目錄「唐衆經目錄五卷」

注 43に同じく釋玄琬の撰。この書は、貞觀初の撰①。續高僧傳卷二十二明律篇釋玄琬傳によれば、玄琬は隋文帝仁壽二年（六〇二）に「經四藏」を作り、貞觀初年（六二七）、勅命によって德業寺と延興寺において大藏經が抄寫された際、その監護を任された。その際、義學沙門を結集して校勘を行い、經典の錯誤を訂正するなど、大藏經の整備に大變な功績があった。この書も、この整備事業の一環として著されたものであろう。また開元錄卷十に據れば、この書は内典錄では「唐舊錄」の名で引用され、その内容は隋の五卷本「衆經目錄」②に基づき、新譯經を編入した以外、大體同じであったという。調べてみると、「唐舊錄」は内典錄卷三に一條引用されるのみで、他に「唐錄」が十七條、「唐前錄」が一條、内典錄中に引用されるが、これらが「唐舊錄」と同一書であるかどうかは判然としない。この書は、開元錄卷十に「未見其本」とあるのによれば、開元年間にはすでに散佚していたようである。よって新唐志纂修者は内典錄から轉錄した可能性が高い③。

①姚名達『中國目錄學史』宗教目錄篇は貞觀九年の撰と推定する（二七八頁）。②彦琮錄のこと。③45注參照。

48 鏡論論一卷

舊唐志不著錄

内典錄卷五 皇朝傳譯佛經錄「鏡喩論…延興寺沙門釋玄琬所撰」

同 卷十 歷代道俗述作注解錄「皇朝京師延興寺沙門釋玄琬撰…鏡喩論」

法苑珠林卷百 傳記篇 雜集部「鏡喩論一卷…大唐西京延興寺沙門釋玄琬撰」

通志略 釋家 論議「鑑論論一卷」

注 43に同じく釋玄琬の撰。書名について、「諭」は、內典錄・法苑珠林が「喩」に作るのによれば、新唐志の誤りである。通志略が「鏡」を「鑑」に作るのは、宋太祖趙匡胤の祖敬の嫌名「鏡」を避けたためである。この書は、內典錄・法苑珠林以後、新唐志にもとづく通志略を除き、記載がなく、宋代には散佚していたようである。よって新唐志纂修者は內典錄から轉錄した可能性が高い①。

①45注參照。

49無礙緣起一卷

舊唐志不著錄

內典錄卷五　皇朝傳譯佛經錄「無擬緣起一卷…延興寺沙門釋玄琬所撰」

同　卷十　歷代道俗述作注解錄「皇朝京師延興寺沙門釋玄琬撰…無礙緣起」

法苑珠林卷百　傳記篇　雜集部「無礙緣起一卷…大唐西京延興寺沙門釋玄琬撰」

通志略　釋家　論議「無礙緣起一卷」

注 43に同じく釋玄琬の撰。「無礙」は「無碍」とも書き、何者にもとらわれず自由自在なこと。書名について、「礙」は、內典錄卷五は「擬」に作るが、內典錄卷十・法苑珠林卷百は「礙」に作り、意味的に考えても「無礙」が正しい。この書は、內典錄・法苑珠林以後、新唐志にもとづく通志略を除き、記載がなく、宋代には散佚していたようである。よって新唐志纂修者は內典錄から轉錄した可能性が高い①。

①45注參照。

50十種讀經儀一卷

舊唐志不著錄

內典錄卷五　皇朝傳譯佛經錄「十種讀經儀…延興寺沙門釋玄琬所撰」
同　卷十　歷代道俗述作注解錄「皇朝京師延興寺沙門釋玄琬撰…十種讀經儀」
法苑珠林卷百　傳記篇　雜集部「十種讀經儀一卷…大唐西京延興寺沙門釋玄琬撰」
通志略　釋家　儀律「十種讀經儀一卷、唐僧玄琬撰」
注 43に同じく釋玄琬の撰。この書は、內典錄・法苑珠林以後、新唐志にもとづく通志略を除き、記載がなく、宋代には散佚していたようである。よって新唐志纂修者は內典錄から轉錄した可能性が高い①。
①45注參照。

51無盡藏儀一卷
舊唐志不著錄
內典錄卷五　皇朝傳譯佛經錄「無盡藏儀…延興寺沙門釋玄琬所撰」
同　卷十　歷代道俗述作注解錄「皇朝京師延興寺沙門釋玄琬撰…無盡藏儀」
法苑珠林卷百　傳記篇　雜集部「無盡藏儀一卷…大唐西京延興寺沙門釋玄琬撰」
通志略　釋家　儀律「無盡藏儀一卷」
注 43に同じく釋玄琬の撰。「無盡藏」は、寺院內の金融機關を指し、特に有名なのは唐武德年間（六一八～六二六）に三階教徒の信義によって長安化度寺に設けられ、大いに流行した無盡藏院である。道端良秀氏は、僧祐錄卷十二法苑雜緣原始集目錄序にある「皇帝造十無盡藏記」（佚）について、梁の武帝が十の無盡藏を造るゆえん、發願、內容等を記したものと推測した上で、この無盡藏は華嚴經卷二十二「十無盡藏品」に說く十無盡の思想から來たもので、佛教の福田思想にもとづく社會救濟事業であったことは間違いなく、南北朝期にすでに寺院內に無盡藏が設けられていた例とする①。また華嚴經に由來する無盡藏とは別に、寺庫と呼ばれる金融機關があり、これについて、道端氏は、東晉時代、印度の金融機關である無盡財の制度を記した十誦律・摩訶僧祇律が譯出されるとともに、この制度が印度求法の僧によって新知識として中國にもたらされ、これに誘發されて寺庫が設けられたと考えても、牽強附會の說ではないとする②。ところで玄琬と無盡藏との關係についてであるが、玄琬はかつて「地論」、すなわち華嚴經十地品の注釋である世親造「十地經論」を學んだことがあり②、華嚴經と全く無關係ではない。また玄琬は十誦律・摩訶僧祇律を學んだとの記錄はないが、四分律を學んだ律師である。なおかつ彼は大藏經の抄寫・校勘などに功績のあった人であり③、華嚴經や十誦律等の律典から、金融機關としての無盡藏に關する知識を得る機會があったとしても不思議ではない。以上の點から推して、この書は玄琬が無盡藏院の經營規則を定めたものであった可能性が十分ある。なお續高僧傳玄琬傳には、武德の初め、穀物の値が騰貴し修行僧が困窮しているのを見かね、みずから遊行教化して得られた金品を、修行僧の困窮具合をたずね必要な分與えたとある。「無盡藏儀」は、この時、無盡藏をイメージして作られた供與規則のようなものかもしれない。この書は、內典錄・法苑珠林以後、新唐志にもとづく通志略を除き、記載がなく、宋代には散佚していたようである。よって新唐志纂修者は內典錄から轉錄した可能性が高い④。

①②『中國佛教史全集』第四卷（書苑、一九八五年十一月）第三章「無盡の研究」と、第五章第四節「佛教寺院の金融事業としての無盡」を參照。②據續高僧傳玄琬傳。③47注參照。④45注參照。

52發戒緣起二卷

舊唐志不著錄

內典錄卷五　隋朝傳譯佛經錄「發戒緣起二卷…延興寺沙門釋玄琬所撰」

同　卷十　歷代道俗述作注解錄「皇朝京師延興寺沙門釋玄琬撰…發戒緣起二卷」

法苑珠林卷百　傳記篇　雜集部「發戒緣起二卷…大唐西京延興寺沙門釋玄琬撰」

通志略　釋家　儀律「發戒緣起二卷」

注43に同じく釋玄琬の撰。「發戒」は、受戒したものが身に戒體、すなわち止惡修善の力を得ること。この書は、內典錄・法苑珠林以後、新唐志にもとづく通志略を除き、記載がなく、宋代には散佚していたようである。よって新唐志纂修者は內典錄から轉錄した可能性が高い①。

①45注參照。

53法界僧圖一卷

舊唐志不著錄

內典錄卷五　皇朝傳譯佛經錄「法界圖…延興寺沙門釋玄琬所撰」

同　卷十　歷代道俗述作注解錄「皇朝京師延興寺沙門釋玄琬撰…法界像圖」

法苑珠林卷百　傳記篇　雜集部「法界圖一卷…大唐西京延興寺沙門釋玄琬撰」

通志略　釋家　儀律「法界僧圖一卷」

通志　圖譜略　釋氏「法界僧圖」

注43に同じく釋玄琬の撰。書名について、「僧」は、內典錄卷五・法苑珠林卷百にはなく、內典錄卷十は「法界像圖」に作る。この書は、內典錄・法苑珠林以後、新唐志にもとづく通志略を除き、記載がなく、宋代には散佚していたようである。よって新唐志纂修者は內典錄から轉錄した可能性が高い①。その際、內典錄卷十の「法界像圖」を誤って「法界僧圖」としたのであろう。通志略が「法界僧圖」に作るのは新唐志に從って誤ったものである。なお敦煌出土文獻中に「法界圖」②なる書があるが、これらは石井公成氏によって發見され、地論宗南道派の著作と認定されたものであり、その內容は「大乘義章」③風の綱要書から世界觀や修行階位說の部分だけを拔き出し、增訂單行させたものである④。これらのうちほぼ全文が殘っているペリオ二八三二Bによれば、六道衆生・三乘別教・通教大乘・通宗大乘の四章からなり、末尾に三界を圖示したものが附されている。また青木隆氏は、地論宗南道派の文獻か否かを認

定する際の重要な目安となる三教判⑤・縁集説という二種の教義のうち、縁集説の方が天台大師智顗の晩年の時代（五九〇年頃）に三種縁集⑥から、法界縁集を加えた四種縁集となったと指摘した上で、その四種縁集説が「法界圖」中に見えることから、「法界圖」は智顗とほぼ同時代に成立し、智顗に影響を與えた地論宗説に最も近いものを傳える文獻であり、智顗が實際に參照していた可能性もあるとみなしている⑦。ところで、この地論宗「法界圖」と、玄琬「法界（像）圖」との關係についてであるが、南道派の祖とされる北魏の慧光が玄琬と同じ律師であり、四分律の疏を作り、その宣布に功のあった人物であったことや、「法界圖」が著されたとされる五九〇年頃は玄琬の壯年時代にあたり、續高僧傳玄琬傳には、玄琬が當時の氣鋭の學僧達について學んだとされる經典の中に「地論」の名が見えることなどから考えて、玄琬が地論宗の「法界圖」に影響を受けて「法界（像）圖」を著したとしても、全くありえない話ではない。

①45注參照。②ペリオ二八三二B・スタイン二七三四・スタイン六三一六。スタイン三四四一「三界圖」はその異本。③86注參照。④「敦煌出土の地論宗諸文獻」（『印度學佛教學研究』第四十二卷第二號、一九九四年三月）を參照。⑤三乘別教・通教・通宗。⑥有爲・無爲・自體の三種。⑦「敦煌出土地論宗諸文獻『法界圖』について—資料の紹介と翻刻—」（『東洋の思想と宗教』第十三號、一九九六年三月）を參照。

54十不論一卷

舊唐志不著錄

內典錄卷五　皇朝傳譯佛經錄「十不論…延興寺沙門釋玄琬所撰」

法苑珠林卷百　傳記篇　雜集部「十不退論一卷…大唐西京延興寺沙門釋玄琬撰」

通志略　釋家　儀律「十不論一卷、並同上（唐僧玄琬撰）」

注 43に同じく釋玄琬の撰。この書は、內典錄・法苑珠林以後、新唐志にもとづく通志略を除き、記載がなく、宋代には散佚していたようである。よって新唐志纂修者は内典録から轉録した可能性が高い①。

①45注參照。

55懺悔罪法一卷

舊唐志不著録

內典録卷十　歴代道俗述作注解録「皇朝京師延興寺沙門釋玄琬撰…懺悔罪法」

通志略　釋家　儀律「懺悔罪法一卷」

注 43に同じく釋玄琬の撰。この書は、書名から推せば、懺悔滅罪の儀式方法を説いたものであろう。この書は、內典録以後、新唐志にもとづく通志略を除き、記載がなく、宋代には散佚していたようである。よって新唐志纂修者は內典録から轉録した可能性が高い①。

①45注參照。

56禮佛儀式二卷

舊唐志不著録

內典録卷五　皇朝傳譯佛經録「禮佛儀式二卷…延興寺沙門釋玄琬所撰」

法苑珠林卷百　傳記篇　雜集部「禮佛儀式一卷…大唐西京延興寺沙門釋玄琬撰」

通志略　釋家　儀律「禮佛儀式一卷、並玄琬撰」

注 43に同じく釋玄琬の撰。この書は、書名から推せば、佛を禮拜する儀式作法を説いたものであろう。卷數について、內典録は二卷とし、法苑珠林は一卷とする。この書は、內典録・法苑珠林以後、新唐志にもとづく通志略を除き、記載がなく、宋代には散佚していたようである。よって新唐志纂修者は內典録から轉録した可能性が高い①。

①45注參照。

57李師政內德論一卷　上黨人。貞觀、門下典儀。

舊唐志不著録

唐護法沙門法琳別傳卷上「…（釋法琳）因製破邪論二卷。又前扶溝令李師政者、歸心佛理、篤意玄宗、義憤在懷、又撰內德正邪二論。」

內典錄卷五　皇朝傳譯佛經錄「內德論一部一卷…貞觀初年、門下典儀李師政之所作也。」

同　卷十　歷代道俗述作注解錄「皇朝門下典儀李師政撰內德論一卷、三篇」

廣弘明集卷十四　辯惑篇「內德論、門下典儀李師政…」

法苑珠林卷百　傳記篇　雜集部「內德論一卷…皇朝門下典儀李師政撰」

通志略　釋家　論議「內德論一卷、唐李師正撰」

佛祖統紀卷三十九「（武德）九年、…沙門法琳撰破邪論、…有秦王府典儀李師政述內德論云、…。」

注李師政、上黨人①。官は、貞觀初年、門下典儀②、秦王府典儀③、扶溝令④。李師政の著作には他に法門名義集⑤・正邪論⑥がある。この書は、排佛思想から佛教信仰へと轉向した李師政自身の經驗をもとに、時の太史令傅奕による排佛⑦が惑いにすぎないことを辯じたものである。辯惑篇・通命篇・空有篇の三篇からなる⑧。法琳別傳巻上は、內德論が法琳の破邪論⑨と前後して著されたもののように記すので、その成書は武德四・五年頃だと考えられる。なお佛祖統紀巻三十九はこの書を武德九年條に記す。この書は、內典錄・法苑珠林以後、新唐志にもとづく通志略を除くと、佛祖統紀に原文の引用が見られるくらいで、他に記載がなく、單行本の形では宋代に傳わっていなかったようである。よって新唐志纂修者は內典錄から轉錄した可能性が高い。現在見ることのできる最も古いテキストは、廣弘明集卷十四に收載されるものである。

①據新唐志原注。②據內典錄卷五。③據佛祖統紀卷三十九。④⑥據法琳別傳卷上。⑤據崇文總目等。⑦⑨39注參照。
⑧據廣弘明集卷十四。

58僧法雲辨量三教論三卷

舊唐志不著錄

內典錄卷五　皇朝傳譯佛經錄「辯量三教論一部三卷…京師西明寺沙門釋法雲所造」

同　卷十　歷代道俗述作注解錄「皇朝西明寺沙門釋法雲撰…辯量三教論一部三卷」

法苑珠林卷百　傳記篇　雜集部「辯量三教論三卷…皇朝京師西明寺沙門釋法雲撰」

通志略　釋家　論議「辨量三教論三卷、唐僧法雲撰」

注釋法雲、もと絳人①。京師西明寺沙門②。この書は、邪說横行し、三教を一宗の如くみなし、皇帝を籠絡して政道を時俗に混じる當時の狀況を憂い③、三教の差違・優劣について論じたものであろう。この書は、內典錄・法苑珠林以後、新唐志にもとづく通志略を除き、記載がなく、宋代には散佚していたようである。よって新唐志纂修者は內典錄から轉錄した可能性が高い。

①③據內典錄卷五。②據內典錄卷五・法苑珠林卷百。

59又十王正業論十卷　絳州人。

舊唐志不著錄

內典錄卷五　皇朝傳譯佛經錄「十王正業論一部十卷…京師西明寺沙門釋法雲所造」

同　卷十　歷代道俗述作注解錄「皇朝西明寺沙門釋法雲撰…十王正業論一部十卷」

通志略　釋家　論議「十王正業論十卷、僧法雲撰」

注 58に同じく釋法雲の撰。「正業」には、八正道①の一つとして、正しい行いの意がある。この書の著述の動機②から推せば、模範とすべき十人の王の正業を擧げ、當時の皇帝を戒めたものであろう。この書は、内典錄以後、新唐志にもとづく通志略を除き、記載がなく、宋代には散佚していたようである。よって新唐志纂修者は内典錄から轉錄した可能性が高い。

①悟りに至るための八つの正しい道。②58注參照。

60道宣又撰注戒本二卷

舊唐志不著錄
内典錄卷五　皇朝傳譯佛經錄「注戒本一部二卷、幷疏記四卷…終南山沙門釋道宣所撰」
法苑珠林卷百　傳記篇　雜集部「注僧尼戒本二卷、疏記四卷…皇朝西明寺沙門釋道宣撰」
圓行錄　顯教經論疏章等「比丘含註戒本一卷、太一山沙門道宣述」
道宣撰集錄　宗承律藏部「四分律含註戒本二卷、貞觀八年出、永徽二年重修、本一卷、後爲二卷、今分三卷。見行。」
義天錄卷二　四分律「含注戒本三卷、或一卷、或二卷。含注戒本疏八卷、或四卷。已上道宣述。」
同　「比丘人含注戒本一卷…已上道宣述」
東域錄　傳律錄「四分律含註戒本三卷、道宣」
通志略　釋家　儀律「注戒本二卷、唐僧道宣撰。」
佛祖統紀卷二十九「法師道宣…師所撰…注僧戒本三卷」

注 29に同じく釋道宣の撰。「戒本」は、比丘戒本のことであり、比丘が順守すべき二百五十條の戒律の條文を、道宣が曇無德部の四分律①より抽出したものである。注戒本は、比丘戒本に對して、道宣が各條文制定の過程や語句の解釋を注したものであり②、現在、大正藏第四十卷律疏部に「四分律比丘含注戒本」三卷が收錄されている。太宗貞觀八年（六三四）撰、高宗永徽二年（六五一）重修③。卷數について、內典錄には二卷とあるが、道宣撰集錄に據れば、もと一卷本であり、後に二卷に分かれ、北宋には三卷本が行われた④。

この書より73までは皆道宣の著作であるが、彼の著作は「著錄」部分の29～36にも著錄される。29～36は舊唐志の著錄しない書籍を若干含むものの、基本的に、新唐志が古今書錄・舊唐志によって唐開元年間の國家藏書を著錄した書籍であるのに對し、60～73は皆舊唐志が著錄しない書籍であるから、「著錄」部分・「不著錄」部分に分けて著錄されるのは至極當然のことである。しかし、これは、同一編著者の著作を一箇所に集めて著錄するという新唐志の纂修方法に反するものである。なお新唐志釋氏類の「不著錄」部分の道宣の著作の排列順序を、內典錄卷五・法苑珠林卷百と對照すると次のようになる。

新唐志釋氏類	內典錄卷五	法苑珠林卷百
注戒本二卷	同	注僧尼戒本二卷
疏記四卷	同	同
注羯磨二卷	同	同
疏記四卷	同	同
行事刪補律儀三卷或六卷	同	同（無「或六卷」）
釋門正行懺悔儀三卷	同	同
釋門亡物輕重儀二卷	同（無卷數）	同一卷
釋門章服儀二卷	同（無卷數）	同一卷
釋門歸敬儀二卷	同（無卷數）	同一卷
釋門護法儀二卷	同（無卷數）	同一卷
釋氏譜略二卷	同（無卷數）	同一卷

聖迹見在圖贊二卷	同（無卷數）	同一卷
佛化東漸圖贊二卷	同	同
釋迦方志二卷	同	同
	古今佛道論衡一部三卷	同四卷
	大唐內典錄一部十卷	同
	續高僧傳一部三十卷	同
	後集續高僧傳一部十卷	同
	廣弘明集一部三十卷	同
	東夏三寶感通記一部三卷	同
		西明寺錄一卷
		感通記一卷
		祇桓圖二卷
		遺法住持感應七卷

新唐志と內典錄との閒には、內典錄が「釋門亡物輕重儀」から「聖迹見在圖贊」までの卷數を記さないのに對し、新唐志が二卷とする點と、內典錄の「古今佛道論衡」以下五部を「不著錄」部分に著錄しない點に異同がある。後者の異同は、新唐志がこの五部を「著錄」部分にすでに著錄したために生じたものである。前者の異同については、內典錄が卷數を記さない場合は大抵一卷であり、法苑珠林等も皆一卷とするのによれば、新唐志の誤りである。おそらく內典錄「聖迹見在圖贊」の次に著錄される「佛化東漸圖贊二卷」の「二卷」を、「以上各二卷」の意にとってしまったのであろう。この卷數の問題を除けば、新唐志の排列順序は內典錄・法苑珠林と完全に一致し、內典錄とは書名も完全に一致する。よって新唐志は道宣の60～73を內典錄の記載から轉錄したと考えてよかろう。

なお內典錄卷十には道宣の著作として「删補律相雜儀合二十卷」が著錄され、開元錄卷八には「貞觀末年方修緝、撰四分删補羯磨等八部。」とある。これらは道宣の律學關係書を合卷したものであると考えられ、特に開元錄の記す部數は、新唐志釋氏類60～69に著錄される注戒本（疏記）・注羯磨（疏記）・行事删補律儀・釋門正行懺悔儀・釋門亡物輕重儀・釋門章服儀・釋門歸敬儀・釋門護法儀の八部と符合する。

①大正藏第二十二卷律部一所收。②全解說大事典。③據道宣撰集錄等。④なお元照「四分律含注戒本疏行宗記」卷一上之一には「戒本與疏、並經兩出。初貞觀八年、注戒本一卷疏三卷。至永徽二年、重修戒本二卷（自注「今分三卷」）、疏爲四卷（自注「今分八卷」）。今所傳者並後修本。」とある。

61疏記四卷

舊唐志不著錄

內典錄卷五　皇朝傳譯佛經錄「注戒本一部二卷、幷疏記四卷…終南山沙門釋道宣所撰」

法苑珠林卷百　傳記篇　雜集部「注僧尼戒本二卷、疏記四卷…皇朝西明寺沙門釋道宣撰」

道宣撰集錄　宗承律藏部「四分律含註戒本疏四卷、貞觀八年製、永徽二年重修、本三卷、後爲四卷、今分八卷。見行。」

義天錄卷二　四分律「含注戒本三卷、或一卷、或二卷。含注戒本疏八卷、或四卷、已上道宣述。」

通志略　釋家　儀律「注戒本二卷、唐僧道宣撰。又疏記四卷」

佛祖統紀卷二十九「法師道宣…師所撰…注僧戒本三卷、戒疏四卷」

注 29に同じく釋道宣の撰。この書は、60「注戒本二卷」の章疏である。貞觀八年製、永徽二年重修①。卷數について、道宣撰集錄に據れば、この書は、もと三卷だったものが、重修時に四卷となり、北宋には八卷が行われていた。この書は、新唐志纂修者が他の道宣の著作とともに內典錄から轉錄した可能性が高い②。現在、續藏經支那撰述大小乘釋律部所收の宋の釋元照「四分律含注戒本疏行宗記」二十一卷に編入され傳わっている。なお同書卷二十一末には道宣自叙傳がある。

①據道宣撰集錄。②60注參照。

62注羯磨二卷

舊唐志不著錄

內典錄卷五　皇朝傳譯佛經錄「注羯磨一部二卷、疏記四卷…終南山沙門釋道宣所撰」

法苑珠林卷百　傳記篇　雜集部「注羯磨二卷、疏記四卷…皇朝西明寺沙門釋道宣撰」

開元錄卷八　唐代錄「四分律刪補隨機羯磨一卷、序題云曇無德部四分律刪補隨機羯磨。見內典錄。…沙門釋道宣」

同　卷十三　有譯有本錄　聲聞三藏錄　聲聞調伏藏「四分律刪補隨機羯磨一卷、大唐崇義寺沙門釋道宣集。新編入錄。」

同　卷十七　補闕拾遺錄　小乘律「四分律刪補隨機羯磨一卷、大唐沙門釋道宣撰」

同　卷二十　入藏錄　小乘律「四分律刪補隨機羯磨一卷、序題云曇無德部四分律刪補隨機羯磨。四十七紙」

貞元錄卷十二　唐代錄「四分律刪補隨機羯磨一卷、序題云曇無德部四分律刪補隨機羯磨。見內典錄。…沙門釋道宣」

同　卷二十三　有譯有本錄　聲聞三藏錄　聲聞調伏處「四分律刪補隨機羯磨一卷、大唐崇義寺沙門釋道宣集。新編入錄。」

同　卷二十七　補闕拾遺錄　小乘律「四分律刪補隨機羯磨一卷、大唐沙門釋道宣撰」

同　卷三十　入藏錄　小乘律「四分律刪補隨機羯磨一卷、序題云曇無德部四分律刪補隨機羯磨。四十七紙」

圓珍錄Ａ「南山四分羯磨二卷、末本」

圓珍錄Ｂ「四分羯磨二卷、本末」

智證錄「南山四分羯磨二卷、本末。南山。」

律宗章疏「四分刪補隨機羯磨一卷、終南山道宣集」

宋高僧傳卷十四　明律篇「唐京兆西明寺道宣傳…撰法門文記廣弘明集續高僧傳三寶錄羯磨戒疏行事鈔義鈔等二百二十餘

卷。」
道宣撰集錄　宗承律藏部「四分律刪補隨機羯磨二卷、貞觀八年出、二十一年重修、本一卷、後分三卷。見大藏。」
義天錄卷二　四分律「刪補隨機羯磨二卷、入大藏。隨機羯磨疏八卷、或四卷、已上道宣述」
東域錄　傳律錄「四分羯磨二卷、本末、道宣。」
開元錄略出卷四　聲聞調伏藏「四分律刪補隨機羯磨一卷、唐崇義寺沙門釋道宣集」
通志略　釋家　儀律「注羯磨二卷」
至元錄卷八　聲聞調伏藏「四分刪補隨機羯磨二卷、十篇、唐崇義寺沙門道宣、依律集出。」
佛祖統紀卷二十九「法師道宣…師所撰…注羯磨經二卷、羯磨疏四卷」
注 29に同じく釋道宣の撰。「羯磨」は、梵語 karman の音譯。僧伽（出家者の集團）の運營上必要な儀式・作法をいう。
この書は、曇無德部の四分律①より、羯磨に關する部分を道宣が採錄し、四分律以外の諸律を援用して羯磨の諸相を明らかにしたものである②。全十篇。貞觀八年集、同二十一年重修③。卷數について、開元錄・貞元錄・律宗章疏・開元錄略出が一卷とする他は、皆二卷とする。道宣撰集錄に據れば、もと一卷本だったものが、後に三卷本となったとする。この書は、新唐志纂修者が他の道宣の著作とともに內典錄から轉錄した可能性が高い④。現在、大正藏第四十卷律疏部に「四分律刪補隨機羯磨」二卷が收錄されている。
①大正藏第二十二卷律部一所收。②全解說大事典。③據道宣撰集錄。④60注參照。

63 疏記四卷
舊唐志不著錄
內典錄卷五　皇朝傳譯佛經錄「注羯磨一部二卷、疏記四卷…終南山沙門釋道宣所撰」
法苑珠林卷百　傳記篇　雜集部「注僧尼戒本二卷、疏記四卷…皇朝西明寺沙門釋道宣撰」

常曉錄「四分律羯磨疏一部四卷、道宣律師撰」
律宗章疏「一卷羯磨疏三卷」
道宣撰集錄　宗承律藏部「四分律刪補隨機羯磨疏四卷、貞觀九年撰、二十二年重修、本二卷、後增爲四卷、今分爲八卷。見行。」
義天錄卷二　四分律「刪補隨機羯磨二卷、入大藏。隨機羯磨疏八卷、或四卷、已上道宣述」
通志略　釋家　儀律「注羯磨二卷。又疏三卷、僧法礪撰。又疏記四卷」
注 29に同じく釋道宣の撰。この書は、62「注羯磨二卷」の章疏である。卷數について、道宣撰集錄に據れば、もと二卷だったものが、後に四卷に增廣され、北宋には八卷本も行われていた。また通志略は、道宣の著作「注羯磨二卷」と「又疏記四卷」との間に、法礪の「又疏三卷」を入れ、無用の混亂を招いている。注羯磨の疏記は、新唐志纂修者が他の道宣の著作とともに內典錄から轉錄した可能性が高い①。現在、續藏經支那撰述大小乘釋律部所收の元照「四分律刪補隨機羯磨疏濟緣記」二十二卷に編入され傳わっている。
①60注參照。

64行事刪補律儀三卷　或六卷。
舊唐志不著錄
內典錄卷五　皇朝傳譯佛經錄「行事刪補律儀一部三卷、或六卷…終南山沙門釋道宣所撰」
法苑珠林卷百　傳記篇　雜集部「行事刪補律儀三卷…皇朝西明寺沙門釋道宣撰」
圓珍錄B「四分律行事鈔十二卷」
智證錄「四分律行事鈔一十卷、南山。四分律行事鈔十二卷、南山。四分律行事鈔一十九卷、或廿卷。上帙未到。南山」
宋高僧傳卷十四　明律篇「唐京兆西明寺道宣傳…撰法門文記廣弘明集續高僧傳三寶錄羯磨戒疏行事鈔義鈔等二百二十餘

卷。」

道宣撰集錄　宗承律藏部「四分律刪繁補闕行事鈔三卷、內典錄題云行事刪補律儀。武德九年製、貞觀四年重修、或云八年、或爲六卷。今分十二卷、並後人支開、然非本數、有云祖師自分者、非也。見行。」

義天錄卷二　四分律「刪繁補闕行事鈔十二卷、道宣述」

東域錄　傳律錄「四分律抄六卷、道宣」

同　「四分律行事抄十九卷、或二十卷也。南山。上帙未到。」

通志略　釋家　儀律「行事刪補律議三卷」

佛祖統紀卷二十九「法師道宣…（武德）七年徙居終南紵麻蘭若、始製行事鈔。…師所撰…行事鈔三卷」

注 29に同じく釋道宣の撰。「四分律刪繁補闕行事鈔」・「四分律行事抄」等ともいう。この書は、曇無德部の四分律①をもとに、僧伽（出家者の集團）における個人的規制の在り方と集團行事の作法を明らかにすることで、實踐に際しての統一的規範を示さんとしたものである。また四分律以外の諸律や從來の諸說を參照しつつ、舊說の繁を削り不足を補っている②。全三十篇。この書の卷下末に「余於唐武德九年六月內、爾時搜揚僧伍、無傷俗譽、且閉戸、依所學撰次。但意在行用、直筆書通、不事虬文、故言多蹇陋。想有識通士、知余記志焉。」とあり、宋の釋元照「四分律含注戒本疏行宗記」卷二十一末の道宣批に「貞觀初年、以武德九年卽改貞觀、故無所妨。…貞觀四年、遠觀化表、於泌部山爲擇律師、又出鈔三卷、乃承吾前本、更加潤色、筋脉相通。」とあるのによれば、武德九年初稿、貞觀四年定稿であり③、佛祖統紀が武德七年「始製」とするのは誤りである。書名について、この書が著された當時は「行事刪補律儀」に作っていたようであるが④、唐末五代の將來目錄や宋代の目錄にはしばしば「行事鈔」「四分律行事鈔」「四分律刪繁補闕行事鈔」等の名で著錄される。卷數について、この書が著された當時すでに三卷本と六卷本があり⑤、唐末には十卷本・十二卷本・十九卷本・二十卷本が行われていたようである⑥。この書は、內典錄・法苑珠林以後も樣々な文獻に記載され、現在まで傳わっている。しかし新唐志の著錄內容は、新唐志纂修當時一般に行われていたテキストと異なる點が多く、かえって內典錄と一致する。よって新唐志纂修者は、當時の傳本ではなく、內典錄卷五からこの書を轉錄した可能性が高い⑦。現在、大正藏第四十卷律疏部に「四分律刪繁補闕行事鈔」十二卷が收錄されている。

①大正藏第二十二卷律部一所收。②全解說大事典。③小野大辭典。なお道宣撰集錄は貞觀八年重修の或說を擧げる。④⑤據內典錄・法苑珠林。⑥據智證錄等。⑦60注參照。

65 釋門正行懺悔儀三卷

舊唐志不著錄

內典錄卷五　皇朝傳譯佛經錄「釋門正行懺悔儀一部三卷…終南山沙門釋道宣所撰」

同　卷十　歷代道俗述作注解錄「皇朝終南山沙門釋道宣撰…釋門懺悔儀一部三卷」

法苑珠林卷百　傳記篇　雜集部「釋門正行懺悔儀三卷…皇朝西明寺沙門釋道宣撰」

道宣撰集錄　禮敬行儀部「釋門正行懺悔儀三卷、永徽二年季夏製。未見。有指方等懺者、恐是。」

通志略　釋家　儀律「釋門正行懺悔儀三卷」

佛祖統紀卷二十九「法師道宣…師所撰…亡物輕重儀章服儀歸敬儀正行懺悔儀新學教誡儀各一卷」

注　29に同じく釋道宣の撰。この書について、道宣撰集錄は、永徽二年季夏撰とし、おそらく「方等懺」（方等三昧を行じ、六根の罪障を懺悔すること）のことであろうとする。卷數について、內典錄卷五・法苑珠林卷百は三卷とするが、佛祖統紀のみ一卷とする。なお、この書と、道宣の66「釋門亡物輕重儀」・67「釋門章服儀」・68「釋門歸敬儀」・69「釋門護法儀」とは、いずれも「釋門…儀」と名づけられており、かつみな新唐志纂修者が他の道宣の著作とともに內典錄から轉錄した可能性が高い書籍であり、內典錄中でもこの順序のまま並んで著錄されている①。また66「釋門亡物輕重儀」以下の計三部は、いずれも四分律行事鈔②から別出注解されたものである③。以上の點から考えると、釋門正行懺悔儀・釋門護法儀も他の三部と同樣に四分律行事鈔から別出注解されたものである可能性がある。また釋門正行懺悔儀は、道宣撰集録が未見とすることから、宋代には散佚していたようである。
①60注参照。②64注参照。③66・67・68注参照。

66釋門亡物輕重儀二卷

舊唐志不著録
內典錄卷五　皇朝傳譯佛經錄「釋門亡物輕重儀…終南山沙門釋道宣所撰」
法苑珠林卷百　傳記篇　雜集部「釋門亡物輕重儀一卷…皇朝西明寺沙門釋道宣撰」
圓仁錄A「量處輕重儀一卷、道宣緝集」
圓仁錄B　章疏傳記「量處重輕儀一卷、沙門道宣述」
圓仁錄C「量處重輕儀一卷、道宣緝敍」
圓珍錄A「四分重輕儀、南山」
圓珍錄B「四分重輕儀一卷」
智證錄「四分重輕儀一卷、南山」
律宗章疏「四分律輕重儀一卷、道宣述」
道宣撰集錄　宗承律藏部「量處輕重儀一卷、有云處量輕重儀。貞觀十一年製、乾封二年重修。見行。」
義天錄卷二　十誦律「量處輕重儀一卷、道宣述」
東域錄　傳律錄「量處輕重儀一卷、道宣叙。西端本奉松陽了。」
通志略　釋家　儀律「釋門立物輕重儀二卷」
佛祖統紀卷二十九「法師道宣…師所撰…亡物輕重儀章服儀歸敬儀正行懺悔儀新學教誡儀各一卷」
注　29に同じく釋道宣の撰。この書は、律に依據して亡僧の遺品の輕重を定めたものであり、四分律行事鈔①卷下の二衣總別篇中、亡僧の遺品について說いた十門のうち、「六、斷割重輕門」に對して條例を擧げて述べたものである②。唐太宗貞觀十一年（六三七）輯、高宗乾封二年（六六七）重修③。書名について、「(釋門)亡物」に作るのは內典錄・法苑珠林と新唐志・佛祖統紀のみであり、通志略が「亡」を「立」に誤るのを除けば、他は「量處」・「處量」に作る。麟德元年（六六四）に編まれた內典錄が書名を「釋門亡物…」に作るのによれば、貞觀十一年の初稿の時點では「釋門亡物輕重儀」に作っていたのは疑いない。なお大正藏本④では書名を「量處輕重儀」に作り、その題下には「謂亡五衆物也。」と注されている。この注は明らかに「釋門亡物輕重儀」という書名に對して附されたものであり、後に書名が「量處輕重儀」に改められた際にも削除されずに殘されたものとみられる。これは原書名が「釋門亡物…」であった痕跡といえよう。卷數について、新唐志と、これにもとづく通志略を除き、皆一卷とする。釋門亡物輕重儀は、內典錄・法苑珠林以後も樣々な文獻に記載され、現在にまで傳わっている。しかし新唐志の書名は、新唐志纂修當時一般に行われていたテキストと異なり、かえって內典錄と一致する。よって新唐志纂修者は、當時の傳本ではなく、內典錄卷五からこの書を轉錄した可能性が高く、卷數「二卷」は、轉錄の際に誤って加えられたものである⑤。現在、大正藏第四十五卷諸宗部二に「量處輕重儀」二卷が收錄されている。

①64注參照。②全解說大事典。③據量處輕重儀自序。④底本は日本貞享五年（一六八八）刊本。⑤60注參照。

67 釋門章服儀二卷

舊唐志不著錄

內典錄卷五　皇朝傳譯佛經錄「釋門章服儀…終南山沙門釋道宣所撰」

法苑珠林卷百　傳記篇　雜集部「釋門章服儀一卷…皇朝西明寺沙門釋道宣撰」

道宣撰集錄　宗承律藏部「釋門章服儀一卷、顯慶四年製、此年重修。見行。」

義天錄卷二　十誦律「釋門章服儀一卷、道宣述」

通志略　釋家　儀律「釋門章服儀二卷」
佛祖統紀卷二十九「法師道宣…師所撰…亡物輕重儀章服儀歸敬儀正行懺悔儀新學教誡儀各一卷」
注 29に同じく釋道宣の撰。この書は、當時の僧侶の服装の亂れを嘆いて著したもので、四分律行事鈔①の衣篇を增廣し、大小乘の經律論の章服に關する記述を網羅し、制作着用の仕方を說いている②。全十篇。顯慶四年（六五九）の撰③、同年重修④。卷數について、新唐志と、新唐志にもとづく通志略を除き、皆一卷とする。この書は、新唐志纂修者が他の道宣の著作とともに內典錄から轉錄した可能性が高く、卷數「二卷」は、轉錄の際に誤って加えられたものである⑤。現在、大正藏第四十五卷諸宗部二に「釋門章服儀」一卷が收錄されている。
①64注參照。②全解說大事典。③據釋門章服儀後序。④據道宣撰集錄。⑤60注參照。

68　釋門歸敬儀二卷

舊唐志不著錄
內典錄卷五　皇朝傳譯佛經錄「釋門歸敬儀…終南山沙門釋道宣所撰」
法苑珠林卷百　傳記篇　雜集部「釋門歸敬儀一卷…皇朝西明寺沙門釋道宣撰」
道宣撰集錄　禮敬行儀部「釋門歸敬儀一卷、龍朔元年撰。見行。」
義天錄卷二　十誦律「釋門歸敬儀一卷」
通志略　釋家　儀律「釋門歸敬儀二卷」
佛祖統紀卷二十九「法師道宣…師所撰…亡物輕重儀章服儀歸敬儀正行懺悔儀新學教誡儀各一卷」
注 29に同じく釋道宣の撰。この書は、當時の佛教界の亂れを憂い、佛教の塔廟に對する禮拜の仕方を說いたもので、四分律行事鈔①卷下の僧像致敬篇を別出注解したものである②。龍朔元年（六六一）の撰③。卷數について、現行本は二卷本であるが、新唐志纂修當時にあっては、新唐志と、これにもとづく通志略を除き、皆一卷とする。この書は、新唐志纂修者が他の道宣の著作とともに內典録から轉録した可能性が高く、卷數「二卷」は、轉録の際に誤って加えられたものである④。現在、大正藏第四十五卷諸宗部二に「釋門歸敬儀」二卷が收録されている。

①64注參照。②全解説大事典。③據釋門歸敬儀上卷。④60注參照。

69 釋門護法儀二卷

舊唐志不著録

內典録卷五　皇朝傳譯佛經録「釋門護法儀…終南山沙門釋道宣所撰」

法苑珠林卷百　傳記篇　雜集部「釋門護法儀一卷…皇朝西明寺沙門釋道宣撰」

道宣撰集録　護法住持部「釋門護法儀一卷、未見。」

通志略　釋家　儀律「釋門護法儀二卷」

注 29に同じく釋道宣の撰。この書は、65「釋門正行懺悔儀」・66「釋門亡物輕重儀」・67「釋門章服儀」・68「釋門歸敬儀」のように、四分律行事鈔①から別出注解したものである可能性がある②。卷數について、新唐志と、これにもとづく通志略を除き、皆一卷とする。この書は、內典録・法苑珠林以後、道宣撰集録と、新唐志にもとづく通志略を除き、記載がなく、道宣撰集録も未見とすることから、宋代には散佚していたようである。よって新唐志纂修者が他の道宣の著作とともに內典録から轉録した可能性が高く、卷數「二卷」は、轉録の際に誤って加えられたものである③。

①64注參照。②65注參照。③60注參照。

70 釋氏譜略二卷

舊唐志不著録

內典録卷五　皇朝傳譯佛經録「釋氏譜略…終南山沙門釋道宣所撰」

法苑珠林卷百　傳記篇　雜集部「釋氏譜略一卷…皇朝西明寺沙門釋道宣撰」
開元錄卷八　唐代錄「釋迦氏略譜一卷、或無略字。見內典錄。麟德二年九月十八日、於西明寺撰訖…沙門釋道宣」
同　卷十三　有譯有本錄　聖賢傳記錄　此方撰述集傳「釋迦氏略譜一卷、或無略字、大唐西明寺沙門釋道宣撰。出內典錄。新編入藏。」
同　卷十七　補闕拾遺錄　此方所撰傳記「釋迦氏略譜一卷、或無略字、大唐沙門釋道宣撰」
同　卷二十　入藏錄　賢聖集　此方撰集「釋迦氏略譜一卷、或無略字、四十三紙」
貞元錄卷十二　唐代錄「釋迦氏略譜一卷、或無略字。見內典錄。麟德二年九月十八日、於西明寺撰記…沙門釋道宣」
同　卷二十三　有譯有本錄　聖賢傳記錄　此方撰述集傳「釋迦氏略譜一卷、或無略字、大唐西明寺沙門釋道宣撰。出內典錄。新編入藏。」
同　卷二十七　補闕拾遺錄　此方所撰傳記集錄「釋迦氏略譜一卷、或無略字、大唐沙門釋道宣撰」
同　卷三十　入藏錄　賢聖集　此方撰集「釋迦氏略譜一卷、或無略字、四十三紙」
崇文總目　釋書上「釋迦氏譜略一卷」
道宣撰集錄　護法住持部「釋迦略譜二卷、麟德二年九月十八日於西明寺撰。或云釋氏譜、或無略字、或云一卷。見大藏。」
指要錄卷八　聖賢傳記「釋迦氏譜一卷」
開元錄略出卷四　有譯有本錄　聖賢傳記錄　此方撰述集傳「釋迦氏略譜一卷、或無略字、唐西明寺沙門釋道宣撰」
通志略　釋家　傳記「釋迦略譜二卷」
同「釋氏譜略二卷」
至元錄卷十　有譯有本　聖賢傳記　東土賢聖集傳「釋迦氏略譜一卷、成無略字、五科八跡、唐西明寺沙門道宣撰。出內典錄。」
宋志　子類　釋氏類「釋迦氏譜一卷」
注29に同じく釋道宣の撰。この書は、僧祐「釋迦譜」の構成を變え、釋迦に關する事跡を簡要に記述したものである①。

閒々、僧祐の評語を引用する。唐高宗麟德二年（六六五）の撰②。書名について、開元錄の頃には「釋迦氏譜」・「釋迦氏略譜」という名のテキストがともに行われていたようである。卷數について、內典錄・法苑珠林や、麗本釋迦氏譜等は皆一卷とし、二卷本が現れるのは道宣撰集錄からである。この書は、開元錄に入藏され、また崇文總目等の宋代の國家藏書目錄にも著錄されるが、新唐志の書名はこれらと一致せず、かえって內典錄・法苑珠林等と一致する。よって新唐志纂修者が他の道宣の著作とともに、內典錄から轉錄した可能性が高く、卷數「二卷」は、轉錄の際に誤って加えられたものである③。現在、大正藏第五十卷史傳部二に「釋迦氏譜」一卷が收錄されている。

①據釋迦氏譜道宣自序。②據開元錄卷八。③60注參照。

71聖迹見在圖贊二卷

舊唐志不著錄

內典錄卷五　皇朝傳譯佛經錄「聖迹見在圖贊…終南山沙門釋道宣所撰」

法苑珠林卷百　傳記篇　雜集部「聖迹見在圖贊一卷…皇朝西明寺沙門釋道宣撰」

道宣撰集錄　護法住持部「聖跡見在圖贊一卷、名出內典錄。未見。」

通志略　釋家　頌贊「聖迹見在圖贊一卷」

注29に同じく釋道宣の撰。「聖迹」は、釋尊の遺跡・高僧のいた名寺等を指す。卷數について、新唐志と、これにもとづく通志略を除き、皆一卷とする。この書は、內典錄・法苑珠林以後、內典錄に據った道宣撰集錄を除き、記載がなく、宋代にはすでに散佚していたようである。よって新唐志纂修者が他の道宣の著作とともに內典錄から轉錄した可能性が高く、卷數「二卷」は、轉錄の際に誤って加えられたものである①。

①60注參照。

72佛化東漸圖贊二卷
舊唐志不著録
內典録卷五　皇朝傳譯佛經録「佛化東漸圖贊一部二卷…終南山沙門釋道宣所撰」
法苑珠林卷百　傳記篇　雜集部「佛化東漸圖贊二卷…皇朝西明寺沙門釋道宣撰」
道宣撰集録　護法住持部「佛法東漸圖贊二卷、顯慶五年製、或云化佛。未見。」
通志略　釋家　頌贊「佛化東漸圖贊二卷」
注29に同じく釋道宣の撰。この書は、その書名から推せば、佛教が印度から中國へと廣まっていく様子を描いた繪圖に贊を附したものであろう。顯慶五年製①。書名について、道宣撰集録は「佛化」を「佛法」に作り、或いは「化佛」に作るとする。この書は、內典録・法苑珠林以後、道宣撰集録を除き、記載がなく、その道宣撰集録も未見とすることから、宋代にはすでに散佚していたようである。よって新唐志纂修者が他の道宣の著作とともに內典録から轉録した可能性が高い②。なお道宣撰集録巻下には他に「佛教東漸化跡一巻、顯慶五年夏中製。未見。」とあるが、圖贊との關係は未詳。
①據道宣撰集録。②60注參照。

73釋迦方志二卷
舊唐志不著録
內典録卷五　皇朝傳譯佛經録「釋迦方志一部二卷…終南山沙門釋道宣所撰」
同　卷十　歴代道俗述作注解録「皇朝終南山沙門釋道宣撰…釋迦方誌一部二卷」
法苑珠林卷百　傳記篇　雜集部「釋迦方志二卷…皇朝西明寺沙門釋道宣撰」
開元録卷八　唐代録「釋迦方志二卷。見內典録。永徽元年撰…沙門釋道宣」

同　卷十三　有譯有本錄　聖賢傳記錄　此方撰述集傳「釋迦方志二卷、大唐西明寺沙門釋道宣撰。出內典錄。新編入藏。」
同　卷十七　補闕拾遺錄　此方所撰傳記「釋迦方志二卷、大唐沙門釋道宣撰」
同　卷二十　入藏錄　賢聖集　此方撰集「釋迦方誌二卷、八十四紙」
貞元錄卷十二　唐代錄「釋迦方志二卷。見內典錄。永徽元年撰…沙門釋道宣」
同　卷二十三　有譯有本錄　聖賢傳記錄　此方撰述集傳「釋迦方志二卷、大唐西明寺沙門釋道宣撰。出內典錄。新編入藏。」
同　卷二十七　補闕拾遺錄　此方所撰傳記集錄「釋迦方誌二卷、大唐沙門釋道宣撰」
同　卷三十　入藏錄　賢聖集　此方撰集「釋迦方志二卷、八十四紙」
見在書目錄　土地家「釋迦方志二、見道撰」
道宣撰集錄　護法住持部「釋迦法誌四卷、永徽元年撰。或云二卷。見大藏。」
指要錄卷八　聖賢傳記「釋迦方志二卷、皆宣律師作。」
開元錄略出卷四　有譯有本錄　聖賢傳記錄　此方撰述集傳「釋迦方志二卷、唐西明寺沙門釋道宣撰」
通志略　釋家　傳記「釋迦方志二卷」
佛祖統紀卷二十九「法師道宣…師所撰…釋迦方誌二卷」
至元錄卷十　有譯有本　聖賢傳記　東土賢聖集傳「釋迦方志二卷、八篇、唐西明寺沙門道宣撰、出內典錄。」
宋志　子類　釋氏類「釋迦方志一卷、唐終南大一山僧撰」

注　29に同じく釋道宣の撰。編著者について、見在書目錄の「見道」は、「道宣」の誤りであろう。また宋志の「唐終南大一山僧」は、道宣のことである①。この書は、佛法が傳わった諸地域と、その時期の中國への傳播を記錄したものであり②、唐高宗永徽元年（六五〇）の撰③。道宣撰集錄のみ「方」を「法」に作り、四卷とする。「法」は單なる「方」の誤寫であろうが、卷數の方は、通行の二卷本をわざわざ「或云二卷」と記していることから、四卷本が宋代に行われていたと見られる。また宋志の「一卷」は、二卷本の闕本か、誤寫であろう。この書は、新唐志纂修者が他の道宣の著作とともに內典錄から轉錄した可能性が高い④。現在、大正藏第五十一卷史傳部三に「釋迦方志」二卷が收錄されている。

①29注參照。②全解說大事典。③據開元錄卷八。④60注參照。

74僧彥琮大唐京寺錄傳十卷

舊唐志不著錄
內典錄卷五　皇朝傳譯佛經錄「大唐京寺錄傳一部十卷、龍朔元年修緝…京師弘福寺沙門釋彥琮」
同　卷十　歷代道俗述作注解錄「皇朝弘福寺沙門釋彥悰撰大唐京寺錄一部一十卷」
開元錄卷八　唐代錄「沙門釋彥悰…兼撰大唐京師寺錄、行於代。」
貞元錄卷十二　唐代錄「沙門釋彥琮…兼撰大唐京師寺錄、行於代。」
通志略　釋家　塔寺「大唐京寺錄傳十卷、僧彥琮撰」

注 27に同じく唐の釋彥悰の撰。この書は、彥悰が京師の塔寺に關する記錄がないことに發憤して著したものである①。なお146「大唐京師寺錄、卷亡。」は、この書の重出である②。この書は、開元錄・貞元錄にその名が見えるものの、入藏はされなかった。そのために中國では廣く流傳することはなかったようで、新唐志にもとづく通志略を除き、記載がなく、宋代には散佚していたようである。また新唐志の書名が開元錄等と一致せず、かえってそれよりも古い內典錄卷五と一致する。よって新唐志纂修者は內典錄によって著錄した可能性が高い。なお法苑珠林卷百に「西京寺記二十卷…皇朝西京弘福寺沙門釋彥琮撰」とある。西京は京師のことであるが、この書との關係は未詳。また唐の彥悰の著作は、74・75と、145・146との二箇所に分散して著錄され、このうち74・146は同一書の重出であり、また75の重出である27「集沙門不拜俗議」は、誤って隋の彥琮の著作中に置かれている。

①據內典錄卷五。②146注參照。

75又沙門不敬錄六卷　龍朔人。幷隋有二彥琮。
舊唐志不著錄
內典錄卷五　皇朝傳譯佛經錄「沙門不敬俗錄六卷…京師弘福寺沙門釋彥琮」
法苑珠林卷百　傳記篇　雜集部「沙門不敬錄六卷…皇朝西京弘福寺沙門釋彥琮撰」
注27に同じく唐の釋彥悰の撰。27「集沙門不拜俗議六卷」は、この書の重出である。その內容については、27注を參照。
この書は、「沙門不敬（俗）錄」の名では內典錄・法苑珠林以後記載がなく、宋代には流傳していなかったと考えられる。新唐志の書名は法苑珠林と一致し、內典錄には「敬」字の下に「俗」字があるが、新唐志には法苑珠林から轉錄した痕跡が見られないことから、この書は內典錄によって轉錄したものと考えられる。おそらく轉錄の際に、「俗」字を誤脫したのであろう。

76玄應大唐衆經音義二十五卷
舊唐志不著錄
內典錄卷五　皇朝傳譯佛經錄「大唐衆經音義一部十五卷…京師大慈恩寺沙門釋玄應所造」
同　卷十　歷代道俗述作注解錄「皇朝大慈恩寺沙門釋玄應撰衆經音二十五卷」
法苑珠林卷百　傳記篇　雜集部「大唐衆經音義二十卷…皇朝西京大慈恩寺沙門釋玄應撰」
開元錄卷八　唐代錄「一切經音義二十五卷、見內典錄。…沙門釋玄應」
同　卷十三　有譯有本錄　聖賢傳記錄　此方撰述集傳「一切經音義二十五卷、大唐翻經沙門釋玄應撰。新編入藏、出內典錄。」
同　卷十七　補闕拾遺錄　此方所撰傳記「一切經音義二十五卷、大唐沙門釋玄應撰」

同　巻二十　入藏錄　賢聖集　此方撰集「一切經音義二十五卷、七百六十八紙」
貞元錄巻十二　唐代錄「一切經音義二十五卷、見內典錄。…沙門釋玄應」
同　巻二十三　有譯有本錄　聖賢傳記錄　此方撰述集傳「一切經音義二十五卷、大唐翻經沙門釋玄應撰。出內典錄。」
同　巻二十七　補闕拾遺錄　此方所撰傳記集錄「一切經音義二十五卷、大唐沙門釋玄應撰」
同　巻三十　入藏錄　賢聖集　此方撰集「一切經音義二十五卷、七百六十八紙」
指要錄巻八　聖賢傳記「一切經音義二十五卷。一、譯經沙門玄應撰」
開元錄略出巻四　有譯有本錄　聖賢傳記錄　此方撰述集傳「一切經音義二十五卷、唐翻經沙門玄應撰。出內典錄。」
通志略　釋家　音義「大唐衆經音義二十五卷、僧玄應撰」
藏俊錄「一切經音義二十五卷」
至元錄巻十　有譯有本　聖賢傳記　東土賢聖集傳「一切經音義二十五卷、唐沙門玄應撰。出內典錄。」
宋志　子類　釋氏類「僧元應唐一切經音義一十五卷」

注 釋玄應、京師大慈恩寺翻經沙門①、大總持寺沙門②。貞觀十九年（六四五）、字學大德として玄奘の翻經に加わる③。卒年に關して、神田喜一郎氏は、顯慶元年（六五六）七月玄奘譯「大毘婆沙論」の譯場列位に玄應の名が見えることから、それ以後であるとし、また終南太一山釋氏「大唐衆經音義序」に「以貞觀末曆、勅召參傳、綜經正緯、資爲實錄。」とあり、內典錄巻五大唐衆經音義條に「恨敍綴譏了、未及覆疎、遂從物故。惜哉。」とあるのによって、貞觀末、玄奘の譯場に勅命によって召し出された後、音義の脫稿とほとんど同時に示寂したとし、さらに玄奘譯「大般若經」巻三百四十八の龍朔元年（六六一）十月の譯場列位中に玄應の名がないことから、これ以前に卒したとする④。なお卒年については、陳垣概論巻三にも論がある。この書は、貞觀末年、華嚴經より順正理論までの四百五十四部の大小乘經律論中の熟語に、群籍を援引し梵音を參照して注解したものである⑤。書名について、現行本の終南太一山釋氏の序や、內典錄・法苑珠林に據れば、もともと「大唐衆經音義」に作っていたが、開元錄の頃より「一切經音義」の名で行われるようになったようである。巻數について、麗本內典錄巻五は「一部十五卷」、金藏本は「一部二十五巻」、新唐志は「二十五巻」に作る。また法苑珠林巻百が二十巻、宋志が十五巻とするほかは、内典錄巻十、及び開元年間以後のほとんどの文獻が二十五巻とし、現行本も二十五巻である。金藏本が「二十五巻」に作るのは、開寶藏本が「二十五巻」に作っていたためであろう。よって二十五巻が正しく、麗本内典錄巻五の十五巻は誤りである。この書は、開元錄の入藏錄に入れられたことで流傳が絶えなかった書であり、開元錄の頃から「一切經音義」の名で行われていた。それにもかかわらず新唐志は内典錄・法苑珠林と同じく「大唐衆經音義」に作る。このような状況から、新唐志纂修者は内典錄からこの書を轉錄した可能性が高い。この書のテキストについては、上田正「玄應音義諸本論考」⑥に詳しい。

①據内典錄巻五・法苑珠林巻百等。②據大慈恩寺三藏法師傳巻六・開元錄巻八。③據開元錄巻八。④「緇流の二大小學家―智騫と玄應―」(『支那學』第七巻第一號、一九三三年五月)を參照。⑤小野大辭典。⑥『東洋學報』第63巻第1・2號、一九八一年十二月。

77玄惲敬福論十巻

舊唐志不著錄

内典錄巻五　皇朝傳譯佛經錄「敬福論十巻、略敬福論二巻…京師西明寺沙門釋玄惲所撰。惲、本名世道。」

同　巻十　歷代道俗述作注解錄「皇朝西明寺沙門釋玄惲…本名道世。敬福論十巻、略論二巻。」

法苑珠林巻百　傳記篇　雜集部「敬福論三巻…皇朝西京西明寺沙門釋道世字玄惲撰」

宋高僧傳巻四　義解篇「釋道世…又著善惡業報及信福論共二十三巻。」

通志略　釋家　論議「敬福論十巻、唐僧玄惲撰」

注玄惲、釋道世の字①。太宗の廟諱を避け、字を以て行わる。俗姓韓氏、京兆人。唐高宗顯慶年間(六五六～六六一)、玄奘の翻經に參加し②、總章元年(六六八)、法苑珠林百巻成る③。卒年未詳④。長安弘法寺沙門⑤、京師西明寺沙門⑥。書名について、宋高僧傳のみ「信福論」に作る。これは、宋代に太祖趙匡胤の祖父敬の諱を避けたためかもしれない。卷數について、內典錄は十卷、法苑珠林は三卷とする。この書は、內典錄・法苑珠林に記載されて以後、新唐志にもとづく通志略を除き、記載がなく、宋代には散佚していたようである。その卷數は內典錄と一致することから、新唐志纂修者が他の道世の著作とともに、內典錄から轉錄した可能性が高い。

①據宋元明本內典錄卷五・新唐志83原注。麗本內典錄卷五・開元錄卷八作「世道」。②④據宋高僧傳卷四。③據法苑珠林李儼序、宋高僧傳卷四。⑤據毘尼討要序。⑥據內典錄卷五等。

78又略論二卷

舊唐志不著錄

內典錄卷五　皇朝傳譯佛經錄「略敬福論二卷…京師西明寺沙門釋玄惲所撰」

同　卷十　歷代道俗述作注解錄「皇朝西明寺沙門釋玄惲…敬福論十卷、略論二卷。」

通志略　釋家　論議「略論二卷、僧玄惲撰」

注 77に同じく釋道世の撰。この書は、77「敬福論十卷」を略述したものである。この書は、內典錄以後、新唐志にもとづく通志略を除き、記載がなく、宋代には散佚していたようである。よって新唐志纂修者は他の道世の著作とともに、內典錄から轉錄した可能性が高い。

79大小乘觀門十卷

舊唐志不著錄

內典錄卷五　皇朝傳譯佛經錄「大小乘觀門十卷…京師西明寺沙門釋玄惲所撰」

同　卷十　歷代道俗述作注解錄「皇朝西明寺沙門釋玄惲…大小乘觀門十卷」

法苑珠林卷百　傳記篇　雜集部「大小乘禪門觀十卷…皇朝西京西明寺沙門釋道世字玄惲撰」
宋高僧傳卷四　義解篇「釋道世…又著…大小乘禪門觀及大乘觀共十一卷。」
通志略　釋家　論議「大小乘觀門十卷、僧玄惲撰」

注 77に同じく釋道世の撰。書名について、內典錄は新唐志と同じく「大小乘觀門」に作り、法苑珠林・宋高僧傳は「大小乘禪門觀」に作る。この書は、內典錄・法苑珠林以後、宋高僧傳・通志略を除き、記載がない。このうち通志略は新唐志にもとづくものであるが、宋高僧傳に記載されることから、宋代に流傳していた可能性がある。しかし、その書名は宋高僧傳と一致せず、內典錄と一致することから、新唐志纂修者は、當時の傳本によったのではなく、他の道世の著作とともに、內典錄から轉錄した可能性が高い。

80 法苑珠林集一百卷

舊唐志不著錄
內典錄卷五　皇朝傳譯佛經錄「法苑珠林集一百卷…京師西明寺沙門釋玄惲所撰」
同卷十　歷代道俗述作注解錄「皇朝西明寺沙門釋玄惲…法苑珠林一百卷」
廣弘明集卷二十　法義篇「法苑珠林序、朝議大夫行中臺司元大夫隴西李儼字仲思撰…大唐麟德三年歲在攝提律惟沽洗三月十日纂集斯畢。」
法苑珠林　李儼序「大唐總章元年歲在執徐律惟沽洗三月三十日纂集斯畢。」
同　卷百　傳記篇　雜集部「法苑珠林一百卷…皇朝西京西明寺沙門釋道世字玄惲撰」
圓行錄　顯教經論疏章等「法苑珠林一部十卷、道法師撰」
宋高僧傳卷四　義解篇「釋道世…以類編錄號法苑珠林總一百篇、勒成十帙。…總章元年畢軸、蘭臺郎李儼爲之都序。此文行于天下。」

崇文總目　釋書上「法苑珠林一百卷」
義天錄卷三「法苑珠林一百卷、道世集」
東域錄　小乘論疏記等「法苑珠林百卷、西明寺道世撰、字覺暉。東妻室。」
通志略　釋家　詮述「法苑珠林集一百卷、唐僧道世纂」
至元錄卷十　有譯有本　聖賢傳記　東土賢聖集傳「法苑珠林一百卷、西明寺沙門道世集」
宋志　子類　釋氏類「僧道世法苑珠林一卷」

注　77に同じく釋道世の撰。この書は、諸經論から事項を選び、類別し集成した、いわば佛教事典であり、六百六十八篇からなり、その一々に出典が記されている①。唐高宗總章元年（六六八）の撰②。なお川口義照氏は、麟德元年（六六四）に完結し、總章元年に改訂增補がなったとする③。書名について、內典錄卷五・新唐志のみ「法苑珠林集」に作る。卷數について、圓行錄の十卷は百卷本の闕本と思われ、宋志の一卷は「一」字の下に「百」字を脫したものであろう。この書は、開元錄の入藏錄には入れられなかったが、現在に傳わっている。しかし新唐志著錄本の書名は、唯一內典錄卷五と一致することから、新唐志纂修者は他の道世の著作とともに、內典錄からこの書を轉錄した可能性が高い。現在、大正藏第五十三卷事彙部上に收錄されている。
①全解說大事典。②據法苑珠林李儼序。③『中國佛教における經錄研究』（法藏館、二〇〇〇年十二月）第三章第二節『法苑珠林』の撰述年次と『諸經要集』との關係」を參照。

81四分律僧尼討要略五卷
舊唐志不著錄
內典錄卷五　皇朝傳譯佛經錄「四分律僧尼討要略五卷…京師西明寺沙門釋玄惲所撰」
同　卷十　歷代道俗述作注解錄「皇朝西明寺沙門釋玄惲…四分律僧尼討要各五卷」

法苑珠林卷百　傳記篇　雜集部「四分律討要五卷、四分律尼鈔五卷…皇朝西京西明寺沙門釋道世字玄惲撰」
宋高僧傳卷四　義解篇「釋道世…又著…四分律討要五卷、四分律尼鈔五卷。」
義天錄卷二　十誦律「毘尼對要二卷、玄惲撰」
東域錄　傳律錄「毘尼討要三卷」
通志略　釋家　詮述「四分律僧尼討要略五卷」
注 77に同じく釋道世の撰。「四分律」は、印度小乘佛教二十派中、曇無德（Dharmagupta）部の傳える律のことであり、四段に分けられている①。この書は、四分律をもとに、不足は諸部によって行事を補い、衆記を涉獵しつつ、專ら大疏と呼ばれる智首律師の疏に依り、要點を求め、四十章にまとめたものである②。義天錄卷二は「毘尼對要二卷」とし、東域錄は「毘尼討要三卷」とする。「毘尼」は律・律典のことである。この書は、新唐志・內典錄卷五ともに「四分律討要略五卷」と著錄するが、內典錄卷十では「四分律僧尼討要各五卷」に作る。これに對し、法苑珠林卷百には「四分律討要五卷」・「四分律尼鈔五卷」とある。「討」は、集韻晧韻に「討、土晧切。說文、治也。一曰求也、殺也。」とあり、求めるの意、「討要」は要點を求めるの意で、「四分律尼鈔」の「鈔」と含義が似ている。そのために、內典錄卷十はこの二書を併記し、「各五卷」としたのであろう。內典錄卷五の方も、もともとは「各五卷」に作っていたのであろうが、傳寫の過程で「略五卷」に誤ってしまったものと考えられる。新唐志が「略五卷」に作るのは、內典錄卷五の誤りに氣づかず、そのまま轉錄してしまったためであると考えられる。現在、續藏經支那撰述大小乘釋律部に「毘尼討要」六卷が收錄されている。
①全解說大事典。②小野大辭典「毘尼討要」條。

82金剛般若經集注三卷
舊唐志不著錄

內典錄卷五　皇朝傳譯佛經錄「金剛般若經集注三卷…京師西明寺沙門釋玄惲所撰」
廣弘明集卷二十二　法義篇「金剛般若經集註序、司元大夫隴西李儼字仲思撰…時有長安西明寺釋道世字玄惲、…爰掇諸家而爲集注。開題科簡同銘斯部、勒成三卷、號爲集注般若、兼出義疏三卷・玄義兩卷。」
法苑珠林卷百　傳記篇　雜集部「金剛般若集注三卷…皇朝西京西明寺沙門釋道世字玄惲撰」
宋高僧傳卷四　義解篇「釋道世…又著…金剛經集注三卷。」
注 77に同じく釋道世の撰。この書は、金剛般若經に對する諸家の注を集めたものである①。この書は、宋高僧傳に記載され、宋代に流傳していた可能性がある。しかし、その書名は內典錄と一致することから、新唐志纂修者は他の道世の著作とともに、內典錄から轉錄した可能性が高い。現在見ることのできるのは、廣弘明集卷二十二の收載する李儼の序のみである。

①據廣弘明集卷二十二。

83 百願文一卷　玄惲、本名道世。

舊唐志不著錄
內典錄卷五　皇朝傳譯佛經錄「百願文一卷…京師西明寺沙門釋玄惲所撰」
通志略　釋家　儀律「百願文一卷、玄惲撰」
注 77に同じく釋道世の撰。この書は、內典錄以後、新唐志にもとづく通志略を除き、記載がなく、宋代には散佚していたようである。よって新唐志纂修者は他の道世の著作とともに、內典錄から轉錄した可能性が高い。

84 玄範注金剛般若經一卷

舊唐志不著錄

內典錄卷五　皇朝傳譯佛經錄「注金剛般若經…普光寺僧釋玄範所撰」
法苑珠林卷百　傳記篇　雜集部「注新翻能斷金剛般若一卷…皇朝西京普光寺沙門釋玄範撰」
藏俊錄「同（金剛般若）經疏二卷、玄範撰」
注 釋玄範、生卒年未詳。玄範は、唐太宗と、當時皇太子であった高宗が著した「三藏聖教序」①と、永徽年間（六五〇～六五六）に玄奘によって翻譯された「能斷金剛般若經」とに注釋をつけているので、永徽年間以降に活動した人物である。京師普光寺沙門②。他に別集二十卷がある③。なお大周錄卷十五には大周錄の編纂者名が列擧され④、そのなかに「翻經大德中大雲寺都維那象城縣開國公玄範」とあり、玄範の名が見えるが、寺名が異なり、同一人物か否かは未詳。注金剛般若經は、法苑珠林卷百に「注新翻能斷金剛般若」とあるように、當時新たに翻譯された金剛般若經の注釋であり、「新翻」とは永徽年間玄奘譯「能斷金剛般若經」を指す⑤。この書は、藏俊錄に著錄され、宋代に流傳していたようである。しかし新唐志著錄本の書名・卷數は、かえって內典錄卷五と完全に一致することから、新唐志纂修者は他の玄範の著作とともに、內典錄から轉錄した可能性が高い。なお法相宗章疏に「能斷金剛般若述贊三卷、玄範述」なる書が著錄されるが、本書との關係は未詳。
①85注參照。②據內典錄卷五・法苑珠林卷百。③據內典錄卷五。新唐志集錄別集類「僧玄範集二十卷」。④天冊萬歲元年（六九五）の年號あり。⑤據內典錄卷五・六。開元錄卷八作「貞觀二十二年」。

85又注二帝三藏聖教序一卷　太宗・高宗。
舊唐志不著錄
內典錄卷五　皇朝傳譯佛經錄「注二帝三藏聖教序…普光寺僧釋玄範所撰」
法苑珠林卷百　傳記篇　雜集部「注二帝三藏聖教序一卷…皇朝西京普光寺沙門釋玄範撰」
注 84に同じく釋玄範の撰。「二帝三藏聖教序」は、廣弘明集卷二十二法義篇に引く「三藏聖教序、太宗文皇帝…」と、

「皇太子臣治述、聖記三藏經序」のことであり、太宗と、當時皇太子であった高宗が、貞觀十九年に弘福寺で新たに翻譯された玄奘將來の聖教の要文六百五十七部のために作った序文である。書名が「二帝」に作るのは、この注釋が高宗の卽位後に著されたことを示している。この書は、內典錄・法苑珠林以後記載がなく、宋代には散佚していたようである。よって新唐志纂修者は他の玄範の著作とともに、內典錄から轉錄した可能性が高い。なおこの書はこれまで完全に散佚したと考えられてきたが、最近になって、西脇常記氏によって、ベルリンのトルファン文書の漢語コレクション中から「注三藏聖教序」の斷片文書が發見された①。

①詳しくは『ドイツ將來のトルファン漢語文書』第六章「忘れられた唐初の護法家、玄範」（京都大學學術出版會、二〇〇二年七月）を參照。

86慧覺華嚴十地維摩纘義章十三卷　姓范氏、武德人。

舊唐志不著錄

續高僧傳卷十二　義解篇「釋慧覺…明華嚴十地、講席相繼、流軌齊岱、榮名遠著、門學成風。…著華嚴十地維摩等疏幷纘義章一十三卷、文質恢恢條貫倫約、齊魏明德咸誦行之。」

華嚴宗章疏「華嚴十地品疏十卷、唐幷州武德寺慧覺述」

東域錄　弘經錄華嚴部「同疏十卷、唐幷州武德寺釋惠覺撰」

通志略　釋家　章鈔「華嚴十地維摩纘義章十二卷、釋慧覺撰」

［注］釋慧覺、俗姓范氏、齊人。梁武帝中大通三年（五三一）生、唐高祖武德三年（六二〇）卒、年九十。幷州武德寺沙門①。

「華嚴十地」は、華嚴經の十地品のことであり、華嚴經は唐代の新譯ではなく、東晉の佛駄跋陀羅譯「舊譯華嚴經」である。「維摩」は、維摩詰所說經のこと。「纘」は「纂」に同じく集めるの意。「義章」は、橫超慧日氏によれば、義理（教義）の類聚を意味し、北地に多い撰述樣式であり、南北朝時代の中頃以降、大乘思想の興起に伴い、大乘と小乘の教相上の差異を辨明する目的で作られたものであり、北魏孝文帝頃、釋道辯によって大乘・小乘の各義章が著されたのがその初めである②。また橫超氏は、慧覺の義章について、大小乘の教相上の差異を辨明したものかどうかは明らかでないとする。なお大乘義章には、道辯「大乘義五十章」③・慧光「大乘義」④・法上「大乘義章」六卷⑤・慧遠「大乘義章」十四卷⑥・靈裕「大乘義章」四卷⑦・曇無最「大乘義章」⑧等があり、このうち現存の慧遠「大乘義章」は、隋代以前の諸學派の教理や實踐、諸經論に關する二百二十二門の項目を擧げて、大乘の立場から解釋を加えている⑨。

この書は、新唐志の著錄內容に從って推測すれば、華嚴經十地品と維摩經の教義集ということになる。これに對し、續高僧傳卷十二釋慧覺傳には「著華嚴十地維摩等疏、幷纉義章一十三卷。」とあり、慧覺が華嚴經十地品・維摩經をはじめとする幾つかの經典に對する疏と、その「纉義章」、全十三卷を著したと記されている。新唐志と違う點は、「等疏幷」三字があることによって、慧覺の著作として他に、華嚴經十地品と維摩經の疏や、その他の經典の疏・「纉義章」が擧げられていることである。このうち華嚴經十地品の疏は、日本にも傳わっていた⑩。問題は、華嚴經十地品と維摩經に對する「纉義章」のみの新唐志著錄本が、さらに、これに華嚴經十地品と維摩經の疏や、その他の經典の疏・「纉義章」を加えた續高僧傳の記載と同じく、十三卷となっていることである。また續高僧傳の記載の方は明らかに慧覺の著作群として記されているのであるが、新唐志の方は「華嚴十地維摩纉義章」を一つの書とみなしている。これらはなんとも不自然であり、新唐志が續高僧傳の記載から轉錄した際に、何らかの理由で「等疏幷」三字を脫してしまったと考えてはじめて納得がいくものである。

①據續高僧傳卷十二。②『中國佛教の研究一』(法藏館、一九五八年一月)「中國佛教に於ける大乘思想の興起」を參照。③據續高僧傳卷六。④據續高僧傳卷二十一。⑤據續高僧傳卷八。⑥據續高僧傳卷八。大正藏第四十四卷論疏部五所收本は二十六卷。⑦據續高僧傳卷九。⑧據續高僧傳卷二十三。⑨全解說大事典。⑩十卷。據華嚴宗章疏・東域錄。

87行友己知沙門傳一卷　序僧海順事。

舊唐志不著錄

續高僧傳卷十三 義解篇 釋海順傳「沙門行友著己知沙門傳、致序其（＝釋海順）事。友今被召弘福、充翻譯之選。建名時俗云。」

注釋行友、生卒年未詳。行友は、貞觀元年（六二七）に示寂した道謙のために碑文を著し①、同十九年、弘福寺に召され、翻譯の選に充てられ②、同年、綴文大德として玄奘の翻經に參加した③。蒲州普救寺沙門④。また行友は夭折した海順のために傳を著し、書名に「己知」と記していることから、海順とほぼ同輩であったと考えられる。なお行友の「奏平心露布」なる一文が廣弘明集卷二十九統歸篇に引用されている。釋海順、俗姓任氏、河東蒲坂人。蒲州仁壽寺沙門。隋文帝開皇九年（五八九）生、唐武德元年（六一八）卒、年三十⑤。己知沙門傳は、釋海順の傳記である。この書は、續高僧傳以後記載がなく、宋代には散佚していたようである。よって新唐志纂修者が續高僧傳から轉錄した可能性が高い。

①據續高僧傳卷十四釋道愻傳附。②據續高僧傳卷十三。③據大慈恩寺三藏法師傳卷六等。④據廣弘明集卷二十九・三藏法師傳卷六等。⑤據續高僧傳卷十三。

88道岳三藏本疏二十二卷　姓孟氏、河陽人。貞觀中。

舊唐志不著錄

續高僧傳卷十三 義解篇「釋道岳…又至（武德）二年、以三藏本疏文句繁多、學人研究難用詳覽、遂以眞諦爲本、餘則錯綜成篇。十有餘年、方勒成部、合二十二卷、減於本疏三分之二、並使周統文旨。」

通志略 釋家 章鈔「三藏本疏二十二卷、釋道岳撰」

注釋道岳、俗姓孟氏、河南洛陽人。陳廢帝光大二年（五六八）生、唐太宗貞觀十年（六三六）卒、年六十九。京師普光

寺沙門①。「三藏」は、經律論の三藏に精通した僧のことである。この書は、唐の道岳が陳の眞諦「倶舍疏本」（慧愷錄）を手に入れ、三分の二に删略したものである。よって、この「三藏」とは眞諦を指すと思われる。道岳によって删略されるに至る經緯は、續高僧傳卷十三によれば、次のようである。隋初、道岳は眞諦譯「倶舍論」に注解がないことを嘆いていたが、後に廣州の顯明寺で倶舍疏本と十八部記を手に入れたところ、ともに凱師②の筆迹であった。凱公は、親しく眞諦の口義を承けており、この疏本が見つかった顯明寺は凱公の住寺であり、その來歷は確かであった。大業八年、道岳は大禪定道場に召され、首座に登り、そこでこの三藏本疏によって倶舍論を判通した。唐の武德二年、道岳は三藏本疏の文句が繁多なるを嫌い、十餘年の歲月を費やして、眞諦の解を根幹とし、本疏を三分の二に删略して二十二卷にまとめた。これが新唐志が著錄するところの「三藏本疏」である。ただし删略後の書名が「三藏本疏」であったかは、續高僧傳には記されていない。この書は、續高僧傳以後、新唐志にもとづく通志略を除き、記載がなく、宋代には散佚していたようである。よって新唐志纂修者が續高僧傳の記載から轉錄した可能性が高い。

①據續高僧傳卷十三。②慧愷のこと。續高僧傳卷一譯經篇拘那羅陀（眞諦）傳・釋法泰傳を參照。

89 道基雜心玄章幷鈔八卷

舊唐志不著錄

續高僧傳卷十四　義解篇「釋道基…于時大業初歲、隋運會昌、義學高於風雲、搢紳峙於山岳、皆擁經講肆、問道知歸、踵武相趨、遐邇鱗萃。乃績雜心玄章幷抄八卷。大小兩帙、由來共傳。」

義天錄卷三　阿毘曇論「義章十卷、或五卷、鈔一卷、已上道基述。」

通志略　釋家　章鈔「雜心玄章幷鈔八卷、釋道基撰」

注 釋道基、俗姓呂氏、河東東平人。唐太宗貞觀十一年（六三七）卒、年六十餘。益州福成寺沙門①。「雜心」は、雜阿毘曇心の略稱である。「雜阿毘曇心」は、四世紀頃の尊者法救造、南朝宋の僧伽跋摩等譯であり、三世紀頃の尊者法勝造「阿毘曇心論」を繼承し、五世紀中頃の世親造「俱舍論」の種本となったとされる②。「玄章」は、「義章」と同じく、北地に多い撰述様式である義理の類聚を指すか③、或いは、南方系の義記・義疏の序から獨立發展した玄義・玄論④の類であろう。この書は、雜阿毘曇心の「玄章」であり、隋大業初年（六〇五）の作⑤。卷數について、續高僧傳は玄章とその抄本の二書、計八卷とし、義天錄は義章十卷、或いは五卷、鈔一卷とする。この書は、義天錄に著錄されることから、宋代に流傳していたようである。しかし新唐志の書名・卷數は義天錄とは一致せず、かえって續高僧傳と一致し、また「玄章」と「鈔」を合わせて八卷とする點も同じであることから、新唐志纂修者が續高僧傳の記載から轉錄した可能性が高い。

①據續高僧傳卷十四。宋元明本作「福感寺」。②全解說大事典。③86注參照。④86注引横超慧日「中國佛教に於ける大乘思想の興起」を參照。⑤據續高僧傳卷十四。

90又大乘章鈔八卷　姓呂氏、東平人。貞觀時。

舊唐志不著錄

續高僧傳卷十四 義解篇「釋道基…敦閲大乘、弘揚攝論、釐改先轍、緝續亡遺。道邁往初、名高宇內、以聽徒難襲、承業易迷、乃又綴大乘章抄八卷。」

通志略 釋家 章鈔「大乘章鈔八卷、釋道基撰」

注 89に同じく釋道基の撰。この書は、大乘義章①の類であろう。この書は、續高僧傳以後、新唐志にもとづく通志略を除き、記載がなく、宋代には散佚していたようである。よって新唐志纂修者が續高僧傳から轉錄した可能性が高い。

①86注參照。

91智正華嚴疏十卷　姓白氏、安喜人。貞觀中。

舊唐志不著錄
續高僧傳卷十四 義解篇「釋智正…製華嚴疏十卷、餘並爲抄記、具行於世。」
華嚴宗章疏「華嚴疏十卷、唐至相寺智正述」
義天錄卷一 大華嚴經「疏二十二卷、智正述」
東域錄 弘經錄 華嚴部「同疏十卷、唐終南山至相寺智正師撰。傳云十一卷。」
通志略 釋家 章鈔「華嚴疏十卷、釋智正撰」
注 釋智正、俗姓白氏、定州安喜人。陳武帝永定三年（五五九）生、唐太宗貞觀十三年（六三九）卒、年八十一。終南山至相寺沙門①。この書は、華嚴經の章疏である。この書は、華嚴宗章疏・義天錄等に著錄され、北宋に流傳していたようである。しかし宋代の國家藏書目錄に著錄されておらず、また前後の著作の轉錄狀況などから考えて、新唐志纂修者は續高僧傳からこの書を轉錄した可能性が高い。

①據續高僧傳卷十四。

92 慧淨雜心玄文三十卷　姓房、隋國子博士徽遠從子。

舊唐志不著錄
内典錄卷五 皇朝傳譯佛經錄「京師紀國寺沙門釋慧淨所撰。…所著諸經莊嚴雜心俱舍等論疏百有餘卷、故不備載。」
續高僧傳卷三 譯經篇「釋慧淨…注述之餘、尋繹無暇、却掃閑室、統略舊宗、纘述雜心玄文、爲三十卷、包括群典、籠罩古今。」
通志略 釋家 章鈔「雜心玄文三十卷、釋慧淨撰」
注 釋慧淨、俗姓房氏、常山眞定人。隋朝國子博士徽遠の猶子。京師紀國寺沙門。陳宣帝太建十年（五七八）生、唐太宗貞觀十九年（六四五）時、年六十八①、卒年未詳。貞觀元年、波羅頗蜜多の譯經に綴文として參加す②。慧淨の著作には他に續古今詩苑英華二十卷等がある③。「雜心」は、雜阿毘曇心論の略稱④。「玄文」は、「玄章」の類であろう⑤。この書は、內典錄・續高僧傳以後、新唐志にもとづく通志略を除き、記載がなく、宋代には散佚していたようである。また書名は續高僧傳の「雜心玄文」と一致することから、新唐志纂修者が續高僧傳から轉錄した可能性が高い。なお、この書より99「諸經講序一卷」までは、96「那提大乘集議論四十卷」を除いて皆慧淨の著作である。那提を間に挾んでいるのは、新唐志纂修者が92〜95を續高僧傳卷三より轉錄した後、さらに續けて續高僧傳未載の97〜99を內典錄卷五より轉錄しようとし、その際、挿入箇所を誤って那提の次に著錄したためであると考えられる。

①據續高僧傳卷三。②據內典錄卷五・譯經圖紀卷四。③據舊唐志・新唐志。④⑤89注參照。

93又倶舍論文疏三十卷

舊唐志不著錄

佛道論衡卷丙「紀國寺慧淨法師…幷倶舍毘曇大乘莊嚴論等、咸爲著疏各三十卷。法華已下行用諸要、亦纘疏述令成誦之。幷注經集論不能委述。」

內典錄卷五　皇朝傳譯佛經錄「京師紀國寺沙門釋慧淨所撰。…所著諸經莊嚴雜心倶舍等論疏百有餘卷、故不備載。」

續高僧傳卷三　譯經篇「釋慧淨…又以倶舍所譯詞旨宏富、雖有陳述、未盡研求。乃無師獨悟思擇名理、爲之文疏三十餘卷。遂使經部妙義、接紐明時、罽賓正宗、傳芳季緒。」

通志略　釋家　章鈔「倶舍論文疏三十卷、同上（釋慧淨撰）」

注 92に同じく釋慧淨の撰。「倶舍論」は、五世紀中頃の世親造の阿毘達磨倶舍論のこと。「阿毘達磨」は、「對法」の音譯、「倶舍」は「藏」（包含の意）の音譯であり、「對法藏論」ともいい①、陳の眞諦と唐の玄奘の二譯がある②。この書は、倶舍論の章疏である。卷數について、續高僧傳卷三は「三十餘卷」と記す。この書は、內典錄・續高僧傳・佛道論衡以後、新唐志にもとづく通志略を除き、記載がなく、宋代には散佚していたようである。また書名は續高僧傳の「(倶舍論) 文疏」と一致することから、新唐志纂修者が他の慧淨の著作とともに、續高僧傳から轉錄した可能性が高い③。なお書名に「文」字があるのは、新唐志纂修者が續高僧傳の「以倶舍所譯詞旨宏富、雖有陳述、未盡研求。乃無師獨悟思擇名理、爲之文疏三十餘卷。」という記載から、この書を抽出する際、「倶舍 (論)」と「文疏」とをつなげて書名としたためであろう。

①小野大辭典。②大正藏第二十九卷毘曇部四所收。③92注參照。

94大莊嚴論文疏三十卷

舊唐志不著錄

佛道論衡卷丙「紀國寺慧淨法師…幷倶舍毘曇大乘莊嚴論等、咸爲著疏各三十卷。法華已下行用諸要、亦纉疏述令成誦之。幷注經集論不能委述。」

內典錄卷五 皇朝傳譯佛經錄「京師紀國寺沙門釋慧淨所撰。…所著諸經莊嚴雜心倶舍等論疏百有餘卷、故不備載。」

續高僧傳卷三 譯經篇「釋慧淨…貞觀二年新經旣至、將事傳譯、下勅所司、搜選名德、淨當其集、筆受大莊嚴論、詞旨深妙、曲盡梵言、宗本旣成、幷纉文疏爲三十卷。義冠古今、英聲藉甚。」

法相宗章疏「大莊嚴論疏十卷、慧淨述」

東域錄 講論錄「大莊嚴論疏十卷、惠淨」

通志略 釋家 章鈔「大莊嚴論文疏三十卷」

藏俊錄「大莊嚴論疏十卷、惠淨」

注 92に同じく釋慧淨の撰。「大莊嚴論」は、貞觀二年 (六二八) に將來され、波羅頗蜜多によって譯された「大乘莊嚴論」十三卷を指す①。この書は、大莊嚴論の章疏である。書名について、法相宗章疏・東域錄等には「文」字がない。卷數について、法相宗章疏・東域錄等は十卷とする。この書は、法相宗章疏・東域錄に著錄され、北宋に流傳していたようである。しかし新唐志の書名・卷數はこれらと一致せず、かえって續高僧傳と一致することから、新唐志纂修者が他の慧淨の著作とともに、續高僧傳から轉錄した可能性が高い②。なお書名に「文」字があるのは、新唐志纂修者が續高僧傳の「筆受大莊嚴論、詞旨深妙、曲盡梵言、宗本既成、幷纘文疏爲三十卷。」という記載から、この書を抽出する際、「大莊嚴論」と「文疏」とをつなげて書名としたためであろう。

①據內典錄卷六・譯經圖紀卷四等。②92注參照。

95法華經纘述十卷

舊唐志不著錄

佛道論衡卷丙「紀國寺慧淨法師…法華已下行用諸要、亦纘疏述令成誦之。幷注經集論不能委述。」

內典錄卷五　皇朝傳譯佛經錄「京師紀國寺沙門釋慧淨所撰。…所著諸經莊嚴雜心倶舍等論疏百有餘卷、故不備載。」

續高僧傳卷三　譯經篇「釋慧淨…又撰法華經纘述十卷。」

法相宗章疏「法華述贊十卷、慧淨述」

義天錄卷一　法華經「贊述十卷、慧淨述」

東域錄　弘經錄　法華部「同經述贊十卷、惠淨」

通志略　釋家　章鈔「法華經纘述三十卷」

藏俊錄「同（妙法蓮華）經述讚十卷、惠淨」

注 92に同じく釋慧淨の撰。「纘」は、「纂」に同じ。この書は、法華經の章疏である。この書は、法相宗章疏・義天錄等に著錄され、宋代に流傳していたようである。しかし新唐志の書名・卷數は必ずしもこれらと一致せず、かえって續高僧傳と一致する。よって新唐志纂修者は他の慧淨の著作とともに、續高僧傳から轉錄した可能性が高い①。

①92注參照。

96 那提大乘集議論四十卷

舊唐志不著錄

續高僧傳卷四 譯經篇「那提三藏…所著大乘集義論、可有四十餘卷。將事譯之、被遣遂闕。」

開元錄卷九 唐代錄「沙門那提…所著大乘集義論、可有四十餘卷。將事譯之、被遣遂闕。」

貞元錄卷十二 唐代錄「沙門那提…所著大乘集義論、可有四十餘卷。將事譯之、被遣遂闕。」

通志略 釋家 章鈔「那提大乘集議論四十卷」

注 那提、中國名「福生」、音譯「布如烏代邪」、「那提」は誤って省略されたものである。中印度人。京師大慈恩寺梵僧。唐高宗永徽六年（六五五）、始めて京師に至るも、玄奘の影に隠れ世に知られず、顯慶元年（六五六）、崑崙諸國から南海を巡り、龍朔三年（六六三）、舊寺に返り、自らの將來經典を翻譯す。同年、請われて南海眞臘國に赴く①。

書名について、「議」は、續高僧傳・開元錄ともに「義」に作るが、新唐志によった通志略のみ「議」に作る。この書は、その書名から推せば、大乘佛教の綱要書であろう。この書は、續高僧傳等の記載によれば、翻譯されることなく散佚したとある。傳中に「可有四十餘卷（翻譯されれば四十卷あまりに相當するだろう）」の語があるのは、そのためである。それにもかかわらず新唐志がこの書を著錄できたのは續高僧傳から轉錄したためであるとしか考えられない。なお新唐志釋氏類には、譯經や中國人以外の著作を著錄しないという纂修方針がある。よって、かりにこの書が新唐志纂修當時現存していたとしても、翻譯前の、しかも中印度人の著作を著錄するのは、この方針に二重に反するものである。

①據續高僧傳卷四等。

97 釋疑論一卷

舊唐志不著錄
內典錄卷五　皇朝傳譯佛經錄「釋疑論一部一卷…京師紀國寺沙門釋慧淨所撰」
同　卷十　歷代道俗述作注解錄「皇朝紀國寺沙門釋慧淨撰…釋疑論」
廣弘明集卷十八　法義篇「析疑論、唐沙門釋慧淨。…慧淨法師不勝其侮、乃裁論以擬之曰…」
續高僧傳卷四　譯經篇「釋慧淨…太子中舍辛諝…謂僧中之無人也。淨憤斯輕侮、乃裁論擬之。文云…沙門法琳包括經史、摛掞昔聞、承破邪疑、迺致書曰、近覽所報辛中舍析疑論…」
法苑珠林卷百　傳記篇　雜集部「析疑論一卷…皇朝西京紀國寺沙門釋慧淨撰」
通志略　釋家　論議「釋疑論一卷」
注 92に同じく釋慧淨の撰。この書は、「析疑論」ともいう。時の太子中舍辛諝が道術を信じ佛法を輕侮し、論敵を盡く論破し、「僧中之無人」との暴言を吐くに及び、慧淨がこれを論破せんとしたものである①。この書は、內典錄と法苑珠林等以後、新唐志にもとづく通志略を除き、記載がなく、宋代には散佚していたようである。またその書名が新唐志と一致するのは內典錄のみであることから、新唐志纂修者が他の慧淨の著作とともに、內典錄から轉錄した可能性が高い②。現在見ることのできるのは、廣弘明集卷十八・續高僧傳卷四に所載のものだけである。
①據廣弘明集卷十八引析疑論・續高僧傳卷四等。②92注參照。

98
注金剛般若經一卷
舊唐志不著錄
內典錄卷五　皇朝傳譯佛經錄「注金剛般若經…京師紀國寺沙門釋慧淨所撰」
同　卷十　歷代道俗述作注解錄「皇朝紀國寺沙門釋慧淨撰…注金剛般若經」
廣弘明集卷二十二　法義篇「金剛般若經注序、褚亮。…潁川庾初孫、早弘篤信、以爲般若所明、歸於正道、顯大乘之名相、標不住之宗極、出乎心慮之表、絕於言象之外。是以結髪受持、多歷年所。雖妙音演說、成誦不虧、而靈源邃湛、或有未悟。嗟迷方之弗遠、睠砥途而太息。屬有慧淨法師、博通奧義、辯同炙輠、理究連還。庾生入室研幾、伏膺善誘、乘此誓願、仍求註述。…」

法苑珠林卷百　傳記篇　雜集部「注金剛般若經一卷…皇朝西京紀國寺沙門釋慧淨撰」

東域錄　弘經錄　般若部「同（金剛般若）集註一卷、紀國寺惠淨註。序上宮儀撰。一紙。」

藏俊錄「同（金剛般若）經疏一卷、惠淨撰」

注 92に同じく釋慧淨の撰。この書は、慧淨が潁川の庾初孫の求めに應じて著した、金剛般若經の章疏である①。この書は、東域錄等に著錄され、宋代に流傳していたようである。しかし新唐志の書名は東域錄と一致せず、かえって內典錄・法苑珠林と同じであることから、新唐志纂修者が他の慧淨の著作とともに、內典錄から轉錄した可能性が高い②。現在、續藏經支那撰述大小乘釋經部に慧淨撰「金剛經註疏」三卷が收錄されている。なお、その日本享保二年（一七一七）の丹陽散人烏有子跋には、この疏は中國では行われなかったとある。

①據廣弘明集卷二十二引諸亮金剛般若經注序。②92注參照。

99諸經講序一卷

舊唐志不著錄

內典錄卷五　皇朝傳譯佛經錄「諸經講序…京師紀國寺沙門釋慧淨所撰」

同　卷十　歷代道俗述作注解錄「皇朝紀國寺沙門釋慧淨撰…諸經講序」

法苑珠林卷百　傳記篇　雜集部「諸經講序一卷…皇朝西京紀國寺沙門釋慧淨撰」

注 92に同じく釋慧淨の撰。この書は、內典錄・法苑珠林以後、新唐志にもとづく通志略を除き、記載がなく、宋代には散佚していたようである。よって新唐志纂修者が他の慧淨の著作とともに、內典錄から轉錄した可能性が高い①。

①92注參照。

100玄會義源文本四卷

舊唐志不著錄

續高僧傳卷十五　義解篇「釋玄會…時大賞之、以爲涅槃之後胤也。因爾改前舊章、更新戶牖、穿鑿之功、難與讎抗、造涅槃義章四卷、義源文本時文釋抄部各四卷。自延遠輟斤之後、作者祖述前言、惟會一人獨稱孤拔。」

通志略　釋家　章鈔「義源文本四卷、釋玄會撰」

注釋玄會、字懷默、俗姓席氏、先は豳土安定人、遠祖より、京兆樊川の祕坂に居す。陳宣帝太建十四年（五八二）生、唐太宗貞觀十四年（六四〇）、年五十九。京師弘福寺沙門①。「義源文本」は、未詳。この書は、續高僧傳以後、新唐志にもとづく通志略を除き、記載がなく、宋代には散佚していたようである。よって新唐志纂修者は續高僧傳から轉錄した可能性が高い。

①據續高僧傳卷十五。

101又時文釋鈔四卷

舊唐志不著錄

續高僧傳卷十五　義解篇「釋玄會…時大賞之、以爲涅槃之後胤也。因爾改前舊章、更新戶牖、穿鑿之功、難與讎抗。造涅槃義章四卷、義源文本時文釋抄部各四卷。自延遠輟斤之後、作者祖述前言、惟會一人獨稱孤拔。」

通志略　釋家　章鈔「時文釋鈔四卷、釋玄會撰」

注100に同じく釋玄會の撰。「時文釋抄」は、未詳。この書は、續高僧傳以後、新唐志にもとづく通志略を除き、記載がなく、宋代には散佚していたようである。よって新唐志纂修者は續高僧傳から轉錄した可能性が高い。

102
涅槃義章句四卷　字懷黙、姓席氏、安定人。貞觀中。
舊唐志不著錄
續高僧傳卷十五　義解篇「釋玄會…時大賞之、以爲涅槃之後胤也。因爾改前舊章、更新戸牖、穿鑿之功、難與讎抗。造涅槃義章四卷、義源文本時文釋抄部各四卷。自延遠輟斤之後、作者祖述前言、惟會一人獨稱孤拔。」
通志略　釋家　章鈔「涅槃義章句四卷、釋玄會撰」
注 100に同じく釋玄會の撰。書名について、續高僧傳には「句」字がない。この書は、續高僧傳以後、新唐志にもとづく通志略を除き、記載がなく、宋代には散佚していたようである。よって新唐志纂修者は續高僧傳から轉錄した可能性が高い。この書は涅槃經の「義章」であり、「句」字は、轉錄の際、「章」字につられて、誤って加えられたものであろう①。

①86注參照。

103
慧休雜心玄章鈔疏　卷亡。姓樂氏、瀛州人。
舊唐志不著錄
續高僧傳卷十五　義解篇「釋慧休…休卽著雜心玄章抄疏、各區別部類、條貫攸歸。」
注 釋慧休、俗姓樂氏、瀛州人。梁武帝太淸二年（五四八）生、唐太宗貞觀十九年（六四五）時、年九十八。相州慈潤寺沙門①。「雜心」は、雜阿毘曇心論の略稱②。この書は、雜阿毘曇心論の「玄章」③である。「卷亡」は、例えば他に、新唐志易類「不著錄」部分の「李吉甫注一行易」や、釋氏類146「大唐京師寺錄」などにも注記され、このうち「李吉甫注一行易」は舊唐書李吉甫傳の「吉甫嘗討論易象異義、附於一行集注之下。」という記載から轉錄されたものと見られ、また「大唐京師寺錄」は、開元錄卷八の「沙門釋彥悰…兼撰大唐京師寺錄、行於代。」という記載か、これと同じ記載内容を持つ他の文獻から轉錄されたものと見られる④。これらはいずれもその所據資料に卷數が明記されていない書籍であり、そのために轉錄する際に「卷亡」―卷數が亡われていてわからない―という注記が加えられたものと考えられる。「雜心玄章抄疏」も、これらと同樣に、續高僧傳に卷數が記されていないために、「卷亡」が加えられたのであろう。この書は、續高僧傳以後記載がなく、宋代には散佚していたようである。よって新唐志纂修者は續高僧傳から轉錄した可能性が高い。

①據續高僧傳卷十五。②③89注參照。④146注參照。

104 靈潤涅槃義疏十三卷

舊唐志不著錄

續高僧傳卷十五　義解篇「釋靈潤…前後所講涅槃七十餘遍、攝大乘論三十餘遍、幷各造義疏一十三卷玄章三卷。」

通志略　釋家　章鈔「涅槃義疏十三卷、釋靈潤撰」

[注]釋靈潤、俗姓梁氏、河東虞鄉人。京師弘福寺沙門。生年は、續高僧傳釋靈潤傳の隋煬帝大業初歲（六〇五）以前の部分に「年二十三」とあるのによれば、文帝開皇三年（五八三）以前。大業十年、興善寺にて新經を翻譯し、貞觀八年（六三四）、弘福寺に徵召され①、同十九年、證義大德として玄奘の翻經に加わる②。卒年未詳。この書は、續高僧傳以後、新唐志にもとづく通志略を除き、記載がなく、宋代には散佚していたようである。よって新唐志纂修者が續高僧傳から轉錄した可能性が高い。

①據續高僧傳卷十五。②據內典錄卷五等。

105 又玄章三卷

舊唐志不著錄

續高僧傳卷十五　義解篇「釋靈潤…前後所講涅槃七十餘遍、攝大乘論三十餘遍、幷各造義疏一十三卷玄章三卷。」
通志略　釋家　章鈔「涅槃義疏十三卷、釋靈潤撰、又玄章三卷」
注 104に同じく釋靈潤の撰。この書は、涅槃經の「玄章」①である。この書は、續高僧傳以後、新唐志にもとづく通志略を除き、記載がなく、宋代には散佚していたようである。よって新唐志纂修者が續高僧傳から轉錄した可能性が高い。
①89注參照。

106
遍攝大乘論義鈔十三卷

舊唐志不著錄
續高僧傳卷十五　義解篇「釋靈潤…前後所講涅槃七十餘遍、攝大乘論三十餘遍、幷各造義疏一十三卷玄章三卷。」
通志略　釋家　章鈔「遍攝大乘論義鈔十三卷」
注 104に同じく釋靈潤の撰。「攝大乘論」は、大乘の要義を包括した論の意で、阿毘達磨大乘經に則り大乘の優れた點に十種あるとして、唯識教義に卽して著されたものである①。五世紀頃の無著造、譯には後魏の佛陀扇多譯、陳の眞諦譯、隋の笈多・行矩等譯、唐の玄奘譯がある。書名について、新唐志は「遍」字を冠するが、これは續高僧傳卷十五の「前後所講涅槃七十餘遍、攝大乘論三十餘遍、幷各造義疏一十三卷玄章三卷。」を、「前後所講涅槃七十餘、遍攝大乘論三十餘遍、幷各造義疏一十三卷玄章三卷。」と誤讀したためである。また「鈔」は、續高僧傳では「疏」に作る。遍攝大乘論義鈔は、續高僧傳以後、新唐志にもとづく通志略を除き、記載がなく、宋代には散佚していたようである。また書名に誤って「遍」字を冠する點等から考えて、新唐志纂修者が續高僧傳から轉錄した可能性が極めて高い。なお續高僧傳からの轉錄の際、「疏」を「鈔」に誤ったのであろう。
①全解說大事典。

107又玄章三卷　姓梁氏、虞鄉人。
舊唐志不著錄
續高僧傳卷十五　義解篇「釋靈潤…前後所講涅槃七十餘遍、攝大乘論三十餘遍、幷各造義疏一十三卷玄章三卷。」
通志略　釋家　章鈔「遍攝大乘論義鈔十三卷、又玄章三卷」
注104に同じく釋靈潤の撰。この書は、攝大乘論の「玄章」①である。この書は、續高僧傳以後、新唐志にもとづく通志略を除き、記載がなく、宋代には散佚していたようである。よって新唐志纂修者が續高僧傳から轉錄した可能性が高い。
①89注參照。

108辯相攝論疏五卷　辯相居淨影寺。
舊唐志不著錄
續高僧傳卷十五　義解篇　釋靈潤傳「有辯相法師、學兼大小、聲聞于天。攝論初興、盛其麟角、在淨影寺、創演宗門、造疏五卷。卽登敷述京華、聽衆五百餘僧、堅義之者數登二百。」
東域錄　講論錄「同（攝大乘論）古論疏七卷、辨相撰云云」
通志略　釋家　章鈔「攝論疏五卷、釋辯相撰」
注釋辯相、俗姓史氏、瀛州人。隋文帝開皇七年（五八七）、淨影寺に住し、攝論を講ず。唐太宗貞觀初年（六二七）卒、年七十餘。京師勝光寺沙門①。「攝論」は、攝大乘論②の略稱。この書は、攝大乘論の章疏である。東域錄は「古論疏七卷」に作る。この書は、中國では續高僧傳以後、新唐志にもとづく通志略を除き、記載がなく、宋代には散佚していたようであるが、東域錄に著錄されることから、日本では流傳があったようである。しかし新唐志の書名・卷數はこれらと一致せず、かえって續高僧傳と一致する。よって新唐志纂修者はこの書を續高僧傳から轉錄した可能性が高い。なお新唐志はこの書を靈潤の著作の次に著錄するが、その注には「辯相居淨影寺。」とあるだけで、その俗姓・本貫は記されていない。これに對し、續高僧傳卷十二の釋辯相傳には「姓史、瀛州人也。」とあり、その俗姓・本貫が記されているものの、彼の著「攝論疏五卷」については何ら記されていない。ところが、同書の卷十五釋靈潤傳には「有辯相法師、學兼大小、聲聞于天。攝論初興、盛其麟角、在淨影寺、創演宗門、造疏五卷。」とあるように、辯相の俗姓・本貫は記されないものの、淨影寺に住して「攝論」の「疏五卷」を著したことが記されている。新唐志の著錄位置・注の內容は、この續高僧傳の記載狀況をまさしく反映しているといえる。つまり新唐志纂修者は、釋辯相傳に「攝論疏」に關する記載がなかったために彼の俗姓・本貫を見逃し、釋靈潤傳から辯相の住寺と、その著「攝論」の「疏五卷」だけを抽出することになったと考えられるのである。これは、新唐志纂修者が、原資料を涉獵して集めた情報を整理する際、再び原資料を手にとって見落とし等がないかを嚴しく確認することなく、新唐志が纂修されていったことを物語っている。

①據續高僧傳卷十二・十五。②106注參照。

109 玄奘大唐西域記十二卷　姓陳氏、緱氏人。

舊唐志不著錄

譯經圖紀卷四「沙門玄奘…大唐西域記一部十二卷」

內典錄卷五　皇朝傳譯佛經錄「大唐西域傳一部十二卷…京師大慈恩寺沙門釋玄奘奉詔譯」

同　卷十　歷代道俗述作注解錄「皇朝坊州玉華宮寺沙門釋玄奘撰大唐西域傳一部一十二卷」

續高僧傳卷四　譯經篇「釋玄奘…微有餘隙、又出西域傳一十二卷、沙門辯機親受時事、連紕前後。…奘乃表上幷請序題、尋降手勅曰…其新撰西域傳者當自披覽。」

法苑珠林卷百　傳記篇　雜集部「大唐西域傳十二卷、皇朝西京大慈恩寺沙門玄奘奉勅撰」

大唐故三藏玄奘法師行狀「至（貞觀）二十年秋七月十三日、進新翻經、幷請仰製經序、及進西域記。」
大慈恩寺三藏法師傳卷六「前又洛陽奉見日、勅令法師修西域記、至是而成、乙未、又表進曰…、稱爲大唐西域記、凡一十二卷、繕寫如別。…」
開元錄卷八　唐代錄「大唐西域記十二卷。見內典錄。貞觀二十年奉勅、於弘福寺翻經院撰。沙門辯機承旨綴緝、秋七月絕筆。…沙門釋玄奘…微有餘隙、又出西域記十二卷、沙門辯機親受時事、連比前後。…奘乃進新譯經論幷大唐西域記、表請題序、手勅答書略云…其新撰西域記者當自披覽。」
同　卷十三　有譯有本錄　聖賢傳記錄　此方撰述集傳「大唐西域記十二卷、大唐三藏玄奘撰。出內典錄。新編入藏。」
同　卷十七　補闕拾遺錄　此方所撰傳記「大唐西域記十二卷、大唐三藏玄奘撰」
同　卷二十　入藏錄　賢聖集　此方撰集「大唐西域記十二卷、二百三十四紙」
貞元錄卷十一・十二、唐代錄「大唐西域記十二卷。見內典錄。貞觀二十年奉勅、於弘福寺翻經院撰。沙門辯機承旨綴首、秋七月絕筆。…沙門釋玄奘…微有餘隙、又出西域記十二卷、沙門辯機親受事、連比前後。…奘乃進新譯經論幷大唐西域記、表請題序、手勅答書略云…其雜撰西域記者當自披覽。」
同　卷二十三　有譯有本錄　聖賢傳記錄　此方撰述集傳「大唐西域記十二卷、大唐三藏玄奘撰。出內典錄。新編入藏。」
同　卷二十七　補闕拾遺錄　此方所撰傳記集錄「大唐西域記十卷、大唐三藏玄奘撰」
同　卷三十　入藏錄　賢聖集　此方撰集「大唐西域記十二卷、二百三十四紙」
見在書目錄　土地家「西域記十二卷、玄奘撰」
法相宗章疏「大唐西域記十二卷、玄奘三藏述」
崇文總目　地理類「大唐西域記十三卷」
指要錄卷八　聖賢傳記「西域記十二卷。大唐三藏奘法師自西域而還、奉詔旨而譯此記也。」
開元錄略出卷四　有譯有本錄　聖賢傳記錄　此方撰述集傳「大唐西域記十二卷、唐三藏玄奘撰。出內典錄。」
晁志卷七　僞史類「西域志十二卷、右僧玄奘撰」

通志略　地理　蠻夷「大唐西域記十二卷、唐僧玄奘撰」
　同　「西域記十二卷、唐僧辨機撰」
藏俊錄「大唐西域記十二卷、玄奘三藏渡天十七年間、見聞百三十箇國記之、歸唐翻譯之。」
陳志卷八　地理類「大唐西域記十二卷、唐三藏法師玄奘譯、大總持寺僧辯機撰」
至元錄卷十　有譯有本　聖賢傳記　東土賢聖集傳「大唐西域記十二卷、總一百三十八國、唐三藏玄奘撰。出內典錄。」
通考　史　僞史「西域志十二卷。晁氏曰、僧元奘撰。…或云、元奘譯、大總持寺僧辯機撰。」
　同　史　地理「大唐西域記十二卷。陳氏曰、唐三藏法師元奘譯、大總持寺僧辯機撰。」
宋志　史類　地理類「沙門辨機大唐西域記十二卷」
　同　子類　釋氏類「僧辨機唐西域志十二卷」

注釋玄奘、本名禕。俗姓陳氏、洛州緱氏人。京師大慈恩寺沙門①、坊州玉華宮寺沙門②。隋文帝仁壽二年（六〇二）生、唐高宗麟德元年（六六四）卒、年六十五③。なお梁啓超「支那內學院精校本玄奘傳書後—關於玄奘年譜之研究—」④と、宇都宮清吉「慈恩傳の成立に就いて」⑤の注（1）には、玄奘の卒年に關する諸説が紹介され、梁氏は麟德元年卒の六十九歳説、宇都宮氏は同年卒の六十五歳説を主張する。大唐西域記は、貞觀二十年、太宗の勅命によって、玄奘が印度及び西域の遊歷の記録を編纂したものである⑥。現在、大正藏第五十一卷史傳部三に「大唐西域記」十二卷が收錄されている。書名について、內典錄・續高僧傳・法苑珠林は「大唐西域傳」に作るが、玄奘の弟子靖邁の譯經圖紀が「大唐西域記」に作り、「三藏法師傳」の玄奘の上表にも「大唐西域記」とあるのによれば、これが原書名であろう。宋代になると、「西域志」に作るテキストも行われたようである⑦。卷數について、崇文總目のみ十三卷に作るが、その他の文獻がいずれも十二卷とし、現行本も十二卷であるのによれば、崇文總目の誤寫であろう。編著者について、新唐志は110「辯機西域記十二卷」を重出し、大唐西域記に玄奘撰と辯機撰とがあったかのように著錄する。しかし大唐西域記は、續高僧傳卷四等の記載によれば、玄奘が自己の體驗を口述し、それを辯機が筆記したものであり、新唐志が二書のように著錄するのは誤りである。そこで、新唐志がいかなる資料によって二つの「西域記」を著錄したか考えてみたい。

まず崇文總目著錄本の編著者を、崇文總目と密接な關係にある通志略・宋志⑧を用いて復元してみよう。通志略地理に「大唐西域記十二卷、唐僧玄奘撰」とあり、また「西域記十二卷、唐僧辨機撰」とあり、宋志地理類に「沙門辨機大唐西域記十二卷」とあり、また同釋氏類に「僧辨機唐西域志十二卷」とある。通志略の二本は、いずれも新唐志にもとづいて著錄したものであり、これによって崇文總目の編著者を復元することは難しい。また宋志の二本のうち、前者は崇文總目と同じく地理類に著錄され、書名・卷數も一致することから、崇文總目と同じ官藏のテキストを著錄したものと考えてよかろう。これが辨機の名を冠するのによれば、崇文總目著錄本も辨機の著作とされていた可能性が高い。それに對し、宋志の後者は崇文總目と書名が異なり、崇文總目著錄本とは別のテキストである。新唐志著錄本109は、崇文總目と書名が一致するので、崇文總目と同じ官藏のテキストを著錄したものであると考えられる。つまり、この書は新唐志纂修當時の祕閣の藏書によって著錄した可能性が高い。その編著者を「玄奘」に作るのは、新唐志纂修者が續高僧傳釋玄奘傳の記載等から「大唐西域記十二卷」が玄奘の著作であることを知って改めたためであろう。ところで、この玄奘傳では、辯機が玄奘の「西域傳十二卷」を親受・整理したとする。辯機の名を題する新唐志110は「傳」を「記」に作るが、「大唐」の二字を冠しておらず、續高僧傳の記載とよく似ている。宇都宮氏前掲論文によれば、開元錄卷八玄奘傳は續高僧傳を燒き直したものであるとのことであるが、その開元錄ではこの部分を「西域記十二卷」に作ることから、「記」に作る續高僧傳のテキストが存在した可能性がある。なおかつ新唐志が「不著錄」部分の所據資料に用いた續高僧傳のテキストは「道宗撰」と題する三十二卷本であったことを考え合わせると⑨、この三十二卷本が「西域記一十二卷」に作っていた可能性は十分ある。以上の點から、新唐志110は續高僧傳から轉錄されたものであると考えてみたい。

なお新唐志の「西域記」重出には、次のような事情があったと思われる。先述のように、新唐志纂修者は續高僧傳と祕閣から別々に「西域記」の情報を集め、その際、祕閣の方（109）の編著者を「玄奘」に改めたと考えられる。しかし109・110の書名・編著者が異なっていたために、後に、これら收集された情報を再整理し釋氏類を作る段階に至って、これらを別の著作とみなして重出著録してしまったのではなかろうか。つまり「西域記」が重出するのは、このような纂修過程で生じた誤解によるものであると思われる。もしそうだとすれば、これは、新唐志纂修者が原資料から渉獵して集めた情報を整理する際、再び原資料を手にとって誤り等がないかを嚴しく確認することなく、新唐志が纂修されていったことを物語っているといえよう。なお續高僧傳からの108「辯相攝論疏五卷」の轉録過程にも、「西域記」重出の事情と似た點が見られる⑩。

①據續高僧傳卷四・玄奘法師行狀等。三藏法師傳卷一・開元錄卷八作「陳留人」、舊唐書卷百九十一作「洛州偃師人」。②據內典錄卷十。③據續高僧傳卷四。玄奘法師行狀云「行年六十有三」、舊唐書卷百九十一作「(顯慶)六年卒、時年五十六」。④『佛學研究十八篇』(中華書局、一九八九年六月)所收。⑤『史林』第十七卷第四號、一九三二年十月。⑥全解說大事典。⑦據晁志卷七・宋志釋氏類。⑧三書の關係については、本書上篇第三章第二節を參照。⑨20注參照。⑩108注參照。

110辯機西域記十二卷

舊唐志不著錄

續高僧傳卷四　譯經篇「釋玄奘…微有餘隙、又出西域傳一十二卷、沙門辯機親受時事、連紕前後。…奘乃表上幷請序題、尋降手勅曰…其新撰西域傳者當自披覽。」

開元錄卷八　唐代錄「大唐西域記十二卷。見內典錄。貞觀二十年奉勅、於弘福寺翻經院撰。沙門辯機承旨綴緝、秋七月絶筆。…沙門釋玄奘…微有餘隙、又出西域記十二卷、沙門辯機親受時事、連比前後。…奘乃進新譯經論幷大唐西域記、表請題序、手勅答書略云…其新撰西域記者當自披覽。」

貞元錄卷十一・十二、唐代錄「大唐西域記十二卷。見內典錄。貞觀二十年奉勅、於弘福寺翻經院撰。沙門辯機承旨綴首、秋七月絶筆。…沙門釋玄奘…微有餘隙、又出西域記十二卷、沙門辯機親受事、連比前後。…奘乃進新譯經論幷大唐西域記、表請題序、手勅答書略云…其雜撰西域記者當自披覽。」
通志略　地理　蠻夷「西域記十二卷、唐僧辨機撰」
陳志卷八　地理類「大唐西域記十二卷、唐三藏法師玄奘譯、大總持寺僧辯機撰」
通考　史　僞史「西域志十二卷。晁氏曰、僧元奘撰。…或云、元奘譯、大總持寺僧辯機撰。」
同　史　地理「大唐西域記十二卷。陳氏曰、唐三藏法師元奘譯、大總持寺僧辯機撰。」
宋志　史類　地理類「沙門辨機大唐西域記十二卷」
同　子類　釋氏類「僧辨機唐西域志十二卷」
注釋辯機、貞觀十九年（六四五）、弘福寺にて録文として玄奘の翻經に加わり①、同二十二年、玄奘が弘福寺翻經院にて天請問經一卷を翻譯した際、筆受として參加した②。會昌寺沙門③、大總持寺沙門④。この書は、玄奘が自己の印度及び西域の遊歷體驗を口述し、それを辯機が筆受したものである。109「大唐西域記十二卷」は、この書の重出である。この110は、新唐志纂修者が續高僧傳から轉録した可能性が高い⑤。
①據續高僧傳卷四。「録文」內典録卷五作「執筆」、大慈恩寺三藏法師傳卷六・開元録卷八作「綴文大德」。②據開元録卷八。③據三藏法師傳卷六等。④據陳志卷八・大唐西域記。⑤109注參照。

111清徹金陵塔寺記三十六卷
舊唐志不著録
崇文總目　釋書下「金陵塔寺記三十六卷」
通志略　釋家　塔寺「金陵寺塔記三十六卷、唐僧淸徹撰」
注釋淸徹、未詳。なお宋高僧傳卷十六明律篇に鐘陵龍興寺沙門釋淸徹傳があり、出身地・生卒年未詳、唐憲宗元和年間（八〇六～八二〇）に活動した僧である。しかし金陵塔寺記を著したとの記載はなく、新唐志の淸徹と同一人物かどうか不明。この書は、金陵の塔寺に關する記錄である。この書は、崇文總目の著錄內容と完全に一致することから、新唐志纂修者が當時の祕閣の藏書によって著錄したものである可能性が高い。現在散佚して傳わらない。

112 師哲前代國王脩行記五卷　盡中宗時。

舊唐志不著錄

崇文總目　釋書下「前代國王修行記五十卷闕」

祕書續編　史類　目錄「前代國王修行記目一卷闕」

通志略　釋家　傳記「前代國王修行記五卷、唐僧師哲撰」

宋志　子類　釋氏類「師質前代王修行記一卷」

注 釋師哲、未詳。宋志は「師質」に作る。通志略は新唐志と同じく「師哲」に作るが、これは單に新唐志を踏襲したにすぎない。よって、いずれが正しいか判斷しかねる。「前代國王」とは、新唐志原注に、中宗期（六八四〜七一〇）のことを書いた、とあるのによれば、中宗のことであり、また、この書が睿宗期（七一〇〜七一二）に著されたことがわかる。卷數について、新唐志は五卷、崇文總目は五十卷とする。通志略の「五卷」は、單に新唐志を踏襲したにすぎず、他に徵すべき文獻もないので、いずれが正しいか判斷しかねる。なお宋志は一卷とするが、これは祕書續編の「前代國王修行記目一卷闕」と同じく、本書の目錄であろう。前代國王脩行記は、新唐志、或いは崇文總目の誤りを正せば、兩目の著錄內容が完全に一致することから、新唐志纂修者が當時の祕閣の藏書によって著錄したものである可能性が高い。現在散佚して傳わらない。

113 大唐內典錄十卷　西明寺僧撰。

舊唐志不著錄

內典錄卷五　皇朝傳譯佛經錄「大唐內典錄一部十卷…終南山沙門釋道宣所撰」
同　卷八　歷代衆經見入藏錄「大唐內典錄十卷、一帙」
同　卷九　歷代衆經擧要轉讀錄　賢聖集錄「大唐衆經錄十卷、二百八十紙、唐龍朔二年、終南山釋氏、於京師西明寺撰」
同　卷十　歷代道俗述作注解錄「皇朝終南山沙門釋道宣撰…大唐內典錄一部十卷」
同　歷代所出衆經錄目「大唐內典錄一帙十卷…」
法苑珠林卷百　傳記篇　雜集部「大唐內典錄十卷…皇朝西明寺沙門釋道宣撰」
大周錄　序「謹案梁朝釋僧皎釋僧祐釋寶唱、隋朝僧法經等所撰一切經目錄、隋朝翻經學士費長房所撰開皇三寶錄、唐朝僧道宣所撰內典錄等、已編入正目、大小乘經律論、幷賢聖集傳、合二千一百四十六部六千二百三十五卷。」
開元錄卷八　唐代錄「大唐內典錄十卷。見內典錄。麟德元年於西明寺撰。…沙門釋道宣」
同　卷十　叙列古今諸家目錄「大唐內典錄十卷、麟德元年甲子、西明寺沙門釋道宣撰…」
同　卷十三　有譯有本錄　聖賢傳記錄　此方撰述集傳「大唐內典錄十卷、一帙、大唐西明寺沙門釋道宣撰。出內典錄。新編入藏。」
同　卷十七　補闕拾遺錄　此方所撰傳記「大唐內典錄十卷、大唐沙門釋道宣撰」
同　卷二十　入藏錄　賢聖集　此方撰集「大唐內典錄十卷、一帙、二百二十紙」
貞元錄卷十二　唐代錄「大唐內典錄十卷。見內典錄。麟德元年於西明寺譯。…沙門釋道宣」
同　卷十八　叙列古今諸家目錄「大唐內傳錄十卷、麟德元年甲子、西明寺沙門釋道宣撰…」
同　卷二十三　有譯有本錄　聖賢傳記錄　此方撰述集傳「大唐內典錄十卷、一帙、大唐西明寺沙門釋道宣撰。出內典錄。新編入藏。」
同　卷二十七　補闕拾遺錄　此方所撰傳記集錄「大唐內典錄十卷、大唐沙門釋道宣撰」
同　卷三十　入藏錄　賢聖集　此方撰集「大唐內典錄十卷、一帙、二百二十紙」
道宣撰集錄　弘贊經論部「大唐內典錄十卷、麟德元年甲子於西明寺撰。見大藏。」

指要錄卷八　聖賢傳記「大唐內典錄十卷。…」
開元錄略出卷四　有譯有本錄　聖賢傳記錄　此方撰述集傳「大唐內典錄十卷、唐西明寺沙門釋道宣撰」
通志略　釋家　目錄「大唐內典錄十卷、西明寺僧撰」
至元錄卷十　有譯有本　聖賢傳記　東土賢聖集傳「大唐內典錄十卷、十段、唐西明寺沙門道宣撰」
佛祖統紀卷二十九「法師道宣…師所撰…大唐內典錄十卷」

注「西明寺僧」は、釋道宣のこと①。編著者について、新唐志が「西明寺僧」とのみ記すのに對し、開元錄は內典錄の編著者を釋道宣と明記する。そもそも開元錄は北宋の初めに開版された開寶藏の基本目錄であるが、それにもかかわらず開寶藏を祖本とする麗本・金藏本內典錄の各卷題下には「京師西明寺釋氏撰」とあるだけで、「道宣」の名は出てこない。これは、開寶藏本內典錄の題下にも「京師西明寺釋氏撰」とだけ記されていたことを示している。新唐志が開寶藏系統のテキストと同樣に、內典錄の編著者を「西明寺僧撰」に作るのは、新唐志著錄本が開寶藏そのものか、その系統のテキストだったからであると考えるのが自然であろう。また新唐志の「不著錄」部分には內典錄によって數多くの書籍が著錄されていることから②、この書は新唐志纂修者が用いた內典錄のテキストそのものを著錄したものであると考えられる。なおかつ新唐志纂修者が實際に見たということは、この書が當時の祕閣に收藏されていたことを示してもいる。大唐內典錄は、唐高宗麟德元年（六六四）に完成した大藏經目錄であり、全十錄からなり、現在、大正藏第五十五卷目錄部に收錄されている。なお36「大唐貞觀內典錄十卷」は、この書の重出である。
なお、この書が「不著錄」部分の所據資料に用いられた內典錄のテキストそのものだとすれば、この書の著錄は、「不著錄」部分の著錄書籍の出典を表示するという意味を兼ねていたのではないかとの推測を生じさせる。これは單なる推測ではなく、これと同じような例を他にも擧げることができる。例えば、新唐志史錄目錄類の「著錄」部分の直後には毋煚の「古今書錄」が著錄される。「古今書錄」は「著錄」部分全體の所據資料であるから、これが目錄類の所據資料であることは言を俟たない。さらに「古今書錄」が目錄類「著錄」部分の直後にあるということは、これより前の部分が「古今書錄」を出典とするという意味を兼ねて著錄されているとみなすことも可能である。また內典録とともに釋氏類「不著録」部分の所據資料に用いられた134「道宗續高僧傳三十二卷」は、續高僧傳からの轉録部分の最後に著録される書籍、133「空藏大乘要句三卷」の次に置かれている。これは、134より前の部分が「續高僧傳」を出典とするという意味を兼ねていることが、目録類の「古今書録」の場合よりもさらにはっきりと見て取れる例である。これに對し、「大唐内典録」は内典録からの轉録部分の最後、すなわち99「(慧淨) 諸經講序一卷」の次に置かれていない。その原因としては、この書の著録される部分が釋氏類中の錯亂部分に含まれているためであると考えることが可能である③。また「不著録」部分の所據資料に用いられた内典録と續高僧傳がともに釋氏類に重出して著録されることも、この兩書が出典の意味を兼ねている傍證といえよう。ただし、これらの書籍が本當に出典の意味を兼ねていたかについては、その他の類に同様の例があるかどうかについて愼重に檢討していく必要がある。

①29注參照。②本書上篇第二章第一節を參照。③上篇第二章第二節を參照。

114　毋煚開元内外經録十卷　道釋書二千五百餘部、九千五百餘卷。

舊唐志　總序引毋煚古今書録自序「其外有釋氏經律論疏道家經戒符籙、凡二千五百餘部九千五百餘卷。亦具翻譯名氏、序述指歸、又勒成目録十卷、名曰開元内外經録。」

通志略　釋家　目録「開元内外經録十卷、毋煚撰」

玉海卷五十二　藝文　書目「(唐) 志釋氏類有毋煚開元内外經録十卷、道釋書二千五百餘部九千五百餘卷。」

注 毋煚、洛陽人、一云吳人①。官は開元初、右率府胄曹參軍②、鄠縣尉③、右補闕④。開元五年（七一七)、群書四部録の編纂に參加し⑤、同九年、元行冲によって群書四部録二百卷が上進された後⑥、その出來に不滿を抱き、古今書録を編んだ。また同十年から二十六年の間に行われた唐六典の編纂事業に參加し⑦、同十三年四月、拾遺の時、封禪の儀注を奏した功績によって集賢院直學士に任命された⑧。以上から、毋煚は開元十三年四月までは生存していたことが確認できる。卒年については、舊唐書卷百二に、韋述が祕閣に官たりし時、毋煚と殷踐猷が相次いで卒したとある。殷踐猷は開元九年卒であるから⑨、毋煚は集賢院直學士に任命された開元十三年四月からそう遠くない時期に卒したのであろう。なお李萬健『中國著名目錄學家傳略』⑩は「大體唐高宗乾封三年（六六八）生、唐玄宗天寶三年（七四四）卒」とするが、その根據は未詳。また毋煚の文章として、開元十一年十月五日「大唐河南府河陽縣丞上柱國龐夷遠妻李氏墓誌銘幷序」がある⑪。

この書は、その書名に據れば、開元年間の撰。「內」は內典、つまり佛教典籍、「外」は道教典籍、「經錄」は佛教經典目錄の通稱である。また古今書錄序の後に「煚等四部目及釋道目、並有小序及注撰人姓氏。…其釋道錄目附本書、今亦不取。」とあるのによれば、古今書錄と開元內外經錄は、隋志のように、四部と附錄の關係にあったと考えられる。なお姚名達は『中國目錄學史』宗教目錄篇「毋煚之開元內外經錄」條で、「その釋書部分は全て開元錄を藍本とするが、道釋書を合して一書としたのは、この書以外見たことがなく、かつ「序述指歸」の一語から推すに、提要、或いは小序の類があり、彼の古今書錄と同一體裁である。」と述べている。この書の總卷數は道・釋書合わせて九千五百餘卷とあるが、開元年間に編まれた道藏目「三洞瓊綱」の三千七百四十四卷⑫と、開元錄の入藏錄の五千四十八卷とを合計すると、八千七百九十二卷であり、約七百卷少ない。しかし、この差は、開元錄が章疏を全く著錄しなかったのに對して⑬、「開元內外經錄」は章疏を著錄したために生じた可能性がある。こう考えると、姚名達の「開元內外經錄の釋書部分は全て開元錄を藍本とする」という推測は、それほどはずれていないといえる。ただし開元錄は開元十八年の撰であり、毋煚は同十三年からそう遠くない時期に卒したと考えられるので、開元錄を見られたかどうかは疑問である。開元內外經錄は、舊唐志總序以後、新唐志にもとづく通志略・玉海を除き、記載がない。また新唐志は毋煚の古今書錄・舊唐志を用いて新唐志「著錄」部分を編んでいることから⑭、もし新唐志纂修者が實際に開元內外經錄を見ていたとすれば、古今書錄とともに、新唐志釋氏類の纂修に利用したはずである。具體的には「經律論疏」の「疏」を轉錄したはずなのである。しかし實際にはそれらしき痕跡は見られない。このような狀況から、この書は舊唐志が纂修された五代後晉開運二年（九四五）までは確實に傳存していたようであるが、宋代にはすでに散佚していた可能性が高く、新唐志纂修當時の祕閣に收藏されていたとは考え難い。よって新唐志纂修者は毋煚の古今書録自序から、この書を轉錄した可能性が高い。

①④據元和姓纂卷二。②據新唐書卷百九十九。③⑤據舊唐書卷百二。⑥據舊唐書玄宗本紀等。⑦據新唐志史錄職官類「六典三十卷」原注。⑧據唐會要卷六十四集賢院條。⑨據全唐文卷三百四十四顏眞卿「曹州司法參軍祕書省麗正殿二學士殷君墓碣銘」。⑩書目文獻出版社、一九九三年六月。⑪周紹良『唐代墓誌彙編』（上海古籍出版社、一九九二年十一月）開元一七三條。⑫據通考子神僊序引宋三朝國史志。⑬本書上篇第二章第三節を參照。⑭本書上篇第一章「おわりに」を參照。

115 智矩寶林傳十卷

舊唐志不著錄

圓仁錄Ａ「大唐部州雙峯山曹溪寶林傳十卷一帙、會稽沙門靈徹字明泳序」

圓仁錄Ｂ　章疏傳記「曹溪寶林傳十帖、二帖」

圓仁錄Ｃ「大唐韶州雙峯山曹溪寶林傳一卷、會稽沙門靈徹」

太平御覽　經史圖書綱目「寶林傳」

崇文總目　釋書下「寶林傳十卷」

東域錄　小乘論疏記等「大唐韻州雙峯山曹溪寶林傳十卷、靈徹」

指要錄卷八　禪門傳錄「寶林傳十卷、西天勝持三藏、同金陵沙門惠炬、於韶州曹溪寶林山集。靈徹師序。」

通志略　釋家　傳記「寶林傳十卷、唐僧智矩撰」

至元錄卷十　有譯有本　聖賢傳記　東土賢聖集傳「寶林傳九卷、宋陵沙門智炬集」

佛祖歷代通載　虞集序「記載之書、昔有寶林等傳、世久失傳。」

宋志　子類　釋氏類「寶林傳錄一卷、並不知作者。」

注 釋智矩、唐德宗貞元十七年（八〇一）、天竺三藏勝持とともに寶林傳を撰す①。常盤大定『寶林傳の研究』②に據れば、勝持は架空の人物であり、至元錄に「宋陵沙門智炬集」とあるが、栗田青蓮院藏の寫本③の卷六に「朱陵沙門智炬集」とあるのが正しいとし、さらに「朱陵」は南嶽のことであり、釋氏通鑑が「金陵沙門惠炬」に作り④、釋氏稽古略が「建康沙門慧炬」とするのは誤りであるとする。また、この書にはもともと釋靈徹の序文が附されていた⑤。この靈徹について、常盤氏が宋高僧傳卷十五明律篇の會稽雲門寺沙門釋靈澈⑥のことであると斷定するのに對し、戸崎哲彦氏は、「朱陵」を南嶽と比定し、寶林傳の南嶽成立說へと導く常盤氏の論證過程に重大な誤解があることを指摘する一方、宋高僧傳の靈澈と、寶林傳の序者靈徹とが同一人物であり、名は「澈」に作るのが正しく、字は澄源、又の字を明泳といい、禪律雙修の僧侶で、その禪門は南宗禪であるが、特に洪州宗の有力な支持者であったとする⑦。

「寶林」は、六祖慧能⑧が開いた韶州曹溪山寶林寺のこと。この書は、慧能にはじまる新しい南宗禪の由來を說き、西天二十八祖・東土六祖の傳燈說を主張したものであり、史實を越えた樣々の巧みな構成をみせ⑨、その內容は史實とはいいがたい⑩。なお戸崎氏は、この書が慧能―南嶽―馬祖の正系を主張せんとしたものであるとした上で、靈澈の長安入京と汀州流謫事件が當時の長安佛教界における荷澤宗と洪州宗の對立を反映するものであったとの假說を立て、寶林傳はこの對立を背景として貞元十二年正月頃に成ったと推測する⑪。書名について、山西省趙城縣廣勝寺で發見された金藏の卷子本「寶林傳」の卷頭書名は「雙峯山曹侯溪寶林傳」に作り、栗田青蓮院藏寫本卷六の卷頭書名は「大唐韶州雙峯山曹溪寶林傳」に作る。卷數について、至元錄は「九卷」に作る。また宋志「寶林傳錄一卷」は、この書の序目かもしれない。寶林傳は、諸文獻の記載狀況から、宋代には流傳していたようである。また崇文總目の著錄內容とも完全に一致することから、新唐志纂修者が當時の祕閣の藏書によって著錄した可能性が高い。現在、卷一至五・八が金藏本によって傳わるが、卷二は金藏開雕時すでに闕けていたために、聖胄集⑫によって補われている。卷六は栗田青蓮院藏寫本によって傳わる。卷七・九は傳わらず、卷十は金藏開雕時すでに闕けていた。なお現存部分にも闕丁がある。また、この書の傳本がこのように少ないことについて、陳垣概論卷五は、遼においてこの書が六祖壇經とともに詔によって焚却されたこと⑬を、その一因と見ている。これに對し、椎名氏は、景德傳燈錄の完成入藏によって、禪門の燈史が公認され語錄の時代に入ったために、この書が必要とされなくなったとする⑭。また同氏は、至元錄の九卷本について、至元錄が金藏本をもとに燕京の弘法寺で開雕した大藏經の目錄であるので、やはり卷十を闕く闕本であったとする⑮。元末になると、寶林傳はついに中國における流傳を失ったようである⑯。寶林傳の佚文を輯めたものに、椎名氏前揭論文があり、義楚六帖・北山錄・祖庭事苑・西溪叢語・景德傳燈錄抄註から卷二・三・五・七・九・十の佚文全八十條を輯め、その資料的價値を分析している⑰。譯注に、駒澤大學禪宗史研究會『譯注『寶林傳』』全八卷がある⑱。

①據釋氏通鑑卷十德宗貞元十七年條・釋氏稽古略卷三。②東方文化學院東京研究所、一九三四年三月。③『寶林傳の研究』に收錄。④指要錄亦同。⑤據圓仁錄Ａ・指要錄。⑥唐德宗期（七八〇～八〇五）の人。⑦⑪『寶林傳』序者靈徹と詩僧律師靈澈」（『佛教史學研究』第30卷第2號、一九八七年）を參照。⑧118注參照。⑨⑭⑮⑰椎名宏雄「『寶林傳』逸文の研究」（『駒澤大學佛教學部論集』第十一號、一九八〇年十一月）を參照。⑩禪籍解題92。⑫138注を參照。⑬據釋門正統卷八義天傳。⑯據佛祖歷代通載虞集序。⑱一九八〇年～一九九六年出版。

116　法常攝論義疏八卷

舊唐志不著錄

續高僧傳卷十五　義解篇「釋法常…著攝論義疏八卷玄章五卷、涅槃維摩勝鬘等各垂疏記、廣行於世。」

通志略　釋家　章鈔「攝論義疏八卷、釋法常撰」

注釋法常、俗姓張氏、南陽白水人。陳廢帝光大元年（五六七）生、唐太宗貞觀十九年（六四五）卒、年七十九。京師普光寺沙門①。この書は、攝大乘論②の章疏である。この書は、續高僧傳以後、新唐志にもとづく通志略を除き、記載がなく、宋代には散佚していたようである。よって新唐志纂修者が續高僧傳から轉錄した可能性が高い。

①據續高僧傳卷十五。②106注參照。

117又玄章五卷　姓張氏、南陽人、貞觀末。

舊唐志不著錄

續高僧傳卷十五 義解篇「釋法常…著攝論義疏八卷玄章五卷、涅槃維摩勝鬘等各垂疏記、廣行於世。」

義天錄卷三 攝大乘論「略章四卷、法常述」

通志略 釋家 章鈔「攝論義疏八卷、釋法常撰。又玄章五卷」

注 116に同じく釋法常の撰。この書は、攝大乘論①の「玄章」②である。書名・卷數について、義天錄は「略章四卷」とする。この書は、義天錄に著錄され、宋代に流傳していたようである。しかし新唐志の著錄內容は義天錄と異なり、かえって續高僧傳と完全に一致することから、新唐志纂修者が他の法常の著作とともに、續高僧傳から轉錄した可能性が高い。現在散佚して傳わらない。

①106注參照。②89注參照。

118慧能金剛般若經口訣正義一卷　姓盧氏、曲江人。

舊唐志不著錄

圓珍錄Ａ「能大師金剛般若經訣一卷」

圓珍錄Ｂ「金剛般若經訣一卷」

智證錄「金剛般若經訣一卷、曹溪」

崇文總目 釋書上「金剛經口訣義一卷」

同 「六祖大師金剛大義訣二卷闕」

東域錄 弘經錄 般若部「同（金剛般若）經訣一卷、曹溪所名」

晁志　釋書類「六祖解金剛經一卷、右唐僧惠能注。…」
通志略　釋家　章鈔「金剛經口訣正義一卷、六祖慧能撰」
宋志　子類　釋氏類「惠能金剛經口訣義一卷」
同「（惠能）金剛大義訣二卷」
同「又（僧慧能）撰金剛經口訣一卷」

注釋慧能、俗姓盧氏、新州人。唐太宗貞觀十二年（六三八）生、玄宗先天二年（七一三）卒、年七十六。韶州曹溪寶林寺沙門。諡大鑒禪師①。なお新唐志の原注は慧能の本貫を曲江とする。「曲江」は、曹溪山寶林寺があった韶州の屬縣であり、同じ嶺南に屬するものの、實際の本貫である新州新興縣とは、直線距離で二百キロメートル強も離れている。なお「曲江」は、慧能の説法を記錄して六祖法寶記を著した法海の本貫である②。金剛般若經口訣正義は、慧能の口傳した金剛般若經の奥義を筆錄したものである。書名について、文獻によってそれぞれ多少の異同があるが、「口訣正義」に作るテキストは、新唐志にもとづく通志略を除き、他にない。卷數について、崇文總目・宋志の「大義訣」に作るテキストが二卷とする以外、皆一卷本である。この書は、唐宋代の樣々な文獻に著錄され、現在にも傳わっていることから、宋代に確實に流傳していた。また、新唐志とその著錄內容が完全に一致するものこそないが、崇文總目・宋志の「金剛經口訣義一卷」とは比較的似ている。異なる部分のうち「般若」の有無は書名の省略にすぎず、「金剛般若經」にはよく見られるものであるが、「正」字は唐末の日本の將來目錄や宋代の諸目錄にはなく、新唐志と、これによった通志略にのみある。そもそも「正義」とは、唐の「五經正義」以來、正當な解釋の意で、主に經書の注釋書に用いられた名稱であるが、「口訣」（口傳の奥義）の「正義」としたのではいささかくどいように感じられる。以上の點から、「正」字は衍字と見るべきであろう。この衍字を除けば、崇文總目と新唐志の著錄內容はほぼ一致するので、兩目は同じ官藏のテキストを著錄したものであるといえよう。よって新唐志纂修者は當時の祕閣の藏書によって、この書を著錄した可能性が高い。現在、續藏經支那撰述大小乘釋經部に「金剛經解義」二卷・「金剛經口訣」一卷が收錄されており、テキストについて研究したものに、駒澤大學禪宗史研究會『慧能研究』③、伊吹敦「『金剛經解義』の諸本の系統と古形の復元」がある。

①據祖堂集卷二第三十三祖慧能和尚章・景德傳燈録卷五第三十三祖慧能大師章等。宋高僧傳卷八云「南海新興人」。②139注參照。③大修館書店、一九七八年三月。④『論叢アジアの文化と思想』第6號、一九九七年十二月。

119 僧灌頂私記天台智者詞旨一卷

舊唐志不著録

續高僧傳卷十九 習禪篇 釋灌頂傳「且智者辯才、雲行雨施、或同天網、乍擬瓔珞、能持能領、唯頂一人。其私記智者詞旨、及自製義記、幷雜文等題目、並勒于碑陰。」

通志略 釋家 章鈔「天台智者詞旨一卷、隋僧灌頂私記」

[注]釋灌頂、字法雲、俗姓呉氏、常州義興人、祖世、地を臨海章安に避く。陳文帝天嘉二年（五六一）生、唐貞觀六年（六三二）卒、年七十二。天台山國清寺沙門①。天台二祖②。この私記天台智者詞旨と120「義記一卷」とは、新唐志纂修者が續高僧傳の記載を誤讀したために、書名でない記述を書籍として著録したものである。續高僧傳の記載とは、釋灌頂傳の「且智者辯才雲行雨施、或同天網、乍擬瓔珞、能持能領、唯（灌）頂一人。其私記智者詞旨、及自製義記、幷雜文等題目、並勒于碑陰。」という一文である。同書卷十七釋智顗傳に「所著法華疏止觀門修禪法等各數十卷、又著淨名疏至佛道品、有三十七卷。皆出口成章、侍人抄略、而自不畜一字。」とあるように、智者は自ら著述せず、弟子がその口述を筆記したと傳えられており、また傳教大師將來台州録「天台隨部目録」の末に「已上一十五科義、隨智者大師、卽章安和尚私記其義、隨義爲卷、前後所記、散在諸方。」とあり、智者の口述を灌頂が筆記したことを「私記」と記した用例がある。よって「其私記智者詞旨」は、灌頂が筆記した智者の口述の主旨の意であり、具體的な書名を指してはいないと考えられる。また「義記」とは、講義の記録、つまり講疏の類である。灌頂の講疏には、宋元明本內典録卷五によれば、法華經・涅槃經・淨名經・金光明經・請觀音經などの疏があり、續高僧傳のいう「義記」

とはこれらを漠然と指したものであって、具體的な書名を指してはいないと考えられる。その證據に、南宋の釋志磐の佛祖統紀卷二十五「山家敎典志」の「天台（智者）」條に「唐書藝文志云、灌頂私記智者詞旨一卷、義記一卷。今未詳何文。」とある。南宋の天台宗の學者がこのように言っていることからも、この二書が書籍として存在していなかった可能性はかなり高いといえよう。よって新唐志纂修者は續高僧傳の記載から誤って轉錄したと考えられる。

①據續高僧傳卷十九。②龍樹菩薩・慧文・南岳慧思を加え、五祖とする場合もある。

120又義記一卷　字法雲、姓吳氏、章安人。

舊唐志不著錄

續高僧傳卷十九　習禪篇　釋灌頂傳「且智者辯才、雲行雨施、或同天網、乍擬瓔珞、能持能領、唯頂一人。其私記智者詞旨、及自製義記幷雜文等題目、並勒于碑陰。」

通志略　釋家　章鈔「天台智者詞旨一卷、隋僧灌頂私記。又義記一卷」

注 119に同じく釋灌頂の撰。「義記」は、續高僧傳にその名が見えるが、灌頂が著した章疏群を漠然と指したものであり、一部の書籍としては存在していなかった可能性がかなり高く、新唐志纂修者が續高僧傳の記載から誤って轉錄したと考えられる①。

①119注參照。

121道綽淨土論二卷　姓衞氏、幷州文水人。

舊唐志不著錄

續高僧傳卷二十　習禪篇「釋道綽…具敍行圖、著淨土論兩卷。統談龍樹天親、邇及僧鸞慧遠、並遵崇淨土、明示昌言、文旨該要、詳諸化範。」

崇文總目　道書二「淨土論一卷」
通志略　道家　論「淨土論一卷」
　同　釋家　論議「淨土論二卷、唐僧道綽撰」

注釋道綽、俗姓衞氏、幷州汶水人。陳文帝天嘉三年（五六二）生、唐太宗貞觀十九年（六四五）時、年八十四。幷州玄中寺沙門①。釋善導とともに唐代淨土教の大成者とされる。この書は、龍樹・天親から僧鸞・慧遠に至るまでの淨土思想の系譜を總述したものである②。現在散佚して傳わらない。なお大正藏第四十七卷諸宗部四には釋迦才の「淨土論」三卷が收錄される。これは道綽の著作ではないが、全體的には道綽「安樂集」の思想を繼承しているとのことであるから③、道綽の「淨土論」とも何らかの關係があるであろう。卷數について、崇文總目と、通志略道家は「一卷」に作る。なお通志略のこの部分は崇文總目にもとづいているから、通志略に一卷本の編著者名が記されないのは、崇文總目にももともと記されていなかったことを示している。よって一卷本は道綽の著作ではなく、同名異書の可能性がある。道綽「淨土論」は、新唐志にもとづく通志略釋家を除き、その著錄內容は續高僧傳とのみ完全に一致することから、新唐志纂修者が他の道綽の著作とともに、續高僧傳から轉錄した可能性が高い。

①②據續高僧傳卷二十。③全解說大事典。

122　道綽行圖一卷

舊唐志不著錄
續高僧傳卷二十　習禪篇「釋道綽…具叙行圖、著淨土論兩卷。統談龍樹天親、邇及僧鸞慧遠、並遵崇淨土、明示昌言、
　文旨該要、詳諸化範。」
通志　圖譜略　釋氏「道綽行圖」

注道綽は121注を參照。新唐志は「行圖」を書名とする。しかし續高僧傳釋道綽傳の一文は、まず「行圖」を事細かに作

成してから、淨土論①を著したとの意にとれる。ここでいう「行圖」とは、淨土論撰述の際に事前に作成した淨土思想の系圖のようなものを指しているように思われる。もしそうであれば、「行圖」が單行の書籍としての形態を有していたかは甚だ疑わしい。また通志圖譜略著錄本は新唐志にもとづくものであり、實際に流傳していた證據とはならない。よって新唐志纂修者は續高僧傳の記載を誤讀して、これを書籍として他の道綽の著作とともに轉錄してしまった可能性が高い。

①淨土思想の系譜を總述したもの。121注參照。

123 智首五部區分鈔二十一卷　姓皇甫氏。

舊唐志不著錄

續高僧傳卷二十二　明律篇「釋智首…自律部東闡六百許年、傳度歸戒、多迷體相、五部混而未分、二見紛其交雜。海內受戒、並誦法聖之文、至於行護、隨相多委、師資相襲、緩急任其去取、輕重互而裁斷。首乃銜慨披括、往往發蒙、商略古今、具陳人世、著五部區分鈔二十一卷。」

續開元錄卷中「謹案四分律者…我大唐龍興、平一區宇、四方無事、三寶增明。有智首律師述疏二十一卷、次有慧滿律師造疏二十卷、事各一時、流通絕矣。初高祖神堯皇帝、武德元年歲在戊寅、有相州日光寺法礪律師製疏、至九年景戌成就、總分十卷。宗依成實論、今稱舊疏是也。」

宋高僧傳卷十四　明律篇「釋圓照…時照等序奏云、按四分律部主…自唐平一天下、四方昌阜、三寶增明。有智首律師述疏二十一卷、次慧滿律師造疏二十卷、事各一時、流通絕矣。當武德元年戊寅、有相州日光寺法礪律師製疏、至九年丙戌歲十卷。宗依成實論、今稱舊疏是也。」

義天錄卷二　四分律「疏二十卷、智首述」

東域錄　傳律錄「同（四分律）疏二十卷、大禪定寺沙門釋智首撰。元二十卷、成唐武德六年歲次癸未之年建辰之日、於西京日嚴寺修紇。西端房四分律疏九卷可取合。」

通志略　釋家　章鈔「五分區分鈔二十卷、釋智首撰」

注釋智首、俗姓皇甫氏、安定人。陳廢帝光大元年（五六七）生、唐太宗貞觀九年（六三五）卒、年六十九。京師弘福寺沙門①。この書は、四分律②の章疏であり、唐初の撰③。「五部」は、四分律の別稱。書名について、義天錄・東域錄は「四分律疏」に作る。卷數について、義天錄・東域錄・通志略は「二十卷」に作る。この書は、續開元錄に「有智首律師述疏二十一卷。…事各一時、流通絕矣。」とあり、貞元年間には一時散佚したが、義天錄・東域錄に著錄され、宋代には―高麗・日本のみかもしれないが―「四分律疏」の名で流傳していたようである。しかし、その書名・卷數は義天錄等と一致せず、かえって續高僧傳と一致することから、新唐志纂修者が續高僧傳から轉錄した可能性が高い。現在傳わるのは「四分律疏」の卷九のみであり、續藏經支那撰述大小乘釋律部に收錄されている。
①據續高僧傳卷二十二。②81注參照。③據續開元錄卷中等。

124 法礪四分疏十卷
舊唐志不著錄
續高僧傳卷二十二　明律篇「釋法礪…前後講律、四十餘遍、製四分疏十卷羯磨疏三卷捨懺儀輕重叙等、各施卷部、見重於時。」
續開元錄卷中「謹案四分律者…我大唐龍興、平一區宇、四方無事、三寶增明。有智首律師述疏二十一卷、次有慧滿律師造疏二十卷、事各一時、流通絕矣。初高祖神堯皇帝、武德元年歲在戊寅、有相州日光寺法礪律師製疏、至九年景戌成就、總分十卷。宗依成實論、今稱舊疏是也。」
律宗章疏「四分律疏十卷、法礪述」
宋高僧傳卷十四　明律篇「釋圓照…時照等序奏云、按四分律部主…自唐平一天下、四方昌阜、三寶增明。有智首律師述疏二十一卷、次慧滿律師造疏二十卷、事各一時、流通絕矣。當武德元年戊寅、有相州日光寺法礪律師製疏、至九年丙戌歳十卷。宗依成實論、今稱舊疏是也。」
義天錄卷二　四分律「疏四卷、法礪述」
東域錄　傳律錄「同（四分）律疏十卷、法礪師。出東征傳。諸錄載之、可尋之。」
通志略　釋家　章鈔「四分疏十卷、釋法礪撰」
注 釋法礪、俗姓李氏、趙人。陳宣帝太建元年(五六九)生、唐太宗貞觀九年(六三五)卒、年六十七。相州日光寺沙門①。相部宗の開祖。この書は、四分律②の章疏であり、武德九年（六二六）の撰③。智首の疏が「廣疏」と呼ばれるのに對し、「中疏」・「略疏」と呼ばれる。書名について、續高僧傳と通志略以外は、皆「四分律疏」に作る。卷數について、義天錄のみ「四卷」とする。この書は、續開元錄に「有智首律師述疏二十一卷、次有慧滿律師造疏二十卷、事各一時、流通絕矣。」とあり、貞元年間には一時散佚したが、義天錄・東域錄に著錄され、宋代には—高麗・日本のみかもしれないが—流傳していたようである。しかし、書名はかえって續高僧傳と一致することから、新唐志纂修者が他の法礪の著作とともに、續高僧傳から轉錄した可能性が高い。現在、續藏經支那撰述大小乘釋律部に「四分律疏」十卷が收錄されている。
　①據續高僧傳卷二十二。②81注參照。③據續開元錄卷中等。

125 又羯磨疏三卷
舊唐志不著錄
續高僧傳卷二十二　明律篇「釋法礪…前後講律、四十餘遍、製四分疏十卷羯磨疏三卷捨懺儀輕重叙等、各施卷部、見重於時。」
義天錄卷二　四分律「羯磨疏一卷、法礪」

通志略　釋家　儀律「又（羯磨）疏三卷、僧法礪撰」

注 124に同じく釋法礪の撰。この書は、羯磨①の章疏である。卷數について、義天錄のみ「一卷」とする。この書は、義天錄に著錄され、宋代に流傳していたようである。しかし新唐志の卷數はかえって續高僧傳と一致することから、新唐志纂修者が他の法礪の著作とともに、續高僧傳から轉錄した可能性が高い。

①62注參照。

126 捨懺儀一卷

舊唐志不著錄

續高僧傳卷二十二　明律篇「釋法礪…前後講律、四十餘遍、製四分疏十卷羯磨疏三卷捨懺儀輕重叙等、各施卷部、見重於時。」

通志略　釋家　儀律「捨懺悔儀一卷」

注 124に同じく釋法礪の撰。この書は、續高僧傳以後、新唐志にもとづく通志略を除き、記載がなく、宋代には散佚していたようである。よって新唐志が他の法礪の著作とともに、續高僧傳から轉錄した可能性が高い。

127 輕重儀一卷　姓李氏、趙郡人。

舊唐志不著錄

續高僧傳卷二十二　明律篇「釋法礪…前後講律、四十餘遍、製四分疏十卷羯磨疏三卷捨懺儀輕重叙等、各施卷部、見重於時。」

通志略　釋家　儀律「輕重儀一卷」

注 124に同じく釋法礪の撰。この書と似た書名を持つものに、道宣の量處輕重儀二卷①がある。量處輕重儀は律に依據して亡僧の遺品の輕重を定めたものであり②、この書もその類であろう。この書は、續高僧傳以後、新唐志にもとづく通志略を除き、記載がなく、宋代には散佚していたようである。よって新唐志纂修者が他の法礪の著作とともに、續高僧傳から轉錄した可能性が高い。新唐志は續高僧傳の「敍」を「儀」に作るが、これは新唐志か、新唐志が用いた續高僧傳のテキストが「捨懺儀」の「儀」につられて誤ったものであろう。

①大正藏第四十五卷諸宗部二所收。②全解説大事典。新唐志66注參照。

128 慧滿四分律疏二十卷　姓梁氏、京兆長安人。

舊唐志不著錄

續高僧傳卷二十二　明律篇「釋慧滿…製四分律疏二十卷、講四十餘遍。」

續開元錄卷中　明律篇「謹案四分律者…我大唐龍興平一區宇、四方無事、三寶增明。有智首律師述疏二十一卷、次有慧滿律師造疏二十卷、事各一時、流通絕矣。初高祖神堯皇帝、武德元年歲在戊寅、有相州日光寺法礪律師製疏、至九年景戌成就、總分十卷。宗依成實論、今稱舊疏是也。」

宋高僧傳卷十四　明律篇「釋圓照…時照等序奏云、按四分律部主…自唐平一天下、四方昌阜、三寶增明。有智首律師述疏二十一卷、次慧滿律師造疏二十卷、事各一時、流通絕矣。當武德元年戊寅、有相州日光寺法礪律師製疏、至九年丙戌歲十卷。宗依成實論、今稱舊疏是也。」

通志略　釋家　章鈔「四分律疏二十卷、釋慧滿撰」

注 釋慧滿、俗姓梁氏、雍州長安人。隋文帝開皇九年（五八九）生、唐太宗貞觀十六年（六四二）卒、年五十四。京師普光寺沙門。隋大業初、智首律師に學ぶ①。この書は、四分律②の章疏であり、唐初の撰③。この書は、續開元錄に「次有慧滿律師造疏二十卷、事各一時、流通絕矣。」とあり、貞元年間には散佚していた。また通志略は新唐志にもとづいたものであり、宋代における流傳を證明するものではない。よって新唐志纂修者が續高僧傳から轉錄した可能性が高い。

①據續高僧傳卷二十二。②81注參照。③據續開元錄卷中。

129 慧旻十誦私記十三卷

舊唐志不著錄

續高僧傳卷二十二 明律篇「釋慧旻…凡講經律菩薩戒成實論、數各有差。古律舊疏有漏失者、皆刪正而通暢焉。著十誦私記十三卷僧尼行事二卷尼衆羯磨兩卷道俗菩薩戒義疏四卷。」

通志略 釋家 儀律「十誦私記十三卷、唐僧慧旻撰」

注 釋慧旻、字玄素、河東人。陳宣帝太建五年(五七三)生、唐貞觀二十三年(六四九)卒、年七十七。蘇州通玄寺沙門①。「十誦」は、十誦律のこと。「十誦律」は、說一切有部所傳の律藏で、全體が十誦・十章に分けられていることから名附けられた。中國廣律傳譯の一つで、最初のものである。印度部派佛教二十派のうち薩婆多部によって採用された律で、二十派中、最も原始に近いものである②。後秦の弗若多羅（その死後、曇摩流支が繼ぐ）・鳩摩羅什共譯③。この書は、續高僧傳釋慧旻傳に「受具之後、從竹園寺志律師、稟承十誦、文理精通、傍訊諸部。」とあるのによれば、慧旻が志律師の十誦律に關する教えを筆記したものであろう。この書は、續高僧傳以後、新唐志にもとづく通志略を除き、記載がなく、宋代には散佚していたようである。よって新唐志纂修者が他の慧旻の著作とともに、續高僧傳から轉錄した可能性が高い。

①據續高僧傳卷二十二。②全解說大事典。③大正藏第二十三卷律部二所收。

130 又僧尼行事三卷

舊唐志不著錄

續高僧傳卷二十二　明律篇「釋慧旻…著十誦私記十三卷僧尼行事二卷尼衆羯磨兩卷道俗菩薩戒義疏四卷。」
通志略　釋家　儀律「僧尼行事三卷、慧旻撰」
注 129に同じく釋慧旻の撰。「行事」は、勤行に同じ。この書は、その書名から推せば、僧尼のお勤めの作法について述べたものであろう。卷數について、續高僧傳は麗本・金藏本ともに「二卷」とするが、新唐志は「三卷」とする。續高僧傳では同じ慧旻の「尼衆羯磨」を「兩卷」に作るので、もし「僧尼行事」が二卷であるならば、「兩卷」と記したはずである。そうしなかったのは、おそらく續高僧傳が本來「三卷」に作っていたのを、その傳寫の過程で「二卷」に誤ったからであろう。この書は、續高僧傳以後、新唐志にもとづく通志略を除き、記載がなく、宋代には散佚していたようである。よって新唐志纂修者が他の慧旻の著作とともに、續高僧傳から轉錄した可能性が高い。新唐志が卷數を誤らなかったのは、續高僧傳のテキストに、開寶藏系統とは異なる、道宗撰と題した三十二卷本を用いたためであろう①。

①本書上篇第二章を參照。

131 尼衆竭磨二卷

舊唐志不著錄
續高僧傳卷二十二　明律篇「釋慧旻…著十誦私記十三卷僧尼行事二卷尼衆羯磨兩卷道俗菩薩戒義疏四卷。」
通志略　釋家　儀律「尼衆羯磨二卷」
注 129に同じく釋慧旻の撰。「竭」は、「羯」の誤り。「羯磨」は62注を參照。この書は、その書名から推せば、比丘尼が共同生活を營む際に必要な儀式作法について述べたものであろう。この書は、續高僧傳以後、新唐志にもとづく通志略を除き、記載がなく、宋代には散佚していたようである。よって新唐志纂修者が他の慧旻の著作とともに、續高僧傳から轉錄した可能性が高い。

132菩薩戒義疏四卷　字玄素、河東人。

舊唐志不著錄

續高僧傳卷二十二　明律篇「釋慧旻…著十誦私記十三卷僧尼行事二卷尼衆羯磨兩卷道俗菩薩戒義疏四卷。」

通志略　釋家　儀律「菩薩戒義疏四卷」

注129に同じく釋慧旻の撰。「菩薩戒」は、「大乘戒」ともいい、大乘佛教徒が持する戒のことであり、小乘佛教徒の持する戒を包攝する立場をとる瑜伽戒と、これに對立する立場をとる梵網戒とに大別される①。この書は、續高僧傳釋慧旻傳に「古律舊疏有漏失者、皆刪正而通暢焉。」とあるように、菩薩戒に關する古い律典や章疏を刪訂整理したものであろう。なお菩薩戒にかかわる經典には、北涼の曇無讖譯「菩薩地持經」・唐の玄奘譯「瑜伽師地論」・姚秦の鳩摩羅什譯「梵網經」や、菩薩地持經中の菩薩戒の律儀を抄錄して彌勒菩薩の說とする大乘菩薩の個人的行儀規定を說いた北涼の曇無讖譯「菩薩戒本」、瑜伽論の菩薩戒の律儀を抄錄した唐の玄奘譯「菩薩戒本」等がある②。また義疏には、隋の智者大師說・灌頂記「菩薩戒義疏」二卷があり、これは菩薩戒の思想を具體化した梵網經の下卷を天台の立場から解釋した、所謂圓頓大乘戒の原典である③。なお唐代の菩薩戒については、利根川浩行「僧傳に見られる唐代の菩薩戒」④を參照。慧旻「菩薩戒義疏」は、續高僧傳以後、新唐志にもとづく通志略を除き、記載がなく、宋代には散佚していたようである。よって新唐志纂修者が他の慧旻の著作とともに、續高僧傳から轉錄した可能性が高い。なお新唐志には續高僧傳の「道俗」二字がないが、これは轉錄の際に誤脫したものであろう。

①岩波辭典。②③全解說大事典。④『印度學佛教學硏究』第三十二卷第二號、一九八四年三月。

133空藏大乘要句三卷　姓王氏、新豐人。

舊唐志不著錄

續高僧傳卷二十八 讀誦篇「釋空藏…乃鈔摘衆經大乘要句、以爲卷軸、紙別五經三經、卷部二十五十、總有十卷。」

通志略 釋家 章鈔「大乘要句三卷、釋空藏撰」

注 釋空藏、俗姓王氏、雍州新豐人。陳宣帝太建元年（五六九）生、唐太宗貞觀十六年（六四二）卒、年七十四。京師會昌寺沙門①。この書は、衆經より大乘の要句を抄出したものである②。ただし續高僧傳には、これが「大乘要句」という名の書籍であったとは記されていない。また續高僧傳の「紙別五經三經、卷部二十五十。」は未詳。卷數について、續高僧傳は「十卷」に作る。この書は、續高僧傳以後、新唐志にもとづく通志略を除き、記載がなく、宋代には散佚していたようである。よって新唐志纂修者が續高僧傳から轉錄した可能性が高い。なお卷數が異なる理由は未詳。

①②據續高僧傳卷二十八。

134 道宗續高僧傳三十二卷

舊唐志不著錄

注 20の重出。「道宗」は、「道宣」の誤り。詳しくは20注を參照。この書は、新唐志纂修者が「不著錄」部分の所據資料として實際に見ていることから、當時の祕閣の藏書によって著錄したものであると考えられる①。なお、この書は、續高僧傳からの轉錄部分の最後に著錄される書籍、133「空藏大乘要句」の次にちょうど置かれている。このような狀況から、この書の著錄には、134より前の部分が「道宗續高僧傳三十二卷」を出典とするという意味があるのではないかとの推測を生じさせる。これと同じような例としては、新唐志史錄目錄類の「著錄」部分に著錄される「毋煚古今書錄四十卷」、釋氏類「不著錄」部分に著錄される113「大唐內典錄十卷」が擧げられる。詳しくは113注を參照。

①20注參照。

135 玄宗注金剛般若經一卷

舊唐志不著錄
惠運錄Ａ「注金剛般若經疏一卷、御製」
惠運錄Ｂ「註金剛般若二卷、一卷御註、一卷江寧縣牛頭山融和尚註。」
安然錄卷上「注金剛般若二卷、一卷御註、一卷山融。運私云、上二宜傍見之。」
宋高僧傳卷五　義解篇「釋道氤…後撰大乘法寶五門名教幷信法儀各一卷、唯識疏六卷、法華經疏六卷、御注金剛經疏六卷。初、玄宗注經、至「若有人先世罪業應墮惡道、乃至罪業則爲消滅」、雖提免翰、頗見狐疑、慮貽謬解之愆、或作餘師之義。遂詔氤決擇經之功力、剖判是非。奏曰「佛力經力、十聖三賢、亦不可測。陛下曩於般若會中、聞熏不一、更沈注想、自發現行。」。帝於是豁然若憶疇昔、下筆不休、終無滯礙也。續宣氤造疏矣。四海嚮風、學徒鱗萃、於青龍寺執新疏、聽者數盈千計、至于西明崇福二寺。」
同　卷十四　明律篇　釋玄儼傳「開元二十四年、帝親注金剛般若經、詔頒天下、普令宣講。」
東域錄　弘經錄　般若部「同（金剛般若經）註一卷、御註」

注玄宗、諱隆基、睿宗第三子。則天武后垂拱三年（六八七）生、在位先天元年（七一二）～天寶十五年（七五六）、同年卒、年七十①。この書は、唐の玄宗皇帝による金剛般若經の章疏であり、開元二十三年の撰②。この書は、唐末五代の將來目錄や、北宋末の東域錄―ともに日本のものであるが―に著錄され、また宋高僧傳にも記載されることから、宋代に流傳していたようである。よって新唐志纂修者は慶曆元年の崇文總目完成から新唐志の纂修までに祕閣に收藏されたテキストによって、この書を著錄した可能性がある。しかしながら、宋代の國家藏書にもとづく諸目錄に著錄されず、祕閣に收藏された形跡が見つかっていないことから、祕閣ではなく、未知の文獻記載から轉錄した可能性もあり、所據資料を特定することは難しい。また、この書は長らく散佚したと考えられていたが、房山石經中から玄宗の御注と序が附された「金剛般若波羅蜜經」が發見された。その拓本は現在『房山石經』③第三册隋唐刻經に影印收錄され、同書第三十册目錄索引の「出版前言」ではその歷史價値が論じられている。また、その題記は北京圖書館金石組・中國佛教圖書文物館石經組編『房山石經題記匯編』④第三部分「諸經題記（唐）」に「御注金剛般若波羅密經注序」の名で收録されている。なお東京大學東洋文化研究所で月一回開かれている祖堂集研究會において、數年前、この『房山石經』の刊行に話が及び、どの先生がお話しされたことかは記憶が定かでないが、大正藏所收の敦煌寫本にもとづく「金剛般若經」の注釋が、『房山石經』本との校勘によって玄宗注本であることが新たに判明したという話を聞いたことがあった。確認してみたところ、それは大正藏第八十五巻古逸部に收録される「金剛般若經挾註」（スタイン二〇六八）のことである。このテキストは巻首・巻尾を闕くが、「挾註」の內容は『房山石經』本の御注とほぼ一致する。

①據舊唐書巻八。②據大正藏第八十五巻古逸部所收「御注金剛般若波羅密經宣演」道氤自序。宋高僧傳作「二十四年」。
③華夏出版社、二〇〇〇年五月。④書目文獻出版社、一九八七年八月。

136 道氤御注金剛般若經疏宣演三卷

舊唐志不著録
空海録　論疏章等「金剛般若經疏一部三卷、道氤法師撰」
惠運録Ａ「金剛般若經疏一部三卷」
惠運録Ｂ「御註金剛般若經宣演一部二卷」
圓珍録Ａ「金剛般若經宣演一卷、上未足。」
圓珍録Ｂ「金剛般若經疏三卷」
智證録「金剛經義宣演三卷、靑龍」
法相宗章疏「金剛般若宣演三卷、道氤述」
宋高僧傳卷五　義解篇「釋道氤…後撰大乘法寶五門名教幷信法儀各一卷、唯識疏六卷、法華經疏六卷、御注金剛經疏六卷。初、玄宗注經、至「若有人先世罪業應墮惡道、乃至罪業則爲消滅」、雖提免翰、頗見狐疑、慮貽謬解之愆、或作餘師之義。遂詔氤決擇經之功力、剖判是非。奏曰「佛力經力、十聖三賢、亦不可測。陛下曩於般若會中、聞熏不一、更沈注想、自發現行。」。帝於是豁然若憶疇昔、下筆不休、終無滯礙也。續宣氤造疏矣。四海嚮風、學徒鱗萃、於青龍寺執新疏、聽者數盈千計、至于西明崇福二寺。」

義天錄卷一　金剛般若經「宣演六卷、道氤述」

東域錄　弘經錄　般若部「同（金剛般若）經宣演三卷、云御註金剛般若經宣演。初有隋賀讚論青龍寺沙門道氤撰」

藏俊錄「同（金剛般若）經宣演三卷、道氤集」

至元錄卷十　有譯有本　聖賢傳記　東土賢聖集傳「金剛宣演疏六卷、勅隨駕講論沙門道氤集」

[注]釋道氤、俗姓長孫氏、長安高陵人。唐高宗總章元年（六六八）生、玄宗開元二十八年（七四〇）卒、年七十三。長安青龍寺沙門①。官は隨駕講論②。この書は、玄宗皇帝の「御注金剛般若經」③に對して、道氤がさらに意味を推し廣げて説明したものである④。書名について、文獻記載上「…疏」「…宣演」「…宣演疏」の三種が見られるが、敦煌本・金藏本はいずれも「…疏宣演」に作る。巻數について、唐末の將來目錄はいずれも二卷か三卷に作り、六卷本は北宋の宋高僧傳以後見えるようになる。この書は、唐末五代には日本の將來目錄や、北宋には高麗の義天錄、元には至元錄に著錄され、また宋高僧傳にも記載されることから、宋代に流傳していたことが確認できる。よって新唐志纂修者は慶曆元年の崇文總目完成から新唐志の纂修までに祕閣に收藏されたテキストによって、この書を著錄した可能性がある。しかしながら、宋代の國家藏書にもとづく諸目錄に著錄されず、祕閣に收藏された形跡が見つかっていないことから、祕閣ではなく、未知の文獻記載から轉錄した可能性もあり、所據資料を特定することは難しい。また、この書は久しく散佚していたが、敦煌にて「御注金剛般若經疏宣演」上下卷の二卷本が發見され、大正藏第八十五卷古逸部に收錄され⑤、さらに近年山西省趙城縣廣勝寺で發見された金藏から六卷本の「御注金剛般若經疏宣演」卷五（庭字號）が見つかり、先の敦煌の二卷本とともに『影印宋藏遺珍』に收錄された。

①據宋高僧傳卷五。②據至元錄卷十。③135注參照。④全解説大事典。⑤原本は上卷ペリオ二一七三、下卷ペリオ二一三二。

137
高僧嬾殘傳一卷　天寶人。

舊唐志不著錄

崇文總目　釋書下「高僧嬾殘傳一卷闕」

通志略　釋家　傳記「高僧懶殘傳一卷」

注編著者未詳。「嬾殘」は、唐の明瓚禪師の號。釋明瓚、南嶽山沙門。普寂禪師の弟子。唐玄宗天寶（七四二～七五六）初、南嶽寺に至り、二十年修行す。諡大明禪師①。なお嬾殘については、土屋昌明・衣川賢次・小川隆「懶瓚和尚『樂道歌』攷―『祖堂集』研究會報告之三」②中の土屋氏「懶瓚和尚と『樂道歌』」に詳しい。高僧嬾殘傳は、嬾殘和尚の傳記である。この書は、崇文總目と著錄內容が完全に一致することから、新唐志纂修者が當時の祕閣の藏書によって著錄したものである可能性が高い。現在散佚して傳わらない。なお太平廣記卷九十六引甘澤謠に「懶殘」條、祖堂集卷三に懶瓚和尚章、景德傳燈錄卷三十に「南嶽懶瓚和尚歌」がそれぞれ收錄されている。

①據宋高僧傳卷十九感通篇。また佛祖統紀卷四十一を參照。②『東洋文化研究所紀要』第一四一册、二〇〇一年三月。

138
元偉眞門聖胄集五卷

舊唐志不著錄

崇文總目　釋書上「眞門聖胄集五卷闕」

指要錄卷八　聖賢傳記　禪門傳錄「光化中、華嶽玄偉禪師、集貞元已來出世宗師機緣、將此祖偈作其基緒、編爲玄門聖胄集。」

通志略　釋家　傳記「眞門聖胄集五卷、唐僧元偉撰」

宋志　子類　釋氏類「元偉真門聖胄集五卷」

注 釋元偉、華嶽玄偉禪師のこと。唐昭宗光化二年（八九九）、眞門聖胄集を著す①。崇文總目・新唐志等が「玄偉」を「元偉」に作るのは、宋の始祖玄朗の諱を避けたためである。「眞門」は、梁武帝が達摩に贈ったとされる謚號。この書は、寶林傳に繼ぐ唐代禪宗史書の一つで、祖堂集や傳燈錄がその說を承けたことで知られる②。各巻の內容は、巻一が佛般涅槃事・明帝感夢求法事・二法師道佛角逐事、巻二が西天二十八祖中、第一祖摩訶大迦葉傳から第六祖彌遮迦傳、巻三が第七祖婆須密傳・第八祖佛陀難提傳となっており、巻三の途中から巻五までは現在傳わらないが、西天二十八祖中、殘りの二十祖の傳が收められていたものと推測されている③。この書は、崇文總目と著錄內容が完全に一致することから、新唐志纂修者が當時の祕閣の藏書によって著錄したものである可能性が高い。現在、スタイン本四四七八・北京本鹹字二十九號の紙背文書・ペリオ本三九一三の敦煌寫本三種と、寶林傳④本が傳わるが、いずれも完本ではない。このうちスタイン本は巻一（首闕）・巻二からなるが、寶林傳本の著しい略本である。北京本は僞作の密教文獻「壇法儀則」三巻三十五品中の「付法藏品第三十五」の異本の一部であって、その中で聖胄集巻一（首闕）に相當する部分のみを引用し、その一部に密教的改變を加えたものである。ペリオ本はこの「壇法儀則」の完本であり、聖胄集巻一に相當する部分のみを引用し、やはり一部に密教的改變が見られる。寶林傳本は、金藏中から見つかった寶林傳巻二の題下に、金藏が開雕された時、寶林傳巻二の闕を補うために聖胄集が使われたとの注記があることによって世に知られたものであり、巻二（第二～六祖）・巻三（第七・八祖のみ）に相當する部分が收められている。以上、聖胄集のテキストについては、田中氏前揭論文に據った。

①據スタイン四四七八（後述）。指要錄巻八云「光化年間」、宗統編年云「光化元年」。②據禪籍解題74。③田中良昭「『聖胄集』の歷史的性格—壇法儀則本『聖胄集』と寶林傳本『聖胄集』—」（『駒澤大學佛教學研究紀要』第六十號、二〇〇二年三月）參照。④115注參照。

139 僧法海六祖法寶記一卷

舊唐志不著錄

圓仁錄C「曹谿山第六祖惠能大師說見性頓教直了成佛決定無疑法寶記檀經一卷、沙門入法譯」

圓珍錄A「曹谿山第六祖能大師壇經一卷、門人法海集、隨身」

圓珍錄B「曹溪能大師壇經一卷」

智證錄「曹溪能大師檀經一卷、海」

景德傳燈錄卷五　第三十三祖慧能大師章「時印宗與緇白千餘人、送師歸寶林寺。韶州刺史韋據請於大梵寺轉妙法輪、幷受無相心地戒。門人紀錄、目爲壇經、盛行于世。」

同　韶州法海禪師章「壇經云法海者、卽禪師是也。」

崇文總目　釋書上「壇經一卷」

同　釋書下「六祖法寶記一卷」

東域錄　小乘論疏記等「六祖壇經二卷、惠能作。疑惠能資惠忻作歟。又下卷可惠昕云云。」

通志略　釋家　傳記「六祖法寶記一卷、唐僧法海撰」

宋志　子類　釋氏類「法海六祖法寶記一卷」

同　「壇經一卷」

注 釋法海、曲江人。韶州に居る①。六祖慧能②の弟子③。この書は、慧能が韶州刺史韋據に請われて大梵寺にて行った説法を、法海が記録したものであり④、一般に「六祖壇經」の名で知られている。巻數について、東域錄のみ「二巻」に作る。六祖法寶記は、その著錄内容が崇文總目釋書下著錄本と完全に一致することから、新唐志纂修者が當時の祕閣の藏書によって著錄したものである可能性が高い。現存最古のテキストは、敦煌から發見されたスタイン本五四七五「南宗頓教最上大乘摩訶般若波羅蜜經六祖惠能大師於韶州大梵寺施法壇經」一巻⑤であり、巻頭書名の後に「兼受無相戒弘法弟子法海集記」とある。この他にも異本が數多くあるが、詳しくは禪籍解題53・中川孝『六祖壇經』⑥「解説」・田中良昭「敦煌本『六祖壇經』諸本の研究—特に新出の北京本の紹介—」⑦等を參照。

①④據景德傳燈録卷五。②118注参照。③據六祖壇經。⑤大正藏第四十八巻諸宗部五・矢吹慶輝『鳴沙餘韻』(臨川書店、一九八〇年十一月）所收。⑥『禪の語録４』筑摩書房、一九七六年二月。⑦『松ヶ岡文庫研究年報』第５報、一九九一年三月。

140 辛崇僧伽行狀一卷

舊唐志不著録
宋高僧傳卷十八　感通篇　釋僧伽傳「近宣索僧伽實録、上覽已、勅還其題額曰普照王寺矣。」
崇文總目　釋書下「僧伽行狀一卷闕」
參天台五臺山記第三「(熙寧五年九月）廿日甲子、雨下。寅時出船、入淮河牽船、未二點至盱眙貴山寺。…委知泗州大師行狀。」
通志略　釋家　傳記「僧伽行狀一卷、辛崇撰」
宋志　子類　釋氏類「卒崇僧伽行狀一卷」

注　辛崇、未詳。編著者名について、宋志は「卒崇」に作る。通志略は「辛崇」に作るが、これは單に新唐志を踏襲したにすぎない。よって「辛崇」・「卒崇」のいずれが正しいか確定することは難しい。「僧伽」は、釋僧伽のこと。宋高僧傳釋僧伽傳によれば、俗姓何氏、葱嶺北何國人。唐太宗貞觀二年(六二八)生、中宗景龍四年(七一〇)卒、年八十三。泗州普光王寺沙門。中宗の崇敬を受け、その示寂後も中宗は仰慕して忘れず、釋萬迴に「かの僧伽とはどういった人物か？」と尋ねたところ、萬迴は「觀音菩薩の化身である。」と對えたという。感通年間（八六〇～八七四）①、證聖大師の號を賜る。北宋に入ると、太宗は勅命によって「僧伽の實録」を捜索させ、讀み終えると、僧伽の住寺であった普光王寺にその題額を還し、普照王寺としたという。この「僧伽の實録」は太宗の乙覽に供したのであるから、讀後は當然祕閣に收藏されたものと推測される。そう考えると、「僧伽の實録」とは、實は崇文總目・新唐志著録の

「僧伽行狀」のことである可能性が高いといえよう。以上の點から、この書は、新唐志纂修當時も依然祕閣に所藏されていたために、新唐志に著錄されたものと考えられる。なお牧田諦亮「中國における民俗佛教成立の過程」②の甲篇「僧伽和尚」は、民俗佛教の立場から僧伽和尚信仰の變遷を探究したものである。そのなかで、北宋神宗熙寧五年（一〇七二）に入宋した日本僧成尋「參天台五臺山記」に、船中にて「泗州大師行狀」を見たとあることから、「泗州大師傳」が容易に得られたことが察せられるとし、宋代における流傳ぶりを指摘している。現在散佚して傳わらない。

①景德傳燈錄卷二十七作「乾符中」。②『中國佛教史研究第二』（大東出版社、一九八四年十一月）所收。

141神楷維摩經疏六卷

舊唐志不著錄

宋高僧傳卷四　義解篇「釋神楷…後因講淨名經、見古師判處、喟然歎曰、美則美矣、未盡善也。乃於安陸白趙山撰疏。一云越州剡石城寺。…至天后朝方行其疏。」

義天錄卷一　維摩經「疏七卷、神楷述」

通志略　釋家　章鈔「維摩經疏六卷、釋神楷撰」

注釋神楷、俗姓郭氏、太原人。京兆崇福寺沙門。大乘恂の弟子。攝論・俱舍論等を講じ、後、淨名經①を講じた。また詔に應じて京師に入り、崇業寺に住し、同寺に卒す②。この書は、神楷が安陸白趙山③にて撰し、天后朝（六八四〜七〇四）に流行した維摩經の章疏である④。この書は、北宋の義天錄に著錄されることから、宋代に流傳していたと見られる。よって新唐志纂修者は慶曆元年の崇文總目完成から新唐志の纂修までに祕閣に收藏されたテキストによって、この書を著錄した可能性がある。しかしながら、宋代の國家藏書にもとづく諸目錄に著錄されず、祕閣に收藏された形跡が見つかっていないことから、祕閣ではなく、未知の文獻記載から轉錄した可能性もあり、所據資料を特定することは難しい。なお東域錄衆經部に「同（淨名）經疏六卷、西崇福寺沙門揞述」とある。その寺名が神楷の住寺と一致し、なおかつ「楷」と「揞」とは字形が似ていることから、この書は神楷の「維摩經疏」である可能性がある。

①「淨名」は「維摩」の譯。②據宋高僧傳卷四。「業」、蓋「福」之誤。③一説に越州剡石城寺。④據宋高僧傳卷四。

142
靈湍攝山棲霞寺記一卷

舊唐志不著錄
崇文總目　釋書下「攝山栖霞寺記一卷闕」
通志略　釋家　塔寺「攝山栖霞寺記一卷、唐僧靈偳撰」
宋志　子類　釋氏類「靈湍攝山棲霞寺記一卷」

注釋靈湍、未詳。通志略は「湍」を「偳」に作る。この書は、攝山にあった棲霞寺の記錄である。「攝山」は、江南東道潤州江寧縣の山名①。「棲霞寺」は、陳至德年間（五八三～五八七）の建立②。この書は、その著錄內容が崇文總目と完全に一致することから、新唐志纂修者が當時の祕閣の藏書によって著錄したものである可能性が高い。現在散佚して傳わらない。

①據讀史方輿紀要卷二十江南江寧府江寧縣攝山條。②據續高僧傳卷七釋慧布傳。

143
破胡集一卷　會昌沙汰佛法詔勅。

舊唐志不著錄
崇文總目　釋書下「破明集一卷闕」
通志略　釋家　論議「破胡集一卷、會昌沙汰佛法詔勅。」
宋志　子類　釋氏類「會昌破胡集一卷」

注編著者未詳。この書は、唐武宗の會昌（八四一～八四六）排佛時の詔勅集である①。現在散佚して傳わらない。書名について、崇文總目は「胡」を「明」に作る。新唐志・通志略・宋志ともに「胡」に作るのによれば、崇文總目の「明」は「胡」の誤寫である。この書は、崇文總目の誤寫を正せば、著錄內容が完全に一致することから、新唐志纂修者が當時の祕閣の藏書によって著錄したものである可能性が高い。なお宋の黃伯思「東觀餘論」卷下「校正崇文總目十七條」には崇文總目著錄の破胡集の解題に對する校正一條がある。

①據新唐志原注。

144
法藏起信論疏二卷

舊唐志不著錄

唐大薦福寺故寺主翻經大德法藏和尚傳 第六科「於是製起信論疏兩卷別記一卷、疏或分爲上中下三。」

華嚴宗章疏「大乘起信論疏二卷、法藏述」

三論宗章疏「起信論疏二卷、八十六紙、法藏述」

義天錄卷三 大乘起信論「疏三卷、法藏述」

東域錄 講論錄「起信論疏二卷、法藏師撰。亦云義記。八十紙」

通志略 釋家 論議「起信論疏二卷、唐僧法藏撰」

注釋法藏、字賢首、俗姓康氏、康居人。華嚴宗三祖。唐則天武后期、義淨・復禮と新經を譯出す。また義淨の譯場に證義として參加す。洛京佛授記寺沙門①。唐太宗貞觀十七年（六四三）生、玄宗先天元年（七一二）卒、年七十②。梵名「達摩多羅」③。謚賢首大師。この書は、馬鳴大師造・陳の眞諦譯と傳えられる大乘起信論の章疏である。一名「起信論義記」ともいい④、以後、非常に多くの起信論の章疏が著されたが、すべてこれを基礎としたものである⑤。卷數について、華嚴宗章疏等の日本の目錄は新唐志と同じく二卷に作るが、法藏和尚傳・義天錄は三卷に作っており、唐宋代には二巻本・三巻本が行われていたようである。この書は、義天錄等に著錄されることから、宋代に流傳していたと見られる。よって新唐志纂修者は慶曆元年の崇文總目完成から新唐志の纂修までに祕閣に收藏されたテキストによって、この書を著錄した可能性がある。しかしながら、宋代の國家藏書にもとづく諸目錄に著錄されず、祕閣に收藏された形跡が見つかっていないことから、祕閣ではなく、未知の文獻記載から轉錄した可能性もあり、所據資料を特定することは難しい。現在、續藏經支那撰述大小乘釋論部に「起信論義記」七卷、大正藏第四十四卷論疏部五に「大乘起信論義記」五卷が收錄されている。

①據宋高僧傳卷五義解篇。②據法藏和尚傳閻朝隱「大唐大薦福寺故大德康藏法師之碑」。③據法藏和尚傳第一科。④據東域錄。⑤佛典解題事典。

145 法琳別傳二卷

舊唐志不著錄

法苑珠林卷百　傳記篇　雜集部「沙門法琳別傳三卷…皇朝西京弘福寺沙門釋彥琮撰」

開元錄卷十三　有譯有本錄　聖賢傳記錄　此方撰述集傳「…沙門法琳傳三卷、沙門彥悰撰。右二部傳、明勅禁斷、不許流行、故不編載。」

貞元錄卷一　特承恩旨錄「法琳別傳一部三卷」

同　卷十一　唐代錄「別傳三卷、貞元新入目。開元先禁斷。…沙門釋法琳」

同　卷二十三　有譯有本錄　聖賢傳記錄　此方撰述集傳「別傳三卷、法琳撰」

同　「沙門法琳傳三卷、沙門彥琮撰。右一部傳、舊錄云、明勅禁斷、不許流行、故不編載。今詳此意、蓋在一時、然不入格文、望許編入貞元目錄。」

同　卷二十七　補闕拾遺錄　此方所撰傳記集錄「法琳別傳一部三卷。貞元新編入目。大唐沙門彥琮撰集」

同　卷三十　入藏錄　賢聖集　此方撰集「別傳三卷、貞觀年中僧法琳撰、四十五紙、開元錄不入目。今於貞元十五年奉勅編入目錄流行。」

續貞元錄「釋法琳別傳一部三卷、沙門彦悰集。一新拾遺、收入貞元錄藏經。」

同　「法琳別傳三卷、貞觀年中僧彦悰集。四十五紙、右一部三卷、與續開元錄一部三卷同一帙。右上二部一十九卷、先開元錄中疏逃不收。後於貞元十五年己卯歲、合會重收、奉勅編入貞元釋教錄、施行。貞元錄中、具述委細。」

崇文總目　釋書下「僧法琳別傳三卷」

義天錄卷三「護法沙門法琳別傳三卷、彦琮述」

開元錄略出卷四　有譯有本錄　聖賢傳記錄　此方撰述集傳「…沙門法琳別傳三卷、沙門彦悰撰。右二部傳、明勅禁斷、不許流行、故不編載。然代代傳寫之。」

通志略　釋家　傳記「法琳別傳二卷、唐僧彦源撰」

至元錄卷十　有譯有本　聖賢傳記　東土賢聖集傳「護法沙門法琳別傳三卷、唐弘福寺沙門彦悰集」

宋志　子類　釋氏類「僧彦琮釋法琳別傳三卷」

[注]唐の釋彦悰の撰。貞元錄卷十一等は「法琳」に作るが、法苑珠林・開元錄等によれば、「彦悰」が正しい。なお「彦悰」の「悰」を「琮」に作るものがあるが、宋高僧傳卷四に「或有調之曰、子與隋彦悰相去幾何。對曰、賜也何敢望回、雖長卿慕藺、心宗慕於玉宗、故有以也。」とあるのによれば、「悰」が正しい①。また通志略が「彦源」に作るのは誤りである。新唐志は編著者を記さないが、この書に續けて、同じく唐の彦悰の著作である146「大唐京師寺錄一卷」を著錄することから、兩書が彦琮の著作であると認めていたようである。釋彦悰については、27「又集沙門不拜俗儀六卷」注を參照。法琳別傳は、法琳②の傳記である。法琳は唐初の廢佛論争の際、護法活動に盡力したが、その晩年、讒言のため帝の怒りを買い蜀に追放された③。そのため、この書は開元錄に入藏されなかったが、散佚することなく代々傳寫され④、貞元十五年（七九九）に至って初めて入藏を許された。貞觀年間（六二七～六四九）の撰⑤。卷數について、諸目錄が三卷とするのによれば、新唐志の二卷は誤りである可能性が高く、通志略はこの誤りを踏襲

したものである。この書は、新唐志の誤りを正せば、その著錄內容が崇文總目とほぼ一致することから、新唐志纂修者が當時の祕閣の藏書によって著錄した可能性が高い。現在、大正藏第五十卷史傳部二に「唐護法沙門法琳別傳」三卷が收錄されている。

①陳垣概論卷三「沙門同名易混例」を參照。②38注參照。③39原注參照。④據開元錄略出卷四。⑤據貞元錄卷二十三・續貞元錄。

146大唐京師寺錄　卷亡。

舊唐志不著錄

內典錄卷五　皇朝傳譯佛經錄「大唐京寺錄傳一部十卷、龍朔元年修緝…京師弘福寺沙門釋彥琮」

同　卷十　歷代道俗述作注解錄「皇朝弘福寺沙門釋彥悰撰大唐京寺錄一部一十卷」

開元錄卷八　唐代錄「沙門釋彥悰…兼撰大唐京師寺錄、行於代。」

貞元錄卷十二　唐代錄「沙門釋彥琮…兼撰大唐京師寺錄、行於代。」

通志略　釋家　塔寺「大唐京寺錄傳十卷、僧彥琮撰」

注編著者名は記されないが、145に同じく唐の釋彥悰の撰。この書は、唐初の京師の寺院に關する記錄である。74「僧彥琮大唐京寺錄傳十卷」は、この書の重出である①。書名について、內典錄卷五は「大唐京寺錄傳」に作り、新唐志74はこれによっている。また內典錄卷十は「大唐京寺錄」に作り、開元錄卷八は「大唐京師寺錄」に作る。卷數について、內典錄卷五・十はともに十卷に作り、開元錄卷八は「沙門釋彥悰兼撰大唐京師寺錄、行於代。」と記すだけで卷數を記さない。新唐志は、書名は開元錄卷八と同じであるが、その卷數を「卷亡」に作る。この書は、開元錄卷八に記載されるが、その入藏錄には記載されなかった。そのために廣く流傳することはなかったようで、新唐志にもとづく通志略を除き、宋代の諸目錄にも著錄されないことから、宋代に流傳していた可能性は低い。また「卷亡」の語は、新唐志では、卷數の記されていない書籍を原資料から轉錄する際に妄りに加えられているものである②。この書を見ると、開元錄がその卷數を記さないのに對し、新唐志には「卷亡」と記されている。これは、その原資料に對して、このような處理がなされたことを示している。よって、この書は新唐志纂修者が開元錄の記載によって轉錄した可能性がある。しかしながら新唐志には開元錄が著錄されておらず、これを實際に見ることができたかは疑わしい。よって開元錄と同じ記載內容を持つ他の文獻から轉錄された可能性もあり、その所據資料を特定することは非常に難しい。

①74注參照。②103注參照。

147　玄覺永嘉集十卷　慶州刺史魏靖編次。

舊唐志不著錄

圓珍錄A「永嘉覺大師集一卷一帖」

圓珍錄B「永嘉覺大師集一卷」

智證錄「永嘉覺大師集一卷」

宋高僧傳卷八　習禪篇「釋玄覺…慶州刺史魏靖都緝綴之、號永嘉集是也。」

景德傳燈錄卷五　温州永嘉玄覺禪師章「著證道歌一首。及禪宗悟修圓旨、自淺之深、慶州刺史魏靖緝而序之、成十篇、目爲永嘉集、並盛行于世。」

崇文總目　釋書中「永嘉一宿覺禪宗集一卷」

通志略　釋家　詮述「元覺永嘉集十卷」

同　釋家　語錄「永嘉一宿覺禪師宗集一卷、唐慶州刺史魏淨纂」

陳志卷十五　總集類「永嘉集三卷、亦不知何人集。」

佛祖統紀卷十　天宮旁出世家「禪師玄覺…慶州刺史魏靖緝所著文爲十卷、號永嘉集。」

通考 集 總集「永嘉集三卷。…陳氏曰、並不知集者。」
宋志 子類 釋氏類「魏靜永嘉一宿覺禪宗集一卷」
　同　「魏靜永嘉一宿覺禪師集一卷」

注 釋玄覺、字道明、俗姓戴氏、温州永嘉縣人。六祖慧能の法嗣①。温州龍興寺沙門。號一宿覺、又號眞覺大師。唐高宗麟德二年(六六五)生、玄宗先天二年(七一三)卒、年四十九。謚無相大師②。魏靖、官は慶州刺史③、則天后期、監察御史④。この書は、慶州刺史魏靖が玄覺の所説を編集したものであり、習禪の根本精神と順序次第を說いている⑤。書名について、唐末の日本の將來目錄はいずれも「永嘉覺大師集」に作り、宋高僧傳・景德傳燈錄・佛祖統紀といった佛教史書は新唐志と同じく「永嘉集」に作り、崇文總目は「永嘉一宿覺禪宗集」に作る。また通志略の二部のうち一部は新唐志と完全に一致し、もう一部は崇文總目と若干異なる。宋志の二部のうち一部は崇文總目と一致し、もう一部は「永嘉一宿覺禪師集」に作る。卷數について、新唐志・佛祖統紀が十卷とし、陳志・通考が三卷とする以外は、皆一卷本である。このうち陳志著錄本はその解題に「不知何人集」とあるので、玄覺の「永嘉集」ではない可能性がある。また大正藏所收の「禪宗永嘉集」は一卷本であり、その魏靖自序に「大師在生、凡所宣紀、總有十篇、集爲一卷。」とあるように、完成當初から一卷本で、十篇からなっていたことがわかる。十卷本は一篇に一卷を配したテキストと考えることもできるが、新唐志と佛祖統紀以外見えず、かつ佛祖統紀中には新唐志からの引用が間々見られることから、十卷本のもとを辿れば、新唐志に行き着く可能性が十分にある。そうであれば、十卷本は新唐志以外見られないことになり、實在したかは疑わしい。また新唐志著錄本は、その書名・卷數が崇文總目・宋志と異なることから、宋代の官藏のテキストによったものではない可能性が高い。これに對し、景德傳燈錄卷五の記載内容は、卷數の問題を除けば、新唐志とよく似ている。よって、この書が景德傳燈錄から轉錄された可能性は高い。この卷數の問題については、新唐志には、景德傳燈錄から「某篇」と數える散文を轉錄する際、一篇一卷見當で著錄する例が、他にも二例見られる⑥。このような狀況から考えて、「十卷」は轉錄の際に加えられたものとみなしうる。現在、大正藏第四十八卷諸宗部五に「禪宗永嘉集」一卷が收錄されている。

①據祖堂集卷三等。宋高僧傳卷八「道明」作「明道」。②據宋高僧傳卷八等。祖堂集卷三作「年三十九」。③據宋高僧傳釋玄覺傳等。④據舊唐書刑法志。⑤據禪籍解題96。⑥165・170の注、本書上篇第四章第二節を參照。

148　懷海禪門規式一卷

舊唐志不著錄

景德傳燈錄卷六　洪州百丈山懷海禪師章附「禪門規式。百丈大智禪師、以禪宗肇自少室、至曹谿以來、多居律寺。雖別院、然於說法住持未合規度。故常爾介懷。…禪門獨行、由百丈之始。今略叙大要、偏示後代學者、令不忘本也。其諸軌度山門備焉。」

通志略　釋家　儀律「禪門規式一卷、僧懷海撰」

注　釋懷海、太原王氏、福州長樂縣人①。洪州百丈山沙門。唐玄宗天寶八年(七四九)生、憲宗元和九年(八一四)卒、年六十六。諡大智禪師②。この書は、懷海の定めた禪林の規範を略述したものである③。この書は、新唐志にもとづく通志略を除き、宋代の諸目錄に著錄されず、わずかに景德傳燈錄卷六に「禪門規式」という題名で附載されるのみであり、宋代にこの書が單行していたり、新唐志纂修當時の祕閣に收藏されていたとは考えにくく、景德傳燈錄から轉錄された可能性は高い。なお景德傳燈錄には原典の引用があるだけで、卷數・篇數を記していない。しかし新唐志には、景德傳燈錄から卷數・篇數が記されない書籍を轉錄する際、一卷という卷數を加える例が他にも五例見られる④。このような狀況から考えて、この書の場合は、原典の引用を「一卷」相當とみなして轉錄したものと考えられる。椎名宏雄氏は、この新唐志の記載によって、この書が單行していたと考えているが⑤、新唐志をその根據とすることはできないのである。また景德傳燈錄所引の「禪門規式」とほぼ同旨ながら、出典を示さず、かなり簡略な文章が宋高僧傳卷十釋懷海傳に見える。宇井伯壽氏は、この二種の文章をともに懷海「百丈清規」⑥に取材したものとし、そのうち「禪門規式」の方は、景德傳燈錄の著者道原が採錄した時點ではその全文か綱要であったが、楊億等の刊削を經て現行の形になったとする⑦。以後、成文化された百丈清規が存したか否かの議論があるものの⑧、「禪門規式」はその大綱を示したものとの見方が主流である⑨。これに對し、石井修道氏は、禪門規式は王仙芝の亂後の百丈山の「禪規」の特色を述べた資料から傳承したもので、景德傳燈錄本や宋高僧傳釋懷海傳の成立以後、叢林共通の「禪規」が「百丈清規」と總稱され、懷海がその制定者として傳承されるようになったとする⑩。

①據全唐文卷四百四十六陳詡「唐洪州百丈山故懷海禪師塔銘」等。祖堂集卷十四百丈和尚章云「姓黄」。②據陳詡「唐洪州百丈山故懷海禪師塔銘」等。宋高僧傳卷十・景德傳燈錄卷六云「年九十五」。③據景德傳燈錄卷六。④158・162・167・168・169の注、本書上篇第四章第二節を參照。⑤『宋元版禪籍の研究』四一一頁を參照。⑥禪籍解題100によれば、印度以來の律典の規定と、中國の儒禮及び習俗等を折衷して初めて制定された、禪院の機構と教團制度の集大成であり、後代編集の禪宗清規は全て「百丈清規」を承けている。現在懷海の「清規」は傳わらないが、景德傳燈錄「禪門規式」・宋の贊寧「大宋僧史略」卷上「別立禪居」條等によって、その大體を窺うことができる。⑦『第二禪宗史研究』(岩波書店、一九三五年七月)「第四　百丈懷海」を參照。⑧詳しくは鏡島元隆「「百丈清規」の成立とその意義」(『禪研究所紀要』六・七號、一九七六年十二月)を參照。⑨禪籍解題100・鏡島氏前掲論文・田中良昭『敦煌禪宗文獻の研究』(大東出版社、一九八三年二月)第五章第二節「初期禪宗の戒律論」等を參照。⑩「百丈清規の研究―「禪門規式」と『百丈古清規』―」(『駒澤大學禪研究所年報』六號、一九九五年八月)を參照。

149 希運傳心法要一卷　裴休集。

舊唐志不著錄

景德傳燈錄卷十二　裴休章「雖圭峯該通禪講、爲裴之所重、未若歸心於黄檗而傾竭服膺者也。…仍集黄檗語要。親書序引、冠於編首、留鎮山門。」

祕書續編　子類　釋書「傳心法要一卷」

通志略　釋家　詮述「希運傳心法要一巻」
宋志　子類　釋氏類「裴休傳心法要一巻」
注釋希運、閩人。洪州黄蘗山沙門。唐宣宗大中年間（八四七〜八六〇）卒、勅謚斷際禪師①。裴休、字公美、河内濟源人。唐懿宗咸通（八六〇〜八七四）初卒②、年七十四、贈太尉③。官は開成元年（八三六）、史館修撰、同三年、宰相、大中二年、宣州刺史、同九年、新安守④。又綿州刺史⑤、江西道觀察使洪州刺史兼御史大夫⑥。この書は、唐武宗會昌二年（八四二）に鐘陵で、宣宗大中二年に宛陵で、希運が裴休のためになした説法を、裴休が筆録したものである⑦。この書は、崇文總目に著録されず、北宋末の祕書續編に初めて著録されることから、この兩目の間に三館・祕閣に收藏されたと考えられる。よって新唐志纂修者は當時の祕閣の藏書によって、この書を著録した可能性が十分にある。現在、大正藏第四十八巻諸宗部五に「黄檗山斷際禪師傳心法要」一巻が收録されている。ただし、これは明版大藏經を底本としたものであり、福州開元寺版大藏經に收録される天聖廣燈録所載本と、これを受ける南宋端平三年（一二三六）の單行本が重要である⑧。

①據宋高僧傳巻二十感通篇・景德傳燈録巻九洪州黄蘗希運禪師章。卒年には大中二・三・四・九年の諸説がある。②據舊唐書巻百七十七。景德傳燈録巻十二作「河東聞喜人」、新唐書巻百八十二「河内」作「孟州」。佛祖統紀巻四十二云「咸通十一年卒」。③據新唐書巻百八十二。④據佛祖統紀巻四十二。⑤據禪源諸詮集都序裴休叙。⑥據大方廣圓覺經大疏裴休序。⑦據傳心法要大中十一年裴休序。⑧全解説大事典。

150 玄嶷甄正論三巻
舊唐志　子録　道家類121「甄正論三巻、杜乂撰」
開元録巻九　唐代録「甄正論三巻…沙門釋玄嶷」
同　巻十三　有譯有本録　聖賢傳記録　此方撰述集傳「甄正論三巻、大唐天后代佛授記寺沙門釋玄嶷撰。新編入藏。」

同　卷十七　補闕拾遺錄　此方所撰傳記「甄正論三卷、大唐沙門釋玄嶷撰」
同　卷二十　入藏錄　賢聖集　此方撰集「甄正論三卷、三十六紙」
貞元錄卷十三　唐代錄「甄正論三卷…沙門釋玄嶷」
同　卷二十三　有譯有本錄　聖賢傳記錄　此方撰述集傳「甄正論三卷、大唐天后代佛授記寺沙門釋玄嶷撰。新編入藏。」
同　卷二十七　補闕拾遺錄　此方所撰傳記集錄「甄正論三卷、大唐沙門釋玄嶷撰」
同　卷三十　入藏錄　賢聖集　此方撰集「甄正論三卷、三十六紙」
宋高僧傳卷十七　護法篇「釋玄嶷…有若環車望斗劾鬼求仙、以此用心、非究盡也。乃造甄正論一部、指斥其失、令歸正眞。施設主客問答、極爲省要焉。」
指要錄卷八　聖賢傳記「甄正論三卷。上中下、白馬寺僧玄嶷造此論。…」
開元錄略出卷四　有譯有本錄　聖賢傳記錄　此方撰述集傳「甄正論三卷、唐天后代佛授記寺釋玄嶷撰」
晁志卷十六　釋書類「甄正論三卷、右唐釋法琳撰」
通志略　釋家　論義「甄正論三卷、杜義撰。又三卷、唐僧玄嶷撰」
至元錄卷十　有譯有本　聖賢傳記　東土賢聖集傳「甄正論二卷、或三卷、唐天后代佛授記寺沙門玄嶷撰」
通考　子　釋氏「甄正論三卷。晁氏曰、唐釋法琳撰。」
宋志　子類　神仙類「僧玄玄嶷甄正論三卷」

注釋玄嶷の撰。晁志・通考は「釋法琳」とし、宋志は「僧玄玄嶷」とするがともに誤りである。玄嶷については、14「杜乂甄正論三卷」注を參照。この書は、滯俗公子の質問に對し甄正先生が對えるという形式によって、佛道二教の優劣を論じ、道教の所說を批判したものである。14「杜乂甄正論三卷」はこの書の重出である①。卷數について、元代には三卷本の他に二卷本も行われていたようである②。この書は、開元錄の入藏錄に記載され、また宋代の國家藏書にもとづく宋志にも著錄され、指要錄や晁志等にも著錄されることから、宋代に流傳していたことが確認できる。よって新唐志纂修者は慶曆元年の崇文總目完成から新唐志の纂修までに祕閣に收藏されたテキストによって、この書を著錄することが可能であった。しかしながら祕閣への收藏時期が確定できていないことから、祕閣ではなく、開元錄の記載から轉錄された可能性もある。ただし、もし新唐志纂修者が開元錄卷九の「沙門玄嶷、俗姓杜、名乂③」という記載を見ていたのであれば、杜乂が玄嶷の俗名であることを知らずに、二部の甄正論（14・150）を重出させることはしなかったであろう。なおかつ新唐志には開元錄が著錄されておらず、これを實際に見ることができたのか疑わしいことから、開元錄と同じ記載內容を持つ他の文獻から轉錄された可能性も出てくる。以上のように、この書の所據資料を特定することは非常に難しい。現在、大正藏第五十二卷史傳部四に「甄正論」三卷が收錄されている。

①14注・本書上篇第一章第一節を參照。②據至元錄。③貞元錄卷十三「乂」作「乂」。

151光瑤注僧肇論二卷

舊唐志不著錄

崇文總目　釋書上「僧肇論二卷」

義天錄卷三　肇論「注三卷、光瑤注」

通志略　釋家　議論「僧肇論二卷、僞秦釋僧肇撰、唐僧光瑤注。」

注 釋光瑤、俗姓周氏、北京人。沂州寶眞院沙門。荷澤神會の法嗣。唐玄宗開元四年（七一六）生、憲宗元和二年（八〇七）卒、年九十二①。この書は、後秦の釋僧肇②「肇論」一卷③に對する注釋書である。卷數について、義天錄のみ「三卷」に作る。この書は、その著錄內容が崇文總目と完全に一致することから、新唐志纂修者が當時の祕閣の藏書によって著錄したものである可能性が高い。現在散佚して傳わらない。

①據宋高僧傳卷十習禪篇。景德傳燈錄卷十三「光瑤」作「光寶」、云「幷州人」、「年九十」。②僧肇、京兆人。鳩摩羅什の弟子。東晉孝武帝太元九年（三八四）生、安帝義熙十年（四一四）卒、年三十一。據高僧傳卷六義解篇。③物不遷論・不眞空論・般若無知論・涅槃無名論の四論からなる。大正藏第四十五卷諸宗部二所收。

152李繁玄聖蘧廬一卷

舊唐志不著錄

崇文總目 釋書上「玄聖蘧廬一卷」

通志略 釋家 論議「玄聖蘧廬一卷、唐李繁撰」

晁志卷十六 釋書類「玄聖蘧廬二卷、右唐李繁撰。…著書十六篇、以明禪理。…」

通考 子 釋氏「元聖蘧廬二卷。晁氏曰、唐李繁撰。…著書十六篇、以明禪理。…」

注李繁、京兆人。李泌①の子。父の友人梁肅②に師事し③、また馬祖道一④に師事す⑤。官は弘文館學士。唐敬宗寶曆二年（八二六）、詔によって兵部侍郎丁公著・太常少卿陸亘と殿中にて僧侶・道士と講論し⑥、宣宗大中年間（八四七～八六〇）、舒元輿の讒言により死を賜わる⑦。李繁の著作には他に相國鄴侯家傳十卷・北荒君長錄三卷・說纂四卷⑧がある。玄聖蘧廬は、全十六篇からなり、禪理を明らかにしたものである⑨。この書は、その著錄內容が崇文總目と完全に一致することから、新唐志纂修者が當時の祕閣の藏書によって著錄したものである可能性が高い。現在散佚して傳わらない。

①唐玄宗開元十年（七二二）生、德宗貞元五年（七八九）卒。②玄宗天寶十二年（七五三）生、貞元九年卒。③⑥據舊唐書卷百三十・新唐書卷百三十九。④中宗景龍三年（七〇九）生、貞元四年卒。⑤⑦⑨據晁志。⑧據新唐志。

153白居易八漸通眞議一卷

舊唐志不著錄

景德傳燈錄卷十 唐杭州刺史白居易章「復受東都凝禪師八漸之目、各廣一言而爲一偈、釋其旨趣、自淺之深、猶貫珠焉。」

同　卷二十九 讃頌偈詩「白居易八漸偈幷序」

崇文總目　釋書中「八漸通眞議一卷闕」
通志略　釋家　論議「八漸通真議一卷、白居易撰」
宋志　子類　釋氏類「白居易八漸真議一卷」
注白居易、字樂天。先は太原人、後、韓城に家す。唐代宗大暦七年（七七二）生、武宗會昌六年（八四六）卒、年七十五。官は太子太傅。號香山居士①。白居易の著作には他に白氏六帖三十卷・白氏長慶集七十五卷・元白繼和集一卷・三州唱和集一卷・劉白唱和集三卷・元和制策三卷②等がある。八漸通眞議は、白居易が凝禪師に心要を問い、覺觀定慧明通濟捨の八言を得て、德宗貞元二十年（八〇四）、それをもとに著した「八漸偈」のことであろう③。この書は、その著錄內容が崇文總目と完全に一致することから、新唐志纂修者が當時の祕閣の藏書によって著錄したものである可能性が高い。現在、景德傳燈錄卷二十九に「白居易八漸偈幷序」が收錄されている。

①據新唐書卷百十九等。佛祖統紀卷四十二云「大中元年（八四七）卒」。②據新唐志。③據景德傳燈錄卷二十九「八漸偈」序・佛祖統紀卷四十一。

154 七科義狀一卷　雲南國使段立之問、僧悟達荅。

舊唐志不著錄
崇文總目　釋書上「七科義狀一卷闕」
通志略　釋家　語錄「七科義狀一卷、雲南使段立之問、唐僧悟達答。」
宋志　子類　釋氏類「神澈七科義狀一卷」
注段立之、未詳。「悟達」は、唐中和元年（八〇六）、僖宗が釋知玄に賜った國師號。知玄、字後覺、俗姓陳氏、眉州洪雅人。唐憲宗元和六年（八一一）生、僖宗中和三年（八八三）卒、年七十三①。彭州丹景山沙門②。編著者について、宋志の「神澈」はおそらく知玄の弟子僧徹の誤りであろう。宋高僧傳卷六釋僧徹傳に「悟達凡有新義別章、咸囑付徴暢衍之。」とあることから、この書の雲南國使段立之と悟達國師との問答も彼によって記録されたものと推測される。この書は、その著錄内容が崇文總目と完全に一致することから、新唐志纂修者が當時の祕閣の藏書によって著錄したものである可能性が高い。現在散佚して傳わらない。

①據宋高僧傳卷六義解篇釋知玄傳・淨土往生傳卷下等。なお宋高僧傳は卒年を記さない。②據宋高僧傳卷六。

155 棲賢法雋一卷　僧惠明與西川節度判官鄭愚漢州刺史趙璘論佛書。

舊唐志不著錄

崇文總目　釋書中「棲賢法儁一卷闕」

通志略　釋家　論議「棲賢法雋一卷、唐僧惠明撰」

宋志　子類　釋氏類「惠明棲賢法雋一卷」

注釋惠明、未詳。鄭愚、廣州人①。官は唐宣宗大中三年（八四九）、桂管觀察使より西道節度使となり②、懿宗咸通三年（八六二）、邕管經略使より廣州刺史となり、嶺南東道節度・觀察處置等使に充てらる③。同八年、禮部侍郎の時、科擧の知貢擧を務め④、尙書に至る⑤。唐末、商州刺史⑥。生卒年未詳。鄭愚が西川節度判官であった時期は不明。趙璘、字澤章、南陽人⑦。文宗太和八年（八三四）進士、開成三年（八三八）、博學宏詞⑧。官は大中年間、衢州刺史⑨。著に表狀集一卷⑩等有り。生卒年未詳。趙璘が漢州刺史であった時期は不明。この書は、唐の惠明が西川節度判官鄭愚・漢州刺史趙璘と佛書について論じたものである。「棲賢」は、漢州棲賢寺のことであろう⑪。趙璘が刺史となったのはこの漢州であり、鄭愚が判官となっていた劍南西川節度使は、成都府を治め漢州を管轄していた⑫。よって彼らが佛典について論じた場所は、書名のとおり、漢州棲賢寺であったと考えられる。「法雋」には、佛法の素晴らしさ、また佛法に優れた人の意がある。この書は、その著錄内容が崇文總目とほぼ一致することから、新唐志纂修者が當時の祕閣の藏書によって著錄したものである可能性が高い。現在散佚して傳わらない。

①據登科記考卷二十七引北夢瑣言。②據新唐書卷二百二十二中。③據舊唐書卷十九上。④據唐詩紀事卷六十六・登科記考卷二十三。⑤據登科記考卷二十七。⑥據新唐書卷百十六陸希聲傳。⑦據新唐書卷七十三下。⑧據登科記考卷二十一。⑨據新唐志子錄小說家類「因話錄六卷」原注・晁志卷十三。⑩據新唐志。⑪宋高僧傳卷二十釋大川傳。⑫舊唐書卷三十八地理志一。

156禪關八問一卷　楊士達問、唐宗美對。

舊唐志不著錄

崇文總目　釋書中「禪關入門一卷闕」

通志略　釋家　論議「禪關八問一卷」

同　釋家　語錄「禪關一卷、唐楊士達問、唐宗美對」

宋志　子類　釋氏類「楊士達禪關八問、宗美」

注楊士達、未詳。唐宗美は、新唐志には編著者名の上に朝代を關するという例はないことから、姓唐、名宗美という俗人であろう。唐宗美は、他に希遷の「參同契」にも注釋していることから①、石頭希遷②と同時期か、それ以後の人物である。禪關八問は、唐の楊士達と唐宗美の問答を記錄したものである。「禪關」は、參禪の用心の意。書名について、崇文總目は「入門」に作る。通志略・宋志がいずれも「八問」に作るのによれば、崇文總目の誤寫である。この書は、崇文總目の誤寫を正せば、著錄內容が新唐志と完全に一致することから、新唐志纂修者が當時の祕閣の藏書によって著錄したものである可能性が高い。現在散佚して傳わらない。

①165を參照。②唐則天武后久視元年（七〇〇）生、德宗貞元六年（七九〇）卒。

157僧一行釋氏系錄一卷

舊唐志不著錄

舊唐書卷百九十一 僧一行傳「一行尤明著述、撰大衍論三卷攝調伏藏十卷天一太一經及太一局遁甲經釋氏系錄各一卷。」

續開元錄卷中「釋氏系錄一卷、右謚大慧禪師沙門一行。開元中、奉勅修撰、已編入史。總有四條。一綱維塔寺、二說法旨歸、三坐禪修證、四三法服衣。於中齋法附見。然未入一切經藏。今請編入目錄。」

同　卷下「釋氏系錄一卷、右謚大慧禪師沙門一行。開元年、奉勅修撰、已編入史。總有四條。一綱維塔寺、二說法旨歸、三坐禪修證、四三法服衣。於中齋法附見。」

宋高僧傳卷五 義解篇「釋一行…所翻之經、遂著疏七卷、又攝調伏藏六十卷、釋氏系錄一卷、開元大衍曆五十二卷。其曆編入唐書律曆志、以爲不刊之典。」

通志略 釋家 傳記「釋氏系傳一卷、一行撰」

釋門正統卷八 釋一行傳「所著…釋氏係錄…各一卷。李吉甫傳行業（自注「唐藝文志。」）」

注 釋一行、俗姓張氏、鉅鹿人。本名遂則。中嶽嵩陽寺沙門。普寂禪師の弟子①。唐高宗咸亨四年（六七三）生、玄宗開元十五年（七二七）卒、年五十五。謚大慧禪師②。一行の著作には他に周易論卷亡・大衍玄圖一卷・義決一卷・大衍論二十卷・開元大衍曆一卷・曆議十卷・天一太一經一卷・遁甲十八局一卷・太一局遁甲經一卷③等がある。釋氏系錄は、綱維塔寺・說法旨歸・坐禪修證・三法服衣の四條からなり、開元年間の撰④。書名について、釋門正統は「系」を「係」に作り、通志略は「錄」を「傳」に作る。この書は、舊唐書本傳・續開元錄・宋高僧傳に記載されるが、宋代の國家藏書にもとづく諸目錄には著錄されていないことから、新唐志纂修當時の祕閣に收藏されていた可能性は低い。一方、舊唐書本傳には一行の著作五部が記載され、そのうちこの書を含めた四部までが新唐志の「不著錄」部分に同名同卷數で著錄されている⑤。これは、新唐志がこれらの書を舊唐書本傳から轉錄したことを示している。なお釋氏系錄は、日本寛政二年（一七九〇）刊の釋謙順「諸宗章疏錄」⑥第三に著錄される。しかし「諸宗章疏錄」は現存書ばかりでなく、佚書をも諸目錄によって著錄したものであり⑦、この書が當時の日本に傳わっていたかどうかは不明である。現在散佚して傳わらない。

①據宋高僧傳卷五。唐書卷百九十一作「先名遂、魏州昌樂人」。②據釋門正統卷八。舊唐書卷百九十一云「年四十五」。
③據新唐志。④據續開元錄卷中・下。⑤本書上篇第四章注（3）を參照。⑥大日本佛教全書所收。⑦小野大辭典。

158 宗密禪源諸詮集一百一卷

舊唐志不著錄
大乘禪門要錄「禪源諸詮集都序兩卷」
同　「集禪源諸論關要一百三十卷」
宋高僧傳卷六　義解篇「釋宗密…又集諸宗禪言爲禪藏、總而叙之。」
武夷新集卷七　佛祖同參集序「先是、諸方大士各立宗徒、互顯師承、佚存語錄。圭山患其如是也。會合衆說、著爲禪詮、融通諸家、圓成一味、蓋祖門之能事畢矣。歷歲彌久、都序僅存、百卷之文不傳於世。」
景德傳燈錄卷十二　裴休章「又圭峯禪師著禪源諸詮原人論及圓覺經疏注法界觀、公皆爲之序。」
同　卷十三　終南山圭峯宗密禪師章「師以禪教學者互相非毀、遂著禪源諸詮、寫錄諸家所述、詮表禪門根源道理文字句偈、集爲一藏（自注「或云一百卷。」）、以貽後代。其都序略曰…。裴休爲之序曰…」
崇文總目　釋書中「禪源諸詮集二卷」
祕書續編　子類　釋書「禪源諸詮集三卷」
通志略　釋家　詮述「禪源諸銓集一百一卷、唐僧宗密撰」
遂初堂書目　釋家類「禪源諸銓」
宋志　子類　釋氏類「僧宗密禪源諸詮二卷」
注 釋宗密、俗姓何氏、果州西充人。圭峯草堂寺沙門。華嚴宗五祖。唐德宗建中元年（七八〇）生、武宗會昌元年（八四一）卒、年六十二。謚定慧禪師①。宗密の著作目錄として、後周太祖廣順二年（九五二）寫の敦煌出土「大乘禪門要

錄」（臺灣一三三號）があり、田中良昭「敦煌本『禪源諸詮集都序』殘卷考」②・方廣錩『敦煌佛教經錄輯校』③にそれぞれ收載され、解題が記されている。禪源諸詮集は、禪門諸家の文字・句偈を寫錄して一藏に集め、後代に殘そうとしたものである④。本來「都序」二卷と本文からなり、本文の方は百卷⑤とも、百三十卷⑥とも、百六十卷⑦とも傳えられるが、現在「都序」のみ傳存する。崇文總目・宋志著錄の二卷本には「都序」の二字はないが、その卷數から推せば、「都序」であることは明らかである。一方、新唐志は「一百一卷」に作るので、「都序」と本文を著錄したものと考えられる。しかし本文は實際には書かれなかったとの說⑧や、書かれはしたが早くも會昌排佛頃に散佚したとの說⑨もあり、北宋の楊億の武夷新集卷七「佛祖同參集序」には「歷歲彌久、都序僅存、百卷之文不傳於世。」とあり、新唐志纂修當時、本文が殘っていたとは考えがたい。これに對し、景德傳燈錄は禪源諸詮一藏の卷數を「或云一百卷。」と注しており、新唐志の著錄卷數とわずか一卷の差しかない。よって、この書が景德傳燈錄から轉錄された可能性は高い。なお、この一卷の差は、新唐志が景德傳燈錄の引く「都序」の原文を一卷とみなしたために生じたものであろう。これと同樣に、新唐志には、景德傳燈錄から卷數・篇數が記されない著作を轉錄する際、一卷という卷數を加える例が他に五例見られる⑩。なお鎌田茂雄氏は、圭峯禪師碑銘⑪と宋高僧傳に見える宗密の「禪藏」について、禪源諸詮集のことをいうのであろうか、と前置きした上で、この禪藏の存在を肯定した學者として冉雲華氏の名を擧げている⑫。また方廣錩『佛教大藏經史』は、この書の本文が敦煌に傳わり、その藏經洞に納入されたとし、敦煌遺書の諸種の禪籍中から「禪源諸詮集」を復元できるとする（一八五頁）。現在、大正藏第四十八卷諸宗部五所收の「禪源諸詮集都序」は、上下二卷を各々二卷ずつに分けた四卷本である。「都序」のテキストについては、鎌田氏前掲書「解說」・田中氏前掲論文等を參照。

①據宋高僧傳卷六。②『駒澤大學佛教學部研究紀要』第三十七號、一九七九年。③江蘇古籍出版社、一九九七年八月。④據景德傳燈錄卷十三。⑤景德傳燈錄卷十三宗密章の注・敦煌遺書卷子本「禪源諸詮集都序」卷下（臺灣一三三號）による。⑥據大乘禪門要錄。⑦據日本延文三年（一三五八）刊「禪源諸詮集都序」注。⑧鎌田茂雄『禪源諸詮集都序』（『禪の語錄9』、筑摩書房、一九七一年十二月）「解說」、同『宗密教學の思想史的研究』（東京大學東洋文化研究所、

一九七五年三月）第四章附節「萬曆四年刊『禪源諸詮集都序』について」の「序」を參照。⑨佛典解題事典「禪源諸詮集都序」條を參照。⑩148・162・168・169・167の注、本書上篇第四章第二節を參照。⑪裴休撰。全唐文卷七百四十三・金石萃編卷百四所收。⑫『宗密教學の思想史的研究』第二章第四節「宗密の著書」の「(2)禪藏」を參照。

159又起信論二卷

舊唐志不著錄

大乘禪門要錄「起信論疏兩卷、鈔兩卷、科文一卷」

崇文總目　釋書上「起信論二卷」

義天錄卷三大乘起信論「疏四卷、或三卷、或二卷。宗密將藏疏注於論文之下。」

通志略　釋家　論議「起信論二卷、唐僧宗密注」

晁志卷十六　釋書類「起信論一卷、右唐僧宗密注、僧眞諦譯」

通考　子　釋氏「起信論一卷。晁氏曰、唐僧宗密註、僧眞諦譯。」

宋志　子類　氏類「(宗密）大乘起信論一卷」

注158に同じく釋宗密の撰。この書は、馬鳴大師造・陳の眞諦譯と傳えられる大乘起信論に對する章疏の一つであり、宗密が大乘起信論の本文に法藏の疏①を組み込み、閲覽の便を圖り、かつ自身の注を加えたものである②。書名について、大乘禪門要錄③・義天錄は「起信論疏」に作る。卷數について、義天錄は二卷本の他に三卷本・四卷本を著錄し、晁志・宋志は一卷本を著錄する。この書は、その著錄內容が崇文總目と完全に一致することから、新唐志纂修者が當時の祕閣の藏書によって著錄したものである可能性が高い。現在、續藏經支那撰述大小乘釋論部に收錄される宋の釋子璿「起信論疏筆削記會閲」二十卷に、法藏の疏とともに取り込まれている。

①144を參照。②據義天錄卷三・起信論疏筆削記會閲卷一「草堂沙門宗密錄註」記。③158注參照。

160起信論鈔三卷

舊唐志不著錄

大乘禪門要錄「起信論疏兩卷、鈔兩卷、科文一卷」

崇文總目　釋書上「起信論鈔三卷闕」

義天錄卷三　大乘起信論「疏四卷、或三卷、或二卷。宗密將藏疏注於論文之下。」

通志略　釋家　論議「起信論鈔二卷、僧宗密撰」

宋志　子類　釋氏類「起信論鈔二卷」

注 158に同じく釋宗密の撰。この書は、宗密による大乘起信論の章疏の一つである。卷數について、大乘禪門要錄・宋志は「二卷」に作る。大乘禪門要錄は「鈔兩卷」に續けて「科文一卷」を著錄するのによれば、三卷本は「鈔」二卷に「科文」一卷を加えたものかもしれない。なお「科文」は、經論を解釋する際、本文をその內容によって大小の段落に區切り、さらに各段落の內容を短い標語にまとめて示したもののことである①。この書は、その著錄內容が崇文總目と完全に一致することから、新唐志纂修者が當時の祕閣の藏書によって著錄したものである可能性が高い。

①橫超慧日『中國佛教の研究第三』（法藏館、一九七九年十一月）「釋經史考」・岩波辭典「科文」條。

161原人論一卷

舊唐志不著錄

景德傳燈錄卷十二　裴休章「又圭峯禪師著禪源諸詮原人論及圓覺經疏注法界觀、公皆爲之序。」

同　卷十三　終南山圭峯宗密禪師章「師又著圓覺大小疏鈔法界觀門原人等論、皆裴休爲之序引、盛行於世。」

義天錄卷三「原人論一卷、宗密述」

通志略　釋家　論議「原人論一卷」
晁志卷十六　釋書類「原人論一卷、右唐僧宗密撰」
遂初堂書目　釋書類「原人論」
通考　子　釋氏「原人論一卷。晁氏曰、唐僧宗密撰。」
宋志　子類　釋氏類「又（僧宗密）原人論一卷」
注 158に同じく釋宗密の撰。この書は、韓愈の原人篇に對し、華嚴の學說によって人の根元をたずね、本覺眞心が根本であることを明かしたもので、全四篇からなる①。この書は、北宋の國家藏書にもとづく諸目錄には著錄されていないが、宋志に著錄されている。よって館閣への收藏時期は特定できないものの、この書が當時の祕閣の藏書によって著錄された可能性がないとはいえない。また「原人論」は、景德傳燈錄卷十三に「著圓覺大小疏鈔法界觀門原人等論。」とあり、次に著錄される162「圓覺大小二疏鈔」とともに記載されていることから、景德傳燈錄から轉錄された可能性もある。ただ祕閣の藏書と景德傳燈錄のいずれによったかを特定するのは難しい。現在、大正藏第四十五卷諸宗部二に收錄されている。

①全解說大事典。

162　圓覺經大小疏鈔各一卷

舊唐志不著錄
圓覺經大疏　裴休序「圭峯禪師…遇圓覺了義、卷未終軸、感悟流涕…乃爲之疏解。凡大疏三卷、大鈔十三卷、略疏兩卷、小鈔六卷、道場修證義一十八卷、竝行於世。」
大乘禪門要錄「圓覺大疏三卷、大鈔十三卷、科文一卷。圓覺小疏二卷、小鈔六卷、科文一卷。」
宋高僧傳卷二　譯經篇「釋佛陀多羅、華言覺救、…譯出大方廣圓覺了義經。…大和中、圭峯密公著疏判解、經本一卷、後分二卷成部。續又爲鈔、演暢幽邃。今東京太原三蜀盛行講演焉。」
景德傳燈錄卷十二 裴休章「又圭峯禪師著禪源諸詮原人論及圓覺經疏注法界觀、公皆爲之序。」
同 卷十三 終南山圭峯宗密禪師章「師又著圓覺大小二疏鈔法界觀門原人等論、皆裴休爲之序引、盛行於世。」
崇文總目 釋書上「圓覺經疏六卷闕」
義天錄卷三 圓覺經「大疏六卷、或三卷。大疏科二卷、或一卷。大鈔二十六卷、或十三卷。略疏四卷、或二卷。略疏科二卷。略鈔十二卷、或六卷。（自注「以上宗密述」）」
晁志卷十六 釋書類「圓覺經疏三卷、右唐長壽二年天竺僧覺救譯、宗密疏解。」
遂初堂書目 釋書類「圓覺經疏」
通考 子 釋氏「圓覺經疏三卷、晁氏曰、唐長壽二年天竺僧覺救譯、宗密疏解。」
宋志 子類 釋氏類「宗密圓覺經疏六卷」

注 158に同じく釋宗密の撰。この書は、圓覺經、すなわち大方廣圓覺修多羅了義經一卷①の章疏であり、太和年間（八二七～八三五）の撰②。宗密は圓覺經の章疏を數多く著わしており、圓覺經大疏の裴休序・大乘禪門要錄③・義天錄卷三によって整理すると、大疏三卷、或六卷、大鈔十三卷、或二十六卷、大疏の科文④一卷、或二卷、小（略）疏二卷、或四卷、小（略）鈔六卷、或十二卷、小（略）疏の科文一卷、或二卷、のようになる。これによれば、崇文總目の「疏六卷」は、大疏か、小（略）鈔であり、晁志の「疏三卷」は大疏である。また新唐志の「大小疏鈔各一卷」は、大疏と小疏の科文ということになろう。しかし科文を疏科と呼ぶ例はあっても、疏鈔と呼ぶ例はない。よって新唐志著錄本はこれらのどれとも一致しないことになる。これに對し、景德傳燈錄卷十三の「圓覺大小二疏鈔」は、圓覺經の大疏・大鈔と小疏・小鈔とに代表される宗密の章疏群を總稱したものであると讀むことができ、新唐志の著錄內容はこれとよく似ている。よって、この書が景德傳燈錄から轉錄された可能性は高い。なお景德傳燈錄は卷數を記していないが、新唐志には、景德傳燈錄から卷數・篇數が記されない著作を轉錄する際、一卷という卷數を加える例が他に五例見られる⑤。この書の場合、「各一卷」とするのは、景德傳燈錄の「大小二疏鈔」を「大疏鈔」「小疏鈔」の二部と解したためであろう。

現在、續藏經支那撰述大小乘釋經部に、「大疏」十二卷⑥、「大疏釋義鈔」二十六卷⑦、「大疏鈔科」中下二卷⑧、略疏四卷⑨、「略疏之鈔」十二卷、「略疏科」一卷が收錄されている。また大正藏第三十九卷經疏部七所收の「大方圓覺修多羅了義經略疏註」四卷は、略疏である。なお大疏は經論を博引旁證し、宗密以前の圓覺經の注釋書を研究し、教禪一致說の立場から圓覺經の深旨を顯わし、その根本義を宣揚したもの、略疏は大疏の精要を撮略したもの、大鈔・略鈔は大疏・略鈔をみずから細釋したものである⑩。

①大正藏第十七卷經集部四所收。②據宋高僧傳卷二釋覺救傳。③158注參照。④「科文」は、160注參照。⑤148・158・168・169・167の注、本書上篇第四章第二節を參照。⑥上中下各四卷に分かつ。⑦十三卷を各上下二卷に分かつ。⑧上卷闕。⑨上下各二卷に分かつ。⑩全解說大事典。

163楚南般若經品頌偈一卷

舊唐志不著錄

宋高僧傳卷十七　護法篇「釋楚南…南公平昔著般若經品頌偈一卷破邪論一卷、以枝梧異宗外敵、見貴於時也。」

景德傳燈錄卷十二　杭州千頃山楚南禪師章「師平昔著般若經品頌偈一卷破邪論一卷、見行于世。」

通志略　釋家　頌贊「般若經品頌偈一卷、釋楚南撰」

注釋楚南、俗姓張氏、閩人。杭州千頃山沙門①。黃蘗山希運禪師の法嗣②。唐憲宗元和十四年（八一九）生、昭宗文德元年（八八八）卒、年七十③。なお宋高僧傳はもと文德六年卒とするが、文德は元年までであり、また大順二年（八九一）に楚南の墓が暴かれたとの記載があるのによれば、「六」は「元」の誤りである。164原注は大順年間（八九〇～八九一）の人とするが、この時期、楚南はすでに卒している。般若經品頌偈は、敵對する異宗派に對抗する目的で著されたものである④。この書は、宋代の國家藏書にもとづく諸目錄には著錄されないことから、新唐志纂修當時の祕閣に收藏されていた可能性は低い。これに對し、景德傳燈錄卷十二には「著般若經品頌偈一卷破邪論一卷。」とあり、新唐志の著錄內容と一致する。よって、この書が景德傳燈錄から轉錄された可能性は高い。現在散佚して傳わらない。なお日本大藏經經藏部般若章疏に「大般若經品目提綱歎德頌」一卷が收錄され、大般若波羅蜜多經六百卷全品の重要思想を頌の形式で記してあるという⑤。楚南「般若經品頌偈」もこのような體裁を持っていた可能性もあるが、兩書の關係は未詳である。

①④據宋高僧傳卷十七。②據景德傳燈錄卷十二。③據宋高僧傳卷十七。景德傳燈錄卷十二云「年七十六」。⑤小野大辭典。

164 又破邪論一卷　大順中人。

舊唐志不著錄

宋高僧傳卷十七　護法篇「釋楚南…南公平昔著般若經品頌偈一卷破邪論一卷、以枝梧異宗外敵、見貴於時也。」

景德傳燈錄卷十二　杭州千頃山楚南禪師章「師平昔著般若經品頌偈一卷破邪論一卷、見行于世。」

通志略釋家論議「又（破邪論）一卷、楚南撰」

釋氏稽古略卷三「杭州千頃山禪師、名楚南…師著破邪論行於世。」

注 163に同じく釋楚南の撰。この書は、敵對する異宗派に對抗する目的で著されたものである①。この書は、宋代の國家藏書にもとづく諸目錄には著錄されていないことから、新唐志纂修當時の祕閣に收藏されていた可能性は低い。これに對し、景德傳燈錄卷十二には「著般若經品頌偈一卷破邪論一卷。」とあり、新唐志の著錄內容と一致する。よって、この書が景德傳燈錄から轉錄された可能性は高い。また元代までは流傳があったようであるが②、現在傳わらない。

①據宋高僧傳卷十七。②據釋氏稽古略卷三。

165
希還參同契一卷
舊唐志不著錄
景德傳燈錄卷十四　石頭希遷大師章「師著參同契一篇、辭旨幽濬、頗有注解、大行於世。」
　同　卷三十　銘記箴歌「南嶽石頭和尚參同契」
崇文總目　釋書中「石頭和尚參同契一卷」
通志略　釋家　詮述「石頭和尚參同契一卷、唐僧希遷撰、唐宗美注」
人天眼目卷五　宗門雜錄「石頭參同契、雪竇著語」
宋志　子類　釋氏類「石頭和尚參同契一卷、宗美注」

注「還」は、「遷」の誤り。釋希遷、俗姓陳氏、端州高安人。南嶽石頭山沙門。號石頭和尚。唐則天武后久視元年（七〇〇）生、德宗貞元六年（七九〇）卒、年九十一①。この書は、わずか五言四十四句二百二十字の小篇ながら、後世曹洞宗乘の濫觴として尊重され、前漢の魏伯陽著の道書「參同契」にその名を借りて、佛法奥妙の理を說き明かしたものである②。崇文總目・通志略・宋志は書名に「石頭和尚」と冠することから、これらは同じ官藏のテキストを著錄したものである可能性が高い。このうち通志略は崇文總目にもとづいているとみられることから、崇文總目にも唐宗美の注釋があったと考えてよかろう。この唐宗美は、156「禪關八問一卷」原注には、楊士達の參禪の用心に關する問いに解答した人物として記されていることから、禪に精通していたようである③。一方、新唐志は單に「參同契」と記すだけで、注釋には觸れていない。よって崇文總目等の著錄本とは異なり、宋代の官藏のテキストを著錄したものではない可能性が十分ある。これに對し、景德傳燈錄卷十四に「師著參同契一篇、辭旨幽濬、頗有注解」とあるのは、書名、及び注釋者を擧げていない點が、新唐志の著錄內容と一致する。よって、この書が景德傳燈錄から轉錄された可能性は高い。なお景德傳燈錄は「一篇」と記すだけで卷數を記さない。しかし新唐志には、景德傳燈錄から篇單位の散文を轉錄する際、一篇一卷見當で卷數を加える例が他にも二例見られる④。このような狀況から考えて、「一卷」は轉錄の際に加えられたものとみなしうる。現在、單獨では傳わらず、祖堂集卷四石頭和尚章收載のものが現存最古であり、他に景德傳燈錄卷三十・人天眼目卷五⑤等に收載されている。テキストについては、椎名宏雄「「參同契」の性格と原文」⑥に詳しい。

①據宋高僧傳卷九習禪篇。「高安」宋元本作「高要」。②小野大辭典。③156注參照。④147・170の注、本書上篇第四章第二節を參照。⑤大正藏第四十八卷諸宗部五所收。⑥『宗學研究』二十三號、一九八一年。

166 良价大乘經要一卷

舊唐志不著錄

景德傳燈錄卷十五　筠州洞山良价禪師章「師昔在助（「泐」之誤）潭、尋譯大藏、纂出大乘經要一卷、幷激勵道俗偈頌誡等、流布諸方。」

武溪集卷九　筠州洞山普利禪院傳法記「悟本、諱良价…集大乘經要一卷、行于世。」

通志略　釋家　章鈔「大乘經要一卷、釋良价撰」

筠州洞山悟本禪師語錄「師昔在泐潭、尋繹大藏、纂出大乘經要一卷、幷激勵道俗偈頌誡等、流布諸方。」

注 釋良价、俗姓兪氏、越州諸曁人。咸通年間（八六〇～八七四）、筠州の新豐洞に入り、洞山派を開く①。唐憲宗元和二年（八〇七）生、懿宗咸通十年卒、年六十三。謚悟本禪師②。なお石井修道『宋代禪宗史の研究』③第二章第二節「洞山良价の傳記」は、洞山入山を大中六年（八五二）頃のこととする。大乘經要は、大乘經典の綱要を大藏經中から抄出したものである④。この書は、宋代の國家藏書にもとづく諸目錄には著錄されていないことから、新唐志纂修當時の祕閣に收藏されていた可能性は低い。これに對し、景德傳燈錄卷十五に「纂出大乘經要一卷、幷激勵道俗偈頌誡等。」とあるのは、新唐志の著錄內容とよく似ている。よって、この書が景德傳燈錄から「激勵道俗頌偈」⑤とともに轉錄された可能性は高い。なお大正藏第四十七卷諸宗部四に、「筠州洞山梧本禪師語錄」一卷と、「瑞州洞山良价禪師語録」一巻が收録される。このうち前者にのみ景德傳燈録とほぼ一致する著作に關する記載がある。後者は明の雪嶠圓信と郭凝之が「五家語録」の一つとして良价の言葉を禪宗燈史その他から集めたものであり、前者はその日本寶曆十一年（一七六一）序の重編本である⑥。よって良价の著作に關する記載も、日本で重編される際に、景德傳燈録から轉録されたものである可能性が高い。現在散佚して傳わらない。

①據余靖武溪集卷九「筠州洞山普利禪院傳法記」。②據宋高僧傳卷十二習禪篇等。③大東出版社、一九八七年十月。④據景德傳燈録卷十五。⑤新唐志167。⑥全解說大事典。

167又激勵道俗頌偈一卷

舊唐志不著録

景德傳燈録卷十五　筠州洞山良价禪師章「師昔在助（「泐」之誤）潭、尋譯大藏、纂出大乘經要一卷、并激勵道俗偈頌誡等、流布諸方。」

通志略　釋家　頌贊「激勵道俗頌偈一卷、唐僧良价撰」

筠州洞山悟本禪師語録「師昔在泐潭、尋繹大藏、纂出大乘經要一卷、并激勵道俗偈頌誡等、流布諸方。」

注 166に同じく釋良价の撰。この書は、宋代の國家藏書にもとづく諸目録には著録されていないことから、新唐志纂修當時の祕閣に收藏されていた可能性は低い。これに對し、景德傳燈録卷十五に「纂出大乘經要一卷、并激勵道俗偈頌誡等。」とあるのは、新唐志の著録內容とよく似ている。よって、この書が景德傳燈録から「大乘經要」①とともに轉録された可能性は高い。なお景德傳燈録は卷數を記していないが、新唐志には、景德傳燈録から卷數・篇數を記さない書籍を轉録する際、一卷という卷數を加えた例が他に五例見られる②。このような狀況から考えて、「一卷」は轉録の際に加えられたとみなしうる。また景德傳燈録には、書名の「偈」字の下に「誡」字がある。この異同が生じた原因はよくわからないが、新唐志が脱誤したか、衍字とみなして削ったのかもしれない。現在散佚して傳わらない。

なお良价の偈頌としては「寶鏡三昧歌」・「綱要頌」等③が傳わるが、「激勵道俗頌偈」との關係は不明。

①新唐志166。②148・158・162・168・169の注、本書上篇第四章第二節を參照。③筠州洞山悟本禪師語錄所收。

168
光仁四大頌一卷

舊唐志不著錄

宋高僧傳卷十三　習禪篇「釋光仁…著四大等頌略華嚴長者論、行于世。」

景德傳燈錄卷十七　撫州疎山光仁禪師章「又著四大等頌略華嚴長者論、流傳於世。」

通志略　釋家　頌贊「光仁四大頌一卷」

注 釋光仁、後梁朝（九〇七～九二三）の人①。撫州疎山沙門。良价②の法嗣。嘗て香嚴智閑禪師③に問う④。よって唐末五代初の人である。なお柳田聖山「中國禪宗史系圖」⑤は文宗開成二年（八三七）生、後梁太祖開平三年（九〇九）卒とするが、その根據は未詳。「四大」は、物質を作り上げる地・水・火・風の四元素を指す。書名について、宋高僧傳・景德傳燈錄は「四大等頌」に作る。これは、四大頌以外に頌があったという意であろう。四大頌は、宋代の國家藏書にもとづく諸目錄には著錄されていないことから、新唐志纂修當時の祕閣に收藏されていた可能性は低い。これに對し、景德傳燈錄卷十七に「四大等頌略華嚴長者論」とあるのは、新唐志の著錄內容とよく似ている。よって、この書が景德傳燈錄から「略華嚴長者論」⑥とともに轉錄された可能性は高い。なお景德傳燈錄は卷數を記していないが、新唐志には、景德傳燈錄から卷數・篇數を記さない書籍を轉錄する際、一卷という卷數を加えた例が他に五例見られる⑦。このような狀況から考えて、「一卷」は轉錄の際に加えられたとみなしうる。現在散佚して傳わらない。

①據宋高僧傳卷十三。祖堂集卷八疎山和尚章「光」作「匡」。②唐憲宗元和二年（八〇七）生、懿宗咸通十年（八六九）卒。166注參照。③昭宗光化元年（八九八）卒。180注參照。④據祖堂集卷八等。⑤『禪家語錄Ⅱ』所收。⑥新唐志169。⑦148・158・162・167・169の注、本書上篇第四章第二節を參照。

169又略華嚴長者論一卷

舊唐志不著錄

宋高僧傳卷十三　習禪篇「釋光仁…著四大等頌略華嚴長者論、行于世。」

景德傳燈錄卷十七　撫州疎山光仁禪師章「又著四大等頌略華嚴長者論、流傳於世。」

通志略　釋家　論議「略華嚴長者論一卷、唐僧光仁撰」

注168に同じく釋光仁の撰。「長者」は、李通玄のこと。李通玄、太原人。唐の宗室。唐太宗貞觀十八年（六四四）生、玄宗開元二十八年（七四〇）卒、年九十五①。「華嚴長者論」は、開元七年、李通玄が撰した新華嚴經論②四十卷を指す③。略華嚴長者論は、李通玄の新華嚴經論を要約したものであろう。この書は、宋代の國家藏書にもとづく諸目錄には著錄されていないことから、新唐志纂修當時の祕閣に收藏されていた可能性は低い。これに對し、景德傳燈錄卷十七に「四大等頌略華嚴長者論」とあり、新唐志の著錄內容とよく似ている。よって、この書が景德傳燈錄から「四大頌」④とともに轉錄された可能性は高い。なお景德傳燈錄は卷數を記していないが、新唐志には、景德傳燈錄から卷數・篇數を記さない書籍を轉錄する際、一卷という卷數を加えた例が他に五例見られる⑤。このような狀況から考えて、「一卷」は轉錄の際に加えられたとみなしうる。現在散佚して傳わらない。

①據宋高僧傳卷二十二感通篇釋法圓傳附李通玄傳・佛祖歷代通載卷十三。②一云「華嚴經論」。③見續貞元錄・義天錄卷一等。大正藏第三十六卷經疏部四所收。④新唐志168。⑤148・158・162・167・168の注、本書上篇第四章第二節を參照。

170無殷垂誡十卷

舊唐志不著錄

景德傳燈錄卷十七　吉州禾山無殷禪師章「先受請止吉州禾山大智院、學徒濟濟、嘗述垂誡十篇。諸方歎伏、咸謂、禾山可以爲叢林表則。」

通志略　釋家　儀律「無殷垂誡十卷」

注釋無殷、俗姓吳氏、福州連江縣人。筠州雪峯道虔禪師の法嗣。晩年、吉州禾山に住し、後、南唐の先主李昇の禮遇を受け、廣陵の祥光院に居り、保大九年（九五一）、中主李璟は無殷に澄源禪師の號を賜わり、洪州翠巖廣化院に移した。唐僖宗中和四年（八八四）生、宋太祖建隆元年（九六〇）卒、年七十七。謚法性禪師①。なお無殷は五代十國に入ってから活躍し、宋初に卒した人物であり、その著作は本來新唐志に著錄されるべきものではない。「垂誡」は、教えを垂れるの意。この書は、宋代の國家藏書にもとづく諸目錄には著錄されていないことから、新唐志纂修當時の祕閣に收藏されていた可能性は低い。これに對し、景德傳燈錄卷十七に「嘗述垂誡十篇。」とあるのは、新唐志の著錄內容とよく似ている。よって、この書が景德傳燈錄から轉錄された可能性は高い。なお景德傳燈錄は十篇と記すだけで卷數を記していないが、新唐志には、景德傳燈錄から篇單位の散文を轉錄する際、一篇一卷見當で妄りに卷數を加える例が見られる②。このような狀況から考えて、「十卷」は轉錄の際に加えられたものとみなしうる。現在散佚して傳わらない。

①據騎省集卷二十七「洪州西山翠巖廣化院故澄源禪師碑銘」等。祖堂集卷十二無卒年、景德傳燈錄卷十七無齡、禪林僧寶傳卷五作「年七十」。②147・165の注、本書上篇第四章第二節を參照。

171 神淸參元語錄十卷

舊唐志不著錄

宋高僧傳卷六　義解篇「釋神淸…識心論澄觀論倶舍義鈔數卷、北山參玄語錄十卷、都計百餘軸、並行於代。就中語錄、博該三教、最爲南北鴻儒名僧高士之所披翫焉。寺居郪城之北、長平山陰、故云北山統三教玄旨、實而爲錄。故云參玄也。」

釋氏通鑑卷十　元和九年條「北山法師神清示寂。清著北山録、行于世。」
崇文總目　釋書上「參元語録十卷」
鐔津文集卷十三　碑記銘表辭有「評北山清公書」條
義天録卷三「北山録十卷、神清述」
祕書續編　子類　釋家「僧神清此山語録十卷」
通志略　釋家　論議「參元語録十卷、唐僧神清撰」
遂初堂書目　釋家類「北山録」
佛祖歷代通載卷十五「是年有沙門北山和尚、諱神清、…著法華玄箋十卷…語録十卷。」
宋志　子類　釋氏類「僧神清北山參元語録十卷」
釋氏稽古略卷二十二「北山録、北山法師神清著、盛行於世。」
注釋神清、字靈庾、俗姓章氏、綿州昌明人。唐梓州慧義寺沙門。年十三、綿州開元寺辯智和尚に學ぶ。唐憲宗元和年間（八〇六～八二〇）卒①。神清の傳記については、三教交渉史研究班『北山録』譯注（一）」②に詳しい考證がある。「參元」は、宋高僧傳に「就中語録、博該三教、最爲南北鴻儒名僧高士之所披翫焉。寺居郪城之北、長平山陰、故云北山、統三教玄旨、實而爲録、故云參玄也。」とあるのによれば、「參玄」が正しい。宋代の諸目録がいずれも「元」に作るのは、宋の始祖玄朗の諱を避けたためである。この書は、儒佛道三教の玄旨の比較を通じ、結局は佛教に歸すべきことを説いたものであり③、「語録」と稱するが、形式的にも內容的にも禪宗語録の範疇に屬さない④。一名「北山録」・「北山參玄語録」ともいう。この書は、その著録內容が崇文總目と完全に一致することから、新唐志纂修者が當時の祕閣の藏書によって著録したものである可能性が高い。テキストについて、陳垣槪論卷五によれば、民國初年、宋版の殘本が二種見つかり、一九二一年、これらを合して影印したという。大正藏第五十二卷史傳部四所收の「北山録」十卷（西蜀草玄亭沙門慧寶注）はこれにもとづいたものと見られている。
　①據宋高僧傳卷六。宋の本覺釋氏通鑑卷十・釋氏稽古略卷二十二云元和九年卒、佛祖歷代通載卷十五云元和十五年卒。

②『東洋文化研究所紀要』第八十一册、一九八〇年三月。③全解說大事典。④椎名宏雄「『北山錄』について」(『印度學佛教學研究』第十九卷第二號、一九七一年三月）を參照。

172
智月僧美三卷

舊唐志不著錄

崇文總目　釋書上「僧美三卷闕」

通志略　釋家　詮述「僧美三卷、唐僧智月撰」

宋志　子類　釋氏類「智月僧美三卷」

注釋智月、未詳。「僧美」は、未詳。椎名宏雄『宋元版禪籍の研究』は、「『僧美』は「宗美」であって宰相裴休のことである」とする（四一二頁）。椎名氏のいう「宗美」とは、新唐志156「禪關八問一卷、楊士達問、唐宗美對」の「唐宗美」①のことであると思われる。椎名氏はおそらく裴休の字が公美であることから②、このように考えたのであろう。しかし新唐志には編著者名の上に朝代を冠するという例はないことから、唐宗美は裴休ではなく、別の人の姓名と考えられる。この書は、その著錄內容が崇文總目と完全に一致することから、新唐志纂修者が當時の祕閣の藏書によって著錄したものである可能性が高い。現在散佚して傳わらない。

①156注參照。②149注參照。

173
惠可達摩血脉一卷

舊唐志不著錄

崇文總目　釋書中「達摩血脉一卷」

通志略　釋家　論議「達摩血脉一卷、唐僧惠可撰」

宋志 子類 釋氏類「達摩血脉一卷」
同　「僧慧可達摩血脉論一巻」

注「惠可」は、達摩禪宗の二祖慧可のことであろう。慧可、一名僧可。俗姓姫氏、虎牢人。鄴中沙門①。齊武帝永明五年（四八七）生、隋文帝開皇十三年（五九三）卒、年百七②。謚太祖禪師③。書名について、宋志著錄の二書のうち、一書は「達摩血脉論」に作る。編著者について、慧可は隋の開皇十三年卒であり、通志略が「唐僧」とするのは誤りである。しかし通志略のこの部分は崇文總目に據ったと推測される部分に含まれるので、その誤りを踏襲したのであろう。崇文總目が唐僧としたのは、三館・祕閣の所藏本が「唐僧慧可」の著作と題していたためであると思われる。續藏經所收の菩提達摩述「達磨大師血脉論」と、「小室六門」所收の「第六門血脉論」は、達磨の諸說を問答形式で說いたものであるが、編著者名は記されていない。また唐宋代の文獻にも慧可が「達摩血脉」、或いは「達摩血脉論」を著したとの記載はない。しかし宋代の諸目錄の著錄狀況は、椎名宏雄氏も指摘するように④、この書が慧可の著作とみなされていた時期があったことを示しているようである。或いは、この書が達磨の諸說を問答形式で說いたものであったために、そのようにみなされたのかもしれない。この書は、その著錄內容が崇文總目と完全に一致することから、新唐志纂修者が當時の祕閣の藏書によって著錄したものである可能性が高い。現在、續藏經支那撰述禪宗著述部に菩提達摩述「達磨大師血脉論」一卷が收錄され、「小室六門」一卷⑤の第六門に「血脉論」が收載されている。なお惠運錄Aに「菩提達磨論一卷」、東域錄に「血脈一卷」が著錄されるが、この書との關係は未詳。

①據續高僧傳卷十六習禪篇。②據祖堂集卷三第二十九祖師慧可禪師章・景德傳燈錄卷三第二十九祖慧可大師章等。佛祖統紀卷二十九云「開皇十二年卒」。③據佛祖統紀卷二十九。④『宋元版禪籍の研究』四一一頁を參照。⑤大正藏第四十八卷諸宗部五所收。

174 靖邁古今譯經圖紀四卷

舊唐志不著録

開元錄卷八　唐代錄「古今譯經圖紀四卷…沙門釋靖邁…後大慈恩寺翻經堂中、壁畫古來傳譯緇素。靖邁於是緝維其事、撰成圖紀、題之于壁。但略費長房錄、續逮皇朝、直迯譯經、餘無所紀。」

同　卷十　叙列古今諸家目錄「大唐古今譯經圖紀四卷、大慈恩寺翻經沙門靖邁撰…」

同　卷十三　有譯有本錄　聖賢傳記錄　此方撰迯集傳「古今譯經圖紀四卷、大唐翻經沙門釋靖邁撰。新編入藏。」

同　卷十七　補闕拾遺錄　此方所撰傳記「古今譯經圖紀四卷、大唐沙門釋靖邁撰」

同　卷二十　入藏錄　賢聖集　此方撰集「古今譯經圖紀四卷、六十紙」

貞元錄卷十二　唐代錄「古今譯經圖紀四卷…沙門釋靖邁…後大慈恩寺翻經堂中、壁畫古來傳譯緇素。靖邁於是緝維其事、撰成圖紀、題之于壁。但略費長房錄、續逮皇朝、直迯譯經、餘無所紀。」

同　卷十八　叙列古今諸家目錄「大唐古今譯經圖紀四卷、大慈恩寺翻經沙門靖邁撰…」

同　卷二十三　有譯有本錄　聖賢傳記錄　此方撰迯集傳「古今譯經圖紀四卷、大唐翻經沙門釋靖邁撰。新編入藏。」

同　卷二十七　補闕拾遺錄　此方所撰傳記集錄「古今譯經圖紀四卷、大唐沙門釋靖邁撰」

同　卷三十　入藏錄　賢聖集　此方撰集「古今譯經圖紀四卷、六十紙」

宋高僧傳卷四　義解篇「釋靖邁…後著譯經圖紀四卷、銓序古今經目譯人名位單譯重翻疑僞等科。一皆條理見編于藏。開元中、智昇又續其題目焉。」

同　卷五　義解篇　釋智昇傳「麟德中、道宣出內典錄十卷、靖邁出圖紀四卷、昇各續一卷。」

指要錄卷八　聖賢傳記「古今譯經圖紀四卷。沙門靜邁集錄、自後漢已來譯經高僧、年代讚迯與前同出。」

開元錄略出卷四　有譯有本錄　聖賢傳記錄　此方撰迯集傳「古今譯經圖紀四卷、唐翻經沙門釋靖邁撰」

通志略　釋家　傳記「古今譯經圖記一卷、唐僧靖邁撰」

玉海卷百六十八　宮室　院下「唐志釋氏…又云、…靖邁古今譯經圖記四卷、智昇續一卷。」

至元錄卷十　有譯有本　聖賢傳記　東土賢聖集傳「古今譯經圖記四卷、唐翻經沙門靖邁撰」

注釋靖邁、簡州人①。大慈恩寺翻經沙門②、簡州福聚寺沙門③。唐太宗貞觀十九年（六四五）、綴文大德として玄奘の翻經に加わる④。高宗永徽元年（六五〇）、筆受として本事經七卷の翻譯に參加す⑤。卒年未詳。古今譯經圖紀は、大慈恩寺翻經堂內の壁畫に描かれた古今翻譯圖に對して、後漢から唐の玄奘までの翻譯三藏の譯經と、その小傳を、長房錄にもとづいて記したものである⑥。高宗麟德年間（六六四〜六六六）の撰⑦。卷數について、通志略が一卷に作るのは誤りである。この書は、開元錄の入藏錄に記載され、また指要錄・至元錄等の宋以後の諸目錄に著錄されることから、宋代に流傳していたことが確認できる。よって新唐志纂修者は慶曆元年の崇文總目完成から新唐志の纂修までに祕閣に收藏されたテキストによって、この書を著錄した可能性がある。しかしながら、この書は宋代の國家藏書にもとづく諸目錄に著錄されず、祕閣に收藏された形跡が見つかっていないことから、祕閣ではなく、開元錄の記載から轉錄されたものである可能性もある。さらに新唐志には開元錄が著錄されておらず、これを實際に見ることができたのか疑わしいことから、開元錄と同じ記載內容を持つ他の文獻から轉錄された可能性も出てくる。以上のように、この書の所據資料を特定することは非常に難しい。現在、大正藏第五十五卷目錄部に收錄されている。

①據開元錄卷八。宋高僧傳卷四作「梓潼人」。②⑥據開元錄卷十。③據大慈恩寺三藏法師傳卷六・宋高僧傳卷四。④據開元錄卷八玄奘傳。⑤據開元錄卷八玄奘譯「本事經七卷」注。⑦據宋高僧傳卷五。

175 智昇續古今譯經圖紀一卷

舊唐志不著錄

開元錄卷九　唐代錄「續古今譯經圖紀一卷、同前十八年撰…智昇所撰」

同　卷十　敍列古今諸家目錄「續古今譯經圖紀一卷、開元庚午歲西崇福寺沙門智昇撰…」

同　卷十三　有譯有本錄　聖賢傳記錄　此方撰述集傳「續古今譯經圖紀一卷、大唐西崇福寺沙門釋智昇撰。新編入藏。」

同　卷十七　補闕拾遺錄　此方所撰傳記「續古今譯經圖紀一卷、大唐沙門釋智昇撰」

同　卷二十　入藏錄　賢聖集　此方撰集「續古今譯經圖紀一卷、十六紙」
貞元錄卷十四　唐代錄「續古今譯經圖記一卷、同前十八年撰…智昇所撰」
同　卷十八　叙列古今諸家目錄「續古今譯經圖紀一卷、開元庚午歳西崇福寺沙門智昇撰…」
同　卷二十三　有譯有本錄　聖賢傳記錄　此方撰述集傳「續古今譯經圖紀一卷、大唐西崇福寺沙門釋智昇撰。新編入藏。」
同　卷二十七　補闕拾遺錄　此方所撰傳記集錄「續古今譯經圖紀一卷、大唐沙門釋智昇撰」
同　卷三十　入藏錄　賢聖集　此方撰集「續古今譯經圖紀一卷、十六紙」
宋高僧傳卷四　義解篇「釋靖邁…後著譯經圖紀四卷、銓序古今經目譯人名位單譯重翻疑僞等科。一皆條理見編于藏。開元中、智昇又續其題目焉。」
同　卷五　義解篇「麟德中、道宣出內典錄十卷、靖邁出圖紀四卷、昇各續一卷。經法之譜無出昇之右矣。」
東域錄　梵釋寺「續古今譯經圖記一卷、大唐沙門智昇撰」
指要錄卷八　聖賢傳記「續古今譯經圖紀。沙門智昇集續前邁法師所紀也。…」
開元錄略出卷四　有譯有本錄　聖賢傳記錄　此方撰述集傳「續古今譯經圖紀一卷、唐西崇福寺沙門釋智昇撰」
通志略　釋家　傳記「續古今譯經圖記一卷、唐僧智昇撰」
玉海卷百六十八　宮室　院下「唐志釋氏…又云、…靖邁古今譯經圖記四卷、智昇續一卷。」
至元錄卷十　有譯有本　聖賢傳記　東土賢聖集傳「續古今譯經圖記一卷、唐西崇福寺沙門智昇撰」

注釋智昇、京兆西崇福寺沙門①。宋高僧傳卷七義解篇の「論」に「智昇自名流而出、偉歟。」とあるのによれば、名門の出であった。林屋友次郎氏は、唐高宗總章元年（六六八）生、玄宗開元二十八年（七四〇）卒とするが、根據は未詳②。この書は、「古今譯經圖紀」③の續集の形をとって編纂されたものであり、智通から金剛智までの二十一人の小傳と、その譯經の名目を記す④。開元十八年の撰⑤。この書は、開元錄の入藏錄に記載され、また指要錄・至元錄等の宋代以後の諸目錄に著錄されることから、宋代に流傳していたことが確認できる。よって新唐志纂修者は慶曆元年の崇文總目完成から新唐志の纂修までに祕閣に收藏されたテキストによって、この書を著錄した可能性がある。しかしながら、この書は宋代の國家藏書にもとづく諸目錄に著錄されず、祕閣に收藏された形跡が見つかっていないことから、祕閣ではなく、開元錄の記載から轉錄されたものである可能性もある。さらに新唐志には開元錄が著錄されておらず、これを實際に見ることができたのか疑わしいことから、開元錄と同じ記載內容を持つ他の文獻から轉錄された可能性も出てくる。以上のように、この書の所據資料を特定することは非常に難しい。現在、大正藏第五十五卷目錄部に收錄されている。

①據宋高僧傳卷五。②小野大辭典「開元釋教錄」條。③新唐志174。④全解說大事典。⑤據開元錄卷八。

176 又續大唐內典錄一卷

舊唐志不著錄

開元錄卷九　唐代錄「續大唐內典錄一卷、同前十八年撰…智昇所撰」

同　卷十　敘列古今諸家目錄「續大唐內典錄一卷、開元庚午歲西崇福寺沙門智昇撰。歷代衆經傳譯所從錄、從麟德元年甲子至開元十八年庚午前錄未載、今故續之。」

同　卷十三　有譯有本錄　聖賢傳記錄　此方撰述集傳「續大唐內典錄一卷、大唐西崇福寺沙門釋智昇撰。新編入藏。」

同　卷十七　補闕拾遺錄　此方所撰傳記「續大唐內典錄一卷、大唐沙門釋智昇撰」

同　卷二十　入藏錄　賢聖集　此方撰集「續大唐內典錄一卷、二十五紙」

貞元錄卷十四　唐代錄「續大唐內典錄一卷、同前十八年撰…智昇所撰」

同　卷十八　敘列古今諸家目錄「續大唐內典錄一卷、開元庚午歲西崇福寺沙門智昇撰。歷代衆經傳譯所從錄、從麟德元年甲子至開元十八年庚午前錄未載、今故錄之。」

同　卷二十三　有譯有本錄　聖賢傳記錄　此方撰述集傳「續大唐內典錄一卷、大唐西崇福寺沙門釋智昇撰。新編入藏。」

同　卷二十七　補闕拾遺錄　此方所撰傳記集錄「續大唐內典錄一卷、大唐沙門釋智昇撰」

同　卷三十　入藏錄　賢聖集　此方撰集「續大唐內典錄一卷、十七紙」
宋高僧傳卷五　義解篇「麟德中、道宣出內典錄十卷、靖邁出圖紀四卷、昇各續一卷。經法之譜無出昇之右矣。」
指要錄卷八　聖賢傳記「續大唐內典錄讚序、宣律師集此、續前所撰錄。」
開元錄略出卷四　有譯有本錄　聖賢傳記錄　此方撰述集傳「續大唐內典錄一卷、唐西崇福寺沙門釋智昇撰」
通志略　釋家　目錄「續大唐內典錄一卷、唐僧智昇撰」
玉海卷百六十八　宮室　院下「唐志釋氏…又云、貞觀內典錄十卷、智昇續內典錄一卷、王彥威內典目錄十二卷。」
至元錄卷十　有譯有本　聖賢傳記　東土賢聖集傳「續大唐錄一卷、唐西崇福寺沙門智昇撰」

注175に同じく釋智昇の撰。この書は、開元錄卷十に「歷代衆經傳譯所從錄、從麟德元年甲子至開元十八年庚午前錄（＝內典錄）未載、今故續之。」とあるのによれば、道宣「大唐內典錄」の續編であり、開元錄を作成する準備のために著されたと見られる。開元十八年（七三〇）の撰①。この書は、宋代の國家藏書にもとづく諸目錄に著錄されないが、開元錄の入藏錄に記載され、また指要錄・至元錄等の宋代以後の諸目錄にも著錄されている。しかし、この書の場合、このことが宋代の流傳を裏附けることにはならない。それは、次の理由による。大正藏第五十五卷目錄部には、これと同名の書が收錄される。ところが、その麗本の卷頭書名「續大唐內典錄讚序」の題下には編著者名が記されておらず、麗本以後の宋本（南宋思溪本）には讚序の次行に「唐釋智昇撰」とあり、元本には「大唐西明寺沙門釋道宣撰」とあり、明本には「唐沙門釋道宣撰」とあり、同じテキストが宋初には編著者名が記されず、南宋になると智昇撰とされ、元以後になると道宣撰とされている。一方、北宋末の指要錄卷八は「續大唐內典錄讚序」と題するテキストを、道宣自身によって書かれた「大唐內典錄」の續編であるとみなし、元の至元錄卷十は智昇撰とみなしていた。また大正藏本の內容は、開元錄卷十が記す「續大唐內典錄」の說明と一致していない②。このような狀況から、この大正藏の底本・校本に用いられた諸本はいずれも、宋初に開元錄の入藏錄を基準に開寶藏を雕版せんとした時、智昇「續大唐內典錄」が見つからなかったために、とりあえず入藏させられた「續大唐內典錄讚序」を持つ來歷未詳のテキストに由來するものであると考えられる。つまり智昇の「續大唐內典錄」は、宋代には散佚していた可能性が高いのであ

る。また、この書は開元錄に記載されることから、新唐志が開元錄から轉錄したものである可能性がある。しかしながら新唐志には開元錄が著錄されておらず、これを實際に見ることができたのか疑わしい。よって開元錄と同じ記載内容を持つ他の文獻から轉錄された可能性もあり、この書の所據資料を特定することは非常に難しい。

①據開元錄卷八。②姚名達『中國目錄學史』宗教目錄篇「智昇別錄三種」條・全解說大事典等を參照。

177 續古今佛道論衡一卷

舊唐志不著錄

開元錄卷九　唐代錄「續集古今佛道論衡一卷、同前（十八年撰）…智昇所撰」

同　卷十三　有譯有本錄　聖賢傳記錄　此方撰述集傳「續集古今佛道論衡一卷、大唐西崇福寺沙門釋智昇撰。新編入藏。」

同　卷十七　補闕拾遺錄　此方所撰傳記「續集古今佛道論衡一卷、大唐沙門釋智昇撰」

同　卷二十　入藏錄　賢聖集　此方撰集「續集古今佛道論衡一卷、三十紙」

貞元錄卷十四　唐代錄「續集古今佛道論一卷、同前（十八年撰）…智昇所撰」

同　卷二十三　有譯有本錄　聖賢傳記錄　此方撰述集傳「續集古今佛道論衡一卷、大唐西崇福寺沙門釋智昇撰。新編入藏。」

同　卷二十七　補闕拾遺錄　此方所撰傳記集錄「續集古今佛道論衡一卷、大唐沙門釋智昇撰」

同　卷三十　入藏錄　賢聖集　此方撰集「續集古今佛道論衡一卷、二十三紙」

智證錄「續集古今佛道論衡一卷、冊子崇福」

指要錄卷八　聖賢傳記「集古今佛道論衡一卷。唐僧智昇…」

開元錄略出卷四　有譯有本錄　聖賢傳記錄　此方撰述集傳「續集古今佛道論衡一卷、唐西崇福寺沙門釋智昇撰」

通志略　釋家　論議「續古今佛道論衡一卷、唐僧智昇撰」

至元錄卷十 有譯有本 聖賢傳記 東土賢聖集傳「續集古今佛道論衡一卷、唐西崇福寺沙門智昇撰」

注 175に同じく釋智昇の撰。この書は、大正藏所收「續集古今佛道論衡」の卷頭書名の題下に「西域天竺國事」と注されているように、中國の佛道二教の論爭のうち、西域・印度に關するものを集めたものである。よって「續集」とは、その內容が道宣「集古今佛道論衡」の續編なのではなく、撰述年次がそれに續くという意味である①。開元十八年（七三〇）の撰②。新唐志には「集」字がないが、他の目錄にはいずれも「集」字があるのによれば、新唐志の誤りである。この書は、開元錄の入藏錄に記載され、また指要錄・至元錄等の宋代以後の諸目錄に著錄されることから、宋代に流傳していたことが確認される。よって新唐志纂修者は慶曆元年の崇文總目完成から新唐志の纂修までに祕閣に收藏されたテキストによって、この書を著錄した可能性がある。しかしながら、この書は宋代の國家藏書にもとづく諸目錄に著錄されず、祕閣に收藏された形跡が見つかっていないことから、祕閣ではなく、開元錄の記載から轉錄されたものである可能性もある。さらに新唐志には開元錄が著錄されておらず、これを實際に見ることができたのか疑わしいことから、開元錄と同じ記載內容を持つ他の文獻から轉錄された可能性も出てくる。以上のように、この書の所據資料を特定することは非常に難しい。現在、大正藏第五十二卷史傳部四に「續集古今佛道論衡」一卷が收錄されている。

①全解說大事典。②據開元錄卷八。

178 對寒山子詩七卷　天台隱士。台州刺史閭丘胤序、僧道翹集。寒山子隱唐興縣寒山巖、於國淸寺與隱者拾得往還。

舊唐志不著錄

閭丘胤寒山子詩集序「（閭丘胤）乃令僧道翹尋其（＝寒山子）往日行狀、唯於竹木石壁書詩、幷村墅人家廳壁上所書文句三百餘首、及拾得於土地堂壁上書言偈、並纂集成卷。」

太平廣記卷五十五引僊傳拾遺「寒山子者、不知其名氏。大曆中隱居天台翠屏山。其山…亦名寒岩。因自號寒山子。好爲詩、毎得一篇一句、輒題於樹間石上。有好事者隨而録之、凡三百餘首。…桐栢徴君徐靈府序而集之、分爲三卷、行於人間。」

宋高僧傳卷十三　習禪篇「釋本寂…復注對寒山子詩、流行寓內。蓋以寂素修擧業之優也。文辭遒麗、號富有法才焉。」

同　卷十九　感通篇　釋封干傳附寒山子傳「(閭丘胤)乃令僧道翹尋其遺物、唯於林間綴葉書詞頌、并村墅人家屋壁所抄録得二百餘首、今編成一集。人多諷誦。後曹山寂禪師注解、謂之對寒山子詩。」

同　附拾得傳「時道翹纂録寒山文句、於寺土地神廟壁、見拾得偈詞、附寒山集中。」

同　系「閭丘序記三人、不言年代、使人悶焉。」

景德傳燈録卷二十七　天台寒山子章「閭丘哀慕、令僧道翹尋其遺物、於林間得葉上所書辭頌、及題村墅人家屋壁、共三百餘首、傳布人間。曹山本寂禪師注釋、謂之對寒山子詩。」

同　天台拾得章「時道翹纂録寒山文句、以拾得偈附之。今略録數篇、見別卷。」

崇文總目　釋書上「寒山子詩七卷」

通志略　釋家　頌贊「寒山子詩七卷」

遂初堂書目　釋家類「寒山詩」

注 寒山子という人物は、宋代にはほとんど傳說化していて、いつ頃の人かもはっきりせず、實在したかどうかさえ不明である。新唐志著録本には閭丘胤の序があり①、入矢義高氏によれば、寒山の傳說はほとんどこの序にもとづいているとのこと②であることから、閭丘胤「寒山子詩集序」を中心にして、新唐志の原注に見える寒山子・拾得・閭丘胤・僧道翹の四人が如何なる關係にあり、寒山子の詩集の編纂に如何にかかわっているかを述べるに留めておく。

寒山子は、出身地が不明で、天台唐興縣の西七十里の寒巖と呼ばれる幽窟に隱棲していたが、時折國淸寺にやって來ては、食堂の係をしていた拾得に寺僧の殘飯を貰って行った。寒山子は貧人のような形貌で、その言動が奇矯であったので、皆に風狂の士と見られていたが、實は至人が隱遁し、同類の拾得と人々を教導していたのであった。台州刺史に任ぜられた閭丘胤のもとに國淸寺の豐干禪師が訪れ、同寺に文殊菩薩の化身である寒山と、普賢菩薩の化身である拾得がいると告げた。閭丘胤は台州に着任すると、國清寺に往き、道翹の案内で厨の中で寒山・拾得に會い禮拜したが、二人は寒巖の幽窟に隠れてしまった。閭丘胤は台州に戻ると、淨衣二組と香藥等を送って供養しようとしたが、二人は寺に戻らなかったので、寒巖に送り届けた。すると寒山子は「賊だ、賊だ。」と喝し、巖穴に入り、その穴は自然に閉じてしまい、もうそれ以上追えなくなった。拾得も見つからなかった。そこで閭丘胤は道翹に寒山の往日の行狀を探させたところ、竹木石壁に書かれた詩と、村の人家の屋壁に書かれた文句が三百餘首、及び拾得が土地堂の壁に書いた言偈があるのみだったので、並びに纂集して卷となした。

なお閭丘胤序について、入矢氏は唐末五代頃（九～十世紀）の擬作とする③。また愛宕元氏は、台州刺史閭丘胤が唐初に實在したことを論證した上で、彼が序文撰者に假託された理由や、寒山子説話の形成過程を検討し、牛頭禪第六祖慧忠の弟子、天台山佛窟巖遺則④が寒山子説話のモデルの一人であろうと推定する⑤。ところで、新唐志の原注と閭丘胤の序とを比較すると、いずれも寒山子の詩が道翹によって集められたとするなど、兩者はおおむね一致するといえる。ただし閭丘胤の序では、道翹が寒山子の詩とともに拾得の偈を集めたと記されているが、このことは新唐志には觸れられておらず、新唐志著錄本に拾得の偈が附されていたかどうかはわからない。書名について、崇文總目には「對」字がなく、通志略はこれに據っている。また「對寒山子詩」は、宋高僧傳の釋本寂傳・寒山子傳、景德傳燈錄天台寒山子章に見え、唐の釋本寂による注釋書とされる。本寂、俗姓黃氏、泉州蒲田人、撫州曹山沙門⑥。唐武宗開成五年（八四〇）生、昭宗天復元年（九〇一）卒、年六十二、謚元證大師⑦。卷數について、崇文總目・新唐志・通志略ともに七卷とする。しかし寒山詩集のテキストはほとんどが一卷本であり、他には太平廣記卷五十五引僊傳拾遺「寒山子」に徐靈府が三卷本を編集したことがみえるくらいであり、七卷本は崇文總目をはじめとする三書以外見られない。以上のように、この書は、「對」字の有無を除けば、新唐志の著錄内容が崇文總目と一致することから、新唐志纂修者が當時の祕閣の藏書によって著錄したものである可能性が高い。なお新唐志著錄本の書名が、これと同一のテキストを著錄する崇文總目と一致せず、かえって景德傳燈錄と一致する點―「對」字の有無の問題―についてであるが、この現象は、新唐志を纂修する過程で、祕閣の藏書によって著錄した「寒山子詩七卷」と、景德傳燈錄から抽出した「對寒山子詩」という二つの異なった素材から集められた書誌情報が、誤ってひとつにされてしまったために生じたものであると推測される⑧。また「對寒山子詩」は、景德傳燈錄によれば、本寂による寒山子の詩の注釋書であるが、新唐志の原注では本寂のことに全く觸れていないことから、この祕閣所藏の「寒山子詩」が本寂の注釋書であった可能性は低い。寒山子詩のテキストは、宮內廳書陵部藏の宋刊本⑨をはじめ、五山版・朝鮮刊本など數種のテキストが現在傳わっており、中世以來の日本人による注釋書も多い。また四庫全書集部別集類に「寒山詩集一卷附豐干拾得詩一卷」（浙江巡撫採進本）が收錄され、その提要の譯注が近藤光男『四庫全書總目提要唐詩集の研究』⑩に收錄されている。なお寒山子の詩の特色・テキスト等については、入矢氏前掲書「解說」・禪籍解題240を參照。

①據新唐志原注。②③『寒山』（中國詩人選集5、岩波書店、一九五八年四月）「解說」を參照。④玄宗天寶十年（七五一）生、文宗太和四年（八三〇）卒、年八十。據宋高僧傳卷十。⑤「寒山子說話について—閭丘胤序を中心として—」（『人文』第二十九集、京都大學教養部、一九八三年）を參照。⑥據祖堂集卷八曹山和尚章。宋高僧傳卷十三云「梁人」。⑦據祖堂集卷八・景德傳燈錄卷十七。佛祖統紀卷四十二云「天復三年卒」。⑧詳しくは本書上篇第四章第二節を參照。⑨寒山詩集附豐干拾得詩一卷、一九二八年六月審美書院影印。⑩研文出版、一九八四年十月。

179
龐蘊詩偈三卷　字道玄、衡州衡陽人。貞元初人。三百餘篇。

舊唐志不著錄

祖堂集卷十五　龐居士章「偈頌可近三百餘首、廣行於世。」

景德傳燈錄卷八　褏州居士龐蘊章「有詩偈三百餘篇、傳於世。」

崇文總目　釋書中「龐居士歌一卷」

祕書續編　子類　釋書「龐居士語錄一卷」

晁志卷十六　釋書類「龐蘊語錄十卷。右唐龐蘊、褏陽人、與其妻子皆學佛。後人錄其言成此書。」

通志略　釋家　頌贊「龐蘊詩偈三卷」
　同　釋家　語錄「龐居士語錄一卷」
遂初堂書目　釋家類「龐居士詩」
通考　子　釋氏「龐公語錄十卷。晁氏曰、唐龐公、襄陽人、與其妻子皆學佛。後人錄其言成此書。」
宋志　子類　釋氏類「龐蘊語錄一卷、唐于頔編」

注 龐蘊、字道玄、衡州衡陽人。襄州居士。貞元（七八五～八〇五）初、石頭希遷①に謁し、後、馬祖道一②に參じ、憲宗元和（八〇六～八二〇）初、襄州に移り、時の襄州刺史于頔の知遇を得③、同三年、卒す。于頔は、字允元、河南人、官は太子賓客に至る。元和十三年卒、太保を贈られ、初め厲と謚されたが、頔の子季友の訴えにより、思と謚された④。于頔は「龐居士語錄」の編者とされる⑤。龐蘊詩偈は、龐蘊居士の詩偈集である。この書は、その書名・卷數が崇文總目・祕書續編・宋志と異なることから、宋代の國家藏書によって著錄されたものではないと見られる。これに對し、景德傳燈錄卷八には「詩偈三百餘篇」とあり、新唐志の著錄內容とよく似ている。よって、この書が景德傳燈錄から轉錄された可能性は高い。なお景德傳燈錄では「三百餘篇」と記すだけで卷數を記していないが、新唐志には、景德傳燈錄から百篇單位の詩偈を轉錄する際、百篇一卷の見當で卷數を加えたのではないかと思われる例が他にも一例見られる⑥。よって「三卷」は、轉錄の際に加えられたものと推測される。なお龐蘊の詩偈の研究には、石川力山「『龐居士詩』と龐居士」⑦がある。テキストについて、龐蘊の語錄・詩偈集の現存最古のものは、日本文明十八年（一四八六）逆翁宗順抄本である。卷首に無名子「龐居士語錄詩頌序」があり、「龐居士語錄」一卷、「龐居士詩」上下卷の計三卷からなり、「龐居士語錄」には卷頭書名の次行に「刺史于頔編」の語がある。また「龐居士詩」卷下の末には「歷代贊文幷諸方拈古」が附され、續けて南宋寧宗の嘉定十四年（一二二一）の釋紹祈の跋と、文明十八年の宗順の題記がある。この宗順抄本は石川力山氏によって紹介され⑧、一九九三年十二月、禪文化研究所の『俗語言研究』創刊號に「日本西明寺藏《龐居士語錄》」として影印されたが、そこに附載される「石川力山解題摘要」⑨によれば、宗順抄本の底本が宋版そのものであったか否かは疑問が殘るものの、これが明版再編集以前の姿を傳える貴重なテキストであるとする。他に、テキストについては、入矢義高『龐居士語錄』⑩「解説」・譚偉「《龐居士語錄》的抄本與明刻本」⑪を參照。

①則天武后久視元年（七〇〇）生、德宗貞元六年卒。165注參照。②中宗景龍三年（七〇九）生、德宗貞元四年卒。③據無名子「龐居士語錄詩頌序」・景德傳燈錄卷八等。④據舊唐書卷百五十六・新唐書卷百七十二。⑤據宋志釋氏類等。⑥180注、本書上篇第四章第二節を參照。⑦『駒澤大學禪研究所年報』第二號、一九九一年。⑧「宋版『龐居士語錄』について―西明寺所藏『龐居士語錄』の紹介とその價値―」（『禪文化研究所紀要』第十五號入矢義高教授喜壽記念論集、一九八八年）を參照。未見。⑨神野恭行氏が石川氏前揭論文の解題部分を要約したもの。⑩『禪の語錄7』筑摩書房、一九七三年十一月。⑪『文獻』二〇〇二年第4期、二〇〇二年十月。

180 智閑偈頌一卷　二百餘篇。

舊唐志不著錄

景德傳燈錄卷十一　鄧州香嚴智閑禪師章「師凡示學徒、語多簡直、有偈頌二百餘篇、隨緣對機、不拘聲律、諸方盛行。」

通志略　釋家　頌贊「智閑偈頌一卷」

注 釋智閑、青州人。鄧州香嚴山沙門。大潙山沙門靈祐①に禮す。唐昭宗光化元年（八九八）卒②。諡襲燈大師③。この書は、智閑禪師の偈頌である。この書は、宋代の國家藏書にもとづく諸目錄に著錄されていないことから、新唐志纂修當時の祕閣に收藏されていた可能性は低い。さらに、この書に關する記載は、後にも先にも景德傳燈錄卷十一しかなく、しかも、それは新唐志の著錄內容と一致する。よって、この書が景德傳燈錄から轉錄された可能性は高い。なお景德傳燈錄は「二百餘篇」と記すだけで卷數を記していないが、新唐志には、景德傳燈錄から百篇單位の詩偈を轉錄する際、百篇一卷の見當で卷數を加えたと推測される例が他に一例見られる④。この例に從えば、この書は偈頌「二百餘篇」であるから二卷ということになるはずである。それにもかかわらず、「一卷」とするのは―この種の用例がわずか二例であるために確證は持てないが—轉錄後の纂修段階か、或いは流傳過程で、二卷とすべきところを一卷に誤ったのであろう。

①代宗大曆六年（七七一）生、宣宗大中七年（八五三）卒、年八十三。據宋高僧傳卷十一習禪篇。②據宗統編年。③據宋高僧傳卷十三習禪篇・景德傳燈錄卷十一。④179注、本書上篇第四章第二節を參照。

181李吉甫一行傳一卷

舊唐志不著錄　舊唐書卷百九十一方伎列傳有「一行傳」

通志略　釋家　傳記「一行傳一卷、李吉甫撰」

釋門正統卷八　釋一行傳「所著…釋氏係錄…各一卷。李吉甫傳行業（自注「唐藝文志」）。」

佛祖歷代通載卷十三「宰相李吉甫奉詔撰一行傳一卷、並見唐藝文志。」

注李吉甫、字弘憲、趙人。李棲筠の子。官は唐憲宗元和五年（八一〇）、上柱國。肅宗乾元元年（七五八）生、元和九年卒、年五十七。贈司空、謚忠懿①。この書は、釋一行②の傳記である。この書は通志略・釋門正統卷八・佛祖歷代通載卷十三に記載されるが、このうち通志略は新唐志に據ったものである可能性が高く、釋門正統・佛祖歷代通載も新唐志に據ったとみずから記しており、この書に關する記載は新唐志とこれに據ったもの以外にないことになる。また、この書は宋代の國家藏書目錄には著錄されていないから、新唐志纂修當時の祕閣に收藏されていた可能性も低い。そこで新唐志の「一行傳」の所據資料が何であるかを考えてみたい。舊唐書を見ると、卷百九十一方伎列傳には一行の傳が立てられているが、その經籍志には「一行傳」は著錄されない。それとは反對に、新唐書の方技傳には一行の傳が立てられていないが、その藝文志には「一行傳」が著錄される。これは、新唐書では、一行傳を列傳からはずして藝文志へと移したことを示しているのではなかろうか。この移行がなされたと考える場合、新唐志纂修者が何を根據に舊唐書一行傳の編著者を李吉甫とみなしたのかが問題となる。それは次のような理由からかもしれない。舊唐書一行傳は國史等の資料にもとづいて書かれたと考えてよいであろうが、李吉甫は憲宗元和五年に監修國史に任命されており③、ここに國史と李吉甫との接點がある。また彼はかつて一行の手になる易の集注に自己の解釋を附したことがあった④。これは、李吉甫が一行に對して相當の關心を持っていたことを示すものである。その彼が國史を監修するに當たって、みずから筆を執って一行の傳を書いたというのは、それが事實かどうかは別として、容易に連想されるところであろう。この「一行傳」がもともとは李吉甫によって國史の列傳として書かれたものであるとの見方が成立しうるのである。要するに、新唐志纂修者が、その編著者について、監修國史の經歷を持ち、かつ一行に關心の高かった李吉甫あたりであろうと考え、「一行傳」の編著者を李吉甫とみなした可能性は十分にある。ただし、この程度の根據だけで新唐志纂修者が編著者を輕々に判斷したとも考えがたい。よって、他にも何か根據とするところがあったと思われるが、今のところ推測しうるのはこれだけである。以上、若干の疑問點は殘るものの、新唐志纂修者は列傳から一行傳を削る代わりに、これを新唐志釋氏類に取り込んだ、つまり新唐志「一行傳」の所據資料は舊唐書一行傳そのものであると考えてみたい。

①據舊唐書卷百四十八・新唐書卷百四十六。②157注參照。③④舊唐書卷百四十八李吉甫傳。

182　王彥威內典目錄十二卷

舊唐志不著錄

通志略　釋家　目錄「內典目錄十二卷、唐王彥威撰」

玉海卷五十二　藝文　書目「(唐）志釋氏類有毋煚開元內外經錄十卷、道釋書二千五百餘部九千五百餘卷、王彥威內典目錄十二卷。」

同　卷百六十八　宮室　院下「唐志釋氏…又云、貞觀內典錄十卷、智昇續內典錄一卷、王彥威內典目錄十二卷。」

注 王彦威、字子美。王俊の末子①、太原人。明經甲科に擧げられる。唐憲宗元和年間（八〇六～八二〇）、京師に遊び、太常散史となり、武宗會昌年間（八四一～八四六）、兵部侍郎。會昌年間卒、贈僕射、諡靖②。王彦威の著作には他に續古今諡法十四卷・唐典七十卷・穆宗實錄二十卷・占額圖一卷・元和曲臺禮三十卷・續曲臺禮三十卷③がある。「內典」は、佛教典籍のこと。內典目錄は、十二卷という分量から、書名・卷數・編著者名のみを著錄した簿錄型目錄ではなく、譯者の小傳を含む佛教經典目錄特有の代錄や、入藏錄等からなっていた可能性がある。なお王彦威と佛教との關係について觸れた文獻は、この新唐志釋氏類以外見られない。また、この書は、新唐志と、それにもとづく資料を除き、記載がなく、この書が本當に宋代に流傳していたかは疑わしい。よって、この書は實際には祕閣に收藏されておらず、新唐志纂修者が未知の文獻記載から轉錄した可能性が高い。

なお、この書が佛教經典目錄である點には注目すべきである。これまで縷々論じてきたように、新唐志釋氏類はその「不著錄」部分を作成するために、纂修當時の祕閣の藏書以外に、內典錄・續高僧傳・景德傳燈錄等といった文獻群から、唐人の著作を數多く轉錄している。もし萬が一「內典目錄」が當時の祕閣に實際に收藏されていたならば、新唐志纂修者はこの書を「不著錄」部分の所據資料に必ず用いたにちがいないからである。そこで、この書を所據資料に用いた痕跡が釋氏類中に認められるかどうかが問題となる。その意味で、本書上篇第四章第三節で取り扱かった「內典目錄」を除く、所據資料の特定が困難な十部④が重要となってくる。王彦威は武宗の會昌年間卒であるが、これらの著作はいずれも玄宗の開元年間以前に著されたものであり、なおかつ新唐志纂修者が未知の文獻中の記載から轉錄した可能性を含むものである。よって、條件的には、この未知の文獻が「內典目錄」であると考えることは十分可能なのである。

①據全唐文卷六百九劉禹錫「唐故監察御史贈尚書右僕射王公神道碑」。②據舊唐書卷百五十七・新唐書卷百六十四。③據新唐志。④新唐志135・136・141・144・146・150・174～177。

後　記

本書のもととなったのは、二〇〇一年九月に二松學舍大學大學院に提出した博士論文「『新唐書』藝文志丙部子錄釋氏類纂修考」であり、これによって二〇〇二年三月に博士（文學）號を授與された。本書はこの博士論文に大幅な加筆修正を行い、學會誌に掲載された論文二篇を加えたものである。以下に、本書所載論稿の初出時の論文題目と掲載誌を擧げておく。

上篇　序　章　「『新唐書』藝文志研究の現狀と課題」　『二松學舍大學人文論叢』第六十三輯　一九九九年十月

第一章　「『新唐書』藝文志丙部子錄釋氏類纂修に關する研究――『舊唐書』經籍志との比較を通して――」　『二松』第十四集　二〇〇〇年三月

第二章　「『新唐書』藝文志丙部子錄釋氏類纂修に關する研究(二)――『大唐內典錄』『續高僧傳』との關係――」　『二松』第十五集　二〇〇一年三月

第五章　「歐陽脩の排佛と『新唐書』藝文志の纂修」　『東方學』第百二輯　二〇〇一年七月

下篇　第一章　「『崇文總目』――その編纂から朱彝尊舊藏抄本に至るまで」　『二松學舍大學人文論叢』第六十八輯　二〇〇二年一月

第二章　「『崇文總目』の抄本と輯佚書について」　『日本中國學會報』第五十四集　二〇〇二年十月
第三章　「『祕書省續編到四庫闕書』の成書と改定」　『東方學』第百六輯　二〇〇三年七月

振り返ってみると、現在の研究の原點は、今から七年程前、高山節也ゼミの一年後輩、中山歩氏(現在復旦大學博士課程在學)の發案ではじまった目錄學の讀書會であった。參加者は五、六人で、『目錄學概論』(中華書局、一九八二年三月)を頭から交代で譯していったが、唐・毋煚『古今書錄』の箇所に至り、この散佚した目錄が『舊唐書』經籍志と『新唐書』藝文志によって、ある程度復元できるのではないか、とふと頭に浮かんだ。いまにして思えば、まことに安直な發想だったが、これが『新唐書』藝文志の研究に踏み込むきっかけであった。折しも中山氏も同樣のことを考えており、一緒に研究しようと語り合ったものの、その後、中山氏は版本學をはじめ多方面に關心を廣げていき、私自身も『古今書錄』の復元から宋代の書目全般の研究へと興味が移っていった。それ以來、本書の上梓に至るまでには、公私にわたって本當に樣々な事があったが、多くの方々のお力添えのおかげで、なんとか刊行に漕ぎ着けることができた。

博士論文の審査をされた戸川芳郎教授、大島正二教授、高山節也教授、望月郁子教授には、多くの貴重な御教示を賜り、學位取得後も何かと御心遣いをいただいた。ここに記して、謹んで深甚の謝意を表したい。

なかでも、主査を擔當された戸川教授には、大學院進學以來、御懇切なる御指導をいただいてきた。特に、『新唐書』藝文志釋氏類の研究に取り組みだしてからは、佛典目錄、所謂經錄が目錄學的見地から研究されたことがこれまでほとんどなかったことや、經錄の研究自體が十分行われていないことをたびたび御指摘になり、六朝から宋代に至るまでの經錄について、從來の研究成果を十分踏まえた上で、經錄が中國目錄學のなかでどのような役割を果たしてきたかを究明し、さらには、その成果を用いて、唐宋變革期において佛典の扱いにどのような變化が生じたかを讀み解いていく必要性について強調されていた。この問題については、ただただ私の力不足のゆえに、いまだ何の解答も出しえずにおり、今後の大きな研究テーマとなっている。本書を刊行するに當たっては、汲古書院への御紹介の労をおとりいただき、さらには、お忙しいなか御無理をお願いして、「あとがき」を頂戴することができた。このことは、私にとってこの上のない喜びであり、今後の研究において大きな勵みとなるものである。先生の御學恩に深く感謝する次第である。

また副査を擔當された高山教授には、學部生の頃から、公私にわたって大變お世話になってきた。學問的には、主に版本調査の方法を中心に、漢籍書誌學の基礎を仕込んでいただいた。本書には版本學に關する専論こそないが、その經驗は本書の随所でその根底を支えるものとなっている。

また博士後期課程二年の時、東京大學東洋文化研究所で漢譯佛典の受容について研究されている丘山新教授が二松學舍大學大學院に非常勤講師としておいでになられたので、さっそく御指導をお願いした。博士論文の執筆に當たっては、懇切なる御指導を賜るとともに、たびたび激勵の御言葉をおかけいただいた。また先生の御紹介で、東洋文化研究所で月一回開かれている『祖堂集』の研究會に參加させていただき、中國禪研究のレベルの高さに接し、非常に強烈な刺激を受けた。なかでも、駒澤短期大學教授の石井公成先生には、本書の附篇に關して貴重な御教示をいただいた。丘山・石井兩先生をはじめ、研究會の先生方には、ここに厚く御禮申し上げたい。

その他にも、講義・演習・研究會などを通して御指導いただいた諸先生・諸先輩、ともに切磋琢磨して學んできた同輩・後輩の方々に、この場を借りて謝意を表したい。

本書の刊行に當たっては、汲古書院の坂本健彦相談役より、幾度となく懇切なる御教示・御高配を賜った。その御懇情に心より御禮を申し上げたい。

平成十六年六月二十五日

會谷　佳光

あとがき

戸川芳郎

いま、「あとがき」を書く義務がある、という。つまり、その研究科長として大學院文學研究科を主宰し、かつ本論文――二松學舍大學博士學位論文（文學）――について、主査として審査に當たり、パスの評定を下したこと、同時にその跡始末《アフターサービス》として、現今その同資格を獲た博士群から、然るべき研究職に就任すべく當人を突出させ推擧することあるべし、という。研究者養成を事とする大學院博士課程を擔當した以上、これらのことはその教授の當然の業務である、と。

そして、老頽はげしい自分は、といえば、鬱病がかって、筆もしかと執れぬ日月を自覺して久しく、この學位を出した三月、その大學を退休して、はや二年を經過した。

さきの業務の一環として紹介した汲古書院のほうは、はやく本論文を付印し、廣告にもとりかかり、義務の「あとがき」を待つばかりになっている。

二松學舍にあって、專任八年、前後三年講師、の十一年間、學位論文の審査に當たったのは、主査としては四度、そう多くはない。

石川三佐男　『楚辭』新研究——出土資料から見えてきたもの——　二〇〇〇・三
（『楚辭新研究』汲古書院刊、〇二・一二）

張　明　輝　先秦禮思想之研究　二〇〇一・三
（『先秦禮思想之研究』明德出版社刊、〇一・一二）

家井　眞　『詩經』諸篇に關する新研究　二〇〇二・三
（『「詩經」の原義的研究』研文出版刊、〇四・三）

と、本論文の、

會谷　佳光　『新唐書』藝文志丙部子錄釋氏類纂修考　二〇〇二・三

である。前三者は、すでに斯界の中堅研究者として、それぞれ現役の大學教授である。學位取得によって、より深く各職務に專念し、いっそう研究にはずみがついたことと思われ、同慶のいたりである。審査したがわからは、この三氏には研究職を紹介する要はないものの、學位授與機關としての審査水準の確保が問われつづけている。海外からの留學生を受けいれ、學位を大いに奮發することとなって久しうするが、現に博士課程を設ける大學にあって、學術面の負責者がわに置かれたわれわれは、つねにその研究環境と指導體制の維持に腐心しきたったことは、強調しておかねばなるまい。その意味で、會谷論文は、中國學專攻の、順當のコースを經てきた研究生の基礎研究——目錄學の成果を提供したもの、として課程博士にふさわしい內容となっている。審査した一員として、誇らしく思っている。

さて、久しくかえり見なかった自撰論集を一册出刊して、たちまち自己嫌惡に陷ったあと、迫られて「わたくしの中國學」を『中國——社會と文化』に公けにしたところ、豫想もつかぬ反響がとどき、その續きを『公孫樹人』誌に載せよ、と求められた。東方學會の世話役を辭退しきれなかったタネを作ってしまったのだ。それにしても、近二十年來、すっかり學問の世界が變貌し、情報の處理のしかたに驚きいり、史料にむかう考え方も何やら不可解におぼえ、と云った學術の方法論について疑心暗鬼に渦まかれ、舊世代に組みこまれたものにとって、何とも鬱陶しい時代に入ってしまった、そう思いこんでいた。

そんな中で、『月刊　しにか』誌最終號（〇四・三）を手にした。その中國文化研究誌の總括のページに、現在ほど、漢文を讀む力が低下したことはない、それもみずからの讀解力の低さを自覺しない絶望的情況にある、と浩歎する金文京氏の一文に接した。過日、ＳＣＪ東洋學研連シンポでも、その實情を訴える氏の厲聲をじかに聽いた。實はこの慨き、中國語文をならいそめた當初から、東京・京都を問わず、たえず耳にしてきた。「所傳聞之世」以來の〝讀めない〟徒輩への非議である。

自身をふり返って、この漢文讀解への對策には、いささか努めてきたつもりで、いた。古漢語辭典『全譯　漢辭海』（二〇〇〇・〇一）の編監に携わったのは、その最善の目標としての歸結であり、「漢語文典叢書」七卷を編輯したのも、應急の措置ながら漢語讀解のための文辭語助など、〝故訓〟集成を期したものであった。

もう四十年近くまえ、「中國文化叢書」一〇卷のために呼びあつめられた若手の一人から、自分がその大修館での漢文教科書の編集にも携わることになったのは、漢語文獻入門のかたちを中等教育の部門において拓いていく意味があると信じ、それに深く手を染めたのだし、ついには文部省教科書檢定委員（教科用圖書檢定調査審議會委員）の任にながく就いたのも、漢字漢語を日本語の語文教育（國語科教育）にあくまでも重視すべきを慮ってのことであった。いまなお「漢文指導の基礎知識――教授用圖書六〇目――」（一九七四・一〇）が有效として活用する漢文學習者がいるとすると、いっそ『漢辭海』を解體して、このたび完成をみた『故訓匯纂』（商務印書館、〇三・七）を鄭重に繙密に活用した「新譯文筌蹄」の編刊がのぞまれるのだ。

そしてやはり、それにはこれを實現しうるにふさわしい環境を備える研究機關が當たらなければならない。現在、日本漢文學のグローバルな據點として名告りでている、わが二松學舍が、その中國學・朝鮮學・日本學の研究大學院を整え、また如上の學位取得の博士群を擁して、この重大な要請に應じることが大いに期待されている。

（二〇〇四年五月三十一日、二松學舍大學名譽教授）

著者紹介

會谷　佳光（あいたに　よしみつ）

昭和47年　東京生まれ

平成14年　二松學舍大學大學院博士課程修了

博士（文學）

主な論文

歐陽脩の排佛と『新唐書』藝文志の纂修（「東方學」第102輯、2001年）

『崇文總目』の抄本と輯佚書について（「日本中國學會報」第54輯、2002年）

『祕書省續編到四庫闕書』の成書と改定（「東方學」第106輯、2003年）

宋代書籍聚散考

——新唐書藝文志釋氏類の研究——

二〇〇四年八月　發行

著者　會谷佳光

發行者　石坂叡志

印刷　富士リプロ

發行所　汲古書院

〒102-0072 東京都千代田區飯田橋二－五－四

電話　〇三（三二六五）九七六四

FAX　〇三（三二二二）一八四五

ISBN4-7629-2728-6 C3022

索　引

凡　例

1．この索引は、本書の上篇・下篇・附篇の總合索引であり、書名索引・人名索引の二部からなる。

2．項目の排列は、第一字の五十音順により、第一字が同じ場合は、第二字の音によって先後を定めた。

3．明朝數字は上下篇のページ數を示し、ゴシック數字は附篇のページ數を示す。

4．「『新唐書』藝文志」と、その略稱「新唐志」は、頻出するために採錄しなかった。

5．附篇については、新唐志釋氏類の著錄書籍の人名・書名・原注のみを採錄對象とし、筆者の注釋した部分に含まれる書名・論文名・人名等はあえて採錄しなかった。

6．この索引では、新唐志著錄書籍の檢索の便を計るために、新唐志と同一の書籍や人名が他文獻や現行本に異なる名稱で記される場合は、その正誤にかかわらず、新唐志所見の名稱の方に一項目としてまとめ、異なる名稱については參照すればよい項目を → で示した。なお本篇第三章第一・二節で取り上げた『崇文總目』の著錄書籍のうち、新唐志との關係が認められない書籍についても、同樣の措置を施した。

　(例)　法苑珠林→法苑珠林集、希遷→希還

7．同一の、或いは類似した名稱を持つ書籍で、編著者が異なる場合は、書名の後の （ ） に編著者名を明記して區別した。

　(例)　高僧傳（虞孝敬)、高僧傳（惠皎）

書　名　索　引

さ行

た行

ま行

や行

ら行

人　名　索　引

あ行

か行

さ行

た行

な行

は行

ま行

や行